YEARBOOK OF UNIVERSITY OF SCIENCE AND TECHNOLOGY BEIJING

北京科技大学年鉴
2016

《北京科技大学年鉴》编辑委员会

中国大百科全书出版社

图书在版编目（CIP）数据

北京科技大学年鉴．2016 /《北京科技大学年鉴》编辑委员会编．— 北京：中国大百科全书出版社，2017.2

ISBN 978-7-5202-0018-9

Ⅰ.①北… Ⅱ.①北… Ⅲ．①北京科技大学－2016－年鉴 Ⅳ.①G649.281-54

中国版本图书馆CIP数据核字（2017）第020984号

编　　著：《北京科技大学年鉴》编辑委员会
责任编辑：杨淑霞　徐君慧
出　　版：中国大百科全书出版社
地　　址：北京阜成门北大街17号　　邮编：100037
网　　址：http: //www.ecph.com.cn　Tel: 010-88390718
图文制作：北京华艺创世印刷设计有限公司
印　　刷：煤炭工业出版社印刷厂
字　　数：775千字
印　　数：1～800
印　　张：34.5
开　　本：787×1092　　1/16
版　　次：2017年2月第1版
印　　次：2017年2月第1次印刷
书　　号：ISBN 978-7-5202-0018-9
定　　价：80.00元

▲ 9月28～29日，中国共产党北京科技大学第十一次代表大会胜利召开，大会审议并批准了党委工作报告和纪委书面报告，选举产生了由25人组成的中共北京科技大学第十一届委员会和13人组成的中共北京科技大学纪律检查委员会

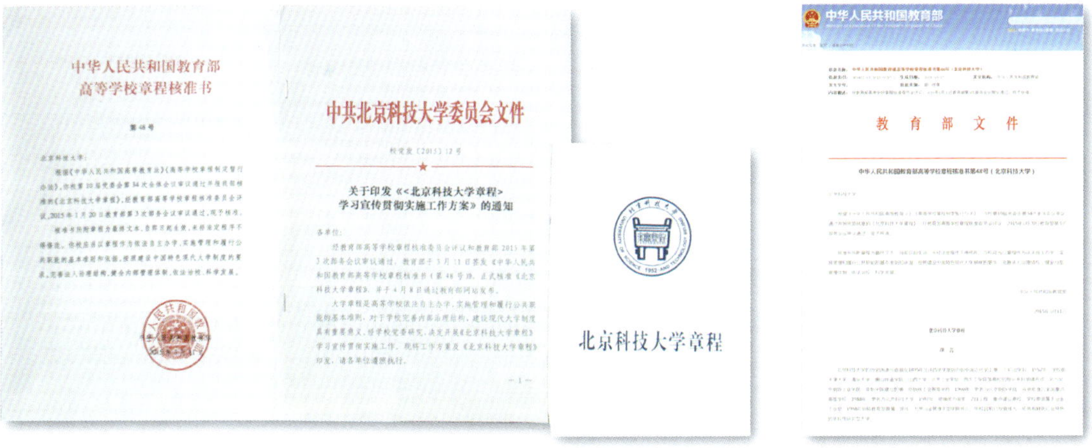

▲ 3月11日，《中华人民共和国教育部高等学校章程核准书第48号》签发，《北京科技大学章程》经教育部核准，于4月8日由教育部网站向社会发布

4月13日～5月15日，教育部巡视组进驻学校开展巡视工作

5月27日，召开党风廉政建设和反腐败工作会

6月25日，举行“三严三实”专题教育党课

12月12日，召开第八届教职工代表大会暨第十六次工会会员代表大会

▲ 12月7日，谢建新教授当选中国工程院化工、冶金与材料工程学部院士

▲ 2月，张立峰教授入选2013、2014年度“长江学者奖励计划”特聘教授

▲ 3月20日，聘任哈佛大学教授大卫·韦兹（David A. Weitz）为名誉教授

▲ 6月1日，聘任加州大学伯克利分校教授杨培东为名誉教授

2015年，《北京科技大学学报》正式更名为《工程科学学报》(*Chinese Journal of Engineering*) ▶

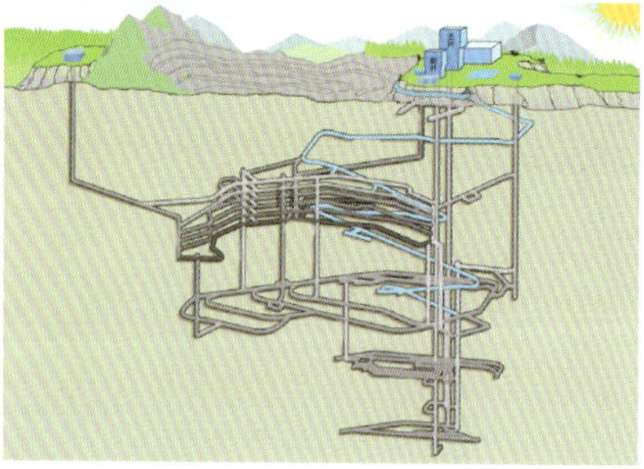

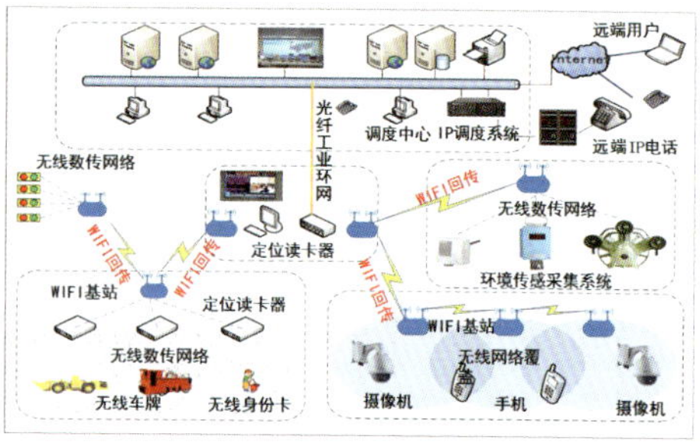

▲ 蔡美峰院士牵头的“露天转地下高效转型建设大型数字化地下金属矿山的研究与实践”获2015年国家科学技术进步二等奖，此外学校还有4个项目获国家技术发明奖或国家科学技术进步奖

◀ 11月26日，新材料技术研究院李晓刚教授团队撰写的Share Corrosion Data在世界科技刊物*Nature*发表

◀ 4月11日，京津冀钢铁行业节能减排产业技术创新联盟成立，学校当选首届联盟理事长和秘书长单位

5月27日，举行“建龙基金”签约仪式暨建龙集团与北科大校企合作座谈会 ▶

◀ 10月30日，校企共建“超同步智能装备协同创新中心”在密云揭牌

11月13日，学校与迁安市人民政府签署全面合作框架协议 ▶

▲ 12月12日，北京知识产权法研究会向北京科技大学知识产权研究中心研究基地授牌

▲ 4月16日，塔塔钢铁公司（印度）总裁阿南德·森（Anand Sen）率代表团来校访问

▲ 7月6日，2015北京科技大学海峡两岸青年创业论坛开幕

▲ 10月，学校与麦克马斯特大学续签校际合作协议

▲ 10月21～22日，学校参加第六届中欧工程教育研讨会

▲ 10月27～30日，举办“创新与融合”2015北京科技大学国际化论坛

▲ 11月6～9日，主办第二届中国膏体充填采矿国际学术研讨会，国际膏体大会主席理查德·朱厄尔（Richard Jewell）教授出席研讨会

▲ 年内分别邀请8位名家做客中国材料名师讲坛第72～79讲

▲ 8月9～12日，学校在第八届全国大学生节能减排科技创新与社会实践竞赛决赛中获一等奖3项、二等奖2项、三等奖3项

▲ 9月13～16日，学校在德国纽伦堡“飞思卡尔”智能车国际赛中再次蝉联国际赛总冠军

▲ 10月12日，学校在2015年全国大学生计算机博弈大赛暨第九届全国计算机博弈锦标赛中获一等奖4项、二等奖8项、三等奖2项

▲ 1月28日，全国学校共青团研究中心在学校成立，团中央书记处书记傅振邦出席

▲ 2月25日～3月2日，学生艺术团管乐团、合唱团参加第四届全国大学生艺术展演，分获器乐组、声乐组全国一等奖

▲ 3月2日，举行“清朗网络·青年力量”青年网络文明志愿行动暨“北科小博士网络文明新闻发布会”，团中央常务书记贺军科出席

◀ 5月，共青团中央授予学校团委“全国五四红旗团委”称号

5月，李磊获“第七届全国高校辅导员年度人物”称号，孙晓丹获第四届全国辅导员职业能力大赛一等奖 ▶

▲ 8月，80名志愿者参与2015年北京世界田径锦标赛志愿服务

◀ 4月18日，举行第三届“魏寿昆科技教育奖”颁奖典礼，第十届全国政协副主席徐匡迪、中国工程院院长周济、中国科协副主席刘玠、中国科学院副院长李静海等出席

▲ 4月22日，仪表81级周方洁校友捐资设立“天一基金”和“仪表81基金”

▲ 5月18日，举办北京科技大学天津学院建院十周年纪念活动

▲ 6月26日，举行2015届学生毕业典礼暨学位授予仪式

▲ 8月31日，举行2015级新生开学典礼

▲ 11月26日，举行2016届毕业生大型双选会

《北京科技大学年鉴》（2016）编辑委员会

《北京科技大学年鉴》（2016）编辑部

编辑说明

《北京科技大学年鉴》(2016) 全面反映了北京科技大学2015年度在学科建设、教学改革、科学研究、人才培养、对外交流、校园建设等各方面的发展进程和最新成就。

《北京科技大学年鉴》(2016) 以文章和条目为基本体裁。全书分《特载》《学校概况》《机构与干部》《院系情况》《教育教学与学科建设》《科学研究与产业开发》《科研基地及研发平台》《管理与服务》《党建和思想政治工作》《人物》《2015年党发校发文件目录》《2015年大事记》《2015年毕业生名录》及《附录》等基本栏目。

本年鉴选题的时间范围为2015年1月1日~2015年12月31日，根据实际情况，部分内容在时限上前后略有延伸。

2015年5月，《北京科技大学章程》经教育部核准，正式公开发布，意味着学校依法治校进程取得了进展。9月，学校胜利召开中国共产党北京科技大学第十一次代表大会。本年鉴为此设置特载一栏加以记述。

本年鉴收录的各学院资料基本上按照概况、学科建设、教学改革、科研活动、党建与学生工作等条目编写。收录的各职能部处、直属单位的资料根据各自工作性质和特点，条目及内容安排相对灵活。本年鉴有关统计资料附在相关内容之后。

本年鉴所刊内容由各单位确定专人负责提供，并经本单位负责人审定。

《北京科技大学年鉴》(2016) 由北京科技大学党委办公室、校长办公室组织编写，在编写过程中得到了学校领导和全校教职员工的大力支持，在此谨表衷心感谢。

《北京科技大学年鉴》编辑部

2016年10月

目录

特　　载

学 校 概 况

机构与干部

院系情况

教育教学与学科建设

科学研究与产业开发

科研基地及研发平台

管理与服务

党建与思想政治工作

人　　物

2015年党发校发文件目录

2015年北京科技大学大事记

2015年毕业生名录

附　　录

Contents

Specials

USTB Survey

Organization and Leadership

Schools and Departments

Teaching Methods Overview

Scientific Research and Enterprise Development

Scientific Research Base and Platform for Development

Administration and Service

The CCP Construction and Ideology Education

Profiles

Catalogue of USTB Party Documents and School Documents in 2015

Appendix

特 载

学校召开中国共产党北京科技大学第十一次代表大会

2015年9月28～29日，中国共产党北京科技大学第十一次代表大会在教工活动中心胜利召开。本次党代会共产生党代表256人，出席大会选举和闭幕式的代表240人。

本次大会的主题是：高举中国特色社会主义伟大旗帜，深入贯彻落实中共十八大，十八届三中、四中全会精神和习近平总书记系列重要讲话精神，紧紧围绕办好人民满意教育，坚持深化改革谋划发展，坚持依法治校提升内涵，坚持全面提升创新能力，坚持从严治党凝聚力量，传承和弘扬“求实鼎新”精神，团结带领全校师生员工，为把学校建成国内一流、国际知名的高水平研究型大学而努力奋斗。

9月28日上午，中国共产党北京科技大学第十一次代表大会在教工活动中心开幕。教育部人事司副司长吕杰、中共北京市委教育工作委员会常务副书记张雪出席开幕式。大会正式代表247人出席开幕式，两院院士、民主党派负责人、政协委员、人大代表等列席了开幕式。

张欣欣校长主持大会开幕式并致开幕词。吕杰同志代表教育部党组向大会的召开表示热烈祝贺，并对北京科技大学过去七年取得的一系列成绩表示肯定。张雪同志代表北京市委教育工作委员会、市教委对大会召开表示热烈祝贺，对学校为首都发展所做出的重要贡献表示衷心的感谢。罗维东同志代表中共北京科技大学第十届委员会向大会作题为《加强党建、深化改革，为加快建成高水平研究型大学而努力奋斗》的工作报告。

会议期间，各位代表围绕大会工作报告进行了热烈充分的讨论。

9月29日上午，大会选举和闭幕式在教工活动中心举行。大会经过无记名投票，选举产生了由25人组成的中共北京科技大学第十一届委员会和由13人组成的中共北京科技大学纪律检查委员会。闭幕式由张欣欣校长主持。经过全体党代表的认真讨论，大会审议并批准了罗维东同志代表中共北京科技大学第十届委员会所作的《加强党建、深化改革，为加快建成高水平研究型大学而努力奋斗》的工作报告和中共北京科技大学纪律检查委员会向大会提交的《敢于担当、强化监督，不断提高学校党风廉政建设和反腐败工作科学化水平》书面报告。

大会结束后，学校新一届党的委员会和纪律检查委员会分别召开第一次全体会议，选举产生党委常委10人，选举产生党委书记1人、副书记3人，选举产生纪委书记1人、副书记2人。

附　录

张欣欣同志在中共北京科技大学第十一次代表大会开幕式上的讲话

2015年9月28日

各位领导、各位来宾、各位代表、同志们：

中共北京科技大学第十一次代表大会，在教育部党组、北京市教育工作委员会的亲切关怀下，经过认真筹备，今天隆重开幕了！

在第十次党代会上，学校确立了五到十年"初步成为国内一流、国际知名的高水平研究型大学"的发展目标。在教育部和北京市委的领导下，在全校共产党员和师生员工的共同努力下，在海内外校友和社会各界人士的关心和支持下，学校党委七年来带领全校党员和师生员工，在党的建设和思想政治工作、学科和师资队伍建设、人才培养、科学研究、社会服务、文化传承创新以及学校基本建设等工作中取得了明显成效，向着学校的战略目标迈出了坚实的一步。

学校第十一次党代会，是在深入贯彻落实中共十八大和十八届三中、四中全会精神，在党中央作出"四个全面"战略布局、实施创新驱动发展战略和"京津冀协同发展"战略背景下，召开的一次十分重要的大会。大会将推动学校"站在新起点、顺应新形势、完成新任务、实现新跨越"，具有重要意义。

同志们，建设高水平研究型大学是我们不懈的奋斗目标，也是今后一段时期学校事业发展的中心任务。我相信，在党中央路线、方针、政策的指引下，有教育部、北京市的领导和关怀，有社会各界和广大校友的大力支持，通过全体党员和全校师生员工的共同努力，我们一定可以肩负起历史交付的重托，开创北京科技大学发展新辉煌！

预祝中国共产党北京科技大学第十一次代表大会圆满成功！

教育部人事司副司长吕杰同志在中共北京科技大学第十一次代表大会开幕式上的讲话

2015年9月28日

尊敬的各位代表、老师们、同志们：

在全国上下喜迎国庆之际，北京科技大学第十一次党代会今天隆重开幕了。我受教育部党组委派，向大会胜利召开表示热烈祝贺！向北京科技大学全体共产党员和广大师生员工致以诚挚的问候和崇高的敬意！

自第十次党代会召开以来，学校党委在教育部党组和中共北京市委的正确领导下，始终高举中国特色社会主义理论伟大旗帜，坚持党的教育方针和社会主义办学方向，认真贯彻执行党委领导下的校长负责制，秉承学风严谨、崇尚实践的优良传统，团结带领广大党员和全校师生员工，开拓创新，锐意进取，在党的建设、人才培养、科学研究、社会服务、文化传承创新等方面取得了一系列可喜成绩。学校学科优势、人才优势、质量优势继续彰显，综合实力不断增强，为国家经济建设和社会发展做出了重要贡献，这些成绩的取得是学校历届领导班子和全体师生员工共同努力的结果。实践充分证明：北京科技大学党委是坚强有力的，学校各级党组织和广大党员为推进改革和事业发展提供了重要的组织保证。北京科技大学第十一次党代会是在党中央大力实施“四个全面”战略布局、高等教育进入全面深化综合改革新时期召开的一次十分重要的大会，是学校政治生活和发展历程中的一件大事，对于实事求是地总结过去、肯定成绩、研判形势、找出差距，明确学校新的历史阶段发展战略和奋斗目标具有十分重要的意义。

希望全体党代表认真审议学校党委、纪委工作报告，切实反映广大党员和全校师生员工意愿，使审议报告的过程成为深刻领会中央精神、总结发展经验、明确发展思路的过程，成为解放思想、形成共识、凝聚力量的过程，同时希望全体党代表以高度的政治责任感，按照党章和民主集中制的要求，本着对北京科技大学事业高度负责的精神，认真履行职责，充分发扬民主，严格遵守纪律，选举产生政治坚定、团结务实、干事创业、作风优良、勤政廉洁的新一届党委领导集体。

教育部党组对北京科技大学即将选举产生的新一届党委提出三点希望：

第一，凝聚改革共识，提升创新能力，切实推动学校（内涵式）发展。中共十八大以来，习近平总书记发表了一系列重要讲话，阐明了新时期我国教育改革发展的重大理论和实践问题，是指导教育事业科学发展的强大思想武器，要深入学习领会习近平总书记系列重要讲话精神和十八届三中、四中全会重要精神，不断增强深化改革、攻坚克难的自觉性和创造性，以更大决心和勇气在事关学校发展全局的重要领域和关键环节取得突破，从而带动其他各方面改革不断深化。要始终将提升人才培养质量作为学校内涵发展的中心工作，坚持把立德树人落到实处，引导广大教师按照有理想信念、有道德情操、有扎实学识、有仁爱之心的标准严格要求自己，教育学生在勤学、修德、明辨、笃实上下功夫，把社会主义核心价值观融入教育教学全过程。要大力推进一流学科内涵发展，按照统筹推进世界一流大学和一流学科建设总体方案的有关要求，综合分析我校办学传统和资源优势，进一步优化学科结构，凝练发展方向，在传统优势学科建设上取得突破，争创一流。要不断强化创新意识，不久前召开的第二十五次直属高校咨询会“全面提升高校创新能力，引领支持创新驱动发展战略实施”，全面分析了高等学校引领支撑创新驱动发展战略的机遇和挑战。希望学校坚持以服务国家和京津冀协同创新发展，助推冶金行业发展进步为己任，“抓住中国制造2025”“大众创业、万众创新”“互联网+”等重要规划实施中所带来的难得机遇，加强应用研究，自觉承担创新使命，在服务国家、创新驱动发展战略的过程中，提升学校内涵发展的水平。

第二，强化法治思维，完善治理结构，不断增强发展的内涵动力。希望北京科技大学新一届党委领导班子，深刻领会推进依法治校和深化综合改革的关系，以法治思维和法治方式推进综合改革，牢固树立依法办学、依法治校的理念。《北京科技大学章程》已由教育部核准通过，希望学校以此为契机加大以大学章程为核心的制度体系建设。要进一步完善制度机制，建立健全有效保障学校章程执行的制度体系和工作机制，严格执行“三重一大”制度，强化对权力运行的制约和监督机制，确保科学决策、民主决策、依法决策。要积极推进党务公开、校务公开规范化、常态化，增强师生参与学校事务管理与监督工作的时效性。要进一步理顺管理体制，积极构建科学合理、权责明晰、运转高效的学校内部管理体系，健全以学术委员会为核心的学术管理体系与组织架构，保障学术组织依据章程充分行使学术权力。要理顺校院两级管理体制，进一步向院系放权，真正实施责、权、利的统一，充分调动基层组织的积极性，激发办学活力，激发学校管理效率。

第三，突出从严从实，加强班子建设，为学校发展提供有力保证。政治路线确定之后，干部就是决定的因素，学校新一届党委领导班子要认真执行党委领导下的校长负责制，实行党委统一领导、党政分工合作协调运行，增强领导班子的整体合力。要深入开展“三严三实”专题教育，把“三严三实”作为修身、做人、用权、律己的基本遵循和干事创业的行为准则，用专题教育的学习成效推动改革发展。要加强理论武装和思想引领，牢牢掌握意识形态工作的领导权和话语权，在重大原则问题上旗帜鲜明、立场坚定，切实增强主动性、掌握主动权、打好主动仗。要大力加强基层党组织和党员建设，坚持从严管理干部，强化政治纪律和政治规矩，为学校事业发展提供坚强有力的组织保障。要巩固扩大群众路线教育实践活动成果，并一以贯之落实中央八项规定精神，持之以恒，纠正“四风”。要深入推进党风廉政建设，强化党委管党治党的主体责任和纪委实际问责的监督责任，营造风清气正的政治生态和育人环境。

教育部党组相信，北京科技大学新一届党委一定会紧密团结和依靠广大师生员工全面贯彻中共十八大和十八届三中、四中全会精神，弘扬“求实鼎新”精神，团结拼搏、开拓进取、追求卓越，为早日实现建成“国内一流、国际知名的高水平研究型大学”的目标而努力奋斗。

最后，预祝北京科技大学第十一次党代会圆满成功，谢谢大家！

中共北京市委教育工委常务副书记张雪同志在北京科技大学第十一次党代会开幕式上的讲话

2015年9月28日

各位代表，同志们：

经过认真筹备，中国共产党北京科技大学第十一次代表大会今天隆重开幕了。我代表市委教育工作委员会、市教委对大会的召开表示热烈的祝贺！

自2008年12月召开党代会以来，在教育部党组和北京市委的坚强领导下，北京科技大学第十届党委高举中国特色社会主义伟大旗帜，以邓小平理论、“三个代表”重要思想、科学发展观为指导，认真贯彻党的教育方针，坚持社会主义办学方向。团结带领全校党员、干部和师生员工，牢牢把握“211工程”三期和“优势学科创新平台”项目建设契机，合理配置学科资源，不断优化学科结构，学科综合实力显著提升；不断深化教育教学改革，实施“卓越工程师教育培养计划”，积极探索新时期培养高素质工程人才和创新人才的道路；不断完善研究生学术型和应用型人才分类培养教育体系，人才培养水平迈上新台阶。紧紧围绕国家重大战略需求和科技前沿，突出科技创新和成果转化，全面提升基础研究、原始创新和协同创新能力，继续加强学校科技创新和社会服务能力。坚持以“422高层次创新人才工程”和“人才振兴工程”为统领，着力培育和打造高水平学术团队，学校师资队伍建设取得新进展。七年来，学校各项事业快速发展，开创了新的局面。学校党委高度重视党建和思想政治工作，在北京高校中率先把大学生社会实践列入教学计划、实施院（系）党组织负责人公推直选、研发大学生入党积极分子学习考试系统并得到推广，形成基层党建评估、标杆党支部创建、党建工作进宿舍、学生辅导员队伍“三三制”模式和“三级培训体系”等鲜活经验和知名品牌，学校党组织的凝聚力、向心力、战斗力不断增强。这些成绩的取得，是学校党政领导班子团结带领全校党员干部和师生员工共同奋斗的结果。在此，我代表市委教育工委、市教委向广大党员、干部、师生员工和所有离退休老同志表示崇高的敬意和衷心的感谢！

各位代表，北京科技大学第十一次党代会是在全党全国深入贯彻中共十八届三中、四中全会精神，积极推进“四个全面”战略布局之际召开的一次大会，是在北京市全面落实新的城市战略定位、积极谋划和推进京津冀协同发展之际召开的一次大会，是在学校总结“十二五”、谋划“十三五”这个重要时间节点上召开的一次大会。开好这次党代会，对于加强和改进学校党的建设，在新的起点上谋划学校改革发展各项任务，具有十分重要的意义。希望各位代表认真履行神圣职责，把这次大会开成解放思想、凝心聚力的大会，发扬民主、求真务实的大会，继往开来、奋发进取的大会。借此机会，我代表市委教育工委、市教委对即将产生的新一届党委提三点希望：

一、按照全面从严治党要求加强和改进学校党的建设，为全面建成特色突出、国内一流、国际知名的高水平多科性研究型大学提供坚强保证。

坚持党要管党、从严治党，是中共十八大以来党中央管党治党的重要理念和治国理政的鲜明特征。中央把全面从严治党纳入“四个全面”的战略布局提升到新的战略高度。当前，全面从严治党已经成为党的建设新常态。中央和市委高度重视高校党的建设，习近平总书记多次做出重要批示，市委书记郭金龙同志也提出了明确要求。希望新一届党委认真贯彻落实中央和市委的一系列重要指示精神，以改革创新精神全面加强学校党的建设。一要深入学习贯彻习近平总书记重要讲话和重要批示精神，把广大党员干部和师生员工的思想统一到中央、市委的决策部署上来，统一到办好中国特色社会主义大学的根本使命上来，切实增强办好中国特色社会主义大学的自信自觉。二要坚持不懈地抓好思想理论武装，加强马克思主义理论学习研究宣传工作，教育引导党员干部补足精神之“钙”、筑牢思想之“魂”，牢牢把握高校意识形态工作领导权。三要进一步坚持和完善党委领导下的校长负责制，加强领导班子和干部队伍建设，扎实开展“三严三实”专题教育，努力提高领导班子和干部队伍的思想政治素质和办学治校水平。四要统筹学习型、服务型、创新型“三型”党组织建设，强化党组织的政治属性和服务功能，严肃党内生活，严格党员管理，提高组织生活质量，推动基层党建工作创新，不断激发党组织的生机与活力。五要认真研究落实党委抓党风廉政建设的主体责任和纪委的监督责任，加强惩治和预防腐败工作体系建设，为学校事业发展营造良好环境。六要努力构建系统完备的党建制度体系，不断提高党建工作的制度化、规范化和科学化水平，推动制度治党和依法治校的协调统一。七要强化党建工作责任落实，牢固树立“抓好党建是最大政绩”的理念，健全责任体系，推动责任落实，强化责任追究，切实把全面从严治党的各项要求落到实处。

二、切实抓好大学生思想政治教育工作，努力培养中国特色社会主义事业合格建设者和可靠接班人。

中央历来高度重视大学生思想政治教育工作。近年来，中央和市委出台了一系列加强大学生思想政治教育工作的文件，推出了一批新的举措，提出了一系列新的要求。希望新一届党委进一步高度重视、强化落实，采取有效措施，切实抓好大学生思想政治教育工作。一要认真落实《北京高校培育和践行社会主义核心价值观实施意见》，抓住理想信念教育这个核心，积极引导青年学生在勤学、修德、明辨、笃实上下功夫，把握落细、落小、落实的原则，建立健全长效机制，切实把社会主义核心价值观融入教书育人全过程。二要充分发挥思想政治理论课的主渠道作用，实施思政课教育教学创新计划，强化网络教学、案例教学和实践教学，不断提升教学质量；健全评聘、考核和激励机制，切实加强思想政治理论课教师队伍建设，努力使思想政治课成为学生喜爱的课程并终身受益。三要不断丰富和拓展大学生思想政治教育的方法和途径，把专业素养的培育与思想政治教育工作有机结合起来，重视网络思想教育工作，深入探索“大德育”工作格局，切实组织好主题教育活动和社会实践课程化等学校的创新工作，进一步总结经验、打造品牌，不断增强大学生思想政治教育的针对性、实效性、亲和力和感染力。四要深入实施“新生引航工程”，针对当前大学新生的成长特点，采用多种形式深入开展以思想道德教育和学习生活指导为主要内容的大一新生思想政治教育工作，引导他们扣好人生第一粒“扣子”。五要加强青年教师思想政治工作，加强师德师风建设，引导青年教师自觉做有理想信念、有道德情操、有扎实学识、有仁爱之心的“四有”好教师，做学生健康成长的引路人。六要加强辅导员队伍建设，建立健全选拔、培养、激励、保障机制，实施辅导员队伍能力提升计划，关心辅导员的职业发展,不断提升辅导员队伍的综合素质和能力水平。七要进一步加强学生党建工作，积极探索学生党建带团建、促班建的工作机制，扎实推进学生党员先锋工程，充分发挥学生党组织在大学生思想政治教育中的作用。八要牢固树立文化育人理念，挖掘和凝练学校60余年发展历史中蕴含的宝贵精神财富，传承和弘扬以“求实鼎新”为主要内涵的大学精神，全方位推动学校文化建设，努力营造有利于学生成长成才的校园文化氛围。

三、加快推动学校改革发展，为首都建设和京津冀协同发展贡献力量。

2014年，中央明确了北京作为全国政治中心、文化中心、国际交往中心、科技创新中心的新的城市战略定位，启动了京津冀协同发展工作。2015年上半年，中共中央、国务院印发了《京津冀协同发展规划纲要》，明确了有序疏解北京非首都功能和推动京津冀协同发展的目标、方向、思路和重点。当前，北京正在认真落实中央的决策部署，落实“四个中心”的新定位，深入调整疏解非首都功能，深入实施创新驱动发展战略，努力建设国际一流的和谐宜居之都。北京科技大学建校六十多年来，始终与党和国家同呼吸、共命运，为国家和首都政治、经济、科技、教育等领域，尤其是冶金、材料行业培养了大批优秀人才，被誉为“钢铁摇篮”。在科学研究方面，学校立足于国民经济发展的重大需求，面向能源、电力、交通、航空航天、海洋和基础设施等国家重大工程领域，开展具有战略性、前瞻性的基础和应用研究，取得了丰硕的成果，为国家和首都发展做出了重要贡献。希望新一届党委牢牢地把握首都和京津冀协同发展的形势和大局，进一步增强责任感、使命感和紧迫感，主动将学校事业发展放在首都和京津冀协同发展的全局中去思考、去谋划，将学校的办学优势转化为服务区域经济社会发展的优势，加强顶层设计，全面深化改革，强化政、产、学、研、用协同发展，大力培养首都建设和行业发展亟需的高素质专业人才，瞄准重大战略需求开展科技攻关和协同创新，增强自主创新能力，加强科研成果的转化应用能力，切实做好服务首都、服务京津冀协同发展这篇大文章，努力为国家、首都和京津冀协同发展做出新的更大贡献。

我们相信，在教育部党组和北京市委的领导下，北京科技大学新一届党委领导班子一定能够团结带领广大党员、干部和师生员工，加快建设特色突出、国内一流、国际知名的高水平多科性研究型大学的步伐，不断开创学校发展的新局面。市委教育工委、市教委将一如既往地关心、支持学校的改革发展，努力为学校创造良好的发展条件和环境。

最后，预祝北京科技大学第十一次党代会圆满成功!

谢谢大家!

加强党建深化改革
为加快建成高水平研究型大学而努力奋斗
——在中国共产党北京科技大学第十一次代表大会上的报告

罗维东

2015年9月28日

各位代表、同志们：

现在我代表中国共产党北京科技大学第十届委员会向大会作报告，请审议。

中国共产党北京科技大学第十一次代表大会，是在学校实施综合改革、制订“十三五”规划，全面建设高水平研究型大学的关键时期召开的一次十分重要的会议。大会的主题是：高举中国特色社会主义伟大旗帜，深入贯彻落实中共十八大，十八届三中、四中全会精神和习近平总书记系列重要讲话精神，紧紧围绕办好人民满意教育，坚持深化改革谋划发展，坚持依法治校提升内涵，坚持全面提升创新能力，坚持从严治党凝聚力量，传承和弘扬“求实鼎新”精神，团结带领全校师生员工，为把学校建成国内一流、国际知名的高水平研究型大学而努力奋斗。

一、过去七年的主要工作。

学校第十次党代会以来，在教育部党组、北京市委的领导下，学校党委深入学习《国家中长期教育改革和发展规划纲要》，依托“211工程”“优势学科创新平台”等项目的重点支持，认真落实第十次党代会提出的各项任务，团结带领全校党员和师生员工，求真务实，改革创新，肩负起创建高水平研究型大学的历史使命，开创了学校发展的新局面。

（一）坚定方向，扎实推进，学校各项事业取得快速发展。

——学科布局更加合理，总体实力显

著提升。学校牢牢把握“211工程”和“优势学科创新平台”项目建设契机，合理配置学科资源，优化学科结构。一级学科博士点从9个增加到18个。新建、整合或重组成立了高等工程师学院等7个学院。在2012年全国学科评估中，科学技术史、材料科学与工程、冶金工程及矿业工程等传统优势学科继续保持全国领先行列，进入全国排名前30%的学科为11个。根据ESI（Essential Science Indicator）数据，材料、工程、化学领域研究稳居全球前1%。2015年，数学学科进入QS（Quacquarelli Symonds）世界大学学科排名400强。

——师资队伍建设取得进展，拔尖人才不断汇聚。学校加快推进人事制度改革，逐步实行教师岗位分类管理，进一步完善教师职务晋升与聘任考核制度。学校坚持人才强校战略，新增中国工程院院士1人，“千人计划”“长江学者”、国家杰出青年科学基金获得者等27人次，新增科技部、教育部创新团队5个。师资队伍的年龄、学历和学缘结构更趋合理，总体水平进一步提升。

——育人能力继续提高，人才培养水平迈上新台阶。学校坚持以人为本，不断深化教育教学改革，人才培养质量不断提高。材料学科的教育教学继续在全国高校中保持领先地位，并获得国家教学成果一等奖；“卓越工程师计划”、与中科院联合举办“黄昆班”等工作为新时期培养高素质工程人才和创新人才进行了积极探索。研究生教育秉持“分类指导、多元奖助、责任共担”的原则，不断完善学术型和应用型人才分类培养体系。与钢铁研究总院等5家科研院所开展了联合培养工程型博士研究生工作。管庄校区继续教育、成人与远程教育稳步开展，天津学院进入平稳发展期。共有4篇论文入选全国优秀博士论文，获国家和北京市级教学成果奖39项，组建国家和北京市级优秀教学团队4支，入选国家级精品课程13门次。学生代表队在全国“挑战杯”创业计划竞赛、智能汽车大赛、大学生艺术展演等竞赛中屡创佳绩，高水平运动队继续在北京乃至全国高校保持领先水平。学校生源质量、毕业生就业率及就业质量始终保持较高水平，2013年被评为全国就业50强先进高校。

——科技创新和社会服务能力全面提升。学校紧紧围绕国家重大战略需求和科技前沿，全面提升原始创新和协同创新能力。2014年，学校牵头的“钢铁共性技术协同创新中心”进入国家“2011计划”。七年来，新增国家级科研基地4个，新增科研项目7129项、合同额37亿元，获国家级科技奖22项、省部级奖299项，授权专利1770项，科研论文的数量和质量均有大幅度提升，继续位居全国高校前列，先后与宝钢等84家大中型企业、政府签订产、学、研合作协议，牵头成立了京津冀钢铁行业节能减排产业技术创新联盟。

以建立现代企业制度为核心，学校不断规范科技产业集团及所属企业管理。北京科技大学新兴产业技术研究院成为“中关村科学城”首批启动建设项目。

——文化传承创新持续推进，国际交流合作广泛开展。学校继续推进大学文化精神的凝练与传承。以60年校庆为契机，梳理回顾校史，规范学校标识，确立了“求实鼎新”的校训和以“鼎”为主体元素的新校徽。形成包括《北京科技大学纪事》《师韵——北科大走出的院士》、话剧《绽放》等在内的一批积淀历史、彰显特色的原创性校园文化作品。

学校积极探索对外合作与交流的有效途径，国际声誉不断提升。学校与加拿大滑铁卢大学等70余所海外优秀大学和科研机构建立实质性合作关系，新增3个“111计划”引智基地，与塔塔钢铁集团成立联合研究中心，与英国德蒙福特大学合作成立创意产业技术孔子学院。

留学生教育和学生国际化培养工作取得进展。至2014年底，在校留学生为855人，较2008年翻了一番，首批入选全国来华留学示范基地。学校确立了“内外双驱”的国际化人才培养模式，搭建起包括国际理解教育、国际大师进校园等多元的国际化平台。2014年赴海（境）外学习交流的学生为583人。

——全面提升保障能力，办学条件得到改善。学校投入基建资金9.12亿元，建成天工大厦和离退休职工活动中心，改造完成教职工活动中心，购置西三旗校区，沙河创新园建设进展顺利，为学生公寓全部安装了空调。学校投入4.2亿元新增仪器设备2万余台，年平均购入中外文图书9万余册、期刊2千余种。

学校整体收入水平不断提升，2014年为19.4亿元，与2008年相比增长了80%。教职工和离退休人员平均收入翻了一番，其中40岁以下的青年教师收入增长了137倍。校友工作开创新局面，形成了55个由地方、专业和社团校友会组成的校友联系服务体系，教育发展基金会通过捐赠为学校增加收入15亿元。此外，图书馆、后勤集团、校园网、校医院等公共服务体系建设得到进一步加强，社区治理日趋规范与科学。

（二）与时俱进，求真务实，党建和思想政治工作再上新台阶。

——党建科学化水平不断提高。学校党委以中国特色社会主义理论体系为指导，认真学习贯彻中共十八大,十八届三中、四中全会精神和习近平总书记系列重要讲话精神，先后深入开展了学习科学发展观和党的群众路线教育实践活动，进一步增强了学校党组织的生机和活力，提升了党建科学化水平。

学校党委按照“抓落实、全覆盖、求实效、受欢迎”的工作要求，进一步加强基层党组织建设，先后完成了对二级党委的党建和思想政治工作评估以及《北京普通高等学校党建和思想政治工作基本标准》的集中检查。2012年、2014年两次获得北京高校党建和思想政治工作优秀成果、创新成果一等奖。七年来，共发展党员9105人。

——学校治理模式日趋完善。2015年，《北京科技大学章程》经教育部核准发布，为依法治校提供了根本依据。学校深化内部治理结构改革，稳步推进依法治校工作。学校党委坚持和完善党委领导下的校长负责制，修订了党委常委会议事规则等一系列制度，坚持“三重一大”事项必须经党委全委会、常委会讨论决定或票决，充分发挥党委集体领导作用。同时，进一步探索学术委员会、学位评定委员会等学术组织的运行方式，保证教授、专家的治学权力。教授委员会制度试点工作进展顺利。

——干部队伍建设稳步推进。学校党委不断加强干部队伍的思想建设，进一步完善校、院两级班子理论中心组学习制度和干部培训制度，开展了分系统干部培训、课程选修和境外培训工作。

学校结合所属二级党委换届，继续探索二级党委负责人“三推一评一选”的公推直选模式，加强党内民主建设，选人用人视野更加开阔，中层领导班子的年龄结构、知识结构和专业结构进一步优化。学校在干部年度考核工作中，进一步完善组织、群众、自我评价有机结合的单位和干部年度考核评价体系，不断提高干部考核工作的科学化水平。

——思想政治教育和德育工作深入开展。以师德建设为重点，通过完善考核制度、树立先进典型等措施，增强教职工思想教育的针对性和实效性。学校涌现出一大批师德先进典型，其中10人获得北京市师德标兵等荣誉称号。

学校坚持育人为本、德育为先，把社会主义核心价值观教育融入人才培养的各个环节，积极探索“大德育”工作格局。加强思想政治理论课建设，通过第一、第二课堂有机结合，推动学生思想政治教育工作不断取得新成果。加强大学生社会实践的课程化机制建设，2012年《求是》杂志刊发文章赞誉社会实践的“北科大模式”。构建起全方位立体化的学生奖助工作体系，2010年学校被评为“全国高等学校资助工作先进单位”。学校高度重视学生工作干部队伍专业化建设，形成了辅导员队伍“三三制”发展模式和“四级培训体系”。

学校坚持“树立形象、凝聚人心、传播文化、促进发展”的工作方针，形成了百花齐放的“大宣传”格局。七年来，学校被全国主流媒体报道1500多次。

——党风廉政建设和反腐败工作取得实效。学校党委坚持“标本兼治、综合治理、惩防并举、注重预防”的方针，始终把反腐倡廉工作摆在突出位置，认真落实党委党风廉政建设主体责任和纪委监督责任。纪委创新教育形式，坚持以党性、党风、党纪党规、法律法规教育为主要教育内容，发挥网络廉政教育作用，提高领导干部廉洁自律意识，加强廉政文化建设。加强“三重一大”、干部兼职、招生、基建等重点领域制度建设，健全廉政制度体系。开展廉政风险防控管理，制定防控措施，加强重点领域监管。坚持从严治党，严明党的政治纪律和政治规矩。坚决落实中央八项规定精神，加强监督检查。加大查信办案力度，七年来共受理各类信访件125件，给予党纪处分1人、政纪处分1人。完成对二级单位领导干部任期经济责任审计，实行基建工程委托外部审计机构审计和全过程跟踪审计，基建工程结算审计金额10.88亿元，有效控制了工程造价，保证了工程质量。

——群众工作和和谐校园建设不断深化。学校重视发挥教代会在推进民主管理和民主监督方面的作用，学校工会通过“全国模范职工之家”复验。扎实做好统战工作，充分发挥民主党派、无党派代表人士的作用，坚持重大决策前向他们征求意见。继续发挥离退休老同志在关心下一代工作委员会、学生思想政治工作和教学督导中的作用，老年大学特色突出。离退休干部处2011年被评为“全国老干部工作先进集体”。学校大力实施科技创安工程，2013年被评为首都“平安校园”示范校。

各位代表、同志们！七年来，学校坚持“以人为本”的办学理念，坚持“精品化、国际化、特色化”的办学思路，初步形成了以工为主、多学科协调发展的学科体系，具有有自身特色、适应经济社会发展需要的人才培养体系，以及知识创新、技术创新和创新人才培养相结合的科研开发体系，向着“国内一流、国际知名的高水平研究型大学”目标迈出了坚实的一步！

总结过去七年的工作，我们深刻体会到：学校取得的每一点进步，离不开教育部、北京市的坚强领导，离不开海内外校友和社会各界的大力支持，是几代北科大人打下的坚实基础，更是全校党员和师生员工团结奋斗的结果。在此，我代表学校第十届党委，向所有关心和支持学校发展的各级领导，向全校党员干部、师生员工和离退休老同志，向所有对学校发展提供支持和帮助的校友和各界朋友，表示诚挚感谢和崇高敬意！

看到成绩的同时，我们也清醒地看到自身工作中的不足：学校第十次党代会提出的战略转型的目标还没有取得突破性进展；优势学科没能形成新的优势方向，行业优势没能有效转化为学科优势；学科单一，新兴学科和交叉学科发展缓慢；文理等基础学科对整体学科发展的支撑作用有待提高。师资队伍的总量不足，有竞争力的青年教师和高水平创新团队偏少。此外，学校发展中还存在着治理体系不健全和治理能力不足，整体办学活力有待进一步激发；学生的创新意识和实践能力有待进一步提升，研究生培养模式改革有待进一步深化；科技创新水平有待进一步提高；同世界一流大学和科研机构的合作有待进一步加强；办学空间和资源在支撑学校可持续发展和改善教职工待遇等方面面临巨大压力等问题。

结合党的群众路线教育实践活动和“三严三实”专题教育，我们认真分析了产生这些问题的原因：

首先是对发展的共识凝聚不够。学校提出的转型发展思路，没有形成广泛的共识，在关系学校改革发展的目标、方向、定位等重大问题上，缺乏清晰的目标引领和内生动力。其次是思想政治工作还不够扎实，特别是教职工的思想政治工作有待进一步抓实抓细，党的基层组织建设和思想作风建设还有大量工作要做，存在行政权力对学术权力过度干预的现象。再次是争取资源的能力不足，使得学校发展及社会声誉等受到影响，同时也影响了师生的士气。

回顾过去，我们必须认真总结经验，进一步深化对新的历史条件下学校建设和发展规律的认识，加强党的领导，坚持社会主义办学方向不动摇；凝聚共识，坚持建设高水平研究型大学的奋斗目标不动摇；聚焦国家需求，坚持人才培养的中心地位不动摇；直面问题、勇于担当，坚持改革创新不动摇，不断把学校的事业推向前进。

二、未来五年学校的发展目标和总体要求。

未来五年，是我国全面建成小康社会、实现“两个一百年”奋斗目标的攻坚阶段，也是深化教育综合改革、实现学校“三步走”战略第二步发展目标的关键时期。我们要从国家发展的大背景、大格局中科学谋划学校的发展。

——创新正在成为引领发展的第一动力。党中央提出了“四个全面”的战略布局，作出了加快实施创新驱动发展战略的重大部署。信息、生物、能源、环境、新材料等领域的交叉融合，“中国制造2025”“互联网+”等政策的出台，正引发新一轮科技革命和产业变革。作为一所以工科为主的大学，我们应当发挥学科优势，积极对接国家重大战略需求，优化学科布局，促进学科交叉，加强与行业及地方的合作，真正把学校建设成为有国际影响力的冶金与材料教育科技创新中心。

——建设高等教育强国的步伐正在加快。创新驱动的本质是人才驱动。现在距2020年基本实现教育现代化还有5年，党中央出台了《统筹推进世界一流大学和一流学科建设总体方案》，提出了以学科为基础、绩效为杠杆、鼓励开放竞争的建设机制。这为我们进一步加快学科的建设与转型、争创一流，提供了重要机遇。

——京津冀协同发展正在成为国家经济社会发展新的增长极。京津冀协同发展战略的推进要求坚持协同发展、重点突破、深化改革、有序推进。在京津冀生态环境保护、产业升级转移等重点领域率先取得突破。大力促进创新驱动发展，增强资源能源保障能力，统筹社会事业发展，扩大对内对外开放。这为我们服务区域经济社会发展、优化学科结构、提升创新能力提供了更广阔的舞台，也为我们拓展办学空间提供了新的机遇。

——全面深化改革和依法治校正在成为学校发展的动力源和着力点。正在实施的学校综合改革，更加注重发挥学术权力的作用，更加注重激发院系的办学活力，更加注重“以人为本、勇于争先”的文化建设，必将为学校发展注入强大活力。同时，围绕大学章程，着力构建自主自律、充满活力、富有效率、更加开放的现代大学制度，正在成为依法治校、推动大学治理体系和治理能力现代化的核心内容。

——从严治党是实现学校发展目标的根本保证。坚持党要管党、从严治党，是我们党保持先进性和纯洁性的高度自觉。加强党对高校的领导，增强基层党组织的凝聚力和战斗力，是办好中国特色社会主义大学的重要保证。我们要牢固树立政治意识、大局意识、服务意识和忧患意识，持之以恒地加强党的建设。

面对新的形势，今后五年，学校的总体目标是：实现“三步走”战略第二步发展目标，基本建成特色突出、国内一流、国际知名的高水平多科性研究型大学，成为国内一流的新型工业化教育科研中心，为建设有特色的世界一流大学和世界冶金和材料教育科研中心奠定基础。

为了实现这一目标，学校工作的指导思想是：高举中国特色社会主义伟大旗帜，深入贯彻落实中共十八大和十八届三中、四中全会精神，坚持以培养一流人才为主线，坚持服务国家创新战略，坚持融入全球竞争与合作，坚持深化改革，坚持依法治校，坚持特色发展，坚持从严治党，传承和弘扬“求实鼎新”精神，凝聚共识，形成合力，走出一条适合自己的一流大学建设之路。

——坚持以培养一流人才为主线，必须遵循立德树人导向，提升人才培养质量。我们要培养学生强烈的社会责任感，使他们自觉地把个人命运与国家命运、个人梦想与中国梦紧密联系在一起。要坚持“一流标准、全员育人”，不断深化教育教学改革，完善学科和教学质量保障体系，自觉肩负起为实现“两个一百年”奋斗目标培养和输送高质量人才的时代责任。

——坚持服务国家创新战略，必须面向国家需求，全面提升学校创新能力。在当前加快实施创新驱动发展战略的背景下，要瞄准国家重大战略需求，紧盯科学前沿，以培育直接服务于经济社会发展的高水平原创性成果为导向，通过体制机制变革激发学校科学研究的内在潜力，全面提升创新能力，抢占基础科学和前沿技术研究的制高点。

——坚持融入全球竞争与合作，必须坚定国际化理念意识，提升学校国际影响力。国际化是学校建设高水平研究型大学的必由之路。要拓宽视野，主动置身于国际通行、可比的评价体系中，找准并缩小同世界一流大学的差距。坚持“走出去”与“引进来”并举，顺应“一带一路”发展战略，以更高层次的国际交流与合作打造学校国际品牌，提升国际竞争力和影响力。

——坚持深化改革，必须遵循问题导向，解决突出矛盾。深化改革的关键，在于正确处理规模、结构、质量、效益的关系。要围绕学校发展和人才培养目标，直面工作中存在的矛盾和问题，解放思想、实事求是、与时俱进、求真务实地面对、剖析和解决，让学校的劳动、知识、技术、管理等活力竞相迸发。

——坚持依法治校，必须完善治理结构，建立现代大学制度。依法治校是学校可持续发展的重要保证。要在学校章程的统领下，进一步优化内部治理体系，明确和用好办学自主权，处理好学校同政府、社会等外部关系，形成校内依法制定制度、科学民主决策、自觉遵守制度的良好态势。

——坚持特色发展，必须凝聚共识，充分调动群众积极性。习近平总书记指出：“办好世界一流大学，必须有中国特色”，可以说，特色是学校发展的核心竞争力。我们要在继承和发扬学校原有优势的基础上，以创新驱动发展，形成新的特色，并让发展成果更多、更好、更公平地惠及广大师生员工。

——坚持从严治党，必须加强党的建设，提升治校理教能力。党委是学校事业的领导核心，办好学校关键在党。必须毫不动摇地坚持党委领导下的校长负责制，加强基层党组织建设和党风廉政建设，构建一支高水平的干部队伍。要从严落实党建责任，严肃党内政治生活，严明党的纪律和政治规矩，为学校的改革发展稳定提供坚实保障。

三、未来五年学校的主要工作。

（一）扎实推进依法治校，初步构建起现代大学制度。

进一步落实党委领导下的校长负责制，加强民主集中制建设，建立健全党委统一领导，党政分工合作、协调运行的工作机制。健全以学术委员会为核心的学术治理体系，推进“行政管理”与“学术决策”的相对分离。充分发挥学院党组织的政治核心作用，完善以学院党政联席会议、学术分委员会、教职工代表大会为基本内容的内部治理结构，扩大学院自主权并建立健全配套制度，更好地调动基层人员的工作积极性。组织开展《北京科技大学章程》的学习宣传贯彻实施工作，稳步推进校内规章制度的“立、改、废、释”，初步构建起以章程为统领的现代大学制度体系。

鼓励社会参与，构建和谐外部关系。更好地发挥理事会在密切社会联系、扩大决策民主、拓展办学资源、强化外部监督等方面的作用。加强校友工作，搭建多渠道沟通平台，促进校友和学校的共赢发展。依托基金会积极争取社会捐赠，拓宽学校收入来源渠道。

（二）实施人才强校战略，以人事改革推动高水平师资队伍建设。

继续实施“人才振兴工程”，坚持培养和引进并重的原则，投入2亿元用于师资队伍建设。加大高水平人才及学术团队的培养和引进力度，汇聚活跃在教学科研一线的10名具有国际影响力的学科领军人才、50名学术领军人才、200名青年学术骨干、20个卓越教学科研团队。具有海外学位教师和外籍教师的人数达到专任教师总人数的20%。继续深化以岗位聘任为核心的人事制度改革。建立教师分类管理、分类评价和聘任晋升体系，做好科技人员分类评价改革试点工作。探索实践灵活多样、高效实用的用工制度，切实提高学校实验技术队伍和管理队伍整体水平。探索建立科学合理的薪酬分配体系，进一步提高教职工待遇。

（三）深化教育教学改革，全面提升人才培养质量。

坚持立德树人的根本要求，全面推进素质教育，培养学生的创新精神、创业意识和实践能力，巩固人才培养的中心地位。加强招生就业工作，使生源质量和毕业生就业质量不断提高。

保证本科教学运行经费年均增长10%。以强化学生的综合素质培养为目标，以加强实践教学和实施完全学分制为重点，深化本科教学改革。继续深化“卓越工程师计划”等人才培养模式改革。积极推动基于MOOCS的课程建设。全面推进“本科教学工程”，努力培育一批教学名师、制作一系列精品课程和优秀教材。进一步加强体育、人文、艺术教育，发挥其在培养学生综合素质方面的重要作用。

以推进分类培养模式改革、统筹构建质量保障体系为着力点，深化研究生招生选拔、分类培养、导师责权等方面的机制改革。提高学位论文质量，加强研究生导师队伍建设，形成培养特色鲜明、培养质量过硬的研究生教育体系。

坚持“规范办学、提高质量”的工作思路，办好成人和远程教育。积极发展继续教育，举办面向企业需求的各类职业培训。天津学院要努力建成特色突出的国内一流独立学院。

（四）突出特色优势，以国际比对推动一流学科内涵建设。

坚持“突出特色优势，凝练领域方向，优化结构布局，注重内涵发展”的方针，建设一批一流学科。争取5个学科进入全国前三位，10个左右学科进入全国前20%，材料学科进入ESI全球排名前1‰，物理学科进入前1%。以自评估、第三方评估和国际评估为抓手，强化学科建设目标责任制，实施学科建设的动态调整，使学科布局更加优化。

比对世界一流评价标准，建设国际一流的材料、大冶金和大安全学科。围绕“互联网+”“节能减排”等国家战略，促进相关学科的发展。进一步加强对基础学科的支持，工理协同，建设“特色理科”。加强人文社会学科建设，通过AACSB认证，提升管理和经济学科的竞争力和影响力。重点培育法律、语言、马克思主义等学科方向，建设“精品文科”。力争在生物和医学领域有所突破。通过设立学术特区等途径，促进新兴交叉学科的发展。

（五）坚持创新驱动发展，在科学研究和成果转化上争取新突破。

以国家重大需求、科学前沿为导向，着力开展原始创新和有组织创新，努力使学校成为国家知识创新和技术创新的重要基地。力争形成一批标志性成果，作为第一完成单位获国家科学技术奖10项以上。加大科技经费的投入，争取年科研经费达到10亿元。

建成10个国家级研究基地，形成由国家、省部级重点实验室构成的基础研究体系，国家、省部级工程（研究）中心组成的高新技术研发体系，建设一批交叉学科研究中心。完成“重大工程材料服役安全研究评价设施”暨“国家材料服役安全科学中心”项目建设，将其建设成为相关领域的国际协同创新示范区。把“钢铁共性技术协同创新中心”打造成钢铁行业创新人才培养基地和技术研发转移平台，引领钢铁行业转型升级和钢铁材料关键共性技术的发展。同时，围绕节能环保、新材料、高端装备制造等，构建一批以市场需求为导向，人才培养和技术创新协同发展的创新中心和地方研究院。

创新科研组织模式，完善科研评价和激励机制，建立以水平和贡献为导向的科研绩效评价体系，加强科研经费的规范化管理。进一步深化科技产业体制改革，整合资源，培育具有良好前景的高新技术企业。加强国家大学科技园能力建设，营造良好的创新创业环境，提升服务师生创业的能力。推进新兴产业技术研究院实体化建设。

（六）走“国际化”发展道路，积极扩大对外交流合作和影响力。

全面规划与国际接轨的人才培养方案，丰富学生国际理解教育课程体系。构建多层次、多途径的海外学生访学工作体系，建立对学生海外访学效果的评估标准和体系。赴海境外学习交流学生比例超过20%。

推进“留学北科计划”，加强来华留学示范基地建设。抓住“一带一路”国家战略发展机遇，在校留学生规模增长50%。实施留学生杰出青年人才培养计划，建设来华留学品牌课程、双语课程。完善留学生管理体系，推进学历生与国内学生的趋同化管理。

建立多维度的国际科研合作机制，加强科研项目的国际化管理模式，建立若干国际联合研究中心或联合实验室，推进项目—基地—人才相结合的国际合作模式。加快构建与国际化发展相适应的管理服务体系，建设开放型示范学院。加大海外宣传工作力度，提升学校的国际形象与知名度。

（七）优化资源配置，改进管理服务，为学校发展提供有力保障。

继续加强校园基本建设，完成工程实践基地等建设项目，新增教学科研可使用面积20万平方米。学院路校区为学校主校区，沙河校区成为科技创新基地，管庄校区成为创意人才培养和研究基地。抓住京津冀协同发展契机，力争新校区建设有所突破。努力改善青年教职工的住房条件。

加强国有资产管理，进一步优化公共用房资源配置。加强实验室管理，提高仪器设备使用效率，构建实验室安全体系。研究建立校园管理和环境美化的长效机制，建设节约型校园。积极开拓多元化筹集办学资源方式，保持办学经费持续增长，积极推进财务监管体制改革，提高财务管理水平和服务质量。深化后勤管理体制和运行机制改革，提高服务水平。继续加强图书馆建设，构建与高水平研究型大学相匹配的文献信息资源保障体系。大力推进智慧校园建设，促进信息化与教学、科研、管理等工作相互融合。

四、全面从严治党，不断加强党建和宣传思想工作。

（一）贯彻落实中共十八大,十八届三中、四中全会精神和习近平总书记系列重要讲话精神，大力加强党的思想建设。

把思想理论建设作为学校党建的首要任务，深入开展中国特色社会主义和中国梦宣传教育，把社会主义核心价值观融入学校教育全过程，引导师生自觉将社会主义核心价值观内化于心、外化于行。深入开展中华优秀传统文化教育，提升师生思想道德素质。

不断建设和完善校院两级党委理论中心组、党支部“三级联动”学习机制，建设学习型党组织，进一步坚定全体党员的理想信念，加强教职工理论学习的针对性、实效性。牢牢把握意识形态工作领导权。巩固马克思主义在意识形态领域的指导地位，强化政治意识、责任意识、阵地意识和底线意识。

积极构建宣传思想工作大格局。完善学校新闻信息发布和新闻发言人制度，改进新闻宣传的文风作风。注重网络媒体建设，扩大网络主流舆论阵地，提高网络管理水平。重点打造优良信息资讯平台，发挥好校园主流网站舆论引导、思想疏导等功能。加强校院官方新媒体的开发、建设和整合，培育和打造一批网络文化品牌栏目。同时，继续发挥好传统媒体的宣传效果。加强宣传思想阵地和工作队伍建设，加大对舆情调研工作和危机事件媒体应对机制的探索。

（二）大力加强领导班子和干部队伍建设，提高治校理教能力。

党委是学校的领导核心，抓好党委自身建设是推动学校改革发展稳定的根本保证。要以“政治坚定、团结务实、作风优良、廉洁奉公”为目标，大力加强学校党委班子自身建设，切实提高把握学校发展方向、决定重大问题、监督重大决议执行等方面的能力。坚持党的群众路线，加强和改进调查研究，深入基层倾听广大师生的意见建议，发挥领导带头表率作用，正风肃纪、严于律己，保持作风建设以上率下的持久态势。

加强干部队伍建设。牢牢抓住党性教育这个核心，坚持不懈用中国特色社会主义理论体系武装干部头脑，坚定理想信念，强化宗旨意识，增强群众观点。深入开展“三严三实”专题教育，使“三严三实”成为干部修身、做人、用权、律己的基本遵循，干事、创业的行为准则。

完善干部选拔任用工作。贯彻落实《党政领导干部选拔任用工作条例》的有关要求，严格标准条件，规范选拔任用，从严管理监督。完善公开选拔、差额选拔、竞争上岗办法，强化岗位职责管理、任期目标管理，严格执行干部职务任期制，为优秀人才脱颖而出、健康成长、施展才干创造条件。

（三）坚持固本强基，不断提升基层党组织建设水平。

加强学习型、服务型、创新型党组织建设。坚持“围绕中心抓党建，抓好党建促发展”的工作导向，夯实基础、丰富载体、服务师生，提高党建工作的吸引力和活力。优化基层党组织设置，拓展基层党建阵地，规范和严格党内组织生活，让党内民主氛围活起来、政治生活质量高起来、党员身份意识浓起来。

加强党员队伍建设。按照“控制总量、优化结构、提高质量、发挥作用”的总要求，扎实做好学生党员发展工作，重视在青年教师中发展党员。制定党员分类教育培训规划，完善网上教育平台，提高教育的针对性和实效性。扎实开展“学生党员先锋工程”，强化学生党员的教育实效、作用发挥和行为引领。

加强党内民主建设。完善党的代表大会制度，坚持每年党代表工作会议与教职工代表大会共同召开。完善党代会代表任期制和提案制度。完善二级党组织负责人公推直选模式，健全党内民主评议机制，拓展党内民主监督渠道。加强党务公开，拓展公开载体和形式。

（四）坚持惩防并举，深化源头治理，推动党风廉政建设和反腐败斗争深入开展。

认真落实中纪委十八届五次全会精神，深刻认识、自觉适应党风廉政建设和反腐败斗争新常态，深入推进学校党风廉政建设和反腐败工作。坚持从严治党、依纪依规治党，严明党的政治纪律和政治规矩，加强纪律建设。切实落实党委党风廉政建设的主体责任和纪委的监督责任，建立和完善校院两级主体责任实施细则，实现“一岗双责”。强化纪检工作转职能、转方式、转作风和监督执纪问责。加强反腐倡廉制度建设，健全制约和监督机制，努力构建起“不敢腐、不能腐、不想腐”的有效机制。持之以恒落实中央八项规定精神，防止“四风”反弹。加强重点部位和关键环节监管，加强廉政风险防控，坚决查处违纪违法案件。继续做好干部经济责任审计，实现五年全覆盖。加强廉政教育和廉政文化建设，使党员干部廉洁自律意识进一步增强。

（五）积极培育和践行社会主义核心价值观，不断提高学生德育工作质量。

紧紧围绕立德树人的根本任务，积极培育和践行社会主义核心价值观。加强思想政治理论课建设，发挥其在学生思想政治教育中的主渠道作用，推进中国特色社会主义理论体系进教材、进课堂、进头脑。改革思想政治教育工作模式，创新网络思想政治教育工作，逐步构建突出价值塑造、尊重学生主体、网上网下互动的新型工作体系，切实引导学生端正价值取向、增强社会责任、实现德学双馨。

坚持学生为本理念，统筹推进体现多维关爱的学生管理和服务工作。建立校院两级学业发展辅导机构，全面开展学生学业辅导。强化学生心理素质教育，培养学生健全人格。完善学生奖助工作体系，强化奖助的育人和激励导向作用。统筹学业辅导、心理教育、奖励资助、就业指导以及学生日常管理服务等资源，努力打造“4+X”模式的多维度、多触角、协同联动的学生综合服务体系。

进一步加强学生素质教育，深入开展社会实践、志愿服务、人文艺术等活动，促进学生全面发展。重视发挥学生会、研究生会和学生社团的作用，畅通学生与学校相关部门的联系和沟通机制，积极引导学生提升自我教育、自我管理、自我服务能力，参与学校民主管理。

进一步健全辅导员准入、培训、考评和发展机制，推进辅导员队伍专业化、职业化建设。建设政治过硬、师德高尚的学校思想政治工作队伍、思政课教师队伍和学生理论学习社团。完善教书育人、管理育人、服务育人工作机制，构建全员、全方位、全过程的学校德育工作体系。

（六）努力以人为本、勇于争先、和谐向上的大学文化，营造风正、气顺、心齐的氛围。

切实加强大学文化建设，不断提升学校软实力。进一步明确办学理念，凝聚学校文化精神，分层次、分阶段开展各类文化建设的研究，努力建设具有中国风格、体现时代要求、具有北科大特色的大学文化。重点推进大学文化的传承、创新、传播和服务工作。积极挖掘学校历史，梳理发展脉络，加大校史校情的宣传教育力度。实施大学文化精品战略，努力培育反映学校师生价值追求的优秀文化活动品牌。积极构建学校文化传播体系，拓展渠道、空间和覆盖面，不断增强大学文化的感染力与影响力。优化、美化校园环境和景观，完善和修建文化服务设施，全面提升学校物质载体的功能和品位。

坚持依靠教职工民主治校，发挥教代会在学校治理和管理中的重要作用。组织教代会代表参与学校有关管理和重大事项的决策、审议和评议。健全规范教职工参与民主决策、民主管理和民主监督的形式、渠道和机制。进一步做好统战工作，加强党外代表人士队伍建设，协助民主党派加强基层组织建设，引导各民主党派组织及成员、无党派人士为学校的改革和发展建言献策、建功立业。认真落实离退休老同志的政治待遇，进一步发挥老同志在学校改革发展中的作用。不断提升服务与管理水平，大力营造老有所养、老有所学、老有所乐、老有所为的良好环境；积极提高老同志的生活待遇。

各位代表、同志们！时代赋予了学校改革发展新的历史机遇，今后几年将是学校历史上极其重要的一个时期。我们面临的形势十分严峻，任务非常艰巨，需要全校师生员工万众一心、团结奋斗。让我们以本次党代会为契机，在新一届党委的坚强领导下，进一步凝神聚力、锐意进取，坚持深化改革，坚持依法治校，坚持特色发展，坚持从严治党，努力完成本次党代会确定的各项工作任务，为实现建成国内一流、国际知名的高水平研究型大学的奋斗目标做出新的更大的贡献！

敢于担当　强化监督
不断提高学校党风廉政建设和反腐败工作科学化水平
——中国共产党北京科技大学纪律检查委员会向中国共产党北京科技大学第十一次代表大会的工作报告

2015年9月28日

各位代表、同志们：

现将学校第十次党代会以来纪委关于党风廉政建设和反腐败工作的情况及今后工作建议，向大家报告如下，请予审议。

一、七年来学校纪委党风廉政建设和反腐败工作回顾。

学校第十次党代会以来，学校纪委在上级纪委和校党委正确领导下，以邓小平理论和“三个代表”重要思想、科学发展观为指导，认真学习习近平总书记系列重要讲话精神，认真贯彻中共十七大、十八大精神和十八届三中、四中全会精神以及十七届、十八届中央纪委历次全会精神，按照教育部、北京市关于加强党风廉政建设和反腐败工作的部署，全面履行党章赋予的职责，坚持标本兼治、综合治理、惩防并举、注重预防，围绕学校中心工作，依靠学校各级党组织和广大党员，扎实推进党风廉政建设和反腐败工作，为学校改革发展提供了有力保障。经过全校党员领导干部和全体师生的共同努力，学校党风廉政建设和反腐败工作取得了显著成效。

（一）严格落实党风廉政建设责任制，健全责任体系。

认真落实党风廉政建设责任制，强化各级党委抓党风廉政建设和反腐败工作的政治意识和责任，明确党委书记是第一责任人，班子成员对职责范围内的党风廉政建设负领导责任，履行“一岗双责”，将党风廉政建设和反腐败工作贯穿到各项业务工作中。充分发挥组织协调作用，协助学校党委抓好党风廉政建设责任制的贯彻落实，分解工作任务，建立健全落实党风廉政建设主体责任工作机制。坚持一级抓一级，层层抓落实，完善学校党风廉政建设责任体系，推动学校二级单位主要负责人履行主体责任。建立学校党风廉政建设责任制监督和检查机制，坚持每年对各单位落实党风廉政建设责任制情况进行年中督促、年底检查。通过召开年度党风廉政建设工作会议、签订党风廉政建设责任书、集体廉政谈话、民主生活会等，认真推动各单位严格落实中央、教育部、北京市和学校党委关于党风廉政建设的各项要求。

（二）严格落实中央八项规定精神，扎实推进作风建设。

协助学校党委制定落实中央八项规定精神实施办法，指导有关职能部门健全相关制度。在党的群众路线教育实践活动中聚焦“四风”，加强指导监督，认真指出各单位存在的问题，深入剖析纠正“四风”和落实中央八项规定精神方面存在的不足。将中央八项规定精神落实情况作为检查学校各单位落实党风廉政建设责任制情况的主要内容之一。坚持一个节点一个节点抓，循序渐进，坚持、巩固、深化落实中央八项规定精神。2013年以来，五一、中秋、国庆、春节等重要节日时间节点，下发专门通知，对学校各级党员领导干部发出廉洁提示并提出明确要求。落实中央八项规定精神以来，学校精简会议、厉行节约，严格控制“三公经费”，整治奢侈浪费不良风气，得到广大教职员工认可，作风建设取得成效。

（三）加强宣传教育，建设廉政文化。

高度重视党风廉政建设和反腐败宣传教育，坚持常抓不懈。构建反腐倡廉“大宣教”工作格局，落实各单位廉政文化建设主体责任。坚持以党性、党风、党纪、国家法律法规教育为主线，不断完善教育内容、创新教育形式、丰富教育载体，建立健全分层分类施教机制。针对不同的教育对象，采取多种教育形式，加强廉洁从政教育、岗位廉政教育、学术诚信教育，提高教育的针对性和实效性。在领导干部层面，教育引导广大党员干部增强“六大意识”（党员意识、宗旨意识、执政意识、大局意识、责任意识和廉洁意识），通过组织参观学习、集中培训、廉政谈话、完善制度、重要时间节点提醒等方式，开展领导干部廉政教育。在重点岗位工作人员层面，突出秉公用权、廉洁从政教育。组织近千人参观“高校预防职务犯罪警示教育展”，发放《廉政准则》《教育系统职务犯罪案例解析》《高等学校教职工廉洁教育读本》等学习材料，组织党员领导干部参观北京市反腐倡廉警示教育基地等。根据工作性质不同，对招生、基建、采购等重点领域开展专门的廉政宣传教育。在科研人员层面，针对科研经费监管，召开由科研工作负责人、课题项目负责人千余人参加的规范科研经费管理工作会议，专门开展廉政宣传教育，并邀请教育部纪检组监察局领导就科研经费管理预防职务犯罪作专题辅导报告。在大学生层面，深入抓好廉政文化“三进”工作，突出大学生廉洁意识、诚信守法的教育。充分利用学生党课、新生入学教育、毕业生党校等活动，把廉洁教育融入思想教育的各个环节，引导学生树立正确的人生观、价值观。创建常态化教育平台，建立网络廉政文化阵地，自主创办《明镜月刊》《廉政参考》两份电子刊物，《明镜月刊》以宣传典型案例开展警示教育为主，《廉政参考》以传递十八大以来中央及教育部等上级机关关于反腐倡廉的新政策、新要求为主。两份刊物每月一期，每期以电子邮件形式发送给全校中层以上领导干部以及重点部门科级工作人员300余人，扩大了教育覆盖面。几年来，通过一系列的宣传教育活动，积极营造了风清气正的校园廉政文化氛围。

（四）加强重点领域制度建设，健全预防腐败制度体系。

重点从五个方面进一步加强了制度建设：①修订《北京科技大学党风廉政建设责任制实施办法》，进一步明确责任分解、责任考核和责任追究机制。②修订《北京科技大学关于党政领导班子执行“三重一大”制度的规定》，制定《北京科技大学进一步推进学院党政领导班子贯彻落实“三重一大”决策制度的指导意见》，进一步规范学校民主决策权力。③制定《北京科技大学党员领导干部兼职管理暂行规定》，规范领导干部兼职行为。④进一步完善重点领域的监督管理制度，促进重点领域工作规范化管理。积极发挥组织协调作用，组织协调和督促有关部门在干部管理、招生录取、招投标、内部审计、科研经费管理、财务管理、教职工纪律处分、学术不端行为、中央八项规定精神落实等方面制定完善相关制度。全面修订基建处管理制度，制定《北京科技大学仪器设备采购监督管理办法》，修订《北京科技大学招生监察工作暂行办法》，明确了职责权限、监督事项，突出了特殊类型招生的监督。⑤制定了《中共北京科技大学委员会落实党风廉政建设主体责任实施细则》，强调了党政领导班子的集体责任、班子成员的个人责任，明确了责任追究等保障机制。制度建设进一步健全和完善了学校预防腐败制度体系，提高了预防腐败实际效果。

（五）认真开展廉政风险防控工作，制定有效预防措施。

根据北京市委统一部署，扎实开展廉政风险防控管理工作，推进权力结构科学化配置体系、权力运行规范化监督体系和廉政风险信息化防控体系建设，强化从源头上防治腐败。按照围绕重点、分步实施、分批推进的总体要求，认真制订方案，从重点环节入手，排查廉政风险点，梳理权力事项，细化工作流程，制定防范措施。在职能部处围绕科学决策、干部任免、人事评聘、资金管理、招生及物资采购等重要岗位和关键环节查找风险点、梳理工作流程。围绕廉政风险防控“三个体系”建设，基建、招生、组织、人事、资产等重点部门开展权力事项的梳理与确认，推进权力结构科学化配置。廉政风险防控管理工作在推动学校党风廉政建设和反腐败工作中起到了积极的促进作用。

（六）健全制约监督机制，强化对重点领域和关键环节的监督。

①参与干部选拔任用全过程。加强了对民主推荐、资格审查、群众测评、考察谈话等环节的监督，严格执行干部选拔任用制度。副处级（含）以上干部选拔任用以及拟调出的干部均需纪委进行廉政鉴定。②创新招生工作监督方式，积极探索切合实际的监督机制和有效方法。对本科生录取实行监督复核制度，对艺术类、体育类等特殊专业招生的资格审查、评委选拔、专业测试等关键环节进行严格监督，对有关招生过程的原始记录、录取规则等展开重点检查。七年来，在各职能部门的共同努力下，实现了招生工作的公开、公平、公正。③加强基建、物资采购、招投标、勤工助学管理的监督检查。在基建修缮方面，重点监督基建修缮项目的招投标、验收等关键环节。积极探索完善基建工程招标代理、跟踪审计、使用单位三方在开标当日制定标底、监察室全程监督等一套完整的监督制度。在仪器设备采购方面，加强对邀请招标、竞争性谈判、单一来源采购的监督，杜绝招标过程违规违纪现象发生，有效提高投资效益。在教材采购、后勤采购、勤工助学金发放等方面，通过抽查、访谈服务对象、调阅原始记录等方式进行重点检查，促进工作规范化管理。④对教育收

费、“小金库”、工程建设领域突出问题、领导干部违规兼职及兼职取酬、“三重一大”决策制度执行情况等问题开展了一系列专项检查。

（七）重视信访举报，坚决查办违纪违法案件。

学校纪委历来把查信办案作为一项重要工作，有效维护了广大师生的合法权益。中共十八大尤其是纪检监察部门转职能、转方式、转作风的“三转”工作开展以来，纪委进一步把工作重点和主要力量聚焦到查信办案工作上，确保做到“有信必接，有案必查，有腐必惩”。坚持完善制度，制定了《北京科技大学纪检监察信访工作实施细则（暂行）》《北京科技大学纪检监察办案工作实施细则》，明确了信访办案工作程序、工作要求以及工作纪律，为信访办案工作提供了有效的制度保障。严格按照上级“反映问题线索处置情况在向学校党委报告的同时向上级机关报告”的相关规定，做好信访受理及线索处置工作，2013年对近十年的信访件进行排查，并将排查结果全部上报北京市教育纪工委。2015年对教育部巡视组转交信访件64件组织调查核实。自2014年以来问题线索处置情况在报告学校党委的同时，均报送北京市教育纪工委。积极拓宽线索来源，加强网络举报和电子邮箱的管理，形成“信、访、电、网”多渠道举报途径。近年来，纪委加大了信访调查核实力度，在信访件核查过程中，主要采用约谈、函询、监察建议等方式，进行逐一核查，抓早抓小、快查快结。在约谈中摸索出了“拟写谈话提纲、现场谈话笔录、存档备案、讨论总结”的一套工作程序，既提高了工作质量，又强化了纪律的严肃性。建立集体决策工作机制，在案情调查、分析、处理等关键问题上集体研究、反复推敲、缜密提出处理意见。七年来，共受理各类信访举报125件，（2008年12月18日至2015年6月16日），正在办理3件，了结119件，留存1件，暂存2件。立案1件，结案1件，给予党纪处分1人、政纪处分1人。2014年对体育部原主任王瑞平设立和使用“小金库”问题进行调查处理，给予王瑞平留党察看一年、降低岗位等级处分，并在校内进行通报，发挥警示教育作用。积极参加“五校一院”（北京市五所高校与海淀区检察院）以及“13+1”校检合作组织，建立办案协调机制，充分利用检察院查处的典型案例开展警示教育，发挥查信办案的治本功能。

（八）强化责任担当，加强队伍建设。

推进纪检监察工作转职能、转方式、转作风，着力聚焦主业、突出重点，增强纪检监察干部责任担当意识。切实履行监督责任，强调监督执纪问责，不断提高学校纪检监察干部履职能力和水平。加强业务学习，通过专题学习、工作研讨、校外参观和系统内部交流等方式，提高业务水平。重视调查研究，在党风廉政建设责任制考核、廉政风险防控管理方面开展扎实的调查研究，促进实际工作。推进理论研究，成立廉政研究中心。参加教育部对直属高校“三重一大”决策执行情况、廉政准则执行情况、科研经费管理使用情况等专项检查，以及对直属高校的巡视工作，提高了学校纪检监察干部工作能力，开拓了工作视野。

七年来，学校党风廉政建设和反腐败工作取得显著成效。学校顺利通过教育部、北京市专项检查，并得到好评。这些成绩的取得是学校党委正确领导的结果，是学校各级党组织和各职能部门大力支持和共同努力的结果，是广大党员、干部、师生员工积极参与和支持的结果，也是学校纪委共同努力的结果。

在肯定成绩的同时，我们也必须清醒地看到，学校党风廉政建设和反腐败工作与上级机关、学校党委及广大教职工的期待还存在差距：少数单位党风廉政建设主体责任的落实存在薄弱环节，个别领导干部“一岗双责”的责任意识不强；制度建设有待进一步完善，制度执行力有待进一步提高；对重点领域和关键环节监督的有效方法还需不断探索。对此，我们必须在今后工作中给以高度重视，努力提高学校党风廉政建设和反腐败工作的科学化水平。

回顾七年来的工作实践，认真总结学校纪检监察工作经验，我们深刻认识到要做好学校党风廉政建设和反腐败工作，必须坚持以下几点：

第一，必须坚持党委领导。学校党委的坚强领导是开展党风廉政建设和反腐败工作的根本基础。只有坚持把党风廉政建设和反腐败工作列入学校重要议事日程，与中心工作一起部署、一起落实、一起检查，才能把党风廉政建设和反腐败工作真正落到实处，才能实现学校党风廉政建设和反腐败工作的科学发展。

第二，必须坚持围绕中心，服务大局。只有把党风廉政建设和反腐败工作放在学校改革发展的工作大局中来谋划，放在教育改革发展的进程中来部署，才能找准工作切入点和融合点。既要统筹兼顾、整体推进，又要抓住热点、破解难点，努力在重点领域和关键部位取得新突破。

第三，必须坚持惩防并举，注重预防。坚持惩治和预防两手抓，两手都要硬。既要坚持教育在先，警示在前，堵塞漏洞，重在预防，又要坚决查办违纪违法案件，才能增强师生员工对党风廉政建设和反腐败工作的信心。

第四，必须坚持改革创新。只有主动适应党风廉政建设和反腐败工作新常态，才能推进学校纪检监察工作新发展。必须加快健全制度体系，深入推进重点领域监督制约机制改革创新，实现决策权、执行权、监督权的互相制约和相互协调。

二、进一步加强学校党风廉政建设和反腐败工作的建议。

今后五年是学校深化综合改革的关键时期。中共十八大科学判断反腐败斗争形势，对当前和今后一个时期党风廉政建设和反腐败工作做出了新的部署和要求。我们必须深刻认识党风廉政建设和反腐败斗争的长期性、复杂性、艰巨性，进一步增强政治意识、大局意识、忧患意识、责任意识，坚持党风廉政建设和反腐败工作常抓不懈、拒腐防变警钟长鸣，确保学校第十一次党代会精神得到全面贯彻落实。

当前和今后一个时期，学校党风廉政建设和反腐败工作的主要任务是：以邓小平理论、“三个代表”重要思想、科学发展观为指导，按照“四个全面”战略布局，深入学习习近平总书记系列重要讲话精神，学习贯彻中共十八大和十八届三中、四中全会精神、十八届中央纪委历次全会精神，以及教育部、北京市纪检监察会议精神，深刻认识和自觉适应党风廉政建设和反腐败斗争新常态，深入推进学校党风廉政建设和反腐败工作。切实落实党委党风廉政建设主体责任和纪委监督责任。坚持从严治党、依规治党，严明党的政治纪律和政治规矩，加强党的纪律建设。持之以恒落实中央八项规定精神，防止“四风”问题反弹。坚决查处违纪违法案件，加强重点领域和关键环节监督。加强反腐倡廉制度建设，健全制约和监督机制，努力构建起“不敢腐、不能腐、不想腐”的有效机制。加强廉政文化建设，进一步增强党员干部廉洁自律意识，巩固和加强立德树人、风清气正的校园氛围。强化转职能、转方式、转作风，突出监督执纪问责主业主责，提高工作科学化水平，为学校各项事业的新发展提供有力保证。

（一）推进党风廉政建设“两个责任”落实，强化责任追究。

深入推进党风廉政建设和反腐败工作，要切实落实好党委的主体责任和纪委的监督责任，坚持和完善党委统一领导、党政齐抓共管、纪委组织协调、部门各负其责、教职员工广泛支持参与的反腐败领导体制和工作机制，形成推进学校党风廉政建设和反腐败工作的合力，确保学校党风廉政建设责任制深入贯彻落实。学校各级党组织要加强对党员干部进行教育和管理，加强作风建设，强化对权力运行的制约和监督，坚决惩治腐败，认真执行向上级党委和纪委报告责任落实情况制度。党政一把手要当好“第一责任人”，领导班子成员要坚持“一岗双责”，对职责范围内的党风廉政建设工作负领导责任，实行党风廉政责任承诺制并签字背书。建立健全责任追究制度，对抓党风廉政建设和反腐败工作不力，造成不良影响的，严肃追究领导责任。建立健全责任倒查追究机制，实施“一案双查”，既追究当事人责任，又要倒查追究相关领导责任。对于接二连三发生腐败问题的部门和单位，既追究主体责任、监督责任，又要追究分管领导乃至一把手的领导责任。

（二）深入落实中央决策部署，严明党的纪律。

铁的纪律是党的生命。遵守党规党纪是每一个党员干部的基本责任和义务。要抓好纪律建设这个“治本之策”，让纪律真正成为带电的高压线。要严明政治纪律和政治规矩，把思想和行动统一到党中央对形势的判断和任务的部署上来，清醒认识当前党风廉政建设和反腐败斗争形势的严峻性、复杂性，始终保持政治定力，坚决维护中央权威。严格学校业务工作中的政治纪律和政治规矩，把党规党纪贯彻落实到学校政策制定、教学科研管理等各项工作中，维护学校政治安全，加强意识形态领域的工作纪律，完善报告会、研讨会、讲座、论坛、网络管理办法，严把人才引进、学术交流、科研资助、项目培训中的政治纪律关，加强涉外资金、项目和活动的审批监管，严肃课堂教学中的政治纪律，严禁在课堂教学中散布有害观点和言论。要严明组织纪律，完善学校各级党组织“三会一课”和领导班子民主生活会制度，严格执行重大事项报告制度，严肃党内政治生活，提高党内政治生活的政治性、原则性和战斗性。要严明财经纪律，加强对教育经费和公共资金的管理和监督，确保经费安全。要加强纪律教育，强化纪律规矩意识，把纪律和规矩内化为党员干部和广大教师的自觉遵循和行为约束，自觉担当起维护纪律、推进事业的责任。要加强纪律监督，建立实施重大决策部署执行情况监督检查和倒查追责机制，坚决纠正不守纪律、不讲规矩的问题。

（三）加强作风建设，深入贯彻落实中央八项规定精神。

“四风”反弹，将失信于民，给党造成更大危害。要保持对“四风”问题常抓不懈的韧劲和耐力，在坚持中深化，在深化中坚持，不断推动学校作风建设迈上新台阶。要坚持问题牵引，强化专项治理，紧紧抓住群众反映强烈的突出问题，干部不作为、乱作为以及其他违规违纪问题进行严肃查处。要加强制度建设，按照中央要求细化配套措施，研究制定业务用车、公务接待、因公出国、公务出差等事项的具体标准和可操作的制度规定，着力强化制度执行力，健全制度落实检查机制，采取有效措施推动制度落实，着力健全作风建设长效机制。要积极开展“三严三实”专题教育、社会主义核心价值观教育，大力弘扬中华民族优秀传统文化，积极推进廉政文化建设，努力改进党员干部思想作风、工作作风、领导作风、生活作风，改进文风、会风，推进作风建设常态化，以优良作风引领学校党风、校风、教风、学风。

（四）深化廉政文化建设，加强廉洁自律教育。

坚持全面教育和重点教育相结合、日常教育和集中教育相结合、示范教育和警示教育相结合，不断创新教育形式，丰富教育载体，发挥廉政文化建设联席会议的作用，共同推进学校廉政文化建设，增强教育的针对性和实效性。围绕社会主义核心价值观体系，深入开展理想信念和宗旨教育、党性党风党纪教育、法制教育、诚信教育，使广大党员干部特别是领导干部树立正确的世界观、权力观、事业观，筑牢领导干部思想道德防线。以示范教育、警示教育和岗位廉政教育为主要内容，加强人、财、物和科研项目负责人的廉政教育。充分发挥廉政研究中心作用，开展廉政理论研究，为学校反腐倡廉建设提供理论支持和智力保证。

（五）以加强制度建设为重点，强化权力制约机制。

进一步加强学校各项制度建设，加大对制度执行情况的监督检查，不断完善惩治和预防腐败体系建设。研究制定学校《惩治和预防腐败体系建设实施办法》，深入推进各项有关工作改革。继续开展对招生录取、基建工程、物资采购、财务管理、科研经费等重点领域和关键环节的监督检查，强化对权力的制约和监督机制。加强廉政风险防控机制建设，积极构建权力结构科学化配置、权力运行规范化监督和廉政风险信息化防控体系。严格执行民主集中制，继续贯彻落实“三重一大”决策制度、党委常委会、校长办公会议事规则等相关制度。认真落实党内监督条例，严格执行述职述廉、谈话、诫勉等制度，切实加强对领导干部行使权力的监督。重视并发挥教代会、工会在学校重大事项中的民主管理和民主监督作用。加强审计监督，发挥审计的制约和监督作用。进一步推进党务公开、信息公开。

（六）加大执纪工作力度，坚决惩治腐败行为。

继续做好信访工作和违纪违法案件处理工作，做到“有案必查，有腐必惩”，进一步完善工作体制和机制。积极研究高校信访工作特点和规律，加强师生员工举报线索受理工作，畅通并拓宽信访渠道，实行规范处置、动态管理，提高监督审查质量和效率。紧紧围绕纪检监察中心任务，认真解决损害师生员工利益和反映强烈的问题，把问题解决在萌芽状态。加强违法违纪案件的剖析研究，做到“查处一件、规范一面、教育一片”，以此推动制度建设和预防腐败工作的开展，发挥查办案件的治本功能。

（七）全面履行纪检监察职责，建设高效的工作队伍。

继续加强纪检监察队伍建设，明确纪检监察职责定位，把工作重点放在监督执纪问责上，创新方式方法，在推进学校治理能力和治理体系建设中发挥积极作用。加强思想政治建设，引导纪检监察干部加强理论学习和党性修养，自觉用中国特色社会主义理论体系武装头脑、指导实践、推动工作。加强能力建设，引导纪检监察干部认真学习业务知识和其他各方面知识，依托学校廉政研究中心，推进理论研究创新。加强组织建设，健全纪检监察工作体制和机制，加强纪检监察干部、纪委委员、二级单位党委纪检委员队伍建设。加强作风建设，引导纪检监察干部增强自觉接受监督意识，严格教育、严格管理。

各位代表、同志们，学校第十一次党代会的召开，对党风廉政建设和反腐败工作提出了新的要求和任务。我们要在中共十八大和十八届三中、四中全会精神指引下，在教育部党组、纪检组和学校党委坚强领导下，紧紧依靠学校各级党组织、广大党员干部和全体师生员工，求真务实、开拓进取，不断取得学校党风廉政建设和反腐败工作新成效，为全面推进学校事业科学发展提供有力保障。

在中国共产党北京科技大学第十一次代表大会闭幕式上的讲话

罗维东

2015年9月29日

各位代表、同志们：

中国共产党北京科技大学第十一次代表大会，承载着历史的重托和对未来的美好憧憬，在上级党组织的亲切关怀和指导下，在全体代表的共同努力下，圆满完成各项议程，即将闭幕。在此，我代表大会主席团，向对大会的召开给予亲切关怀和指导的教育部和北京市委教育工委领导表示衷心的感谢，向在大会期间付出辛勤劳动的全体代表和工作人员表示衷心的感谢和崇高的敬意！

本次党代会，是一次总结经验、凝聚共识、展望未来的大会。大会认真总结了过去七年学校党建和各项事业所取得的成绩，并从国家发展的大背景中，深入分析了学校发展所面临的机遇和挑战，提出了高举中国特色社会主义伟大旗帜，深入贯彻落实中共十八大和十八届三中、四中全会精神，按照“七个坚持”，实现学校新跨越的指导思想，确立了“基本建成特色突出、国内一流、国际知名的高水平多科性研究型大学，成为国内一流的新型工业化教育科研中心，为建设有特色的世界一流大学和世界冶金、材料教育科研中心奠定基础”的奋斗目标，以及为实现这一目标在现代大学制度建设、学科和队伍建设、人才培养、科学研究、国际化、资源配置等各方面需要采取的改革措施和与学校发展相适应的党的建设和思想政治工作的主要任务。大会所提出的奋斗目标和各项措施任务将成为我们今后五年发展的指南。

本次党代会，还是一次践行群众路线、发扬党内民主、加强自身建设的大会。自上次党代会试行代表任期制和提案制度以来，相关工作得到很好的探索和实践。本次党代会提出继续完善代表任期制和提案制度。各位代表对学校党的建设和思想政治工作，以及学校各项事业提出了不少宝贵的意见和建议。我们在大会后将专门召开提案工作委员会会议，认真研究办理。我相信，在学校各级党组织和全体党员的共同努力下，随着我们工作的不断深入和各项制度的不断规范完善，党的建设工作必将得到不断改进和加强。

本次党代会选举产生了新一届党的委员会和纪律检查委员会，为今后学校各项事业提供了有力的组织保证。在此，首先我要对不再担任委员职务的上届两委委员表示衷心的感谢和崇高的敬意！同时，我还要代表新当选的两委委员对各位代表的支持和信任表示衷心的感谢！在此，我代表新当选的两委委员向各位代表并通过大家向全校共产党员和师生员工郑重承诺：

一、严格遵守党的纪律，同党中央保持高度一致，不阳奉阴违、自行其是；

二、坚持民主集中制原则，严格执行“三重一大”等重要问题应经党委常委会集体决定的制度；

三、在选拔任用干部工作中，坚持公道正派用人，不任人唯亲、营私舞弊，严格遵守干部选拔任用程序；

四、不利用职权违规干预和插手建设工程、物资设备采购招投标、招生录取、职称评聘、科研项目评审等工作；

五、不接受与行使职权有关系的单位、个人的现金、有价证券和支付凭证。不在所主管的二级单位领取奖金、津贴等；

六、不准配偶、子女、亲属以及身边工作人员利用领导干部职务的影响谋取私利；

七、认真履职，确保将主要精力和足够的时间投入到学校管理工作中。减少与专业无关的学术兼职；

八、除因工作需要、经批准在学校设立的高校资产管理公司兼职外，一律不在校内外其他经济实体兼职和领取薪酬；

九、除作为技术完成人，不通过奖励性渠道持有高校企业的股份；

十、所有校级领导要切实做到不和教师争公共学术资源。在申请校外各类项目时，要根据有利于项目的获得和完成、有利于发挥学校整体优势的原则，严格遵守国家和学校项目申请的有关规定，不得利用职务上的便利违规争项目。在校内项目安排以及办公用房等资源分配中，自觉服从学院和学术委员会的统一规划和安排；

十一、恪守学术道德，严格要求自己和自己所在梯队的教师、学生遵守学术规范。

在落实好领导班子廉洁自律规定的同时，新一届两委班子要围绕学校的中心工作，夙夜在公、精诚团结、密切协作、勤勉敬业，切实成为实现学校事业发展的坚强领导核心。

各位代表、同志们！

本次党代会是在学校深化教育综合改革、实现学校“三步走”战略第二步发展目标的关键时期召开的一次继往开来的会议。大会对于推动学校“站在新起点、顺应新形势、完成新任务、实现新跨越”，具有十分重要的意义。在这里，我想特别强调，各级党政领导班子，必须勇于肩负起历史交付的使命，发挥先锋模范作用，践行群众路线，为师生树好榜样、做好表率。必须高度重视人才工作，要构建形成有利于人才成长和拔尖人才脱颖而出的良性机制，充分调动广大师生的积极性。同时，我们还要努力建设以人为本、勇于争先、和谐向上的大学文化，让全体师生员工、离退休老同志及广大海内外校友，都能够增强“北科大人”的身份认同感，增强参与学校发展、支持学校发展的光荣感和使命感，为学校实现跨越发展汇聚起强大正能量。

各位代表、同志们！

让我们以此次党代会召开为契机，进一步凝神聚力，锐意进取，深化改革，依法治校，积极推动学校党的建设和思想政治工作取得新进步，推进学校各项事业实现新跨越，为圆满完成本次党代会确定的各项任务，为把北京科技大学建成国内一流、国际知名的高水平研究型大学而努力奋斗！

谢谢大家。

中共北京科技大学第十一届委员会组成人员名单

委　员：（共25人，以姓氏笔画为序）

于成文　马　飞　王　戈　王维才　尹兆华　尹怡欣　权良柱
刘杰民　孙冬柏　孙景宏　吴爱祥　何　进　何民庆　宋　波
张　颖　张卫冬　张欣欣　张学记　罗维东　金龙哲　彭庆红
臧　勇　薛庆国　戴井岗　戴淑芬

常务委员会委员：（共10人，以姓氏笔画为序）

王　戈　王维才　权良柱　孙冬柏　吴爱祥　何民庆　张欣欣
罗维东　薛庆国　戴井岗

书　记：罗维东

副书记：权良柱　戴井岗　薛庆国

中共北京科技大学纪律检查委员会组成人员名单

委　员：（共13人，以姓氏笔画为序）

王小力　曲　雁　刘　立　杨　平　张俊燕　张敬源　季淑娟
赵　雨　贾水库　曹光远　章东辉　韩　经　戴井岗

书　记：戴井岗

副书记：曲　雁　章东辉

《北京科技大学章程》经教育部核准正式发布

大学章程制定工作是《国家中长期教育发展和改革规划纲要》对高校提出的重大任务，也是高校建设现代大学制度、推进依法治校的有效抓手。经过2年的努力，学校顺利完成章程起草工作，并经教育部高等学校章程核准委员会评议和教育部2015年第3次部务会议审议通过，教育部于2015年3月11日签发《中华人民共和国教育部高等学校章程核准书〔第48号〕》，正式核准《北京科技大学章程》，并于4月8日通过教育部网站发布。

大学章程上承国家教育法律法规，下启学校规章制度，既是规范高校与政府、社会及内部关系的准则，又是大学治理结构的基础，在大学制度体系中处于统领地位，被称作大学的“宪法”。做好章程建设工作，对于落实和扩大学校办学自主权，促进学校科学管理，提高办学水平，适应社会需求和应对国际竞争具有重要意义。

学校党委高度重视章程建设工作，专门成立了由校领导和相关部门主要负责人组成的章程建设领导小组，以及由分管校领导和党委办公室、校长办公室、学科发展与规划办公室、高等教育研究所等单位相关人员组成的章程建设工作组。整个章程建设工作自2012年11月正式启动以来，历时2年多。主要分四个阶段：①启动研究阶段（2012年11月至2013年5月）。学校制订发布《北京科技大学章程制定实施方案》（校发〔2012〕64号），明确章程建设的指导思想、组织领导和具体的路线图、时间表。②专项推进阶段（2013年6月至2014年3月）。章程建设工作组通过参加学习培训，开展专题研究，不断明确思路，达成共识，形成《章程（征求意见稿）》。③意见征询阶段（2014年4～10月）。将《章程（征求意见稿）》提交校内外相关群体进行意见征询，在此基础上经修改完善提交学校教职工代表大会讨论。④审定核准阶段（2014年10月至2015年4月）。2014年10月27日，《章程（草案）》分别经学校校长办公会、党委常委会审议通过。11月4日，中共北京科技大学第十届委员会第34次全体会议审定通过《章程（送审稿）》，经校长签发报送教育部。2015年1月26日，教育部向学校发送《关于请确认高等学校章程修改稿的函》。2月2日，学校经过一周的复核、确认，经校长签发向教育部回复《高等学校章程确认单》。《章程（核准稿）》于4月8日通过教育部网站正式发布。

《北京科技大学章程》分为序言和正文两大部分。序言部分载明学校历史发展脉络、文化精神和办学愿景。正文部分包括总则，办学功能与形式，教职工与学生，管理体制与组织机构，教学科研机构与附属机构，经费、资产、后勤，学校与社会，学校标识，附则等9章，共计74条，九千余字。

《北京科技大学章程》核准发布，是学校推进依法治校进程上一件非同寻常的大事。作为北京科技大学历史上第一部章程，尽管可能或多或少存在不足，但仍然具有里程碑式的意义。《章程》注重挖掘内涵、凝练传统、促进改革，在内容上努力彰显“北科特质”。一是注重将学校的特色办学理念和经验加以制度性固化，明确了学校的钢铁行业背景、办学定位与发展愿景、人才培养特色等。二是注重将学校的办学自主权和基本治理结构加以明确。完善治理结构，明确学校与举办者的权利义务关系，坚持党委领导下的校长负责制，划分行政与学术权力界限，推进民主管理，鼓励社会参与。三是注重为学校未来推进依法治校和实施整体改革奠定制度基础，既充分确立章程在学校制度体系中的龙头地位，又对改革留有空间，体现出必要的导向性，为学校未来发展提供了制度依据和基本遵循。

附　录

北京科技大学章程

序言

北京科技大学的历史渊源可追溯至1895年北洋西学学堂创办的中国近代史上第一个矿冶学科。1952年，学校由天津大学、清华大学、唐山铁道学院、山西大学、北京工业学院、西北工学院等高校的部分系科组建而成，名为北京钢铁工业学院，是新中国建立的第一所钢铁工业高等学府。1960年，更名为北京钢铁学院，并被批准为全国重点高等学校；1988年，更名为北京科技大学。1997年，被确定为国家“211工程”重点建设高校。学校原隶属于冶金工业部，1998年划转教育部直属，同年，北京冶金管理干部学院并入。学校目前已发展成为一所具有鲜明行业特色的多科性研究型大学。

建校以来，学校以“钢铁强国、科教兴邦”为使命，积淀了“学风严谨、崇尚实践”的优良传统，熔铸了“求实鼎新”的精神品质，培养了大批优秀人才，为经济社会发展和行业科技进步作出了巨大贡献，赢得了“钢铁摇篮”的社会美誉。

面向未来，学校秉持“以人为本”的办学理念和“特色化、精品化、国际化”的办学思路，以探求真理、培育栋梁、造福社会、传承文明为己任，主动投身于民族复兴和人类文明进步，努力建成一所大师群集、英才辈出、兼容并蓄、特色突出的高水平研究型大学。

第一章　总则

第一条　为明确学校的法律地位，建立现代大学制度，保障学校依法办学、自主管理和科学发展，根据《中华人民共和国教育法》《中华人民共和国高等教育法》《高等学校章程制定暂行办法》等法律法规，制定本章程。

第二条　学校名称为北京科技大学，简称北科大、北京科大，英文全称为University of Science and Technology Beijing，英文缩写为USTB。

第三条　学校法定住所为北京市海淀区学院路30号。学校的网址为http://www.ustb.edu.cn。

第四条　学校为全日制普通高等学校，由国家举办，主管部门为国务院教育行政部门。

第五条　学校举办者和主管部门依法依规，审核学校发展规划，监督和规范办学行为，任免主要负责人，考核、评估办学水平和办学质量，决定学校合并、分立、终止等事项，行使调整配置教育资源等职权。

学校举办者和主管部门保障学校行使办学自主权，保障学校开展以人才培养为中心的各项办学活动，保障学校办学经费和办学条件，为学校的发展改革提供必要的政策支持，履行法律规定的其他义务。

第六条　学校是为国家和社会培养人才的非营利性事业组织，具有独立法人资格。学校依法享有办学自主权，独立承担法律责任，不受任何组织和个人的非法干涉。

第七条　学校全面贯彻党和国家的教育方针，坚持社会主义办学方向，遵循高等教育规律，以人才培养为中心，以师生为根本，开展教育教学、科学研究、社会服务和文化传承创新，实施高等教育。

第八条　学校坚持育人为本、德育为先、能力为重、全面发展的教育理念，培养人格健全、专业过硬，具有高度社会责任感、宽广国际视野、突出实践能力、深厚人文底蕴的高素质专门人才和拔尖创新人才。

第九条　学校实行中国共产党北京科技大学委员会领导下的校长负责制。校长是学校的法定代表人。

第十条　学校坚持依法治校、学术自由、教授治学、民主管理、社会参与，完善现代大学治理体系。

第十一条　学校依法依规，根据发展需要和科学高效的原则，自主确定校内机构设置、岗位配备和管理办法，自主选聘和管理教职工、评聘职务职级、制定薪酬体系和相关福利待遇。

第二章　办学功能与形式

第十二条　学校以全日制本科生和研究生学历教育为主，同时开展其他类型教育。

第十三条　学校根据社会需求、办学条件、国家政策和国家核定的办学规模，制订招生方案，自主调节学科专业招生比例。依法自主确立和调整招生的标准和条件，建立多样化选才体系，按照公平、公正、公开和择优选拔的原则招录学生。

第十四条　学校根据国家战略和学校发展，依法自主设置和调整学科专业，确定人才培养标准，制订培养方案，开展课程和教材建设，组织实施教学活动。依法自主调整具体修业年限，建立教学质量评估保障体系。

第十五条　学校依法对符合毕业条件的学生颁发毕业证书，对符合学士、硕士及博士学位授予条件的申请者授予相应的学位。

学校根据国家相关规定，可向为社会发展和人类文明进步作出突出贡献的卓越的学者或者著名的社会活动家授予名誉博士学位。

第十六条　学校面向科学前沿、国家重大战略需求、行业进步、区域经济和社会发展需要，开展自然科学、技术科学、哲学社会科学研究，推动知识创新和技术创新。

第十七条　学校利用自身优势和办学条件，通过多种方式主动为国家和地方经济建设、政治建设、文化建设、社会建设、生态建设提供服务和支持。

第十八条　学校以社会主义核心价值观为引领，积极发挥文化育人作用，建设特色大学文化，推进文化传承创新，为增强中华文化国际影响力和推动人类文明进步作出贡献。

第十九条　学校推进国际化战略，引进国外优质教育资源，积极开展中外合作办学、留学生教育、国际科技文化交流等国际教育合作。学校可根据发展需要依法开设境外办学点，扩大国际影响力。

第三章　教职工与学生

第二十条　学校坚持以人为本，尊重和保障师生员工本校各项规章规定及与本校合同约定的权利。

学校的师生员工应依法、依规、依约履行相应义务，维护本校声誉和利益，经学校批准方可对外代表学校签订合同（协议），或以学校师生员工身份及其他职务身份签订与学校利益相关的合同（协议）。

学校建立师生员工权益的保障机制、申诉机构及程序。

第二十一条　学校教职工由专职从事教学科研工作的教师、其他专业技术人员、管理人员、工勤人员等组成。学校实行合同聘任（用）制度，公开招聘教职工。

第二十二条　学校制定人事管理制度，定期对教职工进行年度和聘期考核评价，其结果作为教职工聘用、调整和奖惩的依据。

学校重视师德建设，将师德作为教师绩效评价、聘用和奖惩的首要标准。

第二十三条　教职工依法享有下列权利：

（一）按工作职责使用学校的公共资源；

（二）公平获得自身发展所需的工作机会和条件；

（三）在品德、能力和业绩等方面获得公正评价，公平获得各级各类奖励及各种荣誉称号；

（四）依照法律、法规、学校规定和合同约定，获得薪酬和福利待遇；

（五）知悉学校改革、建设和发展及关涉切身利益的重大事项；

（六）参与民主管理，对学校的工作提出意见和建议；

（七）就职务、福利待遇、评优评奖、纪律处分等事项表达异议和提出申诉；

（八）法律、法规、规章规定和合同约定的其他权利。

第二十四条　教职工应履行下列义务：

（一）忠诚教育事业，履行岗位职责，完成岗位任务，勤奋尽职工作；

（二）遵守学校规章制度和学术道德规范，尊重学术自由，提高思想政治觉悟、教学科研水平、管理能力和服务质量；

（三）爱校荣校，珍惜维护学校声誉，维护学校合法权益；

（四）关心爱护学生，尊重学生人格，维护学生权益，促进学生全面发展；

（五）法律、法规、规章规定和合同约定的其他义务。

第二十五条　讲座教授、兼职教授、名誉教授、客座教授、在站博士后、访问学者、进修教师等其他教育工作者，在学校工作期间，依照法律法规、学校规定和合同约定，享受相应权利，履行相应义务。

第二十六条　学生是指学校依法录取、取得入学资格、具有学校学籍的受教育者。学员是指接受非学历教育的受教育者，其权利义务由学校另行规定。

第二十七条　学生在校期间依法享有下列权利：

（一）参加教育教学活动，平等使用学校公共教育资源，根据有关规定申请转专业、辅修或选修其他专业课程，完成规定学业后获得相应的学历证书、学位证书；

（二）获得全面的素质教育，参加社会实践、志愿服务及勤工助学活动，在校内组织、参加学生社团及文化体育等活动，公平获得在国内外深造和参加学术文化交流活动的机会；

（三）在思想品德、学业成绩等方面获得公正评价，公平获得各级各类荣誉称号和奖励，申请奖学金、助学金、勤工助学和助学贷款等，获得就业创业指导服务；

（四）对学校给予的处分或者处理有异议，向学校、教育行政部门提出申诉，对学校、教职工侵犯合法权益的行为提出申诉或依法提起诉讼；

（五）知悉关涉个人切身利益的事项，参与民主管理，对学校的办学、管理和服务等工作提出意见和建议；

（六）法律、法规、规章规定的其他权利。

第二十八条　学生在校期间应履行下列义务：

（一）遵守学校各项管理制度，珍惜学校名誉，维护学校利益；

（二）遵守行为规范，养成良好的思想品德和个人修养；

（三）恪守学术道德，尊敬师长，努力

学习，完成学业；

（四）按规定缴纳学费等费用，爱护并合理使用教育设备和生活设施；

（五）法律、法规、规章规定的其他义务。

第二十九条　经学校同意，学生可以依法申请组建成立学生社团，学生社团在学校领导和管理下依法开展符合其宗旨的活动。

第四章　管理体制与组织机构

第三十条　中国共产党北京科技大学委员会（以下简称学校党委）是学校的领导核心，统一领导学校工作，支持校长依法独立负责地行使职权。学校党委的主要职责是：

（一）宣传和执行党的路线方针政策和决议，坚持社会主义办学方向；

（二）加强学校党组织的思想建设、组织建设、作风建设、制度建设和反腐倡廉建设；

（三）领导学校的思想政治工作和德育工作，维护学校安全稳定，促进和谐校园建设，加强大学文化建设；

（四）保证依法治校，审议确定学校基本管理制度，讨论决定学校改革发展稳定以及教学、科研、行政管理中的重大事项；

（五）讨论决定学校内部组织机构的设置及其负责人的人选，加强领导班子建设、干部队伍建设；

（六）讨论决定学校人才工作规划和重大人才政策，创新人才工作体制机制，优化人才成长环境，统筹推进人才队伍建设；

（七）领导学校的工会、共青团、学生会、研究生会等群众组织和教职工代表大会，做好统一战线和老干部工作；

（八）党内法规及有关规定明确的其他职责。

第三十一条　学校党委由中国共产党北京科技大学党员代表大会选举产生，对其负责并报告工作，每届任期5年。党委全体会议（以下简称全委会）闭会期间，由其选举产生的常务委员会（以下简称常委会）行使其职权，领导学校工作。

学校党委坚持民主集中制原则，实行“集体领导、民主集中、个别酝酿、会议决定”的议事和决策基本制度。学校党委制订全委会、常委会议事规则，由党委书记定期主持召开会议。

第三十二条　中国共产党北京科技大学纪律检查委员会是学校的党内监督执纪机关，由学校党员代表大会选举产生，每届任期5年，在学校党委和上级纪委的领导下工作，检查党的路线、方针、政策、决议及学校重大决策的执行情况，协助党委加强党风廉政和组织协调学校的反腐倡廉建设工作，保障和促进学校各项事业健康发展。

第三十三条　校长是学校的主要行政负责人，根据国家有关规定产生，每届任期5年。其主要职权是：

（一）组织拟订和实施学校发展规划、重大教学科研改革措施、重要办学资源配置方案，组织制订和实施具体规章制度和年度工作计划；

（二）组织教学、科学研究、社会服务、文化传承创新、思想品德教育和国际交流合作；

（三）拟订内部组织机构的设置方案，推荐副校长人选，按干部工作权限任免内部组织机构的负责人；

（四）负责教师队伍建设，聘用与解聘教职工，负责学生学籍管理并实施奖励或者处分，开展招生和就业工作；

（五）拟订和实施重大基本建设、年度经费预算等方案，加强财务管理和审计监督，保护和管理校产，维护学校的合法权益；

（六）做好学校安全稳定和后勤保障工作；

（七）尊重和维护学术委员会的地位，

支持其履行职权，保障其决议的执行，向党委报告重大决议执行情况，向教职工代表大会报告工作；

（八）法律、法规规定的其他职权。

第三十四条　校长办公会是学校的行政决策议事机构，是校长行使职权的基本形式。校长办公会成员包括校长、副校长、总会计师、校长助理等，党委书记、副书记、纪委书记可视情况参加。会议根据其议事规则，由校长定期召集并主持召开，按照集体讨论、校长决定的原则，讨论处理学校行政工作中的重要事项。

第三十五条　校务委员会是学校咨询机构，对学校的事业发展规划、重大改革措施、学科专业建设、师资队伍建设、校园建设等重大事项，提出咨询意见和建议。校务委员会成员由学校的院士代表、教授代表、领导班子成员、离退休校领导代表、基层单位负责人代表、民主党派及无党派人士代表、教师和学生代表等组成，主任委员由学校党委书记担任。校务委员会根据其章程的规定组建并履行职责。

第三十六条　学校尊重和保障教师、学生在教学、研究和学习方面享有学术自由，依法设立学术委员会、学位评定委员会、教学委员会、专业技术职务评审委员会等学术组织，管理和协调学校学术事务。学校依法保障学术组织行使学术权力，维护学术活动的独立性。

各学术组织具体组成原则、负责人产生办法、运行机制和监督机制等，依照各自章程或规定执行。

第三十七条　学术委员会是学校最高学术机构，其主要职责是：依照有关法律、规章，负责学术事务审议、决策，学术水平评价，学术咨询，学术不端行为调查和学术纠纷裁决等。

学术委员会由学校各学科、专业教授推荐选举的委员和校长直接聘任的委员（不超过委员总数的1/5）组成，委员人数为不少于21人的单数，设主任1名，副主任若干名，每届任期4年，连续任职不超过2届。校长不担任学术委员会主任。

学术委员会可以根据需要，在学院或独立建制的教学科研机构设置分委员会或者委托教授会承担相应职责。

第三十八条　学位评定委员会是依法负责学校学位管理的机构，其主要职责是：研究生教学工作咨询、审议、决策，学士、硕士、博士学位的授予及撤销，新增研究生导师的审核及决定，学位授权点设置、评估、调整工作的审核及决定等。

学位评定委员会委员人数为不少于21人的单数，设主席1名，副主席若干名，每届任期4年。校学位评定委员会根据需要在学院或独立建制的教学科研机构设置分委员会，并授权其组织学院有关学科的学位论文答辩委员会。学位论文答辩委员会审查学位论文、组织答辩，就是否授予学位提出意见。校学位评定委员会负责监督并作出最终学位授予决定。

第三十九条　教学委员会是学校本科教学工作重要问题审议和指导的专门机构，其主要职责是：本科教学工作咨询，重要教学事务审议或决策，教风和学风建设等。

教学委员会委员人数为不少于15人的单数，设主任委员1名，副主任委员2名，每届任期4年。

第四十条　专业技术职务评审委员会是学校专业技术职务评聘决策机构，其主要职责是：根据专业技术职务的任职条件、标准等对申报人进行评议，审定其专业技术资格。

专业技术职务评审委员会委员人数为不少于15人的单数，设主任1名，副主任2名，每届任期4年。

第四十一条　学校教职工代表大会（以下简称教代会）是全校教职工参与学校民主

管理和监督的重要组织形式。其主要职权是：审议学校章程及章程修改草案；听取校长工作报告，讨论审议有关学校发展的重大改革方案和重大问题，提出意见和建议；审议学校年度财务报告；审议与教职工权益有关的重大改革方案、重要规章制度等；审议提案办理情况报告；评议、监督学校各级领导干部等。

教代会主席团是教代会的常设领导机构，于教代会闭会期间代为行使职权。学校工会为教代会的工作机构，负责具体日常工作。

学校教代会可下设二级教代会，具体设立办法、议事规则及职权另行制定。

第四十二条　学校学生代表大会和研究生代表大会是全校学生在校党委领导、校团委指导下行使民主权利和参与学校民主管理的基本形式，其主要职权是：审议学生会、研究生会工作报告及提案办理情况报告，选举产生新一届学生会、研究生会委员会，制订及修订学生代表大会和研究生代表大会章程，讨论与学生切身利益有关的重大事项，开展学生代表提案工作，对学校工作提出意见和建议等。

学生代表大会和研究生代表大会定期召开，闭会期间分别由北京科技大学学生会和研究生会代为行使职责。

第四十三条　学校依法设置工会、共青团等群众组织。各群众组织在学校党委的领导下履行职责，参与学校民主管理。

第四十四条　校内各民主党派和其他群众组织依照各自章程开展活动，参与学校民主管理。

第四十五条　学校根据需要设置学科建设、人才工作、招生、学生工作、国际交流等专门委员会或领导小组。各组织机构根据学校授权及各自章程履行职责。

第五章 教学科研机构与附属机构

第四十六条　学校根据人才培养和学科建设的需要设置若干学院（系）、研究院（所、中心）等教学科研机构。

教学科研机构的设立、变更或撤销须经过充分论证，校学术委员会评估后，报校长办公会审议，并提交学校党委会审定。

经学校批准，学校下属机构方可代表学校或以学校机构名义对外签订合同（协议）。

第四十七条　教学科研机构是学校开展教学科研活动的主体。学校本着事权相宜和权责一致的原则，规范有序地赋予其相应的管理权力，指导和监督其相对独立地自主运行。

第四十八条　学院的职责和职权是：组织制订实施本单位发展规划、年度工作计划，组织制定实施本单位行政规章制度细则，组织本单位教学、科学研究、社会服务、思想品德教育和国际交流合作，组织制订本单位内部组织机构的设置方案，负责本单位教职工和学生管理工作，组织制订实施本单位年度经费预算方案，筹措经费，保护和管理由本单位使用的校产，维护学校的合法权益，尊重和维护本单位学术委员会（或教授会）、教职工代表大会的地位，支持其履行职责，保障其决议的执行，行使学校赋予的其他职权。

第四十九条　院长是学院的行政负责人，采取竞聘、选举或任命等方式产生，实行聘任制，每届任期4年，连续任职一般不超过2届。院长受校长委托全面负责学院的学科建设、教学科研、队伍建设、行政管理、对外交流与合作等日常工作，落实学术分委员会（或教授会）决定的学术事项。院长定期向校长和学院教代会报告工作。

第五十条　学院根据工作需要和党员人数，经学校党委批准，设置学院党的委员会或总支部委员会。学院党委（总支部）书记全面负责学院党委（总支部）的工作。学院党委（总支部）的主要职责是：领导学院的思想政治和党建工作，保证党和国家的路线方针政策及学校的决定在学院的执行，支持学院行政领导班子和负责人在其职责范围内独立负责地开展工作。

第五十一条　学院党政联席会议是学院重大事项的决策机构。会议依照其议事规则定期召开，讨论决定学院发展运作的各项重要事务。会议议题由学院党政主要领导研究确定，会议原则上由院长主持。

第五十二条　学院可根据需要设立教授会。教授会是学院重大事项咨询与学术事项决策机构，其主要职责是：审议学院发展规划、工作计划、重大发展事项等，对学院整体工作提出咨询意见；推荐院长人选；选举学院学术组织人选，根据实际情况，可代行相关学术组织职能；监督学院行政班子和学术组织工作。教授会根据相关规定组建并履行职责，原则上由教授组成，设主任1名。主任由院长提名或教授代表联名推荐，选举产生。

第五十三条　具有独立建制的教学中心、科研中心、工程中心、重点实验室等，以及根据有关规定由学校授权设立相应级别的教学科研机构，享有与学院同等的权利，履行相应义务，参照本章程对学院的相关规定开展工作。

第五十四条　学校设立公共服务机构，根据学校授权和相关规章制度履行服务职能，为教职员工和学生提供图书管理、档案管理、网络信息、后勤保障、医疗卫生等服务。

第五十五条　学校附属的具有独立法人资格的单位，依法按学校规定实行相对独立的运营和管理。学校对投资入股的单位，依法履行监管职责，保障学校合法权益。

第六章　经费、资产、后勤

第五十六条　学校的经费来源以财政拨款为主，其他收入为辅。学校积极拓展办学经费来源渠道，筹措事业发展资金，增加办学资源。

第五十七条　学校实行统一领导、集中核算、分级管理的财务管理体制，建立健全经济责任制度、财务管理制度和审计监察制度，控制财务风险，保证资金运行安全。

学校实行校、院两级预决算报告制度，依法、依规公开财务信息。

第五十八条　学校坚持勤俭办学，依法依规自主使用经费，提高资金使用效益，建设节约型校园。

第五十九条　学校建立健全资产管理制度，依法对占有、使用的国有资产进行自主管理，在确保资产安全和完整的基础上，优化资源配置，提高资源使用效率。

学校保护并合理利用学校及与学校密切相关的名称权、名誉权、荣誉权和知识产权等其他无形资产。

第六十条　学校完善后勤管理和服务体系，加强基础设施建设，为教职工和学生的学习、工作和生活提供优质、高效的服务和保障。

第六十一条　学校建立和完善校园安全及突发事件应急处理机制，维护校园和谐稳定。

第七章　学校与社会

第六十二条　学校设立理事会。理事会是学校面向社会、开放办学的咨询议事机构，其主要职责是：为学校的重大决策提供咨询、建议、指导和监督，促进学校与社会建立广泛联系与合作，拓展学校办学资源，支持学校事业发展。

理事会由热心学校教育事业，关心、支持学校建设发展的企事业单位、政府部门、社会团体代表及各界知名人士、校友代表组成，依法根据其章程开展活动。

第六十三条　学校设立校友总会，依法根据其章程开展活动。

校友是指曾在学校登记注册的师生员工，获得过学校荣誉职衔的人士，以及经校友会理事会批准获得校友会会员资格的机构、团体和个人等。

学校以多种方式联系和服务校友，为校友的继续教育提供便利，鼓励校友参与学校的建设和发展。向对国家和学校发展作出突出贡献的校友，授予荣誉称号或设志纪念。

第六十四条　学校依法注册成立教育发展基金会。基金会通过吸收接纳境内外社会各界各种形式的捐赠、募集资金等方式，增加学校办学资源，依法根据其章程开展活动。

学校根据捐赠方的意愿，在广泛听取意见后，经校长办公会议审定，对特定校内机构、建筑物、道路或景观等予以命名或铭文纪念。

第六十五条　学校与外界缔结协议联合设立的组织机构，根据协议依法开展合作办学、协同创新、技术开发、教育实践等活动。

第六十六条　学校遵循公正、公平、便民的原则，实行信息公开制度，主动接受举办者、师生员工、社会公众的监督和评价。

第八章　学校标识

第六十七条　学校校训是“求实鼎新”。

第六十八条　学校校标是由两个同心“北科蓝”圆环构成的图案。外环由北京科技大学中英文名称和建校年份“1952”组合而成，内环以“青铜鼎”为主体造型，鼎身以小篆书写“求实鼎新”。

第六十九条　学校校徽包括徽志和徽章。学校徽志为圆形，以校标为图案。学校徽章为题有校名的长方形证章。

第七十条　学校校旗为长方形旗帜，长宽比为3:2，中央印有校标和规定字体的校名。

第七十一条　每年的4月22日为学校校庆日。

第九章　附则

第七十二条　本章程的制定和修订经学校教代会讨论、校长办公会审议、党委会审定，报国务院教育行政部门核准。经核准，自发布之日起生效。

章程的修订须由学校教代会1/5以上代表提议，校长办公会根据形势发展需要也可启动修订程序。

第七十三条　本章程生效后制定的学校规章制度，不得与本章程相抵触。本章程生效前制定的学校规章制度有存在不一致的，以本章程为准。

第七十四条　本章程由学校党委负责解释。

学 校 概 况

北京科技大学概况

北京科技大学于1952年由天津大学（原北洋大学）、清华大学等6所国内著名大学的矿冶系科组建而成，现已发展成为以工为主，工、理、管、文、经、法等多学科协调发展的教育部直属全国重点大学，是全国首批正式成立研究生院的高等学校之一。1997年5月，学校首批进入国家“211工程”建设高校行列。2006年，学校成为首批“985工程”优势学科创新平台建设项目试点高校。2014年，学校牵头的以北京科技大学、东北大学为核心高校的“钢铁共性技术协同创新中心”成功入选国家“2011计划”。

建校六十多年来，学校逐步形成了“学风严谨，崇尚实践”的优良传统，为社会培养各类人才20万余人，大部分已成为国家政治、经济、科技、教育等领域尤其是冶金、材料行业的栋梁和骨干。党和国家领导人罗干、刘淇、徐匡迪、黄孟复、范长龙、郭声琨、刘晓峰等都曾在校学习，另有38名校友当选为中国科学院或中国工程院院士，一大批校友走上了省长、市长的领导岗位，一大批校友担任宝钢、鞍钢、武钢、中铝、神华、新兴际华等国家特大型企业的董事长或总经理。学校被誉为“钢铁摇篮”。

学校位于高校云集的北京市海淀区学院路，占地约80.39万平方米（包括管庄校区），校舍建筑总面积97万平方米（包括管庄校区）。学校现有1个国家科学中心，2个国家重点实验室，2个国家工程（技术）研究中心，2个国家科技基础条件平台，1个国家级国际联合研究中心，44个省、部级重点实验室、工程研究中心、国际合作基地、创新引智基地等。特别是2007年，学校作为第一所教育部直属高校牵头承担了国家重大科技基础设施项目——重大工程材料服役安全研究评价设施，并负责筹建国家材料服役安全科学中心。图书馆藏书超过203万册。定期出版《工程科学学报》《北京科技大学学报（社会科学版）》及*International Journal of Minerals, Metallurgy and Materials*和《思想教育研究》《物流技术与应用》《金属世界》《粉末冶金技术》等重要学术刊物。

学校由土木与环境工程学院、冶金与生态工程学院、材料科学与工程学院、机械工程学院、自动化学院、计算机与通信工程学院、数理学院、化学与生物工程学院、东凌经济管理学院、文法学院、马克思主义学院、外国语学院、高等工程师学院，以及研究生院、体育部、管庄校区、天津学院、延庆分校组成。现有18个一级学科博士授权点，73个博士学科点，121个硕士学科点，另有MBA（含EMBA）、MPA、法律硕士、会计硕士、翻译硕士和20个领域的工程硕士专业学位授予权，16个博士后科研流动站，48个本科专业。学校冶金、材料、矿业、科技史4个全国一级重点学科学术水平蜚声中外（据教育部一级学科评估结果，科技史排名全国第一，冶金、材料第二，矿业第三）；安全、机械、热能等学科享有盛誉；控制、力学、计算机、物理、化学、管理、思想政治教育等一批学科具有雄厚实力；一批新兴学科，如环境工程、通信工程、电子信息等焕发出勃勃生机。

2015年底，全日制在校生2.4万余人，其中本科生13339人，专科生249人，各类研究生9912人（其中硕士生6951人、博士生2961人），外国留学生850人；成人教育学院学生5946人，远程教育学生32987人。在站博士后233人。已形成研究生教育、全日制本专科、高职教育、成人教育、继续教育和远程教育多层次、较完整的人才培养体系。

学校拥有一支治学严谨的师资队伍。教职工总数3360人，具有正高级专业技术职务的教职工464人，具有副高级专业技术职务的教职工744人，其中专任教师1780人。现有中国科学院院士4人，中国工程院院士4人（双聘1人），国务院学位委员会委员1人，国务院学位委员会学科评议组成员5人，国家“973”项目首席科学家3人，国家“千人计划”（含“青年千人计划”）入选者12人，国家级有突出贡献专家15人，省部级有突出贡献专家13人，“长江学者奖励计划”特聘教授15人，讲座教授4人，青年学者1人，国家杰出青年科学基金获得者18人，国家级教学名师2人，国家“百千万人才工程”人选18人，“万人计划”青年拔尖人才3人，国家优秀青年科学基金获得者7人，北京市教学名师26人，教育部跨世纪/新世纪优秀人才107人。

学校的科研实力十分雄厚。1978～2015年12月底，共申请专利5310余项，授权专利2943项；有2000余项科研成果获国家、省、部委级等各种奖励，其中国家级奖励165项。1999年教育部编辑的《中国高等学校科技50年高校获奖重大成果一览表》中收录北京科技大学12项重大科研成果，在全国高校中名列前茅。据教育部统计，1978～2011年，学校获国家科技进步一等奖4项，列全国高校第四。近几年学校“大型深凹露天矿安全高效开采关键技术研究”“流射沸腾冷却强化多功能淬火控冷装备与工艺开发及创新”“钢铁材料及制品大气腐蚀数据积累、规律和共享服务”“宽带钢热连轧生产成套关键技术与应用”“复杂破碎条件下露天－地下联合高效开采关键技术”“特低渗透油藏有效开发渗流理论和开发方法研究及应用”“大型铝合金型材挤压成套工模具设计制造技术与应用”“高性能铜铝复合材料连铸直接成形技术与应用”“大型深采矿山资源开发风险防控关键技术与应用”等大批科研成果在国民经济建设中发挥了重要作用，获得了巨大的经济效益和社会效益。据2015年发布数据，2014年学校师生发表论文被SCIE和EI收录数量分别居全国高校第32位和17位。

学校不断拓展社会服务领域和发展空间，与国内207个省市区政府、大型企事业单位签署了全面合作协议。同时，学校瞄准世界前沿，加强国际合作，先后与德国亚琛工业大学、美国橡树岭国家实验室、英国牛津大学等170多所著名大学和科研机构建立了合作关系，并开展了实质性的合作。

以培养社会主义现代化事业的建设者和接班人为根本任务，学校注重学生综合素质的培养和提高。学校学生在历年国家及北京市的各种竞赛中多次获得殊荣，特别是学校每年被评为全国高校社会实践先进单位，学生代表队在全国第一至六届机器人电视大赛中稳居前三甲，两次获得冠军，于2005年参加亚太地区大学生机器人大赛获得亚军，首批入选“小平科技创新团队”。学生原创校史话剧《燃烧》《绽放》等先后获得校园戏剧最高奖。学校同时高度重视学生思想品德教育，努力营造培养学生爱国主义、集体主义和社会主义精神的校园文化氛围，先后被授予“北京市文明校园”“北京市党建和思想政治工作先进普通高校”及“首都文明单位标兵”等光荣称号。

学校的体育竞技水平和群众性体育活动在北京乃至全国享有盛誉，涌现出一批以李敏宽、楼大鹏为代表的国家优秀运动员、教练员和体育官员。学生田径代表队在全国及北京市高校竞赛中数度折桂；女篮代表队在北京市高校联赛中连续12次夺冠，并于2005年挺进CUBA全国八强。学校拥有约8.2万平方米的现代化体育场地。学校体育馆作为2008年奥运会、残奥会竞赛场馆，圆满完成了北京奥运会柔道、跆拳道、残奥会轮椅篮球及轮椅橄榄球4项赛事，学校体育馆团队被党中央国务院授予“北京奥运会、残奥会先进集体”荣誉称号。

今天，北京科技大学全体师生正满怀信心，迈着坚定的步伐，向着“把北京科技大学建设成为以工为主，工、理、管、文、经、法等多学科协调发展，规模适度，特色突出，国内一流，国际知名的高水平研究型大学”的目标而奋进。

附　录

2015年主要工作

2015年是国家各项事业深化改革的推进之年，也是学校“十二五”发展规划实现顺利收官的关键一年。一年来，学校在教育部、市委教育工委的正确领导下，认真贯彻学习中共十八届三中、四中、五中全会和习近平总书记系列重要讲话精神，团结带领全校广大师生员工扎实工作，推动学校各项事业取得了新的发展。

（一）统筹布局，加强谋划，全力以赴抓好各项重点工作

①成功召开了学校第十一次党代会。2015年9月28～29日，中国共产党北京科技大学第十一次代表大会在教工活动中心胜利召开。大会审议并批准了中共北京科技大学第十届委员会所作的《加强党建、深化改革，为加快建成高水平研究型大学而努力奋斗》的工作报告和中共北京科技大学纪律检查委员会向大会提交的《敢于担当、强化监督，不断提高学校党风廉政建设和反腐败工作科学化水平》书面报告。同时，大会经过无记名投票，选举产生了由25人组成的中共北京科技大学第十一届委员会和由13人组成的中共北京科技大学纪律检查委员会。

②完成《北京科技大学综合改革方案》起草报备。学校于2015年年初成立综合改革领导小组。经过半年多的调研，最终确立了综合改革“明确道路方向，建立大学制度，坚持师生为本，强化自律约束”的指导思想，以及“现代大学制度、师资队伍建设与人事制度、学科建设与人才培养、科学研究与成果转化、资源配

置”五个方面38项改革任务。《综合改革方案》已完成向国家教育体制改革领导小组办公室的报备，学校正在稳步推进具体分工和实施相关工作。

③科学谋划、稳步推进学校“十三五”发展规划。学校于2015年5月启动“十二五”总结和“十三五”规划的编制工作。学校计划在2016年寒假党委扩大会上对《规划》（审议稿）进行审议讨论，在2016年正式完成《规划》的制订、报备工作，并着手开始实施。

④深入推进《北京科技大学章程》的宣传实施工作。学校章程由教育部2015年第三次部务会议审议通过。教育部于3月11日签发《中华人民共和国教育部高等学校章程核准书〔第48号〕》，正式核准《北京科技大学章程》。《章程》发布以来，学校陆续开展了系列相关学习宣传实施活动，也以此为契机，不断完善内部治理结构，稳步推进现有规章制度的“立、改、废、释”，逐步建立健全现代大学制度体系。

（二）深化教育教学改革，人才培养质量稳步提高

2015年，学校以加强本科教学基础建设为重点，进一步巩固本科教学的中心地位。学校通过建立健全校院两级教学委员会，进一步完善了校院两级教学管理体制。顺利完成材料科学与工程、自动化和计算机科学与技术3个专业的工程教育专业认证工作。年内，新增研究型教学示范课29门、全英文教学示范课6门、素质教育核心课13门。“北科大MOOCS平台”已有《物理化学》和《电子技术实习》两门课程开始建设。

学生学业水平进一步提升。全校本科生科技创新项目共立项575项，参与学生2533人次。组织6798名学生参加各类竞赛40项，其中省部级以上获奖人数838人次。至年底，在校本科生13339人，离校本科生3318人，录取本科新生3353人。2015年，学校整体就业率为97.82%，其中研究生就业率为99.52%，本科生就业率为96.41%。

研究生培养方面，学校为优化研究生培养结构，规范研究生培养过程，提高研究生培养质量，稳步推进面向实践、突出应用的全日制专业学位培养模式改革。结合学校博士研究生招生新形势和学校发展需要，全新制定全日制研究生招生计划分配办法。实施“学士直攻博”研究生五年一贯制培养模式，建立起博士研究生质量保障体系。

2015年内，成人高等教育、继续教育和国际合作教育稳步开展，远程教育和成人教育在校生规模为38933人。国际学院加强了与日本、美国、英国等多个国家的合作交流，合作项目进展顺利。

（三）大力推进人才振兴工程，师资队伍建设成绩显著

学校坚持以人才为本的理念，结合学科建设和师资队伍建设实际，继续推进人才强校战略。年内，谢建新教授当选中国工程院院士，新增“千人计划”1人、“长江学者”2人、“国家杰青”1人、科技部“创新人才推进计划”中青年科技领军人才2人、国家“百千万人才工程”3人、“万人计划”青年拔尖人才2人、“国家优青”2人、北京市教学名师2人。

学校继续推进岗位分类管理，完善岗位聘任及专业技术职务晋升机制。2015年，全校共109人晋升了职务，其中21人晋升正高职务，52人晋升副高职务。此外，学校细化分类管理的具体内容，针对教师特点，对教学、教学科研、科研和思想政治教育4种类型提出了不同的侧重点，引导和促进教师各尽所能，获得职业生涯发展通道。学校进一步规范非事业编制人员管理，探讨多渠道用人机制。认真做好政策研究，保障学校事业编制人员社保顺利并轨。

（四）创新科研体制机制，科研、产业再创新高

2015年，学校面对新的形势，统筹规划，合理布局，精准施策，注重质量与创新，在承担科研项目、科研经费、科研基地建设等方面取得了较大进步。2015年度，到校科研经费64306.88万元，其中纵向科研经费42450.47万元，横向科研经费21856.41万元。新增科研合同1069项，合同金额5.43亿元，其中“973”、ITER课题12项，“863”课题9项，科技支撑课题9项，国际合作课题3项，国家自然科学基金135项。

2015年，新增省部级科研基地1个。年内，学校科研成果收获颇丰，获得国家科学技术奖5项、省部级奖49项；申请发明专利589项，授权341项；申请实用新型专利108项，授权75项；2014年学校SCIE收录论文1445篇，排名第32位；EI收录论文1911篇，排名第17位；SCI学科影响因子前1/10的论文126篇，排名第51位。新材料技术研究院腐蚀学科的李晓刚教授带领的研究团队，在*Nature*发表了学术论文，实现了学校在国际顶级学术刊物发表论文“零的突破”。

2015年，科技产业按照学校综合改革的总体部署，始终坚持以理顺投资企业产权关系为重点，促进科技产业健康发展。年底，学校科技产业全口径统计企业共有48家，投资企业共实现总产值9.53亿元，实现净利润7792.70万元。

（五）加强国际合作与交流，国际化办学进程加快推进

2015年，学校以“创新模式、高端推进、务求实效、深化服务”为指导思想，积极构建国际合作交流战略格局，不断强化国际化人才培养能力。在国际合作中，学校推进“鼎新北科”计划，推动与加拿大英属哥伦比亚大学等11所高校/机构新签合作协议。学校积极推动与康奈尔大学共建联合医学院，该合作被列为第六轮中美人文交流高层磋商联合成果之一。创新与港澳台高校合作模式，重点推动成立学术联盟，与台北科技大学等3所台湾高校及华中科技大学、湖南大学等5所大陆高校共同发起成立两岸创新创业大学联盟，进一步加强校际资源共享与合作。

2015年，学校共执行各类海（境）外学习项目85项，派出人数612人，拥有海（境）外学习经历的学生比例为18.6%。新执行高水平海外学习项目10项。推动学生双向交流，设计并实施“Open Lab短期研修实习项目”“创新与设计暑期学校”，国外高校学生来校进行长期实验室研修和学习人次创历年新高。2015年，学校的声誉和社会影响力大幅提升。在进入世界四大大学排行榜的大陆高校中，北京科技大学在QS世界大学排名26，在THE世界大学排名33，在US News世界大学排名44，在上海交大两岸四地大学排名30。

（六）加强对学生的教育和管理，全面推进素质教育

学校以培育和践行社会主义核心价值观为统领，以学生党建和思想政治教育为龙头，以辅导员队伍建设为保障，以创建优良学风、促进素质教育为目标，以科学管理、优质服务为途径，强化思想引领，突出学风建设，体现多维关爱，注重协同创新，为学生健康成长和学校改革发展稳定贡献力量。

2015年，两名辅导员分别获评“第七届全国高校辅导员年度人物”和“第四届全国辅导员职业能力大赛”一等奖，实现了学校全国辅导员奖项零的突破。基层学生党支部完成红色“1+1”共建活动103个，位列北京高校首位。文法学院社工本12级党支部获得北京市示范活动一等奖。《坚持“四育一体”协同推进引导大学生积极培育和践行社会主义核心价值观》获得教育部第八届高校校园文化建设优秀成果二等奖。学校开展个人心理

咨询近3000人次，网瘾等团体咨询115场，覆盖学生1500余人次。年内，共为2111名学生办理助学贷款，累计发放1403.69万元；为3178人发放各类助学金，总金额934.5万元。

学校科技创新竞赛、社会实践和文体活动蓬勃开展。在第八届“挑战杯”首都大学生课外科技作品竞赛中获得特等奖2项并获优秀组织奖；在第十四届“挑战杯”全国大学生课外学术科技作品竞赛中获得二等奖1项、三等奖2项；在香港科技大学举办的挑战杯“智慧城市”专项赛中获得全国一等奖。以“实践绘就最美青春”为主题组织349支团队、3328名学生深入30个省、市、自治区开展社会实践活动。艺术教育取得丰硕成果，全年举办高水平文艺演出5场，组织学生走进国家大剧院20次，覆盖师生2800余人次。原创校史剧《绽放》获评北京市大学生戏剧节优秀剧目奖、优秀编剧奖和优秀舞台设计奖，大型原创舞蹈《银杏叶片》荣获北京大学生舞蹈节二等奖。学生管乐团、合唱团在全国大学生艺术展演中分别获得器乐类、声乐类一等奖。

（七）加强校园建设与综合管理，切实提高管理和服务水平

2015年，学校全口径收入预算为23.05亿元，全年实现收入24.32亿元，收入预算完成率为105.51%；全口径支出预算为22.50亿元，全年实际支出21.67亿元，支出预算完成率为95.56%,较好地实现了年初的收入预算目标，落实了支出预算执行工作。

资产管理方面，以开展实验室安全年活动贯穿全年，全方位搭建起实验室安全工作体系。同时，积极推进仪器设备共享平台建设，入网设备总量为281台（套），入网设备总量居北京第二，数据质量居全国第二。全年新增仪器设备6501台（套），价值23187.18万元；新增家具1039套，价值187.42万元；新增软件282套，价值2996.90万元。

年内，进一步改进后勤、校医院、图书馆、档案馆、社区服务，加强学校信息化建设。学校全面推进昌平创新园基本建设，为完工项目竣工验收交付使用做好前置准备。加强社区管理服务，提高校医院医务水平和图书馆综合服务质量。加强校园门户网站建设，整顿二级网站的管理与运维，完善新生一体化平台，建立起一站式信息化服务大厅，提升了管理和服务效率。

学校通过丰富校友联络服务，完善校友分会建设，不断完善校友信息收集与整理，整合与开发校友资源，努力开创校友工作新局面。年内，学校教育基金会共接受捐赠2730.11万元。

（八）深入学习贯彻十八届三中、四中、五中全会精神，提高学校党建和思想政治工作水平

2015年4月，教育部巡视组来校进行为期一个月的巡视，围绕“四个着力”方面的重点问题对学校开展监督检查工作。根据巡视反馈意见，制订了《巡视整改方案》，明确了整改的33项具体问题以及责任人和完成时限，定期向教育部反馈巡视整改落实情况。截至年底，整改落实工作已经全部按计划完成阶段性任务。

年内，学校扎实开展“三严三实”专题教育活动，通过讲党课、专题学习研讨、专题民主生活会、组织生活会等形式，推动践行“三严三实”要求制度化、常态化、长效化，努力使专题教育取得成效。学校通过不断开展专题培训教育和教职工党支部书记培训，积极做好新任处级干部及青年干部培训工作，提高党员干部教育培训的针对性和实效性。完成了15名处级干部的选拔任用工作，确定了土木与环境工程学院院长的任职，由院长提名业务副院长人选，确定了3名业务副院长的任职，指导文法学院党委

完成了换届工作。

学校进一步加强纪检、审计工作。年内，纪委监察室协助党委全面推进落实党风廉政建设主体责任，认真履行监督责任，稳步推进纪检监察工作转职能、转方式、转作风，开展重点领域制度执行情况的监督检查，深入推进学校党风廉政建设和反腐败工作。积极推进审计信息化建设，开展专项审计，在促进学校及各二级单位规范内部管理、防范经济风险、提高资金使用效益等方面发挥了重要作用。

学校充分发挥宣传阵地的主渠道作用，为学校改革发展提供强有力的思想基础、政治保证和舆论支持。全年新闻网发布新闻3015篇，浏览量149.85万人次。官方微信平台全年推送103期，发送信息396条，粉丝数量为13760人。官方微博平台全年发布微博540条，点击量452.70万人次，粉丝数量增加到42407人。

学校继续加强消防与安全生产、实验室安全、交通安全、保密与国家安全等各类安全工作,总体上确保了校园的安全稳定。校工会以教代会为平台积极推进学校民主管理建设，切实发挥了工会作为党联系群众的桥梁和纽带作用。学校继续做好统战、居委会和老干部等工作，为学校的全面发展营造良好氛围。

机构与干部

学校领导

(2015.1.1～2015.9.29)

党委书记　罗维东
校　　长　张欣欣
党委副书记　陈　曦　张文明　戴井岗
副 校 长　孙冬柏　王维才　王　戈　薛庆国　吴爱祥　何民庆
纪委书记　张文明（兼）

(2015.9.29～2015.12.31)

党委书记　罗维东
校　　长　张欣欣
党委副书记　权良柱　戴井岗　薛庆国
副 校 长　孙冬柏　王维才　王　戈　薛庆国　吴爱祥　何民庆
纪委书记　戴井岗（兼）

中共北京科技大学第十届委员会常务委员会委员名单

(2015.1.1～2015.9.29)

罗维东　张欣欣　陈　曦　张文明　戴井岗　权良柱　孙冬柏
王维才　王　戈　薛庆国　吴爱祥　何民庆

中共北京科技大学第十一届委员会常务委员会委员名单

(2015.9.29～2015.12.31)

罗维东　张欣欣　权良柱　戴井岗　薛庆国　孙冬柏　王维才
王　戈　吴爱祥　何民庆

中共北京科技大学第十届委员会委员名单

(2015.1.1～2015.9.29)

（按姓氏笔画排序）

王　戈	王　立	王维才	尹怡欣	石　岩	权良柱	曲选辉
孙冬柏	孙景宏	邱　宏	吴爱祥	何民庆	张　跃	张　群
张　颖	张文明	张欣欣	陈　曦	罗维东	祝利克	徐金梧
谢建新	薛庆国	戴井岗				

中共北京科技大学第十一届委员会委员名单

(2015.9.29～2015.12.31)

（按姓氏笔画排序）

于成文	马　飞	王　戈	王维才	尹兆华	尹怡欣	权良柱
刘杰民	孙冬柏	孙景宏	吴爱祥	何　进	何民庆	宋　波
张　颖	张卫冬	张欣欣	张学记	罗维东	金龙哲	彭庆红
臧　勇	薛庆国	戴井岗	戴淑芬			

中共北京科技大学第十届纪律检查委员会组成人员名单

(2015.1.1～2015.9.29)

（按姓氏笔画排序）

书　记　戴井岗（兼）

副书记　曲　雁

委　员　王会中　曲　雁　何柏芝　张文明　张敬源　陈雨来　涂纪明　贾水库
　　　　黄武南　曹　勇　蒋宏潮　韩　经　臧　勇　戴井岗

中共北京科技大学第十一届纪律检查委员会组成人员名单

(2015.9.29～2015.12.31)

(按姓氏笔画排序)

书　　记　戴井岗（兼）
副 书 记　曲　雁　章东辉
委　　员　王小力　曲　雁　刘　立　杨　平　张俊燕　张敬源　季淑娟
　　　　　赵　雨　贾水库　曹光远　章东辉　韩　经　戴井岗

北京科技大学第十五届工会委员会组成人员名单

(2015.1.1～2015.12.12)

(按姓氏笔画排序)

主　　席　张文明（兼）
常务副主席　贾水库
专职副主席　赵智杰　耿小红
兼职副主席　王金安　曲　雁
委　　员　万发荣　马永春　王会中　王金安　王新东　艾　茹　曲　雁
　　　　　刘明珠　米振莉　李　擎　吴豪伟　张文明　张百年　张秋曼
　　　　　武冠雄　罗明刚　赵智杰　耿小红　贾水库

北京科技大学第十六届工会委员会组成人员名单

(2015.12.12～2015.12.31)

(按姓氏笔画排序)

主　　席　戴井岗（兼）
常务副主席　贾水库
专职副主席　赵智杰　耿小红（～2015.12.21）
兼职副主席　刘明珠
委　　员　马永春　王小宁　艾　茹　朱宝善　刘　焱　刘雨芙　刘明珠
　　　　　李　芊　张百年　张武军　陈　旭　邰永红　罗明刚　赵智杰
　　　　　段晓芳　耿小红　耿倩男　贾水库　郭　强　章东辉　景志红
　　　　　曾　芳　戴井岗

工会经费审查委员会

(2015.1.1～2015.12.12)

(按姓氏笔画排序)

主　　任　涂纪明

副 主 任　孙亚东

委　　员　刘江山　孙亚东　张　涛　涂纪明　耿小红

工会经费审查委员会

(2015.12.12～2015.12.31)

(按姓氏笔画排序)

主　　任　王小力

副 主 任　孙亚东

委　　员　王小力　孙亚东　邰永红　韩伯涛　薛雨石

共青团北京科技大学第二十二届委员会名单

(按姓氏笔画排序)

书　　记　刘晓东

副 书 记　王鹂（女）　马　聪　董俊杰　徐洪业（～2015.12）　闫奎铭
杨志达（～2015.1）杜嘉庆（2015.1～）　张　剑（2015.1～）

常　　委　马　聪　王　鹂（女）　王海波　王　端（学生，～2015.5）
闫奎铭　刘晓东　张晓媛（女）　邵丽华（女）
杨志达（～2015.1）　郭东旭　徐洪业（～2015.12）崔　睿　董俊杰

学校党群系统组织机构及负责人

序号	单位	正职	副职
1	党委办公室	张卫冬	李　帅（～2015.12） 都基辉　赵　萌　郭志恒（2015.7～）
2	组织部	孙景宏	武　森
3	党校办公室	孙景宏（兼）	
4	宣传部	何　进	沈　崴　李　洁
5	统战部	张卫冬（兼）	刘　晋
6	学生工作部	于成文	丁煦生　盛佳伟　秦　涛（～2015.7） 史立伟（2015.7～）
	武装部		陈大鹏（2015.7～）
7	研究生工作部	张　颖	宗燕兵
8	保卫保密部	张卫钢（～2015.7） 刘兴德	王文刚 田　斌（综合治理办公室副主任）
9	土木与环境工程学院党委	金龙哲	陈大鹏（～2015.7）
10	冶金与生态工程学院党委	宋　波（～2015.12） 张建良（2015.12～）	张百年 王春义
11	材料科学与工程学院党委	吴春京（～2015.12） 李　帅（2015.12～）	万发荣　李　磊
12	机械工程学院党委	马　飞	张　杰　董春阳
13	自动化学院党委	尹怡欣	李　擎　景　鹏
14	计算机与通信工程学院党委	黄武南	韩伯涛　苏　栋
15	数理学院党委	邱　宏（～2015.12） 耿小红（2015.12～）	牛　珩
16	化学与生物工程学院党委	郑安阳	曾　芳　曹艳秋
17	东凌经济管理学院党委	戴淑芬	刘明珠　温　雅
18	文法学院党委	赵　雨	史立伟（～2015.7） 魏增产（兼，2015.4～）
19	马克思主义学院党总支	彭庆红	段晓芳
20	外国语学院党委	张秋曼	朱宝善 武冠雄
21	管庄校区党委	纪永先	马永春
22	高等工程师学院党总支	李京社	王小宁

续表

序　号	单　位	正　职	副　职
23	机关党委	章东辉	曲　雁（兼）
24	离退休职工党委	乔　哲	刘淑红 段凤英 胡尧和
25	后勤党委	张俊燕	艾　茹 张东平（兼）
26	科技产业集团党委	王会中	陆　钢（～2015.7）
27	体育部直属党支部	祝利克（兼）	
28	冶金工程研究院党委	陈雨来	何安瑞 米振莉
29	新金属材料 国家重点实验室党委	吕昭平（兼）	周香林
30	天津学院党委	王　斌	白　亮（兼）　孟菲菲（兼） 叶振楠
31	国家材料服役安全科学中心党总支	徐文超	
32	新材料技术研究院党委	吴春京	

学校行政机构及负责人

序 号	单　　位	正　职	副　　职
1	校长办公室	张卫冬	李　帅（～2015.12） 都基辉 赵　萌　郭志恒（2015.7～）
2	规划与学科建设办公室	乔　兰	胡晓军
3	人事处	臧　勇	蒋　韬　袁文霞　刘　伟（2015.7～）
4	教务处	薛庆国（～2015.3） 宋　波（2015.3～）	申亚男　尚新生　林　海　张　甜
5	教师（教学）发展中心	张　跃（兼，～2015.3） 薛庆国（兼，2015.3～）	薛庆国（～2015.3） 宋　波（2015.3～）
6	科学研究与发展部	刘杰民	赵冲冲　邢　奕　李　林　蔡爱惠 张　超　何新波（兼，～2015.12） 佟建国（期刊中心主任）
7	研究生院	谢建新（兼，～2015.3） 王　戈（兼，2015.3～）	吴爱祥（常务，～2015.3） 杜振民（常务，2015.3～） 韩　经（正处级） 宁晓钧　班晓娟

续表

序号	单位	正职	副职
8	财务处	曹光远（2015.3～）	曹光远（主持工作，～2015.3） 孙亚东　陈雪松
9	监察室	曲　雁	夏秀芹
10	审计室		王小力（主持工作）
11	学生工作处	于成文	丁煦生　盛佳伟　秦　涛（～2015.7） 史立伟（2015.7～）
12	学生学习与发展指导中心	于成文	盛佳伟　尚新生
13	招生就业处	尹兆华	王占奎　孙长林
14	国际合作与交流处	王　戈（～2015.3） 郭侃俊（2015.3～）	郭侃俊（～2015.3） 李　贝（2015.7～）
15	留学生中心	王　戈（～2015.3） 赵立英（2015.3～）	赵立英（～2015.3） 李宝铭
16	保卫保密处	张卫钢（～2015.7） 刘兴德	王文刚 田　斌（综合治理办公室副主任）
17	后勤基建管理处	金仁东	冯建明　仇安兵　张东平　周文海
18	资产管理处	林　林	孟兆磊
19	离退休职工工作处	乔　哲	刘淑红　刘　晋（2015.12～）
20	校友会、基金会办公室	吕朝伟（2015.7～）	吕朝伟（主持工作，～2015.7）
21	学校共青团研究中心	薛庆国（兼）	秦　涛

学校直属机构及负责人

序号	单位	正职	副职
1	后勤服务集团	张文平	孟祥国　鲍　博　张　林（～2015.11） 赵宝永（2015.11～）
2	科技产业集团	王会中（主持工作，2015.7～）	陆　钢（主持工作，～2015.7） 刘俊友　刘　焱
3	图书馆	季淑娟	王　瑜　张　涛
4	校医院	褚　洪	李素君
5	新金属材料国家重点实验室	吕昭平	林均品　张济山　隋延力　周香林
6	钢铁冶金新技术国家重点实验室	郭占成	李　晶　刘　青

续表

序号	单位	正职	副职
7	冶金工程研究院	何安瑞	米振莉　郭　强
8	新材料技术研究院	曲选辉	孙建林　李　芊　李晓刚（~2015.12） 张深根（2015.7~） 乔利杰（~2015.7）
9	广东研究院	孙冬柏（兼）	何新波（常务）
10	重大工程材料服役安全研究评价设施项目指挥部	孙冬柏（兼）	汪林兵（主持工作）　冯　强 徐文超
11	钢铁共性技术协同创新中心	徐金梧（兼）	王西涛（正处，~2015.7） 徐　科　孙彦辉
12	国家板带生产先进装备工程技术研究中心	徐金梧（兼）	杨　荃（常务）　梁治国 臧　勇（兼）　张清东（兼） 冯俊小（兼）
13	生物工程与传感技术研究中心	张学记	苏　磊　董海峰
14	科技史与文化遗产研究院	潜　伟	章梅芳　陈坤龙
15	一带一路发展研究院	张欣欣（兼）	罗　勇（执行院长）
16	中国教育经济信息网管理中心	武德昆（兼，~2015.3） 何民庆（兼，2015.3~）	高　杰（常务）　雷雪梅　杨绮雯
17	信息化建设与管理办公室	杨德斌	钱大益
18	天工科技服务有限公司	何民庆（~2015.3） 张卫钢（2015.3~）	
19	档案馆	罗明书（副处）	
20	体育馆管理中心	邹华东（副处）	
21	居民管理委员会、社区服务管理中心	杨　峰（副处）	殷官朝（副处） 李秀兰（正科）

学院行政机构及负责人

序号	单位	院长	副院长
1	土木与环境工程学院	金龙哲（主持工作，~2015.12） 王　媛（2015.12~）	纪洪广　胡乃联　李长洪　姚　俊 耿倩男 陈大鹏（~2015.7）

续表

序号	单　位	院　长	副院长
2	冶金与生态工程学院	张立峰	张建良（～2015.12）陈　骏　李宏煦 张百年 王春义
3	材料科学与工程学院	姜　勇	于广华　刘雪峰　郃永红　李　磊 杜振民（～2015.4） 王鲁宁（2015.4～）
4	机械工程学院	王　立	张　杰　夏德宏　景志红　董春阳
5	自动化学院	孙长银	胡广大　张朝晖　李　擎　陈　旭 景　鹏 刘德荣（2015.11～）
6	计算机与通信工程学院	隆克平	张晓彤　张德政　王建萍　宁焕生 韩伯涛　苏　楝
7	数理学院	王荣明	陈章华　丁红胜　陈艳萍　刘雨芙 牛　珩
8	化学与生物工程学院	张学记（～2015.12）	范慧俐　温永强　胡继业　曾　芳 曹艳秋
9	东凌经济管理学院	王文彬	何　枫　魏　钧　胡　枫　刘明珠 温　雅
10	文法学院	陆　俊	魏增产　冯　英　许　斌（2015.1～） 张武军 史立伟（～2015.7）
11	马克思主义学院	彭庆红	李晓光　刘丽敏　段晓芳
12	外国语学院	张敬源	何　伟　陈红薇　朱宝善　武冠雄
13	管庄校区	石　岩	徐新华　张满银　马永春　赵桂娟 杨　勇
14	高等工程师学院	张　跃（兼，～2015.3） 刘　立（2015.3～）	刘　立（常务，～2015.3） 赵志毅　王小宁
15	天津学院	郭景文	白　亮（综合办公室主任） 孟菲菲（人事处处长） 叶振楠（学生处处长）
16	体育部	赵　雨	董　苹　张孔军　宋一涛

学院（研究院）系、所、中心设置及负责人

学院	系、所、中心	正　职	副　职
土木与环境工程学院	资源工程系	宋卫东	李克庆　王贻明 吕文生（~2015.4） 李翠平（2015.4~）
	土木工程系	谢谟文	刘　洋　刘彩平　谭文辉
	环境工程系	宋存义	朱维耀　汪群慧　陈月芳
	安全科学与工程系	张英华	黄国忠 谢振华（~2015.4） 刘　建（2015.4~）
	矿物加工工程系	孙春宝	孙体昌 段旭琴（~2015.4） 邹安华（2015.4~）
	实验中心	胡乃联（兼）	谢玉玲（常务）张延凯
	应用力学研究所	朱维耀（兼）	
冶金与生态工程学院	钢铁冶金系	张家泉	贺东风　唐海燕
	物理化学系	邢献然	沈少波　侯新梅
	有色金属冶金系	薛济来	邹　兴　曹战民
	生态科学与工程系	李素芹	刘晓明
	实验中心	宋　波（兼，~2015.7） 陈　骏（兼，2015.7~）	冯根生（常务）　韩丽辉（~2015.7） 程　锦（2015.7~） 祁成林（2015.7~）
	冶金与材料史研究所	潜　伟	李秀辉（~2015.3） 陈坤龙（2015.3~） 章梅芳
	科学技术与文明研究中心	权良柱（兼）	梅建军

续表

学院	系、所、中心	正　职	副　职
材料科学与工程学院	材料学系	刘国权	叶荣昌　龙　毅　董建新　李长荣
	材料加工与控制工程系	刘雪峰（兼）	宋仁伯　李静媛
	无机非金属材料系	孙加林	曹文斌　赵海雷
	材料物理与化学系	尚成嘉	高克玮　王学敏　刘泉林　李立东
	核能与新兴能源系统材料研究所	葛昌纯	燕青芝　周张健
机械工程学院	机械工学系	韩建友	俞必强　曹　彤
	机械电子工程系	朱超甫	周晓敏　冯　明
	机械装备及控制工程系	张清东	秦　勤　闫晓强　曹建国
	机械制造及自动化系	刘北英	唐　英　黄明吉
	物流工程系	李苏建	冯爱兰　赵　宁
	热能工程系	温　治	冯俊小　冯妍卉　童莉葛
	工业设计系	陶　晋	郑　阳
	车辆工程系	杨　珏	范让林　杨耀东
	建筑环境与设备工程系	曲世琳	张　舸
	零件轧制中心	胡正寰	张康生　王宝雨
	实验中心	范　云	俞爱辉　李　烽
自动化学院	控制科学与工程系	陈为胜（～2015.4） 彭开香（2015.4～）	邵立珍　王丽君
	仪器科学与技术系	蓝金辉	侯庆文　肖文栋　赵小燕
	电工电子技术系	张　兰	刘磊明　伍春洪
	智能科学与技术系	谷　宇	王粉花　曾　慧
	自动控制研究所	陈先中	李江昀
	教学实验中心	李　擎（兼）	鲁亿方　王尚君
	导航与控制研究所	孙长银（兼）	余　瑶（2015.4～）

续表

学院	系、所、中心	正　职	副　职
计算机与通信工程学院	计算机科学与技术系		罗　熊（常务）王昭顺　殷绪成
	通信工程系	阳小龙	陈月云　马忠贵　王丽娜
	物联网与电子工程系	王志良	解　仑　石志国
	信息基础科学系	姚　琳	汪红兵（2015.6～）
	软件工程系	孙昌爱	陈红松
	教学实验中心	王建萍（兼）	金　波　郑　榕（2015.1～） 于　泓（2015.1～） 王　睿（2015.1～）
东凌经济管理学院	管理科学与工程系	李铁克	王海凤
	工商管理系	张　剑	贾振全
	经济贸易系	何维达	邓立治
	财务与会计系	肖　明	李晓静
	金融工程系	刘　澄	王未卿
东凌经济管理学院	工程管理与技术经济系	马风才	王震勤（2015.7～）
	实验信息中心	王立民（～2015.7） 张俊光（2015.7～）	
	管理科学与工程研究所	张　群	
	电子商务研究所	李铁克（兼）	
	企业与产业发展研究所	何维达（兼）	
	教育部工程研究中心	张　群	李铁克（兼）
	期货证券研究中心	王文彬（兼）	
	复杂系统故障预测和管理研究所	王文彬（兼）	
	MBA中心	楼　园	
	公共关系办公室	倪　宇	

续表

学院	系、所、中心	正职	副职
文法学院	公共管理系	吴群芳	何晓前　黄耀杰
	法律系	侯登华	张家盛　张佳华
	社会学系	时立荣	郇建立　许　斌（兼）
	艺术教育中心	张　健	周湘斌（～2015.2）
	MPA教学管理中心	吴群芳（兼，～2015.7） 孙雍君（2015.7～）	唐德龙
	实验中心	米　浩	
	法律硕士教育管理中心	魏增产（兼）	崔俊贵
	专业学位办公室	王　伟	
	教育经济与管理研究所	曲绍卫	
	知识产权研究中心	徐家力（2015.12～）	张武军（2015.12～）
马克思主义学院	思想政治教育研究所	左　鹏	鲁春霞
	马克思主义基本理论研究所	马晓燕	
	马克思主义中国化研究所	杨彦强	赵　静
	历史与文化研究所	张北根	
	科技与社会研究所	刘文霞	
数理学院	应用数学系主任	马万彪	胡志兴　刘　宇
	信息与计算科学系	汪飞星	张志刚　侯书会
	物理系	马星桥	吴　平　倪晓东 王凤平　郑新和（2015.6～）
	应用力学系	尚新春	陈学军　魏培君
	现代物理技术研究中心	丁红胜	潘礼庆　于广华（兼） 宋玉军（2015.6～）
	应用物理研究所	陈难先	申　江
	应用数学研究所	林　平	

续表

学院	系、所、中心	正　职	副　职
化学与生物工程学院	高分子科学与工程系		党智敏
	化学与化学工程系	陈飞武	李新学　车　平　李建强
	生物科学与工程系	闫　海	魏　巍　罗　晖　杜宏武
外国语学院	英语语言文学系	杨英军	淡晓红（~2015.12） 范一亭（2015.12~）
	大学英语系	张　虹	王　娜　李晓东 陈文娟（2015.12~） 何中清（2015.12~）
	研究生英语系	曹红晖	
	亚欧语系	庄凤英	王绪梅
	外国语言文学研究所	杨英军（兼）	
外国语学院	培训中心	孙　浩	
	实验中心	张敬源（兼） 张秋曼（兼）	陈光浦　朱宝善
	功能语言学研究中心	何　伟（兼）	
新材料技术研究院	腐蚀与防护中心	乔利杰（兼）	孟惠民　路民旭
	功能材料研究所	张深根（兼）	李成明　田建军
	先进制备与加工技术研究所	张志豪	
	粉末冶金研究所	郭志猛	林　涛　秦明礼（2015.7~） 贾成厂（~2015.7）
	教育部金属电子信息材料工程研究中心	曲选辉（兼）	张深根（兼）
	实验测试中心	孙建林（兼）	熊小涛（常务）　毛璟红 薛润东　胡学晟

续表

学院	系、所、中心	正　　职	副　　职
高等工程师学院	工程训练中心	王建武	邹　静　徐立业 王　旭
体育部	体质健康测试中心	曹庆雷	
	器材室	芦成立（~2015.6） 孔祥林（2015.6~）	

院 系 情 况

土木与环境工程学院

【概况】土木与环境工程学院下设5个系：资源工程系、土木工程系、环境工程系、矿物加工工程系、安全科学与工程系；1个实验中心；3个研究所：空间遥感与GIS应用研究所、矿井避险技术研究中心、尾矿膏体处置技术研究中心；1个省部级重点实验室：金属矿山高效开采与安全教育部重点实验室；1个合作基地：国家能源与环境国际科技合作基地。

2015年，学院共招收本科生12个班364人，其中采矿工程60人，矿物加工工程60人，土木工程123人，环境工程61人，安全工程60人。招收学术型普通硕士研究生169人（含外国留学生9人），应用型专业学位硕士研究生168人，非全日制工程硕士91人，博士研究生91人（含外国留学生1人）。毕业本科生339人，深造率54.14%，综合就业率98.52%；毕业硕士研究生335人，毕业博士研究生69人，综合就业率99.24%。至2015年年底，学院共有在校生2797人，其中本科生1265人、硕士研究生1015人（含专业学位硕士451人）、博士研究生517人。

（耿倩男、姜琳婧）

【师资队伍】学院共有教职工167人，其中专任教师131人（教授51人、副教授43人、讲师20人、教师博士后17人）。有博士生导师64人，其中兼职博导13人。具有博士学位123人，占教师总数的94%。有中国工程院院士1人，国务院学位委员会学科评议组成员2人，长江学者1人，国家杰出青年科学基金获得者2人，全国教学名师1人，全国模范教师1人，人事部“新世纪百千万人才工程”国家级人选4人，中国青年科技获奖得者2人，全国优秀科技工作者2人，教育部“跨世纪优秀人才培养计划”入选者2人，教育部“新世纪优秀人才支持计划”入选者9人，教育部创新团队1个，北京市教学名师3人，北京市优秀教学团队1个，北京市优秀教师2人，北京市高等学校青年学科带头人2人，北京市优秀青年骨干教师4人，“宝钢教育基金”优秀教师4人。金龙哲教授荣获第11届北京市高等学校教学名师奖。新进教学科研岗16人，其中人才引进4人、讲师1人、教师博士后11人、新进实验人员2人、辅导员2人；1人晋升教授，2人晋升副教授；12名教师获批出国访学。学院5个博士后流动站全年进站27人，出站17人，至2015年年底，在站博士后共51人，其中教师博士后17人。

（耿倩男）

【人才培养】本科生教学方面。①学院共开设课程169门，上课合格率100%，优良率90%，其中33名青年教师上课，教授上课率100%。②启动土木工程、矿物加工工程、安全工程3个专业的工程教育专业认证工作。学院组织面向工程教育专业认证的专项抽查和整改落实。组织督导老师、教学主任抽查试卷一次，抽查了17个讲台的试卷，占总讲台数的15%。学校督查中抽查实习报告5个，毕业论文10份，试卷5份。针对专家提出的意见和建议，组织召开专门教学会议，对所有被抽查到的教师逐个进行意见反馈和整改说明。③推进新生研讨课的质量建设和国际化视野的培养工作，开设新生研讨课9门，开设夏季学期国外专家学者课程6门。④出版高等教育“十三五”规划教材1部、教材13部；获校级“十二五”规划教材重点项目2项、讲义3项；获第26届校“教育教学成果奖”特等奖1项、一等奖1项、二等奖3项；获校级本科教育教学改革重点项目2项、面上项目6项；获研究型教学示范课程批准立项3项；获校级优秀毕业论文16篇，优秀班导师奖2项；获本科生创新创业项目立项国家级5项、北京市级5项、院级21项。

研究生教学方面。①2015年，继续深化培养机制改革，扩大专业硕士培养比例，专业硕士与普通硕士的招收比例为1∶1。加强与企业的研究生培养合作，新招收金川班矿业工程研究生25名。②继续实施对外开放的教学理念，通过“创新人才培养”项目，招收外国留学生10名，其中硕士9名，博士1名；派出国留学生7名，均为联合培养。③全面实施《关于进一步加强研究生培育，提高研究生培养质量的若干意见》，博士论文实行100%查重，并全部盲评，16篇论文获校级优秀学位论文，其中博士论文7篇，硕士论文9篇。④自筹资金设立学院“学术之星”评选专项奖金，评选院“学术之星”15名，尹福斌获“校长奖章”。⑤2015年承担了6项研究生教育发展基金项目，总金额18万元，涉及课程建设、教材建设和教育创新研究领域。

（李长洪、纪洪广）

【学科建设】学院设有5个本科专业：采矿工程、土木工程、环境工程、安全工程、矿物加工工程；19个普通硕士学科点：工程力学、流体力学、一般力学与基础、采矿工程、矿物加工工程、安全科学与工程、矿物学、矿产普查与勘探、地质工程、地球探测与信息技术、岩土工程、结构工程、桥梁与隧道工程、市政工程、供热供燃气通风及空调工程、防灾减灾工程及防护工程、生物化工工程、环境科学、环境工程；5个工程硕士授权领域：环境工程、矿业工程、建筑与土木工程、地质工程、安全科学与工程；14个博士学科点，包含5个一级学科博士点：矿业工程、安全科学与工程、土木工程、力学、环境科学与工程；5个博士后流动站：矿业工程、力学、环境科学与工程、安全科学与工程、土木工程。

学院坚持有所为有所不为，着力打造精品学科，努力提高学科建设水平和学术影响力，巩固矿业工程、安全科学与工程在国内的领先地位，提升力学、土木工程、环境工程学科的整体水平和学术实力，实现多学科协调发展。学科建设的各项规划得到全面实施，一批优势学科平台建设项目、共建项目完成建设而且组织了验收。

（纪洪广）

【科学研究】①学院年到款科研经费总额9686万元，其中纵向经费4022万元、横向经费5664万元；新增科研合同190项，合同金额7986万元，其中纵向项目67项，项目经费3424万元；横向合同123项，合同金额4562万元。学院坚持“非有即报”原则，获批国家自然科学基金21项，批准金额1545.67万元。②学院获中国博士后科学基金第57批面上资助3项，其中一等资助2项、二等资助1项。③学院获省部级科技奖励26项，其中一等奖6项、二等奖12项、三等奖8项。④学院申请发明专利57项，授权发明专利34项；申请实用新型28项，授权18项。发表SCIE论文82篇，EI论文169篇。

（胡乃联）

【实验室管理】①实验中心年建设总投资额830万元，分别完成“中央级普通高校改善基本办学条件专项资金”项目2个，投资额190万元；基本科研业务费资助项目6个，投资额180万元；其他科研经费购置实验设备投资约460万元。②实验中心负责管理、维护学院的40余间实验室，总面积为五千多平方米，共开设课程45门，开出实验项目总数204个；在编在岗人员20人，队伍稳定，更趋年轻化。③加强实验室安全管理，进行了实验室危险源统计，完成实验室安全管理制度汇编，与进入实验室学生签订实验室安全责任书和实验室安全风险防范书；加强对使用实验室学生的安全教育，加强对危化品和高压气瓶使用的检查力度，督促各课题组对危化品使用进行登记，为高压气瓶配备了气瓶管理卡。④微生物与溶浸实验室获“校安全工作先进实验室”称号，欧盛南获“校实验室安全工作先进个人”称号。

（胡乃联）

【国际交流】①学院努力拓展国际交流的渠道，执行高端外国专家项目3项、海外名师项目1项，申请批复引智项目6项。②邀请外国专家学者来院举办讲座29场，涉及矿业工程、土木工程、安全科学与工程、环境科学与工程等多个学科。③2015年11月6～9日，第二届中国膏体充填采矿国际学术研讨会成功召开。会议由北京科技大学主办、北京金诚信矿山技术研究院承办，来自从事膏体充填研究与应用的矿山企业、高等院校、科研院所及设备厂商的400余名代表参加了会议。会议主题为“膏体技术创新驱动绿色矿业发展”，共有32个学术报告，涵盖“膏体充填现状与发展”“膏体料浆凝固与力学性能”“膏体系统设计与优化”“膏体充填工程实例”等内容。国际膏体大会主席理查德·朱厄尔（Richard Jewell）评价道：这是一次精彩的膏体盛会。④学院年内接待了瑞典吕勒欧工业大学、加拿大皇后大学、台北科技大学的来访交流，组织各系教师代表参与座谈交流，达成多项联合研究计划。严格短期因公出国出访的计划申报手续，年内执行36人次。

（耿倩男）

【党建和学生工作】基层党组织建设方面。①学院党委加强党内民主建设，定期组织教职工党员理论学习，不断提高党员理论水平，提高党员自律意识。举办第243期积极分子党校，培训积极分子149人；举办党员系列培训4期，培训党支书100余人次、预备党员共计150余人。②年内，学院共发展学生党员139人，转正预备党员114人，转出组织关系250人。至2015年年底，学院共有党员889人，其中学生党员760人，教师党员129人。③在学校“双评”工作中，7名党员被评为“优秀共产党员党员”，3个支部被评为“先进党支部”。④学院共有47个党支部申报基层党组织立项活动，活动覆盖面为100%，其中2个支部获校优秀基层党组织活动的一等奖，2个支部获三等奖，学院获优秀组织奖。⑤10个学生党支部参加红色“1+1”共建活动，其中1个支部获北京市三等奖，3个支部获北京市优秀奖。⑥积极贯彻落实《2015年北京科技大学本科生党员“助学零距离”活动实施方案》，4个本科生党支部全部开展“助学零距离”活动，结对帮扶学习困难学生60人，帮扶后总挂科门次由82门降到43门，实现22人零挂科。

学生工作方面。①搭建服务学生成长成才平台。组织“走好大学第一步”“名师面对面”、党支部“助学零距离”等活动，着力建设学业辅导团，打造学习发展指导、学业课程辅导、科技竞赛指导“三大平台”，全面落实学风建设；以专业见面会、新生成长对话课、班主任班会和学长经验交流等形式开展专业教育，并邀请国外专家学者讲授专业前沿课程，增强学生专业信心。3人入选校优秀学生培养平台“励志计划”，2人被评为“87校友基金优秀学生干部”，3人被评为北京市三好学生；3个本科班被评为校级先进班集体标兵，其中环境1202班被评为“87校友基金最佳团队”；1个研究生梯队和2个研究生班级被评为校研究生标兵集体，2个研究生党支部被评为校标兵党支部。②学生科技活动创佳绩。学院全年举办覆盖各个本科专业的6项赛事。在首届全国高校安全科学与工程类专业大学生实践与创新作品大赛中获二等奖1项，三等奖1项；在第四届北京市大学生建筑结构设计竞赛中获一等奖1项，二等奖1项，三等奖1项；在学院首届安全创意大赛中，2012级安全工程专业团队作品“一种防静电美甲产品及其制作方法”获一等奖，现正申请国家专利，已通过一审审核。③做好学生社会实践教育。组织学生深入基层开展社会调查、志愿服务。开展长期志愿服务项目6项，覆盖学院志愿服务学生700余人次；组织学生暑期社会实践团25支，建立长期社会实践基地5个。“圆梦涞源，情暖马庄”实践团获校社会实践金奖，“爱之旅，星希望”实践团与镇巴地区孤寡老人生活关怀实践团分获银奖和铜奖，35位同学被评为社会实践先进个人，2位教师被评为社会实践先进工作者和社会实践优秀指导教师。④扎实做好就业工作。学院依托职业发展与校友协会，创办“职面位来”微信公众号，定期推送就业信息、就业政策解读、手续办理等信息；组织开展“教授面对面”“学长面对面”等专题类座谈会；开展工作坊、模拟面试、简历制作大赛等活动；面向2012级本科生组织了保研、考研、出国经验交流会；邀请有创业经验的校友返校，与学生交流关于创业的经历；开展未就业学生座谈会，提前梳理毕业生就业困惑，有针对性地开展指导与帮扶；根据毕业生需求，定期联系资深职业培训师开展关于“迎战春招”“单面技巧”“秋招冲刺”等讲座。利用暑期对四家中部企业进行走访，了解企业发展及用人需求。2015届毕业生整体就业率99.24%，较上年提高了0.56%，在学校就业工作年度评优中获总就业率优胜奖，其中安全专业本科生派遣率位居第5。

宣传工作方面。①加强媒体平台建设，改版升级学院网站，建立健全学院及各年级人人网、微博、微信平台，与“沐苑环风”院报、“土环手机报”飞信平台、学院宣传栏、大屏幕等形成学院媒体群。②加强新闻宣传，利用学校新闻网和学院网站加强对外宣传，对于学院发展建设的重大事件及时进行高质量宣传报道。在学校新闻网发表新闻85篇，其中17条新闻进入“新闻导读”栏目，在学校团委网站发表新闻123篇，在北京市团委网站发表新闻89篇。

（邓　波、姜琳婧）

冶金与生态工程学院

【概况】冶金与生态工程学院下设4个系：钢铁冶金系、物理化学系、有色金属冶金系、生态科学与工程系；1个研究院：科技史与文化遗产研究院；3个省部级实验平台：冶金工程国家级实验教学示范中心、稀贵金属绿色回收与提取北京市重点实验室、金属与矿冶文化遗产研究国家文物局重点科研基地；1个实验技术中心：冶金实验技术中心。

2015年，学院共招收学生486人，包括本科生7个班204人、学术型普通硕士研究生97人（含外国留学生1人）、应用型专业学位硕士研究生85人、非全日制工程硕士31人、博士研究生69人（含外国留学生2人）。毕业本科生220人，深造率38.81%，综合就业率93.15%；毕业全日制硕士研究生154人，非全日制工程硕士研究生119人，博士研究生73人，综合就业率98.26%。至2015年年底，学院共有在校生2063人，其中本科生752人、硕士研究生935人（含专业学位硕士225人）、博士研究生376人。

（张立峰、张百年）

【师资队伍】学院共有教职工108人，其中专任教师78人（正高级专业技术职务37人，副教授及副高级专业技术职务22人，讲师、中级专业技术职务及以下18人）。有博士生导师32人，其中兼职博导9人。具有博士学位教师73人，占教师总数的93.6%。实验中心21人，行政办公人员8人，专兼职辅导员9人。有中国科学院院士2人，国务院学位委员会学科评议组成员1人，国家级突出贡献专家2人，“国家五一劳动奖章”获得者1人，省部级突出贡献专家2人，“长江学者奖励计划”特聘教授3人，国家杰出青年科学基金获得者2人，国家“百千万人才工程”入选者2人，中组部“青年千人”2人，北京市教学名师2人，教育部新世纪优秀人才13人，北京市科技新星2人，冶金青年科技奖获得者3人，宝钢教育基金优秀教师特等奖1人、优秀奖3人，魏寿昆科技教育奖获得者1人。

（张立峰、张百年）

【人才培养】本科生教学方面。①培养本科生261名，其中冶金工程239名、生态学22名。学院共开设课程88门，上课合格率100%；开设全英文课4门，其中邀请国外教授讲授2门；教授讲课总时数610学时以上，平均上课时数32学时以上。在岗教师均有课堂教学任务并顺利完成。②本科生教学实践与创新方面，指导29组本科生科技创新项目，国家级3组、市级3组、院级23组；冶金工程专业6个实习队，分别赴宝钢、唐钢、日照、金川、安阳开展生产实习，生态学专业2个实习队，分别开展了城市生态（城郊）认识实习及唐钢工业园区的工业生态实习。

研究生教学方面。①学院开设课程61门，共1544学时。学院通过在课程结束前发放调查问卷的方式，从教师的备课、师生活动等7个方面了解研究生对教师评价，不断促进研究生教学质量。学院博士研究生论文盲审全部合格，研究生学位论文查重合格率99%。②学院与甘肃金川集团股份有限公司等合作培养工程硕士研究生。继续开展与赞比亚谦比希公司跨境联合培养有色金属冶金专业硕士研究生工作，2013级学员已完成授课环节并进入论文课题实验阶段。

③研究生交流方面，学院参加国际会议7人，到国外大学短期访学5人，邀请国外教授讲学1人次。共组织推荐12名学生公派出国留学，其中5名硕士攻读博士学位，7名博士与国外学校联合培养。④研究生毕业质量方面，10位博士研究生获校级优秀博士论文，12位硕士研究生获校级优秀硕士论文。

（张建良、李宏煦）

【学科建设】学院设2个本科专业：冶金工程，生态学；2个普通硕士学科点：冶金工程、科学技术史；1个工程硕士授权领域：冶金工程；2个一级学科博士点：冶金工程，科学技术史；2个博士后流动站：冶金工程，科学技术史。科学技术史和冶金工程两个学科在2012年教育部学位与研究生教育发展中心组织的排名中分列第一、第二位。2015年科学技术史新增全日制工程硕士专业学位1个：文物与博物馆。

（张建良）

【科学研究】①学院年到款科研经费总额5157万元，其中纵向经费2165万元，横向经费2992万元；新增科研项目181项，合同金额5487.04万元，其中纵向项目61项，项目经费2444.04万元；横向合同120项，合同金额3043.00万元。新增纵向科研项目包括国家自然科学基金12项，总金额853万元（联合重点基金项目1项，面上项目7项，青年科学基金项目3项）；国家“973”子课题项目1项、北京市各类科研项目10项、基本科研业务费12项。②学院获各类科技奖励11项，其中省部级科技奖10项，一等奖1项，二等奖1项。申请专利26项（发明专利20项、实用新型6项），授权专利37项（发明专利28项、实用新型9项）。出版专著1部。发表SCIE、EI、CPCI-S论文共391篇，其中SCIE论文186篇，EI论文176篇，CPCI-S论文19篇，CSSCI论文10篇。③学院国际合作研究取得重要突破。由院长张立峰教授牵头与赞比亚谦比希铜冶炼公司签订“谦比希铜冶炼效能提升与资源综合利用的集团化研究”800万元国际合作项目。学院与青钢集团签订《青钢新品种开发与关键共性技术集成研究项目计划书》和《联合培养冶金工程硕士专业学位研究生协议书》，开展全面合作。

（陈　骏）

【实验室管理】①年内，学院完成了国家级实验教学示范中心建设。落实本科实验教学实验室上一个五年规划建设最后一年的建设内容；制订“十三五”本科教学实验修购与发展规划，为今后本科实验教学实验室建设发展奠定基础。②学院配套完善冶金工程和生态学两个学科的本科实验教学相关设备，改善本科教学实验室教学条件，保证本科实验进行项目开出率100%，按教学计划完成实验课教学内容。大型设备管理水平不断提高。学院设备使用网络预约系统建设已初步完成。

（李宏煦、陈　骏、冯根生）

【国际交流】①学院教师年内出国交流44人次，邀请海外著名学者40余人次到学院交流讲学。赴日本东北大学交流本科生15人，来访日本东北大学本科生16人，赴海外学习交流本科生30人、硕士生23人，吸引21名留学生。②学院与赞比亚谦比希铜冶炼有限公司和中色非洲卢安夏铜业公司联合培养硕士研究生。学院设置一定学时本科生及研究生课堂教学环节，提升研究生国际化视野和英语交流水平，拓展专业知识。年内获批引智项目6项（一般项目5项、高端外国专家项目1项）。继续执行教育部海外名师项目，英国华威大学斯达利·西泽曼（Sridha Seetharaman）教授参与了学院研究生教学（夹杂物控制和氧化物冶金）、科研合作、学术交流、学生联合培养等多项任务。获批北京市外专局高端外国专家项目，聘请墨西哥莫雷利亚技术研究院阿尔贝托·科西霍（Alberto Conejo）教授开展为期10个月的教学与科研合作工作，开设全英文本科生课程“Steel Making”。③学院与钢铁冶金新技术国家重点实验室联合举办系列“冶金大讲堂”活动9期，分别邀请了上海大学校长助理翟启杰教授、钢铁研究总院特殊钢研究所刘正东教授、美国CompuTherm公司专家美国金属学会（ASM）和美国TMS学会会员陈双林博士、英国莱斯特大学工程系董洪标教授、2015年加拿大安赛乐米塔尔集团专家麦克马斯特大学材料工程系客座教授孙舒冶博士、加拿大多伦多大学材料科学与工程系高级研究员加拿大GIO矿业公司首席专家杨印东博士、韩国浦项工科大学金孝善（Seon-Hyo Kim）教授、韩国浦项科技大学曹俊武（Jung-wook Cho）教授、大阪大学西岛茂宏（Shigehiro Nishijima）教授。9月10日，学院与日本东北大学开展第12届“北京科技大学—日本东北大学学生创新交流会”，3名老师和14名学生与日本师生进行交流。

（陈　骏）

【党建和学生工作】基层党组织建设方面。①学院党委严格党员培养程序，提高党员质量。修订完成《发展党员材料汇编》材料，组织4次全院党支书培训，举办2期学生业余党校，参加培训学员人数近500人，培养入党积极分子416人。②学院年内共发展党员71名，其中本科生党员42名，研究生党员29名。至2015年年底，学院共有党员780名，其中教职工党员96名，学生党员684名。共有党支部32个，其中教职工党支部8个、梯队党支部5个、学生党支部25个。③在学校“双评”工作中，冶金新技术国家重点实验室党支部、炼铁新技术研究梯队党支部被评为“先进党支部”；张建良、焦树强、闫柏军、武文合、郭凯等5人被评为“优秀共产党员”；白皓被评为“优秀党务工作者”。④学院党支部在基层党组织活动立项中参与比例为100%。冶金本科13级党支部“先锋服务团引领计划”活动获得学校优秀基层党组织活动三等奖。⑤学院科学技术史团队获“全国教育系统先进集体”称号，钢铁冶金系获“北京科技大学先进集体”称号，王福明、张家泉、潜伟、张迎芳等4人被评为“北京科技大学先进工作者”，钢铁冶金系获“北京科技大学师德先进集体”称号，王福明、张家泉被评为“北京科技大学师德先进个人”。

学生工作方面。①学院重点加强学生学风建设，继续开展“钢铁摇篮文化节”、钢铁模拟冶炼大赛等活动。鼓励学生广泛参与学术活动，鼓励学生提前进入实验室参与科研课题，引导学生做好职业生涯规划。不断完善“班导师制”“院长接待日”“钢铁摇篮奖助学金”等系列制度。加强社会主义核心价值观教育，引导学生树立正确的世界观、人生观、价值观。对学生进行学习方法、职业生涯发展方面的引导。组织了第20届师生综合运动会、“振冶杯”足球赛、纪念“一二·九运动”接力等体育赛事。③学院共有545人获得优秀学生干部、优秀三好学生、优秀团干部以及“学术十佳之星”“宝钢优秀学生奖”等各类荣誉称号，271人荣获各类奖学金。2个班级被评为校“先进班集体、优秀团支部”标兵，4个班级被评为校“先进班集体、优秀团支部”。46个宿舍被评为文明宿舍，5个宿舍被评为标兵宿舍。其中，冶金工程2014级硕士生胡磊获校长奖章，任英获宝钢教育基金一等奖，林鲲、任浩、王伟获校研究生“十佳学术之星”，刘高阳获“十佳学术之星”提名奖。王洋获得校“十佳辅导员”称号，李萌、纪元获校“优秀学生工作者”称号，杨志伟获全国大学生志愿者“千乡万村环保科普行动”优秀指导教师、校暑期社会实践“先进工作者”称号，郝勇飞获校“征兵工作先进个人”称号。学院获学生心理素质教育、学生日常管理与安全教育工作专项奖，分团委获校“五四红旗团委”称号，并获社会实践、新闻宣传、骨干培养共青团工作专项奖。

（王春义、王　洋）

材料科学与工程学院

【概况】材料科学与工程学院下设4个系：材料物理与化学系、材料学系、材料加工与控制工程系、无机非金属材料系；1个研究所：核能与新能源系统材料研究所。

2015年，学院共招收学生780人，包括本科生15个班400人，其中材料科学与工程338人、纳米与技术32人、材料科学与工程（卓越计划）30人；还包括研究生380人，其中学术型普通硕士研究生153人，应用型专业学位硕士研究生95人，非全日制工程硕士53人，博士研究生79人（含外国留学生1人）。毕业本科生461人，就业率95.88%；毕业研究生465人，就业率100%，其中博士生就业率100%。至2015年年底，学院共有在校生3265人，其中本科生55个班1684人，硕士生950人（含外国留学生3人），博士生631人（含外国留学生12人）。

（姜　勇、李　帅）

【师资队伍】学院共有专任教师115人（教授67人，副教授41人，讲师7人），兼职教授12人，师资博士后18人。具有博士学位110人，占教师总数的96%。45岁以下的教师50人，100%具有博士学位。教师中北京科技大学毕业19人，国内高校毕业71人，国外高校毕业25人，33人具有境外半年以上留学经历。有中国科学院院士2人，中国工程院院士2人（含双聘1人），国务院学位委员会学科评议组成员1人，长江学者2人，国家自然科学基金杰出青年基金获得者2人，国家“973”项目首席科学家1人，国家级教学名师1人，“青年千人计划”入选者1人。

学院进一步实施材料学科人才战略，加强引进高端人才。学院引进“外专千人”1人（李秀完）已上报审批，国内引进教授1人、副教授2人，国外引进“三层次”2人，引进教师博士后14人。在人力资源社会保障部和全国博士后管委会组织的2015年度全国博士后综合评估中，材料科学与工程流动站被评为优秀流动站。

学院全方位支持学院教师申报各类人才计划，王戈教授获享受政府津贴专家、中国冶金教育年度杰出人物标兵奖，姜勇教授团队获2015年教育部“创新团队发展计划”滚动支持，强文江教授获享受政府津贴专家。

为加强学术团队的建设，完善了考核机制：改进完善现有的考核评价体系，提高不同学科之间评价的公正性；允许少数教师不进入研究室或教研室，并针对这部分教师建立相应的评价办法。在资源配置方面，向学院“十三五”拟重点建设的方向倾斜，提高学科的影响力。

（姜　勇、郜永红）

【人才培养】本科生教学方面。①学院始终以培养我国材料类创新精英人才为目标，年内专门召开本科人才培养讨论会，构建起“四阶递进·三体并举”的人才培养体系，继续推行本科生导师制，本着“双向选择”的原则为409位新生配备导师（副教授及以上）。学院培养创新精英人才的育人理念，经过几年的实践现已初见成效，特别在2015届本科毕业生出国情况中得以显著表现：超过总数22%的学生成功申请到了海外名校，有8人被美国斯坦福大学录取，上百人分别前往美国哥伦比亚大学、加州大学、康奈尔大学、澳大利亚国立大学等世界一流大学学习深造。②学院以开展工程认证工作为契机，全面梳理规范本科教学培养体系。学院在夏季小学期邀请到海外高水平教授王中林、张豪为本科生讲授学科前沿。重视班导师工作，将“合格班主任”设为青年教师考核晋升的必要条件，曹文斌等3位教师被学校评为优秀班导师。李妍在第一届全国无机非金属材料专业青年教师讲课比赛中获一等奖，王树明在北京高校第九届教学基本功比赛中获论文比赛一等奖，强文江申报的项目获校本科教育教学改革重点项目，另有4个教改项目获批学校本科教育教学改革与研究项目。③本科生科研训练计划（SRTP）年内共有73支团队申报，参与学生总数为300余人，其中13支团队推为国家级、市级。组织学生参与学校第17届“摇篮杯”课外学术科技作品竞赛，共54个团队报名，学院以总分第一捧得“摇篮杯”；指导学生参加第八届首都“挑战杯”科技竞赛，获2项特等奖；参加第14届全国“挑战杯”科技竞赛，获得1个二等奖、1个三等奖；1个团队项目获第四届大学生科技创新作品与专利成果新材料技术领域创新金奖。在第四届中国杭州大学生创业大赛中，1个学生团队获“百强团队”称号。

研究生教学方面。①共招收硕士研究生247名，博士研究生76名，硕士优质生源比例为48.39%，博士为64.20%。博士生学位论文评估优良率为97%。加强研究生招生宣传力度，先后4批次赴各省市开展研究生招生宣讲，硕士研究生报名人数为784名。在9月的推免生预录取工作中，共招收推免生105名，硕士生优质生源比例为76.4%，博士生优质生源比例为81.2%。②研究生奖学金通过聘请知名教授记名投票产生，共有50人获国家奖学金，9人获中信铌钢等特种奖学金，5人获得博士研究生校长奖学金，3人被评为学校研究生十佳学术之星。李立东教授被评为“第十届研究生十佳学术之星优秀导师”。

（王鲁宁、于广华）

【学科建设】学院设有2个本科专业：材料科学与工程、纳米材料与技术；1个普通硕士一级学科点：材料科学与工程；3个普通硕士二级学科点：材料物理与化学、材料学、材料加工工程；1个工程硕士授权领域：材料工程；1个一级学科博士点：材料科学与工程；3个二级博士学科点：材料物理与化学、材料学、材料加工工程；1个博士后流动站：材料科学与工程。2015年度材料科学学科在美国ESI评估中各指标持续增长，其中论文发表数量排名全球第12位，继续稳居世界前1‰（约68300家单位）。

（姜　勇）

【科学研究】①学院年到款科研经费总额8186.29万元，其中纵向经费5251.68万元，横向经费2934.61万元。争取国家重大项目能力稳步提升，已获批包括国家“973”计划项目、国家“863”计划项目、国家自然科学基金重大项目等在内的大批具有显示度的科研课题216项，合同经费将近1.2亿元。②学院获批国家自然科学基金项目29项，较上年增加约50%。王自东教授获批国防“973”项目，实现学校在该领域零的突破。张跃教授获批国家重大科研仪器研制项目，实现学校在该领域零的突破。曹晖教授等获得国家技术发明二等奖1项。学院获教育部自然科学一等奖1项、技术发明一等奖1项，其他省部级科学技术一等奖2项、二等奖1项。学院共申请135项国家专利，获授权99项国家专利。

鉴定科技成果3项，其中国际领先水平1项、国际先进水平2项。学院共发表论文800余篇，其中SCI论文341篇、EI论文299篇、其中影响因子大于5的论文38篇。

（姜　勇、刘雪峰）

【实验室管理】2015年1月，材料国家实验教学示范中心正式获批国家级虚拟仿真实验教学中心，顺利完成实体与虚拟的两个国家级实验室建设。3名学生代表学校参加第四届全国金相实验技能大赛，孙建林、刘国权教授作为大赛竞赛委员会主任和评审委员会主任，获一等奖1项、二等奖2项，取得了总成绩全国第二的好成绩。认真开展实验室安全教育和培训，实验中心孙建林和石琳老师编写的《材料实验室安全讲义》出版，为材料学科相关专业研究生开设“实验室安全学”必修课。

（王鲁宁、于广华、孙建林）

【国际交流】①学院率先提出深入推进国际化进程战略方案，建设国际化战略实验区，并成立了实体机构——国际化工作办公室，统一规划、管理和执行学院国际交流及合作相关工作，制作学院英文网站，打造学院国际化对外宣传的平台，首创招聘外事专员泽曼（German），负责学院对外宣传、海外合作交流、学生国际化培养工作，打造品牌活动“German Time”。成功引进日本北海道大学的大贯（Ohnuki）教授作为全职外籍教授，引进比利时列日大学的迈克尔（Michael）教授作为高端外国专家。通过引智计划，7名海（境）外教授来院交流或授课。②葛昌纯院士主办了国际学术会议——清洁能源和空间太阳能发电学术报告会议，邀请到包括联合国高级顾问西瓦德·瓦希杜拉、国际清洁能源协会创会主席古斯塔夫·格洛布等大师做学术报告。刘雪峰教授作为秘书长举办海内外中国青年材料科学与技术研讨会，邀请到多位国内外材料领域高水平学科带头人参与并作报告。③学院共举办10讲中国材料名师讲坛，分别邀请到了来自加州大学伯克利分校的迪格比·D·麦克唐纳（Digby D. Macdonald）院士等海内外的名师大家作精彩的学术报告。学院发起设立的青年科学家论坛隆重开坛并举办了8讲，主讲人均为长江学者或者杰出青年，平均年龄不超过40岁，打造了又一项材料学科高层次的学术品牌活动。④学院与美国密歇根州立大学、加拿大麦克马斯大学等7所海外高校开展密切交流与合作。共有211名学生赴海（境）外深造、交流、参加会议，其中71名本科生赴海（境）外进行交流或参加“3+1+1”等项目；103名本科毕业生出国深造，占毕业生总数的22.34%；国际班30名大二本科生赴日本北海道大学进行校际交流。

（姜　勇、万发荣、曹文斌）

【党建和学生工作】基层党组织建设方面。①学院党委积极践行“三严三实”，切实履行党委在党风廉政建设方面的主体责任。精心打造“六个一”工程系列主题教育活动，要求支部围绕学院中心工作，为学院发展改革做出贡献。②组织召开学院2015年党代表会议、学校第十一次党代表会议材料学院分组会，并提交提案3个。选送3人参加学校青干班培训，推荐2位江苏省第八批“科技镇长团”人选，推荐1人到机关部处交流，引进2人到学院挂职。③全面推开拟发展对象公开答辩制度，学院年内共发展学生党员142人，转正预备党员118人。至2015年年底，学院共有党员1376人，其中学生党员1046人，教师党员104人。学院举办2期学生业余党校，281名学生参加培训并结业。③学院共有68个党支部申报基层党组织立项活动，活动覆盖面为100%，有7个党支部获奖，其中1个支部获立项活动一等奖，1个支部获二等奖，5个支部获得三等奖，学院党委获得优秀组织奖。

学生工作方面。①学院党委副书记李磊入选第七届全国高校辅导员年度人物，这是学校首次获得该项荣誉。2人获学校“十佳辅导员”荣誉称号。学生工作队伍获学校新生教育、辅导员队伍建设专项奖及五四红旗团委等称号。②持续推进新生教育的“1136模式”，推行“引航学长”计划。设立学业辅导中心，实现助学零距离，学风状况良好。③1人获“全国高校践行社会主义核心价值观百佳团支书”称号，1人获校长奖章；材料1201班获全国高校践行社会主义核心价值观“示范支部”称号；纳米12班获北京高校“我的班级我的家”示范班集级、全国钢铁行业五四红旗团支部称号。④社会实践方面。392人共组建31支本科生暑期社会实践团队，2支团队被评为“全国百强暑期社会实践团”，1支团队被评为“全国大学生纪念抗战胜利70周年寻访活动精品团队”；3支研究生实践团获校暑期社会实践一等奖。⑤研究生学术论坛连续11届蝉联研究生学术论坛优秀组织奖，共举办大型学术活动34场，参加人数超过4000人次。⑥就业工作方面再创佳绩，获得了学校2015年度就业工作本科生深造率、研究生签约率优胜奖。

宣传工作方面。全新改版学院网站，至2015年年底点击量超过12万。在学校新闻网发表新闻82篇，其中30条新闻入选“新闻导读”栏目。

（李　帅、邰永红、李　磊）

机械工程学院

【概况】机械工程学院下设9个系：机械工学系、机械制造及自动化系、机械电子工程系、机械装备与控制工程系、车辆工程系、热科学与能源工程系、建筑环境与设备工程系、物流工程系和工业设计系；2个中心：实验中心和零件轧制研究中心；1个国家级工程中心：国家板带生产先进装备工程技术研究中心；4个省部级工程中心和重点实验室：教育部零件近净轧制成形工程研究中心、教育部先进板带生产装备及控制工程研究中心、北京市节能与环保工程研究中心和北京市流程工业节能减排重点实验室；3个北京市高等学校人才培养基地；6个研究所：机械工程研究所、冶金机械研究所、热能工程研究所、水煤浆技术研究所、物流工程研究所和车辆工程研究所；以及大型工业机械仿真、监测与控制实验室等33个实验室。2015年，学院共招收本科生21个班605人，其中机械工程类298人，能源动力类160人，物流工程63人，工业设计45人，视觉传达设计39人；招收全日制硕士研究生312人，其中学术型普通硕士生171人，应用型专业学位硕士生141人；非全日制专业学位硕士生24人；全日制博士研究生36人。毕业本科生595人，就业率为95.97%，深造率为42.86%。毕业研究生340人，授予学术型硕士学位198人，专业型硕士学位137人（其中全日制114人，非全日制23人），工学博士学位28人，研究生综合就业率为99.42%。至年底，学院共有在校学生3489人，其中本科生2313人（含留学生59人），研究生1176人（含留学生12人），包括全日制硕士生645人，非全日制专业硕士生284人，博士研究生247人。

（王　立、景志红）

【师资队伍】学院共有教职工213人，其中专任教师166人（正高级职称36人，副高级职称83人，讲师47人，教师博士后15人），教辅和行政人员47人。有博士生导师40人。有中国工程院院士1人，“千人计划”入选者1人，国务院学位委员会委员1人，国务院学位委员会学科评议组成员2人，国家级突出贡献专家3人，北京市突出贡献专家4人，“973”首席科学家1人，“新世纪百千万人才工程”国家级人选1人，“国家优秀青年科学基金”获得者1人，教育部“新世纪优秀人才”5人，北京市教学名师3人，北京市“科技新星”1人，“宝钢优秀教师”特等奖1人、提名奖1人、优秀奖8人，享受政府特殊津贴人员7人，国家优秀教学团队1个，北京市优秀教学团队1个。学院新增教职工16人，调出9人，退休3人；1人晋升正高级职称，3人晋升副高级职称，通过教师资格认定青年教师6人。

（景志红）

【人才培养】本科生教学方面。①学院共开设课程235门，其中教授开课率为100%。申报并获得学校第26届教学成果奖特等奖1项、一等奖1项、二等奖4项，6本教材（讲义）获校级规划教材建设立项，7个项目获批学校教育教学改革项目建设立项，申报获批研究型教学示范课建设项目4项，已完成和在建项目共计27项；申报获批全英文教学示范课程建设项目1项，已完成和在建项目共计5项。②学院分别建成北京现代高等学校校外人才培养基地和北京高等学校示范性校内创新实践基地（机械与能源科技创新实践基地）。③学院加强招生宣传力度，组织相关专业教师赴各地进行高考招生咨询，扩大专业影响力，吸引优秀生源，为本科教育提供输入保障。针对大一新生开设了14门新生研讨课，为新生度过专业迷茫期，拓宽新生的学科视野与思维，了解大学知识的构建与内容，起到了良好的推动作用。动员全院各专业教师分组进行国内外高校调研，为学院2017版本科生培养方案修订做好前期准备。

研究生教学方面。①学院申报了2015年学校研究生教育发展基金项目8项，获得批准资助课程建设项目5项、教材建设项目2项。获得校第26届研究生教学成果奖二等奖1项。②推荐3名全日制工程硕士毕业生参评了“全国第三届工程硕士实习实践优秀成果获得者”活动。③学院制定了硕士研究生申请学位论文提前答辩的规定。

（夏德宏、张　杰）

【学科建设】学院设有7个本科专业：机械工程，车辆工程，能源与动力工程，建筑环境与能源应用工程，物流工程，工业设计，视觉传达设计；5个普通硕士学科点：机械工程，动力工程及工程热物理，供热、供燃气、通风及空调工程，物流工程，设计艺术学；3个工程硕士授权领域：机械工程，动力工程，物流工程；3个博士学科点：机械工程，动力工程及工程热物理，物流工程，其中前2个为一级学科博士点；2个博士后流动站：机械工程，动力工程及工程热物理。

机械工程和动力工程及工程热物理2个一级学科，完成了“超精密流体/电主轴制造综合实验平台”和“流程工业节能减排实验平台”2个“中央级普通高校改善基本办学条件专项资金”项目的建设，建设经费分别为260万元和250万元。

（张　杰）

【科学研究】①学院年到款经费总额6383万元，其中纵向经费4166万元，横向经费2217万元；申报各类纵向科研项目121项，获批31项，新增纵向经费3145万余元，其中国家自然科学基金7项，科技支撑计划项目2项，其他省部级项目22项；新增横向合同83项，合同金额2043万余元。②学院获省部级以上奖励3项，“气控热管国家高精度温度源”获国家科学技术进步奖二等奖，“快速变频幅脉冲冷却控制模具扁钢在线预硬化生产线技术装备开发”获冶金科学技术奖一等奖，“建筑室内生物污染控制与改善关键技术研究”获北京市科学技术奖三等奖。申请国家专利98项，授权发明专利24项，授权实用新型12项。申请软件著作权5项，国际PCT 1项。发表检索论文216篇，其中SCI论文73篇，EI期刊论文158篇。SCI论文中，影响因子大于1的50篇，大于5的8篇，JCR-1区11篇，JCR-2区24篇。

（马　飞）

【实验室建设】①“超精密流体轴承主轴/电主轴制造综合实验平台”和“流程工业节能减排实验平台”年内通过验收，新购置设备510万元。完成“多功能机电系统综合测试及控制实验平台”建设任务，新购置设备130万元。完成2016－2018年度中央高校改善基本办学条件项目的申报工作，申报平台建设项目3项，金额2200余万元。②至年底，学院实验中心拥有实验教学设备总值8260万余元，其中10万元以上设备209台（套），价值40万元以上大型设备40台（套）。③年内，实验教学中心面向全校15个专业，接待实验学生3000余人，实开本科生实验课程79门，实验项目174个，全年完成实验6万人时。

（马　飞）

【国际交流】①学院邀请来自美国劳伦斯伯克利国家实验室、普林斯顿大学、明尼苏达大学、俄亥俄州立大学、加拿大滑铁卢大学、阿尔伯塔大学、澳大利亚西悉尼大学、卧龙岗大学、昆士兰大学、英国伯明翰大学、帝国理工大学、瑞典Umeå大学、新加坡南洋理工大学等海外高校、研究机构的19位专家学者进行讲学和学术交流。②学院共有教师20人次赴美国、德国、加拿大等国从事合作研究或参加学术会议、交流考察等，9位教师以访问学者身份到美国、加拿大、英国、新加坡等国进行半年至一年研修，完成访学任务按期回国11人。③学院派出赴美国德州农机大学、加拿大英属哥伦比亚大学进行半年研究访学研究生2人，派出研究生分别赴英国、韩国、香港参加国际会议5人。赴美国伊利诺伊州立大学芝加哥分校、加州大学伯克利分校、韩国浦项科技大学参加国际交流学习项目本科生4人，赴德国、奥地利参加暑期交流项目本科生5人，赴台湾华梵大学、朝阳科技大学、台北科技大学等中国台湾高校参加交换生项目本科生21人。

（张　杰）

【党建和学生工作】基层党组织建设方面。①至2015年年底，学院共有党员806人，其中教职工党员174人、学生党员632人（研究生党员419人，本科生党员213人）。设有党支部52个，其中教职工党支部12个、研究生党支部27个、本科生党支部13个。年内共发展党员156人，其中教工1人、研究生33人、本科生122人；预备党员转正120人。②学院举办236期、247期、254期学生业余党校暨机械工程学院入党积极分子培训班，269名学生通过党校学习和考核，获得结业证书，考试通过率提升到64%。③开展“学风引领计划”，组建47支学习团队，帮扶202名学业困难学生。④学院机关党支部、机本121党支部、机本13党支部获得“北京科技大学先进党支部”称号，马特等9人获得“北京科技大学优秀共产党员”称号。学生党支部申报红色“1+1”活动9项，机本13党支部、机本127党支部获北京高校红色“1+1”示范活动优秀奖。教工和学生党支部共申报基层党组织活动48项，参与率100%。学院机关党支部、状态监测梯队党支部获北京科技大学优秀基层党组织二等奖。⑤研究生25个党支部开展“成才表率培训计划”，传热传质与热物理测试梯队党支部、车辆14党支部被评为校级标兵党支部，成形与仿真梯队党支部等5个支部被评为校级优秀党支部。

学生工作方面。①学院

完成2015年度立项的本科生科技创新项目验收，市级以上项目16项通过验收，其中国家级7项；院级项目25项通过验收，其中一等奖5项、二等奖8项。2016年本科生创新创业训练完成立项，总计73项，其中拟推国家级项目12项、市级项目7项。②学院学生竞赛获奖总数734人（国家级137人、省部级100人，其他497人）。获2015年全国大学生物理竞赛一等奖2人、二等奖10人、三等奖11人；获2015年全国大学生英语竞赛一等奖2人、二等奖4人、三等奖6人；获2015年全国大学生数学竞赛一等奖1人、二等奖1人、三等奖2人；获2015年第八届全国大学生节能减排科技创新与社会实践竞赛一等奖3项、二等奖2项、三等奖4项及优秀组织奖，获奖总数位于全国参赛高校前列；获第八届“全国大学生先进成图技术与产品信息建模创新大赛”团体一等奖，其中机械类全能一等奖1项、机械类尺规一等奖1项、机械类建模一等奖2项、机械类全能一等奖1项和机械类建模二等奖1项；在第十四届全国大学生机器人大赛中，全国一等奖7人次，二等奖4人次；获2015年科研类全国航空航天模型锦标赛一等奖1项、二等奖3项、三等奖1项；获第四届北京市大学生动漫设计大赛二等奖2项、三等奖18项；在第十届全国大学生“飞思卡尔”杯智能汽车竞赛全国总决赛中，光电组、摄像头组、电磁组、创意组均获得一等奖，其中电磁组、创意组获得冠军，摄像头组获得亚军，光电组获得季军，并获国际赛冠军。③学院共有4支团队分获北京科技大学2015年暑期社会实践金、银、铜奖团队；1位教师被评为暑期社会实践“先进工作者”；1位教师被评为暑期社会实践“优秀指导教师”；59名学生被评为2015年学生暑期社会实践“先进个人”。④学院学生共获国家奖学金、国家励志奖学金、86校友奖学金、冠之奖学金、人民特等奖学金、高效轧制奖学金、宝钢优秀学生奖、建龙奖学金等各类特种奖学金112人，人民奖学金635人，国防生“砺剑”奖学金5人，共计752人次，金额102.4万元。孟境辉、孟齐志获校长奖章。学院研究生获国家奖学金26人，其他各类特种奖学金7人，共计33人，金额62.1万元；优秀三好学生87人次，三好学生174人次，优秀学生干部87人次，优秀共青团干部74人次，优秀团员176人次。⑤学院获学生日常管理和安全教育工作专项奖、辅导员队伍建设工作专项奖；学院团委获组织建设工作专项奖、新闻宣传工作专项奖。物流1202班、工设1201班、车辆1301班被推荐为北京市优秀班集体，物流1202班获87校友基金最佳团队。校级先进班集体、优秀团支部标兵6个，校级先进班集体、优秀团支部12个；文明宿舍79个、标兵宿舍10个、优秀宿舍长104人、标兵宿舍长16人。

（马　飞、董春阳）

自动化学院

【概况】自动化学院下设4个系：控制科学与工程系、仪器科学与技术系、电工电子技术系、智能科学与技术系；3个研究所：自动控制研究所、导航与控制研究所、机器人研究所；2个中心：实验教学中心和智能机器人研究中心；2个省部级科研基地：钢铁流程先进控制教育部重点实验室、北京市工业波谱成像工程技术研究中心；1个省部级教学示范中心：北京高等学校实验教学示范中心。2015年，学院共招收本科生274人，全日制硕士研究生128人（其中学术学位硕士生65人，专业学位硕士生63人），非全日制专业学位硕士生11人，博士研究生16人。毕业本科生230人，就业率95.37%；毕业工学博士研究生29人，学术型硕士研究生82人，专业型硕士研究生68人（全日制39人，非全日制29人），就业率100%。至2015年年底，学院共有在校学生1633人，其中本科生1136人，硕士生399人，博士生98人。

（陈　旭、王振花）

【师资队伍】2015年，学院共有教职工99人，其中专任教师77人（含正高级专业技术职务20人，副高级专业技术职务36人），实验人员11人，行政人员11人；兼职教授5人，非在编职工2人，兼职辅导员3人。具有博士学位的教师62人，占教师总数的81%；45岁以下教师41人，占教师总数的53%；有博士生导师21人。现有国家“千人计划”入选者1人，国家杰出青年科学基金获得者2人，“863”首席专家1人，国家优秀青年科学基金获得者1人，教育部“新世纪优秀人才”3人，北京市科技新星1人。学院年内引进“一层次”人才1人，“三层次”人才1人，新增讲师和师资博士后4人，晋升教授1人，副教授2人，入选国家优秀青年科学基金1人；推荐青年长江学者1人、优秀青年科学基金候选人2人；通过师资博士后出站考核3人（入选学校优秀博士后1人）、回国考核7人、期满考核8人；完成教师资格认定1人，获得本科课堂准入资格2人。

（陈　旭、王振花）

【人才培养】工程教育专业认证方面。2014年12月9日，中国工程教育专业认证协会秘书处受理自动化专业2015年认证申请后，学院组织动员控制科学与工程系全体教师及相关人员，参与到专业认证的自评工作中。由李擎、彭开香、王丽君进行统稿的自评报告及附录，于2015年7月31日正式提交。通过电子信息与电气工程类专业认证分委会的网审和会审，自动化专业于2015年8月23日获得进校考查资格。根据专家反馈的意见，相关人员对自评报告及附录进一步完善，于9月22日提交。10月25～28日，工程教育专业认证专家组对自动化专业开展了工程教育专业认证现场考查工作。在最后召开的意见反馈会上，认证专家组给予了科学的评价和充分的肯定，并就现场考查发现的问题提出了意见和建议。12月9日，电子信息与电气工程类专业认证分委员会秘书处返回专家组的现场考察报告。12月15日，学院提交了对专家组现场考察报告的反馈意见。

本科生教学方面。①11月，学院试行《自动化学院教师教学工作当量计算办法》，对工作基本合格和不合格的教师加强警示。出台《自动化学院关于进一步加强本科教学管理工作的意见（2016执行版）》，从课堂教学、实验教学、实践教学三个环节进一步细化了管理规定，为迎接教育部新一轮“审核性教学评估”打下坚实基础。②组织学校第26届教育教学成果奖评选工作，尤佳、侯庆文两位教师负责申报的项目分获本科教学一、二等奖。③学院为2013级3个专业学生分别开设了1门国外专家讲学课程。④鼓励学生参与科技创新项目，不断提高实践能力和创新意识。学院本科生科技创新共立项40项，其中国家级3项、北京市级6项、院级31项。验收43项：国家级4项，其中一等奖2项，二等奖1项，通过1项；北京市级15项，其中二等奖4项，通过11项；院级24项，其中一等奖4项、二等奖4项、通过9项、不通过2项、终止3项、延期2项。⑤加强班导师管理工作，学院分年级共召开7场班导师工作述职和研讨会。曾慧副教授、景鹏副书记荣获“2015年度优秀班导师”称号。⑥积极开展本科教学工程建设，共获批各类本科教学工程项目14项，资助经费55万元。其中青年教学骨干人才计划2项，资助经费16万元；教育教学改革与研究项目7项，包含北京市教委面上1项、校级重点1项、面上5项，资助经费30万元；研究型教学示范课程建设项目1项，资助经费2万元；全英文教学示范课程建设项目1项，资助经费3万元；校级“十二五”规划教材建设一般项目1项、讲义2项，资助经费4万元。学院共完成校级各类本科教学工程项目结题验收18项，中期检查24项。此外，学院教师年内共发表教改论文25篇，出版教材2部。

研究生教学方面。2015年修订研究生培养方案，在专业学位研究生培养计划中新增实践教学模块，聘请国内外高校、研究所、企业专家，以及自动化领域大型公司的CEO来校授课；新增2门双语课程，训练学生的专业外语能力。2015年北京科技大学研究生教育发展基金项目立项申报5项，批准立项3项。与兄弟院校进行人才培养经验交流，与中国石油大学（华东）信息与控制工程学院、济南大学自动化学院交流了研究生课程设置情况。

（李　擎、张朝晖）

【学科建设】学院设有3个本科专业：自动化，测控技术与仪器，智能科学与技术，自动化专业是教育部CDIO特色专业，测控技术与仪器专业是北京市特色建设专业；2个普通硕士一级学科点：控制科学与工程，仪器科学与技术；2个工程硕士授权领域：控制工程，仪器仪表工程；1个一级学科博士点：控制科学与工程；5个二级博士学位授权点：控制理论与控制工程，检测技术与自动化装置，模式识别与智能系统，系统工程，导航、制导与控制；1个博士后流动站：控制科学与工程；1个国家重点（培育）学科和北京市重点学科：控制理论与控制工程。

学院在总结“十二五”期间建设成果基础上，成立“十三五”规划工作组，统筹兼顾，协调职责，进行相应规划的编制工作。在规划编制过程中，广泛征求教职工意见，最后经院党政联席会、党委会的审定完成学院“十三五”规划。

（张朝晖）

【科学研究】①学院年到款科研经费总额1486.9万元，其中纵向经费449.5万元，横向经费1037.4万元；获得国际合作重点项目2项，优秀青年科学基金项目1项，自然科学基金面上项目1项，共获得基金资助370万。②获省部级科技奖励3项，其中“‘快速变频幅脉冲冷却控制模具扁钢在线预硬化’生产线技术装备开发”获冶金科学技术一等奖，“综采（放）工作面冲击地压实时在线监测安全预警系统研究”获安全生产科技成果一等奖，“单兵背负式燃料电池电源系统”获中国人民解放军科学技术进步二等奖。申请发明专利12项、实用新型专利5项；授权发明专利10项、实用新型专利9项；申请软件著作权16项。发表检索论文102篇，其中SCIE论文43篇，EI论文55篇，CPCI论文4篇。③学院现有钢铁流程先进控制教育部重点实验室和北京市工业波谱成像工程技术研究中心两个科研基地。钢铁流程先进控制教育部重点实验室于2015年顺利通过教育部验收。

（胡广大、王振花）

【学术交流】①2015年4月，学院与中国科学院自动化研究所复杂系统管理与控制国家重点实验室签订合作协议。2015年8月，由学校联合主办、学院联合承办的2015全国第20届自动化应用技术学术交流会在内蒙古科技大学圆满召开，来自全国高校、科研院所及钢铁、有色、矿山、石化行业企业的220余名代表共聚一堂，探讨技术发展，交流宝贵经验。②年内，学院继续加强对外交流工作，拓宽人才培养的国际化视野。共有6名教师在加州大学伯克利分校、新奥尔良大学、俄克拉荷马州立大学、史蒂文斯理工学院、兰卡斯特大学、肯特大学等高校做访问学者；5名教师前往美国、英国、法国、德国等国参加国际会议或进行短期学术访问；邀请20余位国内外知名学者访问学院，通过学术报告或授课的形式与学院师生开展学术交流；4名博士研究生赴美国爱荷华大学、俄克拉荷马州立大学、加州大学滨河分校、加拿大康考迪亚大学参加公派研究生联合培养项目；17名本科生赴法国图尔大学、美国伊利诺伊大学芝加哥分校、澳大利亚昆士兰大学、英国邓迪大学、加拿大麦克马斯特大学、爱尔兰利莫瑞克大学、日本北海道大学、台湾东海大学等学校参加国际交流学习项目；10名本科生赴华东理工大学、中国海洋大学、中南大学、湖南大学等学校参加国内交换生项目。

（张朝晖、王振花）

【实验室管理】①和计算机与通信工程学院联合申报“北京高等学校示范性校内创新实践基地”。完成2015年中央级普通高校改善基本办学条件专项资金项目“运动控制系统实验平台”的设备采购任务。完成2016年中央级普通高校改善基本办学条件专项资金项目“检测与仪器设计实验平台”的申请工作。②10月，出台《自动化学院实验系列教学工作当量计算办法》并试行。③9月起，实验教学中心建立健全了关于安全的各项规章制度，包括《实验室技术安全管理办法》《实验室突发事件应急预案》《实验室内务管理细则》及《实验室内部安全隐患明示》等。学院还坚持开展每周一次的安全、卫生检查，要求检查人员认真做好检查记录，及时发现事故隐患。不合格人员写出整改措施并加以落实。

（李　擘）

【党建与学生工作】基层党组织建设方面。①学院通过党建课题申报、专题研讨等提升党员党性修养与工作技能；紧抓党支部组织生活，规范党支部建设；举办“书记开讲了”，由学院党委书记为支部书记及新发展党员上党课，支部书记讲《中国共产党党章》《中国共产党廉洁自律准则》《中国共产党纪律处分条例》等。②学院举办第241期学生业余党校，培育积极分子158名；全年共发展党员70名（含1名教工党员）；基层立项申报率及完成率均为100%，获校级一等奖1项、三等奖2项。③积极推进红色“1+1”活动，获北京市三等奖1个，优秀奖2个。实施“党员先锋工程实施计划”，本科生“助学零距离”实现挂科门次下降近50%，研究生成才表率培育计划获标兵党支部1个，优秀党支部1个。完善党员述责测评网络系统工程建设，网站和手机客户端先后申请软件著作权，并在文法学院和马克思主义学院试点推广。

学生工作方面。①学院始终以学风建设为中心，营造浓郁学习氛围，学风建设成效显著。低年级一次通过率位居兄弟学院前列。由党委副书记带头，辅导员、高年级优秀学生等组成宣讲团，举办思维导图及时间管理等专题培训；结合专业特色，开设专业基础知识大讲堂；开展科技文化月，以科技氛围引领学风建设；充分发挥“班导师+辅导员+优秀学长”联动作用，开展新生成长对话课；开展任课教师专访，录制“老师眼中的我们”“如何学好这门课”等视频。②自动化专业2011级本科生杨冰、孙思洋荣获校长奖章；2012级49人获保研资格，16人赴清华、北大、中科院继续深造；361人次获科技竞赛奖项（市级及以上152人次）。③学院积极组织参与各类文体活动，充实学生课余生活。开展“核心价值观”主题摄影大赛、师生文化月等；积极参加各类校级体育赛事，在年内校运动会中获乙组男女团体总分第

一、男子团体总分第一、女子团体总分第二。④开展第11届研究生学术论坛暨“赛博论坛”，保持“教授谈”及“博士生沙龙”等传统品牌，开展“北科大—中科院”等交流互访活动；举办多场国际知名专家学者学术前沿报告；开展学术道德与学术诚信教育，举办“科研中的最美瞬间”活动。共收到学术论文122篇。⑤在科技服务与挂职锻炼方面，分别赴济钢、英诺格林及遵义铝业开展社会实践；1名博士、2位硕士赴广西防城港开展个人实践并获当地媒体报道。⑥学院就业工作成效显著。利用网站、微信公众号等分版块发布信息；张贴“毕业进行时”及时公布学生就业去向；召开宣讲会及优秀校友经验分享会，走访多家企业。年内，学院举办专场招聘会20余场，新联系用人单位12家，为学生提供千余个岗位。学院荣获本科生深造率优胜奖。⑦在辅导员队伍中继续开展学习型组织建设，以“与时俱进做好学生工作”为主题，开展20余次集体学习。派出3人次参加教育部或北京市的专题学习，共发表思想政治理论类论文多篇，“互联网时代大学生科技社团在学风建设中的作用”一文荣获2015年度全国高校辅导员工作优秀论文一等奖。“基于网络的大学生党员述责测评系统工程”的教育部辅导员工作精品项目稳步推进，2项校级思想政治理论课题获得立项。

（尹怡欣、景　鹏）

计算机与通信工程学院

【概况】计算机与通信工程学院设有5个系：计算机科学与技术系、软件工程系、通信工程系、物联网与电子工程系、信息基础科学系；1个教学实验中心；3个研究所：计算机与系统科学研究所、知识工程研究所、先进网络技术与新业务研究所；2个省部级科研基地：材料领域知识工程北京市重点实验室、北京市融合网络与泛在业务工程技术研究中心；一个合作基地：赛博（网电空间）北京市国际科技合作基地。

2015年，学院共招收本科生12个班371人，全日制硕士研究生229人（其中学术型研究生118人，专业型研究生111人），博士生44人。毕业本科生357人，毕业硕士研究生237人，毕业博士研究生13人。至2015年年底，学院共有在校生2470人，其中本科生1598人（含留学生62人），硕士研究生690人（含留学生54人），博士研究生182人（含留学生34人）。

（隆克平、韩伯涛）

【师资队伍】学院共有教职工128人，其中专任教师95人（含教授29人，副教授41人）。有博士生导师25人。有长江学者特聘教授1人，国家杰出青年科学基金获得者1人，教育部新世纪优秀人才4人，北京市教学名师1人。引进特聘教授1人，特聘副教授1人，新进专任教师（含教师博士后）6人。晋升教授职务1人，副教授职务4人，博士生导师2人，完成教师资格认定4人，获得本科课堂准入资格3人。新聘国家杰青孙富春教授为兼职教授，聘请IBM、微软、阿里巴巴、京东、NVIDIA等企业专家11人为兼职教师。

（隆克平、韩伯涛）

【人才培养】①10月，计算机科学与技术本科专业顺利完成全国工程教育专业认证专家组入校考察工作。12月，通信工程本科专业认证二次申请得到受理，将参加2016年工程教育专业认证。②整合创新实验室、实训实验室和学生科技创新平台，11月与自动化学院联合申报“北京高等学校示范性校内创新实践基地”。③举办教学基本功大赛，培养帮助青年教师提高教学技能。在学校第九届青年教师教学基本功比赛中，学院3名青年教师荣获二等奖1项，三等奖2项。④加强研究生培养质量把控，共有106人盲审结果为修改后答辩，11人修改后重审，4人不同意答辩。6月申请毕业的9名博士研究生共发表论文39篇，人均发表论文4.3篇，检索30篇，其中SCI检索11篇，人均1.2篇。为提高生源质量，学院首次开办暑期学术夏令营。2015年，学院共录取推免生73人，其中“211”工程学校生源为68.5%。

（王建萍、张晓彤）

【学科建设】学院设有5个本科专业：计算机科学与技术(首批国家级特色专业)、信息安全、通信工程、物联网工程(国家级特色专业)、电子信息工程（2014年停止招生）；4个普通硕士一级学科点：计算机科学与技术、软件工程、信息与通信工程、电子科学与技术；3个工程硕士授权领域：计算机技术、软件工程、电子与通信工程；2个一级学科博士点：计算机科学与技术、软件工程；4个二级学科博士点：计算机系统结构、计算机应用技术、计算机软件及理论、通信与信息系统；3个博士后流动站：计算机科学与技术、信息与通信工程、软件工程。2个北京市重点学科：计算机系统结构、通信与信息系统。

年内，学院起草编制“十三五”事业发展规划，确定了“一个统领、两个重点、三个领域、四个目标”的“十三五”发展指导思想，力争经过五到十年的努力，将学院建设成为计算机科学与技术、信息与通信工程学科具有明显优势，物联网工程、软件工程、网络空间与安全领域具有一定特色，在国内外具有较大影响的研究型学院。

（隆克平、张晓彤）

【科学研究】①科研经费年到款总额2044.78万元，其中纵向经费1277.27万元，横向经费767.51万元。新增参与“973”项目1项，“863”项目4项；国家支撑计划1项；国家重大专项1项；国家自然科学基金申请25项，立项5项；北京自然科学基金申报18项，立项2项；基本科研业务费立项35项。新增横向科研项目40项，其中5项合同额超过50万元，1项超过150万元。②学院教师为第一作者，且以北京科技大学为第一署名单位的SCIE/EI收录论文135篇，其中SCIE检索论文68篇，EI检索论文67篇，JCR-I/II区论文7篇。毛凌锋教授在*Nature*旗下的*Scientific Reports*发表影响因子5.578的高水平论文；申请发明专利62项，授权发明专利12项，授权实用新型4项。③11月，“材料领域知识工程北京市重点实验室”完成3年建设验收工作；“融合网络与泛在业务北京市工程技术研究中心”加大科研项目组织力度，在5G技术研发、物联网及其行业应用等方面取得突出成果，基地研究和技术创新能力进一步提高。

（张德政）

【国际交流】①举办“2015国际智能空间大会”“2015网电空间技术国际研讨会”，与国际学者共同创办IEEE云计算与大数据国际会议、IEEE人联网国际会议。②获批教育部“海外名师”项目1项，与美国天普大学计算机系主任建立为期5年、在华时间不少于60天/年的交流合作；获批常规引智项目4项（执行3项）；申报教育部学校重点引智项目1项，常规项目3项，引进海外高层次外国文教专家重点支持计划2项；与台北科技大学联合申报专题研究计划项目3项。③新增国际SCI期刊编辑/客座编辑2人，1人获计算机学会金质核心奖章(IEEE Computer

Society Golden Core Member Award)（2015），1队获第13届国际文档分析与识别大会"鲁棒阅读竞赛"（Robust Reading Competition）四项冠军。全年出国（境）参加各类国际学术会议或进行合作研究的教师人数22人。④通过教育部中外合作办学评估。完成2015年中瑞合作办学项目招生、培养工作，共9名学生入学。⑤组织2015京港大学生学术交流活动，接待美国天普大学、美国福特汉姆大学、台北科技大学等多所大学的合作来访。培养拥有海外学习经历的本科生和研究生25名，接收来华留学生155名，接收法国奥尔良大学本科交换生2名，台湾本科交换生5名。

（宁焕生）

【党建和学生工作】①年内共发展学生党员101人，转正预备党员115名，转出组织关系163人。至2015年年底，学院共有党员637人，其中学生党员557人，教师党员80人。②认真开展"三严三实"专题教育活动；落实学院班子中心组理论学习制度、教职工集中理论学习制度；以学生党支部为主体带动学生开展理论学习,通过开展"党员开讲了""图说社会主义核心价值观"等活动积极弘扬正能量。③作为学校贯彻落实党风廉洁主体责任试点学院，制订《落实党风廉政建设主体责任的实施办法》，完善学院以制约权力为核心、以领导干部为重点、以重点领域和环节为关键、以监督为保障的反腐倡廉制度体系；严格控制标准，完成学院机关办公用房调整改造，清理腾退出80m²，统筹调配教学科研使用。④积极配合做好学校第十一次党员代表大会的筹备与召开工作，在全院党支部和党员中深入开展"双评"工作，积极开展先锋创建活动，各支部累计立项41项，红色"1+1"活动在非毕业生党支部中参与率为100%。年内，学院荣获北京高校十佳示范班集体1个，北京高校红色"1+1"示范活动5个，北京市先进班集体2个，首都高校"先锋杯"优秀团支部2个，校级先进党支部2个，校级优秀共产党员4人，优秀党务工作者1人，优秀基层党组织活动5项。

学生工作方面。通过"七学机制""满井谷：互联网+"等品牌活动，助力学生成长成才。成立学业发展与指导中心，开设"新生成长对话课"，整理凝练《基础课、专业课辅导宝典》，创建3个"开讲了"（党员开讲了、学长开讲了、技术开讲了）品牌活动，举办"特等奖学金答辩"展示励志活动，开展"1024程序员文化节"等文体活动。学院继续保持优良学风，低年级一次通过率连续三年保持73%以上,继续深造率保持55%以上。加大就业指导与服务工作力度，全年开展"IT名企行"十余次，举办"满井谷：互联网+"前沿技术培训课15讲，利用"计通职协"微信平台集中推送招聘信息200余次，并首次尝试StuO微课堂开展技术培训和职业规划讲解。年内，本科毕业生就业率97.44%，研究生就业率100%，学院被评为北京科技大学"就业工作先进单位"，并在学校招生就业工作会议上作工作交流。

（黄武南、苏　栋）

数理学院

【概况】数理学院下设4个系：应用数学系、信息与计算科学系、物理系和应用力学系；1个国家教学平台：国家工科物理课程教学基地；3个省部级教学科研平台：北京市弱磁检测及应用工程技术研究中心、北京市实验教学（物理）示范中心、科技部材料模拟设计实验室；应用数学研究所、应用物理研究所、现代物理技术研究中心等教学科研机构。

2015年学院共招收本科生8个班250人、硕士研究生104人、博士研究生19人；至2015年年底，学院共有在校生1234人，其中本科生841人，硕士研究生306人，博士研究生87人。

（王荣明、邱　宏）

【师资队伍】学院共有教职工125人，其中专任教师113人（含教授33人，副教授41人），名誉教授1人，兼职教授6人。具有博士学位教师84人，其中10人具有海（境）外博士学位，占教师总数的76%。有中国科学院院士2人（双聘），美国科学院院士1人（名誉教授），亚太材料科学院院士1人（兼职教授），国家“千人计划”特聘专家1人，北京市教学名师4人，教育部“新世纪优秀人才”4人，北京市科技新星1人。新进青年教职工16人，其中特聘副教授2人；聘请美国科学院院士、美国艺术与科学院院士、哈佛大学大卫·韦兹（David Weitz）教授为名誉教授；聘请亚太材料科学院院士、美国物理学会会士冯元平教授为兼职教授；2人晋升正高级专业技术职务职称，7人晋升副高级专业技术职务职称。

（刘雨芙）

【人才培养】本科生培养方面。积极探索本科教学培养新模式，与中国科学院半导体研究所合作共建“黄昆班”，与中国科学院数学与系统科学研究院应用数学研究所联合实施“闵嗣鹤数学精英计划”，稳步推进理科试验班建设。加强“科教融合”的教学理念，申报获批北京市教育教学改革与研究项目1项，组织承办“京津冀高校数理学科‘科教融合’研讨会”，杨乐院士、陈难先院士和姚骏恩院士等百余名专家、学者、教师参加会议。

公共基础课教学方面。承担全校约31%的本科生课程以及约24%的研究生公选课程。精心组织完成了青年教师教学基本功比赛。推荐5名教师参加校级比赛，获一等奖3名、二等奖1名、三等奖1名。孟凡研、李娜获北京高校第九届青年教师教学基本功比赛理工A组一等奖；张丽静、陈学慧、赵东红分获首届（2015）全国高校数学微课程教学设计竞赛(华北赛区）特等奖、一等奖和二等奖。在第六届全国大学生数学竞赛决赛（非数学类）中，2人分获全国一等奖和二等奖；在第八届全国大学生节能减排社会实践与科技竞赛中获一等奖1项；在第三届全国大学生物理实验竞赛中获全国二等奖2项；在2015年全国大学生数学建模竞赛中，3支参赛队获全国二等奖，4支参赛队获北京市一等奖；在第七届全国大学生数学竞赛初赛（北京赛区、非数学类）中，12人获北京市一等奖，位列北京市高校第三名。研究生培养方面，7名硕士生和3名博士生获国家奖学金。

（陈章华、丁红胜、卫宏儒）

【学科建设】学院设有4个本科专业：应用数学、信息与计算科学、应用物理、理科试验班；2个一级学科硕士点：数学、统计学；3个二级学科硕士点：物理电子学、固体力学、系统工程；1个一级学科博士点：物理学；2个二级学科博士点：固体力学、一般力学与力学基础；共建纳米材料与器件物理学、光电信息材料与器件2个北京市重点学科。数学学科2015年首次入选QS世界大学学科排名400强，位列国内高校第26名。

（王荣明、邱　宏）

【科学研究】①学院年到款科研经费总额1782.3万元，其中纵向经费1588.97万，横向经费193.33万；新增国家自然科学基金项目10项。发表SCI论文157篇，其中中国科学院情报研究所JCR-I/II论文51篇，影响因子5.0以上论文9篇（王荣明教授、陈娣教授各3篇，宋玉军教授、徐岩副教授、田付阳副教授各1篇）。陈娣教授在*Chemical Society Reviews*（影响因子：33.383）合作发表论文1篇，黄厚兵博士在*Nano Letters*（影响因子：13.592）合作发表论文1篇。6篇论文入选2005－2015年Web of Science高被引论文（徐岩副教授3篇、马万彪教授2篇、陈娣教授1篇）。②联合化学与生物工程学院举办“理学之美”名师讲坛、前沿论坛和青年论坛，邀请美国科学院院士保罗·S·韦斯（Paul S. Weiss）、阿夫纳·弗里德曼（Avner Friedman）教授，欧洲科学院院士王中林教授、陈关荣教授，中国科学院院士杨乐教授、郭柏灵教授等做客名师讲坛，邀请“长江学者”特聘学者、国家杰出青年科学基金获得者等十余人做客前沿论坛和青年论坛。③北京市弱磁检测及应用工程技术研究中心经过三年建设，顺利通过中期答辩。

（王荣明、陈艳萍）

【国际合作与交流】①物理学科与加拿大西安大略大学达成学生交换意向，并接受2名本科生来院交流学习；数学学科与英国邓迪大学签署“2+2”人才培养协议,探索人才培养新模式；多名博士生、硕士生分别赴美国加州伯克利大学、加拿大纽芬兰纪念大学等高校交流学习。②邀请新加坡南洋理工大学张青教授、美国波多黎各大学李阳教授、卡内基梅隆大学王·杨（Yang Wang）教授、德国柏林洪堡大学维克哈德·曼（Volkhard May）教授来访，开展合作研究。十余名教师应邀出国（境）参加国际学术会议或开展合作研究。③8月31日～9月2日，2015纳米材料和纳米科技国际研讨会在北京科技大学天工大厦成功举办，来自欧洲、美洲、亚洲及我国的200余名专家学者参加会议，大会组委会主席王荣明教授致开幕词，校长张欣欣教授到会祝贺。

（王荣明、陈艳萍）

【党建与学生工作】基层党组织建设方面。①开展“三严三实”教育活动，召开了专题民主生活会或专题组织生活会。5个教工支部和19个学生支部开展了“双评”工作，4名教职工获“校级优秀共产党员”称号，2个支部获“校级先进党支部”称号。②举办北京科技大学第237期学生业余党校暨数理学院入党积极分子培训班，共计118名学员结业，评选出4名优秀班主任，19名优秀学员。学院年内共发展党员45名，预备党员转正15名。至2015年年底，学院共有学生支部18个，教职工支部5个，党员总数253人，其中教职工党员80人。③提升民主管理、科学决策水平，学习贯彻《北京科技大学章程》，将教师业绩考核方案、各类津贴补贴发放方案、系所结构调整、学院管理机构调整等涉及教职工切身利益的事情提交学院教代会讨论。共召开教代会、教职工全体大会5次，审议通过了院发14个文件，受理提案2个，向学校教代会递交提案3个；完成学校第八届教代会暨第16届工代会代表选举、学院工会委员会委员选举工作。④组织完成了学校十一次党代会“两委委员”酝酿推荐选举、组建代表团，以及党代会报告的学习审议工作。⑤加强安全教育。按网格化管理思路，制作房屋责任教师、安全员及室内其他教师各负其责、共同协管的三级管理责任制，签订各级责任书；进一步完善安全预警、应急处置和各层级责任制度；坚持了每月最后一周及节假日前，学院领导进行安全、保密的定期检查制度；在全院“安全教育周”活动中，先后为师生作了有关实验室安全、消防安全、校园治安三个专题讲座，并进行防火安全演练。⑥学生基层党支部活动立项参与率为90%，助学零距离本科生参与率100%，1个支部被评为北京科技大学助学零距离活动优秀党支部，红色“1+1”参与率100%，其中1个支部被推荐为北京市高校示范活动，1个支部获北京科技大学优秀活动奖，马连洼社区志愿服务基地挂牌。本科12级第一党支部“传承红色基因，做新一代四有新人”活动获校级优秀基层党组织活动评比二等奖。

学生工作方面。①获北京科技大学十佳辅导员1人，优秀学生工作者1人，就业工作先进个人1人，社会实践工作先进工作者1人，第98期团校优秀班主任1人；学院获学生工作专项奖2项（学业辅导、心理素质教育），共青团工作专项奖（骨干培养工作）1项。②毕业生就业方面。2012级本科生保研比例35.5%，2015级本科毕业生深造率47.5%，就业率98.31%。③科技学术活动方面。第12届“科技园杯”学生创业竞赛中获银奖团队1个；校级以上SRTP项目21个，院级SRTP项目26个；第17届“摇篮杯”课外学术科技作品竞赛申报获一等奖1个、三等奖4个、优秀奖2个；46人次在学校、北京市及全国各类竞赛中获奖；2人在2015年全国英语竞赛中获三等奖；4人在第31届全国部分地区物理竞赛中荣获三等奖；8人在2015年全国第七届大学生数学竞赛及北京市第26届大学生数学竞赛中获奖，其中一等奖2人、二等奖1人、三等奖5人；3人在美国大学生数学建模大赛中获奖；2人在美国大学生数学竞赛中获奖。1人在第九届国际大学生iCAN创新创业大赛总决赛获一等奖；1人在第六届高校环保科技创意设计大赛中获银奖；3人在第八届全国大学生节能减排社会实践与科技竞赛中获奖，其中一等奖2人、二等奖1人；1人获2015年首都“挑战杯”三等奖。

（邱　宏、牛　珩）

化学与生物工程学院

【概况】化学与生物工程学院下设3个系：化学与化学工程系、生物科学与工程系、高分子科学与工程系；3个省部级重点实验室：生物工程与传感技术北京市重点实验室、功能分子与晶态材料科学与应用北京市重点实验室、北京科技大学农药残留与环境毒理实验室（农业部农药登记残留试验认证单位）；1个挂靠单位：生物工程与传感技术研究中心。

2015年，学院共招收本科生4个班124人，其中应用化学62人，生物技术62人；招收硕士研究生104人，博士研究生22人。至2015年年底，学院共有在校生725人，其中本科生432人，硕士研究生210人，博士研究生83人。

（曾　芳、何文书）

【师资队伍】学院共有教职工85人，其中专任教师72人

（含正高职称23人，副高职称31人），博士生导师16人。俄罗斯工程院外籍院士1人，英国皇家化学学会会士1人，国家“千人计划”项目特聘教授1人，国家百千万人才工程入选者1人，教育部长江学者1人，国家杰出青年基金项目获得者2人，教育部“新世纪人才”8人，北京市科技新星6人，中国化学会理事1人。时国庆获“我爱我师——我心目中最优秀的老师”称号。晋升教授3人，晋升副教授2人。

（曾　芳、何文书）

【人才培养】本科生教学方面。①学院重视教学质量工程建设，获得校研究型教学示范课程1门，校教改基金面上项目资助项目1项，校级“十二五”规划教材（讲义）立项1项，学校青年教师教学基本功比赛二等奖、三等奖各1项。②积极探索学生综合素质培养，指导学生获得第八届全国大学生节能减排社会实践与科技竞赛校内赛一等奖、二等奖各1项，指导学生参加国际遗传工程的机器设计竞赛（iGEM）和北京市化学竞赛。③学院重视学生培养体系建设，推行大一新生“学业导师制”，每位导师负责2名新生的大一学年成长指导。

研究生教学方面。学院认真组织第11届研究生学术论坛系列活动，获2015年“研究生学术论坛”优秀组织奖。积极开展研究生暑期社会实践与挂职锻炼活动，获2015年“研究生社会实践与挂职锻炼”优秀组织奖。有序开展研究生招生录取及本科生推免工作。积极开展研究生招生宣传工作。博士生王书琪获得学校博士研究生校长奖学金。

（范慧俐、胡继业）

【学科建设】①学院设有2个本科专业：应用化学、生物技术；2个一级学科硕士学位授权点：化学工程、化学；1个二级学科硕士学位授权点：生物化学与分子生物学；1个一级学科博士学位授权点：化学。2015年，化学学科学位授权点参加国务院学位委员会和教育部位授权点专项评估，按教育部要求完成化学博士点的自我评估总结报告。②制订学院“十三五”发展规划，抓住化学学科连续三年进入ESI排名世界前1%且排名逐年提高及学校与威尔康奈尔医学院共建医学院的契机，进一步凝练10个学科方向，明确学科发展定位，力争在“十三五”期间完成学院“三步走”发展战略第一步，完成学院定位转型。③学院重视发挥行业引领作用，中国产学研合作促进会成立中国生物检测监测产业技术创新战略联盟，北京科技大学当选为理事长单位，张学记教授当选为联盟理事长。2015年12月，在云南昆明召开了成立大会暨第一届理事会。

（范慧俐、温永强）

【科学研究】①学院年到款研究经费1873.5万元，其中纵向经费1276.9万元，横向经费596.6万元。新获得国家自然科学基金资助7项。发表SCI论文136篇，师生研究成果在*Advanced Materials*（2篇）、*ACS Nano*（2篇）、*Chemical Science*（2篇）、*Nano Energy*（1篇）、*Small*（1篇）、*Nanoscale*（5篇）等化学领域高水平杂志发表。②农业部农药残留与环境毒理实验室2015年加盟农业部农药残留标准制定资质单位，获中央财政专项资金支持。

（张学记、温永强）

【实验室管理】①2015年，配合学校“实验室安全年”建设，推进学院实验室药品管理、规程建设、隐患排查工作，完成了电路清查，进行实验室维修、实验台改造，为各实验室配备废液柜、实验椅。②开设“实验室安全学”课程。两个实验室获“校年度实验室安全工作先进实验室”称号。③加强学院分析测试平台的建设，完成电镜购买、安装、调试、培训等工作，制订了电镜管理办法，扫描电镜正式投入使用。申请学校经费235万元，进一步加强学院实验平台建设和重点实验室的实体化建设。

（温永强）

【国际交流】 ①学院积极开展学术交流和国际合作，加强学院国际化平台建设，努力推动特色理科建设，邀请国内外知名科学家做客北京科技大学“理学之美”名师讲坛、前沿论坛、青年论坛，共举办讲座16场，参与学生人数超过1500人次。②资助研究生参加国际、国内学术交流5人次。资助学生参加国际遗传工程的机器设计竞赛（iGEM）。③功能分子与晶态材料科学与应用北京市重点实验室组织了北京科技大学2015年劣质重油高效提取卟啉类气体传感器国际研讨会。

（胡继业）

【党建和学生工作】 基层党建方面。①学院年内共发展学生党员35人，转正预备党员36人，转出组织关系56人。至2015年年底，学院共有党员243人，其中学生党员199人，教师党员44人。②从严从实开展“三严三实”专题教育。立足专题党课、专题学习研讨、专题民主生活会和组织生活会、整改落实和立规执纪四个“关键动作”，扎实开展专题学习活动。认真组织开好2015年度党员领导班子民主生活会，增强了领导班子干事创业的责任心和推动改革发展的自觉性。③积极开展教职工理论学习。提出学院教职工理论学习的“三上三有”指导思想，即“专家上讲台、干部上讲台、基层同志上讲台”“有计划、有主题、有收获”。④开展“尊老工程”，安排青年教师、学生党团支部和离退休教师建立一对一的互助联系，为老同志们提供力所能及的服务，计划一期覆盖老同志15人。⑤与北科大附中、附小开展实质性共建。为附中开设生物类课外实验，指导附中学生化学课外兴趣组、《社会主义核心价值观与中国梦、北科梦、我的梦》10学时。建成附小科学实验室，开设《科学实验课》108学时。⑥由学院牵头，结合学科和专业优势，在党委宣传部、后勤服务集团、资产管理处、离退休职工处的指导和关心下，开展“魅力北科大”校园文化建设项目，为校园动植物和主要建筑悬挂标识牌，开发集生物课程认知实习教学平台和校园文化推广功能于一体的名为“MEILI北科大”的微信平台，创建具有北科大科技特色的校园文化品牌。

学生工作方面。①2015级本科毕业生就业率97.14%，考研率49.52%，出国率12.38%，深造率全校排名第三，获校级就业优胜奖。②举办我眼中的社会主义核心价值观践行者摄影比赛，纪念“一二·九”运动主题合唱比赛，推进2015年“优加计划”活动，基层党组织活动立项参与率为100%。本科13级党支部获校优秀基层党组织活动二等奖、北京市红色“1+1”示范活动优秀奖。③本科生暑期社会实践获校金奖实践团队1支，银奖实践团队2支，铜奖实践团队3支，社会实践先进个人12人，十佳标兵1人。本科生李建地、浦绍韬被评为“北京科技大学自强之星”。

宣传工作方面。学院积极维护学院新版网站，建设“花生小驻”学院微信平台、“贝壳花生仁”就业信息发布平台，紧随时代发展步伐，占领舆论，引领制高点。在北科大新闻网发布新闻94篇，其中影响力比较大的导读新闻18篇。

（郑安阳、曾　芳、曹艳秋、何文书、李　慧）

东凌经济管理学院

【概况】东凌经济管理学院下设6个系：管理科学与工程系、工程管理与技术经济系、工商管理系、财务与会计系、经济贸易系、金融工程系；2个研究中心：教育部工程研究中心、期货证券研究中心；1个研究基地：北京企业低碳运营战略研究基地；4个研究所：复杂系统故障预测和管理研究所、管理科学研究所、电子商务研究所、企业与产业发展研究所；5个办公室：学院办公室、公共关系办公室、教学办公室、学生工作办公室、国际认证与质量提升办公室；3个中心：MBA中心、EMBA教育中心、实验信息中心。

2015年，学院共招收本科生13个班327人，学术型普通硕士研究生130人，工商管理硕士研究生（MBA）204人，会计学专业硕士研究生（MPAcc）31人，工程硕士研究生73人，高级管理人员工商管理硕士研究生（EMBA）28人，中美合作高级管理人员工商管理硕士研究生（EMBA）21人，博士研究生21人。毕业本科生374人，学术型普通硕士研究生174人，工商管理硕士研究生（MBA）259人，会计学专业硕士研究生（MPAcc）14人，工程硕士研究生65人，高级管理人员工商管理硕士研究生（EMBA）55人，中美合作高级管理人员工商管理硕士研究生（EMBA）54人，博士研究生23人。至2015年年底，学院有在校本科生1685人，学术型普通硕士研究生379人，工商管理硕士研究生（MBA）475人，会计学专业硕士研究生（MPAcc）43人，工程硕士研究生155人，高级管理人员工商管理硕士研究生（EMBA）105人，中美合作高级管理人员工商管理硕士研究生（EMBA）47人，博士研究生220人。

（何　枫）

【师资队伍】学院共有教职工127人，其中专任教师88人（含教授25人，副教授41人，讲师22人），行政、教辅和辅导员39人。学院完成7位教学科研岗教师和3位行政人员招聘，对教师做出教育培训计划。积极做好系所主任、学术骨干和后备干部的培养选拔，推荐3位教师参加学校优秀青年干部培训班。新聘2位兼职教授，续聘3位兼职教授，教师具有博士学位的人数占87%，2位讲师晋升为副教授。

（刘明珠）

【人才培养】本科生教学方面。学院本科生教学在教材建设、教学改革、教师教学能力培养和课程建设等方面取得良好成果，获得7项校级一般教改项目，4项校级研究型示范课程和5项校级“十二五”规划教材立项。

研究生教学方面。①学院获批学校研究生教育发展基金1项重点项目，3项课程建设和2项教材建设立项，资助总额25万。年内案例开发取得突破性进展，8篇案例入选中国管理案例共享中心，1篇案例获得“全国百篇优秀案例”，成为学院历史上第二篇百优案例。②在第三届全国管理案例精英赛总决赛中，学院荣获全国季军。第八届尖烽时刻商业模拟大赛有15支MBA队伍进入复赛，成为全国进入复赛最多的高校。③企业培训方面，学院成功举办钢铁企业培训2项，持续为钢铁行业提供更好的服务。④EMBA教育中心持续改进EMBA课程体系，不断创新求变，推出EMBA新三板方向，牵手《企业文化》杂志社，延伸EMBA教学服务。

（胡　枫、魏　钧、何　枫）

【科学研究】 ①学院年到款科研经费（软件）总额854.5万元，其中纵向经费618.3万元，横向经费236.2万元；项目合同总经费1174万元，其中纵向经费542万元，横向经费632万元；全年纵向项目累积获批立项50项，其中，教育部重大战略招标项目1项（学校首次），国家自然科学基金4项（含青年基金1项及国际/地区合作与交流重点项目1项），国家社会科学基金1项，北京市哲学社科规划项目4项，教育部人文社会科学规划项目2项，北京市科技计划项目1项。②全年发表论文共计211篇，其中SCI/SSCI期刊33篇，TOP期刊22篇，CSSCI期刊49篇，学院18种重点奖励期刊11篇；出版著作共计13部，其中独著/主编11部，译著1部，含教材6部。③王文彬和黄晓霞两位教授入选Elsevier中国首届高被引学者榜单，在全国经管学院/商学院中排名第五。④北京企业低碳运营战略研究基地作为学校首个省部级哲学社会科学基地，第一期建设验收已顺利通过，评价为优秀。

（何　枫）

【国际认证】 2015年4月学院迎来AACSB认证导师，导师对学院报告给予高度评价。学院继续派出各项目组负责人共计6人次参加AACSB官方培训，了解AACSB认证标准、流程、AOL理念和实施评估方法等。学院购置国际上各高校普遍认可的SEDONA数据库管理系统，邀请SEDONA创建人来院为全体教师、各项目办公室人员进行操作培训，以便于AACSB国际认证。11月15日，学院完成AACSB初始自我评价报告（ISER）的撰写工作。报告就AACSB15条标准逐条分析，评估并制订改进措施和时间表。ISER最终于12月21日提交AACSB总部。

（何　枫）

【学科建设】 学院设有6个本科专业：信息管理与信息系统、国际经济与贸易、金融工程、工商管理、会计学、工程管理；1个一级学科硕士点：应用经济学；7个普通硕士点：管理科学与工程、企业管理、会计学、金融学、国际贸易学、产业经济学、技术经济及管理；5个专业学位授权领域：会计学专业硕士（MPAcc）、工商管理硕士（MBA）、高级管理人员工商管理硕士（EMBA）、工业工程、项目管理；2个一级学科博士点：管理科学与工程、工商管理，可以招收管理科学与工程、企业管理、技术经济及管理和会计学4个专业的博士生；1个博士后流动站：管理科学与工程。

学院学科建设工作委员会和三个一级学科建设工作团队在《工作章程》确定的框架内，积极开展调研，做好规划工作，顺利完成学科建设2015年度修购项目计划，同时积极申报教育部2016－2018年度修购项目。学院继续与美国德克萨斯大学阿灵顿商学院合作培养高级管理人员工商管理硕士（EMBA）。

（何　枫）

【国际交流】 ①学院鼓励学生赴海（境）外交流学习，共有66名学生取得海外学习经历，24名MBA学生赴英国访学，接收海外交换生、研修生9人。至2015年年底，学院在册留学生378人，其中本科生225人，研究生153人，分别来自79个国家，全英文授课项目留学生129人，是全校留学生人数最多的学院。②全年教师13人次赴国外参加学术会议和交流访问，4位教师完成国外大学访学任务回国，3位教师仍在国外访学，3位教师已申请2016年国家留学基金委资助赴国外访学。③获批2个高端外国专家项目，中英合作MPAcc双学位项目取得一定进展。

（何　枫）

【公共关系】 举办学院2015年度（校友）论坛、继续开展“管理大视野——经管校友讲坛”系列活动，搭建校友、师生共同学习和交流的平台。联合校友共同支持实施“创业实践营”学生创新创业教育项目，支持创业团队6支，建立“经管创业实践基金”，组织一系列创新创业指导、交流和观摩活动。继续推进“校友联络员”“校友成长导师”制度，充分调动和利用优质校友资源。组织、协助9个班次校友集体返校，积极促进学生前往校友企业实习、就业，制作《经管校友通讯》，加强与校友的日常联系。除此之外，公共关系办公室还承担了学院新版官方网站的建设工作。

（戴淑芬）

【党建和学生工作】基层党组织建设方面。①学院党委紧密围绕2015年校院中心工作，通过理论中心组学习、举办专题学习培训、召开民主生活会、开展教师理论学习多种方式，不断提升党员领导干部的思想理论水平，努力推进教师理论学习制度化、规范化。②以“双评”工作和评优表彰为契机，着力抓好基层党组织和党员队伍建设，稳步提高发展党员工作的规范化水平。有2个党支部、5名共产党员和1名党务工作者分别被学校评为先进党支部、优秀共产党员和优秀党务工作者。③发展教职工党员1人，发展学生党员76人。至2015年底，学院共有党员435人，其中学生党员348人，教师党员87人。④在校级基层党组织活动优秀奖项评选中，教师金融系党支部活动再次荣获一等奖，学院党委连续6年荣获优秀组织奖。

学生工作方面。①把学风导向贯穿学生工作的全过程，以“三率”（四级一次通过率、考研率、就业率）作为考核学生工作的重要指标。英语四级一次通过率为95.56%；2011级本科生上研率为28.80%，出国率为18.48%，本科生深造率为47.28%；综合就业率为98.96%，其中本科生为98.37%，研究生为99.50%，学院获评2015年“校级总就业率优胜奖”。全年共有479人次获得各类奖学金，20个班级、6支团队、617人次荣获北京市级、校级荣誉称号。②坚持以赛促学，鼓励学生积极参加全国大学生英语竞赛、数学竞赛、数学建模竞赛和科技园杯创业计划大赛等，全年共有111人次获得国家级、北京市级和校级奖励。③强化实践环节，推进素质教育。学院开展“新常态、新担当”主题寒假社会实践活动，包括农村经济改革调查行动、“职业发展我先行”就业实习行动、中国经济新常态微记录行动、“把我的大学带回母校”招生宣讲行动、“温暖衣冬”公益捐赠行动等5个子项目，共收到412份本科生实践报告、276份研究生实践报告。统筹设计暑期社会实践重点项目，覆盖“互联网+”“一带一路”“纪念抗日战争胜利70周年”等重要主题，组建院级团队30支，荣获校级金奖3个、银奖2个、铜奖3个、国际大奖1个。④学院举办“三走”系列体育活动并在各项比赛中屡获殊荣，开展新生“晨光早操”活动，举办新生晚会、毕业生晚会、体育生年度表彰会、留学生圣诞晚会和MBA年会等，打造“经管牛”卡通形象，传递奋斗、踏实和坚韧的文化理念。⑤加强队伍建设，提高履职能力，参与省部级课题3项、校级课题2项，发表论文6篇，参编书籍2册。年内荣获“全国高校辅导员十佳优秀博客奖”“北京市青年岗位能手”称号各1人次，学院获评“全国钢铁行业五四红旗团委”“校级学术论坛优秀组织奖”“校级思想政治教育专项奖”和“校级学生资助专项奖”。⑥不断深化学院宣传工作。开展宣传人才培训，专人指导新闻宣传队伍，有效实现全媒体覆盖。建立师生联动机制，设立“经管小核”“纵览经管”“贝壳经管研会”“北科大经管就业”等微信公众号。

（戴淑芬、温　雅）

文法学院

【概况】文法学院下设3个系：法律系、公共管理系、社会学系；以及艺术教育中心和教育经济与管理研究所；其他教学科研机构有：教育部及北京市大学生文化素质教育基地和北京科技大学文法学院专业学位教育管理办公室，后者统一管理文法学院公共管理硕士（MPA）教学与管理中心、法律硕士（JM）教学与管理中心、社会工作硕士（MSW）教学与管理中心和法律与公共政策研究中心、知识产权研究中心及度学院；8个人文社会科学教学与科研实验室：社会调查与统计分析实验室、社会工作实验室、艺术鉴赏实验室、电子政务实验室、公共管理数据分析与决策实验室、情景模拟实验室、法律诊断室和模拟法庭。

2015年，学院共招收本科生6个班185人，双学位学生108人，普通学术型硕士63人，法律专业学位硕士33人，公共管理硕士73人，博士研究生4人。毕业276人，其中本科生177人，硕士研究生73人，博士研究生4人，公共管理硕士（MPA）22人。至2015年年底，学院共有在校本科生745人，硕士研究生298人，博士研究生37人。

（陆　俊、张武军）

【师资队伍建设】学院共有专任教师57人（教授11人、副教授28人，师资博士后2人）。博士生导师4人。90%以上教师有硕士、博士学位。有教育部高校社会学学科教学指导委员会委员1人、北京市高等学校青年学科带头人2人、北京市优秀青年骨干教师8人、北京高等学校青年英才计划4人、北京市培养新世纪社会科学理论人才“百人工程”人选2人。唐德龙、邢朝国、温耀原晋升副教授职称，学院新进具有博士学位教师1人。

（陆　俊、张武军）

【学科建设】学院设有3个本科专业：法学、行政管理、社会工作；1个一级学科硕士点：公共管理（含行政管理、教育经济与管理等5个二级学科硕士点）；6个二级学科硕士点：民商法学、经济法学、社会学、高等教育学、文艺学、科技与教育管理；3个专业学位授权领域：公共管理硕士（MPA）、法律硕士（JM）、社会工作硕士（MSW）；1个二级学科博士点：科技与教育管理。学院3个本科专业还招收双学位本科生。

文法学院的专业涉及文学、法学、教育学、管理学4个学科门类，公共管理、法学、社会学、教育学、中国语言文学5个一级学科，已形成从本科到博士研究生的人才培养体系。

（陆　俊）

【人才培养】①规范本科教学管理。成立文法学院本科教学委员会，制定了《文法学院本科教学委员会章程》。《章程》中明确了本科教学委员会的组织机构、工作职责、工作制度等，为本科教学工作的规范化、科学化和本科教学重要事务决策的公开、公正、公平奠定了制度基础。②激发教师教学热情。学院积极组织青年教师参加学院及学校的“青年教师基本功比赛”，取得了一定的成绩。赛前，学院组织督导组和教学经验丰富的优秀教师为青年教师进行培训，深入交流、传授经验，并针对性开展一对一辅导和探讨。2名教师分获校级“青年教师基本功比赛”二等奖和三等奖。③加大青年教师培养。加强对准入职教师的指导和过程考核，辅助安排学院督导组对新入职教师进行个别辅导，使其尽快通过学校入职考核，适应工作环境。3名教师顺利通过授课考察，获得本科课程主讲教师资格证书，1名教师顺利通过助课考察，进入2015年秋季学期的授课考察。④教学研究工作。学院成功申报本科教育教学改革与研究项目6项、全英文教学项目1项、研究型教学示范课建设项目2项、"十二五"规划教材项目5项。慕课建设日常化，增开慕课1门。学院增设新生研讨课1门，增开面向全校的半开放式课程及课堂6门，新开全校公共选修课2门。⑤教学交流。继续推进与英国斯旺西大学、邓迪大学合作培养研究生，与美国马里兰大学、天普大学就公共管理与法学专业研究生的培养签订了初步协定。学院还积极组织推荐社会工作本科生与社会学研究生去邓迪大学交换学习、法律系本科生去斯旺西大学交换学习。学院邀请英国伦敦政治经济学院社会政策系的大卫·皮亚乔德（David Piachaud）教授和英国邓迪大学理查德（Richard）副院长来院进行小学期讲学。⑥研究生教学方面。全面推进各专业研究生学位点的评估工作，组织并完成法律硕士学位点评估工作。在研究生培养工作中，强化过程管理，完善并继续推行研究生论文撰写过程管理制度，严格论文查重、盲审、答辩程序等，使研究生培养进一步规范化。

（许　斌、魏增产）

【科研活动】①年内学院到款科研经费总额294.3万元，其中纵向科研项目35项，经费189.5万元；横向科研项目12项，经费共104.8万元。王雾霞主持的"国家自然科学基金重大决策程序与法律顾问制度研究"获得国家自然科学基金资助。曲绍卫主持的"全国大学生资助管理评估研究"获全国教育科学规划项目资助。时立荣、杨志云、徐铭勋获北京市哲学社会科学基金资助。②文法学院教师发表高水平学术论文（CSSCI、SSCI、SCIE）33篇，其中杨晓明老师发表SSCI论文2篇、SCIE论文1篇。③出版学术专著2部，分别为俞文华老师出版的《知识产权强国评价体系研究》及《中国科学院院士专利分析》。

（冯　英、马胜强）

【学术交流】5月19日，魏增产、张武军参加台北科技大学举行的智慧产权制度的学术交流并参加2015年智慧财产权理论与实务国家研讨会。5月20日，荷兰屯特大学舒尔德·范·唐格恩（Sjoerd van Tongeren）教授应邀来院就"智慧城市"相关议题进行学术交流。6月，张娜赴爱尔兰参加"性、文化与社会研究"国际学术研讨会，并赴英国参加邓迪大学教育、社会工作与社区教育学院国际年会。6月26～27日，时立荣作为理事成员，应邀参加中国社会学会社会建设研究专业委员会2015年学术年会暨"时空研究与当代中国社会建设"学术研讨会。7月20～22日，冯英参加由国家MPA教指委主办、福建农林大学承办的2015年第一届公共管理案例撰写研究会。8月17～20日，许斌参加由中国社会工作教育协会主办的2015年会暨"社会治理与专业社会工作发展研讨会"。8月22日，冯英、孙雍君出席由全国公共管理专业学位研究生教育指导委员会主办、宁夏大学承办的2016年度院长论坛，冯英获优秀教师奖，吴群芳获优秀管理奖。10月9～11日，郇建立参加由贵州民族大学主办的中国人类学民族学2015年年会暨"医学人类学与公共健康研究"专题会议，其论文《大众流行病学与公共健康教育——于娟"癌症日记"的启示》被评为中国人类学、民族学2015年年会的优秀论文。10月27～28日，曲绍卫参加北京大学主办的"世界一流大学财政国际比较专题研讨会”，做了《后金融危机时代中美大学教育财政比较研究》的主题报告并主持了其中第三部分会议。11月，赵雨赴屏东科技大学和台湾中山大学进行学术访问和合作交流。11月7日，张武军出席由北京理工大学、北京强国知识产权研究院、中国技术交易所共同举办的“2015强国知识产权论坛”，并在“创新、创业与专利制度”分论坛担任评议人。12月12日，北京知识产权法研究会2015年度理事会暨“京津冀一体化·知识产权法律制度与大众创业、万众创新”学术年会在北京知识产权法院召开，北京科技大学知识产权研究中心为会议的主办方之一。12月25日，文法学院与环保部政研中心在学校会议中心联合举办了以“区域（流域）环境行政执法体制改革创新”为主题的研讨会。12月29日，美国马里兰大学城市规划系终身教授、中国土地政策与城市发展研究中心主任丁成日教授到学院就马里兰大学公共政策学院的“3+1+1”项目的学术交流与合作进行了沟通交流。

年内学院共有7名教师因公出国交流和学习。张学艺、杨志云老师分别赴美国芝加哥大学和台湾国立政治大学短期访学。

（冯英、魏增产、马胜强、张娜）

【党建和学生工作】2015年，在学校党政的正确领导下，党建和学生工作取得了良好成效。

基层党组织建设方面。①严格学生党员发展工作，学院年内共发展学生党员84人，学生党员比例为18.65%。至2015年年底，学院共有党员254人，其中学生党员200人，教师党员人54。组织开展积极分子党校一期，培训学员189人。②2015年度共申报基层党支部立项活动12项，党员参与率达100%。其中社工本2012级与社会学研2014级党支部在北京市红色“1+1”示范活动展示评选中荣获一等奖。社工本2013级与行政本2013级党支部获北京市红色“1+1”示范活动优秀奖。社会学研14级党支部在基层立项评选中获校一等奖，并同时被评为校研究生“成才表率培育计划标兵党支部”。

学生工作方面。①学院积极推动新生教育的专业化、深刻化、精实化、全员化。开展5类主题小组活动。②从资助工作的规范化入手，着力构建“一心四轴”的资助管理模式及“六步并行”的资助育人规范。学院特殊困难生资助覆盖率为100%。③学院团委本着“一个主线、四位一体、多项精品活动”的设计思路，以引领科技创新为主线，实现社会实践、学术竞赛、创业竞赛和SRTP“四位一体”的社会实践长效机制。学院骨干培养工作、志愿服务工作和文化艺术工作获“北京科技大学共青团工作专项奖”。④学院积极组织党员开展学风引领计划，各党支部共成立6个帮扶小组，共帮扶学生42人，帮扶次数30余次，帮扶后实现39人“零挂科”。学生保研率18.54%（推免研究生共33人）。⑤毛东升为第一作者的课外学术作品获第八届“挑战杯”首都大学生课外学术科技作品竞赛二等奖、第14届“挑战杯”全国大学生课外学术科技作品竞赛三等奖。陈新宇为第一作者的作品获北京高校思想政治理论课学生社会实践优秀论文一等奖。⑥学院共举办“星期四人文讲座”9期，讲座内容涉及时政热点、中国传统文化、中国古典文学等方面，先后邀请到方奕、石英等专家学者为学生带来精彩讲座，听众覆盖人群2000余人。⑦法律系研究生拟筹建北京科技大学法律援助中心。继续鼓励研究生参与科技服务与挂职锻炼，共组建团队8支结合专业开展特色活动，其中“博爱青春行”基层及高校红十字组织建设实践团获“标兵团队”，学院获“优秀组织奖”。⑧开展“文法毕业生十年职业生涯路”暨

“我的大学、我的生涯路”优秀校友访谈系列活动，实现指导服务的精准化与体系化。学院2015级本科生就业率为95.48%，研究生就业率为100%，全院综合就业率为95.96%。

（赵　雨、杨　雄）

马克思主义学院

【概况】马克思主义学院下设5个研究所：思想政治教育研究所、马克思主义原理研究所、马克思主义中国化研究所、历史与文化研究所、科技与社会研究所；2个研究中心：北京科技大学廉政研究中心、北京科技大学高校学生事务研究中心；《思想教育研究》编辑部挂靠学院。北京高校辅导员培训研修基地、北京高校思想政治理论课教学信息中心（筹）、北京高校思想理论动态研究中心（筹）、北京高校形势与政策教育研究会秘书处设在学院。

学院承担全校本科生“思想道德修养与法律基础”“毛泽东思想和中国特色社会主义理论体系概论”“马克思主义基本原理概论”“中国近现代史纲要”4门必修思想政治理论课，承担全校本科生科学精神与人文素质教育类部分课程、材料国际班部分人文社科类课程及对外汉语部分课程的教学任务；承担全校研究生“中国马克思主义与当代”“中国特色社会主义理论与实践”“马克思主义与社会科学方法论”“自然辩证法”4门思想政治理论课的教学任务。与学生处、团委合作开展面向全校学生的“形势与政策”“大学生社会实践”等课程。除公共基础课程外，学院承担了3个硕士专业、1个博士专业的学科课程及全校工程硕士等非全日制研究生思想政治理论课的教学任务。学院及时调整充实教学专题，推动马克思主义中国化最新理论成果“进教材、进课堂、进头脑”。

学院恢复思想政治教育专业双学位学生培养，并招收28名学生。“马克思主义理论”一级学科硕士点共招收硕士生23人，其中思想政治教育二级学科招收15人，马克思主义基本原理、马克思主义中国化、国外马克思主义3个二级学科招收8人。科学技术哲学二级学科招收硕士生2人。思想政治教育专业招收博士生6人。毕业硕士生25人，博士生4人。至2015年底，学院在读博士生48人、硕士生58人。

（段晓芳）

【师资队伍】学院共有教职工35人，其中专任教学科研人员26人（含教授5人、副教授14人），校内专兼职教授及导师9人。学院引进博士后2名、“985”工程高校毕业博士2名。学院大力加强中青年骨干教师的培养与培训，获北京高校思想政治理论课教学基本功大赛优秀组织单位，参赛教师分别在北京市委教工委组织的思想政治理论课教师基本功大赛中获一等奖和二等奖，并在北京市青年教师基本功比赛中取得文史组二、三等奖。资助15名教师参加各类学术会议，派遣2人次赴美国耶鲁大学等高校访学研修，25人次参加全国哲学社会科学教学科研骨干培训、北京市哲学社会科学骨干教师培训等。

（段晓芳、夏　欢）

【教学改革】学院继续以实践教学与研究型教学为切入点，以新媒体平台建设为突破口，大力推进教学改革与教学研究，形成了独具特色的思想政治理论课教育教学模式，包括“三位一体”（课程的课堂实践、校园的社团实践、假期的社会实践）的实践教学模式、“教（师）辅（导员）结合”模式、“形势与政策”课立体化教学模式等。北京市教工委与人民网联合推出北京高校思想政治理论课系列访谈，对学校思想政治理论课的教学改革进行了专题报道。

“三位一体”的实践教学模式全面拓展。四门本科生课程的课堂实践教学更加系统、完善，切实提升了思政课的教学实效。在校园的社团实践中，学院重点指导求是学会等理论社团，以“走好大学第一步”“中国精神”等为主题，举办演讲、朗诵和宣讲比赛等活动，形成优秀学长学姐访谈录11部，撰写优秀宣讲、朗诵及演讲稿件共600余份70余万字，累计覆盖学生人数3000人次。此外，学院还策划社会主义核心价值观微电影剧本征集大赛，评选出优秀剧本18个，最佳剧本2个。在暑期社会实践活动中，学院以专项经费资助“中国精神”寻访团、“互联网+”青年创客寻访团等300余名学生分赴全国各地开展深度社会实践，完成大型调研报告约30万字，形成画册、图片集、微电影等20余项高质量成果，其中“红岩精神的传承与教育问题研究”以优异的表现，被评为校级社会实践金奖团队。

以教学改革为基础的教学研究取得突破。学院依托“思想政治理论课实践教学研究”项目，成功入选“2015年全国高校思想政治理论课教学科研团队择优支持计划”，获得为期三年的资助，首批入校经费40万，是学校文科单笔教研经费最多的项目之一。彭庆红工作室入选北京高校思想政治理论课名师工作室，“教辅结合”德育模式开始在北京高校推广试行。高校教育部首批思想政治理论课教学方法改革示范推广项目“高校思想政治理论课实践教学方法改革与模式创新”顺利通过教育部验收并结项。

“形势与政策”课立体化教学模式扎实推进。学院邀请郭建宁、王易等知名高校专家到校作形势政策专题报告近50场，面向研究生专门开设“中国与国际发展前沿”系列报告6场。“形势与政策”课堂理论教学共开设12个课堂，覆盖2013级、2014级本科生近3000人。作为北京高校形势与政策教育研究会的秘书处单位，学院先后举办了3次北京高校形势与政策教育教学研讨会（含专题培训班）活动，组织编写《形势与政策》讲义2本，承办北京高校形势与政策教育教学2次备课会、1次学术年会及青年教师形势与政策课教学基本功预赛，得到北京市委教工委和兄弟高校的一致好评。

思想政治教育网络教学资源与平台建设成果颇丰，共计完成20个专题教学的网络视频课程录制，以微访谈、微视频等形式完善思想政治理论课程线上教学体系。重点支持教师开设微博、微信公众号等新媒体平台，已建成以“北科大马院”为代表的10余个微信公众平台，在学生思想政治教育工作中发挥了重要作用。

研究生教学改革及研究也取得突破，获批北京科技大学研究生教育发展基金项目3项，其中左鹏负责的“中国马克思主义与当代”开放式网络课程建设研究项目获重点支持。研究生教学改革及研究进一步促进研究生教学的提升和课程的建设，教改及教研的成果将为学科发展提供支持。

（刘丽敏、夏　欢）

【社会服务】依托北京高校辅导员培训研修基地，学院主办了3个专题培训班，来自北京60余所高校及广西各高校的200余名辅导员参加了培训研修。北京高校思想理论动态研究中心（筹）、北京高校思想政治理论课教学信息中心（筹）运行正常，先后召开北京市级研讨会4次，定期向中宣部、教育部、北京市委宣传部、北京市委教育工委等上级部门提供教育决策咨询与信息服务。

依托廉政研究中心师资力量，承担相关课题，研究成果得到上级纪委、监察部门的关注与肯定，中国纪检监察报、新华网等多家媒体竞相报道，其中《当代青年对特权的认知与态度调查分析》一文以内参形式报送团中央。

（潘红涛、李　萌）

【人才培养】研究生培养方面。结合马克思主义理论专业的特点，将研究生职业能力提升培训计划常态化。2015级毕业生就业率100%，签约率100%，较上年提高11.8%，获学校“2015年度就业率优胜奖”。组织研究生经典著作读书会20场、开展职业技能培训讲座10场，学生勤工助学岗位覆盖率100%。2014级思政研班被评为北京科技大学研究生优秀集体建设项目标兵集体。

双学位本科生培养方面。恢复思想政治教育双学位本科生的招生和培养。学院为双学位学生配备专职教师班主任及院外校友实践导师，组织策划暑期、周末实践教学活动10余次。

学院重点支持求是学会等理论社团进行理论学习，开展社会实践，举办求是学会成立二十周年纪念会暨学生理论社团建设座谈会，将理论社团作为青年马克思主义理论人才培养的重要阵地。

学院涌现出一批先进典型，2人获国家奖学金，1人获得建龙二等奖学金，1人获北京市“三好学生”荣誉称号，4人获北京科技大学“优秀三好研究生”荣誉称号。

（段晓芳、刘明言）

【科学研究】学院年到账科研经费总额近300万元，立项及获批课题30余项，创科研经费年度到账历史新高。教师出版教材专著3本，发表论文50余篇。

学院获批承担马克思主义理论研究和建设工程重大项目委托课题（同时列入国家社科基金重大项目）1项，北京市委主管领导担任项目组长，彭庆红教授担任项目首席专家，首期入校经费60万元。学院与北京师范大学马克思主义学院签署共建中国特色社会主义理论研究协同创新中心框架协议，该中心首批获得北京市500万元专项经费支持。

（刘丽敏、毕　丞）

【学术交流】按照学科规划发展方向，学院有效依托各类平台，共举办1次国际学术会议、4次全国性学术会议，学术交流研讨活动10余次，参会人员千余人次，有效地提升了学校思想政治教育学科的整体综合实力和学院声誉。

依托高校学生事务研究中心及《思想教育研究》编辑部，主办高校学生事务管理国际研讨会，这是学校首次举办学生事务管理的国际研讨会，促进国际学术交流，有效地提升了思想政治教育学科的国际化水平。

依托《思想教育研究》编辑部，学院在教育部相关司局的指导下先后主办或协办了“全国高校思想政治理论课教学方法改革研讨会（福州）”“第16届全国高校青年德育工作者论坛（武汉）”及“以文化人与社会主义核心价值观培育践行理论研讨会（北京）”三个全国性会议，在教学方法改革、大学生思想政治教育及社会主义核心价值观理论研究方面起到了示范作用。

依托北京高校思想政治理论课马克思主义宗教观名师（左鹏）工作室，举办北京高校马克思主义宗教观专题培训班，并承办中国无神论学会2015年学术年会，进一步扩大了马克思主义宗教观教育研究在全国的影响力。

依托廉政研究中心，召开纪念陈云同志诞辰110周年暨陈云党风廉政建设思想学术研讨会，廉政研究已经逐渐成为马克思主义学院学科建设中一个重要的学术增长点。

（李晓光、潘红涛）

【党建和思想政治教育】 理论学习机制建设方面。学院率先恢复教师理论学习，先后邀请中国社科院、中央党校等单位的10余名专家学者针对理论前沿、国家政策等领域作理论报告，提升教师的思想理论水平。学院积极探索理论学习的长效机制，加强师德建设，逐步形成“一次高层次理论学习报告、一次支部学习、一次系所业务学习、一次青年教师培训”的理论学习模式，推动学院理论学习制度化、常态化。

基层党支部建设方面。围绕“到基层去”的主题，推动教师、学生党支部赴顺义区赵全营镇开展调研，并与镇党委合作开展党建。1项调研报告获得北京市青年教师社会调研项目二等奖，2014级思政研党支部获“学校优秀党支部”称号。学院承担了全校学生党员发展对象的集中培训，2015年全年累计举办培训班7期，全校1400余名本科生及研究生参与。

学院领导班子严格遵守学校关于党政联席会的管理规定以及“三重一大”决策的规定，定期召开党政联席会，按照“三严三实”专题民主生活会的要求，深入师生，开展调研，及时将学院工作向全体教师通报。学院召开了第一次全体教职工大会，选举产生了新一届北京科技大学马克思主义学院工会主席团及学校第八届教职工代表暨第16届工会会员代表。校友联络工作以及离退休人员工作也稳定推进。

学院起草并发布《马克思主义学院经费管理办法》，严格财务管理，并修订完善了教学科研、学生工作等制度。

（段晓芳、潘红涛）

附　录

2015年度形势与政策教育专题报告汇总

序号	讲座内容	主讲人	时间
1	中国当前经济形势	杨彦强	2015年3月12日
2	法治中国	鲁春霞	2015年3月13日
3	中国当前社会思潮	左　鹏	2015年3月18日
4	垃圾围城之我见	郭智芳	2015年3月20日
5	中国廉政治理	宋　伟	2015年3月25日
6	“一带一路”建设彰显中国外交大战略大格局	王包泉	2015年3月27日
7	生态环境	郭智芳	2015年4月1日
8	台湾“九合一”选举中的蓝绿对立与两岸关系发展	彭付芝	2015年4月3日
9	法治中国	鲁春霞	2015年4月8日
10	中国国情	宋　伟	2015年4月10日
11	宗教在大学校园的传播	左　鹏*	2015年4月15日 2015年9月16日
12	中美新型大国关系的由来与前景	陈世阳*	2015年4月17日 2015年5月15日
13	世界三大宗教概说	邹秀春*	2015年4月22日 2015年11月4日
14	中国经济新常态	肖　翔	2015年4月24日
15	东突的由来	戴继诚*	2015年4月29日 2015年9月23日
16	漫谈马克思主义与中国传统文化	王　珍*	2015年5月6日 2015年10月21日
17	法治中国建设的基础、挑战与路径	鲁春霞	2015年5月8日
18	当前几种主要社会思潮辨析	蔡万焕*	2015年5月13日 2015年9月18日 2015年11月9日
19	新时期意识形态工作面临的挑战与对策	周　晔	2015年5月22日

续表

序号	讲座内容	主讲人	时间
20	1949年以来中俄关系的演变及发展	穆阿妮	2015年5月29日
21	当前我国宏观经济形势分析	邢　磊	2015年9月23日
22	全球视野下的毛主义：历史与现状	禚明亮	2015年9月26日
23	历史照亮未来	王包泉	2015年9月30日
24	对钓鱼岛问题的分析	祝志男	2015年10月14日
25	十八大以来中央统一战线工作的思想新举措	李桂华	2015年10月16日
26	现代性问题与重塑信仰——树立马克思主义的科学信仰	庄忠正*	2015年10月23日 2015年12月4日
27	国家安全形势的透视	江　涌	2015年11月11日
28	对阶级、专政、法治、宪政的若干思考	王亭友	2015年11月18日
29	中国特色社会主义生态文明建设	李　聘	2015年11月20日
30	国际形势与中国国家安全战略	江　涌	2015年11月25日
31	科技全球化视野下中国科技发展战略选择	宋　琳	2015年12月2日
32	“十三五”规划蓝图确保全面建成小康社会	王包泉	2015年12月9日
33	马克思主义话语体系及话语权争夺	史为磊	2015年12月11日

注：带*号主讲人为一人讲授同一专题的多个课堂。

2015 中国与国际发展前沿系列讲座（研究生）

序号	主讲人	主题	时间	地点
1	鄢一龙	社会主义市场经济的历史、现状与未来	10月13日	逸夫楼705
2	庄德水	反腐新常态与政治转型	10月20日	逸夫楼705
3	刘金程	国家发展观	10月27日	逸夫楼705
4	李松峰	法治社会与国家发展	11月3日	逸夫楼705
5	王　梅	社会保障制度与国家发展	11月10日	逸夫楼705
6	贾　涛	国有企业发展与改革	11月17日	逸夫楼705

外国语学院

【概况】外国语学院下设4个系：英语语言文学系、大学英语系、研究生英语系、亚欧语系；1个研究所：外国语言文学研究所；2个教学中心：外语实验教学中心、外语培训中心；1个研究中心：北京科技大学功能语言学研究中心；2个办公室：党委行政办公室、学生工作办公室。

2015年，学院共招收本科生5个班149人，其中英语60人，日语59人，德语30人；招收学术型普通硕士研究生20人，应用型专业学位硕士研究生20人，博士研究生4人。毕业本科生147人，深造率60.54%，综合就业率97.28%；毕业硕士研究生35人，综合就业率100%。至2015年年底，学院共有在校生656人，其中本科生561人，博士和硕士研究生95人。

（朱宝善、康军艳）

【师资队伍】学院共有教职工98人，其中专任教师83人（含教授5人，副教授29人），外籍教师12人。客座教授和兼职教授队伍15人。98%的教师具有硕士及以上学位，34%的教师获得和正在攻读博士学位。有教育部“新世纪优秀人才计划”入选者2人，北京市教学名师3人。本年度接收博士1人、硕士1人，有5人晋升高一级专业技术职务，其中有1人晋升教授，4人晋升副教授。

学院多举措、全方位助力教师发展，努力提高师资队伍整体水平。选派1人参加北京市哲学社会科学骨干教师研修班，推荐2位教师参加学校优秀青年骨干培训班，推荐2位教师报考博士研究生，支持教师39人次参加国内外高水平学术会议，有12人在英、美、德、日等国家从事专业研修。学院积极开展青年教师培训，邀请6位专家举办教学研究系列报告及座谈交流会共13场。

（朱宝善、康军艳）

【人才培养】基础教学方面。大学英语系在中国大学MOOC网（爱课程）上精心打造学校第一门校内专属课程——“大学体验英语”SPOC课程，并基于此在2015级近1600名实验班和快班学生中进行“SPOC课程+小课堂”的翻转课堂教学模式探索，着力构建课堂、在线课程资源及在线学习社区三方结合的课程群，通过“普通英语+通用学术英语”的课程体系实现各专业学生由基础英语过渡到全英文课程的动态衔接。2013级学生大学英语四级考试通过率为92.61%。为全校开设西方人文素质教育课程26门共42个讲台。小学期继续打造高端化、实效性强的“北科语言与文化交流夏令营”品牌活动。学院还组建了外语教学研究团队和数字化英语写作教学团队、MOOC & SPOC课程建设团队，通过团队合力达到以教研促教学的目标，取得了良好效果。

本科生培养方面。英、日、德三个专业在推进“强化输出能力的多维一体创新实践型外语专业人才培养模式”基础上，积极探索多路径、多专业并重、具有真正内在质量和国际视野的多样化复合型外语专业人才培养模式。英语专业采用“以内容为主导”课程体系，日语专业突出国际化办学特色，德语专业打造具有经贸特色的专业培养体系。三个专业适时启发学生辅修其他专业或攻读双学位，培养复合型人才。全年学院攻读双学位学生的比例为54.79%，毕业生跨专业深造比例为

72.34%。依托校院国际化平台，全方位推进暑期游学、短期留学、与国外大学联合培养等国际化人才培养体系。全年学院共有59名在校生赴境外12个国家的25所学校进行交流学习。英、日、德专业四级考试通过率分别为98.11%、94%和92.31%，专业八级考试通过率分别为98.25%、86.36%和92.86%。10人获全国大学生英语竞赛一等奖。英语专业学生分获“外研社杯”全国英语演讲大赛北京赛区一等奖及写作大赛北京赛区特等奖、一等奖。1人被评为北京科技大学首届教学名师，1人入选“北京科技大学青年教师教学骨干人才培养计划”，1人获北京市第九届青年教师教学基本功大赛一等奖及最佳教案奖，2人获优秀教师指导奖，3人分获第一届中国外语微课大赛北京赛区一、二、三等奖，4人在校第九届青年教师教学基本功比赛中分获一等奖、二等奖和三等奖。

研究生培养方面。以直博学生为试点，构建了“英语科技文献阅读与写作”课程“课堂面授+实践指导”的合作式教学模式。启动研究生院教育教学基金重点项目，进行慕课背景下的研究生英语在线课程的探索和建设。聘请英国德蒙福特大学校长兼首席执行官、英国莎士比亚研究及战后英国戏剧领域的权威学者德米尼克·谢拉德（Dominic Shellard）教授为兼职博导，开启与英国德蒙福特大学的博士联合培养机制。日语专业14级5名硕士生赴日本城西国际大学交流学习，1名博士生赴德国参加国际学术会议，2名博士生分别去英国和美国短期访学。首届3名博士生培养顺利，均完成3篇CSSCI期刊论文发表及海外国际会议、交流任务，有2人获校“十佳学术之星”称号。

外语类保送生及高考招生宣传方面。组建由16位教师组成的宣传团队前往全国16所具有外语类保送生资格的中学进行宣讲和专访，选派9位教师奔赴广西和天津两省市13所高中开展高考招生宣传。招宣工作效果明显，有效地降低了外语专业第一志愿调剂率和转专业提出率。

（朱宝善、康军艳）

【学科建设】学院设有3个本科专业：英语、日语、德语；4个二级学科硕士点：外国语言学及应用语言学、英语语言文学、日语语言文学和翻译硕士学位（MTI）；拥有外国语言文学一级学科博士学位授予权和一级学科硕士学位授予权。

2015年，学院以外国语言文学一级学科授权点及MTI翻译硕士专业学位点两个专项评估工作为抓手，全面梳理外语学科的发展状况。在总结“十二五”学科规划的基础上，认真谋划外语学科“十三五”发展远景。依托学校精品文科策略，进行多方位学科交流。

迎接外国语言文学一级学科学位授权点及MTI翻译硕士专业学位点专项评估是年内学院学科建设工作的重点。一级学科学位授权点评估的准备工作历时近半年，最终顺利完成迎接国务院学位委员会外语学科评议组专家入校检查工作。专家对外国语言文学一级学科学位授权点的工作给予充分肯定，并就师资队伍建设、学科发展方向、人才培养方案等方面提出了针对性的意见建议。

（朱宝善、马瑞芝）

【科研活动】①依托学校“精品文科”资助项目和“鼎新北科学者系列著作”项目的实施，学院科研产出有了很大进步。学院年到款科研经费总额137.8万元，获批国家自然科学基金、教育部人文社科研究项目及其他省部级以上科研项目6项，获批基本科研业务费项目12项。出版专著、译著7部，主编或参编教材5部。发表论文57篇，其中A&HCI及SSCI 3篇，CSSCI 24篇，国外外语类专业期刊等其他高水平论文16篇。②形成“西方人文之路——鼎新北科外语学科名师讲坛”品牌学术活动，年内先后邀请澳大利亚悉尼大学迈克尔·哈利迪（M.A.K. Halliday）教授、加州大学迈克·豪杰斯（Mark Seltzer）教授、加的夫大学罗宾·福赛特（Robin Fawcett）教授、香港浸会大学杰森·波利（Jason Polley）教授、国际日本文化研究中心坪井秀人教授等23名海内外专家进行了16场讲学和20场学术讲座，并主办了第16届“功能语言学与语篇分析”高层论坛。③与香港城市大学、中山大学及英国劳特利奇（Routledge）出版社合作创办的*Journal of World Languages*（《世界语言学刊》）正式发行。④与美国NSF（美国国家卫生基金会）、NICHD（美国国家儿童保健和人类发育研究所数据库）、NIH（美国国立卫生研究院）、IES（美国教育科学院）、卡内基梅隆大学等15家海外高校和科研机构建立合作关系。

（朱宝善、马瑞芝）

【教育教学环境条件建设】学院按照本科教学与学科建设条件建设规划，圆满完成语音实验室的全面升级改造和学院网站改版任务。申请建设托福/GRE考点并获教育部考试中心的批准。

（朱宝善、陈光浦）

【党建工作】①学院举办第263期积极分子党校，培训积极分子67人。年内共发展学生党员33人，转正预备党员19人，转出组织关系36人。至2015年年底，学院共有党员194人，其中学生党员130人，教职工党员64人。②深入开展“三严三实”专题教育，强化教师理论学习，以思想引领和廉洁规范推动基层党组织和干部队伍建设。专门给学院各级干部上主题党课，引导干部强化使命担当，在教学模式改革创新、2017版人才培养方案修订、迎接学科点专项评估、“十三五”规划制订等学院中心工作中践行“三严三实”要求，召开学院班子专题民主生活会。以学习和评估夯实基层组织建设。制订学院教职工理论学习和二级理论中心组学习计划，切实帮助教师提高自身思想理论素质。在年度“双评”工作中，求真务实推进支部建设。落实党风廉政建设工作各项要求，进一步落实中央八项规定精神要求，认真开展党风廉政建设、党务院务公开、招待费及“小金库”专项自查，对照学校《反腐倡廉基本规章制度指导目录》对学院现有制度进行梳理完善。

（朱宝善、赵姗姗）

【工会工作】学院工会继续积极开展院务公开和民主监督工作，关注新教师成长，举行“14、15新教师交流”暨“2015新教师与导师见面会”。召开二届七次教代会，对2014－2015学年度学院先进个人和集体进行表彰。年内共慰问新育子女教师3人、患病教师和离退休教师27人。组织各类教职工文体活动和困难慰问活动，营造出温馨、和谐、蓬勃向上的学院氛围。

（朱宝善、张秀清）

【校友工作】2015年，学院以学校举办“91级校友毕业20周年值年返校活动”为契机，增进与校友之间的感情，建立校友联系，开拓校友资源。

（朱宝善、康军艳）

【学生工作】①平安稳定工作方面。努力做好形势研判、信息收集反馈、重要时间节点把握、突发事件处理等工作，建立多维度、全覆盖、高效率的舆情体系，全面掌握学生动态信息。完善突发事件应急预案，强化学生骨干—辅导员—副书记的反馈联动机制，及时应对各种突发情况，形成“重点情况随时交流，日常表现定期沟通”的机制。②学风建设方面。加强与各专业系所的合作，调动学生组织积极性，致力于学院整体学风建设的推进。大力推动学业规划班会，支持学生高水平外语类竞赛与文化活动，发挥榜样作用，积极开展各类交流会。③就业工作方面。起点前移，发挥优势，形成合力，逐步建立有步骤、成系统、高质量的就业工作体系。以生涯发展辅导为主线，分年级、分阶段辅助学生规划未来发展路径。为学生就业提供各类专业指导和优质服务。学院本科生就业率为97.28%，研究生就业率为100%。出国率为37.41%。

（武冠雄）

高等工程师学院

【概况】 高等工程师学院下设党委办公室、综合办公室、学生工作办公室、北京科技大学国际工程教育中心、钢铁生产全流程虚拟仿真实践教学平台（简称“虚拟平台”）、工程训练中心。

学院设有材料科学与工程（卓越计划）、矿物资源工程（卓越计划）、冶金工程（卓越计划）、机械工程及自动化（卓越计划）、能源与动力工程（卓越计划）、自动化（卓越计划）6个本科专业。至2015年年底，在读本科生659人，教职工52人，刘立院长获得“北京市教学名师”称号。

学院深入贯彻落实“卓越工程师教育培养计划”，认真梳理总结学院“十二五”暨卓越工程师培养工作，立足“十三五”规划编制，积极探索工程型人才培养。

（王小宁、魏　鑫、董　湧）

【人才培养】 学院针对各年级的阶段性特点，探索不同类型、不同招生方式的组织管理新模式。2014级探索实行“招生选拔”制，实施夯实大学基础、综合素质评价和分层次培养的运行机制。第一学年采用“卓越计划”预备班制度进入专业学院培养，年内2014级学生已通过遴选进入学院继续学习，采用教学班和行政班并行管理模式。2015级首次采用工科试验班模式，按照“工科大类招生、建立完全学分制培养体系”的原则，构建以先进的金属材料生产全流程为教育背景，以超大型工业生产、工程建设为教育原型的教学体系，依托实施“卓越计划”的六个优势学科，建立以工科试验班为载体的运行体系。

加强本科生创新创业项目SRTP项目管理。完成2015年SRTP的立项申报工作，通过审批立项项目55项，其中国家级6项、市级12项、院级37项；完成院级项目的中期检查和结题答辩验收；完成2016年SRTP的立项工作，通过审批项目66项，其中国家级项目7项、市级项目12项。

坚持工程人才培养教育教学研究。出版《高等工程数学》教材1部。校研究生教改项目“以发展职业能力为导向的高等工程师学院全日制专业学位研究生培养模式研究”完成结题。北京市教改项目“工程型拔尖人才培养体系的研究与实践”结题。全英文示范课程“国际工程基础Fundamentals of International Engineering”结题。开展“电子技术实习”课程的慕课建设及Spoc反转课堂教学模式的教学研究。

加快国际化教材（讲义）引进和建设进度。引入剑桥大学工学院的CES EduPack工程材料基础与应用软件，整理编纂“国际工程基础”全英文课程讲义。

（李欣欣、董　湧）

【工程训练中心】 学生创新创业基地坚持做好面向全校的学生科技创新工作，坚持以参加各类竞赛为出口，锻炼学生科技创新能力。完成“创新思维与团队管理”和“航空模型理论与实践”选修课，开放实验室接待全校SRTP项目申请，共计指导完成SRTP市级及以上项目13项、院级项目29项，覆盖学生300余人；举办2015年机器人校内赛、全国大学生机器人大赛Robotac技术交流会、航模校内赛，参与人数600余人。组织参加“武进·神州通信杯”第一届全国机器人运动大赛等各类比赛。参加科研类航空航天模型公开赛，获一等奖1项、二等奖1项；参加第14届全国大学生机器人大赛Robocon获一等奖；参加第14届全国大学生机器人大赛RoboMasters获二等奖；参加2015科研类全国航空航天模型锦标赛暨国际飞行器设计挑战赛获一等奖2项、二等奖3项、三等奖2项；参加华北五省机器人获一等奖1项、二等奖4项、三等奖5项；参加第十二届“北京科技大学科技园杯”创业大赛获银奖；参加SOLVE FOR TOMORROW探知未来2015年全国青年科普创新实验暨作品大赛获全国第四名；获评2015-2019全国科普教育基地；组织举办“2015北京科技大学机器人大赛团队校友返校活动暨首届MEI机器人技术论坛”，并成立北京科技大学MEI机器人团队校友会。

申报“大学生创客创业空间建设研究与实践”教改项目1项，申报“航模创客技能实践”“创新创业管理”通识教育核心选修课程2项，申报“工程创新与创新创业”“十二五”规划教材（讲义）建设项目1项。

电子技术实习基地完成“电子技术实习”“机器人技术与竞赛”等公共课程58208人时。继续加强科技竞赛与电子教学相结合的教学体系，形成“创新意识培养，创造方法掌握，专业素质提高，团队精神养成”的培养机制。完成全国大学生电子设计大赛、全国大学生计算机博弈锦标赛的校内培训、选拔及组织工作。开展研究型教学示范课“电子技术实习”、教学改革面上项目“小型机器人实践教学体系研究及开发”、校级“十二五”规划教材项目“小型智能机器人制作”、通识教育核心课“机器人技术与竞赛”的立项工作。

金工实习基地完成66个班2千多学生的金工实习教学任务。设置全新3D打印训练课程。承担校级“十二五”规划（讲义）和“十二五”年度本科教育教学改革与研究各1项，参与2017级本科培养计划及本科实验室条件建设“十三五”规划的调研，编写了金工实习基地“十三五”发展规划等。

（王　旭、周　珂、王建武）

【虚拟平台】虚拟平台通过验收并成功申报国家级虚拟仿真实验教学中心。平台集中建设在综合楼丙、丁教室，面积400平方米，平台建设有局域网设施，配置有基于局域网的教学管理软件，且局域网与校园网连接。虚拟仿真实践教学资源由10个系统组成，包括：烧结、高炉炼铁、转炉炼钢、LF精炼、板坯连铸、方坯连铸、热轧带钢、中厚板轧制、冷轧带钢和高速线材虚拟仿真实践教学系统。每个系统包括：认知学习、实践操作、考核鉴定、创新实践、设计教学、教学资源管理六个功能。教学素材类型包括：3D动画、flash、视频、PPT、题库等。

2015年1～6月，虚拟平台组织完成中厚板、烧结、LF精炼、板坯连铸、热轧带钢和方坯连铸虚拟仿真教学体系软件评审，并于10月组织校内外专家进行全部10套软件的验收评审，顺利通过。

平台编制工程竣工资料，编写完成实验室硬件使用手册；进行修购款支付，按时完成本年度修购项目；10月办理完毕校内工程验收手续；11月完成实验室全部设备的入资登记；12月完成工程项目变更的相关手续。

平台组织校内外专家和相关单位对三期工程的建设方案进行充分地讨论和交流，于5月形成初步方案并上报；7月完成三年修购项目申报，9月通过教育部评审。

全面完成小学期的虚拟仿真实习实践教学任务，开展外国专家课程；安排“材料成型与车间设计”热轧带钢部分的实践课程；安装剑桥大学CES EduPack软件并基于该软件开设“工程材料的优选方法”公选课；为科大附小及北京市育英学校多名学生开设科普课程。

（吕庆功、牟仁玲、许文婧）

【冶金卓越联盟】完成所有成员单位走访工作，健全联盟的运行内容和目标，摸索联盟运行机制，启动联盟工程营项目、协同改革项目和卓越论坛项目，组织开展了联盟教育教学改革研究课题申报工作。7月6～17日在学校举办首届“卓越工程师培养工程营”，以“工程铸就未来”为理念，以“创新、文化、交流”为主题，设置“教师交流营”“辅导员培训营”“工程师素质训练营”，举办课程、讲座、参观等一系列学术活动，探索建立联盟内教师、管理人员、学生等各层面沟通平台。共有65名来自12所高校的本科生、教师和辅导员参加。

（王小宁、魏　鑫）

【国际交流】依据“国际课程及教材建设－国际师资建设－国际化教学方式深入研究－国际学生联合培养拓展”的思路进一步推动国际化平台建设。

增设了网络实时课程“工程创新与创业”，在小学期开设由法国巴黎中央理工学院让－休伯特·施密特（Jean-Hubert Schmitt）教授主讲的“材料导论——航空用新合金开发”、企业家戴维·毕契科夫（David Bychkov）主讲的“国际视野”、美国克莱斯勒公司资深工程师和美国韦恩州立大学博士托米·怀特（Tommy White）主讲的“国际工程沟通”等。

开发了“在线+面对面”的混合式教育模式（Blended Learning）。春季和秋季两个学期的在线授课结合暑期小学期的面对面授课相结合。线上线下开展国际工程教学。

国际工程教育着眼国内外师资队伍建设。与美国国际教育联盟签署了合作协议，共计14名以上的美国跨国企业工程师和高校教授为学校学生进行了授课，总学时近500学时。与全球工程教育促进协会合作，至年底，已聘任2名工程师为学院开设了“国际工程基础”。

刘立、李欣欣随团参加在俄罗斯举行的“金砖国家全球高校峰会”暨“联合国成立70周年庆典”，并分别就科技创新及在线国际工程教育做主题报告，应邀赴俄罗斯国立科技大学访问并签署合作协议。吕庆功、王小宁赴英国剑桥大学接受CES EduPack工程材料基础与应用的相关培训。

积极配合学校与美国密西根大学工学院探讨硕士研究生联合培养项目。学院优质毕业生将赴美国密西根大学工学院攻读制造工程硕士学位，达到两校的毕业要求可以获得两校颁发的学位证书。与俄罗斯国立科学技术大学签订了硕士层次英文授课项目、本科生暑期访学项目的两校合作协议。

（李欣欣）

【党建和学生工作】学院党总支根据校第十一次党代会两委委员提名日程安排，组织党总支教职工和学生党支部开展“三上三下”委员候选人提名工作。

2015年7月，学院党总支书记李京社为教职工支部党员上了《践行“三严三实”，深入推进卓越计划》的专题教育党课。组织全院中层干部、各部门负责人、党支部书记专题学习《中国共产党廉洁自律准则》和《中国共产党纪律处分条例》。校党委副书记薛庆国参加了11月27日下午的理论学习及讨论活动。

2015年5月，组织党员进行了个人自查和填写《北京科技大学民主评议党员登记表》，进行了总结和备案工作。

党总支组织教职工党支部开展了学习《北京科技大学党支部工作考核评估基本标准》《北京科技大学教职工共产党员行为规范（试行）》，学生党支部集体学习《北京科技大学学生共产党员行为规范（试行）》。

完成了全年党费的收缴，对2名困难学生党员补助申请进行上报，组织学院教职工学生党员开展年度共产党员爱心捐款，学习李小凡老师先进事迹，协助纪委进行党风廉政宣传工作。

工会工作方面。慰问生病教职工，重阳节探望退休老职工，为困难职工申请补助，推行工间操制度，组织羽毛球比赛和摄影大赛等，积极组织参加校工会的各项活动，与马克思主义学院联合参加纪念抗战胜利70周年合唱比赛。

学生工作方面。2015年学院主题教育以思想引领为主线，覆盖社会主义核心价值观引领、专业认知、生涯发展等多方面。各年级开展主题教育活动十余场，各班级开展主题班会、团日总计60余次。全院学生参与墨香传递活动，举办“工程铸就未来”第一届工程文化节，组织“院长奖章”“最美实习生”评选及主题分享，开展“院长下午茶”主题交流，组织各年级赴北京现代等企业参观学习，进行职业引导教育。

面向基层学生党支部开展党的群众路线教育实践活动，培育和践行社会主义核心价值观主题教育，扎实开展党员发展、基层立项、红色“1+1”、助学零距离、系列培训考核等工作。年内发展学生党员28名，现有学生正式党员25人，预备党员29人；举办学校第244期学生业余党校学生入党积极分子培训班；扎实推进学习型、服务型、创新型党组织建设，2015年度共获批党建课题3项；学生党支部获北京市红色“1+1”活动优秀奖。

学院开展两期“学生干部成长工程”主题培训，学生骨干参与中国冶金联盟工程营建设，开展图书馆志愿服务、中小学科技创新培训项目、附小科学节等志愿活动，组织20件以专业背景为依托的学生作品报名参加“摇篮杯”，其中6件入围校级决赛，3件获优秀奖；组建11支团队参加暑期社会实践，“宝贝计划——贝壳在行动”实践团获学校金奖，“中国梦·庄户情”实践团获银奖，“京闽同心·助力希望”实践团获铜奖；进行“卓越计划”5周年工作成果提炼，形成《卓越学子风采录》；充分发挥微信、QQ等作用，开展“一字一书描述2015”“学霸大联播”“科创达人专访”等，年内完成北科大新闻网投稿62篇，北科大青年投稿160余篇，卓越传媒微信推送新闻326篇；开展第四届工程知识竞赛、第五届CAD制图大赛、迎新文艺晚会、班徽班旗设计大赛等活动。

2011级“卓越计划”本科毕业生126人中，整体就业率100%，其中读研97人，出国10人，派遣7人，12人就业；2013级学生29人赴首钢京唐公司，41人赴上海宝钢公司，28人赴日照钢铁公司开展为期2周的认识实习；完成“卓越计划”2014级学生选拔工作，共有152人采取专业班与行政班相结合的方式进入高等工程师学院学习；学院共有2名入伍学生光荣退伍，1名在读学生光荣入伍。

2015年，学院共138人获得各类助学金，其中国家一等助学金17人，国家二等助学金58人，国家三等助学金52人，社会各类助学金11人；获特种奖学金35人，获人民奖学金302人，奖学金比例为72%；获北京市共青团“先锋杯”优秀团支部1个，校级先进班集体、优秀团支部标兵2个，校级先进班集体、优秀团支部4个；学院辅导员孙晓丹代表学校参加全国辅导员职业能力大赛并荣获全国一等奖第二名的优异成绩。

（李欣欣、毕　艳、李昕彤、宋鹏、尤洋洋、杨美偲、刘　娜）

管庄校区

【概况】2015年，管庄校区以中共十八大和十八届三中、四中、五中全会精神为指导，深入学习贯彻习近平总书记系列重要讲话精神，认真落实学校第十一次党代会一系列要求和规划，进一步凝聚力量，理顺工作机制，加强质量管理与服务，完成了各项教育教学任务。

校区各类在校生41026人，其中高职学生245人、远程教育学生32987人、成人教育学生5946人（其中业大学生2631人、函授学生3315人），企业培训学员1848人次。

（陆春兰、张军凌）

【规划编制】“十三五”规划编制工作是事关校区改革发展全局的重要工作，校区领导高度重视，集思广益，通过召开行政人员座谈会、教师座谈会等广泛征求师生员工意见、建议，编制完成了《管庄校区“十三五”发展规划》（初稿）。该规划立足学校对校区未来的规划要求，结合校区实际及发展需求，在全面总结校区“十二五”规划落实情况，分析校区发展现状、优势和面临的困难与问题的基础上，注重突出办学特色和自身优势，主动服务经济社会发展需求，确定了校区“十三五”时期的发展战略、改革任务和保障措施，对校区抓住机遇、应对挑战和科学发展具有重要意义。

（陆春兰）

【基础设施建设】校区进一步完善了设施设备，包括19号家属楼顶层防水、安装食堂排烟机静音装置、学生宿舍粉刷和家具维修等。完成交通补贴、物业服务和采暖补贴的发放。机房全面采用虚拟桌面技术，减轻了教学和管理难度；为适应教学需要，新建1个短距投影多媒体样板间；完成35门课件录制及38门课件加工，开通约700个无线网络账号等。合并报刊和电子阅览室，采编编目新书1762册，并加强了远程图书馆38个网点及校区图书馆网页维护等。

（曹建波、艾澍雨、王红艳）

【教学管理与研究工作】通过日常检查、定期抽查课堂教学效果、学生评价等手段，确保教学工作平稳有序；加强学生学籍管理，坚持责任人签字制度，严格规范新生、毕业生注册流程；认真完成2015年高职升本科推优工作。

加强教学研究管理与服务，组织申报校规划教材，鼓励教师发表论文、出版教材和专著，全年发表论文12篇，出版教材著作8本，其中包括国家级规划教材1本。

（张军凌）

【财务管理】认真落实校区财务上交学校的决定，校区资金支付严格执行学校相关审批权限及流程等规定；继续执行中央八项规定及“厉行节约、反对浪费”文件精神，加强预算和经费管理，校区总支出进一步减少，其中行政管理支出比上年下降约5%；严格执行“收支两条线”，在规范远程、函授收费管理基础上，加大催收与协调力度，其中远程学费到位率和预算完成率大幅提高，远程学费收入增长约10%；强化预算执行和监控，提高经费效益，确保资金安全；配合完成教育部及学校相关审计、“小金库”和国有资产检查等；新的公费医疗管理系统顺利运行，规范和控费效果明显；认真落实新的高校会计制度，完成在职职工工资卡更换等。

（向剑锋）

【安全稳定】以“大事不出、小事减少、管理有效、秩序良好”为目标，以开展“平安校园”创建回头看为契机，严格落实24小时值班制度和敏感期应急值守制度，圆满完成抗战胜利七十周年、世界田径锦标赛等期间校园安保工作；深入开展包括消防、治安、交通、食品卫生及基础设施特别是电梯、锅炉等特种设备安全隐患排查；进一步落实、完善了突发事件应急预案和安全整改措施；组织师生进行了消防报警装置、灭火器等使用培训及防火实战演练；完成安全设施设备更新改造，更换干粉灭火器750个、二氧化碳灭火器180个、消防水带40余条，改造了综合办公楼消防报警装置，并在重点部位增设监控探头等。主动配合街道办等相关部门维护校园及周边交通秩序，开展了摩托车、电动车等无证车辆专项整治活动。

（任乐松）

【人事管理】根据学校关于清理津贴补贴的会议精神，对校区发放的各类津贴补贴、奖金、实物等进行严格自查、自纠，对在清查中发现的问题制订整改措施，及时按规定执行。按照国家关于事业单位逐步实施基本养老保险制度的改革精神，在前期统计、核算的基础上，协助学校完成了校区在职人员基本工资调整、绩效工资扣减、增资差额补发及离退休费增资等。同时调整了在职人员岗位津贴发放标准及岗位津贴、绩效津贴和业绩工资发放方式，完成了预扣保险等工作，保障了校区教职工的切身利益。

严格校区非事业编制人员合同管理。合同由原按年度归档变更为建立个人劳动合同档案；严格按照《劳动法》《劳动合同法》等法律法规，完善非事业编制人员劳动合同的签订、续订、变更、终止、解除和履行等各项工作，全年非事业编制人员减少27人。

（刘亚宁）

【学生工作】营造多元化、有活力的校园氛围，举办了“春天随手拍”校园摄影大赛、“闪亮新声代”第八届校园歌王争霸赛、第六届趣味运动会、“迎新杯”羽毛球赛和篮球赛、心理学趣味闯关、记忆力大比拼及社团风采展示等活动，其中社团活动已发展为校园文化建设的主力军；开展向北京工友之家捐赠衣物、社区残疾人帮扶等志愿活动；更换校园广播设备，实现了无线调频同步收听。

围绕立德树人根本任务，结合学生成长发展实际，充分发挥德育课堂教学主渠道作用，举办了社会主义核心价值观主题活动和纪念抗战胜利七十周年宣教活动；积极开展心理咨询与约谈，就新生心理健康进行了问卷调查与分析研判，定期组织心理学专题讨论及相关知识学习，分享心灵成长感悟，至年底，“心语部落格”心理学兴趣小组固定成员拥有近30人。

顺利完成评奖评优、征兵政策解答及家庭经济困难学生扶助等工作，27名学生获国家助学金，25名学生获校级荣誉称号，28名学生获专项补贴等。同时针对校区学生层次、类别多的实际情况，进一步加强宿舍管理，完成包括调整宿舍安排、核对催缴住宿费和定期安全检查等工作。

（吴　瑜）

【党群建设】校区党委高度重视领导班子党风廉政建设，认真落实中央八项规定、纠正“四风”相关文件精神，严格执行校区领导小组成立后制订的新的工作会议事规则、“三重一大”集体决策制度，进一步规范工作程序，查找管理漏洞，工作作风及决策执行力度明显增强。同时以开展党员和党支部评议、校级先进党支部和优秀共产党员评选活动为抓手，以学校第十一次党代会为契机，团结带领师生员工特别是党员干部加强党性修养，坚定理想信念，强化责任担当，维护校区正常的教学和管理秩序，充分发挥了党委的政治核心作用、支部的战斗堡垒作用和党员的先锋模范作用。

上半年，严格按照教育部行政办公用房面积指标规定，清理、整改校区办公用房，停用综合办公楼5、6、7、9、10共5个楼层，办公用房压缩一半左右，所腾出的办公用房，为校区后期改革发展提供保障。进一步加强公车管理，严格公车使用制度，停驶和封存了超标车辆，进一步明确公务车辆定点加油、维修和使用原则等。

组织参加学校七届七次、第八次教代会和“三严三实”专题教育活动、中心组学习活动等，完成学校教代会代表和校区工会委员会换届选举；认真做好校区工会与校工会的经费对接和体检、互助保险、慰问抗战老同志及改善医疗待遇等工作；举办扑克牌趣味赛，促进了和谐校园建设。

以“及时、快捷、贴心”为宗旨，借助短信、微信等通信平台，做好离退休人员定期返校、财务报销、集体祝寿及春游等日常管理与服务。

（王川让）

天津学院

【概况】北京科技大学天津学院是2005年4月经教育部批准，由北京科技大学和广东珠江投资有限公司合作举办的本科层次的全日制独立学院，上级主管部门是天津市教育委员会。

学院设有土木工程系、材料科学与工程系、机械工程系、信息工程系、经济系、管理系、法律系、外语系、艺术系、基础部、思想政治工作教育部、体育部12个系（部）；实验室管理中心、图书馆2个教辅部门及艺术教育中心。2015年，学院面向全国30个省、市、自治区网上录取本科生1944人，共涵盖了7个理科专业、2个文科专业、4个文理兼收专业和3个艺术类专业。至年底，在校生共计7368人。其中2015级毕业生1628人共涉及13个专业，整体就业率为94.23%，位列天津市同类院校前列。

学院下设学院办公室、人事处、教务处、学生处、招生就业处、保卫处、基建后勤处、财务处、现代教育中心。至年底，学院共有教职工306人，其中北京科技大学派出人员7人，广东珠江投资有限公司派出2人，社会招聘297人。

2015年，在天津市教委、北京科技大学、珠江集团的关怀和指导下，学院秉承“明德励学·效实致新”的校训精神，在教育教学、科学研究、师资建设、党建工作、学生管理等方面取得丰硕成果，完成了“第五届珠江教育年会暨珠江大学联盟成立大会”“建院十周年纪念活动”、学院“十三五”教育事业规划编制、“第二届第一次教职工代表大会暨工会会员代表大会”等重大任务，荣获新浪2015中国教育盛典“中国综合实力独立学院”荣誉称号。

（白　亮）

【教学工作】根据《国务院办公厅关于深化高等学校创新创业教育改革的实施意见》（国办发〔2015〕36号）文件精神，学院召开教学工作会议，以进一步完善创新创业教育体系，提高学生创新创业能力。学院结合办学定位，按照服务面向创新创业教育目标要求，通过制订教学质量标准，调整和完善《2014版培养方案》；通过完善“创新创业教育”的制度建设，设置合理的创新创业学分，建立创新创业学分积累与转换制度，把学生的科技成果、知识产权、学科与科技竞赛、科技创新活动和参加学术研讨等纳入学分管理；通过制定《本科生科技创新、创新实验和学术实践活动的管理办法》等规章制度，明确创新创业教育工作政策措施，完善创新创业教育的保障体系。

天津市教委对音乐表演专业进行专业评估暨学位授权审核，获得学士学位授予资格。对财务管理、自动化、视觉传达设计专业进行新专业检查。会计学、土木工程列为学院第二批重点专业建设项目，线性代数等9门课程为第二批优秀课程建设项目，财务管理专业实践教学体系的研究与实践等18项列为第三批本科教育教学改革与研究项目。《高等数学》等11项获学院教学成果奖，于静等8人获教学优秀奖。天津市第一批《大学生创新创业项目》进行结题验收，信息系隋佳佳获天津市普通高等学校毕业设计（论文）管理工作先进个人。在天津市教委督导组对学院本科培养方案和教学工作检查中，给予综合评价：依托北京科技大学优质教育资源，兼顾知识、能力、素质协调发展，为社会培养适应国家经济和社会发展需要的基础扎实、实践能力强、综合素质高并且具有创新精神的应用型高级专门人才。

2015年，应届毕业生总计1628名，获得毕业证书1597名，占毕业生人数比例98%，授予学士学位1586名，占获得毕业证书人数比例99%。46名毕业生通过研究生入学考试并被录取。

（尹常治）

【师资队伍】年内，学院制订《北京科技大学天津学院副教授申报条件补充规定》，修订《北京科技大学天津学院人事制度汇编》。

学院扎实推进“特聘教授”相关工作。签约、聘任张群教授为学院特聘教授；与5位特聘教授签订《补充协议》，新增参与教育教学质量考评、参与中高级职称评审、对青年教师教学工作进行评价指导等职责；按照协议约定，对特聘教授进行考核。

学院进一步规范青年教师引进、培训机制。年内共录用50人，针对新入职教师制订院级培训方案，以座谈会、讲座、参观、素质拓展等形式开展入职培训；组织39名新教师参加天津市高校师资培训中心举办的高校教师岗前培训；累计选派57人次参加全国会议、专题、网络培训等；继续鼓励青年教师在职攻读学位，年内共有1名教师获得博士学位，9人获得硕士学位。

学院完成专业技术职务评审、认定工作。1人获得副高级专业技术职务，20人获得中级专业技术职务，其中讲师19人，工程师1人。至2015年年底，学院具有副教授任职资格教师人数占教师总数的14.86%，具有讲师任职资格教师人数占教师总数的51.23%。

为建立适合发展的人才梯队，引导教师注重教学研究和改革、科研发展，改善职称结构，学院启动副教授岗位评聘工作。共有9人申报，经过严格初审、代表作鉴定、学科评议组评审、学院评审会终审等程序，信息系于静同志通过评审，获得学院副教授任职资格。

学院44人次分获指导学生竞赛奖、教学竞赛奖及教育教学成果奖，其中省市级教学竞赛二等奖2项，省市级指导学生竞赛一等奖6项、二等奖9项；教研、教改类论文13篇，其中三大检索收录2篇；出版教材两本。7位教师获得天津市教委授予的“优秀教师”称号。

（孟菲菲）

【党建工作】学院党委根据校党委统一部署，把“党风廉政建设责任制”“严格执行三重一大制度”“落实八项规定”作为学院党政工作的重要内容，主动加强党风廉洁责任制建设、推进惩防体系任务落实、加大党员干部反腐倡廉宣传教育，持之以恒纠正“四风”。学院召开全体教职工参加的党风廉政建设专题教育和部署大会；各总支分别召开党风廉政建设专题工作会和学习研讨会，覆盖至全体党员。健全和落实“一岗双责”，管队伍、抓纪律、重防范；通过中心组学习、教师业务学习、学生支部生活、个人自学，加强师生廉政廉洁教育；健全廉政文化进校园工作机制；深入推进党务、校务公开，对涉及广大师生切身利益的事项通过多渠道及时予以公开，全年公开发布文件145份，各部门主动公开发布文件79份。

2015年，在上级党委的领导下，学院党委深入开展学习贯彻十八大和十八届三中、四中、五中全会和习近平总书记系列重要讲话精神，开展社会主义核心价值观专题教育。依托“求是学会”理论宣讲，发挥“总会—系分会—班小组”架构优势，覆盖全体学生；依托学生社团“孝心社”开展传统美德教育，举办“爱要大声说出来”主题教育活动175场，基本覆盖全体学生。健全党员发展体系，提高党员发展质量。至年底，学院共有9个党总支，16个教工党支部和14个学生党支部，共有党员371人，其中教工党员188人，学生党员183人。

按照北京市委教育工委有关精神，学院党委积极组织“2015年共产党员爱心捐款活动”，配合做好2015年生活困难党员情况调查及报送，按照北京科技大学党委统一部署，组织好代表团参加北京科技大学党代会，认真履行职责，配合大会顺利完成。扎实开展“三严三实”专题教育活动，开展全体教职工理论学习活动，由各支部组织落实专题学习会，扎实开展基层党组织活动立项申报工作，取得了较好的效果。2015年，获得北京科技大学“优秀基层党组织活动”二等奖1项、三等奖2项，“先进党支部”2个；6名同志获“北京科技大学优秀共产党员”称号，1名同志获“天津市思想工作先进个人”称号。

（白　亮）

【学生工作】2015年，学院学生工作始终以立德树人为根本任务，抓过程重落实，抓细节突重点，进一步推动学生工作科学化、规范化发展。

深入细致做好日常学生工作。圆满完成迎接新生、入学教育、军训、毕业生离校等任务；落实学生分类指导，针对性做好学生教育管理工作；积极开展心理健康课程及教育活动，建立学生心理档案，坚持实施心理危机重点个案月报制度；建立健全学生奖惩制度，以评促建，奖惩结合，切实提高学生的刻苦精神和守纪意识；以人为本，进一步完善“奖、助”资助工作体系，做好贫困生的助困工作；认真落实日常安全教育检查和宿舍文化建设工作，通过各系自查、辅导员不定期巡查和学生处突击检查等方式，及时发现不良行为并予以纠正、制止；认真开展学生医保及入伍等相关工作。以服务学生成长为宗旨，不断加强学风建设，严抓课堂、宿舍、考场三个阵地，以内容丰富的学风建设活动为载体，教育引导学生回归良好的学习习惯和风气。建立辅导员培训体系，不断提高辅导员管理服务水平；进一步规范和量化辅导员工作，切实执行《北京科技大学天津学院辅导员工作日志》，辅导员工作周报，并作为年终考核重要依据；严格辅导员例会制度；继续贯彻执行辅导员谈话制度、进驻学生宿舍值班制度，加强与学生的沟通交流，及时掌握思想动态，有效进行引导和教育；坚持辅导员“致家长一封信”制度，学年末给每位学生家长寄信，反映学生在校的综合表现。

学院创新创业实践和就业指导工作合理、有效开展。积极推动创新创业新平台建设，已建成2600余平方米的众创空间场地，并通过天津市众创空间认定。逐步完善就业指导体系，开展59次专场宣讲会，成功举办了两场校园双选会，累计与会单位200余家，达成面试意向3000余人次。加强个性化的就业指导，帮扶特殊群体学生就业。开设职业生涯规划与就业指导课程及开展相关大赛活动，达到了理想的效果。对往届毕业生进行走访，编制2015年毕业生就业质量年度报告。至年底，2015级毕业生就业率为94.23%。

学院团委紧紧围绕上级团组织和学院党政中心工作要求，举办丰富的第二课堂活动，加强校园文化建设。坚持以基层团支部为主体，积极开展主题团日活动；以孝心社为依托，积极弘扬传统孝道文化；以求是学会为纽带，全面提升青年理论素养；以KAB创业俱乐部为基础，开展学生创业就业意识培训。

2015年，学院学生工作取得了喜人的成绩。2名学生勇夺中国成语大会年度总决赛全国四强；在第七届全国大学生数学竞赛（天津赛区）比赛中，获得一等奖1名、二等奖2名、三等奖2名；1名学生获得天津市大学生创新奖学金优秀奖，1名学生获得天津市大学生创业奖学金优秀奖；6名学生开发的项目《云易云》在首届中国“互联网+”大学生创新创业大赛中表现优异，荣获天津市复赛优秀奖；群舞《风酥雨忆》、小合唱Perfect Pitch、小合唱Skyfall、大合唱Say Something Carol of the Bells获“2015年度天津市学校文艺展演”集体项目一等奖；民族器乐合奏《台湾追想曲》、民族器乐重奏《天山之歌》、小合唱Let the River Run、小合唱Viva La Vida获“2015年度天津市学校文艺展演”集体项目二等奖；管弦乐合奏《中国电视主题音乐集锦》获“2015年度天津市文艺展演”集体项目三等奖。MOOC学社在全国40多个校园大使中荣获果壳网“2015年度校园大使八强”。教职工1人获得“天津市教育系统优秀思想政治工作者荣誉称号，2人获得2015年“天津市普通高等学校优秀辅导员”荣誉称号。

（叶振楠）

【教学辅助】2015年，学院不断巩固教学工作的中心地位，不断完善教学辅助建设，提升教学保障质量，在实验室建设、图书馆建设等方面取得了新的进展。

学院进一步加强实验室建设。2015年，新建2个专业实验室，更新2个公共机房。4月初提前启动“十三五”实验室发展规划准备工作，通过与各系部主要负责人沟通、协商，如期完成了“十三五”实验室发展规划部分的文件编制。学院深入推进实验室相关制度建设。在化学实验室整改过程中，首先完善了相关安全管理制度，如《化学实验室应急预案》《化学实验室学生守则》，积极落实药品管理的“五双”制度等。同时，在做好各项规章制度落实的基础上，重新修定《学生宿舍开放及收费办法》等规章制度，制定了《北京科技大学天津学院IP管理办法》等规章制度，保证了相关工作有序进行。9月，选派专人赴天津参加了市教委本年度实验室信息上报交流会，通过交流经验，对过往统计工作进行了认真总结，同时，针对该项工作的详细流程和规范进行了深入学习。

学院稳步推进图书馆建设。至11月30日，学院共有馆藏图书917530册，其中纸质图书777530册，电子图书140000册，学术视频900集。2015年度新增图书21830册，中文期刊507种，外文期刊11种，报纸72种，学术视频200集。学院图书馆全年接待各类咨询70人次，定题服务14人次，读者调查1次，读者座谈1次；开展优秀图书导读推介，出版《明德报》，开展国际读书日活动，进行图书馆导识系统设计布置两期，完成图书布局调拨，实现“移动图书馆”服务，开通微信公众平台，编写《十年回眸》，新增主题书架等；积极参与学院教学教研活动，出版《图书馆应用实践教程》教材1部。在天津高校图书情报首届全国高校图书馆阅读推广案例大赛中获天津市选拔赛一等奖，在教育部高等学校图书情报工作指导委员会首届全国高校图书馆阅读推广案例大赛中获优秀奖，在天津高等教育文献信息中心首届图书馆服务创新案例大赛中获二等奖。

（刘贺平、刘淑娥）

【安全稳定】2015年，学院安全稳定工作在保卫部门不懈努力、各系部密切配合下，持续巩固深化、顺利推进落实。

学院不断加强安全稳定工作。把保安、保洁和楼管三支队伍建设放在首位，通过“保学院平安，为师生服务”思想教育，提高其安全服务意识和品质。为强化安全责任、提高师生员工安全意识，学院组织各系部负责人签订安全工作责任书，签订率为100%。学院多次开展消防实战演习。9月，联合宝坻区消防支队，对新生开展了消防知识培训。年末，开展了以冬季消防安全专项整治为主题的消防自查、普查工作。学院高度重视维稳工作，加强组织领导，依法维稳；建立健全长效反恐机制和联动机制，切实落实责任制，扎实做好各项防御措施；妥善处理校园内突发事件和敏感问题，更注意处理问题的方式、方法和影响；严格防范大规模群体性事件发生，做好应急预案并在实际工作中不断完善。

学院积极推进校园环境综合治理。通过仔细排查校内道路交通安全隐患，针对特殊问题，不断增设交通标识、校内交通指示牌及减速带；加强对校园重点区域监控管理，如学校大门、校内主干道、食堂、体育馆、图书馆等场所，严格执行外来人员登记制度；精心组织开展防止传销、电信网络诈骗工作，加大校内宣传教育。

学院安全工作取得新进展，受到上级肯定。1名同志被公安天津宝坻分局评为“二〇一五年度治安保卫工作先进个人”，4名同志受天津市公安局个人嘉奖表彰。

（何国钧）

延庆分校

【概况】2015年，在校生总人数为940人，生源分布在北京市各区县和河北、内蒙古、安徽等9个省市自治区。其中外国语学院572人，土木与环境学院169人，数理学院119人，文法学院80人。

年内，分校共招收新生263人，首次增加自主招生和3+2中高职衔接办学。其中自主招生录取57人，3+2中高职衔接办学开办专业为动漫设计与制作，录取9人。现有7个专业，11个专业方向，包括英语教育（幼儿教育），文秘（新闻传播、策划与主持、涉外），计算机应用技术（影视动画），数字媒体技术，动漫设计与制作；工程造价（建筑、市政），建筑经济管理。毕业学生434人，就业率99.08%，62名学生升入本科深造（北京建筑大学14人、北京联合大学48人），录取率89.85%，其中工程造价专业录取率100%。首次公开发布《2015届毕业生就业质量年度报告》。

（尤志华、王柏霞）

【教学工作】2015年，积极

开展教学督导检查工作。开展专家听课、评课25人次，接受网上评教教师122人次，优秀率96.72%。全年查课989次，平均每位老师接受查课8.1次。召开8次学生座谈会，参与学生占学生总数的10%，学生对教师课堂教学满意度为98%。启动了2016版人才培养方案和课程教学大纲的修订工作。

年内，分校2014级学生全国英语应用能力考试（A、B级）成绩在北京市高职院校中排名保持前列。其中，A级通过率排名第五，平均分排名第四；B级通过率排名第七，平均分排名第五。有13名学生参加北京市第26届大学生数学竞赛高职高专竞赛(丁组)，其中2人获得三等奖，1人获得二等奖。首次参加北京市大学生人文知识竞赛，参赛团队获得三等奖。

年内，分校组织2013级英语教育（幼儿教育）专业订单班26人到通州区幼儿园进行保育员和教养员实习。组织2013级英语教育（幼儿教育）4个教学班级170人到延庆区及北京市教委所属70余所幼儿园进行为期一个月的保育员和教养员实习。组织2013级英语教育2个教学班80人进行80学时的英语微格教学实训课程。组织计算机专业120学时的课程实训。组织2013级工程专业到江水泉湿地公园进行实地教学勘测4次，到施工现场进行楼宇参观2次。完成计算机专业、工程专业毕业设计辅导、毕业论文答辩等工作。

年内，为学生提供公共英语、英语口语、普通话、全国英语应用能力考试（A、B级）、大学英语四六级考试及教师资格证书受理报名等服务工作。各级各类证书、竞赛报名全年达到1627人次。

（尤志华）

【师资队伍】2015年，教研室突出精品课建设、校内讲堂、校外宣讲、科研调研、教师培养等中心工作，全面提升师资队伍水平。年内，以打造精品课为龙头，开发12门新课。其中《全面推进依法治国》《良法善治推进依法治国》《低碳经济——世界意志和我们的选择》《中国特色生态文明理论与实践——基于延庆建设生态文明的思考》4门课程挂在北京市干部教育网，供延庆区干部专题学习，2门课程分别报送国家行政学院、北京市委党校参加精品课评选。启动教材编写工作，整合教师力量，组建3个编写团队，编写校本教材。出版1本实训教材。

年内，分校多方位促进教师提高专业水平和教学科研能力。实施为期两年的青蓝工程，为5位中青年骨干教师配备专业成长导师，从教学、科研、师德等方面对中青年教师进行“传、帮、带”，促使中青年教师尽快成长，鼓励3名教师在职攻读博士学位，有计划、有步骤、分期分批地选派教师短期培训，强化教师跟班听课制度。

年内，有4名教师遴选到区（延庆区）党代会宣讲团、区“十三五”规划宣讲团、区委宣传部四个全面宣讲团、区直属机关工委宣讲团、区纪委宣讲团，全年宣讲及专题讲座40余场次，内容涵盖十八届四中全会、社会主义核心价值观、四个全面、三严三实等内容，受到了基层单位干部群众的欢迎。

（王建军）

【教科研活动】2015年，分校进一步修订完善了《关于科研管理工作的规定》《教师工作量计算办法（修订）》,将科研工作的重心从以校级课题为主，向延庆基层党建、经济社会发展、民主法制等相关问题研究转移。年初，组织对全校的校级和区级课题成果进行总结评审，核定2014年年度科研工作量1765课时；拟定2015年科研选题，申报区级科研课题13项、校级课题7项。年内，《延庆区流动党员的调查》获得北京市党建研究会二等奖、延庆区党建研究会调研成果一等奖、区委研究室优秀调研成果奖，并在《延庆调研》刊发；《延庆区委党校主体班学员阅读现状的调查》在《延庆党建》刊发。全校有10篇文章在《北京行政学院学报》《产业与科技论坛》《教育界》《理论导刊》《中学政治教学参考》《党政学刊》《职业教育研究》等期刊杂志上发表。

（周　翰、李瑞雪）

【基础建设】2015年，分校积极推进智慧校园建设，成立网络信息中心。争取中国移动资金和技术支持，对校园一卡通进行升级改造，对主楼401机房进行安全改造，整理优化网络硬件设备，消除安全隐患，提高网络运行服务质量。进一步加强后勤管理人员能力建设和物业规范化管理工作，提升了整体服务保障效能。完善基础设施建设，对原有综合楼图书馆进行搬迁，并将原址改造成2个可容纳70人的报告厅，将四楼80人报告厅改造成120人报告厅，将一楼两个小教室改造成可容纳20多人的讨论室。教师阅览室与学生阅览室合并管理。对新图书馆整体布局进行了重新设计，增加阅览区和自习区。将学生宿舍由8人间改造为6人间，增设脸盆架、储物柜，为学生营造舒适的住宿环境。对教一楼二阶梯楼顶和教工食堂屋顶进行防水修缮。调整教工食堂布局，更新餐具、消毒柜、桌布等设施，改善就餐环境。完善食品检测设备，严格监测餐具卫生和食品质量，确保师生健康。倡导节俭办公理念，修旧利废，报废价值230余万元废旧财产。注重节水节电，强化巡查和维修力度，及时堵塞管道跑冒漏滴现象，2015年用水同比下降9.5%。强化校园绿化美化工作，年内，新铺草皮700平方米，种植葡萄20棵，种植芍药和牡丹120棵，种植红海棠等树木200多棵，栽植各种花卉3000多株，并做好日常维护保养工作，校园呈现四季常绿、三季有花的美丽景观。

（李瑞雪）

【党团建设工作】2015年，分校在编教职工共67人，35岁以下教职工25人，其中党员24人；在校生940人，其中党员27人，团员884人。年内，进一步完善党建带团建工作机制，积极实施“五带”工作。每月固定开党务工作会听取团委工作汇报，并对团委工作提出指导意见，完成团委换届工作，发挥团委在学生工作领导小组中的作用；每周二定期举办团干部例会，学习培训，注重理论武装，引导团干部树立正确的理想信念，建立正确的世界观、人生观和价值观；修改完善团委财务管理制度、社团管理制度等5项规章制度；在“三严三实”专题教育活动中校党委班子成员深入团干部和青年团员当中谈心谈话，及时解决大家提出的问题，及时拨付团员活动经费，全力支持团工作的开展。

年内，按照发展细则新要求修改完善党员发展流程和业余党校管理办法，修订高级党课和初级党课教学大纲，举办业余党校一期，培训入党积极分子50人，培训课程40学时，发展预备党员27人，预备党员转正12人。

（王柏霞）

【学生工作】2015年，学生工作紧紧围绕建设“优质大学郊区分校”目标，以思想政治教育、文化活动孕育为主线，以发挥先锋模范作用和学生主体作用为重点，搭建传播教育平台和活动实践平台，浓厚校园文化氛围，提升学生素质能力。年内，开展社会主义核心价值观大学习活动，开通科大分校微信公众号，举办“素质讲堂”22讲，开办“微播堂”4讲，举办志愿服务培训班一期，200名志愿者参与培训，用集中报告和分组结构化研讨的方式举办140人学生干部培训班和80人精英培训班。修改完善奖助学金评选办法和评优奖励办法，评选出10名道德模范，10名志愿服务之星，14个优秀宿舍，10个内务标兵和8个优秀宿管助理。

年内，在遵循“把有

意义的事情做得有意思的原则”基础上，打造丰富多彩的品牌活动。充分发挥团委、学生会、14个学生社团的自我教育、自我管理、自我服务的功能作用，开展英语角、精品团课、主题班会、社团文化节、五月鲜花艺术节、骑迹绿色A计划、特教儿童第八节课、志愿服务等品牌活动，引导学生在自己设计、自己组织、自己开展、自己感动的知识转化、活动体验中自觉成长。区级、校级志愿服务为3000余人次。

年内，评选并为130名在校生发放2014－2015学年度家庭经济困难学生饮用水、洗澡、电话补助24050元；为208名在校生发放2014－2015学年度家庭经济困难学生专项补助41600元；培养选拔并发放勤工助学报酬约13255元；发放1～7月国家助学金共396600元。为18名贷款学生办理了助学贷款证明，为36名贷款学生办理回执。

（王柏霞、关　荣）

【表彰奖励】2015年，分校荣获北京市征兵先进单位，连续多年保持“全国文明单位”称号，组织教职工参加区直机关工委艺术节，获得了“区直工委系统优秀组织奖”；组织参加工会中国梦、劳动美、五月鲜花艺术节，获“最佳表演奖”；开展节能环保小妙招、废物利用小制作征集评选活动和手工艺品大赛，开展“和谐家庭幸福瞬间”照片和“我家宝贝趣事多”故事征集评选活动，校妇联荣获“优秀组织奖”。

在个人获奖方面，栗堃、张继宁被评为延庆区学雷锋志愿服务优秀志愿者，栗堃被评为延庆区金牌志愿者。梁文艳获得区妇联“和谐家庭幸福瞬间”优秀奖，李瑞雪、周瀚在区直机关工委系统第七届文化艺术节征文比赛中获二等奖、徐辉获三等奖，李瑞雪、周瀚在区总工会文化艺术节中获征文二等奖，韩伟峰获三等奖，吴敬晶在区总工会“中国梦、劳动美”演讲比赛活动中获一等奖，郭宝清、高万强、赵晨龙、陈书海被延庆区交通安全委员会评为延庆区2015年度优秀司机，凌春燕家庭被评为“延庆区最美家庭”。

（李瑞雪）

体育部

【概况】2015年，学校体育部下设男生教研室、女生教研室、群体教研室、竞训教研室、学生体质健康测试中心和体育器材室。至年底，共有教职工46人，其中副教授23人，讲师16人，助教2人，教辅和党政管理人员4人。在田径、篮球、足球、网球、乒乓球、羽毛球、冰雪项目上，学校拥有国家级裁判7人、国家一级裁判22人。

2015年，在学校党政组织领导下，在市教委、北京市大学生体育协会的指导下，体育部认真落实中共中央国务院提出的“学校教育要树立‘健康第一’的指导思想”精神，以增强学生体质，促进学生健康为工作重点，按照年初制订的年度工作计划和目标，经过师生员工的共同努力，在教学、群体、代表队、学科建设和场地设施管理等方面做了扎实有效的工作，圆满地完成了各项工作任务。在学校本科教学学生全员评教中名次列前，体育教学课已成为学生最喜爱的课程之一。

（赵　雨、窦海波）

【课程建设】学校体育课程教学始终坚持“以人为本，健康第一”的指导思想，不断优化课程教育内容，形成了完备的体育课程结构，基本上满足了学生选课需求和兴趣爱好。2015年，学校体育课分男生体育课、女生体育课和男、女混合体育课。为满足广大学生日益增长的体育兴趣，体育部充分挖掘体育师资和体育设施的潜力，不断增设一些学生喜爱的运动项目。为了提高教学质量，进一步端正学风和教风，体育部继续坚持每周一次的集体备课和业务学习制度，组织教师参加说课、看课，互相学习，取长补短，并继续成立教学督导组，对教师的上课情况进行评价，规范了教师教风，对提高教学质量起到了积极的作用。

（赵　雨、窦海波）

【科研及师资建设】学校注重体育师资队伍建设，不断提高教师的业务水平，有计划地选派体育教师进修学习，参加有关体育方面的学术报告会，举办体育部科学论文报告会，使教师的业务水平和科研能力得到提高。2015年，学校体育部教师承担省部级课题及校级课题13个，获得的科研经费资助为30余万元。此外，2015年体育部教师发表学术论文50余篇，其中包括10余篇为第一作者的CSSCI、SEI检索期刊及中文核心期刊论文。

（赵　雨、窦海波）

【竞技体育】2015年，学校的竞技体育基本上完成了既定的目标。在首都高校第53届学生田径运动会上，学校田径队获得了男子甲A组团体第三名、男女甲A组团队总分第三名的佳绩，男子篮球队获得北京高校篮球联赛第五名，女子篮球队获得第四名。学校学生跆拳道队获北京高校跆拳道比赛女子团体总分第一名、男子团体总分第一名及男女团队总分第一名，女子羽毛球队获得高校羽毛球甲级联赛女子团体第二名。

作为教育部批准建设高水平运动队的学校，学校通过了北京市教委组织的“北京高校高水平运动队建设检查评估”，获得“优秀学校”称号，并顺利通过了教育部对学校高水平运动队建设各项指标的评估，保持6个项目建设高水平运动队的资格。

（赵　雨、窦海波）

【群众体育活动】2015年，学校的群众体育活动继续保持良好的传统和风气。积极响应“亿万学生阳光体育运动”的号召，使学校的群众体育工作呈现出蓬勃发展态势。紧密围绕学校育人核心，努力将群众体育工作打造成为第二课堂和校园文化建设的桥头堡。年内，按照年初制订的学校体育竞赛计划，在体育部的指导下及学校各体育分会、各单项协会的共同努力下，组织了70余次丰富多彩的群体活动，包括组织召开15场学校及学院运动会，举办了包括游泳、羽毛球等新项目在内的40余项校内群体赛事，参加了20余项校外群体竞赛，项目多、覆盖面广、自主性强、参与性高，极大地调动了学生参加体育活动的热情，使阳光体育运动惠及全体学生，做到人人有体育项目、班班有体育活动、院院有体育特色。2015年，学校在北京市大学生体育协会组织的“数字运动会”系列比赛中，取得了优异的成绩，被北京市教委授予“北京高校阳光体育联赛优胜奖”。

（赵　雨、窦海波）

附　录

2015年北京科技大学体育代表队主要竞赛成绩

比赛名称、时间、地点	领队及教练	运动员姓名(单项成绩)							总成绩
		姓名	项目	成绩	名次	项目	成绩	名次	
首都高等院校第53届学生田径运动会（2015年5月，北京体育大学）	领队：赵　雨 教练：周振平 董官清 蒋玉跃 章荣江 姜　宏 李仕美 王文海 于　祥 董　斌 郭毅平	吕高阳	1万米竞走	49：34.29	5	2万米竞走	1：44：45.45	5	女子甲A团体总分89分；男子甲A团体总分83分；男女团体总分：172分/第3名 金牌数：1
		冯伟强	800米	2：02.19	6				
		袁　滔	3000障碍	11：44.97	7				
		杨济鹏	1万米竞走	48：10.91	4	2万米竞走	1：40：34.50	4	
		努尔买买提	400米	49.72	8				
		安　京	400栏	54.26	5				
		李湘龙	撑杆跳高	4.35米	1				
		郭振铎	1万米	34：24.16	6				
		胡尊斌	跳远	7.19	5				
		马浩森	三级跳远	15.30米	3				
		吕明镜	1万米	36：05.16	7				
		郑亦言	铁饼	49.31米	4				
		任　磊	十项全能	6512分	4				
		李志珑 安　京 韩冠谊 努尔买买提	男4×100	42.31	6				
		李志珑 安　京 王　典 努尔买买提	男4×400	3：19.72	4				

续表

比赛名称、时间、地点	领队及教练	运动员姓名(单项成绩)							总成绩
		姓名	项目	成绩	名次	项目	成绩	名次	
首都高等院校第53届学生田径运动会 2015年5月 北京体育大学	领队： 赵　雨 教练： 周振平 董官清 蒋玉跃 章荣江 姜　宏 李仕美 王文海 于　祥 董　斌 郭毅平	张乃元	100米	12.47	5	200米	25.92	8	女子甲A团体总分89分； 男子甲A团体总分83分； 男女团体总分：172分/第3名 金牌数：1
		邱伟娜	1500米	4：48.96	8	3000米障碍	11：45.95	5	
		杨金娟	1万米	38：33.23	8				
		文天佑	400米栏	1：02.34	2	400米	58.62	7	
		张　琪	七项全能	4184分	6				
		李雅静	铁饼	46.43米	4	铁饼	34.37米	8	
		曹文俊	5千米竞走	25：39.39	4	1万米竞走	51：12.58	6	
		王永梅	1500米	4：47.33	7				
		魏　鑫	3千米障碍	13：29.14	6				
		李晶爽	标枪	40.6米	8				
		汤　萌	七项全能	4514分	5				
		高宏静	1万米竞走	52：07.83	2	5000竞走	24：15.99	2	
		文天佑 胡煜程 张乃元 刘晓君	女4×100	48.31	3				
		文天佑 胡煜程 张乃元 刘晓君	女4×400	4：02.68	5				

*打破北京高校田径运动会纪录

（赵　雨、窦海波）

比赛名称、时间、地点	领队及教练	运动员姓名(单项成绩)			总成绩
		姓　名	项　目	名 次	
第十一届北京大学生跆拳道比赛（2015年12月，北京科技大学）	领队： 赵　雨 教练： 刘　洋	宋丹黎	女子甲组57公斤	3	女子团体总分：第1名 男子团体总分：第1名 男女团体总分：第1名
		郑蕴格	女子甲组62公斤	2	
		刘　睿	女子甲组67公斤	1	
		傅璇烨	女子甲组53公斤	1	
		陈梦泽	男子甲组63公斤	2	
		詹潮晖	男子甲组58公斤	3	
		闫家政	男子68公斤级	2	
		郭凡诚	男子甲组80公斤	2	
		左　越	男子甲组74公斤	2	

续表

比赛名称、时间、地点	领队级教练	项目	运动员姓名	名次
北京高校篮球甲级联赛（2015年5月）	领队：宋一涛 教练：李海涛	篮球男队	刘雨鑫 张舒扬 王 烁 赵一霖 孙世佳 孟令卿 赖宇航 贺佳祺 杨 帆 徐浩文 孙东阳 杜家豪 胡 越 王冠杰	第5名
	领队：赵 雨 教练：张孔军	篮球女队	孙安琪 雷 雨 付明月 张 钰 张雪童 费 尧 甘桠郗 吴 佳 宋佳慧 李 赫 张竞冉 刘佳林 胡 黎	第4名
第17届CUBA联赛北京预选赛（2015年11月）	领队：宋一涛 教练：李海涛	篮球男队	刘雨鑫 王 烁 孟令卿 赖宇航 贺佳祺 杨 帆 徐浩文 孙东阳 杜家豪 胡 越 候 朔 唐征帆 孙一博 吴以頔 魏 南	第7名
	领队：赵 雨 教练：张孔军	篮球女队	雷 雨 付明月 张 钰 张雪童 费 尧 吴 佳 宋佳慧 李 赫 张竞冉 刘佳林 胡 黎 刘熙悦 徐春颖 杨荔瑶	第5名
北京高校羽毛球联赛（2015年4月）	领队：宋一涛 教练：胡彦峰	羽毛球队	刘思全 刘秋丽 李乐洋 汤文颖 石明帆 黄钰博 曾 俐 刘相宇	第2名

（赵 雨、窦海波）

北京科技大学田径最高纪录

（至2015年年底）

男子：

项 目	成 绩	日 期	地 点	创造者	院 别	备 注
100米	10.5	1991.6	国家体委	刘玉刚	机械	北京地区田径邀请赛
200米	21.21（电）	1996.8	西 安	扬子江	经管	全国第5届大学生运动会
400米	45.98	2015.5	北建大	李志珑	经管	北京高校第51届田径运动会
800米	1：50.3	1992.6	国家体委	邹华东	采矿	国家体委田径测验赛
1500米	3：50.2	2005.5	北师大	公 强	经管	北京高校第43届田径运动会
5000米	14：23.1	2005.5	北师大	高月志	经管	北京高校第43届田径运动会
10000米	29：50.8	1997.4	上 海	鞠成军	文法	全国第8届运动会达标赛
3000米障碍	9：10.7	2003.10	交 大	高月志	经管	北京高校第41届田径运动会
110米栏	13.6	1998.5	体 师	白 勇	文法	北京高校第36届田径运动会
400米栏	50.71	2012.5	北 大	李志珑	文法	北京高校第50届田径运动会
4×100米接力	41.38（电）	1999.7	长 春	汤 禹 时宪东 闫二勇 扬子江	校队	全国第7届大学生田径锦标赛
4×400米接力	3：12.04	2012.5	北 大	李志珑 安 京 谢佳楠 宋 琛	校队	北京高校第50届田径运动会

续表

项　目	成　绩	日　期	地　点	创造者	院　别	备　注
10000米竞走	41：59.51	1995.5	先农坛	奚绍辉	社科	北京市第9届运动会
20000米竞走	1：24：54	1995.5	先农坛	奚绍辉	社科	北京市第9届运动会
跳　高	2.06米	2005.5	北师大	刘　路	经管	北京高校第43届田径运动会
跳　远	7.90米	1989.5	合　肥	梁　超	经管	全国田径锦标赛
三级跳远	16.33米	2010.9	山　东	蔡文帅	经管	山东省运动会
撑杆跳高	5.00米	2011.5	清华大学	周　博	经管	北京高校第49届田径运动会
铅　球	15.67米	2002.5	科　大	尹作为	信息	北京高校第40届田径运动会
铁　饼	59.14米	1996.5	体　大	李加富	社科	北京高校第34届田径运动会
标　枪	66.72米	1990.3	体　大	马　键	经管	北京体院田径邀请赛
链　球	63.37米	2005.5	北师大	李振华	经管	北京高校第43届田径运动会
十项全能	6372分	2008.5	林　大	冯　超	经管	北京高校第46届田径运动会

女子：

项　目	成　绩	日　期	地　点	创造者	院　别	备　注
100米	11.70（电）	2000.9	成　都	闫　姝	文法	全国第6届大学生运动会
200米	23.8	1998.10	北　体	王　莉	经管	北京高校田径杯赛
400米	56.8	1999.5	首师大	王　莉	经管	北京高校第37届田径运动会
800米	2：08.9	2004.5	北　航	李志梅	经管	北京高校第42届田径运动会
1500米	4：18.0	2006.4	北科大	谢　芳	经管	北京科大第44届学生田径运动会
3000米	10：12.35	1988.8	南　京	李跃明	热能	全国第3届大学生田径运动会
5000米	15：03.95（电）	2007.11	武　汉	谢　芳	经管	第六届全国城市运动会
10000米	31：21.2（电）	2007.11	武　汉	谢　芳	经管	第六届全国城市运动会
100米栏	13.71（电）	2006.5	郑　州	線　红	经管	2006年全国田径大奖赛郑州站
400米栏	59.92（电）	2006.10	北　大	胡雪婧	经管	北京高校田径精英赛
4×100米接力	47.3	1998.5	体　师	王　莉　许秋红 齐　媛　闫　姝	校队	北京高校第37届田径运动会
4×400米接力	3：51.03（电）	2008.5	林　大	李　烨　边　迪 胡雪婧　赵莹莹	校队	北京高校第46届田径运动会

续表

项　目	成　绩	日　期	地　点	创造者	院　别	备　注
5000米竞走	21：52.6（电）	2006.10	北　大	伊　群	经管	北京高校田径精英赛
10000米竞走	45：38.91（电）	2007.5	北　邮	伊　群	经管	北京高校第45届田径运动会
3000米障碍	10：10.2（电）	2007.11	武　汉	徐益娜	经管	第六届全国城市运动会
跳　高	1.88米	2009.10	济　南	乔艳蕊	经管	第十一届全运会
跳　远	6.24米	2007.5	北　邮	刘亚男	经管	北京高校第45届田径运动会
三级跳远	14.04米	2009.10	济　南	刘亚男	经管	第十一届全运会
铅　球	20.35米	2009.10	济　南	巩立姣	经管	第十一届全运会
铁　饼	57.7米	1999.5	首师大	王萍萍	信息	北京高校第37届田径运动会
标　枪	47.78米	1995.10	八一队	孙　静	经管	北京高校田径杯赛
七项全能	5189分	1999.5	首师大	王　琳	文法	北京高校第37届田径运动会

（赵　雨、窦海波）

教育教学与学科建设

本科生教育

【概况】2015年，学校共有本科专业48个，按学科划分：工学24个、理学9个、管理学6个、文学4个、经济学2个、法学3个。至年底，全校共有全日制本科生13339人。

年内顺利完成2015届3318名本科生毕业资格及学士学位资格审核工作，按期毕业3261人，毕业率为98.28%。其中3261人获得学士学位，学位授予率为98.28%；结业学生57人。2015届双学位学生毕业234人，双专业学生毕业9人，新录取657人。

2015年，学校共开设3893门次课程，安排各种考场1628个，组织安排了近500名指导教师带领2013级和2014级44个专业124个队、6600余名学生完成了实习任务，组织76个班、2219名学生的金工实习，组织并完成本科生3338人论文题目的审查及答辩工作。教务处组织校内外各项学科与科技竞赛40项，6798人参赛，校级以上获奖学生人数1779人次，其中省部级以上获奖人数838人次。组织本科生科技创新项目立项575项，其中校级以上项目共计154项，参与学生2533人次，指导教师673人次。

此外，为学院路地区其他21所高校1405人次开设12门次选修课，为两个辅修专业58名学生开设了3门课程，学校学生共有424人次选修了19所高校116门次选修课。

（宋　波）

【教育教学与改革】2015年获批7项北京市共建项目，获批经费518.75万，组织申报2015年度北京高等学校教育教学改革项目，共5个面上项目获准立项。根据《北京科技大学“十二五”本科教育教学改革规划》和《北京科技大学2015年度本科教育教学改革与研究项目申报指南》，学校开展了2015年度教育教学改革与研究项目的申报和评审工作，共有10个重点项目和59个面上项目获准立项，资助经费213万元。2015年对2012年度北京科技大学教育教学改革与研究项目67项进行结题验收，其中3项申请延期结题，64项参与结题，53项顺利结题，11项延期结题。对2012年度北京科技大学教育教学改革与研究项目（教育部“专业综合改革试点”类）10项进行结题验收，其中9项顺利结题，1项延期结题。对2项延期的青教基金项目进行结题，全部通过验收。

（袁建美）

【本科教学条件建设（修购项目）】2015年修购项目（本科教学条件建设部分）经教育部审核通过17个项目，批复金额3375万元。3月，教务处组织召开项目启动会，布置修购项目的执行工作，并签订了《执行进度承诺书》。在项目执行期间，教务处简化流程，积极协调，通过详细记录修购项目的借款、报销情况，实时掌握项目执行进度。2015年10月～12月还多次召开“2015年修购项目执行会议”，确保项目按时完成。

2015年4～5月，教务处组织专家对2013年修购项目在2014年的运行情况进行了绩效考核，先后考查了16个项目，涉及金额2485万元。2015年6月，教务处组织相关部门在线申报2016－2018年修购计划，其中2016年申报17个项目，金额5735万元，经教育部审核通过8项，批复金额2885万元。

（刘仁霖）

【教学奖励】从2015年开始，学校设立了一年一评的校级教学名师奖，第一届校级教学名师奖获奖的教师有何伟教授、刘立教授、金龙哲教授、左鹏教授和孙莹教授。学校从获奖的5名教师中，遴选刘立教授和金龙哲教授参加了北京市教学名师奖的申报，2人双双获奖，为学校争得了荣誉。2015年度，学校管庄校区赵桂娟等主编的教材《初级会计实务》荣获职业教育“十二五”国家级规划教材，共有20部教材获得“校级教材出版奖”。

（袁建美、李　虹、王晓晓）

【课程建设】2015年，学校组织开展了第五批研究型教学示范课程建设项目的申报和评审工作，29门课程获准立项，下拨首次建设经费29万元；对2014年度立项的第四批64门研究型教学示范课程建设项目开展中期检查，其中61门通过检查，下拨第二次资助经费61万元，2门项目延期一年，1门项目终止；组织2013年度立项的第三批研究型教学示范课程建设项目进行结题验收工作，22门项目通过验收并授予“北京科技大学研究型教学示范课程”称号，4门项目暂缓验收，3门项目终止。组织2015年度“全英文教学示范课程”的申报和评审工作，6门课程获准立项，下拨首次资助经费9万元；对2014年度立项的第三批9门全英文教学示范课程建设项目开展中期检查，其中9门通过检查，下拨第二次资助经费13.5万元；对2013年度立项的第二批全英文教学示范课程建设项目开展结题验收工作，其中，17门项目通过验收并授予“北京科技大学全英文教学示范课程”称号，1门项目延期结题。组织2015年度“素质教育核心课程”的申报和评审工作，13门课程获准立项，下拨首次资助经费13万元；对2014年立项的11门建设项目开展中期检查工作，其中10门课程通过验收，1门课程延期一年；对2013年首批立项的10门课程进行验收工作，8门课程顺利结题，授予“北京科技大学素质教育核心课程”称号，2门课程延期一年。

（王晓晓）

【教材建设】学校继续加强教材建设，注重经典教材的再版修订和优势特色专业教材建设。在加大教材建设经费资助力度的同时，严格把好教材建设质量关。加强立项项目的过程管理，定期进行教材编写情况检查。针对每一部校级规划教材，在出版前，由教务处聘请校内外各1名正高职称同行专家进行严格评审，编者需参考专家提出的意见和建议进行修改后，方可出版。2015年，学校组织开展了2015年度校级规划教材（讲义）的申报和评审工作，最终遴选出30项教材和10项讲义，先期共拨付建设经费65万元。2015年，学校作为第一主编单位正式出版各类教材共66部。

（李　虹）

【专业认证】至2015年年底，学校有机械工程、环境工程、冶金工程、采矿工程、材料科学与工程、自动化、计算机科学与技术共7个专业通过工程教育专业认证。2015年11月，学校顺利完成了自动化、计算机科学与技术、材料科学与工程3个专业的工程专业认证工作。2015年，中国工程教育认证协会受理了学校安全工程、矿物加工工程、通信工程3个专业的2016年认证申请。

（李　虹）

【教学督导】①听课800多门次，覆盖全校开课门次约20%，有较大覆盖面和针对性。听课重点：开学第1周的第一次课，新入职教师课堂教学准入课（包括助课和青年教师第一次主讲课的授课考察），研究型教学示范课，全英语教学示范课，素质教育核心课等。根据教学检查情况统计，课堂教学优秀率约占三分之一。②重点关注提高教学质量和促进教学改革的工作：参加青年教师基本功大赛全过程；完成学校重点教改项目“研究型教学质量规范的探讨”的研究；推进研究型教学的开展，完成教务处委托的专项任务：对包括考卷、毕业论文和实习报告等进行了抽查并进行了总结和分析；对2011级毕业设计（论文）进行质量监控，工作重点是检查开题报告、跟踪中期检查、参加论文答辩，评选优秀毕业论文，小学期考察了高等工程师学院的“钢铁生产全流程虚拟仿真实践教学平台”的教学情况及部分暑期国外专家的课程等。③对教学评价“十项指标”进行统计和分析，为教学研究提供基础数据，督促解决改善教学环境等问题。④宣传在教学第一线教书育人、敬业奉献的先进教师典型，编辑出版“多彩课堂 璀璨群星”文集，编印“督导简报”17期。⑤参加学校各类评审：各类示范课、教改项目的检查和验收、学生科技创新立项、中期检查和项目结题验收、教学设备与修购款项目立项评审及各学院的实验室五年规划的评审等。⑥参加第七届北京地区高校教学督导工作交流会，学校以大学生创新创业为主要内容做分组交流发言。⑦督导组被北京市教工委评为老党员先锋队。⑧完成第12届督导组换届工作

（孙 铁、耿 华）

【教学质量监控】学校加强本科教学管理工作规范化，积极开展干部听课、学生评教、教学检查等工作，继续实施学生信息员制度，开展第三方评估、教学状态监控等措施，深入了解培养质量，改进教学。①修订教学管理制度。完善校院两级督导工作制度，制订了《关于建立健全学院本科教学督导组的指导意见》（校教发〔2015〕30号），文件中明确了院级督导的工作目的、管理体制，规定了院级督导的任职条件及主要工作职责，使校、院两级教学督导组织有机衔接，有效开展督导工作，起到了督促学院健全督导工作组织体系，加强学院对教学质量的自我监控与保障的作用。为加强实验教学管理，促进实验教学及管理工作科学化、规范化，提升实验教学质量，制订了《北京科技大学实验教学工作规范》（校发〔2015〕60号）。②教学检查。完成期中教学评估、专项抽查、考试工作总结、校院两级干部听查课等常规教学检查工作。期中教学评估工作以学院自查为主，强调及时发现问题，提出解决办法，形成信息反馈机制和持续改进机制。2015年在学院自查基础上，学校组织专家专项抽查试卷66门次，毕业设计抽查107份，实习抽查33队。同时，进一步完善了工作办法，强化学院持续改进机制，在反馈专家意见进行整改后进行二次抽查，有效地提升了检查效果。校院系干部听、查课程670余门次，检查结果全部反馈给学院，要求学院根据专家意见进行整改。

2015年各学院进行试卷分析的课程有2493门次。学校对课程考试的试卷分析情况进行抽查。整体来看，抽查情况良好，大部分试卷能够执行教学大纲要求，题量适当、难度适当，基本符合规定，个别问题已及时反馈到有关学院。③学生评教。2015年度实际调查2014－2015第二学期、2015－2016第一学期3124个课堂，共有119160人次参评。为了提高学生评教的有效性，2015年学校转

变评教理念，探索学生评教工作新的组织模式，采取过程性评价与结果性评价相结合的新方式，开发APP评教新平台，已在本科一年级新生中试点实施并逐渐向全校推广。④教学状态监控。完成2014年教育部、北京市“本科教学质量年报”和学校“本科教学状态分析报告”的汇总、编制工作，及时分析和掌握本科教学质量状况。三份报告汇集了2014年度学校本科教育基本情况，重点体现了师资与教学条件、教学建设与改革成果、质量保障体系、教师上课情况、本科课程开设及教学情况、本科生在校及招生情况、学生学习情况等方面的内容。不仅反映了学校本科教学的实际状况，为加强管理，提高人才培养质量提供依据，同时也向社会展示了学校风貌和办学特色，宣传了办学理念和教学成果。⑤重点听查。对特定课程进行重点听查和质量跟踪，尤其是2014－2015学年度第一学期学生评教分数排名学院后5%的课程，在2015－2016学年度第一学期进行重点听查，帮助提高课堂教学质量。⑥加强公共选修课过程管理。对各学院2014－2015学年度第二学期开设的公共选修课进行了课堂教学质量检查，对课程的具体内容及老师的授课方法等进行了总结分析，并且加强对学校公共选修课听查力度，促进提高公共选修课的教学质量。⑦继续与麦可思公司合作，开展毕业生社会需求与培养质量第三方评估，通过电子问卷调查的形式对2015级毕业生进行了调查，发布《北京科技大学社会需求与培养质量年度报告（2015版）》，从培养结果与毕业生评价、培养过程分析等方面进行了解读，并根据连续三届调查结果进行了深度分析，针对部分专业的关键问题进行单独分析。⑧围绕教学质量主题开展多项问卷调研工作。开展2015级毕业生对教学工作和学生工作的满意度调研，深入了解本科毕业生对学校教学工作和学生工作的满意情况，为提高工作质量提供参考；开展2015届本科毕业生对专业课程满意度的评价工作，了解学生对专业课程设置必要性、学习收获及学时增减等方面的意见和建议，从而分析各专业课程设置存在的问题，为修订新版本科培养方案，构建科学的课程体系提供重要参考依据；开展《研究型教学示范课》课堂教学效果调研工作，评估《研究型教学示范课》的教学效果，为今后更好的推进研究型教学示范课提供依据；针对2015年院级本科生科技创新创业项目开展情况调研，了解项目开展情况和经费使用情况，总结成功经验，及时发现问题，广泛征集建议。

（耿　华）

【教师（教学）发展】2015年继续严格实施“准入+培养”的新教师本科课堂教学准入制度。2015年度共有178名新入职教师进入教学准入环节，其中45人开始助课考查，全部通过；43人次进行了授课考查，其中40人次通过，通过率93.02%；40人完成了教学准入的全过程，授予了主讲教师资格。新教师教学准入工作中，共委派校院两级185名专家听课667次，学生参与评价2350人次。

2015年重点打造多元化、系统化的教师教学能力提升培训体系。通过入职培训、教学讲座、教学研讨与沙龙、教学咨询及资源支撑等多种方式，重点提升教师教学能力，同时关注教师心理健康，推进师德建设，提升教师科研素养，引进学科教学前沿等，为教师提供多渠道、系统化的教学能力提升培训。鼓励各学院根据学科教学特点，积极组织开展院本化的教师教学能力提升培训活动，并在夏季学期与学院共同邀请国外专家为学校教师开设学科教学能力提升、专业前沿知识研讨等方面的讲座和研讨活动。2015年度共组织院校两级培训36

次，示范课15次，参加培训教师1286人次。

2015年教师（教学）发展中心进行了第四届教学骨干人才的评选，共遴选出6位教师获得2015年“北京科技大学青年教学骨干人才培养计划”立项支持，已评选出4届，共21位教师获得资助。2015年分别组织了2012年青年教学骨干人才的总结验收，及2013年、2014年两届青年教学骨干人才的中期检查验收工作。

（涂传银）

【实践教学】2015年，根据教学计划组织安排了近500名指导教师带领2013级和2014级46个专业111个实习队6700余名学生完成了实习任务，提高了学生对专业知识的感性认识和实践能力；安排2000余名学生的暑期计算机实践工作，提高学生计算机应用能力；组织和协调14个专业1100名学生开展电子技术实习；组织和协调4个专业14个班400多名学生开展机械课程设计及机类和非机类76个班2200余名学生的金工实习，提高学生的实践能力，为培养高素质的人才奠定了基础。

2015年12月，教务处应邀参加“钢铁行业培训项目推介会”暨“2015年企业代培和学生实习工作协调会议”，与会期间，与首钢、太钢、宝钢、日钢等企事业单位有关负责人就实习工作安排的相关内容进行了深入的沟通，融洽了学校和实习单位的关系，为今后全校实习工作的顺利开展打好基础。

2015年9月，教务处着手筹划“实践教学管理系统”的建设，经流程梳理及多方调研，确定了“系统”的技术参数，12月通过公开招标确定软件服务商，开始了“系统”的订制与部署。

（刘仁霖）

【科技创新】2015年，学校获“国家大学生创新创业计划项目”资助经费80万元，获“北京市大学生科研计划项目”资助经费100万元。2015年，学校本科生科技创新项目立项575项，其中国家级70项，北京市级84项，参与学生2533人，指导教师673余人次；组织专家完成2014年253个校级以上科技创新项目和907个院级科技创新项目的验收工作，共评出校级以上项目一、二等奖113项。

（余　涛）

【成绩管理】2015年，学校共有3527门次课程采用网上模块录入学生成绩，审核成绩数据282220条，收到并处理教师提出的《学生成绩勘误申请》386人次，完成2015及毕业生成绩单和毕业生答辩评语共13700份的归档工作。完成3700余人次28000余份出国成绩单制作翻译及出国相关证明材料的制作翻译；通过电话、E-Mail及书信等方式完成了国外高校及国内外用人单位对学校109名本科毕业生学历及成绩单的认证；自助打印成绩单系统共为在校本科生提供境内免费成绩单数千人次计12000余份。

（李大宽、曹首军、王丽娟）

【教学管理平台建设】2015年，学校继续完善和优化教学管理平台：①为课程中心运行提供数据与技术支持。②为实验室开放平台运行提供数据与技术支持。③为校内教师提供服务器搭载服务。④组织双培生进行网上选课。⑤继续调整和完善选课程序，为华东理工大学、华南理工大学、湖南大学、中南大学、中国海洋大学、北京联合大学、北京信息科技大学和北方民族大学100余名校际交换生提供网上选课及成绩单制作服务。⑥处理了学生在选课时间外的课程调整108份。⑦处理了学生缓考申请138份。

（李大宽）

【毕业设计（论文）结业】2015年共有3338名学生参加毕业设计（论文）结业，参与指导教师1115人，生师比为2.99：1。指导教师中，正高级职称418人，占37.49%；副高级职称439人，占39.37%；中级职称258人，占23.14%。从毕业设计题目来源统计，真实题目697，占20.88%；自拟题目2641，占79.12%。从学生毕业设计（论文）的结业方式统计，设计性题目占27.78%，论文性题目占72.22%。学校从毕业设计（论文）中评选出优秀论文128篇。

（赵环宇）

【校内转专业与免试研究生】2015年，学校共有488名（2013级40名和2014级448名）学生提出转专业申请，经考核批准共有299名（2013级20名和2014级279名）学生成功转入新专业学习，占同年级在校生总数百分率为2013级0.64%、2014级8.50%，占申报总人数百分率为2013级50.00%、2014级62.28%。10月，学校选拔推荐2012级本科生免试攻读2016年硕士研究生711名(其中支教团22人，师范类补偿名额5人)，经过各招生单位招生考核最终录取707人(其中本校录取410人、外校录取297人)。录取人数占该年级学生总数的21.30%。

（汪　兴）

【本科生国内外交流】学校继续与华东理工大学、华南理工大学、湖南大学、中南大学、中国海洋大学建立合作关系，各校每年互派30名学生，交流学习一个学期。同时接收北京信息科技大学、北方民族大学及北京联合大学三所高校若干名本科学生来校交流一学年。至年底，学校共向华东理工大学、华南理工大学、湖南大学、中南大学、中国海洋大学等五所大学共选派了137名学生去交流学习，上述学校共有106名学生来校交流学习。

（汪　兴）

【四六级外语考试】2015年6月，参加全国大学英语四六级考试的校内考生共有8210人，其中本科生6196人，研究生2014人。12月，参加全国大学英语四六级考试的校内考生共有8823人，其中本科生6235人，研究生2291人，延庆分校专科生297人。

（汪　兴）

【学科竞赛】2015年，教务处组织6798名学生参加各类竞赛40项，校级以上获奖学生人数1779人次，其中省部级以上获奖人数838人次。传统优势竞赛如节能减排大赛、智能汽车大赛、数学建模大赛均取得了优异的成绩，节能减排大赛获全国一等奖3项，智能汽车大赛获国际冠军1项、全国一等奖4项，数学建模大赛获国际一等奖3项。其他竞赛也有新的突破，如全国大学生数学竞赛初赛共44人获奖，其中1人进入明年全国总决赛（北京市共14人）；全国大学生英语竞赛一等奖10名；物联网创新创业大赛全国总决赛获一等奖1项、二等奖10项；国际大学生计算机博弈大赛获一等奖1项、三等奖4项；ACM国际大学生程序设计竞赛获二等奖1项、三等奖1项。

（古思思）

附　录

2015年北京科技大学本科专业目录

序号	学科门类	专业类	专业代码	专　业　名　称	授予学位	增设	备注
1	经济学	经济与贸易类	020102	国际经济与贸易	经济学		
2		金融学类	020109W	金融工程	经济学	2003	
3	法学	法学类	030101	法学	法学	1996	
4		社会学类	030302	社会工作	法学	2000	
5		政治学类	030404	思想政治教育	法学		未招生
6	文学	外国语言文学类	050201	英语	文学		
7			050203*	德语	文学	2007	
8			050207	日语	文学	2003	
9		艺术类	050408	视觉传达设计	文学	2004	
10	理学	数学类	070101	数学与应用数学	理学		
11			070102	信息与计算科学	理学	2000	
12		物理学类	070202	应用物理学	理学		
13		化学类	070302	应用化学	理学		
14		生物科学类	070402	生物技术	理学	2002	
15		电子信息科学类	071205W	信息安全	工学	2004	
16		材料科学类	071301	材料物理	工学		
17			071302	材料化学	工学	2003	
18		环境科学类	071402	生态学	理学	2003	未招生
19	工学	地矿类	080107Y	矿物资源工程	工学		
20			080101	采矿工程	工学	2012	
21			080103	矿物加工工程	工学	2012	
22		材料类	080201	冶金工程	工学		
23			080203	无机非金属材料工程	工学		
24			080205Y	材料科学与工程	工学		
25			080216S	纳米材料与技术	工学	2010	
26		机械类	080302	材料成型及控制工程	工学	2000	
27			080303	工业设计	工学	2000	
28			080305Y	机械工程	工学		
29			080306W	车辆工程	工学	2004	

续表

序号	学科门类	专业类	专业代码	专 业 名 称	授予学位	增设	备注
30	工学	仪器仪表类	080401	测控技术与仪器	工学		
31		能源动力类	080501	能源与动力工程	工学		
32		电气信息类	080602	自动化	工学		
33			080603	电子信息工程	工学	1998	未招生
34			080627S	智能科学与技术	工学	2007	
35			080604	通信工程	工学	2003	
36			080605	计算机科学与技术	工学		
37			080640S	物联网工程	工学	2010	
38		土建类	080703	土木工程	工学	1997	
39			080704	建筑环境与能源应用工程	工学	2002	
40		环境与安全类	081001	环境工程	工学	1998	
41			081002	安全工程	工学	2007	
42		交通运输类	081207W	物流工程	工学	2005	
43	管理学	管理科学与工程类	110102	信息管理与信息系统	管理学		
44			110103	工业工程	工学	2002	未招生
45			110104	工程管理	管理学	2009	
46		工商管理类	110201	工商管理	管理学		
47			110203	会计学	管理学		
48		公共管理类	110301	行政管理	管理学	1996	

（耿悦杰）

“课堂教学质量（学生）评价”各等级比例一览表（按讲台）

学期	>95（含）	比例	95～85（含）	比例	85～70（含）	比例	<70	比例	平均分
2014～2015第二学期	609	43.62%	761	54.51%	26	1.86%	0	0.00%	94.00
2015～2016第一学期	887	51.33%	824	47.69%	15	0.87%	2	0.11%	94.63

（耿　华）

"课堂教学质量（学生）评价"分学院各等级比例一览表（按讲台）

（2014—2015第二学期）

学院	>95（含）	比例	95～85（含）	比例	85～70（含）	比例	平均分
土木与环境工程学院	27	25.23%	77	71.96%	3	2.80%	93.18
冶金与生态工程学院	29	48.33%	28	46.67%	3	5.00%	93.95
材料科学与工程学院	53	48.18%	56	50.91%	1	0.91%	94.62
机械工程学院	47	32.19%	95	65.07%	4	2.74%	93.43
自动化学院	48	56.47%	36	42.35%	1	1.18%	94.31
计算机与通信工程学院	25	29.76%	59	70.24%	0	0.00%	93.32
数理学院	78	51.32%	72	47.37%	2	1.32%	94.17
化学与生物工程学院	24	43.64%	31	56.36%	0	0.00%	95.02
东凌经济管理学院	36	27.69%	89	68.46%	5	3.85%	92.93
文法学院	35	42.68%	45	54.88%	2	2.44%	93.64
马克思主义学院	10	17.54%	46	80.70%	1	1.75%	92.69
外国语学院	141	59.00%	94	39.33%	4	1.67%	94.88
高等工程师学院	12	54.55%	10	45.45%	0	0.00%	94.21
体育部	38	64.41%	21	35.59%	0	0.00%	95.19
其他	6	75.00%	2	25.00%	0	0.00%	95.55

（耿　华）

"课堂教学质量（学生）评价"分学院各等级比例一览表（按讲台）

（2015－2016第一学期）

学院	>95（含）	比例	95～85（含）	比例	85～70（含）	比例	<70	比例	平均分
土木与环境工程学院	31	36.90%	52	61.90%	1	1.19　%	0	0.00%	93.92
冶金与生态工程学院	28	44.44%	35	55.56%	0	0.00%	0	0.00%	94.67
材料科学与工程学院	81	57.86%	56	40.00%	3	2.14%	0	0.00%	94.62
机械工程学院	81	39.71%	120	58.82%	3	1.47%	0	0.00%	94.13
自动化学院	59	62.11%	36	37.89%	0	0.00%	0	0.00%	95.26
计算机与通信工程学院	63	45.65%	73	52.90%	2	1.45%	0	0.00%	94.10
数理学院	90	50.85%	84	47.46%	1	0.56%	2	1.13%	94.23
化学与生物工程学院	59	55.14%	46	42.99%	2	1.87%	0	0.00%	94.60

续表

学院	>95（含）	比例	95～85（含）	比例	85～70（含）	比例	<70	比例	平均分
东凌经济管理学院	64	45.71%	75	53.57%	1	0.71%	0	0.00%	94.27
文法学院	43	46.24%	49	52.69%	1	1.08%	0	0.00%	94.62
马克思主义学院	29	39.19%	45	60.81%	0	0.00%	0	0.00%	94.13
外国语学院	184	61.54%	114	38.13%	1	0.33%	0	0.00%	95.29
高等工程师学院	18	51.43%	17	48.57%	0	0.00%	0	0.00%	95.24
体育部	17	54.84%	14	45.16%	0	0.00%	0	0.00%	95.29
其他	40	83.33%	8	16.67%	0	0%	0	0.00%	96.82

（耿　华）

北京科技大学2015年度教育教学奖励明细表

序号	奖励类别	项目类别	级别	等级	获奖人	项目名称（获奖项数）	单位
1	本科教学工程	教学类基地	国家级		孙建林	材料虚拟仿真实验教学中心	材料学院
2			北京市		夏德宏	北京高等学校市级校外人才培养基地——北京现代汽车有限公司	机械学院
3					夏德宏	机械与能源科技创新实践基地	机械学院
4	教学质量奖	教学名师	校级		何　伟	校级教学名师奖	外语学院
5					刘　立	校级教学名师奖	高工学院
6					金龙哲	校级教学名师奖	土环学院
7					左　鹏	校级教学名师奖	马克思学院
8					孙　莹	校级教学名师奖	管理学院
9		青年教师教学基本功比赛	国家级	一等奖	张丽静	首届全国高校数学微课程教学设计竞赛	数理学院
10				二等奖	徐　美	第一届全国高等学校物理基础课程青年教师讲课比赛	数理学院
11				二等奖	刘磊明	首届全国高等学校青年教师电工学课程教学竞赛	自动化学院
12			省部级	一等奖	李　娜	北京高校第九届青年教师教学基本功比赛	数理学院
13					孟凡研	北京高校第九届青年教师教学基本功比赛	数理学院

续表

序号	奖励类别	项目类别	级别	等级	获奖人	项目名称(获奖项数)	单位
14	教学质量奖	青年教师教学基本功比赛	省部级	一等奖	吕婷婷	北京高校第九届青年教师教学基本功比赛	外国语学院
15					陈学慧	首届（2015）全国高校数学微课程教学设计竞赛	数理学院
17				二等奖	赵东红	首届（2015）全国高校数学微课程教学设计竞赛	数理学院
16				二等奖	穆阿妮	北京高校第九届青年教师教学基本功比赛	马克思学院
18				三等奖	赵　静	北京高校第九届青年教师教学基本功比赛	马克思学院
19			校级	一等奖	陈学慧	北京科技大学第九届青年教师教学基本功比赛	数理学院
20					朱晓宁	北京科技大学第九届青年教师教学基本功比赛	经管学院
21				二等奖	任　玲	北京科技大学第九届青年教师教学基本功比赛	机械学院
22					李天昕	北京科技大学第九届青年教师教学基本功比赛	土环学院
23					米振强	北京科技大学第九届青年教师教学基本功比赛	计算机学院
24					王丹龄	北京科技大学第九届青年教师教学基本功比赛	数理学院
25					杨　旭	北京科技大学第九届青年教师教学基本功比赛	自动化学院
26					刘征建	北京科技大学第九届青年教师教学基本功比赛	冶金学院
27					韦美菊	北京科技大学第九届青年教师教学基本功比赛	化生学院
28					张丹丹	北京科技大学第九届青年教师教学基本功比赛	外国语学院
29					邓立治	北京科技大学第九届青年教师教学基本功比赛	经管学院
30					邢朝国	北京科技大学第九届青年教师教学基本功比赛	文法学院
31				三等奖	徐晓光	北京科技大学第九届青年教师教学基本功比赛	材料学院
32					杨光辉	北京科技大学第九届青年教师教学基本功比赛	机械学院
33					秦吉红	北京科技大学第九届青年教师教学基本功比赛	数理学院
34					郑莉芳	北京科技大学第九届青年教师教学基本功比赛	机械学院
35					郝彦爽	北京科技大学第九届青年教师教学基本功比赛	自动化学院

续表

序号	奖励类别	项目类别	级别	等级	获奖人	项目名称(获奖项数)	单位
36	教学质量奖	青年教师教学基本功比赛	校级		刘晓璐	北京科技大学第九届青年教师教学基本功比赛	化生学院
37					苏　亚	北京科技大学第九届青年教师教学基本功比赛	计算机学院
38					武航星	北京科技大学第九届青年教师教学基本功比赛	计算机学院
39					周　珂	北京科技大学第九届青年教师教学基本功比赛	高工学院
40					王　辉	北京科技大学第九届青年教师教学基本功比赛	土环学院
41					卢　超	北京科技大学第九届青年教师教学基本功比赛	外国语学院
42					姚　卿	北京科技大学第九届青年教师教学基本功比赛	经管学院
43					寇浩宁	北京科技大学第九届青年教师教学基本功比赛	文法学院
44					刘鸿儒	北京科技大学第九届青年教师教学基本功比赛	外国语学院
45					宋　伟	北京科技大学第九届青年教师教学基本功比赛	马克思学院
46		青年教师教学骨干人才	校级		任　玲	北京科技大学第四届青年教师教学骨干人才	机械学院
47					董　洁	北京科技大学第四届青年教师教学骨干人才	自动化学院
48					史雪飞	北京科技大学第四届青年教师教学骨干人才	自动化学院
49					徐　美	北京科技大学第四届青年教师教学骨干人才	数理学院
50					赵鲁涛	北京科技大学第四届青年教师教学骨干人才	数理学院
51					秦晓惠	北京科技大学第四届青年教师教学骨干人才	外语学院
52	教材奖	“十二五”职业教育国家规划教材	国家级		赵桂娟 李波波	初级会计实务	管庄校区
53		校级教材出版奖	校级		刘双跃	机电安全工程	土环学院
54					徐九华	地质学	土环学院
55					李国清 胡乃联	矿山企业管理	土环学院

续表

序号	奖励类别	项目类别	级别	等级	获奖人	项目名称(获奖项数)	单位
56	教材奖	校级教材出版奖	校级		杨润林	建筑抗震设计	土环学院
57					赵兴科	电子组装技术-物联网原理与工艺	材料学院
58					李　威	机械设计实验	机械学院
59					孙志辉	C#程序设计	机械学院
60					刘蕴络	电工电子技术实验教程（第3版）	自动化学院
61					宁焕生	RFID重大工程与国家物联网	计通学院
62					王小妹	网络安全与管理实验教程	计通学院
63					武航星	Visual FoxPro 9.0数据库应用技术	计通学院
64					陈艳萍	复变函数与积分变换	数理学院
65					赵鲁涛	概率论与数理统计教学设计	数理学院
66					申亚男	线性代数（第2版）	数理学院
67					朱　婧	数学模型简明教程	数理学院
68					刘秀芹	应用随机过程	数理学院
69					赵东红	高等工程数学	数理学院
70					陈建萍	企业管理学：理论、案例与实训	管庄校区
71					杨　勇	市场营销：理论、案例与实训	管庄校区
72					纪娇云	管理学：理论与案例（第2版）	管庄校区
73	教学论文奖	教学论文奖	校级		左　鹏	用核心价值观引领高校社会思潮关键环节	马克思学院
74					赵鲁涛 张志刚	“学以致用，以用促学” 创新高校课堂教学	数理学院
75					张秋月	加强艺术院校师德建设培养德艺双馨优秀人才	管庄校区
76					李　磊 曲选辉	材料类创新型本科人才培养的探索与实践	材料学院

续表

序号	奖励类别	项目类别	级别	等级	获奖人	项目名称(获奖项数)	单位
77	教学论文奖	教学论文奖	校级		臧鸿雁	数学类课程中“二三四”创新性教学模式初探	数理学院
78					王静静 夏德宏	高校课程地图建设探索——基于台湾地区高校经验的分析*	机械学院
79					张　甜 尚新生	高校新入职教师课堂教学准入制度的研究与实践	教务处
80					李　虹 林　海	基于研究型教学理念的高校教材建设探索*	教务处
81					陈飞武 韦美菊 叶亚平 袁文霞	稀溶液中化学势的计算以及渗透压公式的推导*	化生学院
82					汪群慧 宋　娜 陈月芳 常雁红 吴川福	本科生与研究生环境化学课程教学内容和模式的差异*	土环学院
83					刘秀芹 李娜等	案例教学在《应用随机过程》中的探索和实践	数理学院
84					秦吉红 梁　颖	在大学物理教学中应加强科学素养的案例剖析——纪念黄祖洽先生	数理学院
85					陈学慧 赵鲁涛 张志刚	案例式中心极限定理教学研究	数理学院
86					郑连存	高等数学教学中如何培养学生创新能力的实践	数理学院
87					朱　婧	基于研究型教学理念的数学建模和最优化课程建设	数理学院
88					苏永美	第一型线面积分的研究型教学方案探析	数理学院
89					于成文	基于职业自觉视角浅谈高校辅导员工作	学工部
90					李晓光 王　骏	论高校思想政治理论课成为引领社会思潮主渠道的原则与方式	马克思学院
91					马晓燕	问题引导式教学的探索*——以“马克思主义基本原理概论”课为例	马克思学院
92					时立荣 刘卓然	研究型自主学习模式的教学指标体系设计——以社工行政课程的教学实践为基础	马克思学院
93					窦海波 等	高校高水平集体球类项目团队凝聚力与团队效能关系之研究	体育部

(袁建美、李虹、王晓晓)

2015年北京科技大学各学科竞赛获奖结果

序号	项目	参赛人数	获奖人数	奖项	奖项级别	获奖者	指导教师
1	2015全国大学生英语竞赛获奖名单		10	一等奖	国家级	王雪滢	
				一等奖	国家级	郭谦益	
				一等奖	国家级	王海冉	
				一等奖	国家级	罗裕子	
				一等奖	国家级	李化洋	
				一等奖	国家级	欧竞洲	
				一等奖	国家级	陈韫韬	
				一等奖	国家级	相晨曦	
				一等奖	国家级	吕　斌	
				一等奖	国家级	徐士钧	
			32	二等奖	国家级	张　茹	
				二等奖	国家级	王汝昕	
				二等奖	国家级	王瑾雅	
				二等奖	国家级	李　娜	
				二等奖	国家级	张鑫桥	
				二等奖	国家级	李　歌	
				二等奖	国家级	张佳佳	
				二等奖	国家级	尹金玲	
				二等奖	国家级	舒美珍	
				二等奖	国家级	臧雪静	
				二等奖	国家级	孔　卓	
				二等奖	国家级	辛　彤	
				二等奖	国家级	胡纪相	
				二等奖	国家级	滕浩宇	
				二等奖	国家级	黄　维	
				二等奖	国家级	李继尧	
				二等奖	国家级	彭飞鸿	
				二等奖	国家级	李琦瑶	
				二等奖	国家级	李蒙蒙	
				二等奖	国家级	张子涵	
				二等奖	国家级	卞士心	
				二等奖	国家级	孙天健	
				二等奖	国家级	祝佳妮	
				二等奖	国家级	周宇杰	
				二等奖	国家级	胡小涛	
				二等奖	国家级	马冬宁	
				二等奖	国家级	田笑然	
				二等奖	国家级	娄敏轩	

续表

序号	项目	参赛人数	获奖人数	奖项	奖项级别	获奖者	指导教师
1	2015全国大学生英语竞赛获奖名单		32	二等奖	国家级	江　萍	
				二等奖	国家级	孙若敷	
				二等奖	国家级	杨文慧	
				二等奖	国家级	查　立	
			59	三等奖	国家级	梁灵娇	
				三等奖	国家级	付林挺	
				三等奖	国家级	陆晨南	
				三等奖	国家级	张　驰	
				三等奖	国家级	孙乃威	
				三等奖	国家级	杜天波	
				三等奖	国家级	吴　肖	
				三等奖	国家级	张天妍	
				三等奖	国家级	钟　宬	
				三等奖	国家级	范堃姝	
				三等奖	国家级	梁宵月	
				三等奖	国家级	凌　慧	
				三等奖	国家级	马欣然	
				三等奖	国家级	张亚男	
				三等奖	国家级	薛　梅	
				三等奖	国家级	夏博明	
				三等奖	国家级	马　琪	
				三等奖	国家级	赵梦醒	
				三等奖	国家级	喇浩钊	
				三等奖	国家级	汤　婷	
				三等奖	国家级	程　康	
				三等奖	国家级	陈丽霞	
				三等奖	国家级	范璐瑶	
				三等奖	国家级	郑才慧	
				三等奖	国家级	杨谨毓	
				三等奖	国家级	于　博	
				三等奖	国家级	宋溢文	
				三等奖	国家级	崔冰睿	
				三等奖	国家级	黄鸣晨	
				三等奖	国家级	李　慧	
				三等奖	国家级	李　泉	
				三等奖	国家级	刘　露	
				三等奖	国家级	卢晓妮	
				三等奖	国家级	张浩博	

续表

序号	项目	参赛人数	获奖人数	奖项	奖项级别	获奖者	指导教师
1	2015全国大学生英语竞赛获奖名单		59	三等奖	国家级	刘　磊	
				三等奖	国家级	张晨露	
				三等奖	国家级	乐欣怡	
				三等奖	国家级	贾梦依	
				三等奖	国家级	包文君	
				三等奖	国家级	韩　旭	
				三等奖	国家级	程思宇	
				三等奖	国家级	严　壮	
				三等奖	国家级	葛小格	
				三等奖	国家级	李琛洁	
				三等奖	国家级	严明雯	
				三等奖	国家级	贺　静	
				三等奖	国家级	刘　烁	
				三等奖	国家级	王军英	
				三等奖	国家级	张亚南	
				三等奖	国家级	高诗寒	
				三等奖	国家级	肖淑娟	
				三等奖	国家级	苗　地	
				三等奖	国家级	王　轶	
				三等奖	国家级	董浩凯	
				三等奖	国家级	詹景麟	
				三等奖	国家级	祁瑜聪	
				三等奖	国家级	张　鹏	
				三等奖	国家级	王子薇	
				三等奖	国家级	陈欣怡	
2	2015年第十二届北京市建筑结构设计竞赛		6	一等奖	省部级	张宗才　石家瑞　刘班爽冀 张　玥　张　慧　宋丽霞	刘彩平
			6	二等奖	省部级	孙　铮　高　兴　李丰晨 王亚震　李一平　李悦宁	谭文辉
			6	三等奖	省部级	谢明雷　马　勇　邵荟芯 林丽娟　孙鸿燕　檀胜应	王树和
3	2015年第六届全国大学生数学竞赛决赛		1	一等奖	国家级	王　晓	胡志兴 苏永美 司新辉
			1	二等奖	国家级	平浩冬	胡志兴 苏永美 司新辉

续表

序号	项目	参赛人数	获奖人数	奖项	奖项级别	获奖者	指导教师
4	第六届“蓝桥杯”全国软件专业人才设计与创业大赛－个人赛－北京赛区		4	一等奖	省部级	孔　浩	苏　亚
				一等奖	省部级	董书言	万亚东
				一等奖	省部级	陶立强	苏　亚
				一等奖	省部级	孙梦瑶	姚　琳
			12	二等奖	省部级	马　腾	武航星
				二等奖	省部级	柴　铎	
				二等奖	省部级	刘　畅	
				二等奖	省部级	燕江宝	
				二等奖	省部级	朱琳烨	
				二等奖	省部级	宁博闻	
				二等奖	省部级	陈金瀚	
				二等奖	省部级	吕　斌	
				二等奖	省部级	徐松松	张　敏
				二等奖	省部级	储根深	
				二等奖	省部级	卢力韬	李　莉
				二等奖	省部级	刘嘉铭	
			8	三等奖	省部级	程　康	
				三等奖	省部级	王怡文	
				三等奖	省部级	李　堃	
				三等奖	省部级	姜培扬	
				三等奖	省部级	傅妍玫	
				三等奖	省部级	李宏扬	
				三等奖	省部级	张　哲	
				三等奖	省部级	张　靓	

续表

序号	项目	参赛人数	获奖人数	奖项	奖项级别	获奖者	指导教师
5	第六届“蓝桥杯”全国软件专业人才设计与创业大赛－个人赛－全国决赛		4	二等奖	国家级	孙梦瑶	
				二等奖	国家级	马　腾	
				二等奖	国家级	孔　浩	
				二等奖	国家级	陶立强	
6	第六届“蓝桥杯”全国软件专业人才设计与创业大赛－团体赛－北京赛区		6	一等奖	省部级	韩志帅　刘志丞　文　雯	张　敏 武航星
				一等奖	省部级	赵君伟　杨志方　陈　璐	姚　琳 苏　亚
			3	二等奖	省部级	商　奕　杨　荣　和灵梅	李　莉 万亚东
			3	三等奖	省部级	刘雨涵　邢璐茜　田　湘	万亚东 李　莉
7	第六届“蓝桥杯”全国软件专业人才设计与创业大赛－团体赛－全国决赛		3	二等奖	国家级	赵君伟　杨志方　陈　璐	姚　琳 苏　亚
8	2015年智能车华北赛		20	一等奖	省部级	陈远超　刘　凯　胡忠阳　冯智猛	刘　立 杨　珏
				一等奖	省部级	刘国权　胡潇潇　郭天舒　陈晨宇	孟　宇 靳添絮
				一等奖	省部级	李康佳　陈　志　侯　飞	马　飞 杨　珏
				一等奖	省部级	王　健　陈坤煌　田　文	杨耀东 王　宏
				一等奖	省部级	梁　凯　管一臣　王　棋	张文明 杨　珏
				一等奖	省部级	卢日星　崔　璨　田雨农	金　纯 杨　珏
9	2015智能车全国赛		15	一等奖	国家级	陈远超　刘　凯　胡忠阳　冯智猛	刘　立 杨　珏
				一等奖	国家级	李康佳　杨作云　侯　飞	马　飞 杨　珏
				一等奖	国家级	梁　凯　管一臣　杨祖煌	张文明 杨　珏
				一等奖	国家级	皮彦婷　张　勇　姬波林 崔　璨　陈　志	刘　立 杨　珏
10	第八届全国大学生节能减排与社会实践科技竞赛		21	一等奖	国家级	王柏玮　李泽正　牛锐锐 甄　臻　方　月　樊　熠 刘青林	吴　平
				一等奖	国家级	宋　艺　郭良锐　范大卫 赵艳波　钟智颖　邵　将 李中南	王　立

续表

序号	项目	参赛人数	获奖人数	奖项	奖项级别	获奖者	指导教师
10	第八届全国大学生节能减排与社会实践科技竞赛		21	一等奖	国家级	朱探金 焦璐璐 武永健 黄若琳 高 颖 杨 畅 李 均	苏庆泉
			14	二等奖	国家级	张定瑞 黄泽宇 郭 浩 康 艺 祁 欣 何 旭 杨继昆	张 辉
				二等奖	国家级	朱中静 王延青 戴仪心 李晓峰 郑露霞 万元宇 韩 旭	林 宇
			21	三等奖	国家级	张旭东 高邦淦 袁璐凌 刘金童 朱浩民 李函泽 高一赛	夏德宏
				三等奖	国家级	李皓月 侯佳祎 曾晓曦 张喻涵 庞泽鑫 陈坤煌 张 杰	邱丽芳
				三等奖	国家级	刘 鑫 何 莹 浦碧露 安元卜 卢日星 颜弋凡 史恩可	尹少武
11	第八届“高教杯”全国大学生先进成图技术与产品信息建模创新大赛		4	一等奖	国家级	杨 炯	许 倩 杨光辉 陈 平 杨 皓
				一等奖	国家级	张希琛	许 倩 杨光辉 陈 平 杨 皓
				一等奖	国家级	于宪元	许 倩 杨光辉 陈 平 杨 皓
				一等奖	国家级	于宪元	许 倩 杨光辉 陈 平 杨 皓
			6	二等奖	国家级	李 明	许 倩 杨光辉 陈 平 杨 皓
				二等奖	国家级	刘 继	许 倩 杨光辉 陈 平 杨 皓
				二等奖	国家级	于宪元	许 倩 杨光辉 陈 平 杨 皓

续表

序号	项目	参赛人数	获奖人数	奖项	奖项级别	获奖者	指导教师
11	第八届“高教杯”全国大学生先进成图技术与产品信息建模创新大赛		6	二等奖	国家级	宫盛瀚	许　倩 杨光辉 陈　平 杨　皓
				二等奖	国家级	宫盛瀚	许　倩 杨光辉 陈　平 杨　皓
				二等奖	国家级	刘　继	许　倩 杨光辉 陈　平 杨　皓
12	2015年美国大学生数学建模竞赛		9	一等奖	国家级	李　闽　王　强　陈恭巍	胡志兴
				一等奖	国家级	王宇晟　苟伟伟　赵　越	司新辉
				一等奖	国家级	张泽川　潘　跃　邵福会	朱　婧
			12	二等奖	国家级	孔　浩　康　恺　刘中群	李为东
				二等奖	国家级	杨继昆　孙若敷　袁　伟	胡志兴
				二等奖	国家级	李琪琪　李　佳　司圃旭	司新辉
				二等奖	国家级	王柏玮　丘　杰　吴德浩	朱　婧
13	第九届iCan大学生物联网创新创业大赛北京赛		22	一等奖	省部级	田思洋　王　磊	白艳茹 张俊海
				一等奖	省部级	马瑞雄　林振业　童　雷 曾　沛	王志良 王洪泊
				一等奖	省部级	刘相相　祁　天　吴忆南　温嘉馨	白艳茹 张俊海
				一等奖	省部级	张佳伟　何小鹏　蔺云雷　油晓峰	王志良
				一等奖	省部级	周　超　雷文辉　杨宁晓 刘辉翔	石忠锁
				一等奖	省部级	李东儒　曾　卓　李珊珊 周　向	陈月云 王志良
			58	二等奖	省部级	高肖彤　任晓文　杨　光　王智琦	陈月云 王志良
				二等奖	省部级	李妮蔚　窦如强　常　悦 彭青松	陈月云 王志良
				二等奖	省部级	李　威　刘　喆　刘天昕 郭耀聪	张晓彤
				二等奖	省部级	宋　爽　宋　萌　庄　璐 赵霁野	米振强
				二等奖	省部级	罗建园　高伟晋　周　峰 陈慧杰	白艳茹 张俊海
				二等奖	省部级	李小闯　肖志博　范　琦 丁　明	董　洁
				二等奖	省部级	刘红梅　王锡哲　郑　蕊	林　宇

续表

序号	项目	参赛人数	获奖人数	奖项	奖项级别	获奖者	指导教师
13	第九届iCan大学生物联网创新创业大赛北京赛		58	二等奖	省部级	刘雨涵 邢璐茜 田 湘 王 真	张晓彤
				二等奖	省部级	杨 磊 苏 阳 肖佳乐 秦天浩	姚 琳 林 宇
				二等奖	省部级	常 铮 高艺丹 韩家辉 吕 斌	于 泓
				二等奖	省部级	宋雄康 梁小雨 寇贞贞 刘庆旭	米振强
				二等奖	省部级	王璐瑶 占翔南 王 萌	米振强
				二等奖	省部级	石伟国 廖腾均 王 昊 李云竹	张 森 白艳茹
				二等奖	省部级	郝 语 刘嘉铭 李 盟 胡 韵	王志良
				二等奖	省部级	徐众贤 王天杏 王佳佳 冀东旭	米振强
			26	三等奖	省部级	张万里 杨 光 李 洋	林 宇
				三等奖	省部级	王立志 周 越 涂 锐 樊 芳	于 泓
				三等奖	省部级	胡济涛 徐行浦 丁 娜 阳 帅	于 泓
				三等奖	省部级	赵君伟 陈 璐 王 健 张显炀	李 擎
				三等奖	省部级	徐 沙 陈敏捷 沈心怡 赵 婷	王志良
				三等奖	省部级	潘广全 张信诗 卢 宁	王志良
				三等奖	省部级	吴子越 卢子瑜 汪 灿 李 军	白艳茹 张俊海
14	第九届iCan大学生物联网创新创业大赛全国赛		4	一等奖	国家级	李妮蔚 窦如强 常 悦 彭青松	白艳茹 张俊海
			39	二等奖	国家级	郝 语 刘嘉铭 李 盟 胡 韵	王志良
				二等奖	国家级	马瑞雄 林振业 童 雷 万清文	王志良 王洪泊
				二等奖	国家级	周 超 雷文辉 杨宁晓 刘辉翔	石忠锁
				二等奖	国家级	张佳伟 何小鹏 蔺云雷 油晓峰	王志良
				二等奖	国家级	高肖彤 谢 涛 杨 光 杨 荣	王志良
				二等奖	国家级	宋 爽 宋 萌 庄 璐 赵雾野	米振强
				二等奖	国家级	李小闯 肖志博 范 琦 丁 明	董 洁
				二等奖	国家级	杨 磊 苏 阳 肖佳乐 陈 宏	姚 琳 林 宇
				二等奖	国家级	王璐瑶 占翔南 王 萌	姚 琳 林 宇
				二等奖	国家级	石伟国 廖腾均 王 昊 刘 舸	张 森 白艳茹
			28	三等奖	国家级	刘雨涵 邢璐茜 田 湘 王 真	张晓彤
				三等奖	国家级	李东儒 曾 卓 李珊珊 周 向	陈月云 王志良

续表

序号	项目	参赛人数	获奖人数	奖项	奖项级别	获奖者	指导教师
14	第九届iCan大学生物联网创新创业大赛全国赛		28	三等奖	国家级	罗建园　高伟晋　周　峰　陈慧杰	白艳茹 张俊海
				三等奖	国家级	刘红梅　王锡哲　郑　蕊　刘华峥	林　宇
				三等奖	国家级	常　铮　高艺丹　韩家辉　吕　斌	林　宇
				三等奖	国家级	徐众贤　王天杏　王佳佳　冀东旭	林　宇
				三等奖	国家级	李　威　刘　喆　刘天昕　郭耀聪	张晓彤
15	2015年中国大学生计算机设计大赛（北京市级）		17	二等奖	省部级	刘雨涵　邢璐茜　田　湘	汪红兵
				二等奖	省部级	张　哲　郝　语　杜赞赞	万亚东
				二等奖	省部级	文羿诗　乔津津　张雅平	武航星
				二等奖	省部级	杨　涛　林振业	张　敏
				二等奖	省部级	张　茹　项雅丽　杨　健	张　敏
				二等奖	省部级	田　文　黄鸣晨　李泓毅	黄晓璐
			19	三等奖	省部级	傅妍玫　袁春园　王　迪	苏　亚
				三等奖	省部级	孙曾军　余　洋　左　晨	苏　亚
				三等奖	省部级	于亚南　吕文诺　刘　豪	苏　亚
				三等奖	省部级	郑智予　陈　寒　王　萌	武航星
				三等奖	省部级	李　堃　赵子境　潘腊梅	汪红兵
				三等奖	省部级	袁光涛　谭　龙	黄晓璐
				三等奖	省部级	邵　将　刘滨玮	黄晓璐
16	2015年中国大学生计算机设计大赛（国家级）		13	二等奖	国家级	刘雨涵　邢璐茜　田　湘	汪红兵
				二等奖	国家级	李　堃　赵子境　潘腊梅	汪红兵
				二等奖	国家级	田　文　黄鸣晨　李泓毅	黄晓璐
				二等奖	国家级	张天豪　徐思源　迟玉心　李沛江	李　莉
			19	三等奖	国家级	张　哲　郝　语　杜赞赞	万亚东
				三等奖	国家级	文羿诗　乔津津　张雅平	武航星
				三等奖	国家级	杨　涛　林振业	张　敏
				三等奖	国家级	张　茹　项雅丽　杨　健	张　敏
				三等奖	国家级	刘　喆　刘天昕　李　威	李　莉
				三等奖	国家级	杨　磊　秦天浩　廖小东 崔鑫蕾　刘红梅	李　莉
17	2015年科研类全国航空航天模型锦标赛		7	一等奖	国家级	姬波林　黄子帅　张浩楠	
				一等奖	国家级	孙江同　孙宁起　王　萌　刘虹晓	
			9	二等奖	国家级	徐　可　许佳诺	
				二等奖	国家级	李　浩　李韫笙　范晓铎　陈　康	
				二等奖	国家级	王冠雄　赛　哲　石志钢	
			6	三等奖	国家级	姬波林　高伟晋　王郅源	
				三等奖	国家级	王郅源　郭竞泽　潘腊梅	
18	2015年北京市第二十六届大学生数学竞赛		2	一等奖	省部级	陈　曦	

续表

序号	项目	参赛人数	获奖人数	奖项	奖项级别	获奖者	指导教师
18	2015年北京市第二十六届大学生数学竞赛		2	一等奖	省部级	倪盼盼	
			6	二等奖	省部级	李春燕	
				二等奖	省部级	李海燕	
				二等奖	省部级	李　娜	
				二等奖	省部级	李文举	
				二等奖	省部级	钱　君	
				二等奖	省部级	孙　峥	
			6	三等奖	省部级	成一航	
				三等奖	省部级	姜　睿	
				三等奖	省部级	金　旭	
				三等奖	省部级	李　凯	
				三等奖	省部级	吕淑霞	
				三等奖	省部级	潘　飞	
19	2015年第七届全国大学生数学竞赛（北京赛区）		12	一等奖	省部级	周康康	
				一等奖	省部级	冯世豪	
				一等奖	省部级	何　骁	
				一等奖	省部级	胡彬涛	
				一等奖	省部级	江　毅	
				一等奖	省部级	晋红强	
				一等奖	省部级	李宏扬	
				一等奖	省部级	汤双喜	
				一等奖	省部级	田超然	
				一等奖	省部级	王晟典	
				一等奖	省部级	许煜阳	
				一等奖	省部级	艾平华	
			9	二等奖	省部级	陈一航	
				二等奖	省部级	陈益航	
				二等奖	省部级	杜健杰	
				二等奖	省部级	黄一锟	
				二等奖	省部级	罗　聪	
				二等奖	省部级	明　浩	
				二等奖	省部级	宋林森	
				二等奖	省部级	薛巧蕊	
				二等奖	省部级	杨万里	
			23	三等奖	省部级	陈　峰	
				三等奖	省部级	陈　皓	
				三等奖	省部级	陈书清	
				三等奖	省部级	许志成	

续表

序号	项目	参赛人数	获奖人数	奖项	奖项级别	获奖者	指导教师
19	2015年第七届全国大学生数学竞赛		23	三等奖	省部级	高　宇	
				三等奖	省部级	杭　晨	
				三等奖	省部级	胡智宇	
				三等奖	省部级	姜　丽	
				三等奖	省部级	李　栋	
				三等奖	省部级	李雅迪	
				三等奖	省部级	刘　峰	
				三等奖	省部级	张万里	
				三等奖	省部级	潘诚伟	
				三等奖	省部级	秦清华	
				三等奖	省部级	尚玲玲	
				三等奖	省部级	苏铭灿	
				三等奖	省部级	孙纵横	
				三等奖	省部级	滕浩宇	
				三等奖	省部级	汪博扬	
				三等奖	省部级	王　顺	
				三等奖	省部级	夏志强	
				三等奖	省部级	倪添桢	
				三等奖	省部级	杜海铭	
20	2015ACM国际大学生程序设计竞赛		3	三等奖	国家级	刘　畅　马　腾　孙梦瑶	洪　源
21	2015第40届ACM（国际）大学生程序设计竞赛亚洲区域赛		3	二等奖	国家级	董书言　袁兆麟　殷斌一	洪　源
			3	三等奖	国家级	刘　畅　马　腾　孙梦瑶	洪　源
22	2015第五届“华为杯”中国大学生智能设计竞赛		3	二等奖	国家级	赵君伟　陈　璐　王　健	李　擎
23	2015年北京市大学生物理实验竞赛		12	一等奖	市级	王宁宁　肖　姗　王　磊	陈　森 吴　平
				一等奖	市级	刘　鑫　杨　宇　赵君伟	陈　森 吴　平
				一等奖	市级	姬波林　皮彦婷　张　勇	吴　平 孙明明
				一等奖	市级	任新宇　王晓伟　刘　阳	张师平 吴　平
			7	二等奖	市级	侯文清	陈　森 吴　平
				二等奖	市级	窦如强　杜进祥　刘　唱	陈　森 吴　平
				二等奖	市级	徐月伟　汪博扬　黄　铭	孙明明 吴　平

续表

序号	项目	参赛人数	获奖人数	奖项	奖项级别	获奖者	指导教师
24	2015年北京市工程训练能力综合竞赛		6	一等奖	市级	陈　林　崔晓娟　孙金胜 王　强　姜小宇　沈心怡	
			16	二等奖	市级	帖龙飞　何　兴　聂文勃 马　铁　李　博	
				二等奖	市级	张宗信　王敬香　马鹏飞 郑　烨　陈美龄　王雪滢	
				二等奖	市级	徐　沙　刘　琦　廖泽华 陈敏捷　王卫峰	
25	第40届ACM国际大学生程序设计竞赛亚洲东大陆总决赛（国际赛）		3	三等奖	国家级	董书言　袁兆麟　殷斌一	洪　源
26	2015年第32届全国部分地区大学生物理竞赛		15	一等奖	市级	陈　曦	路彦珍
				一等奖	市级	陈晓婷	王云良
				一等奖	市级	陈一航	刘丽华
				一等奖	市级	杜尚君	路彦珍
				一等奖	市级	何　骁	顾　强
				一等奖	市级	侯安琪	路彦珍
				一等奖	市级	胡　帆	冯　澎
				一等奖	市级	黎　琼	路彦珍
				一等奖	市级	刘嘉华	王云良
				一等奖	市级	青志伟	王云良
				一等奖	市级	唐宇豪	徐　美
				一等奖	市级	王　健	邱红梅
				一等奖	市级	杨　帆	路彦珍
				一等奖	市级	张　硕	尹　红 郝亚江
				一等奖	市级	周　宇	郝亚江
			30	二等奖	市级	曹成壮	王凤平
				二等奖	市级	曹贞洋	邱红梅
				二等奖	市级	陈　广	孟凡研
				二等奖	市级	陈益航	顾　强
				二等奖	市级	单昂启	路彦珍
				二等奖	市级	杜健杰	王凤平
				二等奖	市级	段旭阳	刘丽华
				二等奖	市级	付　佳	路彦珍
				二等奖	市级	高天翔	刘丽华
				二等奖	市级	胡皓月	顾　强
				二等奖	市级	江　毅	王凤平
				二等奖	市级	李　波	郝亚江
				二等奖	市级	李　柯	路彦珍

续表

序号	项目	参赛人数	获奖人数	奖项	奖项级别	获奖者	指导教师
26	2015年第32届全国部分地区大学生物理竞赛		30	二等奖	市级	李宇宙	徐　美
				二等奖	市级	凌志伟	路彦珍
				二等奖	市级	刘　峰	秦吉红
				二等奖	市级	刘浩淼	路彦珍
				二等奖	市级	刘佳澄	郝亚江
				二等奖	市级	牟　洁	邱红梅
				二等奖	市级	潘诚伟	冯　澎
				二等奖	市级	邱俊彦	郝亚江
				二等奖	市级	宋林森	孟凡研
				二等奖	市级	王　娜	路彦珍
				二等奖	市级	王欣培	王云良
				二等奖	市级	王　雄	邱红梅
				二等奖	市级	谢洋洋	邱红梅
				二等奖	市级	张万里	王凤平
				二等奖	市级	张子涵	王凤平
				二等奖	市级	赵晓旺	秦吉红
				二等奖	市级	朱文华	郝亚江
			103	三等奖	市级	边振疆	秦吉红
				三等奖	市级	蔡肖建	郝亚江
				三等奖	市级	曹盛浩	孟凡研 张国华
				三等奖	市级	常卫卫	刘丽华
				三等奖	市级	陈浩锋	王凤平
				三等奖	市级	陈　皓	李泉水
				三等奖	市级	陈　粤	张国华
				三等奖	市级	邓雨平	徐　美
				三等奖	市级	杜天波	柳祝红
				三等奖	市级	范璐瑶	李泉水
				三等奖	市级	冯世豪	顾　强
				三等奖	市级	冯　威	郝亚江
				三等奖	市级	葛广昊	郝亚江
				三等奖	市级	龚　健	郝亚江
				三等奖	市级	龚　俊	秦吉红
				三等奖	市级	谷万成	秦吉红
				三等奖	市级	韩　成	刘丽华
				三等奖	市级	杭　晨	郝亚江
				三等奖	市级	郝伟臣	郝亚江
				三等奖	市级	何　强	秦吉红

续表

序号	项目	参赛人数	获奖人数	奖项	奖项级别	获奖者	指导教师
26	2015年第32届全国部分地区大学生物理竞赛		103	三等奖	市级	何　翔	秦吉红
				三等奖	市级	侯静宇	郝亚江
				三等奖	市级	侯明栋	郝亚江
				三等奖	市级	胡艾琳	路彦珍
				三等奖	市级	胡彬涛	王凤平
				三等奖	市级	胡鹏凯	王云良
				三等奖	市级	胡智宇	张国华
				三等奖	市级	华安栋	刘丽华
				三等奖	市级	黄凯辉	徐　美
				三等奖	市级	霍巍丰	郝亚江
				三等奖	市级	姜　磊	冯　澎
				三等奖	市级	金京慧	郝亚江
				三等奖	市级	晋红强	刘丽华
				三等奖	市级	雷勋惠	刘丽华
				三等奖	市级	李春燕	路彦珍
				三等奖	市级	李海燕	王云良
				三等奖	市级	李佳奇	秦吉红
				三等奖	市级	李京京	徐　美
				三等奖	市级	李睿林	张国华
				三等奖	市级	李　统	郝亚江
				三等奖	市级	李雅迪	郝亚江
				三等奖	市级	李　洋	秦吉红
				三等奖	市级	林海龙	顾　强
				三等奖	市级	林　琳	王云良
				三等奖	市级	林容州	郝亚江
				三等奖	市级	凌　睿	王凤平
				三等奖	市级	刘亚杰	徐　美
				三等奖	市级	刘　杨	王凤平
				三等奖	市级	刘　洋	秦吉红
				三等奖	市级	刘一禾	冯　澎
				三等奖	市级	刘治成	张国华
				三等奖	市级	卢仕杰	尹　红 郝亚江
				三等奖	市级	卢星晖	路彦珍
				三等奖	市级	毛亚丽	孟凡研 张国华
				三等奖	市级	明　浩	孟凡研
				三等奖	市级	宁雨婷	郝亚江

续表

序号	项目	参赛人数	获奖人数	奖项	奖项级别	获奖者	指导教师
26			103	三等奖	市级	彭世清	郝亚江
				三等奖	市级	蒲　浩	郝亚江
				三等奖	市级	秦　瑜	邱红梅
				三等奖	市级	邱佳佳	王云良
				三等奖	市级	任一龙	李泉水
				三等奖	市级	容永丰	郝亚江
				三等奖	市级	沈汉林	冯　澎
				三等奖	市级	石　桐	王凤平
				三等奖	市级	孙安阳	邱红梅
				三等奖	市级	孙鹏晖	秦吉红
				三等奖	市级	唐明晌	刘丽华
				三等奖	市级	田博涵	刘丽华
				三等奖	市级	田广臣	路彦珍
				三等奖	市级	汪　鑫	邱红梅
				三等奖	市级	王海冉	路彦珍
				三等奖	市级	王　涵	郝亚江
				三等奖	市级	王梦飞	邱红梅
				三等奖	市级	王晟典	徐　美
				三等奖	市级	王文轲	王凤平
				三等奖	市级	王秀奇	秦吉红
				三等奖	市级	王志超	秦吉红
				三等奖	市级	吴贺然	孟凡研
				三等奖	市级	徐　欢	李泉水
				三等奖	市级	徐鲲鹏	秦吉红
				三等奖	市级	许　晶	路彦珍
				三等奖	市级	薛巧蕊	邱红梅
				三等奖	市级	杨　沁	王凤平
				三等奖	市级	杨田雨	秦吉红
				三等奖	市级	杨万里	孟凡研 张国华
				三等奖	市级	姚　鹏	郝亚江
				三等奖	市级	尹明健	王凤平
				三等奖	市级	张　驰	徐　美
				三等奖	市级	张鸽灵	秦吉红
				三等奖	市级	张广铭	尹　红 郝亚江
				三等奖	市级	张丽丽	王云良
				三等奖	市级	张世学	孟凡研

续表

序号	项目	参赛人数	获奖人数	奖项	奖项级别	获奖者	指导教师
26	2015年第32届全国部分地区大学生物理竞赛		103	三等奖	市级	张天鹤	邱红梅
				三等奖	市级	张伟硕	秦吉红
				三等奖	市级	张泽邦	路彦珍
				三等奖	市级	赵　薹	李泉水
				三等奖	市级	赵鹏菲	刘丽华
				三等奖	市级	赵用雯	路彦珍
				三等奖	市级	郑　蕊	郝亚江
				三等奖	市级	周康康	刘丽华
				三等奖	市级	周宇杰	张国华
				三等奖	市级	朱志强	冯　澎
				三等奖	市级	邹婷婷	孟凡研
27	第四届全国大学生金相技能大赛		1	一等奖	国家级	练海文	韩　凌 黄　鹏
			2	二等奖	国家级	孟亚男	韩　凌 黄　鹏
				二等奖	国家级	刘跃华	韩　凌 黄　鹏
28	2015年全国大学生数学建模竞赛		15	二等奖	国家级	吕兴亮　周华建　祖云飞	李为东
				二等奖	国家级	吴　迪　李　凯　秦欢忆	徐　岩
				二等奖	国家级	任新宇　刘　冰　蒋淼童	吕国才
				二等奖	国家级	高　飞　李　爽　穆　林	吕国才
				二等奖	国家级	黄一锟　丁宇翔　董书言	吕国才
29	2015年全国大学生数学建模竞赛（北京赛区）		24	一等奖	省部级	杨　玲　艾文清　吕　斌	胡志兴
				一等奖	省部级	窦如强　程　力　霍慧敏	朱　婧
				一等奖	省部级	袁　薇　李宏扬　黄俊涛	朱　婧
				一等奖	省部级	成一航　季　飞　项秉峰	朱　婧
				一等奖	省部级	许　峥　王佳佳　周　磊	朱　婧
				一等奖	省部级	施剑睿　杜　畅　阴鹏艳	吕国才
				一等奖	省部级	张金童　鲁竟成　潘鸿飞	李卫东
				一等奖	省部级	付赛际　董天一　杨　乔	徐　岩
			21	二等奖	省部级	杨丽君　张　聪　苏子佳	胡志兴
				二等奖	省部级	冷宇辰　刘　阳　柯莎莎	胡志兴
				二等奖	省部级	周　宸　平浩冬　吕亚萍	朱　婧
				二等奖	省部级	高伟晋　刘嘉豪　缪吴丽	李为东
				二等奖	省部级	皮　敏　汪　婧　高　萌	徐　岩
				二等奖	省部级	王晓伟　丁博峰　张景龙	徐　岩
				二等奖	省部级	陈舒翔　张怀朋　聂少敏	徐　岩

续表

序号	项目	参赛人数	获奖人数	奖项	奖项级别	获奖者	指导教师
30	2015全国大学生电子设计大赛（北京市级）		3	一等奖	省部级	平浩冬　余　昉　刘　冰	
			15	二等奖	省部级	梁泰琳　王　强　汪鹏飞	
				二等奖	省部级	李庆超　张景龙　刘　岩	
				二等奖	省部级	赵姗姗　卢　宁　王璐瑶	
				二等奖	省部级	薛建强　廖腾均　王　飒	
				二等奖	省部级	李　盼　解乃颖　储若慧	
			30	三等奖	省部级	梁　爽　郑　烨　范云飞	
				三等奖	省部级	阚艺铎　王晨阳　牛秉青	
				三等奖	省部级	卢子瑜　张　然　魏　昕	
				三等奖	省部级	赵君伟　王　健　陈天傲	
				三等奖	省部级	张玉莹　吴　燃　赵家兴	
				三等奖	省部级	彭　飞　吴加跃　丁　明	
				三等奖	省部级	王　东　吴金文　张晨光	
				三等奖	省部级	石伟国　冯佳丽　王正阳	
				三等奖	省部级	邓盈盈　王　昊　吴子越	
				三等奖	省部级	刘继文　王　颖　饶　沛	
31	2015年全国大学生计算机博弈大赛		15	一等奖	国家级	燕江宝　曾　卓　宋　爽 宋　萌　阴笑笑	
				一等奖	国家级	谢高淇　孙　金　高　航	
				一等奖	国家级	刘雨涵　邢璐茜　田　湘	
				一等奖	国家级	王　棋　王　越　崔　琳　李东儒	
			27	二等奖	国家级	王　棋　王　越　崔　琳　李东儒	
				二等奖	国家级	谢高淇　孙　金　高　航　陈　志	
				二等奖	国家级	燕江宝　邬炳科　仲小刚	
				二等奖	国家级	李文峰　傅妍玫	
				二等奖	国家级	边　畅　卢立涛　付炳豪 王靖儒　李　蜡	
				二等奖	国家级	马　腾　燕江宝　陶立强	
				二等奖	国家级	田　文　王　健　李珊珊	
				二等奖	国家级	翁　航　侯　飞　李康佳	
			9	三等奖	国家级	徐泽涛　邹　野　郭秋格　梁小雨	
				三等奖	国家级	边　畅　臧立名　王　棋 太梓钢　乔　壮	
32	2015年国际计算机博弈大赛（国际赛）		2	一等奖	国家级	王　祺　边　畅	
			9	三等奖	国家级	王　祺　边　畅	
				三等奖	国家级	钟润兴　袁伟航　边　畅	
				三等奖	国家级	王　祺　边　畅	
				三等奖	国家级	王　祺　边　畅	

续表

序号	项目	参赛人数	获奖人数	奖项	奖项级别	获奖者	指导教师
33	2015年第三届全国大学生物理实验竞赛		2	二等奖	国家级	任新宇　余成宇	陈　森
34	2015年全国大学生西门子杯工业自动化挑战赛		3	特等奖	国家级	初泓宇　赵家兴　张玉莹	王　玲
			3	一等奖	国家级	王向宁　王　琦　李小闯	阎　群
			3	二等奖	国家级	吴金文　王　东　陈通瀚	董冀媛
35	2015年全国大学生西门子杯工业自动化挑战赛华北赛		18	一等奖	省部级	张梦雅　朱成志　刘江江	李　擎
				一等奖	省部级	唐嘉伟　谭晓斌　彭　聪	李　擎
				一等奖	省部级	吴金文　王　东　王良俊童	董冀媛
				一等奖	省部级	吴德浩　柳　杨　陈通瀚	徐银梅
				一等奖	省部级	王向宁　王　琦　郭天舒	阎　群
				一等奖	省部级	肖志博　王璐瑶　李小闯	王尚君
			9	二等奖	省部级	方　赛　王超超　范　琦	崔家瑞
				二等奖	省部级	高江峰　付济强　郭光来	崔家瑞
				二等奖	省部级	彭　程　匙沛华　梁　倩	张笑菲
36	2015第二十届中国日报社“21世纪·可口可乐杯”全国英语演讲比赛		1	三等奖	国家级	亢　哲	邹妍洵
37	2015“外研社杯”全国英语阅读大赛		2	三等奖	省部级	江佳洁	邹妍洵
				三等奖	省部级	汤璧钧	王　娜
38	2015“外研社杯”全国英语写作大赛		1	特等奖	省部级	马冬宁	王　娜
			1	一等奖	省部级	李志颖	张丹丹
39	2015“外研社杯”全国英语演讲大赛		1	一等奖	省部级	董婉思	张丹丹
40	2015年北京市大学生化学实验竞赛		2	一等奖	省部级	陈　燕	王明文 叶亚平 范慧俐
				一等奖	省部级	韩晓妮	王明文 叶亚平 范慧俐
			5	二等奖	省部级	陈甘雨	王明文 叶亚平 范慧俐
				二等奖	省部级	陈晶晶	王明文 叶亚平 范慧俐
				二等奖	省部级	彭永珍	王明文 叶亚平 范慧俐
				二等奖	省部级	温　馨	王明文 叶亚平 范慧俐
				二等奖	省部级	于莹莹	王明文 叶亚平 范慧俐

续表

序号	项目	参赛人数	获奖人数	奖项	奖项级别	获奖者	指导教师
40	2015年北京市大学生化学实验竞赛		3	三等奖	省部级	及燕铭	王明文 叶亚平 范慧俐
				三等奖	省部级	姜　辰	王明文 叶亚平 范慧俐
				三等奖	省部级	乔　越	王明文 叶亚平 范慧俐
41	2015年智能车国际赛		3	一等奖	国家级	王淏楠　程　刚　樊　斌	杨　珏
42	2015年首届全国高等学校安全科学与工程类专业大学生实践与创新作品大赛		4	二等奖	国家级	廉欣荣　张　悦　王丹丹　殷　唯	黄国忠 欧盛南
			11	三等奖	国家级	刘　学　杨　钊　李珍珍	刘双跃
				三等奖	国家级	李丹辰　朱洪民　沈栩杰　姜莉文	黄国忠
				三等奖	国家级	张锡宁　王汝昕　闫小丽　雷毅成	刘双跃

（古思思）

2015年度本科课程表

土木工程专业

年　级	课　程　设　置
2015级	经济与管理，思想道德修养与法律基础，基础外语I，体育I，军事理论，大学生职业发展与就业指导I，大学生心理健康I，大学计算机基础，高等数学AI，线性代数A，普通化学，普通化学实验
2014级	中国近现代史纲要，基础外语II，体育II，大学生心理健康II，C++程序设计，高等数学AII，大学物理AI
	马克思主义基本原理概论，基础外语III，体育III，工程力学AI，概率论与数理统计A，大学物理AII，工科物理实验I，工程制图基础
2013级	毛泽东思想和中国特色社会主义理论体系概论I，体育IV，金工实习I，工程力学AII，数学实验，工科物理实验II，工程测量，工程地质学，土木工程制图，流体力学，房屋建筑学，土木工程CAD
	毛泽东思想和中国特色社会主义理论体系概论II，结构力学I，土力学，混凝土结构原理，土木工程项目管理，土木工程材料，电工技术实验，电工技术，砌体结构
2012级	钢筋混凝土结构课程设计，专业方向课程设计I（房屋建筑学、边坡工程），结构力学II，岩石力学与工程，工程结构荷载与可靠度设计原理，土木工程施工，工程概预算与招投标，基础工程，建筑工程(双语)，高层建筑结构，工程爆破，混凝土结构设计，边坡工程，岩土工程(双语)，砌体结构，土木工程数值计算方法，防震减灾，地下结构设计，地下空间规划与设计
	大学生职业发展与就业指导IV，基础工程课程设计，专业方向课程设计II（钢结构、地下结构），毕业实习(论文)，钢结构基本原理，土木工程测试方法与技术，城市规划，道路工程，结构抗震，桥梁工程，隧道工程，土木工程勘测，地下工程施工技术，建筑钢结构设计
2011级	毕业设计(论文)

环境工程专业

年　级	课　程　设　置
2015级	思想道德修养与法律基础，基础外语I，体育I，军事理论，大学生职业发展与就业指导I，大学生心理健康I，大学计算机基础，高等数学AI，无机化学B，无机化学实验BI
2014级	中国近现代史纲要，基础外语II，体育II，大学生心理健康II，工程测量实习，VB程序设计，高等数学AII，大学物理AI，无机化学实验BII，环境学导论，新生讨论课
	马克思主义基本原理概论，基础外语III，体育III，线性代数A，工程力学C，大学物理AII，工科物理实验I，机械制图B
2013级	毛泽东思想和中国特色社会主义理论体系概论I，体育IV，金工实习I，工科物理实验II，工程制图，工程流体力学，电工技术实验，电工技术，物理化学CI，环境工程技术经济，环境化学，生物化学
	毛泽东思想和中国特色社会主义理论体系概论II，环境工程微生物学实验，工程制图（实践），概率论与数理统计A，环境工程微生物学，环境工程原理，物理化学CII，分析化学，生态恢复技术，环境规划与管理，环境工程施工技术，环境工程仪表及自动控制，地下水污染导论，环境毒理学，能源与环境（双语），环境生物技术（双语）
2012级	经济与管理，环境监测，物理化学实验B，大气污染控制工程，水污染控制工程，物理污染控制，固体废弃物处理与处置，环境材料学，环境生态学，生态卫生排水系统(双语)，环境影响评价

续表

年 级	课 程 设 置
2012级	大学生职业发展与就业指导IV，工程训练，研究方法训练，环境工程研究与设计，废水处理新技术(双语)，环境土壤学，环境工程CAD辅助设计
2011级	毕业设计(论文)

安全工程专业

年 级	课 程 设 置
2015级	思想道德修养与法律基础，基础外语I，体育I，军事理论，大学生职业发展与就业指导I，大学生心理健康I，大学计算机基础，高等数学AI，无机化学B，无机化学实验BI
2014级	中国近现代史纲要，基础外语II，体育II，大学生心理健康II，工程测量实践，VB程序设计，高等数学AII，大学物理AI，安全科学与工程导论
	马克思主义基本原理概论，基础外语III，体育III，金工实习I，线性代数A，工程力学C，大学物理AII，工科物理实验I，机械制图B
2013级	大学语文与应用写作A，毛泽东思想和中国特色社会主义理论体系概论I，体育IV，工科物理实验II，安全学原理，安全法律法规，岩石力学，热工学，电工技术实验，电工技术
	毛泽东思想和中国特色社会主义理论体系概论II，概率论与数理统计A，数学实验，工程流体力学，工业通风(双语)，采矿工程概论，电子技术实验，电子技术，环境工程概论，分析化学基础
2012级	经济与管理，安全工程实验，安全系统工程，燃烧与爆炸，安全人机工程，安全经济与管理学，防震减灾，职业卫生工程(双语)，机电安全工程，特种设备安全，计算机辅助设计及应用，安全评价技术应用，工伤保险，安全监测监控原理及应用，化工概论与安全工程，事故调查与分析，产品安全工程，研究方法训练
	大学生职业发展与就业指导IV，安全工程训练，矿山安全技术，事故应急救援，矿井通风设计，防灭火系统设计，建筑概论与安全工程
2011级	安全工程训练，毕业设计(论文)

采矿工程专业

年 级	课 程 设 置
2015级	经济与管理，思想道德修养与法律基础，基础外语I，体育I，军事理论，大学生职业发展与就业指导I，大学生心理健康I，大学计算机基础，高等数学AI，线性代数A，普通化学，普通化学实验
2014级	中国近现代史纲要，基础外语II，体育II，大学生心理健康II，VB程序设计，高等数学AII，大学物理AI，工程测量
	马克思主义基本原理概论，基础外语III，体育III，工程力学AI，大学物理AII，工科物理实验I，机械设计制图AI
2013级	毛泽东思想和中国特色社会主义理论体系概论I，体育IV，金工实习I，工程力学AII，工科物理实验II，工程流体力学，弹性力学与数值模拟，地质学基础，机械设计制图AII，电工技术实验，电工技术
	毛泽东思想和中国特色社会主义理论体系概论II，矿山运输与提升设计，概率论与数理统计A，数学实验，矿山岩石力学，矿山地质学，电子技术实验，电子技术，矿山运输与提升，爆破工程(双语)，资源、环境与可持续发展，边坡工程，矿业固体废物资源化，采矿工程CAD，矿物加工与利用

续表

年　级	课　程　设　置
2012级	矿业系统工程基础(双语)，地下工程施工技术，矿床开采工程（露天开采）（双语），矿床开采工程（地下开采）（双语），矿山安全工程，数字矿山技术，矿山现代测试技术，现代充填技术，散体动力学与放矿，矿产经济学
	大学生职业发展与就业指导IV，露天采矿设计，矿山机械与自动化，矿山企业管理，通风防尘与空气调节，矿山设计原理，矿产资源法基础，教授专题：采矿工程新技术及发展方向，特殊采矿技术，采矿专业英语，地质统计学与矿床建模，深井开采技术
2011级	地下采矿设计，毕业设计(论文)

矿物加工工程专业

年　级	课　程　设　置
2015级	经济与管理，思想道德修养与法律基础，基础外语I，体育I，军事理论，大学生职业发展与就业指导I，大学生心理健康I，大学计算机基础，高等数学AI，线性代数A，普通化学，普通化学实验
2014级	中国近现代史纲要，基础外语II，体育II，大学生心理健康II，工程测量实践，VB程序设计，高等数学AII，大学物理AI
	马克思主义基本原理概论，基础外语III，体育III，工程力学C，大学物理AII，工科物理实验I，机械设计制图AI
2013级	毛泽东思想和中国特色社会主义理论体系概论I，体育IV，矿物加工试验技能训练，金工实习I，工科物理实验II，岩石矿物学基础，工艺矿物学，有机化学基础，机械设计制图AII，电工技术实验，电工技术，物理化学CI
	毛泽东思想和中国特色社会主义理论体系概论II，概率论与数理统计A，数学实验，工程流体力学，电子技术实验，电子技术，物理化学CII，矿石粉碎工程(双语)，采矿工程概论，矿物材料学，非金属矿深加工，分析化学基础
2012级	矿物加工实验，矿物生物工程，物理化学实验B，矿物物理分选，矿物界面分选（双语），矿物化学处理，二次资源利用，固液分离，矿业环境工程，矿物加工技术经济，煤炭加工与洁净利用
	大学生职业发展与就业指导IV，研究方法训练，矿物加工课程设计，矿物加工工程设计，矿物加工研究方法，矿物加工过程检测与控制，复杂金属矿石利用实例，计算机辅助设计及应用，矿物加工工程施工技术，矿物加工工程设计实例
2011级	毕业设计(论文)

冶金工程专业

年　级	课　程　设　置
2015级	思想道德修养与法律基础，基础外语I，体育I，军事理论，大学生职业发展与就业指导I，大学生心理健康I，大学计算机基础，高等数学AI，无机化学B，无机化学实验BI
2014级	中国近现代史纲要，基础外语II，体育II，大学生心理健康II，C语言程序设计，高等数学AII，大学物理AI，无机化学实验BII，新生研讨课，冶金工程概论
	马克思主义基本原理概论，基础外语III，体育III，金工实习I，线性代数A，大学物理AII，工科物理实验I，工程力学C，机械设计制图AI

续表

年级	课程设置
2013级	毛泽东思想和中国特色社会主义理论体系概论I，体育IV，工科物理实验II，冶金传输原理，机械设计制图AII，电工技术实验，电工技术，物理化学BI
	毛泽东思想和中国特色社会主义理论体系概论II，概率论与数理统计A，数学实验，冶金物理化学（冶金热力学与动力学），冶金电化学，金属学原理，电子技术实验，电子技术，物理化学BII，物理化学实验B，工业生态，煤与焦化工艺，铁矿石造块工艺，有色冶金设备，相结构基础及研究方法，无机非金属材料，能源工程，冶金环境工程与资源循环利用，湿法冶金方法，专业英语阅读与写作，铁合金
2012级	经济与管理，金属材料及热处理，钢铁冶金学I，冶金工程实验技术，钢铁冶金学II，有色金属冶金学，冶金单元设计与操作，铁水预处理，炉外精炼(双语)，特种冶金，连铸工艺与设备，铅锌冶金学，稀土冶金学，硅冶金学，高纯金属冶金方法，冶金物理化学前沿讲座，表面工程，相图在冶金中的应用，高温熔体物性，冶金过程检测与自动控制，特殊钢冶金过程工程，纯净钢生产工艺，稀贵金属冶金学
	大学生职业发展与就业指导IV，冶金工程实验技术，现代冶金工程设计与实践，微机原理与应用，现代冶金工程设计原理，耐火材料，非高炉炼铁，钢铁材料成形加工，有色冶金新工艺，活度的测量与计算，固体电解质在冶金中的应用，冶金流程工程学，有色生物冶金(双语)，电磁冶金原理与工艺
2011级	毕业设计(论文)

生态学专业

年级	课程设置
2012级	经济与管理，制图与Auto CAD技能训练，产业与城市生态规划及设计II，资源循环与高效利用，生态环境破坏与修复，环境与生态评价，钢铁冶金与生态环境，有色冶金学，环境流体力学，固体废弃物生态化利用，水化学及工程应用，温室气体排放与控制，新能源技术(双语)，能源系统评价与规划，现代遥感技术
	大学生职业发展与就业指导IV，生态数据处理技能训练，产业与城市生态规划课程设计，微机原理与应用，工业废水处理，工业生态园规划案例，大气污染与控制，能源管理与节能技术，汽车社会与生态环境，科技英语技能训练
2011级	毕业设计(论文)

材料科学与工程类专业

年级	课程设置
2015级	中国近现代史纲要，基础外语I，体育I，军事理论，大学生职业发展与就业指导I，大学生心理健康I，大学计算机基础，高等数学AI，无机化学B，无机化学实验BI，材料科学与工程导论-名师课堂
2014级	思想道德修养与法律基础，基础外语II，体育II，大学生心理健康II，C++程序设计，高等数学AII，线性代数A，无机化学实验BII，大学物理CI
	毛泽东思想和中国特色社会主义理论体系概论I，基础外语III，体育III，工程力学B，概率论与数理统计A，工科物理实验I，大学物理CII
2013级	马克思主义基本原理概论，体育IV，金工实习I，数学实验，工科物理实验II，大学物理CIII，机械设计制图BI，电工技术，物理化学D，材料中的微观世界

无机非金属材料工程专业

年级	课程设置
2015级	中国近现代史纲要，基础外语I，体育I，军事理论，大学生职业发展与就业指导I，大学生心理健康I，大学计算机基础，高等数学AI，无机化学B，无机化学实验BI，材料科学与工程导论（名师课堂）
2014级	思想道德修养与法律基础，基础外语II，体育II，大学生心理健康II，C++程序设计，高等数学AII，线性代数A，无机化学实验BII，大学物理CI
	毛泽东思想和中国特色社会主义理论体系概论I，基础外语III，体育III，工程力学B，概率论与数理统计A，工科物理实验I，大学物理CII
2013级	马克思主义基本原理概论，体育IV，金工实习I，数学实验，工科物理实验II，大学物理CIII，机械设计制图BI，电工技术，物理化学D
	毛泽东思想和中国特色社会主义理论体系概论II，数理方法，无机材料结晶学基础，无机材料制备化学，无机材料热工基础，固体材料结构基础I，固体材料结构基础II，电工技术实验，物理化学实验B，无机材料物理化学I
2012级	经济与管理，无机材料物理性能，无机材料现代研究方法I，无机材料现代研究方法II，特种陶瓷工艺学，功能陶瓷材料及应用，新能源材料，耐火材料，无机材料物理化学II，计算机在材料科学中的应用，固体电解质(双语)
	大学生职业发展与就业指导IV，无机材料科学与工程试验I，无机材料科学与工程试验II，涂层材料及其应用，环境材料，MEMS材料及微细制备技术，物理电源，复合材料，结构陶瓷材料及应用，玻璃与新型建筑材料，半导体材料导论，无机纳米材料制备技术
2011级	毕业设计(论文)

材料物理专业

年级	课程设置
2015级	中国近现代史纲要，基础外语I，体育I，军事理论，大学生职业发展与就业指导I，大学生心理健康I，大学计算机基础，高等数学AI，无机化学B，无机化学实验BI，材料科学与工程导论（名师课堂）
2014级	思想道德修养与法律基础，基础外语II，体育II，大学生心理健康II，C++程序设计，高等数学AII，线性代数A，无机化学实验BII，大学物理CI
	毛泽东思想和中国特色社会主义理论体系概论I，基础外语III，体育III，工程力学B，概率论与数理统计A，工科物理实验I，大学物理CII
2013级	马克思主义基本原理概论，体育IV，金工实习I，数学实验，工科物理实验II，大学物理CIII，机械设计制图BI，电工技术，物理化学D
	毛泽东思想和中国特色社会主义理论体系概论II，数理方法，材料科学基础实验，材料物理基础，原子物理及量子力学，理论力学(双语)，电工技术实验，理科物理实验BI，物理化学实验B
2012级	经济与管理，材料物理实验I，统计物理A，理科物理实验BII，X射线晶体学，材料物理，固体物理基础A，有机光电功能材料，合金化原理及应用(英语)，有机分子与纳米器件，薄膜材料与技术，功能材料基础，无机非金属材料
	大学生职业发展与就业指导IV，材料物理实验II，电子显微学，固体物理，微束分析，低维材料学
2011级	毕业设计(论文)

材料成型及控制工程专业

年 级	课 程 设 置
2015级	中国近现代史纲要，基础外语I，体育I，军事理论，大学生职业发展与就业指导I，大学生心理健康I，大学计算机基础，高等数学AI，无机化学B，无机化学实验BI，材料科学与工程导论-名师课堂
2014级	思想道德修养与法律基础，基础外语II，体育II，大学生心理健康II，C++程序设计，高等数学AII，线性代数A，无机化学实验BII，大学物理CI
	毛泽东思想和中国特色社会主义理论体系概论I，基础外语III，体育III，工程力学B，概率论与数理统计A，工科物理实验I，大学物理CII
2013级	马克思主义基本原理概论，体育IV，金工实习I，数学实验，工科物理实验II，大学物理CIII，机械设计制图BI，电工技术，物理化学D
	毛泽东思想和中国特色社会主义理论体系概论II，材料科学基础A，传热学基础，电工技术实验，电子技术，物理化学实验B，固态成形理论基础
2012级	经济与管理，金属材料及热处理A，自动控制理论，机械设计制图BII，电子技术实验，材料成形自动控制基础，固态成形工艺学，材料焊接冶金原理与工艺，液态成形理论与工艺，轧制工程学，材料成形摩擦与润滑，电弧物理与弧焊方法，铸造合金及制备工艺
	大学生职业发展与就业指导IV，专业课程设计，现代特种液态成形工艺，连铸工艺与质量控制，材料成形过程质量性能控制(双语)，实验测试技术，材料成形设备与车间设计，锻压工艺学，材料成形计算机辅助工程，固态成形模拟与仿真，模具设计与制造，钎焊与电子组装技术，特种连接技术，焊接结构力学，材料短流程近终形成形技术
2011级	毕业设计(论文)

材料科学与工程专业

年 级	课 程 设 置
2014级	思想道德修养与法律基础，基础外语II，体育II，大学生心理健康II，C++程序设计，高等数学AII，线性代数A，无机化学实验BII，大学物理CI
	毛泽东思想和中国特色社会主义理论体系概论I，基础外语III，体育III，工程力学B，概率论与数理统计A，工科物理实验I，大学物理CII
2013级	马克思主义基本原理概论，体育IV，金工实习I，数学实验，工科物理实验II，大学物理CIII，机械设计制图BI，电工技术，物理化学D
	毛泽东思想和中国特色社会主义理论体系概论II，数理方法，材料科学基础I，材料科学基础实验I，电工技术实验，电子技术，物理化学实验B，冶金工程概述，生物材料导论，电化学基础，固体物理基础B
2012级	经济与管理，材料科学基础II，材料科学基础实验II，统计物理B，电子技术实验，材料物理性能A，材料分析方法，材料制备与加工，功能材料，粉末冶金原理，计算材料学与材料模拟技术，高分子材料，金属腐蚀学
	大学生职业发展与就业指导IV，金属材料学，材料力学性能，复合材料，薄膜材料制备技术，粉末冶金材料，粉末冶金实验技术，无机非金属材料，航空航天材料概述，金属腐蚀实验方法，耐蚀材料与防护技术
2011级	毕业设计(论文)

材料化学专业

年 级	课 程 设 置
2015级	中国近现代史纲要，基础外语I，体育I，军事理论，大学生职业发展与就业指导I，大学生心理健康I，大学计算机基础，高等数学AI，无机化学B，无机化学实验BI，材料科学与工程导论（名师课堂）
2014级	思想道德修养与法律基础，基础外语II，体育II，大学生心理健康II，C++程序设计，高等数学AII，线性代数A，无机化学实验BII，大学物理CI
	毛泽东思想和中国特色社会主义理论体系概论I，基础外语III，体育III，工程力学B，概率论与数理统计A，工科物理实验I，大学物理CII
2013级	马克思主义基本原理概论，体育IV，金工实习I，数学实验，工科物理实验II，大学物理CIII，机械设计制图BI，电工技术，物理化学D
	毛泽东思想和中国特色社会主义理论体系概论II，数理方法，材料科学基础B，电化学原理，电工技术实验，物理化学实验B，分析化学，有机化学，结构化学，生物材料导论
2012级	经济与管理，有机化学实验，分析化学实验，高分子化学，有机材料化学（双语），材料分析与表征方法，高分子复合材料，光电功能材料，胶体与表面化学，纳米材料与技术
	大学生职业发展与就业指导IV，高分子物理，材料化学基础，材料化学失效与控制，材料表面技术，涂料化学，材料化学前沿概述
2011级	毕业设计(论文)

纳米材料与技术专业

年 级	课 程 设 置
2015级	中国近现代史纲要，基础外语I，体育I，军事理论，大学生职业发展与就业指导I，大学生心理健康I，大学计算机基础，高等数学AI，力学，无机化学B，无机化学实验BI，材料科学与工程导论（名师课堂）
2014级	思想道德修养与法律基础，基础外语II，体育II，大学生心理健康II，C++程序设计，高等数学AII，线性代数A，理科物理实验II，电磁学，无机化学实验BII
	毛泽东思想和中国特色社会主义理论体系概论I，基础外语III，体育III，概率论与数理统计A，理科物理实验III，光学，热学
2013级	马克思主义基本原理概论，体育IV，金工实习I，理科物理实验IV，电子技术，热力学与统计物理，原子物理，物理化学D
	毛泽东思想和中国特色社会主义理论体系概论II，数理方法，材料物理基础，材料化学基础，量子力学，X射线晶体学，纳米材料制备与表征，物理化学实验B，生物材料导论，磁电子学，纳米半导体材料
2012级	经济与管理，表面与界面，固体物理，电子显微学，微纳加工技术，光电功能材料，有机光电功能材料，有机分子与纳米器件，薄膜材料与技术，无机非金属材料
	大学生职业发展与就业指导IV，半导体物理，材料物理性能B，计算材料学，纳米器件基础，纳米磁性材料
2011级	毕业设计(论文)

材料科学与工程(国际班)专业

年　级	课　程　设　置
2012级	经济与管理，数学实验，材料科学基础实验II，材料电子理论，电子技术实验，金属材料学I，材料实验研究方法(X线、电镜及其他)I，材料力学性能，材料制备与加工(含钢铁冶金)I，计算材料学，粉末冶金材料，高分子材料，功能陶瓷与器件，低维材料与制备技术，复合材料，电子功能材料导论
	大学生职业发展与就业指导IV，材料物理性能B，金属材料学II，金属材料学实验，材料实验研究方法(X线、电镜及其他)II，材料制备与加工(含钢铁冶金)II，金属腐蚀实验方法，耐蚀材料与防护技术，材料表面技术，环境材料学，材料选用，制造工程学
2011级	毕业设计(论文)

材料科学与工程(实验班)专业

年　级	课　程　设　置
2015级	国际理解，国史与国情，工程伦理与思想道德，基础外语I，体育I，大学生职业发展与就业指导I，大学生心理健康I，计算机基础——原理与应用，高等数学I，材料科学与工程导论（名师课堂）
2014级	基础外语II，体育II，大学生心理健康II，C++程序设计，化学实验II，高等数学II，大学物理CI
	中国与世界文化引论，工程法学，基础外语III，体育III，线性代数A，工程力学D，工科物理实验I，化学实验I，大学物理CII
2013级	体育IV，金工实习I，概率论与数理统计A，数理方法，工科物理实验II，大学物理CIII，材料热力学与化学，晶体学与材料结构，电工技术
	材料科学基础实验I，材料概论，材料动力学(传热传质界面偏析等)，材料相变，材料变形与再结晶，工程制图，机械设计，电工技术实验，电子技术，物理化学实验C，陶瓷材料及工艺导论，航空航天材料概述，生物材料导论，能源材料，纳米材料与微纳加工，信息材料与技术

机械类专业

年　级	课　程　设　置
2015级	沟通与交流，思想道德修养与法律基础，基础外语I，体育I，军事理论，大学生职业发展与就业指导I，大学生心理健康I，大学计算机基础，高等数学AI，机械制图AI
2014级	中国近现代史纲要，基础外语II，体育II，大学生心理健康II，C++程序设计，高等数学AII，线性代数A，大学物理AI，机械制图AII
	毛泽东思想和中国特色社会主义理论体系概论I，基础外语III，体育III，理论力学A，概率论与数理统计A，数学实验，大学物理AII，工科物理实验I

机械工程及自动化专业

年级	课程设置
2012级	经济与管理，机械课程设计，自动控制理论，机械制造工艺基础，互换性与测量技术，液压与气压传动，测试技术，机电传动控制，机械工程专题，机械创新设计，机械振动
	大学生职业发展与就业指导IV，机械制造装备设计，现代制造系统，计算机辅助制造，液压控制系统，冶金生产工艺及装备，轧制过程控制，工程数值计算，现代设计方法，CAD/CAM技术及应用，微机电系统，数学模型，塑性加工技术，机电一体化技术，生物机械工程，冶金机械设计与制造，现代传感技术，模具设计与制造，现代加工技术，机电系统原理及应用，计算机控制技术，数控机床，机械质量管理分析与控制
2011级	毕业设计(论文)

热能与动力工程专业

年级	课程设置
2012级	经济与管理，制冷与低温原理，热工自动检测与控制(双语)，工业热工基础，热工过程及设备，冶金工艺概论，工业生态学，压缩机械，流体机械，动力机械A(内燃机)，动力机械B(涡轮机)
	大学生职业发展与就业指导IV，专业课程设计，热过程模拟软件实训，微机原理与应用B，低温工艺及装置，热工过程模化与控制，热能工程进展，热能动力装备，空气调节，暖通工程
2011级	毕业设计(论文)

工业设计专业

年级	课程设置
2015级	思想道德修养与法律基础，基础外语I，体育I，军事理论，大学生职业发展与就业指导I，大学生心理健康I，大学计算机基础，高等数学BI，艺术赏析，结构素描，素描（工设），设计导论
2014级	中国近现代史纲要，基础外语II，体育II，大学生心理健康II，C++程序设计，高等数学BII，机械制图B，色彩写生，平面构成（工设），建筑概论
	毛泽东思想和中国特色社会主义理论体系概论I，基础外语III，体育III，金工实习I，大学物理B，立体构成，色彩构成，摄影，效果图，计算机辅助二维设计(工设)，传统工艺
2013级	马克思主义基本原理概论，体育IV，人机工程学，电子产品实用电路和结构，设计方法学，设计基础，计算机辅助三维设计(工设)，视觉传达设计，信息图表设计
	毛泽东思想和中国特色社会主义理论体系概论II，设计工程基础I，计算机辅助动画设计(工设)，交互设计技术，模型设计与制作，产品设计I，商业空间形象设计，数字影像设计
2012级	经济与管理，设计工程基础II，界面设计(双语)，产品设计II，文化创意产品设计，导视系统设计
	大学生职业发展与就业指导IV，设计实践，毕业设计(开题)，交互原型设计，游戏设计，品牌数字化推广
2011级	毕业设计(论文)

艺术设计专业

年　级	课　程　设　置
2012级	经济与管理，广告设计，数字媒体设计，视觉形象设计，文化创意产品设计，导视系统设计
	大学生职业发展与就业指导IV，设计实践，专业记录与表达，毕业设计(开题)，游戏设计，品牌数字化推广
2011级	毕业设计(论文)

物流工程专业

年　级	课　程　设　置
2015级	思想道德修养与法律基础，基础外语I，体育I，军事理论，大学生职业发展与就业指导I，大学生心理健康I，大学计算机基础，高等数学AI，机械制图AI
2014级	中国近现代史纲要，基础外语II，体育II，大学生心理健康II，C++程序设计，高等数学AII，线性代数A，大学物理AI，机械制图AII
	毛泽东思想和中国特色社会主义理论体系概论I，基础外语III，体育III，概率论与数理统计A，数学实验，大学物理AII，工科物理实验I，工程力学C
2013级	马克思主义基本原理概论，体育IV，工科物理实验II，机械设计基础，信息系统开发技术，数据库应用基础，电工技术实验，电工技术，应用统计学
	毛泽东思想和中国特色社会主义理论体系概论II，金工实习I，计算机网络，机械制造工程基础，物流学，应用运筹学，系统工程，生产计划与控制，控制工程基础，供应链管理(双语)
2012级	经济与管理，设施规划与设计，现代制造系统，物流技术装备，配送与配送中心，离散系统建模与仿真，计算机辅助设计及应用，物流信息系统，可行性研究，PLC控制技术及应用，企业物流管理，质量管理与控制，包装与流通加工技术
	大学生职业发展与就业指导IV，专业课程设计III-生产系统仿真，冶金生产工艺及装备，物流系统集成技术，自动识别技术，ERP原理与应用，国际物流(双语)，物流运作与实践，人因工程
2011级	毕业设计(论文)

能源动力类专业

年　级	课　程　设　置
2015级	沟通与交流，思想道德修养与法律基础，基础外语I，体育I，军事理论，大学生职业发展与就业指导I，大学生心理健康I，大学计算机基础，高等数学AI，普通化学，普通化学实验，机械设计制图AI
2014级	中国近现代史纲要，基础外语II，体育II，大学生心理健康II，C++程序设计，高等数学AII，线性代数A，大学物理AI
	毛泽东思想和中国特色社会主义理论体系概论I，基础外语III，体育III，金工实习I，概率论与数理统计A，数学实验，大学物理AII，工科物理实验I，电工学
2013级	新能源概论

车辆工程专业

年级	课程设置
2014级	中国近现代史纲要，基础外语II，体育II，大学生心理健康II，C++程序设计，高等数学AII，线性代数A，大学物理AI，机械制图AII
	毛泽东思想和中国特色社会主义理论体系概论I，基础外语III，体育III，理论力学A，概率论与数理统计A，数学实验，大学物理AII，工科物理实验I
2013级	马克思主义基本原理概论，体育IV，金工实习I，材料力学，工科物理实验II，机械原理，热工学，电工技术实验，电工技术
	毛泽东思想和中国特色社会主义理论体系概论II，电子技术实习，微机原理与应用B，工程流体力学，工程材料及成形工艺，机械设计，电子技术实验，电子技术，汽车构造(双语)，发动机原理
2012级	经济与管理，机械课程设计，机械制造工艺基础，自动控制理论，汽车理论，汽车设计，汽车试验学，现代设计法概论，机电传动控制，汽车电子与电气技术，嵌入式系统，机械工程专题，机械振动
	大学生职业发展与就业指导IV，车辆人机工程，专用车辆，车辆可靠性工程，汽车造型设计，车辆维修工程，CAD/CAM技术及应用，汽车安全技术，汽车检测与诊断，智能交通概况，车辆液压传动与控制，电动汽车，汽车新技术，随机振动
2011级	毕业设计(论文)

建筑环境与设备工程专业

年级	课程设置
2012级	经济与管理，空调用制冷技术，供热工程，空调工程，建筑自动化，建筑节能技术，现代物业管理，建筑电气，建筑给排水，通风工程，流体机械
	大学生职业发展与就业指导IV，暖通空调课程设计，微机原理与应用，建筑环境测试技术，建筑环境与设备进展，热泵，室内净化技术，建筑环境模拟，能量转换与利用
2011级	毕业设计(论文)

视觉传达设计专业

年级	课程设置
2015级	思想道德修养与法律基础，基础外语I，体育I，军事理论，大学生职业发展与就业指导I，大学生心理健康I，大学计算机基础，色彩构成，素描，平面构成，艺术赏析，色彩，设计导论
2014级	中国近现代史纲要，基础外语II，体育II，大学生心理健康II，立体构成，摄影，计算机辅助二维设计（艺设），图案设计，字体设计，建筑概论
	毛泽东思想和中国特色社会主义理论体系概论I，基础外语III，体育III，标志设计，图形设计，计算机辅助三维设计(艺设)，综合材料表达，视听语言，插图设计，传统工艺
2013级	马克思主义基本原理概论，体育IV，数字摄像，人因设计，设计思维与方法，数字媒体前期创作，动画造型基础，书籍装祯设计，信息图表设计
	毛泽东思想和中国特色社会主义理论体系概论II，形态设计与模型制作，计算机辅助动画设计(艺设)，界面设计(双语)，包装设计，网页设计与制作，动画设计，商业空间形象设计

机械工程专业

年　级	课　程　设　置
2015级	沟通与交流，思想道德修养与法律基础，基础外语I，体育I，军事理论，大学生职业发展与就业指导I，大学生心理健康I，大学计算机基础，高等数学AI，机械制图AI
2014级	中国近现代史纲要，基础外语II，体育II，大学生心理健康II，C++程序设计，高等数学AII，线性代数A，大学物理AI，机械制图AII
	毛泽东思想和中国特色社会主义理论体系概论I，基础外语III，体育III，理论力学A，概率论与数理统计A，数学实验，大学物理AII，工科物理实验I
2013级	马克思主义基本原理概论，体育IV，金工实习I，材料力学，工科物理实验II，机械原理，热工学，电工技术实验，电工技术
	毛泽东思想和中国特色社会主义理论体系概论II，电子技术实习，微机原理与应用B，工程流体力学，工程材料及成形工艺，机械设计，电子技术实验，电子技术

能源与动力工程专业

年　级	课　程　设　置
2014级	中国近现代史纲要，基础外语II，体育II，大学生心理健康II，C++程序设计，高等数学AII，线性代数A，大学物理AI
	毛泽东思想和中国特色社会主义理论体系概论I，基础外语III，体育III，金工实习I，概率论与数理统计A，数学实验，大学物理AII，工科物理实验I，电工学
2013级	马克思主义基本原理概论，体育IV，工程力学C，工科物理实验II，机械设计制图AII，工程热力学，工程流体力学(双语)，热工实验I，物理化学D
	毛泽东思想和中国特色社会主义理论体系概论II，金属材料及热处理B，传热传质学(双语)，工程燃烧学，热工实验II，环境工程，能源系统优化基础，新能源概论，能量转换与利用，太阳能与风能，气体资源学

建筑环境与能源应用工程专业

年　级	课　程　设　置
2014级	中国近现代史纲要，基础外语II，体育II，大学生心理健康II，C++程序设计，高等数学AII，线性代数A，大学物理AI
	毛泽东思想和中国特色社会主义理论体系概论I，基础外语III，体育III，金工实习I，概率论与数理统计A，数学实验，大学物理AII，工科物理实验I，电工学
2013级	马克思主义基本原理概论，体育IV，工科物理实验II，工程力学C，工程热力学，建筑环境与设备工程基础(双语)，机械设计制图AII，工程流体力学(双语)，热工实验I，可靠性工程基础，建筑概论
	毛泽东思想和中国特色社会主义理论体系概论II，微机原理与应用，建筑设备工程制图，建筑环境学，传热传质学(双语)，流体输配管网，燃气工程(双语)，热质交换原理与设备，新能源概论

自动化专业

年　级	课　程　设　置
2015级	中国近现代史纲要，基础外语I，体育I，军事理论，大学生职业发展与就业指导I，大学生心理健康I，程序设计基础，工科数学分析I，大学物理AI，工程制图基础

续表

年级	课程设置
2014级	思想道德修养与法律基础，基础外语II，体育II，大学生心理健康II，线性代数A，工科数学分析II，大学物理AII，电路分析基础I，电路实验技术
	马克思主义基本原理概论，基础外语III，体育III，复变函数与积分变换B，概率论与数理统计A，工科物理实验I，电路分析基础II，模拟电子技术A，模拟电子技术实验
2013级	毛泽东思想和中国特色社会主义理论体系概论I，体育IV，工程优化数学基础，信号分析基础，数学实验，工科物理实验II，自动控制理论，数字电子技术(双语)，数字电子技术实验，微机原理及接口技术A，控制系统仿真，面向对象程序设计I
	毛泽东思想和中国特色社会主义理论体系概论II，金工实习I，课程设计(微机原理)，EDA课程设计，现代控制理论，过程控制，工程导论，电机及其运动控制I，电力电子技术，现代传感器技术，面向对象程序设计II，数据库技术及应用，可编程控制器及应用(双语)，模式识别基础
2012级	工业组态软件设计，自动化生产线实训，控制网络技术，电机及其运动控制II，计算机控制技术A，嵌入式控制系统，人工智能基础，单片机原理与应用，管理信息系统概论，工业企业信息管理系统概论，非线性控制基础，系统辨识与参数估计，智能控制理论基础，最优化与最优控制，多媒体通信技术
	经济与管理，大学生职业发展与就业指导IV，课程设计(软件设计)，运动控制系统设计，先进控制技术导论，电力系统设计与优化，智能电网技术基础，流程工业过程控制，系统工程导论，工业企业供电及节能技术，分布式控制系统，DSP原理及应用，智能机器人控制，可编程逻辑器件及应用，虚拟仪器
2011级	毕业设计(论文)

测控技术与仪器专业

年级	课程设置
2015级	中国近现代史纲要，基础外语I，体育I，军事理论，大学生职业发展与就业指导I，大学生心理健康I，工程制图基础与计算机辅助设计，程序设计基础，工科数学分析I，大学物理AI
2014级	思想道德修养与法律基础，基础外语II，体育II，大学生心理健康II，线性代数A，工科数学分析II，大学物理AII，电路分析基础I，电路实验技术
	马克思主义基本原理概论，基础外语III，体育III，复变函数与积分变换B，概率论与数理统计A，工科物理实验I，电路分析基础II，模拟电子技术A，模拟电子技术实验
2013级	毛泽东思想和中国特色社会主义理论体系概论I，体育IV，误差理论与数据处理，应用力学基础，数学实验，工科物理实验II，数字电子技术(双语)，数字电子技术实验，信号处理，微机原理及接口技术A
	毛泽东思想和中国特色社会主义理论体系概论II，金工实习I，电子技术实习，控制工程基础C，工程光学基础，自动检测技术(双语)，单片机原理及应用，参数检测及仪表，控制微电机
2012级	传感器课程设计，过程控制系统，自动控制装置，智能仪器，机械设计基础，嵌入式系统及应用，数字图像处理，仪器与系统可靠性，可编程控制器及应用(双语)，单片机程序设计实验，微机电系统概论，光电子技术，低功耗系统设计，无人机技术
	经济与管理，大学生职业发展与就业指导IV，过程控制系统课程设计，智能仪器课程设计，高频电子电路，DSP原理及应用，光学测试技术，专业发展研讨，可编程逻辑器件及应用，工业组态软件，虚拟仪器
2011级	毕业设计(论文)

智能科学与技术专业

年　级	课　程　设　置
2015级	中国近现代史纲要，基础外语I，体育I，军事理论，大学生职业发展与就业指导I，大学生心理健康I，程序设计基础，工科数学分析I，大学物理AI，工程制图基础
2014级	思想道德修养与法律基础，基础外语II，体育II，大学生心理健康II，线性代数A，工科数学分析II，大学物理AII，电路分析基础I
	马克思主义基本原理概论，基础外语III，体育III，离散数学B，复变函数与积分变换B，概率论与数理统计A，工科物理实验I，电路分析基础II，电路实验技术，模拟电子技术B，模拟电子技术实验
2013级	毛泽东思想和中国特色社会主义理论体系概论I，体育IV，应用力学基础，数学实验，工科物理实验II，控制工程基础A，数字电子技术(双语)，数字电子技术实验，数字信号处理，信息论与编码A，面向对象程序设计I，数据库技术及应用
	毛泽东思想和中国特色社会主义理论体系概论II，金工实习I，电子技术实习，微机原理课程设计，数据结构与算法分析，微机原理及应用，计算机网络（双语），脑科学与认知科学概论，人工智能基础A，现代传感器技术，电机控制技术，面向对象程序设计II，DSP原理及应用
2012级	嵌入式系统，机器人组成原理，计算智能基础，现代通信技术，机械设计基础，智能控制理论基础，数字图像处理，可编程控制器及应用(双语)，模式识别基础
	经济与管理，大学生职业发展与就业指导IV，过程控制系统设计，机器感知基础，机器学习基础，智能监控系统，分布式控制系统，可编程逻辑器件及应用，工业组态软件，虚拟仪器，智能游戏开发
2011级	毕业设计(论文)

电子信息工程专业

年　级	课　程　设　置
2013级	毛泽东思想和中国特色社会主义理论体系概论I，体育IV，电子技术实习，数值计算方法，数学实验，工科物理实验II，数据结构A，数字电子技术(双语)，数字电子技术实验，信号与系统，微机原理及接口技术B，信息论与编码B，控制工程基础B
	毛泽东思想和中国特色社会主义理论体系概论II，信号与系统软硬件综合实验，嵌入式系统课程设计，通信电子电路，计算机网络，数字信号处理，电磁场与电磁兼容，嵌入式系统与单片机，参数检测及仪表，电力电子及运动控制，GIS系统及其应用，电子商务，虚拟现实技术，人工智能，数字图像处理，面向对象技术，C#程序设计语言，物联网技术及应用，云计算与物联网
2012级	Linux操作系统，物联网工程概论，网络安全与管理，网络通信实验，JAVA程序设计，DSP处理器及应用，Web开发技术，智能机器人控制，数据库系统原理(双语)，软件工程，高级编程技术，模式识别基础，通信原理概论，无线传感器网络，RFID技术，人机交互，大学生工程创新
	经济与管理，大学生职业发展与就业指导IV，电子信息综合实训，算法设计基础，数据仓库与数据挖掘(双语)，软件测试，应用软件系统设计与案例分析，通信网基础，语音信号处理，大规模集成电路设计(VLSI)(双语)，Oracle
2011级	毕业设计(论文)

计算机科学与技术专业

年　级	课　程　设　置
2015级	中国近现代史纲要，基础外语I，体育I，军事理论，大学生职业发展与就业指导I，大学生心理健康I，程序设计基础，工科数学分析I，大学物理AI，工程制图基础
2014级	思想道德修养与法律基础，基础外语II，体育II，大学生心理健康II，线性代数A，工科数学分析II，大学物理AII，电路分析基础I，计算机科学导论
	马克思主义基本原理概论，基础外语III，体育III，离散数学A，复变函数与积分变换B，概率论与数理统计A，工科物理实验I，电路分析基础II，电路实验技术，模拟电子技术B，可编程逻辑器件及应用
2013级	毛泽东思想和中国特色社会主义理论体系概论I，体育IV，电子技术实习，数值计算方法，数学实验，工科物理实验II，数字电子技术(双语)，模拟电子技术实验，计算机组成原理，数据结构A
	毛泽东思想和中国特色社会主义理论体系概论II，数字电子技术实验，信息论与编码B，操作系统，计算机网络，微机接口技术，微机接口技术实验，信号与系统概论，人工智能，计算机图形学，计算机控制技术B，面向对象技术，数字签名与身份认证技术，C#程序设计语言
2012级	软件工程课程设计，计算机网络课程设计，数据库系统原理(双语)，编译原理，Linux操作系统，物联网工程概论，算法设计基础，网络安全与管理，JAVA程序设计，计算机体系结构，软件工程，嵌入式计算，信息隐藏技术，并行计算导论，高级编程技术，模式识别基础，通信原理概论，数字信号处理B，人机交互，大学生工程创新
	经济与管理，大学生职业发展与就业指导IV，数据仓库与数据挖掘(双语)，软件测试，应用软件系统设计与案例分析，通信网基础，虚拟现实技术，大规模集成电路设计(VLSI)(双语)，数字图像处理，Oracle，计算机系统安全，信息对抗与网络攻防技术，电子商务
2011级	毕业设计(论文)

通信工程专业

年　级	课　程　设　置
2015级	中国近现代史纲要，基础外语I，体育I，军事理论，大学生职业发展与就业指导I，大学生心理健康I，程序设计基础，工科数学分析I，大学物理AI，工程制图基础
2014级	思想道德修养与法律基础，基础外语II，体育II，大学生心理健康II，线性代数A，工科数学分析II，大学物理AII，电路分析基础I
	马克思主义基本原理概论，基础外语III，体育III，面向对象程序与设计，复变函数与积分变换B，概率论与数理统计A，工科物理实验I，电路分析基础II，电路实验技术，模拟电子技术A
2013级	毛泽东思想和中国特色社会主义理论体系概论I，体育IV，电子技术实习，随机过程，数学实验，工科物理实验II，数字电子技术(双语)，模拟电子技术实验，微机原理及接口技术B，信号与系统
	毛泽东思想和中国特色社会主义理论体系概论II，离散数学B，数字电子技术实验，通信原理，通信电子电路，电磁场与天线，信号系统与信号处理综合实验，数字信号处理，数据库技术及应用，数据结构C，DSP原理及应用
2012级	光纤通信原理(双语)，现代交换技术，数字通信系统，移动通信(双语)，多媒体通信技术，卫星通信系统(双语)，现代通信保密基础，物联网技术，通信控制器设计与应用，通信调制新技术应用，大学生工程创新
	经济与管理，大学生职业发展与就业指导IV，现代通信技术，通信网理论，光同步传送网和波分复用系统，通信软件设计，通信网安全，现代通信网监控与管理，空间通信概论，无线电定位导航原理及应用，通信系统仿真，通信中的语音信号处理

续表

年 级	课 程 设 置
2011级	毕业设计(论文)

信息安全专业

年 级	课 程 设 置
2015级	中国近现代史纲要，基础外语I，体育I，军事理论，大学生职业发展与就业指导I，大学生心理健康I，程序设计基础，工科数学分析I，大学物理AI，工程制图基础
2014级	思想道德修养与法律基础，基础外语II，体育II，大学生心理健康II，线性代数A，工科数学分析II，大学物理AII，电路分析基础I
	基础外语III，体育III，离散数学A，概率论与数理统计A，工科物理实验I，电路分析基础II，电路实验技术，模拟电子技术B，信息安全导论
2013级	毛泽东思想和中国特色社会主义理论体系概论I，体育IV，电子技术实习，信号与系统概论，数学实验，工科物理实验II，数字电子技术(双语)，模拟电子技术实验，数据结构A，信息安全的数学基础，计算机组成原理，现代密码学，信息论与编码B
	毛泽东思想和中国特色社会主义理论体系概论II，马克思主义基本原理概论，微机原理与应用，数字电子技术实验，现代通信技术，操作系统，计算机网络，人工智能，面向对象技术，计算机系统安全，数字签名与身份认证技术，C#程序设计语言，数字签名与身份认证课程设计
2012级	软件工程课程设计，计算机网络课程设计，网络安全与管理，数据库系统原理(双语)，数值计算方法，Linux操作系统，JAVA程序设计，多媒体通信技术，计算机体系结构，软件工程，嵌入式计算，信息隐藏技术，模式识别基础，物联网安全，信息内容安全，大学生工程创新
	经济与管理，大学生职业发展与就业指导IV，应用软件系统设计与案例分析，网络通信实验，大规模集成电路设计(VLSI)(双语)，数字图像处理，Oracle，信息对抗与网络攻防技术，计算机病毒原理，软件体系结构，高级编程技术，电子商务安全
2011级	毕业设计(论文)，高级编程技术

物联网工程专业

年 级	课 程 设 置
2015级	中国近现代史纲要，基础外语I，体育I，军事理论，大学生职业发展与就业指导I，大学生心理健康I，程序设计基础，工科数学分析I，大学物理AI，工程制图基础
2014级	思想道德修养与法律基础，基础外语II，体育II，大学生心理健康II，线性代数A，工科数学分析II，大学物理AII，电路分析基础I
	马克思主义基本原理概论，基础外语III，体育III，离散数学B，复变函数与积分变换B，概率论与数理统计A，工科物理实验I，电路分析基础II，电路实验技术，模拟电子技术B，模拟电子技术实验，物联网工程导论，可编程逻辑器件及应用

续表

年　级	课　程　设　置
2013级	毛泽东思想和中国特色社会主义理论体系概论I，体育IV，电子技术实习，数学实验，工科物理实验II，信号与系统概论，数字电子技术(双语)，数字电子技术实验，现代通信技术，微机原理及接口技术B，数据结构A，现代密码学
	毛泽东思想和中国特色社会主义理论体系概论II，嵌入式系统课程设计，现代传感器技术，操作系统，计算机网络，嵌入式系统与单片机，物联网技术及应用，云计算与物联网，人工智能，C#程序设计语言，数据通信网，TCP/IP网络程序设计基础，网络安全技术
2012级	软件工程课程设计，计算机网络课程设计，网络安全与管理，无线传感器网络，Linux操作系统，JAVA程序设计，DSP处理器及应用，现代交换技术，移动通信(双语)，多媒体通信技术，智能机器人控制，数据库系统原理(双语)，计算机体系结构，软件工程，嵌入式计算，高级编程技术，模式识别基础，通信原理概论，数字信号处理B，物联网控制基础，人机交互，大学生工程创新
	经济与管理，大学生职业发展与就业指导IV，物联网体系结构及综合实训，RFID技术，数据仓库与数据挖掘(双语)，应用软件系统设计与案例分析，通信网基础，大规模集成电路设计(VLSI)(双语)，Oracle，信息对抗与网络攻防技术，通信网安全，无线电定位导航原理及应用，物联网系统模型
2011级	毕业设计(论文)

应用物理学专业

年　级	课　程　设　置
2015级	中国近现代史纲要，基础外语I，体育I，军事理论，大学生职业发展与就业指导I，大学生心理健康I，大学计算机基础，高等数学AI，力学
2014级	思想道德修养与法律基础，基础外语II，体育II，大学生心理健康II，C++程序设计，高等数学AII，线性代数A，理科物理实验II，电磁学
	马克思主义基本原理概论，基础外语III，体育III，概率论与数理统计A，数学实验，理科物理实验III，光学，原子物理，热学
2013级	毛泽东思想和中国特色社会主义理论体系概论I，体育IV，数理方程，理科物理实验IV，模拟电子技术B，模拟电子技术实验，热力学与统计物理，分析力学
	毛泽东思想和中国特色社会主义理论体系概论II，电子技术实习，数字电子技术(双语)，数字电子技术实验，电动力学，固体物理I，量子力学，物理效应及应用
2012级	固体物理，光电子技术，真空技术与薄膜物理，物理学前沿专题，JAVA程序设计，信息科学原理，传感器原理，计算物理（双语），专业近代物理实验，单片机原理与技术，材料物理导论(双语)，物理学史，半导体前沿讲座，固体微结构与衍射物理学
	经济与管理，大学生职业发展与就业指导IV，固体光学性质，微机接口技术，微机接口技术实验，材料物理学，传感测试技术实验，无损检测技术，半导体物理(双语)，铁磁学与磁性材料基础(双语)，超导物理(双语)，天体物理
2011级	毕业设计(论文)

数学与应用数学专业

年　级	课　程　设　置
2015级	中国近现代史纲要，基础外语I，体育I，军事理论，大学生职业发展与就业指导I，大学生心理健康I，大学计算机基础，数学分析AI，解析几何，高等代数I，现代生命科学导论
2014级	思想道德修养与法律基础，基础外语II，体育II，大学生心理健康II，C++程序设计，数学分析AII，高等代数II，常微分方程
	马克思主义基本原理概论，基础外语III，体育III，数学分析AIII，大学物理AI，工科物理实验I，概率论与数理统计，数据库及其应用，专业发展前沿概述
2013级	毛泽东思想和中国特色社会主义理论体系概论I，体育IV，大学物理AII，工科物理实验II，数据结构，复变函数与积分变换A，数学模型，解线性方程组的迭代方法(双语)
	毛泽东思想和中国特色社会主义理论体系概论II，运筹学，实变函数，近世代数，随机过程，偏微分方程，图形与图象处理(双语)，离散数学，多元统计分析(双语)，信息安全与密码学
2012级	经济学，数值分析(双语)，泛函分析(双语)，数学物理方程，组合数学，现代控制理论，人工智能原理及应用，金融统计，微分方程数值解，运筹学通论，计量经济学
	大学生职业发展与就业指导IV，数学建模设计，微分几何，数学方法综合应用，微分方程稳定性理论，拓扑学，分形理论，通讯中的数学基础理论
2011级	毕业设计(论文)

信息与计算科学专业

年　级	课　程　设　置
2015级	中国近现代史纲要，基础外语I，体育I，军事理论，大学生职业发展与就业指导I，大学生心理健康I，大学计算机基础，数学分析AI，解析几何，高等代数I，现代生命科学导论
2014级	思想道德修养与法律基础，基础外语II，体育II，大学生心理健康II，C++程序设计，数学分析AII，高等代数II，常微分方程
	马克思主义基本原理概论，基础外语III，体育III，数学分析AIII，大学物理AI，工科物理实验I，概率论与数理统计，数据库及其应用，专业发展前沿概述
2013级	毛泽东思想和中国特色社会主义理论体系概论I，体育IV，大学物理AII，工科物理实验II，数据结构，复变函数与积分变换A，数学模型
	毛泽东思想和中国特色社会主义理论体系概论II，运筹学，图形与图象处理(双语)，离散数学，信息系统导论，信息安全与密码学，实变函数，多元统计分析(双语)，近世代数，随机过程，偏微分方程
2012级	经济学，数值分析(双语)，人工智能原理及应用，泛函分析(双语)，数学物理方程，组合数学，现代控制理论，金融统计，微分方程数值解，运筹学通论，计量经济学
	大学生职业发展与就业指导IV，生产实习，软件工程设计，数学方法综合应用，通讯中的数学基础理论
2011级	毕业设计(论文)

理科试验班专业

年　级	课　程　设　置
2015级	中国近现代史纲要，基础外语I，体育I，军事理论，大学生职业发展与就业指导I，大学生心理健康I，大学计算机基础A，高等代数与解析几何I，数学分析BI，基础物理I
2014级	国际理解，思想道德修养与法律基础，基础外语II，体育II，大学生心理健康II，高等代数与解析几何II，数学分析BII，基础物理Ⅱ，无机化学B
	马克思主义基本原理概论，基础外语III，体育III，微分方程，基础物理III，基础物理实验Ⅰ，无机化学实验BI，机械设计制图AI，电工技术实验，电工技术，物理化学BI
2013级	毛泽东思想和中国特色社会主义理论体系概论I，体育IV，C语言程序设计A，概率论与数理统计C，基础物理实验Ⅱ，无机化学实验BII，工程力学B，机械设计制图AII，电子技术实验，电子技术，数学建模与最优化方法，物理化学实验B

应用物理学(黄昆英才班)专业

年　级	课　程　设　置
2015级	中国近现代史纲要，基础外语I，体育I，军事理论，大学生职业发展与就业指导I，大学生心理健康I，大学计算机基础，高等数学AI，力学
2014级	思想道德修养与法律基础，基础外语II，体育II，大学生心理健康II，C++程序设计，高等数学AII，线性代数A，电磁学
	马克思主义基本原理概论，基础外语III，体育III，概率论与数理统计A，数学实验，理科物理实验I，理科物理实验III，光学，热学
2013级	毛泽东思想和中国特色社会主义理论体系概论I，体育IV，数理方程，理科物理实验IV，模拟电子技术B，模拟电子技术实验，热力学与统计物理，原子物理
	毛泽东思想和中国特色社会主义理论体系概论II，电子技术实习，数字电子技术(双语)，数字电子技术实验，电动力学，固体物理I，量子力学，物理效应及应用
2012级	固体物理，半导体物理基础，半导体物理实验，半导体前沿讲座，JAVA程序设计，信息科学原理，光电子技术，传感器原理，计算物理（双语），专业近代物理实验，真空技术与薄膜物理，单片机原理与技术，材料物理导论(双语)，物理学史
	经济与管理，大学生职业发展与就业指导IV，半导体器件与工艺，微机接口技术，微机接口技术实验，传感测试技术实验，无损检测技术，半导体物理(双语)，铁磁学与磁性材料基础(双语)，超导物理(双语)，天体物理，固体光学性质
2011级	毕业设计(论文)

应用化学专业

年　级	课　程　设　置
2015级	中国近现代史纲要，基础外语I，体育I，军事理论，大学生职业发展与就业指导I，大学生心理健康I，大学计算机基础，高等数学BI，现代生命科学导论，实验室安全基础，无机化学AI，无机化学实验AI

续表

年级	课程设置
2014级	沟通与交流，思想道德修养与法律基础，基础外语II，体育II，大学生心理健康II，高等数学BII，大学物理AI，无机化学AII，无机化学实验AII，化学研究进展讲座
	马克思主义基本原理概论，基础外语III，体育III，线性代数A，大学物理AII，工科物理实验I，分析化学A，分析化学实验A，化学信息学（双语），科研方法入门
2013级	毛泽东思想和中国特色社会主义理论体系概论I，体育IV，VB程序设计，工科物理实验II，物理化学AI，有机化学AI，现代分离科学与技术（双语），现代仪器分析I，胶体化学，化学研究进展讲座
	毛泽东思想和中国特色社会主义理论体系概论II，物理化学AII，有机化学AII，有机化学实验A，化工原理，化工制图，环境化学(双语)，生物化学（双语），环境监测与分析技术，功能分子材料化学进展
2012级	物理化学实验A，结构化学，高分子化学，材料化学导论（双语），有机合成，谱学导论，药物化学，应用电化学（双语），当代药物合成方法，配位化学，精细化工工艺学，金属有机化学
	经济与管理，大学生职业发展与就业指导IV，大学综合化学实验，现代仪器分析II，商品检验，固体化学，化工新技术（双语）
2011级	毕业设计(论文)

生物技术专业

年级	课程设置
2015级	中国近现代史纲要，基础外语I，体育I，军事理论，大学生职业发展与就业指导I，大学生心理健康I，大学计算机基础，高等数学BI，无机化学B，无机化学实验BI，实验室安全基础，现代生物技术导论，基础生命科学
2014级	沟通与交流，思想道德修养与法律基础，基础外语II，体育II，大学生心理健康II，C语言程序设计，高等数学BII，大学物理AI，无机化学实验BII，微生物学，微生物学实验
	马克思主义基本原理概论，基础外语III，体育III，大学物理AII，工科物理实验I，分析化学B，有机化学实验B，有机化学B
2013级	毛泽东思想和中国特色社会主义理论体系概论I，体育IV，工科物理实验II，分析化学实验B，生物化学，生物化学实验，生物技术制药基础，生物芯片，医学生物学
	毛泽东思想和中国特色社会主义理论体系概论II，物理化学基础，基础分子生物学，细胞生物学(双语)，基础分子生物学实验，环境化学(双语)，蛋白质化学，现代生命科学前沿进展，生化分离工程，生化传感器
2012级	细胞生物学实验，基因工程(双语)，现代生物技术导论，发育生物学，发酵工程，生化分析，分子免疫学(双语)，酶工程，植物生物技术(双语)，病毒生物学，毒理学（双语），农药残留与食品安全
	大学生职业发展与就业指导IV，生物技术专业实验，生物工程综合实验，生物色谱学，生物技术大实验
2011级	毕业设计(论文)

国际经济与贸易专业

年级	课程设置
2015级	大学语文与应用写作B，思想道德修养与法律基础，基础外语I，英语口语I，体育I，军事理论，大学生职业发展与就业指导I，大学生心理健康I，大学计算机基础，高等数学BI，化学与社会
2014级	中国近现代史纲要，基础外语II，英语口语II，体育II，大学生心理健康II，数据库与VF程序设计，高等数学BII
	马克思主义基本原理概论，基础外语III，英语口语III，体育III，线性代数A，大学物理B，管理信息系统，管理学原理A(双语)，会计学原理，宏微观经济学I
2013级	毛泽东思想和中国特色社会主义理论体系概论I，英语口语IV，体育IV，概率论与数理统计A，数学实验，国际贸易原理，财务管理，宏微观经济学II，国际商务英语（英语）
	毛泽东思想和中国特色社会主义理论体系概论II，运筹学A，应用统计学，经济法，电子商务，国际金融(英语)，国际贸易实务，国际市场营销(双语)
2012级	国际商法，国际商务谈判，国际技术贸易概论，信息资源管理，财务报表分析，国际贸易地理，国际经济与贸易专业发展前沿概述，国际经济合作
	大学生职业发展与就业指导IV，市场竞争模拟，国际结算，WTO贸易规则，人力资源管理实务，国际投资实务(双语)
2011级	毕业设计(论文)

工商管理类专业

年级	课程设置
2015级	大学语文与应用写作B，思想道德修养与法律基础，基础外语I，英语口语I，体育I，军事理论，大学生职业发展与就业指导I，大学生心理健康I，大学计算机基础，高等数学AI，高等数学BI，化学与社会
2014级	中国近现代史纲要，基础外语II，英语口语II，体育II，大学生心理健康II，数据库与VF程序设计，高等数学AII，高等数学BII，宏微观经济学，经济法
	马克思主义基本原理概论，基础外语III，英语口语III，体育III，线性代数A，大学物理B，管理学原理B(双语)，会计学原理

会计学专业

年级	课程设置
2015级	大学语文与应用写作B，思想道德修养与法律基础，基础外语I，英语口语I，体育I，军事理论，大学生职业发展与就业指导I，大学生心理健康I，大学计算机基础，高等数学BI，化学与社会
2014级	中国近现代史纲要，基础外语II，英语口语II，体育II，大学生心理健康II，数据库与VF程序设计，高等数学BII，宏微观经济学，经济法
	马克思主义基本原理概论，基础外语III，英语口语III，体育III，线性代数A，大学物理B，管理学原理B(双语)，会计学原理

续表

年　级	课　程　设　置
2013级	毛泽东思想和中国特色社会主义理论体系概论I，英语口语IV，体育IV，概率论与数理统计A，数学实验，管理信息系统，项目评价与管理，市场营销学(双语)，金融学概论，税收概论，中级财务会计
	毛泽东思想和中国特色社会主义理论体系概论II，运筹学A，运营管理，企业战略管理，应用统计学，会计电算化原理与实务，成本会计，高级会计学，投资学原理
2012级	审计学，财务管理(英语)，会计理论与实务前沿，Excel在财务管理中的应用，企业财务风险管理，国际会计，财务分析，会计研究数据处理
	大学生职业发展与就业指导IV，管理会计（双语），政府与非营利组织会计，资本市场会计研究，财务管理案例分析
2011级	毕业设计(论文)

工商管理专业

年　级	课　程　设　置
2015级	大学语文与应用写作B，思想道德修养与法律基础，基础外语I，英语口语I，体育I，军事理论，大学生职业发展与就业指导I，大学生心理健康I，大学计算机基础，高等数学BI，化学与社会
2014级	中国近现代史纲要，基础外语II，英语口语II，体育II，大学生心理健康II，数据库与VF程序设计，高等数学BII，宏微观经济学，经济法
	马克思主义基本原理概论，基础外语III，英语口语III，体育III，线性代数A，大学物理B，管理学原理B(双语)，会计学原理
2013级	毛泽东思想和中国特色社会主义理论体系概论I，英语口语IV，体育IV，概率论与数理统计A，数学实验，管理信息系统，项目评价与管理，市场营销学(双语)，金融学概论，人力资源管理
	毛泽东思想和中国特色社会主义理论体系概论II，运筹学A，运营管理，企业战略管理(双语)，应用统计学，市场竞争模拟，市场调查与预测，组织行为学，组织理论与实务
2012级	财务管理，管理会计，品牌战略，消费者行为学，管理沟通，心理测量与甄选，绩效与薪酬管理，管理技能开发与培训，企划文案设计，创业管理，广告与营销策划（英文）
	大学生职业发展与就业指导IV，劳动关系法律实务，企业文化(英语)，财务报表分析，国际营销原理与实务，国际贸易原理与实务，电子商务
2011级	毕业设计(论文)

信息管理与信息系统专业

年　级	课　程　设　置
2015级	大学语文与应用写作B，思想道德修养与法律基础，基础外语I，英语口语I，体育I，军事理论，大学生职业发展与就业指导I，大学生心理健康I，大学计算机基础，高等数学AI，化学与社会

续表

年级	课程设置
2014级	中国近现代史纲要，基础外语II，英语口语II，体育II，大学生心理健康II，数据库与VF程序设计，高等数学AII，宏微观经济学
	马克思主义基本原理概论，基础外语III，英语口语III，体育III，线性代数A，大学物理B，管理信息系统，管理学原理B(双语)，运营管理
2013级	毛泽东思想和中国特色社会主义理论体系概论I，英语口语IV，体育IV，概率论与数理统计A，数学实验，离散数学，信息资源管理，财务与会计学基础，计算机组成原理，C++语言程序设计，数据库原理，信息系统分析与设计
	毛泽东思想和中国特色社会主义理论体系概论II，运筹学A，决策支持系统，项目评价与管理，应用统计学，操作系统(双语)
2012级	数据结构，计算机网络，电子商务，办公自动化，软件工程学，专业发展前沿技术，信息安全技术，企业系统建模，管理系统工程
	大学生职业发展与就业指导IV，供应链管理基础，ERP原理与应用，面向对象技术，数据仓库与数据挖掘(双语)，Oracle 应用技术，CRM原理与应用，Java程序设计，信息系统运作与管理，电子商务及网络开发技术，MES原理与应用
2011级	毕业设计(论文)

金融工程专业

年级	课程设置
2015级	大学语文与应用写作B，思想道德修养与法律基础，基础外语I，英语口语I，体育I，军事理论，大学生职业发展与就业指导I，大学生心理健康I，大学计算机基础，高等数学AI，化学与社会
2014级	中国近现代史纲要，基础外语II，英语口语II，体育II，大学生心理健康II，数据库与VF程序设计，高等数学AII
	马克思主义基本原理概论，基础外语III，英语口语III，体育III，线性代数A，大学物理B，管理信息系统，管理学原理A(双语)，会计学原理，宏微观经济学I
2013级	毛泽东思想和中国特色社会主义理论体系概论I，英语口语IV，体育IV，运筹学A，概率论与数理统计A，数学实验，国际贸易原理，财务管理，宏微观经济学II，国际投资（双语）
	毛泽东思想和中国特色社会主义理论体系概论II，随机过程，应用统计学，经济法，电子商务，国际金融(英语)，投资学，商业银行经营学，金融营销学，投资基金，税收概论
2012级	计量经济学，金融工程学，金融市场(双语)，商业银行经营学，信用管理，金融产品设计与应用，金融监管，投资银行，期货实务，固定收益证券，金融数据处理
	大学生职业发展与就业指导IV，风险管理，风险投资，证券交易分析，金融理论与实践专题，财富管理，实验金融学，金融案例分析
2011级	毕业设计(论文)

工程管理专业

年 级	课 程 设 置
2015级	大学语文与应用写作B，思想道德修养与法律基础，基础外语I，英语口语I，体育I，军事理论，大学生职业发展与就业指导I，大学生心理健康I，大学计算机基础，高等数学AI，化学与社会
2014级	中国近现代史纲要，基础外语II，英语口语II，体育II，大学生心理健康II，数据库与VF程序设计，高等数学AII，宏微观经济学
	马克思主义基本原理概论，基础外语III，英语口语III，体育III，线性代数A，大学物理B，管理信息系统，管理学原理B(双语)，运营管理
2013级	毛泽东思想和中国特色社会主义理论体系概论I，英语口语IV，体育IV，工程力学C，概率论与数理统计A，数学实验，信息资源管理，财务与会计学基础，土木工程概论，房屋建筑学，工程制图基础
	毛泽东思想和中国特色社会主义理论体系概论II，运筹学A，决策支持系统，项目评价与管理，应用统计学，工程项目管理（双语），工程造价
2012级	工程合同法律制度，工程监理，工程项目风险与安全管理，工程项目质量管理，招投标管理，工程咨询概论，国际信贷，投资经济学
	大学生职业发展与就业指导IV，国际工程承包与合同管理（双语），房地产开发与经营，工程保险学，项目融资分析，国际贸易实务
2011级	毕业设计(论文)

工商管理专业

年 级	课 程 设 置
2015级	大学语文与应用写作B，思想道德修养与法律基础，基础外语I，英语口语I，体育I，军事理论，大学生职业发展与就业指导I，大学生心理健康I，大学计算机基础，高等数学BI，化学与社会
2014级	中国近现代史纲要，基础外语II，英语口语II，体育II，大学生心理健康II，数据库与VF程序设计，高等数学BII，宏微观经济学，经济法
	马克思主义基本原理概论，基础外语III，英语口语III，体育III，线性代数A，大学物理B，管理学原理B，会计学原理
2013级	毛泽东思想和中国特色社会主义理论体系概论I，英语口语IV，体育IV，概率论与数理统计A，数学实验，管理信息系统，项目评价与管理，市场营销学，金融学概论，人力资源管理
	毛泽东思想和中国特色社会主义理论体系概论II，运筹学A，运营管理，企业战略管理，应用统计学，市场竞争模拟，市场调查与预测，组织行为学，组织理论与实务
2012级	财务管理，管理会计，品牌战略，消费者行为学，管理沟通，心理测量与甄选，企划文案设计，创业管理
	大学生职业发展与就业指导IV，劳动关系法律实务，财务报表分析，国际贸易原理与实务，电子商务
2011级	毕业设计(论文)

管理科学与工程类专业

年级	课程设置
2015级	大学语文与应用写作B，思想道德修养与法律基础，基础外语I，英语口语I，体育I，军事理论，大学生职业发展与就业指导I，大学生心理健康I，大学计算机基础，高等数学AI，化学与社会
2014级	中国近现代史纲要，基础外语II，英语口语II，体育II，大学生心理健康II，数据库与VF程序设计，高等数学AII，宏微观经济学
	马克思主义基本原理概论，基础外语III，英语口语III，体育III，线性代数A，大学物理B，管理信息系统，管理学原理B(双语)，运营管理

经济与贸易类专业

年级	课程设置
2015级	大学语文与应用写作B，思想道德修养与法律基础，基础外语I，英语口语I，体育I，军事理论，大学生职业发展与就业指导I，大学生心理健康I，大学计算机基础，高等数学AI，高等数学BI，化学与社会
2014级	中国近现代史纲要，基础外语II，英语口语II，体育II，大学生心理健康II，数据库与VF程序设计，高等数学AII，高等数学BII
	马克思主义基本原理概论，基础外语III，英语口语III，体育III，线性代数A，大学物理B，管理信息系统，管理学原理A(双语)，会计学原理，宏微观经济学I

国际经济与贸易(留) 专业

年级	课程设置
2013级	数据库与VF程序设计，高等数学BII，线性代数A，概率论与数理统计A，宏微观经济学，财政金融学，国际贸易原理，财务管理，国际商务英语（英语）
	应用统计学，经济法，电子商务，国际金融(双语)，国际贸易实务，国际市场营销(双语)
2012级	国际商务谈判，国际技术贸易概论，财务报表分析，国际商务函电（双语），国际贸易地理，国际经济与贸易专业发展前沿概述，国际经济合作
	国际结算，WTO贸易规则，人力资源管理实务，项目投资与融资分析，国际投资实务(双语)
2011级	毕业设计(论文)

法学专业

年级	课程设置
2015级	思想道德修养与法律基础，基础外语I，体育I，军事理论，大学生职业发展与就业指导I，大学生心理健康I，大学计算机基础，现代生命科学导论，心理学概论
2014级	大学语文与应用写作A，中国近现代史纲要，沟通与交流，基础外语II，体育II，大学生心理健康II，民法学I，刑法学I，宪法学，社会学概论
	马克思主义基本原理概论，基础外语III，体育III，多媒体基础及应用，现代科学技术概论，社会调查方法，经济学原理，民法学II，刑法学II，国际法学

续表

年 级	课 程 设 置
2013级	毛泽东思想和中国特色社会主义理论体系概论I，体育IV，经济学原理，民事诉讼法学，刑事诉讼法学（双语），形式逻辑，政治学概论，侵权行为法学，婚姻家庭法，社会公益组织专题研究，西方思想史专题，社会科学研究简论
	毛泽东思想和中国特色社会主义理论体系概论II，行政法与行政诉讼法学，商法学I，合同法学，模拟法庭实务，经济法学，中国思想史专题，伦理学，电子政务
2012级	国际私法学(双语)，国际经济法学，商法学II，中国法制史，知识产权法学，劳动法，当代中国社会问题研究，中国行政改革概论
	大学生职业发展与就业指导IV，金融法学，律师实务（双语），学术论文写作，当代中国社会保障，公共关系学，后现代西方社会思潮
2011级	毕业设计(论文)，学术论文写作

行政管理专业

年 级	课 程 设 置
2015级	思想道德修养与法律基础，基础外语I，体育I，军事理论，大学生职业发展与就业指导I，大学生心理健康I，大学计算机基础，高等数学C，现代生命科学导论，心理学概论
2014级	大学语文与应用写作A，中国近现代史纲要，沟通与交流，基础外语II，体育II，大学生心理健康II，线性代数B，概率论与数理统计B，经济学原理，政治学原理(双语)，社会学概论
	马克思主义基本原理概论，基础外语III，体育III，多媒体基础及应用，现代科学技术概论，社会调查方法，行政公文写作，政府经济学(双语)，公共行政学，形式逻辑
2013级	毛泽东思想和中国特色社会主义理论体系概论I，体育IV，法学概论，比较政治制度，行政法与行政诉讼，管理心理学，公共财政学，婚姻家庭法，西方思想史专题，社会科学研究简论
	毛泽东思想和中国特色社会主义理论体系概论II，秘书学，企业管理，管理哲学，行政组织学，社会保障概论，行政领导与决策(双语)，电子政务，府际关系研究，中国思想史专题
2012级	SPSS软件运用，企业管理，管理哲学，现代城市管理学，公共政策学，人力资源开发与管理(双语)，劳动法，行政伦理学，中国行政改革概论，学术论文写作，政府绩效评估，制度经济学，后现代西方社会思潮，非营利组织管理
	大学生职业发展与就业指导IV，公务员管理，公共危机管理，当代中国社会问题研究，公共部门的全面质量管理，公共政策分析方法，公共关系学
2011级	毕业设计(论文)，学术论文写作

社会工作(社会管理)专业

年 级	课 程 设 置
2015级	思想道德修养与法律基础，基础外语I，体育I，军事理论，大学生职业发展与就业指导I，大学生心理健康I，大学计算机基础，高等数学C，现代生命科学导论，社会学概论

续表

2014级	大学语文与应用写作A，中国近现代史纲要，沟通与交流，基础外语II，体育II，大学生心理健康II，线性代数B，概率论与数理统计B，社会学概论，社会工作概论，社会人类学（双语），社会调查方法I
	马克思主义基本原理概论，基础外语III，体育III，多媒体基础及应用，现代科学技术概论，社会统计学，人类行为与社会环境，社会调查方法II，个案工作
2013级	毛泽东思想和中国特色社会主义理论体系概论I，体育IV，SPSS软件应用，经济学原理，法学概论，政治学概论，社区概论，社会心理学，小组工作，家庭社会工作，西方思想史专题
	毛泽东思想和中国特色社会主义理论体系概论II，网络与办公自动化，西方社会学理论，现代社会福利思想，社区工作，女性社会工作，社会学原著选读
2012级	社会服务机构实践与督导II，社会政策概论，社会保障原理，社会工作行政，当代中国社会问题研究，发展社会学，后现代西方社会思潮，老年社会工作，转型社会学，科学社会学，健康社会学，农村社会工作，企业社会工作
	大学生职业发展与就业指导IV，社会服务机构实践与督导III，现代社会学理论，人力资源开发与管理，公共关系学，中国思想史专题，人口社会学，青少年社会工作，女性社会工作，社会项目评估
2011级	社会服务机构实践与督导IV，毕业设计(论文)，当代中国社会问题研究，中国社会学史，学术论文写作

英语专业

年　级	课　程　设　置
2015级	中国近现代史纲要，体育I，军事理论，大学生职业发展与就业指导I，大学生心理健康I，大学计算机基础，现代生命科学导论，初级英语视听I，口语训练I-新闻与报道，英语泛读与课外必读I（时事新闻），基础英语I，初级英语听力I，学术写作基础，语言基础训练，高等数学C
2014级	沟通与交流，思想道德修养与法律基础，体育II，大学生心理健康II，数据库与VF程序设计，初级英语视听II，英语泛读与课外必读II（网络阅读），基础英语II，初级英语听力II，英语口语：演讲辩论，英语修辞与写作，圣经与希腊罗马神话
	毛泽东思想和中国特色社会主义理论体系概论I，体育III，高级英语视听I，英语泛读与课外必读III（文学经典），英语名篇鉴赏与写作，高级英语听力I，基础英语III，英语口语：演剧辩论，英国和大洋洲社会与文化，英美报刊选读，名篇翻译鉴赏，国际工程基础（英语）
2013级	马克思主义基本原理概论，体育IV，高级英语视听II，英语泛读与课外必读IV（欧美历史），英语新闻写作，高级英语听力II，基础英语IV，英语口语：演讲面试，北美社会与文化，英美短篇小说，德语(二外)I，日语(二外)I，法语(二外)I，俄语(二外)I，实用文体翻译，英语词汇学，欧洲文化概论
	毛泽东思想和中国特色社会主义理论体系概论II，英国文学史与作品选读，高级英语阅读I，当代语言学导论I，外贸函电写作，英译汉理论与实践，劳动关系法律实务，企业文化，电子商务，人力资源管理实务，德语(二外)II，日语(二外)II，英美诗歌选读，英汉语言对比分析，语义学基础，法语(二外)II，俄语(二外)II，英汉对比与翻译
2012级	口译理论与实践，高级英语阅读II，高级英语写作，美国文学史与作品选读，当代语言学导论II，汉译英理论与实践，概率论与数理统计B，品牌战略，消费者行为学，管理沟通，企划文案设计，创业管理，国际商务函电（双语），德语(二外)III，日语(二外)III，法语(二外)III，俄语(二外)III，语篇分析，英美文学与电影
	经济与管理，大学生职业发展与就业指导IV，交传与同传，学术论文写作，德语(二外)IV，日语(二外)IV，法语(二外)IV，俄语(二外)IV
2011级	毕业设计(论文)

日语专业

年　级	课　程　设　置
2015级	中国近现代史纲要，体育I，军事理论，大学生职业发展与就业指导I，大学生心理健康I，大学计算机基础，基础外语I，基础日语I，日语初级视听说I，日语会话与实践I，高等数学C
2014级	沟通与交流，思想道德修养与法律基础，体育II，大学生心理健康II，日语综合能力实践I，数据库与VF程序设计，基础外语II，基础日语II，日语初级视听说II，日语会话与实践II，日语朗读技巧与实践
	毛泽东思想和中国特色社会主义理论体系概论I，体育III，基础外语III，基础日语III，日语初级视听说III，日语会话与实践III，日语初级阅读I，国际工程基础（英语）
2013级	马克思主义基本原理概论，体育IV，日语综合能力实践II，基础日语IV，日语初级视听说IV，日语会话与实践IV，日语初级阅读II，日本概况，日语初级写作I
	毛泽东思想和中国特色社会主义理论体系概论II，日语口译I，日语笔译I，日语高级视听说I，日语高级阅读I，日本文学史与作品选读I，日语初级写作II，日语高级精读I，劳动关系法律实务，企业文化，电子商务，人力资源管理实务，日本外事礼仪，外贸函电写作，经贸日语，日语报刊选读
2012级	日语综合能力实践III，日语高级写作，日语口译II，日语笔译I，日语高级视听说II，日语高级阅读II，日本文学史与作品选读II，日语高级精读II，品牌战略，消费者行为学，管理沟通，企划文案设计，创业管理，国际商务函电（双语），中日比较文学概论，日本社会历史与文化，名著翻译鉴赏，日语面试指导，日本历史名人谈，古典日语语法
	经济与管理，大学生职业发展与就业指导IV，学术论文写作，日语笔译II，日语高级精读III，日语语言学概论，同声传译
2011级	毕业设计(论文)

德语专业

年　级	课　程　设　置
2015级	中国近现代史纲要，体育I，军事理论，大学生职业发展与就业指导I，大学生心理健康I，大学计算机基础，现代生命科学导论，德语精读I，德语会话I，基础德语I，高等数学C，国际工程基础（英语）
2014级	沟通与交流，思想道德修养与法律基础，体育II，大学生心理健康II，数据库与VF程序设计，德语精读II，德语会话II，德语视听I，基础德语II
	毛泽东思想和中国特色社会主义理论体系概论I，体育III，德语泛读I，德语精读III，德语视听II，基础德语III，初级德语写作I
2013级	马克思主义基本原理概论，体育IV，德语翻译训练，德语泛读II，德语精读IV，德语视听III，基础德语IV，英语(二外)I，初级德语写作II，德语国家国情
	毛泽东思想和中国特色社会主义理论体系概论II，德语视听IV，英语(二外)II，笔译I，高级德语I，经贸德语I，德语文学导论，高级德语写作I，劳动关系法律实务，企业文化，电子商务，人力资源管理实务，德国历史与文化，德国影视鉴赏
2012级	德语视听V，笔译II，高级德语II，口译I，经贸德语II，语言学导论，高级德语写作II，概率论与数理统计B，品牌战略，消费者行为学，管理沟通，企划文案设计，创业管理，国际商务函电（双语），德国报刊选读，德语文学选读
	经济与管理，大学生职业发展与就业指导IV，高级德语III，口译II，学术论文写作，德国外交与文化
2011级	毕业设计(论文)

工科试验班类(卓越计划)专业

年 级	课 程 设 置
2015级	思想道德修养与法律基础，基础外语I，体育I，军事理论，大学生职业发展与就业指导I，大学生心理健康I，大学计算机基础，高等数学AI，无机化学B，普通化学实验，机械制图AI

矿物资源工程(卓越计划)专业

年 级	课 程 设 置
2015级	思想道德修养与法律基础，基础外语I，体育I，军事理论，大学生职业发展与就业指导I，大学生心理健康I，大学计算机基础，高等数学AI，无机化学B，普通化学实验，机械制图AI
2014级	中国近现代史纲要，基础外语II，体育II，大学生心理健康II，C++程序设计，高等数学AII，线性代数A，大学物理AI，工程测量
	毛泽东思想和中国特色社会主义理论体系概论I，基础外语III，高级英语口语，体育III，金工实习A，概率论与数理统计A，大学物理AII，工科物理实验I，工程力学AI，机械设计制图AI，国际工程基础（英语）
2013级	马克思主义基本原理概论，体育IV，数学实验，工科物理实验II，工程力学AII，工程流体力学，弹性力学与数值模拟，地质学基础，机械设计制图AII，电工技术实验，电工技术，工程创新与创业（国际课）
	毛泽东思想和中国特色社会主义理论体系概论II，矿山岩石力学，矿山地质学，电子技术实验，电子技术，矿山运输与提升，爆破工程(双语)，现代传感器技术，资源、环境与可持续发展，边坡工程，矿业固体废物资源化，矿物加工与利用，矿产经济学，煤与焦化工艺，专业英语阅读与写作，泡沫冶金学，机电传动控制，节能评估基础，热能工程进展，工业生态学，能源工程管理，太阳能与风能，气体资源学，工程导论，可编程控制器及应用(双语)
2012级	质量管理，矿业系统工程基础(双语)，地下工程施工技术，矿床开采工程（露天开采）（双语），矿床开采工程（地下开采）（双语），矿山安全工程，数字矿山技术，现代充填技术，散体动力学与放矿，冶金单元设计与操作，铁水预处理，炉外精炼(双语)，特种冶金，连铸工艺与设备，冶金环境工程与资源循环利用，冶金过程检测与自动控制，铁合金，特殊钢冶金过程工程，纯净钢生产工艺，材料成形摩擦与润滑，机械创新设计，节能评估案例分析，机械振动，钢铁生产全流程专题课程I，钢铁生产全流程专题课程II，钢铁生产全流程专题课程III
	大学生职业发展与就业指导IV，生产运作管理，矿山开采设计，通风防尘与空气调节，矿山设计原理，矿山机械与自动化，矿产资源法基础，教授专题：采矿工程新技术及发展方向，特殊采矿技术，采矿专业英语，矿山现代测试技术，地质统计学与矿床建模，非高炉炼铁，冶金流程工程学，电磁冶金原理与工艺，材料成形过程质量性能控制(双语)，实验测试技术，锻压工艺学，材料成形计算机辅助工程，固态成形模拟与仿真，工程数值计算，现代设计方法，CAD/CAM技术及应用，数学模型，机电一体化技术，现代传感技术，模具设计与制造，现代加工技术，机械质量管理分析与控制，冶金企业一体化管理，钢铁生产全流程专题课程IV，钢铁生产全流程专题课程V
2011级	工程实践与毕业设计

冶金工程(卓越计划)专业

年 级	课 程 设 置
2015级	思想道德修养与法律基础，基础外语I，体育I，军事理论，大学生职业发展与就业指导I，大学生心理健康I，大学计算机基础，高等数学AI，无机化学B，普通化学实验，机械制图AI

续表

年　级	课　程　设　置
2014级	中国近现代史纲要，基础外语II，体育II，大学生心理健康II，C++程序设计，高等数学AII，线性代数A，大学物理AI，无机化学实验BII
	毛泽东思想和中国特色社会主义理论体系概论I，基础外语III，高级英语口语，体育III，金工实习A，概率论与数理统计A，大学物理AII，工科物理实验I，工程力学C，机械设计制图AI，国际工程基础（英语）
2013级	马克思主义基本原理概论，体育IV，数学实验，工科物理实验II，冶金传输原理B，机械设计制图AII，电工技术实验，电工技术，物理化学BI，工程创新与创业（国际课）
	毛泽东思想和中国特色社会主义理论体系概论II，冶金物理化学（卓越计划），金属学，电子技术实验，电子技术，物理化学BII，物理化学实验B，现代传感器技术，资源、环境与可持续发展，边坡工程，矿业固体废物资源化，矿物加工与利用，矿产经济学，工业生态，煤与焦化工艺，专业英语阅读与写作，泡沫冶金学，机电传动控制，节能评估基础，热能工程进展，工业生态学，能源工程管理，太阳能与风能，气体资源学，工程导论，可编程控制器及应用(双语)
2012级	质量管理，金属材料及热处理，金属学实验，冶金工程实验技术，钢铁冶金学I，钢铁冶金学II，有色金属冶金学，耐火材料，数字矿山技术，现代充填技术，散体动力学与放矿，冶金单元设计与操作，铁水预处理，炉外精炼(双语)，特种冶金，连铸工艺与设备，冶金环境工程与资源循环利用，冶金过程检测与自动控制，铁合金，特殊钢冶金过程工程，纯净钢生产工艺，材料成形摩擦与润滑，机械创新设计，节能评估案例分析，机械振动，钢铁生产全流程专题课程I，钢铁生产全流程专题课程II，钢铁生产全流程专题课程III
	大学生职业发展与就业指导IV，生产运作管理，现代冶金工程设计与实践，轧钢生产工艺，矿产资源法基础，教授专题：采矿工程新技术及发展方向，特殊采矿技术，采矿专业英语，矿山现代测试技术，地质统计学与矿床建模，非高炉炼铁，冶金流程工程学，电磁冶金原理与工艺，材料成形过程质量性能控制(双语)，实验测试技术，锻压工艺学，材料成形计算机辅助工程，固态成形模拟与仿真，工程数值计算，现代设计方法，CAD/CAM技术及应用，数学模型，机电一体化技术，现代传感技术，模具设计与制造，现代加工技术，机械质量管理分析与控制，冶金企业一体化管理，钢铁生产全流程专题课程IV，钢铁生产全流程专题课程V
2011级	工程实践与毕业设计

材料科学与工程(卓越计划)专业

年　级	课　程　设　置
2015级	思想道德修养与法律基础，基础外语I，体育I，军事理论，大学生职业发展与就业指导I，大学生心理健康I，大学计算机基础，高等数学AI，无机化学B，普通化学实验，机械制图AI
2014级	中国近现代史纲要，基础外语II，体育II，大学生心理健康II，C++程序设计，高等数学AII，线性代数A，大学物理AI，机械制图AII
	毛泽东思想和中国特色社会主义理论体系概论I，基础外语III，高级英语口语，体育III，金工实习A，大学计算机基础，概率论与数理统计A，大学物理AII，工科物理实验I，工程力学AI，国际工程基础（英语）
2013级	马克思主义基本原理概论，体育IV，数学实验，工科物理实验II，工程力学AII，机械设计基础，电工技术实验，电工技术，物理化学D，工程创新与创业（国际课）
	毛泽东思想和中国特色社会主义理论体系概论II，金属学，电子技术实验，电子技术，物理化学实验B，控制理论基础，固态成形理论基础，现代传感器技术，资源、环境与可持续发展，边坡工程，矿业固体废物资源化，矿物加工与利用，矿产经济学，煤与焦化工艺，专业英语阅读与写作，泡沫冶金学，机电传动控制，节能评估基础，热能工程进展，工业生态学，能源工程管理，太阳能与风能，气体资源学，工程导论，可编程控制器及应用（双语）

续表

年　级	课　程　设　置
2012级	质量管理，金属材料及热处理，金属学实验，热工学，材料焊接原理与工艺，轧制原理，轧制工艺，轧钢过程自动控制，数字矿山技术，现代充填技术，散体动力学与放矿，冶金单元设计与操作，铁水预处理，炉外精炼(双语)，特种冶金，连铸工艺与设备，冶金环境工程与资源循环利用，冶金过程检测与自动控制，铁合金，特殊钢冶金过程工程，纯净钢生产工艺，材料成形摩擦与润滑，机械创新设计，节能评估案例分析，机械振动，钢铁生产全流程专题课程I，钢铁生产全流程专题课程II，钢铁生产全流程专题课程III
2012级	大学生职业发展与就业指导IV，生产运作管理，轧钢车间设计，钢铁冶金学，材料成形设备与车间设计，矿产资源法基础，教授专题：采矿工程新技术及发展方向，特殊采矿技术，采矿专业英语，矿山现代测试技术，地质统计学与矿床建模，非高炉炼铁，冶金流程工程学，电磁冶金原理与工艺，材料成形过程质量性能控制(双语)，实验测试技术，锻压工艺学，材料成形计算机辅助工程，固态成形模拟与仿真，工程数值计算，现代设计方法，CAD/CAM技术及应用，数学模型，机电一体化技术，现代传感技术，模具设计与制造，现代加工技术，机械质量管理分析与控制，冶金企业一体化管理，钢铁生产全流程专题课程IV，钢铁生产全流程专题课程V
2011级	工程实践与毕业设计

机械工程及自动化(卓越计划)专业

年　级	课　程　设　置
2015级	思想道德修养与法律基础，基础外语I，体育I，军事理论，大学生职业发展与就业指导I，大学生心理健康I，高等数学AI，机械制图AI
2014级	中国近现代史纲要，基础外语II，体育II，大学生心理健康II，C++程序设计，高等数学AII，线性代数A，大学物理AI，机械制图AII
2014级	毛泽东思想和中国特色社会主义理论体系概论I，基础外语III，高级英语口语，体育III，概率论与数理统计A，大学物理AII，工科物理实验I，理论力学A，国际工程基础（英语）
2013级	马克思主义基本原理概论，体育IV，金工实习A，数学实验，工科物理实验II，材料力学，机械原理，电工技术实验，电工技术，工程创新与创业（国际课）
2013级	毛泽东思想和中国特色社会主义理论体系概论II，电子技术实习，微机原理与应用B，工程流体力学，工程材料及成形工艺，机械设计，电子技术实验，电子技术，控制理论基础，现代传感器技术，资源、环境与可持续发展，边坡工程，矿业固体废物资源化，矿物加工与利用，矿产经济学，煤与焦化工艺，专业英语阅读与写作，泡沫冶金学，机电传动控制，节能评估基础，热能工程进展，工业生态学，能源工程管理，太阳能与风能，气体资源学，工程导论，可编程控制器及应用（双语）
2012级	质量管理，机械课程设计，热工学，机械制造工艺基础，互换性与测量技术，液压与气压传动，测试技术，轧钢过程自动控制，数字矿山技术，现代充填技术，散体动力学与放矿，冶金单元设计与操作，铁水预处理，炉外精炼(双语)，特种冶金，连铸工艺与设备，冶金环境工程与资源循环利用，冶金过程检测与自动控制，铁合金，特殊钢冶金过程工程，纯净钢生产工艺，材料成形摩擦与润滑，机械创新设计，节能评估案例分析，机械振动，钢铁生产全流程专题课程I，钢铁生产全流程专题课程II，钢铁生产全流程专题课程III
2012级	大学生职业发展与就业指导IV，生产运作管理，冶金装备设计应用实训，冶金生产工艺及装备，冶金机械设计与制造，矿产资源法基础，教授专题：采矿工程新技术及发展方向，特殊采矿技术，采矿专业英语，矿山现代测试技术，地质统计学与矿床建模，非高炉炼铁，冶金流程工程学，电磁冶金原理与工艺，材料成形过程质量性能控制(双语)，实验测试技术，锻压工艺学，材料成形计算机辅助工程，固态成形模拟与仿真，工程数值计算，现代设计方法，CAD/CAM技术及应用，数学模型，机电一体化技术，现代传感技术，模具设计与制造，现代加工技术，机械质量管理分析与控制，冶金企业一体化管理，钢铁生产全流程专题课程IV，钢铁生产全流程专题课程V
2011级	工程实践与毕业设计

能源与动力工程(卓越计划)专业

年 级	课 程 设 置
2015级	思想道德修养与法律基础，基础外语I，体育I，军事理论，大学生职业发展与就业指导I，大学生心理健康I，大学计算机基础，高等数学AI，普通化学，普通化学实验，机械制图AI
2014级	中国近现代史纲要，基础外语II，体育II，大学生心理健康II，C++程序设计，高等数学AII，线性代数A，大学物理AI
	毛泽东思想和中国特色社会主义理论体系概论I，基础外语III，高级英语口语，体育III，金工实习A，工程力学C，概率论与数理统计A，大学物理AII，工科物理实验I，机械设计制图AI，电工学，国际工程基础（英语）

自动化(卓越计划)专业

年 级	课 程 设 置
2015级	思想道德修养与法律基础，基础外语I，体育I，军事理论，大学生职业发展与就业指导I，大学生心理健康I，大学计算机基础，高等数学AI，无机化学B，普通化学实验，机械制图AI
2014级	思想道德修养与法律基础，基础外语II，体育II，大学生心理健康II，线性代数A，工科数学分析II，大学物理AII，电路分析基础I，电路实验技术
	毛泽东思想和中国特色社会主义理论体系概论I，基础外语III，高级英语口语，体育III，金工实习A，复变函数与积分变换B，概率论与数理统计A，工科物理实验I，电路分析基础II，模拟电子技术A，模拟电子技术实验，国际工程基础（英语）
2013级	毛泽东思想和中国特色社会主义理论体系概论I，体育IV，工程优化数学基础，信号分析基础，数学实验，工科物理实验II，自动控制理论，数字电子技术(双语)，数字电子技术实验，微机原理及接口技术A，工程创新与创业（国际课）
	毛泽东思想和中国特色社会主义理论体系概论II，现代控制理论，过程控制，电机及其运动控制I，电力电子技术，现代传感器技术，资源、环境与可持续发展，边坡工程，矿业固体废物资源化，矿物加工与利用，矿产经济学，煤与焦化工艺，专业英语阅读与写作，泡沫冶金学，机电传动控制，节能评估基础，热能工程进展，工业生态学，能源工程管理，太阳能与风能，气体资源学，工程导论，可编程控制器及应用(双语)

理科留学生专业

年 级	课 程 设 置
2015级	科技汉语，综合汉语，国际学生入学导向课，大学计算机基础，高等数学AI，大学物理AI，普通化学
2014级	中国概况，C语言程序设计，高等数学AII，线性代数A，概率论与数理统计A，数学实验，大学物理AII

文科留学生专业

年 级	课 程 设 置
2015级	科技汉语，综合汉语，国际学生入学导向课，大学计算机基础，高等数学BI，大学物理B，化学与社会
2014级	中国概况，数据库与VF程序设计，高等数学BII，线性代数A，概率论与数理统计A，数学实验，宏微观经济学，财政金融学

（耿悦杰）

研究生教育

【招生工作】2015年，学校全面完成了研究生招生计划，共招收博士研究生551人，硕士研究生2547人，在职人员专业学位研究生410人（其中工程硕士360人、MPA50人）。

博士生报名909人，录取551人，考录比约1.6∶1。其中硕博连读、学士直攻博学生共217人，占录取总数的39.4%；来自“211工程”高校的毕业生共390人，占总录取人数的70.8%；与科研院所联合培养38人，占总录取人数的6.9%。

2015年，硕士生报名7340人，录取2547人，考录比3.88∶1。其中推荐免试生504人，占录取总数的19.8%；来自211工程以上高校的毕业生共1202人，占总录取人数的47.2%。

2015年，在职人员攻读专业学位研究生报名832人，录取410人，考录比约2∶1。学校与宣化钢铁公司、承德钢铁公司、攀枝花钢铁公司、青岛钢铁公司及中国民航公司等24家单位签订了联合培养在职人员专业学位研究生协议，为在职专业学位研究生生源稳定增长提供了有力保障。在国务院学位委员会办公室公布的在职人员攻读硕士专业学位录取结果排序中，北京科技大学工程硕士招生质量较好。此外，经国务院学位办公室批准，学校招收高级管理人员工商管理硕士研究生（EMBA）28人。

（韩　经、刘成杰、何志巍）

【研究生招生改革举措】2015年，研究生招生工作围绕“确保考试安全，提高生源质量”为核心，完善招生管理办法，为进一步提高研究生培养质量奠定基础。

保证国家级考试安全，加强制度建设和过程管理。“考试安全”是招生工作基本的要求，教育部要求各考点、招生单位高度重视考试安全工作，落实保密安全措施，切实保证考试安全，务必做到“零差错”。学校既是考点又是招生单位（每年国家级大型考试3次），考务工作艰巨，安全职责重大，为保证国家级考试安全，重点做好以下工作：①按照教育部和北京考试院的要求，加强保密制度建设，全面修订了《北京科技大学研究生招生考试安全保密工作规定》（校研发〔2015〕19号）。②完善自命题科目命题管理，超过200人选考的自命题科目实行A、B卷命题。③强化考务人员培训管理和涉密人员管理，细化考务组织工作。

落实学校改革精神，完善各项招生制度。落实《北京科技大学关于深化研究生教育改革的意见》（校发〔2014〕18号）精神，以提高研究生生源质量为核心，加强制度建设，出台了《北京科技大学2015年硕士研究生招生复试与录取工作规定》（校发〔2015〕11号）、《北京科技大学接收优秀应届本科毕业生免试攻读硕士学位研究生、直接攻读博士学位研究生管理办法》（校研发〔2015〕13号）、《北京科技大学2016年硕博连读选拔博士研究生工作通知》（校研发〔2015〕15号）等文件，进一步完善了各项招生制度。

完善推免生接收政策，优化生源结构。推免生是优质生源的核心构成部分，增加推免生接收人数，是提高学校生源质量和优化生源结构的有效方式和手段。结合教育部推免生制度改革，充分给予学生选择权的新形势，2015年学校通过提高接收推免生在招生计划中的比例，优化复试环节，暑期夏令营优秀营员同等条件下优先录取等措施，提高了推免生接收比例，优化了生源结构。同时，推动与高水平高校间的“校际推免生交流与合作”，吸引“211”高校优质生源。

坚持A1岗博士生导师实行“申请考核制”招收博士研究生的制度，进一步扩大导师招生自主权。同时，结合教育部新规定，加强博士研究生报考材料审核、复试考核等环节的规范与管理。

积极“走出去、请进来”，开展研究生招生宣传。研究生院组织各培养单位积极开展校内外招生咨询活动和暑期夏令营活动。同时，通过与一线研究生教育信息网站的合作、完善学校招生宣传网站功能和开通研招微信公众号等方式大力开展网络宣传。

（韩　经、刘成杰、何志巍）

【研究生教育发展基金的结题检查及立项工作】2015年10月，研究生院组织专家对2013年研究生发展基金的重点项目、课程建设及研究生教育创新类项目进行了结题验收，大多数项目完成情况良好，顺利通过结题。11月完成2015年“北京科技大学研究生教育发展基金”新项目的立项工作，研究生院组织有关专家对申请的项目进行了评审，39项项目获得立项，其中重点资助项目5项，面上资助项目34项（课程建设类21项，教材建设类10项，研究生教育创新研究类3项），获资助经费150万元。

（班晓娟、周　涛）

【规范研究生课程教学管理】2015年，根据校发〔2011〕29号的文件精神规定，研究生院于5月和11月，组织了2次“第一次讲授研究生课程讲师”的试讲工作，全校25名教师报名参加试讲，经过专家及督导组成员的评议，22名讲师获得了讲授研究生课程的资格。

（班晓娟、周　涛）

【培养管理工作】落实校内研究生教学计划、排课、选课等校内教学工作，完成《研究生开课信息一览表》，打印、发放任课教师《授课时间表》，负责落实日常教学管理的调课、借教室等工作。2015年校内计划开设915门研究生课程，因选课人数不足5人或者其他原因停开20门次，实际开课数为895门次。组织校内研究生公共课程考试13门，完成2015年度监考费的发放。

学校2015级招生8个专业学位课外班，完成了各个教学点的教学计划制订和公共课程安排，以及与办班点的联系沟通工作，组织了校外14个班级的研究生外语考试。

2015年，春夏两季毕业研究生2829人（含留学生96人），其中博士生432人（含留学生7人），硕士生2397人（含留学生89人），完成了毕业生数据上报工作，制作和发放毕业证书。完成2015级新生3015人（其中博士生报到536人，硕士生2479人）的学籍电子注册工作；完成2015级工程硕士360人，EMBA28人，MPA45人的报到工作，办理学籍变动手续675人次。

完成2015年1月和6月申请毕业/学位各类研究生培养环节的审核工作，提供各类毕业研究生签约、答辩及人事档案成绩单，办理学生个人中英文成绩单1600余份。完成2014－2015年度全校课程旁听费、公共课任课教师酬金及专业课调节酬金核算工作。完成2014－2015学年度教学资料整理归档工作。

（班晓娟、周　涛、姜志诚、陶国银）

【学位授权点合格评估工作】根据国务院学位委员会《关于开展学位授权点合格评估工作的通知》（学位〔2014〕16号）文件的要求，制订《北京科技大学学位授权点合格评估工作方案》，推动学校建立常态化自我评估制度及学科动态调整机制，保证学位授权点基本水平和研究生教育基本质量。

根据学科评议组及教指委的相关文件，组织相关学位授权点参加专项评估工作。学校法律、翻译、会计、外国语言文学、化学学位授权点均已完成专项评估材料的申报工作。

（宁晓钧、洪　歌）

【博士生导师队伍建设】根据学校学科建设和人才培养的需要，进一步加强博士生指导教师队伍建设，保证博士生培养质量，开展博士生指导教师选聘工作，优化调整申请博导条件，共13名教师增列为博导，其中校内博导9人，校外兼职博导4人。申请人员中三层次以上引进人才共6人。

（宁晓钧、洪　歌）

【学位授予工作】2015年1月和6月共召开2次校学位委员会，共授予430名研究生博士学位，授予2892名研究生硕士学位，评选出43篇优秀博士学位论文，106篇优秀硕士学位论文。对430名博士的学位论文进行论文盲评。

（宁晓钧、洪　歌）

【优化调整博士研究生毕业流程】为方便导师灵活安排博士答辩等培养环节，学校调整了博士研究生毕业及申请学位流程。在原博士生申请学位流程的基础上，不再限定申请学位程序的具体时间。博士生在完成博士学位论文，且经导师认定其达到博士学位水平和条件后，可以随时提出毕业申请，研究生院每周将符合申请条件的博士生的论文送至教育部学位中心进行匿名评审，在通过论文送审和查重等环节后由导师自行安排时间进行博士论文答辩。

（宁晓钧、洪　歌）

【全面实行博士学位论文全盲审工作】学校全面与教育部学位与研究生教育发展中心合作，对430名博士研究生的学位论文进行了匿名评审，其中有23人因未能通过匿名评审而需半年或一年后重新申请学位，全校的匿名评审通过率为95%。全盲审的实施起到了质量预警的积极作用，进一步提高了导师和学生对学位论文质量的重视程度。

（宁晓钧、洪　歌）

【实施“创新人才培养”项目】根据《北京科技大学继续实施研究生“创新人才培养”项目的通知》（校研发〔2012〕7号）文件精神，2015年资助海外学者短期讲学11项，博士生参加国际学术会议29项，博士生短期出国访学21项。

（杜振民、宁晓钧、杨　栋）

【“国家建设高水平大学公派研究生项目”选拔申报工作】2015年3月，学校组织了“国家建设高水平大学公派研究生项目”申报工作，有攻读博士学位研究生和联合培养博士生两大类，涉及12个研究生培养单位17个学科专业。采取“个人申请，单位推荐，专家评审，择优录取”的方式进行选拔，本着“公开、公平、公正”的原则，组织专家对联合培养博士生申请者进行了面试，面试内容为本人学习经历、科研经历和出国学习研究计划，从而选拔出综合素质较高，具有竞争力的研究生。2015年共有86人申请该项目，选拔并上报72人，国家留学基金委录取55人，录取率约为76%。

（杜振民、宁晓钧、杨　栋）

【研究生教育奖评选工作】2015年12月，根据《关于设立北京科技大学研究生教育发展基金的决定》（校发〔2002〕34号）文件精神，经过学校“研究生教育奖”专家组评审，评选出学校第七届“研究生教育奖”：研究生教育管理先进集体奖3项、研究生教学优秀奖10项、研究生论文指导优秀奖11项。

（杜振民、宁晓钧、杨　栋）

【编制工作流程】2015年，研究生院领导组织编制了《北京科技大学研究生院各科室工作流程》，明确各科室工作职责，细化工作流程，规范工作管理，对于提升服务水平、提高工作效率，为广大师生提供优质便捷的一站式服务打下了良好基础。

（杜振民、姜禾娇、彭　晋）

【院长联席会制度】为注重

加强与各研究生培养单位的沟通，研究生院每月定期召开院长联席会，参会人员包括各研究生培养单位主管研究生工作的副院长、研究生院领导及相关工作人员，传达上级主管部门和学校的相关政策和精神，广泛听取意见建议，认真研究解决问题，及时完善制度机制，为提高研究生管理工作水平和服务质量提供了有力保障。

（杜振民、姜禾娇、彭　晋）

【相关考务工作】2015年5月31日，作为北京市考点之一，学校承担了2015年同等学力人员申请硕士学位全国统一考试工作，完成了150个考场共4500人次的考务工作。2015年10月25日，作为北京市考点之一，学校承担了2015年在职攻读硕士学位全国联考(GCT)工作，完成了122个考场共3666人的考务工作。

（杜振民、韩　经、宁晓钧）

高等职业教育

【综述】2015年，完成高职招生计划100人，实际报到88人。截至年底，高职有班级13个，在校生245人。中外合作交流班平稳运行，其中中日交流班赴日学习23人，中美交流班17人赴美学习。

（徐　屹）

【教学与学生工作】以“适应高职特点、满足就业导向”为目标，修订、完善教学方案，着力提升人才培养质量；全年总计开课185门，计划学时13604学时；完成高职合作办学评估及高职专业管理平台申报等工作；举办了中日扫除暨MG二十周年庆祝活动，顺利完成日本合作院校到校区授课及面试工作；进一步加强学风建设，严格考风考纪和考勤管理制度；严格按照评优标准，评选、表彰了9名优秀团干部、15名优秀团员，并有3人获国家奖学金、8人获励志奖学金、25人获人民奖学金；进一步抓好学生队伍建设，强化班级学生干部的选拔、考核、管理，完成了学生会干部选拔任用；积极开展有特色的学生活动和就业推荐工作等。

（徐　屹）

继续教育

【成人学历教育】遵循“规范办学、稳定队伍、改革创新、提高质量”的工作思路，根据远程教育与成人教育形势及时调整了工作重点和工作方法，完成了各项教育教学工作，包括远程教育课程在线考试系统全新上线；推出移动智能学习APP，为学生移动学习提供条件；整合校内外优质教育资源，进一步加强课程资源建设，新录制27门课程课件，购置4门化学工程专业虚拟实验课件，完善96门课程题库，完成54门课程资源改造等；新建汽车检测与维修技术、煤矿开采技术2个专业；顺利通过了市教委2015年在京学历继续教育校外教学站的检查评估；整理近200门远程教育课件光盘，并上传至360云盘，实现了函授、业大、远程教育资源共享。

召开了远程、函授教育工作年会，评选出2013－2014年度先进集体8个、先进工作者8人，向全国高校现代远程教育协作组推荐苏州学习中心为全国优秀校外学习中心；举办了1期远程教育校外学习中心基层管理人员培训，1期试点远程教育校外学习中心在线考试培训，2期平台教师工作室应用培训等。

（赵桂娟、高　航）

【非学历教育】全年培训各类学员共1848人次，其中钢铁中高级专业技术人才1717人次，企业青年管理干部131人。

积极开展高层次企业管理培训，举办了第九期鞍钢集团青年干部培训班，培训学员31人；举办了2期新兴际华集团青年骨干人才培训班，培训学员100人。面向行业开展冶金关键共性技术类培训，举办了6期高级研修班，培训学员302人次，其中高性能钢铁材料开发与产品提升先进技术高级研修班和钢铁工业节能环保与资源循环利用先进技术高级研修班列入国家专业技术人才知识更新工程高级研修项目计划。采用送教上门的培训方式，分别为首钢、迁钢、本钢、湖北新冶钢、江阴兴澄特钢等举办了15期冶金前沿技术类专题培训，培训学员1415人次。推进了与国家事业单位、社会团体的培训合作，与中国钢铁工业协会签订了为期3年的培训合作协议，与国家安全生产监督管理局宣教中心签订了为期2年的培训合作协议。进一步加强项目研发，建立了“国际化经营管理培训”等预期项目的培训师资库，并组织制订培训方案20余项。同时建立培训学员微信群，创新培训课程教学模式，增设了问题调研、主题研讨、参观学习的培训模式，培训效果良好。

（张军凌、王玉敏）

国际学生培养

【概况】2015年，国际学生培养工作贯彻落实全国留学工作会议精神，以提高国际学生培养质量为核心，在注重规模的基础上，优化国际学生层次与结构。至2015年年底，学校在校国际学生人数850人，包括学历生763人，来自125个国家和地区。其中本科生426人，硕士研究生227人，博士研究生110人，各类进修生9人，汉语生78人。

2015年，共有301名国际学生学习结束离校，完成301名毕业生和结业学生的信息核对、信息采集，制作发放毕业证件896份。其中82名本科生，7名博士研究生，88名硕士研究生，17名普通进修生，11名高级进修生，86名汉语生。

（赵立英）

【国际学生招生工作】2015年，国际学生招生工作在稳定规模的基础上做好层次优化和结构优化，拓展招生项目，完善招生流程，提高招生质量。继续利用各类奖学金项目优势，吸引优秀高层次国际学生来校就读，研究生占比从上年的37%提高到39.4%，博士生在校人数首次超过100人。加大学院对于国际学生招生的参与度，不断完善“留学生中心－学院－留学生中心”的录取流程，确保录取质量。首次对本科新生举行了摸底考试，掌握了本科新生的学业基础情况，增强了教学的针对性。与北京华文学院合作开展“1+3”本科项目并制订相应培养计划；与韩国仁川POSCO高中签订了合作协议，探索国外高中教育与来华留学教育直接衔接方式。

2015年共接收国际学生360人，其中本科生126人，硕士生85人，博士生39人，汉语进修生94人，其他各类专业进修生16人。到天津大学、北京语言大学等学校进行预科学习的中国政府奖学金项目本科生共计52人。

（李宝铭、佟秋石）

【国际学生培养工作】2015年，留学生中心在国际学生培养上狠下功夫，在师资建设、教材编制、教学研讨及国际学生培养上亮点频频。留学生中心特别注重发挥授课教师在提高国际学生培养质量中的主体作用。举办了来华留学教育培养质量及模式创新研讨会，探讨学校国际学生的培养模式及如何提高培养质量问题；每学期组织教学研讨会，共同探讨国际学生教育教学规律、教学方式改革和教学方法改进；对国际学生进行课堂满意度调查，开展了以“我给导师写封信”为主题的互动活动，加强了国际学生与老师之间的交流；创新“我爱我师——留学生喜爱的老师”评选形式，将参评范围扩大到所有国际学生授课教师，评选出4名优秀教师。

探索具有特色的国际学生跨文化适应教育形式，编辑出版了《留学生入学导向教程》并正式投入使用，下大力气开展国际学生专用教材建设，依托北京市教育教学改革项目，编印了面向本科国际学生的《概率论与数理统计》讲义，启用了《高等数学》（留学生版）教材。根据国际学生特点，国际学生学业辅导中心共安排基础课程集中辅导292学时。制订了《留学生转专业实施细则》和《本科留学生提前毕业实施办法》等办法。加强预科生教育，提高国际学生语言能力，做好与大学专业知识的衔接。加强英文授课专业与课程建设，提升国际学生培养的国际化水平。至年底，英文授课在校留学研究生194人，占比提升至全体留学研究生的56%。

继续完善国际学生荣誉体系，提升国际学生的学业水平和培养质量，提高国际学生对于学校的归属感和认同感。在国家留学基金委举行的首次优秀来华留学生奖学金评选中，学校推荐的6位国际学生从全国278所院校的800多名学生中脱颖而出，全部获奖，62人获北京市外国留学生奖学金，共有158人申请“北京科技大学优秀留学生奖学金”，102人获奖，其中一等奖4人、二等奖16人、三等奖82人。加强国际学生骨干的培养，评选出北京科技大学优秀留学生干部3名。孟加拉国籍国际学生那吉姆获北京科技大学优秀博士学位论文奖励。

（郝建鸿、刘　焱）

【国际学生管理工作】继续优化国际学生事务管理与发展指导工作，不断丰富国际学生事务管理与发展指导工作的内涵，奠定国际学生培养质量的基础。发挥好国际学生辅导员在日常管理的核心作用，乐于奉献、精于管理的留管干部队伍建设得到加强。加强信息化建设，建设了留学生中心网站及国际学生数据管理系统，实现数据信息的实时管理，已进入试运行阶段；通过微信公众平台及客户端等新媒体形式、国际学生学生会等学生组织，强化国际学生自主管理。加强奖学金学生管理，修订完善《奖学金国际学生管理补充规定》，对奖学金国际学生的管理服务做出更加科学的规定，实行奖学金发放注册制，注册各类奖学金学生1700多人次，完成407人的各类奖学金年度评审工作。开展国际学生校友库建设，为在校期间形象好、影响力大的国际学生颁发校友联络人聘书，加强了与各国校友的联系。

开展安全教育活动，完善相关涉外管理。持续开展法律法规、禁毒教育、交通安全、消防安全、护签管理等多种形式的安全教育活动，并开展禁毒检查与交通安全专项安全工作。邀请北京市公安局出入境管理局和海淀区高校交通安全委员会警官举办各类安全讲座7次。高度重视敏感时间节点和节假日的安全工作，安排专人值班，密切关注国际学生动态，提高了国际学生的安全意识和防范能力。定期对留学生公寓进行安全排查并及时解决安全隐患，定期举行留学生公寓例会，对公寓服务人员进行工作培训。严格居留许可办理流程及时间要求，确保护签有效率，累计办理国际学生签证900余人次，按照规定为643人次办理购买了保险手续，办理保险理赔26例。

举办丰富多彩的文化交流活动，营造校园国际化氛围。在世界文化节、新年招待会等品牌性文化活动的基础上，承办国家留学基金委“感知中国”活动、国家体育总局棋牌管理中心中国象棋海外推广活动；组织迎新晚会、毕业舞会；组织学生参加朝阳公园游园会、外国友人昆明湖长走活动；每月组织一次汉语生文化体验参访活动。

（贾兆义、高佳佳）

【对外汉语教学工作】2015年，对外汉语教学中心严格教学管理与学生管理，创新教学模式，提高对外汉语教学质量。成立对外汉语教研室，根据汉语生类别再分设教研组，聘请有丰富教学经验的汉语教师担任组长；教研组在教学研究、听课评课、考试命题、师资培训及教材选定方面做了卓有成效的工作；同时，采取“以老带新”方式对年轻教师进行指导与培训，提高教师队伍的综合水平，提升教学质量。组织83名汉语生参加HSK考试，并在考前安排了HSK辅导、模拟考试等环节，提高了汉语生的学习热情和HSK考试通过率，也为学生们日后在中国的升学和就业提供了帮助。积极探索新型教学模式，推进对外汉语教学改革，在课堂教学的基础上，采用情景教学及交流讲座等多种教学形式开展对外汉语教学，组织学生与教材中出现的人物交流，到教材中出现的景观参访，激发了汉语生的学习热情，提高了学习效果。完善对外汉语教学中心制度建设，进一步加强对外汉语教学管理工作，修订学籍等相关管理制度，推进对外汉语教学管理与学生管理的制度化、规范化。依托班主任管理制，定期召开班会及学业总结会，及时掌握学生动态。

（刘邦宇、郭凯琳）

附　录

北京科技大学2015年度国际学生情况一览表

类别	本科	硕士	博士	普进	高进	汉语生	合计
毕业生	82	88	7				177
结业生	9	1		17	11	86	124
新生	126	85	39	12	4	94	360
9月份在校生	426	227	110	5	4	78	850
英文授课学生		123	48	3	2		176
中国政府奖学金学生	111	150	79	2	4	36	382
校长奖学金学生		45	26				71
外国政府奖学金学生	19	11	3			2	35
自费生	296	21	2			37	356
交换生				3		3	6

（高佳佳）

学科建设工作

【概况】 2015年，学校的学科建设工作以科学发展观为统领，以全面建设高水平研究型大学为目标，重视学科建设，注重内涵发展，进一步提升学科建设水平。

（乔　兰、胡晓军、张云仙）

【改善基本办学条件专项经费项目】 规划与学科建设办公室加强了对用于学科建设部分的改善基本办学条件专项经费使用的过程管理。2015年，组织完成了2014年15个项目（学科建设部分）的验收工作，共计3130万元，并认真总结了项目执行情况；对2015年改善基本办学条件专项经费项目（学科建设部分）工作，从项目启动、执行和收尾等各个环节，强化项目负责人的责任，协调资产管理、财务等相关部门，保证了5个项目共计775万元的顺利完成。

根据财政部文件，2015年的申报与往年有所不同，申报工作更具前瞻性，实行网上申报，2016～2018年的项目全部提交入库。在这一过程中，规划与学科建设办公室及时与各相关学院主管学科建设副院长及申报项目负责人进行沟通，介绍申报要求，并对申报书的填写进行了详细说明，要求各项目按时提交申报材料，由办公室汇总并上传提交。

至2015年7月底，教育部组织专家组进校对2016年申报项目进行评审，对申报材料中存在的问题及时反馈给各项目进行调整和修改，保证按预期计划成功申报。在新项目申报的同时，教育部对2012－2014年改善基本办学条件专项经费项目的经费管理和执行情况进行了检查，规划与学科建设办公室按照要求对各项目进行了认真自查，并提交了自评总结报告。

（胡晓军、张云仙）

【基本科研业务费支持交叉学科】 学校进一步加大学科建设投入力度，安排基本科研业务费1300万元用于6个交叉学科建设项目，各项目负责人在规定时间内完成了项目申报，并在年底执行完毕。

（胡晓军、张云仙）

【加强经费管理】 根据国家政策要求，规划与学科建设办公室加强了对用于学科建设部分的专项经费使用过程的管理，及时与项目负责人沟通协调，解决执行过程中的困难与瓶颈，严格掌控经费使用政策，督促项目按计划实施，实现投入与运行的最大化。经过不断沟通和督促，各项目已顺利执行完毕。

（胡晓军、张云仙）

科学研究与产业开发

科研工作

【概况】2015年，国家深化科技体制改革，科技计划管理模式发生了重大变化。在落实学校综合改革的同时，面对新的形势，科研部统筹规划，合理布局，精准施策，注重质量和创新，切实推进学校科学研究的可持续发展。

（郝晓云）

【科研项目与经费】2015年，全校科研经费规模保持稳定，全年实到科研经费总额64306.88万元。其中纵向经费42450.47万元，横向经费21856.41万元。新增合同经费54345.77万元，其中新增纵向合同经费32310.97万元，新增横向合同经费22034.80万元。

①纵向科研课题。2015年新增纵向科研项目347项。包括国家自然科学基金项目135项，总经费9094.7万元；国家重大专项(课题）9项，总经费3034.97万元；“863”项目（课题）9项，总经费1651.8万元；国家科技支撑计划项目（课题）9项，总经费697.18万元；“GF973”项目（课题）3项，总经费3623万元；“973”项目（课题）10项，总经费446.65万元；北京市纵向项目（含北京市自然科学基金）33项，新增合同经费2391.97万元；人文社科项目47项，总经费811.88万元。

②横向科研课题。2015年新增横向合同722项。由国家政策引导，高技术企业认定需要而签订专利许可合同的数量持续增加，共签订17份专利实施许可合同，总金额为1069万元。横向合同经费100万元以上的合同数为45项，合同经费8206.24万元。与战略合作钢铁企业保持了良好、持续的合作关系。与首钢签订7项合同，经费176.7万元；与宝钢签订9项合同，经费296.07万元；与武钢签订2项合同，经费84.98万元；与南京钢铁签订5项合同，经费271.77万元；与马鞍山钢铁签订1项合同，经费50万元；与攀钢签订3项合同，经费280万元。

（郝晓云）

【科研水平与成果】2015年，学校获得国家科学技术奖5项，省部级科学技术奖49项（一等奖16项、二等奖20项、三等奖13项）。其中曹晖副教授等参与完成的“特种液晶材料及调光膜制备技术”项目荣获国家技术发明二等奖。该项技术所发明的光增亮膜，打破了美国3M公司的技术垄断，可使背光源亮度提高约60%，平均每台液晶电视节能约37.5W/h，增亮和节能效果目前世界上最高；发明的温控膜填补了国内外空白；发明的紫外光固化技术的能耗仅为目前国内外生产厂家采用的热固化技术能耗的1.2×10^{-4}左右。蔡美峰院士主持完成的“露天转地下高效转型建设大型数字化地下金属矿山的研究与实践”项目荣获国家科技进步二等奖。该项目针对露天转地下开采矿山生产环节多、复杂多变的地压破坏和灾害等难点问题，将现代数字化与自动化技术相结合，实现了企业技术开发模式转型。提出了露天转地下一体化开拓系统和回采工艺，建立了金属矿露天转地下开采地压控制理论，建成了开采设计、生产、控制、安全、信息等五大系统平台，自主研发了采矿生产过程自动化控制系统，创建了基于GIS数据库及空间分析技术的安全管理信息系统。项目成果对全国一大批金属矿具有重要示范效应和推广应用前景。刘新华副研究员参与完成的“铜管高效短流程技术装备研发及产业化”项目荣获国家科学技术进步二等奖。该项技术在消化吸收国外技术的基础上，开展了全工艺流程的自主创新，形成了以“新型水平连铸－高效行星轧制－二联拉－盘拉－在线退火”为特点的“金龙工艺”，被国际上广泛采用；乐恺副教授参与完成的“气控热管国家高精度温度源”项目荣获国家科学技术进步二等奖。该项技术通过独立自主建立完整的高温钠热管制作系统，掌握了气控钠热管、密封钠热管研制的关键技术，使我国成为世界上少数拥有气控钠热管的国家。张家泉教授参与完成的“跨海大桥用双相不锈钢钢筋关键技术开发及应用”项目荣获国家科学技术进步二等奖。该项技术通过“产学研用”联合攻关，建立了海洋混凝土环境不锈钢钢筋寿命预测方法，突破了不锈钢钢筋品种设计、制备、加工和应用关键技术，实现了我国不锈钢钢筋从无到有，最终在世界最长、环境最苛刻、建设标准最高、设计寿命长于120年的港珠澳跨海大桥得到成功应用。

2015年，学校共申请发明专利589项，实用新型专利108项；授权发明专利341项，实用新型专利75项。其中有7件发明专利申请提出了PCT国际申请，办理计算机软件登记143项。2014年学术论文被SCIE收录1445篇，同类机构排名第32；EI收录论文1911篇，同类机构排名第17；CPCI-S收录363篇，同类机构排名第23。

（郝晓云）

【科研基地建设】2015年，新增省部级科研基地“材料基因工程北京市重点实验室”，这是材料基因组计划启动以来，在北京高校中获得认定的首个该领域省部级重点实验室。8个国家和省部级重点实验室通过了绩效考评。钢铁冶金新技术国家重点实验室发起成立了“冶金科技国家重点实验室联盟”，加强交流合作与资源开放共享，进一步整合科技资源，聚集创新要素，着力打造开放协作的科技创新与科技服务平台。

出台了《北京科技大学省部级科研基地实体化试点建设实施办法》，提出了“统筹规划、稳步推进、择优支持、动态调整”的原则，籍此提升省部级科研基地向国家级基地迈进的实力。

（郝晓云）

【产学研合作交流】2015年，学校产学研合作交流进一步深化。先后与宝钢、首钢、邯钢、攀钢、金川、武安等钢铁冶金企业开展科技交流及新一轮合作，探寻“十三五”期间服务钢铁企业提质增效的新途径，先后与多个大中型企业、政府签订了21项产学研合作协议。

作为理事长单位，与北京市科委、密云县政府共建成立了北京智能装备协同创新中心，为密云县及北京市智能装备制造产业升级提供科研支撑。作为“京津冀钢铁行业节能减排产业技术创新联盟”首届理事长单位，积极推进联盟工作，确定了整合钢铁产业的优质技术资源，构建“三平台一示范区”相互促进的创新工作模式。

构建了新型校－地－行业协同创新模式，大力推进地方研究院工作。确定了烟台先进装备技术研究院、宁波新材料协同创新院、广州新材料研究院、湛江工业技术研究院等特色研究院的建设思路与建设方式，实现了学校与政府－地方高校－企业间的协同创新，为学校构建沿海区域经济发展协同创新带奠定良好基础。作为科技成果转移转化管理改革试点单位，顺利完成试点工作。

（郝晓云）

【军工科研生产】2015年，学校国防科研不断进步。签订国防科研合同51项，合同额首次突破亿元。学校首个牵头承担的国家安全重大基础研究项目（GF973）和独立承担的首个高分辨率对地观测系统重大专项分别获批立项。作为重要参研单位的两项ZZPJ项目已完成开题论证并签订合同。某钛合金产品取得共计1643万元的大额订单，相关产品已应用到072（大飞机）、J10C、Y20等多个重要型号。若干项目需求已列入军品配套“十三五”规划。

（郝晓云）

【基本科研业务费】依据学校新修订的《北京科技大学基本科研业务费资助项目管理实施办法》及资助方案，从新教师资助计划到青年拔尖人才资助计划，做到了青年教师科研成长的全阶段覆盖，为学校遴选和培育学术领军人才提供了有力的保障。2015年学校基本科研业务费立项资助437项，立项金额6740.7万元，其中人才类项目248项，立项金额2522.5万元，实现了对35岁以下青年教师持续的科研支持。同时，通过专家评价及目标核查等方式，对304项课题进行了中期检查和结题验收。

（郝晓云）

【科技期刊】2015年，期刊中心圆满完成出版任务。出版《矿物冶金与材料学报（英）》《工程科学学报》（原北京科技大学学报）、《北京科技大学学报（社会科学版）》《物流技术与应用》《粉末冶金技术》和《金属世界》共54期，载文986篇。其中自然科学研究论文878篇，社会科学研究论文108篇，SCI收录论文168篇，EI收录论文387篇，中文核心期刊论文408篇。《矿物冶金与材料学报（英）》获得“中国科技期刊影响力提升计划”C项目资助，2015年再次被国家新闻出版广电总局推荐为“百强报刊”，荣获第一届中国高校优秀英文期刊，以及2015年度中国国际影响力优秀学术期刊。《工程科学学报》荣获“中国科技论文在线优秀期刊”一等奖，科学出版社的“期刊出版质量优秀奖”，以及2015年度中国国际影响力优秀学术期刊。在最新出版的《中文核心期刊要目总览（2014年版）》中，《工程科学学报》排自然科学综合类第19，比上一版有很大进步。《金属世界》荣获2015年中国高校技术类优秀期刊。《北京科技大学学报（社会科学版）》编辑部获评“全国理工农医社科学报优秀编辑部”称号。

（郝晓云）

【人才培育】2015年，学校高水平领军人才队伍建设取得新进展。新材料技术研究院乔利杰成为“863”项目首席科学家；自动化学院贺威、钢铁共性技术协同创新中心侯新梅获得国家自然科学基金委优秀青年科学基金项目资助立项；土木与环境工程学院吴顺川入选“科技北京百名领军人才培养工程”，国家材料服役安全科学中心（筹）兰成明入选“北京市科技新星计划”。

（郝晓云）

【科协、学会、学术交流】2015年，学校主办国际会议15次，参加国际会议711人次，交流论文291篇，特邀报告89篇，派遣50人次、接收16人开展合作研究。学校科协组织学生科协举办了第九届百科知识竞赛，普及科普知识，受到师生欢迎。组织21件专利参加了第四届首都大学生科技创新作品与专利成果展示推介会，并荣获北京市科协“第四届首都大学生科技创新作品与专利成果展示推介会”最佳组织奖。

（郝晓云）

【科研管理】2015年7月，科研财务科与财务处会计科通过合署办公的方式，以网络报销平台为手段，实现科研经费报销的“一站式”服务。在不弱化管理力度的前提下，减少了管理环节，优化了报销体验，教师科研经费报销不再需要二次排队，实现了一次投递即可完成报销。科研经费“一站式”服务推进了管理职能的融合，打破了部门之间的壁垒，把科研管理和财务管理紧密结合起来，提高了管理的效率和能力，以及科研服务的质量和水平。在此过程中，科研部建立和完善了内控组织体系，形成了良好的内控环境，使得经费使用中的关键控制点更加突出，进一步推进了科研经费管理的规范化。

（郝晓云）

附　录

2015年科研成果统计表

单位	成果鉴定（项）	获奖数（项）	申请专利（件）			授权专利（件）			软件著作权（项）	国际PCT申请（件）
			发明	实用新型	合计	发明	实用新型	合计		
土木与环境工程学院	6	29	68	31	99	33	23	56	4	0
冶金与生态工程学院	4	6	34	1	35	35	1	36	1	1
材料科学与工程学院	1	5	110	6	116	90	8	98	2	0
机械工程学院	0	3	69	29	98	24	12	36	5	1
自动化学院	0	1	12	5	17	10	9	19	16	0
计算机与通信工程学院	1	0	62	9	71	12	4	16	106	3
数理学院	0	0	2	0	2	0	0	0	0	0
化学与生物工程学院	1	0	31	2	33	14	1	15	0	0
东凌经济管理学院	0	0	1	0	1	0	0	0	0	0
新金属材料国家重点实验室	0	0	38	0	38	22	0	22	0	0
钢铁冶金国家重点实验室	0	2	15	1	16	12	1	13	1	2
冶金工程研究院	0	3	22	3	25	15	2	17	5	0
新材料技术研究院	1	8	104	7	111	76	12	88	1	0
国家材料服役安全科学中心（筹）	0	0	12	9	21	2	1	3	2	0
钢铁共性技术协同创新中心	0	0	4	0	4	0	0	0	0	0
其他	0	0	5	5	10	1	2	3	0	0
合计	14*	57*	589	108	697	346	76	422	143	7

*注：有成果为多个学院合作完成

2015年科研获奖项目一览表

序号	项目名称	奖励名称	奖励单位	获奖等级	完成人	完成单位	所在单位
1	特种液晶材料及调光膜制备技术	国家技术发明奖	国务院	二	曹　晖（2） 杨　洲（3） 李立东（4） 王　冬（6）	北京大学、北京科技大学	材料学院
2	露天转地下高效转型建设大型数字化地下金属矿山的研究与实践	国家科学技术进步奖	国务院	二	蔡美峰（1） 李长洪（5） 谢谟文（8） 谭卓英（10）	北京科技大学，首钢矿业公司，华北理工大学，北京矿冶研究总院，北京速力科技有限公司，中冶北方工程技术有限公司	土环学院
3	铜管高效短流程技术装备研发及产业化	国家科学技术进步奖	国务院	二	刘新华（4）	金龙精密铜管集团股份有限公司、中国科学院金属研究所、北京科技大学	新材料研究院
4	气控热管国家高精度温度源	国家科学技术进步奖	国务院	二	乐　恺（5）	中国计量科学研究院、北京工业大学、北京科技大学	机械学院
5	高品质特殊钢大断面连铸关键技术和装备开发与应用	国家科学技术进步奖	国务院	二	张家泉（5）	中冶京诚工程技术有限公司、江阴兴澄特种钢铁有限公司、中冶连铸技术工程有限公司、湖北新冶钢有限公司、北京科技大学	冶金学院
6	炼钢－连铸过程精益制造的关键技术与集成应用	高等学校科学研究优秀成果奖科技进步奖	教育部	二	刘　青（1） 王　彬（3） 王　宝（5） 汪　宙（7）	北京科技大学,方大特钢科技股份有限公司	冶金国重
7	废旧电子电器处置和资源化技术及其工业化应用	北京市科学技术奖	北京市人民政府	一	张深根（1） 潘德安（2） 曲选辉（3） 田建军（7） 李　彬（8） 刘　波（9）	北京科技大学、华新绿源环保产业发展有限公司、致远控股集团有限公司、清远市进田企业有限公司	新材料研究院
8	建筑室内生物污染控制与改善关键技术研究	北京市科学技术奖	北京市人民政府	三		中国建筑科学研究院、北京亚都环保科技有限公司、中国建筑材料科学研究总院、北京科技大学、中国疾病预防控制中心环境与健康相关产品安全所、中国人民解放军总医院	机械学院
9	“快速变频幅脉冲冷却控制模具扁钢在线预硬化”生产线技术装备开发	冶金科学技术奖	中国钢铁工业协会、中国金属学会	一	李谋渭（1） 刘国勇（5） 童朝南（7） 刘雅政（8） 朱冬梅（10） 李江昀（11） 张少军（14）	北京科技大学、东北特殊钢集团有限责任公司、北京安信中元科技发展有限公司	机械学院、自动化学院、材料学院

续表

序号	项目名称	奖励名称	奖励单位	获奖等级	完成人	完成单位	所在单位
10	电弧炉炼钢复合吹炼技术的研究及应用	冶金科学技术奖	中国钢铁工业协会、中国金属学会	一	朱　荣（1） 刘润藻（2） 董　凯（7） 马国宏（14） 王玉刚（15）	北京科技大学、中国钢研科技集团有限公司、天津天管特殊钢有限公司、新余钢铁集团有限公司、西宁特殊钢股份有限公司、衡阳华菱钢管有限公司、北京荣诚京冶科技有限公司、唐山文丰山川轮毂有限公司	冶金学院
11	宽带钢热连轧自由规程轧制关键技术及应用	冶金科学技术奖	中国钢铁工业协会、中国金属学会	一	何安瑞（1） 邵　健（3） 孙文权（5） 杨　荃（7） 荆丰伟（9） 宋　勇（11） 蔺凤琴（13） 凌　智（15）	北京科技大学、鞍钢股份有限公司	冶金工程院
12	超大型高炉高风温关键技术研究与应用	冶金科学技术奖	中国钢铁工业协会、中国金属学会	一	程树森（4）	北京首钢国际工程技术有限公司、首钢京唐钢铁联合有限责任公司、郑州安耐克实业有限公司、北京科技大学	冶金学院
13	无底柱分段崩落法理论创新与核心技术工程应用	冶金科学技术奖	中国钢铁工业协会、中国金属学会	一	任奋华（4）	鞍钢集团矿业公司、辽宁科技大学、东北大学、北京科技大学	土环学院
14	高配比钒钛磁铁矿高强度冶炼系统技术研究	冶金科学技术奖	中国钢铁工业协会、中国金属学会	一	张建良（11）	攀钢集团研究院有限公司、攀钢集团攀枝花钢钒有限公司、北京科技大学、重庆大学、中南大学	冶金学院
15	钢铁材料环境腐蚀评价技术体系建设及工程应用	冶金科学技术奖	中国钢铁工业协会、中国金属学会	二	李晓刚（1） 肖　葵（2） 杜翠薇（3） 董超芳（4） 程学群（5） 刘智勇（6） 吴俊升（7） 汪　崧（8）	北京科技大学	新材料研究院
16	系列高品质电缆用包覆钢成套技术开发及应用	冶金科学技术奖	中国钢铁工业协会、中国金属学会	三	余万华 （未排入名次）	武汉钢铁(集团)公司、北京科技大学、江西百川电导体有限公司	材料学院
17	面向产品多样化需求的CSP生产流程柔性制造管控平台	冶金科学技术奖	中国钢铁工业协会、中国金属学会	三	吕志民（2）	武汉钢铁(集团)公司、北京科技大学	冶金工程院

续表

序号	项目名称	奖励名称	奖励单位	获奖等级	完成人	完成单位	所在单位
18	综采（放）工作面冲击地压实时在线监测安全预警系统研究	安全生产科技成果奖	国家安全生产监督管理总局	一	姜福兴（2） 杨淑华（9） 于正兴（10） 王　平（11） 王存文（12）	兖州煤业股份有限公司、北京科技大学	土环学院
19	深部沿空综放工作面动力灾害防治技术研究	安全生产科技成果奖	国家安全生产监督管理总局	二	姜福兴（2）	山东东山古城煤矿有限公司、北京科技大学	土环学院
20	大型软弱层边坡失稳机理与处治关键技术开发及应用	安全生产科技成果奖	国家安全生产监督管理总局	二	金爱兵（3） 高永涛（5） 吴顺川（6） 刘　洋（9）	中煤平朔集团有限公司、北京科技大学、中勘冶金勘察设计研究院有限责任公司	土环学院
21	深厚表土特厚煤层综放开采冲击地压防治成套技术	安全生产科技成果奖	国家安全生产监督管理总局	二	姜福兴（6）	山东能源集团有限公司、华北科技学院、北京科技大学、山东省煤矿冲击地压控制工程研究中心	土环学院
22	金少河下开采安全技术研究	安全生产科技成果奖	国家安全生产监督管理总局	三	王金安（2）	窑街煤电集团有限公司、北京科技大学	土环学院
23	高瓦斯自燃煤层火灾防治技术	安全生产科技成果奖	国家安全生产监督管理总局	三	张英华（2）	阳泉煤业（集团）股份有限公司、北京科技大学	土环学院
24	特厚煤层综放开采沿空掘巷围岩变形预测技术	安全生产科技成果奖	国家安全生产监督管理总局	三	姜福兴（2） 朱斯陶（5）	山东新巨龙能源有限责任公司、北京科技大学	土环学院
25	华亭煤田矿区强矿压危险性分析及区域预测研究	安全生产科技成果奖	国家安全生产监督管理总局	三	纪洪广（2） 王金安（5）	华亭煤业集团有限责任公司、北京科技大学	土环学院
26	华亭矿区强矿压的多维信息监测预警技术研究	安全生产科技成果奖	国家安全生产监督管理总局	三	王金安（5）	华亭煤业集团有限责任公司、中国矿业大学、北京科技大学	土环学院
27	军队营区分散式污水处理技术研究与应用	中国人民解放军科学技术进步奖	中国人民解放军总后勤部	三	李子富（6） 周晓琴（7）	空军工程设计研究局北京设计室、北京科技大学	土环学院
28	利用钢铁企业烧结电除尘灰生产氯化钾的方法	中国专利奖	国家知识产权局	优秀奖	郭占成（1） 彭　翠（2） 张福利（3） 潘钊彬（4）	唐山汇鑫嘉德节能减排科技股份有限公司、北京科技大学	冶金国重
29	高性能钢铁粉末冶金材料关键技术研究与应用	山东省科学技术进步奖	山东省人民政府	一	田建军（8）	莱芜钢铁集团粉末冶金有限公司、中南大学、钢铁研究总院、北京科技大学、莱芜市金石粉末冶金有限公司	新材料研究院
30	三山岛金矿床深部安全高效开采关键技术	山东省科学技术进步奖	山东省人民政府	二	蔡美峰（1） 乔　兰（5） 李长洪（6） 苗胜军（8）	山东黄金矿业（莱州）有限公司三山岛金矿、北京科技大学	土环学院

续表

序号	项目名称	奖励名称	奖励单位	获奖等级	完成人	完成单位	所在单位
31	大型高风温顶燃式热风炉技术装备开发与应用	河南省科学技术进步奖	河南省人民政府	一	程树森（3） 陈　川（8）	郑州安耐克实业有限公司、北京首钢国际工程技术有限公司、北京科技大学	冶金学院
32	不锈钢深冷管的高钎着率钎焊技术	河南省科学技术进步奖	河南省人民政府	二	黄继华（5）	郑州机械研究所、北京科技大学、江苏大学	材料学院
33	硬面涂层技术在水利过流部件中的应用	河南省科学技术进步奖	河南省人民政府	二	郝俊杰（5）	华北水利水电大学、北京科技大学	新材料研究院
34	ϕ120mm金刚石自支撑厚膜	河南省科学技术进步奖	河南省人民政府	三	吕反修（3） 李成明（4）	河南飞孟金刚石工业有限公司，北京科技大学	新材料研究院
35	大型露天金属矿安全高效开采关键技术研究与应用	江西省科学技术进步奖	江西省人民政府	一	璩世杰（5）	江西铜业股份有限公司，北京矿冶研究总院，中国科学院武汉岩土力学研究所，江西理工大学，北京科技大学	土环学院
36	车辆及电子工业用铝镁合金等温挤压、压铸与控轧关键技术及产业化	广东省科学技术奖	广东省人民政府	一	李静媛（2） 谢建新（5）	广州有色金属研究院、北京科技大学、中南大学、重庆大学、广东工业大学、广东兴发铝业有限公司、佛山市三水凤铝铝业有限公司、广东豪美铝业股份有限公司、广东鸿图科技股份有限公司、乳源东阳光精箔有限公司	材料学院、新材料研究院
37	高效节能电池式电动工具关键技术研发与产业化	广东省科学技术奖	广东省人民政府	二	张深根（4） 田建军（6）	中山市远东电动工具有限公司、北京科技大学、中山装备制造工业研究院	新材料研究院
38	高配比钒钛磁铁矿高强度冶炼系统技术研究	四川省科学技术进步奖	四川省人民政府	二		攀钢集团研究院有限公司、攀钢集团攀枝花钢钒有限公司、北京科技大学、重庆大学、中南大学	冶金学院
39	岩巷快速掘进工艺研究	四川省科学技术进步奖	四川省人民政府	三	龚　敏（2）	四川省华蓥山煤业股份有限公司、北京科技大学、四川省华蓥山煤业股份有限公司绿水洞煤矿	土环学院
40	特大型矿床深部开采综合技术研究	湖南省科学技术进步奖	湖南省人民政府	二		长沙矿山研究院有限责任公司，金川集团股份有限公司，北京科技大学	土环学院
41	CSP流程全工序高品种钢的板形质量控制	安徽省科学技术进步奖	安徽省人民政府	三	何安瑞（2） 邵　健（4） 孙文权（6）	马钢（集团）控股有限公司、北京科技大学	冶金工程院
42	大屯公司井下紧急避险系统建设及示范工程	中国职业安全健康协会科学技术奖	中国职业安全健康协会	一	金龙哲（2） 李芳玮（14） 黄志凌（15）	上海大屯能源股份有限公司、北京科技大学、徐州大屯工贸实业公司、矿山避险技术研究中心	土环学院

续表

序号	项目名称	奖励名称	奖励单位	获奖等级	完成人	完成单位	所在单位
43	凝析气藏变相态渗流理论和高效开发技术及应用	中国石油和化学工业科学技术奖	中国石油和化学工业联合会	二	朱维耀（1） 朱华银（8）	北京科技大学	土环学院
44	矿井避难与钻孔逃生救援系统研究及应用	中国煤炭工业协会科学技术奖	中国煤炭工业协会	二	金龙哲（2） 黄志凌（5）	山西中煤华晋能源有限公司、北京科技大学、矿山避险技术研究中心、石家庄煤矿机械有限责任公司、大屯煤电（集团和）有限责任公司	土环学院
45	千米深井冲击地辅导员防治预警平台建设	中国煤炭工业协会科学技术奖	中国煤炭工业协会	二	姜福兴（2）	新汶矿业集团有限责任公司、北京科技大学、新汶矿业集团有限责任公司华丰煤矿、山东新巨龙能源有限责任公司、安徽理工大学	土环学院
46	矿井超高压煤层注水区域防冲技术研究	中国煤炭工业协会科学技术奖	中国煤炭工业协会	二	姜福兴（2） 刘金海（5） 朱斯陶（9）	山东能源集团有限公司、北京科技大学、华北科技学院	土环学院
47	煤矿事故预防的行为控制技术及信息系统	中国煤炭工业协会科学技术奖	中国煤炭工业协会	二		中国矿业大学（北京）、山东泰山能源有限责任公司协庄煤矿、北京科技大学、北京全安泰和科技咨询有限责任公司、山西焦煤集团有限责任公司	土环学院
48	特厚煤层复杂漏风条件自燃特性及防灭火技术研究	中国煤炭工业协会科学技术奖	中国煤炭工业协会	二	黄志安（2） 张英华（12）	阳泉煤业（集团）股份有限公司、北京科技大学	土环学院
49	内蒙古自治区东乌珠穆沁旗花脑特银多金属矿成矿模式与深部预测研究	中国黄金协会科学技术奖	中国黄金协会	一	谢玉玲（1） 刘保顺（4） 周俊杰（9） 李　媛（14） 王　莹（16）	锡林郭勒盟金仓矿业有限责任公司、北京科技大学	土环学院
50	山东黄金数字矿山建设技术规范研究	中国黄金协会科学技术奖	中国黄金协会	一	胡乃联（2） 李国清（4） 王进强（7） 侯　杰（11） 马朝阳（14） 田庆梅（18）	山东黄金矿业股份有限公司、北京科技大学	土环学院
51	多元异构平台下的地质资源管理系统	中国黄金协会科学技术奖	中国黄金协会	一	李国清（1） 王进强（4） 胡乃联（6） 马朝阳（10） 侯　杰（13）	山东黄金矿业（莱州）有限公司三山岛金矿、北京科技大学	土环学院
52	甲玛铜多金属矿角岩矿体开发经济模型与优化	中国黄金协会科学技术奖	中国黄金协会	二	李国清（2） 张延凯（6） 马朝阳（10） 李光雷（14）	西藏华泰龙矿业开发有限公司、北京科技大学	土环学院

续表

序号	项目名称	奖励名称	奖励单位	获奖等级	完成人	完成单位	所在单位
53	高海拔地下金属矿山通风技术研究	中国黄金协会科学技术奖	中国黄金协会	二	胡乃联（2） 李国清（5） 王孝东（9） 龚　剑（13）	西藏华泰龙矿业开发有限公司、北京科技大学	土环学院
54	黄金矿山集成化安全管理体系构建技术研究	中国黄金协会科学技术奖	中国黄金协会	三	李国清（2） 侯　杰（5） 张延凯（7） 田庆梅（10）	山东黄金矿业股份有限公司新城金矿、北京科技大学	土环学院

2015年度发布（实施）国家标准明细

序号	标准号	标准名称	发布时间	起草单位	主要起草人
1	GB/T 31344-2014	节能量测量和验证技术要求板坯加热炉系统	2014-12-31	北京科技大学、中国标准化研究院、宝山钢铁股份有限公司、建龙钢铁集团有限公司、中冶南方工程技术有限公司、中冶京诚工程技术有限公司、山东大钢集团、首钢集团、深圳市前海智慧能源系统有限公司	冯俊小（1）
2	GB/T 30887-2014	钢铁联合企业水系统集成优化实施指南	2014-9-30	中国标准化研究院、北京科技大学、轻工业环境保护研究所、冶金工业规划研究院、北京麦尔得科技有限公司	李素芹（1）
3	GB 51016-2014	非煤露天矿边坡工程技术规范	2014-7-13	中勘冶金勘察设计研究院有限公司、北京科技大学、中钢集团马鞍山矿山研究院有限公司、中国科学院地质与地球物理研究所、武汉大学、中国地质大学（武汉）、中国矿业大学（北京）、包钢集团公司白云鄂博铁矿、中国瑞林工程技术有限责任公司、中国有色金属工业昆明勘察设计研究院、天津水泥工业设计研究院有限公司、鞍钢集团矿业公司、华北有色工程勘察院有限责任公司、桂林理工大学	高永涛（5） 吴顺川（16）
4	GB/T 26790-2015	工业无线网络WIA规范	2015-12-10	中国科学院沈阳自动化研究所，机械工业仪器仪表综合技术经济研究所，北京科技大学，浙江大学，浙江中控研究院有限公司	王　沁（4） 万亚东（6）
5	GB/T 51083-2015	城市节水评价标准	2015-4-8	北京建筑大学、中国城镇供水排水协会、中国城市建设研究院有限公司、住房和城乡建设部城镇水务管理办公室、山东省住房和城乡建设厅、中国中元国际工程有限公司、北京市建筑设计研究院有限公司、北京科技大学	施春红（9）
6	GB/T 4995-2014	联运通用平托盘性能要求和试验选择	2014-9-3	北京科技大学、交通部科学研究院、中国物流与采购联合会托盘专业委员会、无锡市前程包装工程有限公司、全亚供应链管理（上海）有限公司、铁道部标准计量研究所、中国包装联合会、中国国际海运集装箱（集团）股份有限公司、大连中集物流装备有限公司、深圳宝兴木器制品厂、苏州大森塑胶工业有限公司、山东力扬塑业有限公司	唐　英（1）

续表

序号	标准号	标准名称	发布时间	起草单位	主要起草人
7	GB/T 4996-2014	联运通用平托盘试验方法	2014-10-10	北京科技大学、交通部科学研究院、中国物流与采购联合会托盘专业委员会、无锡市前程包装工程有限公司、全亚供应链管理（上海）有限公司、铁道部标准计量研究所、中国包装联合会、中国国际海运集装箱（集团）股份有限公司、大连中集物流装备有限公司、深圳宝兴木器制品厂、苏州大森塑胶工业有限公司、山东力扬塑业有限公司	唐　英（1）

2015年科研成果鉴定项目明细

序号	鉴定号	成果名称	组织鉴定单位	成果水平	完成（承担）单位	完成人	单位
1	中煤科鉴字〔2014〕第HJ59号	千米深井冲击地压防治预警平台建设	中国煤炭工业协会	国际领先	新汶矿业集团有限责任公司、北京科技大学、新汶矿业集团有限责任公司华丰煤矿、山东新巨龙能源有限责任公司、安徽理工大学	姜福兴（2） 柴海涛（11）	土木与环境工程学院
2	中煤科鉴字〔2014〕第HJ60号	千米复杂条件深井动力灾害监测预警成套技术研究	中国煤炭工业协会	国际先进	新汶矿业集团有限责任公司、北京科技大学、北京安科兴业科技股份有限公司	姜福兴（2） 魏全德（11）	土木与环境工程学院
3	中煤科鉴字〔2014〕第HJ61号	超千米深井沿空掘巷煤柱留设宽度及支护技术研究	中国煤炭工业协会	国际先进	莱芜市万祥矿业有限公司、北京科技大学	姜福兴（2） 王存文（5） 史先锋（10） 朱斯陶（11）	土木与环境工程学院
4	鉴字〔2014〕第HJ62号	深厚表土薄基岩综放采场提高开采上限研究	中国煤炭工业协会	国际领先	山东新巨龙能源有限责任公司、华北科技学院、北京科技大学、山东科技大学	朱斯陶（4）	土木与环境工程学院
5	中煤科鉴字〔2014〕第HJ63号	深井综放开采沿空支护工艺与围岩控制技术	中国煤炭工业协会	国际先进	山东新巨龙能源有限责任公司、北京科技大学、华北科技学院、煤炭科学研究总院开采设计研究分院	姜福兴（2） 朱斯陶（6）	土木与环境工程学院
6	中钢协鉴字〔2015〕第1031号	冷轧带钢高效清洗和冷轧工序废弃物高值化利用技术开发	中国钢铁工业协会	国际领先	北京科技大学、宝钢集团有限公司	张深根（1） 刘　波（3） 田建军（5） 潘德安（7） 邝春福（9）	新材料技术研究院
7	豫科鉴委字〔2015〕第5号	高效导热铸铁冷却壁研究开发与应用	河南省科学技术厅	国内领先	世林（漯河）冶金设备有限公司、北京科技大学、郑州大学	程树森（2） 陈　川（8）	冶金与生态工程学院
8	豫科鉴委字〔2015〕第6号	纳米防渗碳涂料研究开发与应用	河南省科学技术厅	国内领先	世林（漯河）冶金设备有限公司、北京科技大学、郑州大学	程树森（3） 陈　川（5）	冶金与生态工程学院

续表

序号	鉴定号	成果名称	组织鉴定单位	成果水平	完成（承担）单位	完成人	单位
9	中国金属学会评字〔2015〕第04号	兰炭在炼铁领域应用技术研究与开发	中国金属学会	国际先进	北京科技大学、神木县煤化工产业发展领导小组办公室、山西美锦钢铁有限公司、新兴铸管股份有限公司	张建良（1） 刘征建（6） 王广伟（8） 马富涛（9） 王　喆（15） 高　冰（16） 徐润生（17）	冶金与生态工程学院
10	中煤科鉴字〔2015〕第AQ8号	巨厚火成岩下外力主导型煤与瓦斯动力灾害防治技术研究	中国煤炭工业协会	国际先进	淮北矿业股份有限公司、北京科技大学、淮北矿业股份有限公司海孜煤矿	李　铁（2） 刘　建（8） 施建俊（9）	土木与环境工程学院
11	中国金属学会评字〔2015〕第13号	高表面质量304不锈钢BA板材生产关键技术	中国金属学会	国际先进	北京科技大学、宝钢不锈钢有限公司	张立峰（1） 杨　文（3） 任　英（5） 段豪剑（7） 王　祎（9） 李　菲（11） 沈　平（13） 方　文（14） 李雅翀（15）	冶金与生态工程学院
12	中矿科鉴字〔2015〕第14号	冶金矿山智慧矿山研究与应用	中国冶金矿山企业协会	国际先进	鞍钢集团矿业公司、北京科技大学	张德政（2） 肖成勇（5） 张青川（8） 阿孜古丽吾拉木（9） 李　擎（13） 曾广平（14） 万亚东（17） 谢永红（22） 陈　榴（24） 徐　聪（25） 贾　麒（29） 陈　鹏（30） 刘　侃（31） 杨志勇（32）	计算机与通信工程学院
13	临科成鉴字〔2014〕第017号	可见光响应氮掺杂纳米二氧化钛室内空气光催化净化喷剂项目研究	临沂市科学技术局	国际先进	山东亿康环保科技有限公司、北京科技大学、北京理工大学、解放军第306医院	曹文斌（1） 刘文秀（2） 刘杰民（4） 刘雪峰（5）	材料科学与工程学院、化学与生物工程学院

2015年发明专利申请明细表

序号	申请日期	申请号	所属单位	第一发明人	专利名称
1	2015-1-4	201510004121.8	土木与环境工程学院	胡文韬	一种用于感应炉铸造的自热含碳球－块
2	2015-1-12	201510012680.3	土木与环境工程学院	唐晓龙	矩阵式介质阻挡等离子体协同吸附－催化分解脱硝装置
3	2015-1-23	201510036664.8	土木与环境工程学院	吴爱祥	一种矿岩可崩性的模糊物元评价方法
4	2015-2-4	201510056813.7	土木与环境工程学院	马鸿志	一种提高由木质纤维素类中药渣制备乙醇的产量的方法
5	2015-3-10	201510104705.2	土木与环境工程学院	常雁红	一种制备固定化耐热过氧化氢酶的方法
6	2015-3-10	201510104887.3	土木与环境工程学院	宋存义	一种波纹状湿式电除尘器阳极
7	2015-3-12	201510107433.1	土木与环境工程学院	谭卓英	一种材料旋转冲击响应特性测试系统
8	2015-3-16	201510138169.8	土木与环境工程学院	张英华	一种用于综掘的自移动超前临时支护液压支架
9	2015-3-18	201510119629.2	土木与环境工程学院	林　海	用于修复水体和底泥的水生植物固定装置
10	2015-3-18	201510119641.3	土木与环境工程学院	宋存义	一种湿式电除尘器阳极
11	2015-3-24	201510131624.1	土木与环境工程学院	董颖博	一种适用于矿山重金属污染区地表径流的拦截箱
12	2015-4-1	201510152828.3	土木与环境工程学院	宋存义	一种半干法脱硫专用气力输送成套装置
13	2015-4-1	201510153220.2	土木与环境工程学院	张英华	一种用于突出煤巷的无氧抗突绿色安全高效掘进技术
14	2015-4-2	201510154629.6	土木与环境工程学院	由　爽	温度渗流应力（THM）耦合模拟试验系统及其使用方法
15	2015-4-9	201510166817.0	土木与环境工程学院	董颖博	水生植物搭配种植削减入河地表径流中重金属的方法
16	2015-4-13	201510174153.2	土木与环境工程学院	宋存义	一种蜂窝状竹胶板湿式电除尘器阳极
17	2015-4-21	201510191263.X	土木与环境工程学院	林　海	一种入河重金属生态削减的陆生植物搭配方法
18	2015-4-27	201510205201.X	土木与环境工程学院	唐晓龙	一种顶置式原位红外分析系统的应用方法
19	2015-4-29	201510214096.6	土木与环境工程学院	王洪江	一种提高立式砂仓排放浓度稳定性的存贮装置及方法
20	2015-5-19	201510254762.9	土木与环境工程学院	寇　珏	用钛磁铁矿煤基还原磁选生产钛酸镁和直接还原铁的方法
21	2015-5-25	201510271841.0	土木与环境工程学院	蒋仲安	一种用于矿井综掘面的可调式附壁风筒
22	2015-5-29	201510290717.9	土木与环境工程学院	吴爱祥	采场膏体充填料热－水－力－化多场性能监测装置
23	2015-6-1	201510293838.9	土木与环境工程学院	郭奇峰	一种矿用钻杆固定器
24	2015-6-1	201510294218.7	土木与环境工程学院	郭奇峰	一种锚杆用管状储胶器
25	2015-6-3	201510300945.X	土木与环境工程学院	纪洪广	一种温度可控的岩石单轴压缩声发射试验装置及试验方法
26	2015-6-12	201510325703.6	土木与环境工程学院	王金安	大倾角煤层开采冲击地压定向防治方法
27	2015-6-16	201510334903.8	土木与环境工程学院	吴爱祥	一种基于深锥浓密机的全尾膏体充填和堆存联合处置方法
28	2015-6-17	201510338913.9	土木与环境工程学院	冯雅丽	一种变径塔式热解脱水干燥装置

续表

序号	申请日期	申请号	所属单位	第一发明人	专利名称
29	2015-6-17	201510338467.1	土木与环境工程学院	姚　俊	一种易拆换实时直观性平板模拟岩芯装置及其制作方法
30	2015-6-24	201510355876.2	土木与环境工程学院	龚　敏	一种以普通非电雷管实现隧道爆破低振速精确要求的施工方法
31	2015-6-24	201510355548.2	土木与环境工程学院	龚　敏	一种基于实测爆破振动的复杂环境下隧道爆破单孔药量确定方法
32	2015-6-24	201510355547.8	土木与环境工程学院	龚　敏	一种以定制普通雷管精确实现隧道逐孔斜眼掏槽爆破的方法
33	2015-6-29	201510370248.1	土木与环境工程学院	冯雅丽	一种下行流石煤预富集钒的方法集装置
34	2015-6-29	201510370249.6	土木与环境工程学院	吴爱祥	一种膏体浓密机集料井搅拌装置
35	2015-7-3	201510389000.X	土木与环境工程学院	吕文生	快速提高砂仓－浓密机沉砂浓度并增强其流化性的装置
36	2015-7-3	201510388928.6	土木与环境工程学院	吕文生	在充填料浆管道输送中增阻调压的装置
37	2015-7-23	201510438564.8	土木与环境工程学院	李子富	一种自动调控碱度预防厌氧混合发酵酸化的装置及其方法
38	2015-7-24	201510441075.8	土木与环境工程学院	高永涛	一种空间隔离式的道面下伏采空区处治方法
39	2015-7-24	201510441078.1	土木与环境工程学院	黄东旭	矿井突水实时监测预警及逃生引导系统
40	2015-7-24	201510441077.7	土木与环境工程学院	吴爱祥	一种膏体浓密机底流循环均质化装置
41	2015-8-10	201510482651.3	土木与环境工程学院	李子富	一种含有浓缩沼液的生物炭肥及其制备方法
42	2015-8-12	201510494657.2	土木与环境工程学院	马鸿志	一种可移动式测定河滨带截留污染物效能的装置
43	2015-8-12	201510494499.0	土木与环境工程学院	马鸿志	一种可移动式测定河滨带截留污染物效能的装置
44	2015-8-14	201510500786.8	土木与环境工程学院	朱米家	一种表面活性剂复配修复土壤的装置及其方法
45	2015-8-21	201510518690.4	土木与环境工程学院	田　伟	一种室内模拟岩心驱油装置及模拟方法
46	2015-9-12	201510580694.5	土木与环境工程学院	马鸿志	一种缓解糟液回流对餐厨垃圾乙醇发酵的负面影响的方法
47	2015-9-12	201510580695.X	土木与环境工程学院	吴爱祥	一种全尾砂膏体制备方法
48	2015-9-14	201510583953.X	土木与环境工程学院	胡文韬	一种用钒钛磁铁矿直接生产碳化钛的方法
49	2015-9-14	201510584069.8	土木与环境工程学院	胡文韬	一种钒渣制备方法
50	2015-9-14	201510584070.0	土木与环境工程学院	胡文韬	一种以矿石为原料的铁碳锰直接合金化方法
51	2015-9-17	201510592113.X	土木与环境工程学院	张振金	一种弱胶结地层巷道支护方法及支护系统
52	2015-9-25	201510622637.9	土木与环境工程学院	杨耀东	自卸汽车三通式举升液压系统阀块总成
53	2015-9-29	201510629874.8	土木与环境工程学院	史先锋	一种巷道框架式超前支护结构和方法
54	2015-10-16	201510673995.2	土木与环境工程学院	吴顺川	一种可控注浆范围的囊袋式微型承压桩
55	2015-10-16	201510673979.3	土木与环境工程学院	吴顺川	一种透水泡沫混凝土桩复合地基
56	2015-10-29	201510724845.X	土木与环境工程学院	王洪江	一种金属矿全尾砂分级分区膏体充填系统及方法
57	2015-11-2	201510732413.3	土木与环境工程学院	吴爱祥	一种膏体浓密机底流泵机封水应急添加装置及方法

续表

序号	申请日期	申请号	所属单位	第一发明人	专利名称
58	2015-12-11	201510920340.0	土木与环境工程学院	倪　文	一种还原铁粉的制备方法
59	2015-12-15	201510932790.1	土木与环境工程学院	马鸿志	一种梯级利用中药渣制备乙醇和生物炭的方法
60	2015-12-15	201510930094.7	土木与环境工程学院	汪群慧	一种利用中药渣制甲烷和沼渣活性炭的全资源化方法
61	2015-12-15	201510932805.4	土木与环境工程学院	汪群慧	一种木质纤维素类中药渣制L-乳酸和生物炭的方法
62	2015-12-16	201510941513.7	土木与环境工程学院	傅平丰	一种规整化铁碳微电解填料及其制备方法
63	2015-12-18	201510958696.3	土木与环境工程学院	吴爱祥	一种基于膏体充填的人工假顶构筑方法
64	2015-12-23	201510977712.3	土木与环境工程学院	路　培	一种室温脱硝用催化试样的制备方法
65	2015-12-30	201511024396.4	土木与环境工程学院	赵焕娟	一种记录爆轰内部结构的管道系统及其方法
66	2015-12-30	201511021160.5	土木与环境工程学院	赵焕娟	一种量化预混气爆轰不稳定度的管道系统及其方法
67	2015-12-31	201511029453.8	土木与环境工程学院	吴川福	一种包含发酵液回流脱氮系统的多阶段发酵装置
68	2015-12-31	201511029961.6	土木与环境工程学院	吴川福	一种降低三阶段发酵系统回流沼液中氨氮浓度的方法
69	2015-1-6	201510004099.7	冶金与生态工程学院	郭　敏	一种利用转炉钢渣制备磷酸盐富集相的方法
70	2015-2-3	201510054369.5	冶金与生态工程学院	马瑞新	一种太阳能电池吸收层材料及其制备方法
71	2015-2-3	201510055017.1	冶金与生态工程学院	马瑞新	一种金属镁转子磁悬浮交流电动机制造方法
72	2015-3-13	201510112841.6	冶金与生态工程学院	高向宙	一种外加纳米粒子使钢组织细化并提高其力学性能的方法
73	2015-3-13	201510112842.0	冶金与生态工程学院	高向宙	一种使钢中外加纳米粒子均匀弥散的方法
74	2015-3-26	201510137094.1	冶金与生态工程学院	黄　凯	利用废杂铜循环强化提取高纯铜粉的工艺
75	2015-4-9	201510166846.7	冶金与生态工程学院	黄　凯	一种具有随角异色效果的纳米厚片状草酸铜粉末制备方法
76	2015-4-15	201510178632.1	冶金与生态工程学院	祁成林	一种可视化微型测试矿物高温重构的方法及其装置
77	2015-5-25	201510272207.9	冶金与生态工程学院	储少军	一种用晶体硅切割废料生产铬系铁合金的方法
78	2015-5-26	201510276445.7	冶金与生态工程学院	黄　凯	一种耦合吸附处理高含氟地下水的方法
79	2015-5-26	201510275250.0	冶金与生态工程学院	黄　凯	一种利用生物质耦合氧化镁脱除地下水中氟的方法
80	2015-6-1	201510295504.5	冶金与生态工程学院	储少军	一种从工业硅精炼渣中分选单质硅的方法
81	2015-6-10	201510317064.9	冶金与生态工程学院	邢献然	非线性光学材料铌酸铅锂及其粉体制备方法与应用
82	2015-7-8	201510398708.1	冶金与生态工程学院	朱　荣	一种利用CO_2在双联转炉中提高脱磷效率的方法
83	2015-7-13	201510409388.5	冶金与生态工程学院	郭汉杰	一种单管式多功能真空精炼系统及其方法
84	2015-8-4	201510472810.1	冶金与生态工程学院	张建良	一种粉状兰炭作烧结燃料的使用方法
85	2015-8-4	201510472774.9	冶金与生态工程学院	张建良	一种粉状兰炭代替焦丁的高炉生产方法
86	2015-8-6	201510478568.9	冶金与生态工程学院	刘征建	一种冲天炉处理海砂矿与钢铁厂含铁碳粉尘混合物的方法

续表

序号	申请日期	申请号	所属单位	第一发明人	专利名称
87	2015-8-18	201510509392.9	冶金与生态工程学院	朱鸿民	电位分散－微波酸洗法去除多晶硅线切割废料杂质的方法
88	2015-8-18	201510509638.2	冶金与生态工程学院	朱鸿民	一种多晶硅和单晶硅线切割废料中杂质铁的去除方法
89	2015-9-12	201510580631.X	冶金与生态工程学院	郭晓晨	一种快速均匀钢液的底吹氩方法
90	2015-9-21	201510603618.1	冶金与生态工程学院	张　梅	一种利用铬铁合金渣合成微晶玻璃材料的方法
91	2015-10-22	201510691372.8	冶金与生态工程学院	李素芹	一种利用尾矿制备4A分子筛的方法及其应用
92	2015-10-27	201510704009.5	冶金与生态工程学院	张立峰	具备钙处理效果的新型低成本硅铁合金及其制备方法
93	2015-11-20	201510804133.9	冶金与生态工程学院	孙桂林	一种改善含锡碳素结构钢性能的方法
94	2015-11-24	201510829051.X	冶金与生态工程学院	吴　铿	一种测量铁矿粉与CaO同化反应性能的方法
95	2015-11-26	201510845421.9	冶金与生态工程学院	王仁安	一种低碳低熔点硅氮合金生产方法
96	2015-11-27	201510850146.X	冶金与生态工程学院	吴　铿	一种测定铁矿粉烧结液相流动性能的方法
97	2015-12-4	201510878715.1	冶金与生态工程学院	孙桂林	一种改善含残余元素锑碳素结构钢性能的方法
98	2015-12-11	201510920717.2	冶金与生态工程学院	李宏煦	一种适用于金矿堆浸的制粒方法
99	2015-12-17	201510941512.2	冶金与生态工程学院	程树森	一种利用钢铁厂含锌粉尘回收锌装置及其回收方法
100	2015-12-18	201510958681.7	冶金与生态工程学院	朱　荣	一种电弧炉炼钢在线测量钢液温度的测温系统及测温方法
101	2015-12-23	201510977587.6	冶金与生态工程学院	郭　敏	一种用含锌电炉粉尘合成共掺杂铁酸镍锌软磁材料的方法
102	2015-12-23	201510982869.5	冶金与生态工程学院	张立峰	一种测量结晶器液面波动及流场对称性的方法
103	2015-1-6	201510004808.1	材料科学与工程学院	李　勇	水泥回转窑用赛隆结合镁铝尖晶石耐火材料及制备方法
104	2015-1-13	201510016328.7	材料科学与工程学院	李立东	具有双组分混合电子传输－空穴阻挡层有机发光二极管
105	2015-1-21	201510029339.9	材料科学与工程学院	李立东	一种具有药物释放功能的荧光纳米复合物的制备方法
106	2015-1-21	201510029357.7	材料科学与工程学院	李　勇	水泥窑过渡带用氮化硅铁－铝铬渣耐火材料及制备方法
107	2015-1-21	201510029947.X	材料科学与工程学院	栾　奕	一种导热增强型金属有机框架气体存储材料的制备方法
108	2015-1-21	201510029411.8	材料科学与工程学院	宋仁伯	一种湿式球磨机用高强韧性耐蚀衬板及制备方法
109	2015-1-21	201510030414.3	材料科学与工程学院	张　跃	一种自驱动阵列式振动传感器及其制备方法
110	2015-1-26	201510037167.X	材料科学与工程学院	张　跃	一种柔性可穿戴纸基应变传感器及其制备方法
111	2015-2-2	201510053901.1	材料科学与工程学院	王国杰	光－温度敏感型两亲性嵌段聚合物胶束的制备方法及应用方法

续表

序号	申请日期	申请号	所属单位	第一发明人	专利名称
112	2015-2-3	201510053555.7	材料科学与工程学院	陈　辉	一种用于确定电阻炉中钢块内部实际温度的测试方法
113	2015-2-9	201510068116.3	材料科学与工程学院	常永勤	一种制备二氧化铈纳米晶薄膜的方法
114	2015-2-9	201510068142.6	材料科学与工程学院	陈树海	一种气载式钎剂辅助钎焊的方法与装置
115	2015-2-9	201510068031.5	材料科学与工程学院	陈树海	超声振动焊丝辅助无钎剂钎焊的装置与方法
116	2015-3-5	201510097314.2	材料科学与工程学院	王　戈	一种含碳材料金属有机骨架基复合相变材料的制备方法
117	2015-3-5	201510098946.0	材料科学与工程学院	张　跃	一种纳米镧锶锰氧－石墨烯复合吸波涂层的制备方法
118	2015-3-9	201510102458.2	材料科学与工程学院	李　勇	氮化硅铁多孔陶瓷滑板的制备方法
119	2015-3-11	201510107144.1	材料科学与工程学院	宋仁伯	一种低密度Fe-Mn-Al-C系冷轧汽车用钢板及制备方法
120	2015-3-13	201510112679.8	材料科学与工程学院	宋仁伯	一种强塑积大于30GPa·%的高Al中锰钢及其制备工艺
121	2015-3-18	201510119999.6	材料科学与工程学院	冯　春	提高Co-Pt薄膜材料的自旋－轨道耦合强度的方法
122	2015-3-18	201510120018.X	材料科学与工程学院	刘雪峰	一种材料表面金属图案的光催化镀制备方法
123	2015-3-18	201510118087.7	材料科学与工程学院	孟　利	一种隔膜压缩机金属薄膜片弯曲疲劳测量装置及方法
124	2015-3-24	201510131617.1	材料科学与工程学院	郑裕东	一种具有温度响应控制释放特性的潜伏性固化剂微胶囊的制备与分离提纯方法
125	2015-4-2	201510153551.6	材料科学与工程学院	王　戈	一种多孔网络聚合物基复合相变材料的制备方法
126	2015-4-2	201510154457.2	材料科学与工程学院	王　戈	一种无模板共价有机骨架空心微球聚合物的制备方法
127	2015-4-2	201510154442.6	材料科学与工程学院	王　戈	一种多级孔道碳基复合相变材料的制备方法
128	2015-4-3	201510159108.X	材料科学与工程学院	刘雪峰	一种铜银合金线材的短流程高效生产方法
129	2015-4-9	201510164488.6	材料科学与工程学院	张　跃	一种透明多机组纳米水力发电机及其制造方法
130	2015-4-10	201510170832.2	材料科学与工程学院	张　跃	一种用于检测人体运动的柔性传感器及制备方法
131	2015-4-14	201510176025.1	材料科学与工程学院	康永林	一种板坯连铸机扇形段连铸辊外支撑装置的冷却系统
132	2015-4-15	201510178596.9	材料科学与工程学院	李静媛	一种提高铁素体不锈钢表面起皱抗力的轧制方法
133	2015-4-20	201510188869.8	材料科学与工程学院	栾　奕	一种催化氧化用多功能集成多孔基固态材料的制备方法
134	2015-5-5	201510224954.5	材料科学与工程学院	韩静涛	一种非等厚U肋热辊压成形工艺
135	2015-5-5	201510225021.8	材料科学与工程学院	康永林	一种热轧带钢中间坯的快速连接模具及方法
136	2015-5-5	201510225312.7	材料科学与工程学院	王　戈	一种氢氧化镍超薄纳米组装体的制备方法
137	2015-5-5	201510224985.0	材料科学与工程学院	王　戈	一种海胆状镍钴复合碱式碳酸盐的制备方法
138	2015-5-12	201510239852.0	材料科学与工程学院	曹　晖	利用紫外聚合协同作用制备宽波反射薄膜的方法及应用

续表

序号	申请日期	申请号	所属单位	第一发明人	专利名称
139	2015-5-12	201510238615.2	材料科学与工程学院	李　勇	高强度氮化硅铁窑具的制备方法
140	2015-5-15	201510250592.7	材料科学与工程学院	焦懿德	一种利用连续退火制备低成本取向硅钢的方法
141	2015-5-16	201510250958.0	材料科学与工程学院	李静媛	一种管道支撑的金属橡胶减振器的设计方法
142	2015-5-16	201510251006.0	材料科学与工程学院	李静媛	一种管道支撑的金属橡胶减振器的设计方法
143	2015-5-18	201510254768.6	材料科学与工程学院	杨　洲	苯并吲哚盐类材料、其非线性光学晶体、制备方法和用途
144	2015-5-18	201510254769.0	材料科学与工程学院	张　跃	一种高效钙钛矿太阳能电池及其制备方法
145	2015-5-19	201510257689.0	材料科学与工程学院	谭　丽	一种多级结构二氧化钛基复合相变材料的制备方法
146	2015-5-25	201510272173.3	材料科学与工程学院	刘福平	一种高性能双材质粉锻连杆及其制备方法
147	2015-5-25	201510272174.8	材料科学与工程学院	王　戈	一种超分子凝胶基复合相变材料的制备方法
148	2015-5-27	201510280487.8	材料科学与工程学院	秦　镜	一种利用轧制制备取向高硅钢薄板的方法
149	2015-5-29	201510291123.X	材料科学与工程学院	王　戈	一种精确控制相变芯材在载体孔道内相变行为的方法
150	2015-5-29	201510290444.8	材料科学与工程学院	赵海雷	一种锂离子电池新型负极材料Fe_3O_4-Ni-C的制备方法
151	2015-6-2	201510295859.4	材料科学与工程学院	王　戈	一种金属有机凝胶基复合相变材料的制备方法
152	2015-6-3	201510301050.8	材料科学与工程学院	刘雪峰	一种梯温铸型铸造方法
153	2015-6-3	201510300961.9	材料科学与工程学院	王学敏	一种含相间沉淀钛碳化物的中厚板的制备方法
154	2015-6-8	201510309594.9	材料科学与工程学院	夏志国	一种自发光黄绿色荧光粉及其制备方法
155	2015-6-9	201510312474.4	材料科学与工程学院	何承绪	一种低温热轧板制备薄规格高磁感取向硅钢的生产方法
156	2015-6-10	201510316498.7	材料科学与工程学院	田文怀	一种利用无氰化物镀液制备高塑性电铸镍的方法
157	2015-6-12	201510325702.1	材料科学与工程学院	王丽萍	二苯并环庚烯酮衍生物及其制备和应用
158	2015-6-15	201510330726.6	材料科学与工程学院	周张健	一种氧化物弥散强化铁素体－马氏体钢及制备方法
159	2015-6-16	201510335105.7	材料科学与工程学院	黄继华	一种计算相变转变体积比的数值微分方法
160	2015-6-16	201510334127.1	材料科学与工程学院	李　妍	一种银－石墨烯量子点－氧化锌三元光催化剂的制备方法
161	2015-6-17	201510338903.5	材料科学与工程学院	王　戈	一种具有多级结构磁性复合金属有机骨架材料及制备方法
162	2015-6-18	201510342528.1	材料科学与工程学院	王学敏	一种高性能低合金中厚钢板及其制备方法
163	2015-6-19	201510345417.6	材料科学与工程学院	张　跃	一种电化学沉积制备薄膜构建的忆阻器及其制备方法
164	2015-6-25	201510359314.5	材料科学与工程学院	王鲁宁	一种无机－有机半导体纳米复合结构及其制备方法和应用
165	2015-6-30	201510374481.7	材料科学与工程学院	张　跃	气流驱动式摩擦发电机
166	2015-7-13	201510409417.8	材料科学与工程学院	李　妍	一种含铜的氧化锌－石墨烯量子点催化剂及制备方法

续表

序号	申请日期	申请号	所属单位	第一发明人	专利名称
167	2015-7-13	201510409379.6	材料科学与工程学院	张　跃	一种利用摩擦静电力辅助转移石墨烯方法
168	2015-7-24	201510444298.X	材料科学与工程学院	李　北	一种高弹性模量弹性元件用恒弹性合金及其制备方法
169	2015-7-24	201510441349.3	材料科学与工程学院	刘雪峰	一种粉末包套成形制备高硅钢的方法
170	2015-7-24	201510441038.7	材料科学与工程学院	龙　毅	高强度大比热多相磁性蓄冷材料及其制备方法
171	2015-7-24	201510441348.9	材料科学与工程学院	夏　敏	长径比可调、具有介孔中空结构的纳米碳材料的制备方法
172	2015-8-3	201510482908.5	材料科学与工程学院	于　浩	钒和钛复合添加的Q&P钢及其制造方法
173	2015-8-5	201510474139.4	材料科学与工程学院	周张健	一种高比重合金用复合粉体及其制备方法
174	2015-8-6	201510478846.0	材料科学与工程学院	郑裕东	一种新型高性能抗菌纳米纤维素碳气凝胶的制备方法
175	2015-8-12	201510494656.8	材料科学与工程学院	康永林	一种制备大直径半固态合金坯料的装置和方法
176	2015-8-12	201510494513.7	材料科学与工程学院	康永林	一种气冷多管搅拌制备轻合金半固态浆料的装置及方法
177	2015-8-21	201510519085.9	材料科学与工程学院	连　芳	一种锂空气电池的复合电解质及其制备方法
178	2015-9-2	201510557962.1	材料科学与工程学院	张　跃	一种可拉伸的多功能探测器及其制备方法
179	2015-9-9	201510570520.0	材料科学与工程学院	张　跃	一种环保型的可穿戴应变传感器及其制备方法
180	2015-9-14	201510583955.9	材料科学与工程学院	黄继华	一种低温连接的耐高温封装连接材料及其封装连接工艺
181	2015-9-18	201510600575.1	材料科学与工程学院	张　跃	一种掺铝氧化锌纳米阵列的制备方法
182	2015-9-25	20151062332.X	材料科学与工程学院	张　虎	具有大磁制冷能力的稀土-镍-镓材料的制备方法
183	2015-9-29	201510629875.2	材料科学与工程学院	初　娣	一种制备金属包长碳纤维包覆材料的装置与工艺方法
184	2015-9-29	201510629876.7	材料科学与工程学院	李　勇	一种氮化硅结合氮化硅铁材料的制备方法
185	2015-10-13	201510658047.1	材料科学与工程学院	姚志浩	一种GH4738高温合金大型铸锭开坯方法
186	2015-10-13	201510670642.7	材料科学与工程学院	张波萍	一种C掺杂ZnO热电材料的制备方法
187	2015-10-13	201510671114.3	材料科学与工程学院	张波萍	一种C和Ni共掺杂ZnO热电材料的制备方法
188	2015-10-13	201510670603.7	材料科学与工程学院	张波萍	一种C和Al共掺杂ZnO热电材料的制备方法
189	2015-10-14	201510661701.4	材料科学与工程学院	刘雪峰	一种金属排的短流程加工方法
190	2015-10-14	201510657659.9	材料科学与工程学院	姚志浩	超临界电站汽轮机叶片用GH4738合金细晶坯制备方法
191	2015-10-14	201510661685.9	材料科学与工程学院	赵海雷	一种锂离子电池氧化钼-镍-碳复合负极材料的制备方法
192	2015-10-15	201510672088.6	材料科学与工程学院	姚志浩	一种高Nb型GH4169合金长期时效性能退化的预测方法
193	2015-10-20	201510685160.9	材料科学与工程学院	杨　洲	含巯基基团的联噻吩苯并吲哚盐染料及其制备方法和应用
194	2015-10-21	201510686567.3	材料科学与工程学院	陈俊红	一种铁铝尖晶石粉体的合成方法

续表

序号	申请日期	申请号	所属单位	第一发明人	专利名称
195	2015-10-22	201510695062.3	材料科学与工程学院	连　芳	具有镍锰浓度梯度的锂镍锰氧化物正极材料及其制备方法
196	2015-10-23	201510696439.7	材料科学与工程学院	王鲁宁	一种钛基三维多孔二氧化钛氧化层的制备方法
197	2015-10-29	201510724841.1	材料科学与工程学院	张　跃	一种电极内置式摩擦发电机
198	2015-11-9	201510759664.0	材料科学与工程学院	曹　晖	一种紫外分步聚合制备宽波段光屏蔽薄膜材料的方法
199	2015-11-9	201510756336.5	材料科学与工程学院	于　浩	一种高炉煤气余压透平发电装置用叶片的制造方法
200	2015-11-13	201510778605.8	材料科学与工程学院	曹文斌	一种锡－钨共掺杂二氧化钒粉体及其制备方法
201	2015-11-20	201510808687.6	材料科学与工程学院	燕青芝	一种氧化物弥散强化钢的制备方法及一种马氏体钢
202	2015-11-25	201510833909.X	材料科学与工程学院	李　勇	一种Al_5O_6N结合刚玉质复合耐火材料的制备方法
203	2015-11-26	201510836160.4	材料科学与工程学院	燕青芝	一种高速铁路列车用车轮钢及其热处理工艺
204	2015-11-26	201510844896.6	材料科学与工程学院	张　虎	一种粘结马氏体相变材料的制备方法
205	2015-11-27	201510849653.1	材料科学与工程学院	王　戈	一种金属有机凝胶基复合相变材料的制备方法
206	2015-12-3	201510885249.X	材料科学与工程学院	何万里	一种含支链结构弯曲分子的蓝相液晶复合材料的制备方法
207	2015-12-21	201510965068.8	材料科学与工程学院	李　勇	一种水泥窑窑口用棕刚玉－氮化硅铁复合材料的制备方法
208	2015-12-23	201510982870.8	材料科学与工程学院	王国杰	一种多重响应性偶氮苯功能化聚合物的制备方法
209	2015-12-25	201510998084.7	材料科学与工程学院	王树明	一种掺杂改性的陶瓷纤维的隔热材料及其制备方法
210	2015-12-29	201511019234.1	材料科学与工程学院	王开坤	一种高导电率金属双极板的高效轧制成形工艺
211	2015-12-31	201511026779.5	材料科学与工程学院	李　妍	调节石墨烯量子点光致发光性能的后氧化还原处理方法
212	2015-12-31	201511029365.8	材料科学与工程学院	李　妍	一种含氧量可调石墨烯量子点的制备方法
213	2014-1-20	201410022976.9	机械工程学院	吴迪平	一种板材张力矫直装置
214	2015-1-14	201510167038.2	机械工程学院	白佳宾	一种移动设备的定位系统及定位方法
215	2015-1-30	201510225059.5	机械工程学院	龚　龚	一种雾霾情况下补充路网缺失数据的车辆诱导方法及系统
216	2015-2-2	201510741214.9	机械工程学院	龚　龚	一种目的地未知的走失辨识方法及装置
217	2015-2-10	201510580585.3	机械工程学院	韩　天	一种旋转调制径向球面永磁偏置磁轴承
218	2015-3-10	201510125751.0	机械工程学院	蒋兴奋	回转举升调平机构
219	2015-3-11	201510958189.X	机械工程学院	金　纯	压缩空气与内燃机混合动力电传动矿用汽车
220	2015-3-20	201510575820.8	机械工程学院	靳添絮	一种混合动力工程机械多输入多负载模块化平台系统
221	2015-3-20	201510018693.1	机械工程学院	乐　恺	基于小平面热源的各向异性材料热导率测量方法

续表

序号	申请日期	申请号	所属单位	第一发明人	专利名称
222	2015-3-20	201510254770.3	机械工程学院	李洪波	一种冷轧薄带钢宽度方向起浪形式的预测方法
223	2015-3-30	201511001606.8	机械工程学院	李洪波	一种四辊CVC轧机工作辊非对称磨损预报方法
224	2015-3-30	201510802143.9	机械工程学院	刘北英	一种自动对轴装置
225	2015-4-8	201511001590.0	机械工程学院	刘国勇	一种后混合磨料水射流除鳞喷嘴
226	2015-4-9	201510166819.X	机械工程学院	刘　立	一种移动设备的激光主动式导航系统及导航方法
227	2015-4-9	201510330784.9	机械工程学院	刘应书	低挥发性有机气体在吸附材料上吸附量的测定方法及设备
228	2015-4-9	201510697383.7	机械工程学院	楼国锋	一种等离子体助燃瑞士卷燃烧器
229	2015-4-10	201510164172.7	机械工程学院	孟　宇	一种移动设备的实时跟踪系统及跟踪方法
230	2015-5-5	201510171279.4	机械工程学院	孟　宇	一种地下矿用车辆的反应式导航控制方法
231	2015-5-12	201510967831.0	机械工程学院	孟　宇	一种通过信标识别确定车辆位置姿态的方法
232	2015-5-15	201510370225.0	机械工程学院	缪存孝	一种轴向球面纯电磁磁轴承
233	2015-5-15	201510370246.2	机械工程学院	缪存孝	一种双线圈轴向球面纯电磁磁轴承
234	2015-5-18	201510580596.1	机械工程学院	缪存孝	一种旋转调制轴向球面纯电磁磁轴承
235	2015-6-4	201510580632.4	机械工程学院	缪存孝	一种旋转调制径向球面纯电磁磁轴承
236	2015-6-15	201510661702.9	机械工程学院	申焱华	一种用于地下重载矿用车辆的纯电动驱动桥系统
237	2015-6-16	201510050646.5	机械工程学院	孙韵韵	一种超声扫描显微镜检测金属材料内部夹杂物的方法
238	2015-6-29	201511008465.2	机械工程学院	童莉葛	一种计算板条铁素体在焊接冷却过程中晶粒尺寸的方法
239	2015-6-29	201510126347.5	机械工程学院	王宝雨	一种用于齿轮轴锻造的模具及工艺
240	2015-7-3	201510126410.5	机械工程学院	王宝雨	汽车变速器输入轴复合成形工艺及锻压模具
241	2015-7-3	201510738280.0	机械工程学院	王宝雨	一种大模数大直径圆柱齿轮热轧成形的方法和装置
242	2015-7-10	201510919885.X	机械工程学院	王宝雨	一种大模数圆柱齿轮近净热轧成形装置
243	2015-8-12	201510958829.7	机械工程学院	王宝雨	一种斜轧球磨钢球淬火装置
244	2015-8-17	201510959013.6	机械工程学院	王宝雨	一种斜轧球磨钢球封闭罐式多层控制冷却装置
245	2015-8-17	201510958813.6	机械工程学院	王宝雨	一种斜轧球磨钢球罐式多层水冷却淬火装置
246	2015-9-6	201510958800.9	机械工程学院	王宝雨	基于LabVIEW斜轧球磨钢球热处理装置的控制系统
247	2015-9-7	201510958777.3	机械工程学院	王宝雨	一种斜轧球磨钢球余热利用热处理装置
248	2015-9-10	201510958770.1	机械工程学院	王宝雨	一种大直径斜轧球磨钢球热处理生产线控制系统
249	2015-9-12	201510958769.9	机械工程学院	王宝雨	一种大直径斜轧球磨钢球热处理系统

续表

序号	申请日期	申请号	所属单位	第一发明人	专利名称
250	2015-9-12	201510958768.4	机械工程学院	王宝雨	一种斜轧球磨钢球封闭罐式控冷回火一体装置
251	2015-9-12	201510239804.1	机械工程学院	王　立	一种自备电厂燃烧冶金煤气的发电方法及系统
252	2015-9-17	201510494514.1	机械工程学院	王　立	变温交变气流的横流式厚层湿物料干燥系统和方法
253	2015-9-30	201510104711.8	机械工程学院	王　尚	一种基于磨料射流的带钢脱脂控制装置
254	2015-10-14	201510506035.7	机械工程学院	王文瑞	一种丝栅式高温应变片用圆盘式制片机
255	2015-10-23	201510594074.7	机械工程学院	王文瑞	一种用于室温至1200℃高温应变片参数电测装置
256	2015-10-30	201510303524.2	机械工程学院	王晓晨	一种用于冷轧边降控制的工作辊及其辊形设计方法
257	2015-11-3	201510388619.9	机械工程学院	王晓玲	一种实时观测枯草芽孢杆菌生物膜生长过程中不同基因表现型细胞和分布的方法
258	2015-11-4	201510388861.6	机械工程学院	王晓玲	一种采用液滴微流控技术提高微生物燃料电池的输出功率的实验方法
259	2015-11-4	201510812729.3	机械工程学院	夏德宏	一种废轮胎收油系统及收油方法
260	2015-11-10	201510069718.0	机械工程学院	徐　冬	一种电火花毛化工作辊生产带钢的粗糙度预测和控制方法
261	2015-11-16	201510506041.2	机械工程学院	阳建宏	一种激光诱导等离子体光谱增强装置
262	2015-11-19	201510563980.0	机械工程学院	阳建宏	一种用于LIBS物质成分检测的自动聚焦方法及系统
263	2015-11-20	201510166801.X	机械工程学院	杨光辉	一种用于安装影像引导放疗装置探测屏的装置
264	2015-12-10	201510640317.6	机械工程学院	杨海波	一种非对称组坯钛钢复合板抑制翘曲的热轧方法
265	2015-12-11	201510763141.3	机械工程学院	杨海波	一种轮椅短车架的挤压铸造系统
266	2015-12-17	201510054273.9	机械工程学院	杨威威	一种集成式液力缓速器
267	2015-12-17	201510726138.4	机械工程学院	尹少武	一种可移动式墙面自动刮平装置和刮平方法
268	2015-12-17	201510742414.6	机械工程学院	尹少武	一种燃气锅炉与谷电锅炉联合供热的系统及方法
269	2015-12-17	201510994491.0	机械工程学院	尹少武	一种燃气锅炉与分布式谷电锅炉联合供热系统及方法
270	2015-12-17	201510561417.X	机械工程学院	臧　勇	一种异种材料结合过程中结合强度的测试方法
271	2015-12-17	201510917957.7	机械工程学院	臧　勇	一种铝钢复合板异辊径矫直辊辊系结构及其辊径确定方法
272	2015-12-17	201511001607.2	机械工程学院	臧　勇	基于数值模拟的复合板界面结合强度的工艺参数控制方法
273	2015-12-17	201510145529.7	机械工程学院	张康生	一种螺杆压缩机阴转子毛坯轧制成形方法
274	2015-12-18	201510144415.0	机械工程学院	张康生	一种阳极锡球斜轧成形装置及方法
275	2015-12-21	201510406517.5	机械工程学院	张清东	一种磁振复合时效残余应力消减装置

续表

序号	申请日期	申请号	所属单位	第一发明人	专利名称
276	2015-12-25	201510107068.4	机械工程学院	张少军	一种水凸度可调的五段式板带控冷集管
277	2015-12-28	201511005721.2	机械工程学院	赵　航	一种旋转调制洛伦兹力磁轴承
278	2015-12-28	201510335199.8	机械工程学院	赵　宁	一种自动小车存取系统模块化仿真和优化系统
279	2015-12-28	201510783320.3	机械工程学院	赵　宁	一种针对多层穿梭车存取系统的仿真系统及方法
280	2015-12-29	201510251482.2	机械工程学院	刘晋平	一种应用芯棒的汽车发动机空心气门坯料精确成形方法
281	2015-12-29	201510250869.6	机械工程学院	刘晋平	一种芯棒控制的小直径空心坯料楔横轧精确成形方法
282	2015-1-7	201510007200.4	自动化学院	赵小燕	一种太赫兹实验环境的智能监测系统及监测方法
283	2015-1-13	201510017059.6	自动化学院	赵小燕	一种基于嵌入式的图像处理及传输系统
284	2015-1-16	201510023233.8	自动化学院	张朝晖	太赫兹吸收谱的测试样品架、切换式测试系统和测试方法
285	2015-2-4	201510059690.2	自动化学院	崔家瑞	一种无轨公交电车智能分线系统及分线方法
286	2015-3-24	201510131811.X	自动化学院	崔家瑞	基于RS编码的分布式无线气相监测方法、监测站及系统
287	2015-3-30	201510146297.7	自动化学院	刘　涛	一种带有直流偏移的ACO-OFDM调解方法及系统
288	2015-3-30	201510145537.1	自动化学院	刘　涛	一种金属信道模型的构建方法及系统
289	2015-3-30	201510145539.0	自动化学院	刘　涛	一种使用超声波传递能量和数据的传输方法及系统
290	2015-6-24	201510355319.0	自动化学院	孙长银	一种基于MTMO非线性不确定性反步法的四旋翼位姿控制方法
291	2015-11-19	201510801924.6	自动化学院	刘　涛	一种穿钢信道建模方法及装置
292	2015-11-19	201510800607.2	自动化学院	刘　涛	穿钢数能同传系统中的数字干扰消除、规避方法及装置
293	2015-12-14	201510922380.9	自动化学院	杨　焘	一种半监督分类方法及系统
294	2014-10-15	201410545634.5	计算机与通信工程学院	刘　健	基于信道隔离度门限值优化的协作多点传输方法
295	2014-12-22	201410806219.0	计算机与通信工程学院	刘　健	认知无线电网络中的预协作感知方法
296	2014-12-25	201410821614.6	计算机与通信工程学院	张中山	一种能量高效的频谱共享与基站休眠联合方法
297	2015-1-12	201510012649.X	计算机与通信工程学院	朱　岩	一种具有选择和排除功能的群组加解密方法及系统
298	2015-1-12	201510013367.1	计算机与通信工程学院	朱　岩	一种集合成员关系判定的密码学构造方法及系统
299	2015-1-16	201510023140.5	计算机与通信工程学院	林福宏	一种交互式脆弱性评估方法、装置及系统
300	2015-1-16	201510021634.X	计算机与通信工程学院	刘　倩	一种基于Android智能移动终端环境监控系统

续表

序号	申请日期	申请号	所属单位	第一发明人	专利名称
301	2015-1-16	201510020839.6	计算机与通信工程学院	刘　倩	一种基于随机动态的云应用数据完整性检测方法
302	2015-2-2	201510052495.7	计算机与通信工程学院	张德政	一种热轧生产过程中带钢厚度预测方法及系统
303	2015-2-5	201510059168.4	计算机与通信工程学院	张中山	一种具有普适性的无线传输环境监测节点
304	2015-2-11	201510073199.5	计算机与通信工程学院	齐　悦	一种适用于无线传感器网络的基于最小二乘法的干扰识别方法
305	2015-2-11	201510073197.6	计算机与通信工程学院	王　沁	基于Bitmap的协商自适应跳频方法
306	2015-3-3	201510093359.2	计算机与通信工程学院	杜利平	一种基于随机采集的多主用户多维频谱感知方法
307	2015-3-3	201510093388.9	计算机与通信工程学院	张中山	一种基于泛在网络传输的智能可穿戴设备
308	2015-3-16	201510113146.1	计算机与通信工程学院	张晓彤	一种应用超低功耗工业无线数据采集系统的数据采集方法
309	2015-3-24	201510131803.5	计算机与通信工程学院	王　然	一种跨区域定位系统滤波算法的历史数据构建方法
310	2015-3-24	201510132198.3	计算机与通信工程学院	张中山	一种基于多协议异构网络的安防监管方法及系统
311	2015-3-24	201510132206.4	计算机与通信工程学院	张中山	一种安防物联网入侵信息采集方法及系统
312	2015-3-31	201510150133.1	计算机与通信工程学院	阳小龙	一种CDN-P2P内容优化选择系统
313	2015-4-1	201510153253.7	计算机与通信工程学院	阳小龙	一种基于无线网络传输的智能姿态监测系统
314	2015-4-9	201510167040.X	计算机与通信工程学院	张德政	一种浮选过程浮精品味的动态预测方法及系统
315	2015-4-14	201510176063.7	计算机与通信工程学院	王　然	一种外罚函数法与Powell算法结合的协同定位方法
316	2015-4-23	201510198120.1	计算机与通信工程学院	王志良	一种车载预警、警告及呼救系统
317	2015-4-24	201510203257.1	计算机与通信工程学院	林福宏	一种云系统安全访问方法、装置及系统
318	2015-4-30	201510218572.1	计算机与通信工程学院	郁志超	一种基于数据挖掘的自学习分级预警入侵检测系统
319	2015-5-8	201510233083.3	计算机与通信工程学院	隆克平	一种二维有向性传感器网络覆盖的优化方法
320	2015-5-16	201510251536.5	计算机与通信工程学院	唐汉琦	一种基于向量网络编码和DES的拟态加密方法及系统
321	2015-5-20	201510259918.2	计算机与通信工程学院	李东儒	一种预防酒驾方法及系统
322	2015-5-25	201510272194.5	计算机与通信工程学院	王　然	一种外罚函数法与最速下降法结合的车联网定位方法及系统

续表

序号	申请日期	申请号	所属单位	第一发明人	专利名称
323	2015-5-28	201510284931.3	计算机与通信工程学院	王　刚	一种基于视距与非视距判别的TOA测距误差纠正方法及系统
324	2015-6-16	201510330948.8	计算机与通信工程学院	张晓彤	基于接收信号强度的自适应时延估计的测距方法及系统
325	2015-6-16	201510330634.8	计算机与通信工程学院	张晓彤	一种基于自适应时延估计的近场测距系统及方法
326	2015-6-25	201510357895.9	计算机与通信工程学院	纪　新	基于能量感知和位置预测的OLSR路由方法
327	2015-6-25	201510357891.0	计算机与通信工程学院	刘　健	LTE多天线系统的多天线自适应调度方法
328	2015-6-29	201510370237.3	计算机与通信工程学院	王月月	一种认知无线电中合作频谱感知方法及系统
329	2015-7-1	201510379983.9	计算机与通信工程学院	胡月龙	一种基于传感器网络的认知无线电体系架构
330	2015-7-3	201510388973.1	计算机与通信工程学院	解　仑	一种基于情感机器人的智能家居环境协同控制方法及系统
331	2015-7-3	201510388441.8	计算机与通信工程学院	解　仑	一种基于RS232通讯协议的PLC上位机链接命令过滤方法及装置
332	2015-7-6	201510392046.7	计算机与通信工程学院	解　仑	一种旋转类设备的码盘防护装置及方法
333	2015-7-7	201510395194.4	计算机与通信工程学院	解　仑	一种PLC安全防护设备测评方法及系统
334	2015-7-8	201510398736.3	计算机与通信工程学院	谢永红	一种基于加权PageRank算法的方剂药物属性定量方法及系统
335	2015-7-29	201510456976.4	计算机与通信工程学院	韩志帅	一种室内TOA测距值模拟生成方法及装置
336	2015-8-5	201510476034.2	计算机与通信工程学院	解　仑	针对现代工业控制系统网络通信的安全防护网关机系统
337	2015-8-10	201510487914.X	计算机与通信工程学院	解　仑	一种养老服务机器人的交互方法及系统
338	2015-8-10	201510487897.X	计算机与通信工程学院	王丽娜	一种q-LDPC-LT级联喷泉码方案的Ka频段深空通信方法及系统
339	2015-9-23	201510612871.3	计算机与通信工程学院	王志良	基于卷积神经元网络的中医舌诊模型的确定方法及系统
340	2015-9-28	201510629381.4	计算机与通信工程学院	张晓彤	一种基于网络级时钟同步的室内超声波测距方法及系统
341	2015-9-28	201510628131.9	计算机与通信工程学院	张晓彤	一种基于网络级时钟同步的室内超声波定位方法及系统
342	2015-10-26	201510700704.4	计算机与通信工程学院	孙昌爱	一种变异测试方法及装置
343	2015-10-26	201510700702.5	计算机与通信工程学院	张晓彤	一种自适应电磁场时延估计方法及装置
344	2015-10-30	201510726855.7	计算机与通信工程学院	张思宇	一种自组织网络时间同步方法及装置

续表

序号	申请日期	申请号	所属单位	第一发明人	专利名称
345	2015-11-2	201510734273.3	计算机与通信工程学院	班晓娟	一种动作特征提取方法及装置
346	2015-11-4	201510744415.4	计算机与通信工程学院	周　娴	一种偏振复用直接检测系统及方法
347	2015-11-10	201510759755.4	计算机与通信工程学院	汪红兵	一种作业程序自动评分方法及系统
348	2015-11-16	201510782910.4	计算机与通信工程学院	班晓娟	基于浮动车数据的交通仿真方法及系统
349	2015-12-1	201510864656.2	计算机与通信工程学院	隆克平	一种基于隐藏信道的可闻声定位方法及系统
350	2015-12-1	201510868151.3	计算机与通信工程学院	王丽娜	一种微弱信号去噪方法及装置
351	2015-12-14	201510922635.1	计算机与通信工程学院	周　娴	一种偏振复用直接检测系统及方法
352	2015-12-17	201510954068.8	计算机与通信工程学院	皇甫伟	一种射频信号测距方法及系统
353	2015-12-17	201510953646.6	计算机与通信工程学院	谢永红	一种中医方剂性味归经定量方法及系统
354	2015-12-28	201511000960.9	计算机与通信工程学院	朱　岩	一种基于属性集及关系谓词的加密系统及访问控制方法
355	2015-12-31	201511030653.5	计算机与通信工程学院	皇甫伟	一种基于虚拟力导向的传感器网络节能覆盖控制方法
356	2015-10-13	201510650545.1	数理学院	吴　平	一种利用磁化力实现均相混合液体的分子-离子级分离装置及方法
357	2015-11-18	201510796368.8	数理学院	田　跃	一种基于触摸屏的角度传感器显示装置
358	2014-12-15	201410772734.1	化学与生物工程学院	李旭琴	氨茴酸类衍生物、其制备方法及其在医药上的用途
359	2015-1-15	201510019717.5	化学与生物工程学院	时国庆	杂交瘤细胞AFB1-2A4及其产生的黄曲霉毒素B1单克隆抗体
360	2015-1-15	201510019495.7	化学与生物工程学院	时国庆	杂交瘤细胞BPA-4C7及其产生的双酚A单克隆抗体
361	2015-1-15	201510020296.8	化学与生物工程学院	时国庆	杂交瘤细胞DBP-4E10及其产生的邻苯二甲酸二丁酯单克隆抗体
362	2015-5-6	201510224088.X	化学与生物工程学院	弓爱君	一种N,N,N',N'-四辛基-3-氧戊二酰胺的制备方法
363	2015-5-18	201510254019.3	化学与生物工程学院	张美芹	一种利用硝酸纤维素膜和水显现潜指纹的方法
364	2015-6-16	201510335162.5	化学与生物工程学院	苏　磊	一种基于震荡条件下多巴胺自聚合制备抗菌涂层的方法
365	2015-6-29	201510370247.7	化学与生物工程学院	李文军	一种从锰废渣中提取钴和镍的工艺方法
366	2015-7-8	201510398911.9	化学与生物工程学院	王海鸥	一种玉米中DON毒素产毒基因富集及检测的方法

续表

序号	申请日期	申请号	所属单位	第一发明人	专利名称
367	2015-7-24	201510441347.4	化学与生物工程学院	王东瑞	一种阳离子聚电解质的制造方法及在超级电容器中的应用
368	2015-8-6	201510477644.4	化学与生物工程学院	时国庆	一种植物油中污染物快速免疫检测方法和应用
369	2015-9-12	201510580556.7	化学与生物工程学院	弓爱君	一种La、Ce、Pr、Nd混合稀土离子的分离方法
370	2015-9-14	201510584081.9	化学与生物工程学院	弓爱君	一种采用有机气体处理装置净化空气的方法
371	2015-9-14	201510584082.3	化学与生物工程学院	弓爱君	一种空气净化装置
372	2015-9-21	201510603137.0	化学与生物工程学院	弓爱君	N, N-二甲基-1, 3-二叠氮基丙烷及其制备方法
373	2015-9-30	201510639858.7	化学与生物工程学院	弓爱君	一种[A336][BDGA]离子液体及其制备方法
374	2015-10-9	201510658044.8	化学与生物工程学院	温永强	一种基于光子晶体增强荧光的汞离子传感器的制备及应用
375	2015-10-13	201510662183.8	化学与生物工程学院	温永强	一种邻苯二酚修饰的透明质酸的载药系统及其制备方法
376	2015-10-14	201510662100.5	化学与生物工程学院	弓爱君	一种分离La、Ce、Pr、Nd混合稀土离子的萃取柱色层法
377	2015-10-15	201510666318.8	化学与生物工程学院	杜　鑫	一种减反增透的超疏水自清洁SiO_2纳米涂层
378	2015-10-23	201510696438.2	化学与生物工程学院	张美芹	一种在不同亲疏水性材料表面正反显现潜指纹的方法
379	2015-10-26	201510702522.0	化学与生物工程学院	边永忠	一种磺化钴酞菁敏化二氧化钛复合光催化剂的制备方法
380	2015-10-26	201510701191.9	化学与生物工程学院	弓爱君	一种N,N’-二茂铁二乙酰基－三(十二烷氧基)苯甲酰胺的制备方法
381	2015-11-19	201510801519.4	化学与生物工程学院	许利苹	一种带电荷纳米结构细胞芯片的制备及应用方法
382	2015-11-19	201510809438.9	化学与生物工程学院	许利苹	一种基于超亲水微井传感界面检测miRNA的方法
383	2015-11-20	201510813289.3	化学与生物工程学院	温永强	基于量子点多级检测肿瘤标记物传感器及其制备方法
384	2015-11-26	201510837621.X	化学与生物工程学院	陈灵芝	一种红色稀土荧光材料及其制备方法
385	2015-11-26	201510844858.0	化学与生物工程学院	叶亚平	一种铁碳微电解降解碱性有机废水的装置及方法
386	2015-11-27	201510847418.0	化学与生物工程学院	胡澎浩	核-壳结构的聚合物基介电储能复合薄膜材料及制备方法
387	2015-12-15	201510930915.7	化学与生物工程学院	党智敏	可回收聚丙烯-SEBS-氧化石墨烯电缆料的制备方法
388	2015-12-17	201510958722.2	化学与生物工程学院	查俊伟	一种三层结构的全固态聚合物电解质膜的制备方法
389	2015-1-15	201510020618.9	新金属材料国家重点实验室	张　勇	一种高韧性抗辐照多基元合金及制备方法
390	2015-1-21	201510029340.1	新金属材料国家重点实验室	包小倩	一种晶界扩散Dy-Cu合金制备高性能钕铁硼磁体的方法

续表

序号	申请日期	申请号	所属单位	第一发明人	专利名称
391	2015-1-21	201510028998.0	新金属材料国家重点实验室	张　勇	一种高性能光热转化多基元合金氮化物薄膜及其制备方法
392	2015-1-26	201510037123.7	新金属材料国家重点实验室	杨　滨	对金刚石表面镀Mo及金刚石-Cu复合材料的制备方法
393	2015-1-26	201510037466.3	新金属材料国家重点实验室	杨　滨	一种高热导率金刚石-Cu电子封装复合材料的制备方法
394	2015-2-3	201510055018.6	新金属材料国家重点实验室	张　勇	AlxCoCrFeNi多基元合金丝材及其制备方法
395	2015-2-5	201510062472.4	新金属材料国家重点实验室	杨　滨	一种细化AP1000核电站主管道锻件管嘴部位晶粒的方法
396	2015-2-5	201510061910.5	新金属材料国家重点实验室	杨　滨	一种细化316LN奥氏体不锈钢晶粒的热变形工艺
397	2015-3-17	201510115052.8	新金属材料国家重点实验室	王西涛	一种新型高导热铜基复合材料制备方法
398	2015-3-26	201510134818.7	新金属材料国家重点实验室	吕昭平	具有弥散纳米析出相强化效应的高熵合金及其制备方法
399	2015-4-23	201510196947.9	新金属材料国家重点实验室	宋西平	一种高真空制备镁纳米线的方法
400	2015-4-23	201510199784.X	新金属材料国家重点实验室	宋西平	一种高真空气相沉积法制备纳米多孔镁的方法
401	2015-5-7	201510229793.9	新金属材料国家重点实验室	林均品	一种新型等离子环境下多种自由基协同作用水处理方法
402	2015-5-21	201510263049.0	新金属材料国家重点实验室	张　迪	Al-Mg-Cu-Zn系铝合金及铝合金板材制备方法
403	2015-6-12	201510325735.6	新金属材料国家重点实验室	冯　强	一种修复DZ125合金蠕变损伤的恢复热处理方法
404	2015-6-12	201510325733.7	新金属材料国家重点实验室	张　勇	一种铜基超弹性形状记忆合金丝及其制备方法
405	2015-6-16	201510335273.6	新金属材料国家重点实验室	包小倩	晶界扩渗轻稀土－铜合金制备高矫顽力钕铁硼磁体的方法
406	2015-6-16	201510335165.9	新金属材料国家重点实验室	包小倩	晶界为低熔点轻稀土－铜合金的钕铁硼磁体的制备方法
407	2015-7-29	201510456973.0	新金属材料国家重点实验室	侯陇刚	一种快速促进形变诱导马氏体转变的方法
408	2015-9-6	201510561464.4	新金属材料国家重点实验室	刘雄军	一种用于污水降解的高熵合金及其制备方法
409	2015-9-17	201510594373.0	新金属材料国家重点实验室	郭明星	一种提高Cu-Fe-C复相铜合金综合性能的处理方法
410	2015-9-18	201510600872.6	新金属材料国家重点实验室	朱　洁	一种磁致扭转Ni-Mn-Ga合金丝
411	2015-10-15	201510666334.7	新金属材料国家重点实验室	林均品	一种液相等离子大面积金属材料表面连续处理方法
412	2015-10-23	201510697732.5	新金属材料国家重点实验室	高学绪	一种压坯扩渗后低温烧结制备高矫顽力钕铁硼的方法

续表

序号	申请日期	申请号	所属单位	第一发明人	专利名称
413	2015-11-5	201510745473.9	新金属材料国家重点实验室	高学绪	一种利用热喷涂技术制备铁基磁致伸缩涂层的方法
414	2015-11-5	201510745559.1	新金属材料国家重点实验室	林均品	一种液相等离子大面积金属材料表面连续处理方法
415	2015-11-5	201510750950.0	新金属材料国家重点实验室	林均品	多孔合金骨架表面制备伽马三氧化二铝纳米多孔层的方法
416	2015-11-9	201510755614.5	新金属材料国家重点实验室	高学绪	一种主相晶粒间强去磁耦合烧结钕铁硼的制备方法
417	2015-11-17	201510788841.8	新金属材料国家重点实验室	吴　渊	一种具有形状记忆效应的NxMy高熵合金及其制备方法
418	2015-11-25	201510834066.5	新金属材料国家重点实验室	吕昭平	一种氮氧合金化的钛基非晶合金及其制备方法
419	2015-11-26	201510836536.1	新金属材料国家重点实验室	惠希东	一种具有高饱和磁化强度的Fe-B-Si系块体非晶合金
420	2015-11-26	201510835614.6	新金属材料国家重点实验室	张　勇	一种镍锰镓超弹性形状记忆合金丝及其制备方法
421	2015-12-15	201510930278.3	新金属材料国家重点实验室	朱　洁	一种钐铁氮基各向异性稀土永磁粉及其制备方法
422	2015-12-16	201510946725.4	新金属材料国家重点实验室	梁永锋	一种短流程制备高硅钢丝的方法
423	2015-12-16	201510944902.5	新金属材料国家重点实验室	梁永锋	一种高硅钢微丝的制备方法
424	2015-12-25	201510997412.1	新金属材料国家重点实验室	冯　强	一种高温合金蠕变寿命预测方法
425	2015-12-28	201511001600.0	新金属材料国家重点实验室	冯　强	一种高温合金涡轮叶片服役温度的实验评估方法
426	2015-12-28	201511001601.5	新金属材料国家重点实验室	王　辉	一种用于制备非晶戒指的模具及其工艺
427	2014-1-29	201410043560.5	冶金工程研究院	徐言东	一种钢材表面机械式清洗方法及设备
428	2015-1-9	201510013237.8	冶金工程研究院	孙文权	基于多段辊形曲线拟合的热轧平整机工作辊辊形设计方法
429	2015-1-15	201510020629.7	冶金工程研究院	孙文权	兼顾磨削精度及冷轧电工钢边降控制的工作辊辊形技术
430	2015-1-16	201510024009.0	冶金工程研究院	宗胜悦	一种减少铝卷由于头部卷径厚跃造成表面起折粘伤的方法
431	2015-1-19	201510024668.4	冶金工程研究院	刘建华	一种利用微波加热锰矿冶炼锰铁合金的方法
432	2015-1-21	201510029354.3	冶金工程研究院	王　尚	一种带钢表面处理浆料连续供给系统及使用方法
433	2015-1-21	201510030746.1	冶金工程研究院	徐　科	一种柱面光度测量装置
434	2015-1-26	201510037197.0	冶金工程研究院	余　伟	一种任意组合多层金属复合板的制造方法
435	2015-1-30	201510048339.3	冶金工程研究院	孙文权	一种基于模糊算法的冷轧平坦度质量判定方法
436	2015-2-9	201510068091.7	冶金工程研究院	武会宾	一种压力容器用低温钢板及其生产方法

续表

序号	申请日期	申请号	所属单位	第一发明人	专利名称
437	2015-3-5	201510097347.7	冶金工程研究院	孙文权	一种消除双机架铝冷连轧机组负荷漂移的控制方法
438	2015-3-13	201510112624.7	冶金工程研究院	武会宾	一种具有耐蚀性的NM400级耐磨钢及其制备方法
439	2015-5-25	201510272721.2	冶金工程研究院	武会宾	一种耐二氧化碳腐蚀管线钢及其制备方法
440	2015-5-28	201510283510.9	冶金工程研究院	刘建华	一种烧结烟气处理和利用的方法
441	2015-6-17	201510338464.8	冶金工程研究院	刘建华	一种将微波引入脱硅法冶炼低碳锰铁的方法
442	2015-7-24	201510441076.2	冶金工程研究院	崔　衡	一种钢铁厂烧结烟气湿法脱硫石膏改良盐碱土壤的方法
443	2015-7-29	201510452186.9	冶金工程研究院	张　飞	一种轧机电动和液压组合压下快速定位的方法
444	2015-11-4	201510742109.7	冶金工程研究院	徐言东	一种适合轧制中小规格钢板的试验装置
445	2015-11-17	201510792661.7	冶金工程研究院	张勇军	轧制生产线锥形输送辊道速度动态协同控制系统及其方法
446	2015-12-24	201510982804.0	冶金工程研究院	赵征志	一种具有耐腐蚀性能的汽车用冷轧超高强双相钢板及其制备方法
447	2015-12-25	201510997929.0	冶金工程研究院	裴红平	一种粗轧机轧制线标高随道次及坯料自动调整的控制方法
448	2015-12-29	201511008464.8	冶金工程研究院	王晓晨	一种冷轧电工钢的边降自动控制方法
449	2015-1-4	201510004122.2	新材料技术研究院	孟惠民	一种强酸性电解液用气体扩散电极的制备方法
450	2015-1-9	201510012678.6	新材料技术研究院	俞宏英	一种球形多孔空心纳米钴粉体的化学制备方法
451	2015-1-12	201510015212.1	新材料技术研究院	张深根	一种微晶玻璃形核剂制备方法
452	2015-1-21	201510029949.9	新材料技术研究院	包小倩	一种钕铁硼永磁材料合金化Ga元素的方法
453	2015-1-21	201510030747.6	新材料技术研究院	董超芳	一种低pH可控释放的智能缓蚀剂的制备方法
454	2015-1-22	201510032826.0	新材料技术研究院	路　新	一种超低弹性模量高强度钛合金材料的制备方法
455	2015-1-26	201510037242.2	新材料技术研究院	路　新	一种熔盐法制备钛铝合金粉末的方法
456	2015-1-30	201510050641.2	新材料技术研究院	路　新	一种采用两步压力熔渗制备高铌钛铝合金材料的方法
457	2015-2-13	201510079439.2	新材料技术研究院	刘　波	一种再利用废塑料的聚氯乙烯复合材料及其制备方法
458	2015-3-11	201510107078.8	新材料技术研究院	林　涛	一种3D打印制造硬质合金的方法
459	2015-3-12	201510107933.5	新材料技术研究院	郝俊杰	一种静电激发式测量粉末冶金材料内耗值的测定仪
460	2015-3-23	201510128790.6	新材料技术研究院	秦明礼	一种铝掺杂氧化锌纳米粉体的制备方法
461	2015-3-23	201510128801.0	新材料技术研究院	秦明礼	一种制备纳米晶镍钨合金粉末的方法
462	2015-3-23	201510128005.7	新材料技术研究院	秦明礼	一种高催化性能氮化钨的合成方法
463	2015-3-23	201510128024.X	新材料技术研究院	秦明礼	一种氮化铝－氮化硼复合陶瓷粉末的制备方法
464	2015-3-23	201510128002.3	新材料技术研究院	秦明礼	一种纳米氮化铝粉末的制备方法
465	2015-3-23	201510129110.2	新材料技术研究院	秦明礼	一种片状氮化铝的制备方法

续表

序号	申请日期	申请号	所属单位	第一发明人	专利名称
466	2015-3-23	201510128001.9	新材料技术研究院	秦明礼	一种片状氧化铝的制备方法
467	2015-3-23	201510129107.0	新材料技术研究院	秦明礼	一种铜修饰紫钨光催化剂的制备方法
468	2015-3-23	201510127999.0	新材料技术研究院	秦明礼	一种制备纳米针状紫钨粉末的方法
469	2015-3-26	201510134803.0	新材料技术研究院	秦明礼	一种碳－氧化铬纳米复合材料的制备方法
470	2015-4-1	201510153238.2	新材料技术研究院	潘德安	一种铅渣制备钙铁辉石微晶玻璃的方法
471	2015-4-3	201510156228.4	新材料技术研究院	李晓刚	一种用于微量腐蚀性气体氛围下的薄液膜原位测试装置
472	2015-4-7	201510162098.5	新材料技术研究院	王金伟	一种高性能环保型导电涂料的制备方法
473	2015-4-8	201510164224.0	新材料技术研究院	曹江利	一种用于制备KA油的Au催化剂的制备方法
474	2015-4-8	201510162335.8	新材料技术研究院	张深根	一种报废机动车金属材料分选方法
475	2015-4-10	201510169575.0	新材料技术研究院	范丽珍	碳化脱脂棉-石墨烯复合材料的制备方法
476	2015-4-30	201510218586.3	新材料技术研究院	张深根	一种报废机动车零部件识别系统
477	2015-5-11	201510236852.5	新材料技术研究院	郭志猛	铜基碳化钛-氧化铝表面颗粒强化复合材料的制备方法
478	2015-5-11	201510237054.4	新材料技术研究院	李　平	太阳能集热发电用稀土－镁金属氢化物高温储热材料
479	2015-5-11	201510236853.X	新材料技术研究院	李　杨	太阳能集热发电用混合稀土－镁金属氢化物高温储热材料
480	2015-5-14	201510245978.9	新材料技术研究院	郭志猛	一种简易氢气中还原失重测定的装置及方法
481	2015-5-19	201510257680.X	新材料技术研究院	林　涛	一种混合料浆3D打印装置及其打印成形方法
482	2015-5-26	201510276617.0	新材料技术研究院	秦明礼	一种纳米氮化铝陶瓷注射成形方法
483	2015-5-26	201510276618.5	新材料技术研究院	秦明礼	一种高导热氮化铝陶瓷的制备方法
484	2015-5-26	201510276621.7	新材料技术研究院	秦明礼	一种球形大颗粒氮化铝粉末的制备方法
485	2015-5-26	201510276622.1	新材料技术研究院	秦明礼	一种高性能异形铁钴系软磁合金零件的制备方法
486	2015-5-26	201510275589.0	新材料技术研究院	秦明礼	一种碳化锆粉末的制备方法
487	2015-5-26	201510275590.3	新材料技术研究院	秦明礼	一种氮化铝陶瓷注射成形用粘结剂及其应用方法
488	2015-5-26	201510275606.0	新材料技术研究院	秦明礼	一种针式打印机轭铁座材料及轭铁座零件加工方法
489	2015-6-1	201510293438.8	新材料技术研究院	张深根	一种废旧轴承钢保级再利用方法
490	2015-6-2	201510295877.2	新材料技术研究院	黄海友	一种精密仪器用Cu-Al-Mn形状记忆合金减震装置及其制造方法
491	2015-6-2	201510296782.2	新材料技术研究院	黄海友	一种土木建筑用Cu-Al-Mn形状记忆合金减震吸能器及其制造方法
492	2015-6-4	201510303064.3	新材料技术研究院	郭志猛	一种在纯铝及合金铸件表面制备耐磨涂层的工艺方法
493	2015-6-4	201510303566.6	新材料技术研究院	宋维力	一种电磁屏蔽用磁性材料－石墨烯的制备方法
494	2015-6-17	201510338295.8	新材料技术研究院	秦明礼	一种具有体心立方结构纳米铁钴固溶体合金粉末的制备方法

续表

序号	申请日期	申请号	所属单位	第一发明人	专利名称
495	2015-6-17	201510339031.4	新材料技术研究院	秦明礼	一种纳米级氧化物弥散强化镍基复合粉末的制备方法
496	2015-6-17	201510338646.5	新材料技术研究院	秦明礼	一种纳米镍粉的制备方法
497	2015-6-17	201510338991.9	新材料技术研究院	秦明礼	一种氧化物弥散强化铁钴纳米复合粉末的制备方法
498	2015-6-29	201510370228.4	新材料技术研究院	郭志猛	一种制备高密度复杂形状硬质合金零件和刀具的方法
499	2015-6-29	201510370230.1	新材料技术研究院	许恩恩	一种铁基自润滑材料及制备方法
500	2015-7-10	201510406258.6	新材料技术研究院	林　涛	一种3D打印用浆料喷雾固化定型方法
501	2015-7-10	201510406256.7	新材料技术研究院	刘金龙	一种超高定向导热碳基复合材料的制备方法
502	2015-7-10	201510406516.0	新材料技术研究院	邵慧萍	一种3D打印用高固相低粘度磁性合金粉的制备方法
503	2015-7-10	201510406252.9	新材料技术研究院	邵慧萍	一种充磁式磁性材料3D冷打印装置
504	2015-7-13	201510409709.1	新材料技术研究院	林　涛	一种化学镀Ni-W-Zn-P合金镀层的镀液及其镀层工艺
505	2015-8-4	201510472901.5	新材料技术研究院	罗　骥	一种提高铝合金粉末冶金零件烧结致密度的方法
506	2015-8-4	201510472773.4	新材料技术研究院	罗　骥	一种提高陶瓷颗粒增强Al基复合材料烧结致密度的方法
507	2015-8-6	201510478399.9	新材料技术研究院	李夏喜	一种新型交流排流器
508	2015-8-6	201510478956.7	新材料技术研究院	颜丹平	一种适用于城镇燃气管网的交流缓解方法
509	2015-8-13	201510496601.0	新材料技术研究院	张深根	大功率智能化废钢破碎系统
510	2015-8-24	201510524563.5	新材料技术研究院	许恩恩	一种含钼铁基粉末冶金材料的制备方法
511	2015-8-24	201510524106.6	新材料技术研究院	张深根	一种报废机动车智能化拆解系统及拆解方法
512	2015-8-28	201510543568.2	新材料技术研究院	林　涛	一种金属陶瓷及其制备方法
513	2015-8-31	201510549392.1	新材料技术研究院	陈俊红	一种大尺寸八面体型的铁铝尖晶石单晶的制备方法
514	2015-8-31	201510549859.2	新材料技术研究院	陈俊红	一种高纯度铁铝尖晶石的制备方法
515	2015-8-31	201510549858.8	新材料技术研究院	李晓刚	一种耐氯离子腐蚀的不锈钢钢筋的制备方法
516	2015-8-31	201510549945.3	新材料技术研究院	潘德安	一种废石膏、铅玻璃与铅膏协同处置制备铅精矿的方法
517	2015-9-15	201510587893.9	新材料技术研究院	张　津	一种液相阴极等离子电解制备氧化铝微球粉末的方法
518	2015-9-18	201510596464.8	新材料技术研究院	姜雁斌	一种大直径薄壁白铜管材短流程生产方法
519	2015-9-25	201510623007.3	新材料技术研究院	魏俊俊	一种表面P型导电金刚石热沉材料的制备方法
520	2015-10-23	201510698848.0	新材料技术研究院	黄海友	高超弹性高马氏体相变临界应力形状记忆合金及制备方法
521	2015-10-23	201510698736.5	新材料技术研究院	黄海友	一种Cu-Al-Mn形状记忆合金梯度功能材料的制备方法
522	2015-11-5	201510745460.1	新材料技术研究院	郭志猛	一种钛合金人造生物关节的快速制造方法
523	2015-11-12	201510770289.X	新材料技术研究院	郭志猛	一种制备高矫顽力低镝使用量钕铁硼磁体的方法

续表

序号	申请日期	申请号	所属单位	第一发明人	专利名称
524	2015-11-19	201510801123.X	新材料技术研究院	孙爱芝	一种提高烧结NdFeB磁体矫顽力的方法
525	2015-11-26	201510836537.6	新材料技术研究院	刘志伟	一种溶液燃烧合成制备碳化钨负载铂催化剂的方法
526	2015-11-27	201510849740.7	新材料技术研究院	邵慧萍	一种充磁式磁性材料3D冷打印装置
527	2015-12-4	201510886292.8	新材料技术研究院	权茂华	一种具有光子能带结构的柔性智能薄膜材料及其制备方法
528	2015-12-7	201510888252.7	新材料技术研究院	郭志猛	一种硫化处理获得高磁性烧结钕铁硼的方法
529	2015-12-7	201510888264.X	新材料技术研究院	郭志猛	一种降低烧结温度制备高磁性烧结钕铁硼的方法
530	2015-12-14	201510927019.5	新材料技术研究院	白　洋	一种铁电制冷器用无铅铁电材料及其制备方法
531	2015-12-14	201510922631.3	新材料技术研究院	秦明礼	一种低温烧结制备高致密度纯钨制品的方法
532	2015-12-14	201510922791.8	新材料技术研究院	秦明礼	一种生产氮化钒粉末的方法
533	2015-12-14	201510922732.0	新材料技术研究院	秦明礼	一种纳米钨粉注射成形方法
534	2015-12-14	201510922617.3	新材料技术研究院	秦明礼	混合价态钒氧化物－碳复合多孔空心卷材料及制备方法
535	2015-12-16	201510944267.0	新材料技术研究院	秦明礼	一种制备孔隙均匀异型多孔钨制品的方法
536	2015-12-16	201510944330.0	新材料技术研究院	秦明礼	一种氧化铜粉末的制备方法
537	2015-12-16	201510944187.5	新材料技术研究院	秦明礼	一种生产片状五氧化二钒粉末的方法
538	2015-12-16	201510943248.6	新材料技术研究院	秦明礼	一种碳复合氧化钒纳米粉末的制备方法
539	2015-12-18	201510958628.7	新材料技术研究院	秦明礼	一种碳复合氧化钛纳米粉末的制备方法
540	2015-12-18	201510957557.9	新材料技术研究院	秦明礼	一种碳复合氧化钨纳米粉末的制备方法
541	2015-12-21	201510963746.7	新材料技术研究院	秦明礼	一种制备碳化钼粉末的方法
542	2015-12-21	201510964140.5	新材料技术研究院	秦明礼	一种制备介孔结构碳化钨－碳复合粉末的方法
543	2015-12-21	201510963636.0	新材料技术研究院	秦明礼	一种制备介孔结构氮化钨－氮掺杂碳复合粉末的方法
544	2015-12-21	201510963732.5	新材料技术研究院	秦明礼	一种制备介孔结构氮化钼－氮掺杂碳纳米复合粉末的方法
545	2015-12-21	201510963709.6	新材料技术研究院	秦明礼	一种碳化钛－碳纳米复合材料的制备方法
546	2015-12-21	201510965050.8	新材料技术研究院	秦明礼	一种介孔热解碳的制备方法
547	2015-12-21	201510964139.2	新材料技术研究院	秦明礼	一种制备添加抑制剂的WC-Co纳米粉末的方法
548	2015-12-21	201510963695.8	新材料技术研究院	秦明礼	一种氮化钛－碳纳米复合材料的制备方法
549	2015-12-21	201510965070.5	新材料技术研究院	秦明礼	一种制备氮化钼粉末的方法
550	2015-12-28	201510998660.8	新材料技术研究院	林　涛	一种中子衍射高压腔体的钒基中子透明材料及其制备方法
551	2015-12-28	201510998659.5	新材料技术研究院	林　涛	一种钼钛合金中子透明材料及其制备方法
552	2015-12-29	201511004776.1	新材料技术研究院	刘　波	一种铁铬固废制备铬改性云母氧化铁的方法
553	2015-1-6	201510002870.7	钢铁冶金新技术国家重点实验室	焦树强	一种WS2做正极的铝离子电池及其制备方法

续表

序号	申请日期	申请号	所属单位	第一发明人	专利名称
554	2015-2-4	201510058821.5	钢铁冶金新技术国家重点实验室	包燕平	一种低硅铁水吹炼方法
555	2015-3-30	201510146303.9	钢铁冶金新技术国家重点实验室	高学绪	一种高磁致伸缩性能的Fe-Ga-Al合金带材及其制备方法
556	2015-3-30	201510146302.4	钢铁冶金新技术国家重点实验室	何战兵	一种含大量准晶微米颗粒的多层三明治结构的制备工艺
557	2015-4-3	201510159438.9	钢铁冶金新技术国家重点实验室	李　宇	一种利用冶金中间包覆渣生产陶瓷材料的方法
558	2015-4-20	201510188854.1	钢铁冶金新技术国家重点实验室	焦树强	一种氧化物惰性阳极的制造及应用方法
559	2015-4-21	201510188866.4	钢铁冶金新技术国家重点实验室	焦树强	一种可充电铝离子电池及其制备方法
560	2015-4-21	201510191265.9	钢铁冶金新技术国家重点实验室	李　宇	一种高温熔渣连续改质的工艺方法
561	2015-5-13	201510243839.2	钢铁冶金新技术国家重点实验室	焦树强	一种可充放电铝离子熔盐电池及其制备方法
562	2015-5-15	201510251503.0	钢铁冶金新技术国家重点实验室	刘　青	一种测量搅拌釜混合能力的方法
563	2015-5-26	201510276458.4	钢铁冶金新技术国家重点实验室	郭占成	一种利用富钾板岩与脱硫石膏制备硫酸钾的方法
564	2015-6-8	201510308609.X	钢铁冶金新技术国家重点实验室	李　晶	一种转炉少渣料加入的冶炼方法
565	2015-7-24	201510441350.6	钢铁冶金新技术国家重点实验室	李　晶	一种转炉高碳出钢磷含量小于70ppm的冶炼方法
566	2015-10-30	201510726067.8	钢铁冶金新技术国家重点实验室	张国华	一种利用多晶硅切割废料制备碳化硅粉的方法
567	2015-12-23	201510982886.9	钢铁冶金新技术国家重点实验室	钟怡玮	一种利用水力旋流分离法从钢铁冶金含铁粉尘中回收铁精粉的方法
568	2015-1-8	201510009344.3	国家材料服役安全科学中心	张卫冬	金属铸件疲劳过程内部缺陷演化的检测方法与分析方法
569	2015-2-4	201510059474.8	国家材料服役安全科学中心	张卫冬	一种金属材料疲劳加载试验与疲劳损伤无损检测分析方法
570	2015-4-10	201510170835.6	国家材料服役安全科学中心	兰成明	混凝土内钢筋锈蚀风险原位监测方法
571	2015-5-21	201510263039.7	国家材料服役安全科学中心	孙冬柏	一种金属材料电化学再钝化性能的测试装置及测试方法
572	2015-9-2	201510556217.5	国家材料服役安全科学中心	章立军	一种集多类型传感器的无线传感网络装置及运行方法
573	2015-9-14	201510583966.7	国家材料服役安全科学中心	时　鹏	一种基于图像的金属腐蚀高通量表征实验装置
574	2015-11-17	201510789205.7	国家材料服役安全科学中心	任学冲	一种利用液态金属直接进行3D打印制造的方法和装置
575	2015-11-17	20151078884.6	国家材料服役安全科学中心	任学冲	一种熔融铁合金低重力3D打印制造的方法和装置

续表

序号	申请日期	申请号	所属单位	第一发明人	专利名称
576	2015-12-14	201510929227.9	国家材料服役安全科学中心	孙冬柏	一种管件蠕变性能测试用近服役环境模拟装置
577	2015-12-14	201510927674.0	国家材料服役安全科学中心	孙冬柏	一种蠕变持久试验机用长时连续工作加热炉
578	2015-12-14	201510930973.X	国家材料服役安全科学中心	孙冬柏	一种蠕变持久试验机用加热炉故障更换设备
579	2015-12-14	201510927673.6	国家材料服役安全科学中心	孙冬柏	一种长时连续工作蠕变持久试验机
580	2015-3-30	201510145749.X	钢铁共性技术协同创新中心	宋亚男	基于超声检测技术的金属材料内部夹杂物三维重构方法
581	2015-5-29	201510290695.6	钢铁共性技术协同创新中心	杨　滨	一种测试316LN奥氏体不锈钢晶间腐蚀的电化学方法
582	2015-11-12	201510771524.5	钢铁共性技术协同创新中心	杨　滨	一种AP1000核电站一回路主管道整体锻造方法
583	2015-12-1	201510869608.2	钢铁共性技术协同创新中心	徐　科	一种记忆合金驱动多轴舵机
584	2015-6-3	201510300980.1	东凌经济管理学院	武　森	一种快速分拣大量服装的方法和装置
585	2015-9-23	201510611851.4	国家板带生产先进装备工程技术研究中心	何　飞	一种基于X射线衍射的材料微结构在线检测系统
586	2015-11-9	201510755361.1	国家板带生产先进装备工程技术研究中心	徐　冬	一种基于边缘轮廓的热轧中间坯平面图像拼接方法
587	2015-11-9	201510755435.1	国家板带生产先进装备工程技术研究中心	徐　冬	考虑厚度变化的热轧中间坯镰刀弯检测装置及检测方法
588	2015-9-23	201510611864.1	高等工程师学院	白艳茹	一种脚形数据采集器及脚部形状测量方法
589	2015-10-13	201510670876.1	高等工程师学院	白艳茹	一种自行车智能感压充气装置

2015年实用新型专利申请明细表

序号	申请日期	申请号	所属单位	第一发明人	专利名称
1	2015-1-12	201520017275.6	土木与环境工程学院	唐晓龙	矩阵式介质阻挡等离子体协同吸附－催化分解脱硝装置
2	2015-1-15	201520026299.8	土木与环境工程学院	董颖博	一种多级净化农村微污染水源饮用水的装置
3	2015-3-10	201520135634.8	土木与环境工程学院	宋存义	一种波纹状湿式电除尘器阳极
4	2015-3-18	201520155371.7	土木与环境工程学院	宋存义	一种湿式电除尘器阳极
5	2015-4-1	201520194833.6	土木与环境工程学院	宋存义	一种半干法脱硫专用气力输送成套装置
6	2015-4-2	201520196292.0	土木与环境工程学院	由　爽	温度渗流应力（THM）耦合模拟试验系统
7	2015-4-10	201520217474.1	土木与环境工程学院	王金安	一种双向颗粒流动光弹实验装置
8	2015-4-14	201520224658.0	土木与环境工程学院	宋存义	一种蜂窝状竹胶板湿式电除尘器阳极
9	2015-4-21	201520245002.7	土木与环境工程学院	唐晓龙	一种用于气固反应的配气系统
10	2015-4-27	201520262221.6	土木与环境工程学院	唐晓龙	一种顶置式原位红外分析系统
11	2015-4-29	201520270910.1	土木与环境工程学院	王洪江	一种提高立式砂仓排放浓度稳定性的存贮装置
12	2015-5-25	201520343619.2	土木与环境工程学院	蒋仲安	一种用于矿井综掘面的可调式附壁风筒

续表

序号	申请日期	申请号	所属单位	第一发明人	专利名称
13	2015-5-29	201520365972.0	土木与环境工程学院	吴爱祥	采场膏体充填料热－水－力－化多场性能监测装置
14	2015-6-1	201520368790.9	土木与环境工程学院	何顺斌	一种矿用钻杆固定器
15	2015-6-1	201520368505.3	土木与环境工程学院	王瑞星	一种锚杆用管状储胶器
16	2015-6-25	201520444925.5	土木与环境工程学院	唐晓龙	一种用于气固反应的配气系统
17	2015-6-29	201520456975.5	土木与环境工程学院	吴爱祥	一种膏体浓密机集料井搅拌装置
18	2015-7-3	201520477787.0	土木与环境工程学院	吕文生	快速提高砂仓/浓密机沉砂浓度并增强其流化性的装置
19	2015-7-3	201520477779.6	土木与环境工程学院	吕文生	在充填料浆管道输送中增阻调压的装置
20	2015-7-23	201520540051.3	土木与环境工程学院	李子富	一种自动调控碱度预防厌氧混合发酵酸化的装置
21	2015-7-24	201520543293.8	土木与环境工程学院	吴爱祥	一种膏体浓密机底流循环均质化装置
22	2015-8-14	201520614251.9	土木与环境工程学院	朱米家	一种表面活性剂复配修复石油烃类污染土壤的组合装置
23	2015-8-21	201520639065	土木与环境工程学院	田　伟	一种室内模拟岩心驱油装置
24	2015-9-15	201520719918.1	土木与环境工程学院	张振金	一种弱胶结地层巷道支护系统
25	2015-9-25	201520753543.0	土木与环境工程学院	杨耀东	自卸汽车三通式举升液压系统阀块总成
26	2015-10-16	201520803394.4	土木与环境工程学院	吴顺川	一种透水泡沫混凝土桩复合地基
27	2015-10-16	201520805628.9	土木与环境工程学院	吴顺川	一种可控注浆范围的囊袋式微型承压桩
28	2015-11-2	201520867191.1	土木与环境工程学院	吴爱祥	一种膏体浓密机底流泵机封水应急添加装置
29	2015-11-12	201520906478.0	土木与环境工程学院	周北海	自然增氧渗滤式农村生活污水土地处理装置
30	2015-12-30	201521129541.0	土木与环境工程学院	赵焕娟	一种记录爆轰内部结构的管道系统
31	2015-12-30	201521129832.X	土木与环境工程学院	赵焕娟	一种量化预混气爆轰不稳定度的管道系统
32	2015-7-13	201520504722.0	冶金与生态工程学院	郭汉杰	一种单管式多功能真空精炼系统
33	2015-3-18	201520152814.7	材料科学与工程学院	孟　利	一种隔膜压缩机金属薄膜片弯曲疲劳测量装置
34	2015-4-14	201520224568.1	材料科学与工程学院	康永林	一种板坯连铸机扇形段连铸辊外支撑装置的冷却系统
35	2015-5-5	201520285781.3	材料科学与工程学院	韩静涛	一种桥梁用U型肋热辊压成形装置
36	2015-5-5	201520286224.3	材料科学与工程学院	康永林	一种热轧带钢中间坯的快速连接模具
37	2015-8-12	201520607429.7	材料科学与工程学院	康永林	一种制备大直径半固态合金坯料的装置
38	2015-8-12	201520607279.X	材料科学与工程学院	康永林	一种气冷多管搅拌制备轻合金半固态浆料的装置
39	2015-2-2	201520073041.3	机械工程学院	张复建	一种液力缓速装置
40	2015-3-18	201520153297.5	机械工程学院	陈　丹	一种用于超声扫描显微镜多分辨力检测的换能器装置
41	2015-3-20	201520162422.9	机械工程学院	蒋兴奋	回转举升调平机构
42	2015-3-20	201520163096.3	机械工程学院	王宝雨	一种用于齿轮轴锻造的模具
43	2015-3-20	201520162424.8	机械工程学院	王宝雨	汽车变速器输入轴复合成形锻压模具
44	2015-4-9	201520212794.8	机械工程学院	杨光辉	一种用于安装影像引导放疗装置探测屏的装置

续表

序号	申请日期	申请号	所属单位	第一发明人	专利名称
45	2015-5-15	201520317480.4	机械工程学院	刘晋平	一种应用芯棒的汽车发动机空心气门坯料精确成形组件
46	2015-5-15	201520318242.5	机械工程学院	刘晋平	一种芯棒控制小直径空心坯料精确成形的装置
47	2015-9-25	201520753933.8	机械工程学院	刘东照	一种蔬菜生长箱
48	2015-9-30	201520769250.1	机械工程学院	杨海波	一种热轧钛/钢复合板的防氧化组坯
49	2015-9-30	201520769410.2	机械工程学院	杨海波	一种热轧钛/钢复合板的非对称组坯
50	2015-10-23	201520828782.8	机械工程学院	楼国锋	一种等离子体助燃瑞士卷燃烧器
51	2015-10-30	201520860355.8	机械工程学院	杨海波	一种高超声速风洞测压结构
52	2015-10-30	201520859468.6	机械工程学院	杨海波	一种高超声速风洞测温结构
53	2015-11-3	201520869970.5	机械工程学院	王宝雨	一种大模数大直径圆柱齿轮热轧成形装置
54	2015-11-10	201520891750.2	机械工程学院	杨海波	一种轮椅短车架的挤压铸造系统
55	2015-11-10	201520893089.9	机械工程学院	杨海波	一种控制臂挤压铸造模具的模腔
56	2015-12-9	201521013785.2	机械工程学院	李一泽	一种挤压铸造中的局部增压结构
57	2015-12-11	201521030965.1	机械工程学院	王宝雨	一种大模数圆柱齿轮近净热轧成形装置
58	2015-12-16	201521052944.X	机械工程学院	杨海波	一种汽车控制臂的挤压铸造系统
59	2015-12-17	201521063580.5	机械工程学院	王宝雨	一种斜轧球磨钢球淬火装置
60	2015-12-17	201521066542.5	机械工程学院	王宝雨	一种斜轧球磨钢球封闭罐式多层控制冷却装置
61	2015-12-17	201521064233.4	机械工程学院	王宝雨	一种斜轧球磨钢球罐式多层水冷却淬火装置
62	2015-12-17	201521063749.7	机械工程学院	王宝雨	一种斜轧球磨钢球热处理装置的控制系统
63	2015-12-17	201521066603.8	机械工程学院	王宝雨	一种斜轧球磨钢球余热利用热处理装置
64	2015-12-17	201521064281.3	机械工程学院	王宝雨	一种大直径斜轧球磨钢球热处理生产线控制系统
65	2015-12-17	201521063579.2	机械工程学院	王宝雨	一种大直径斜轧球磨钢球热处理系统
66	2015-12-17	201521064201.4	机械工程学院	王宝雨	一种斜轧球磨钢球封闭罐式控冷回火一体装置
67	2018-8-17	201520620671.8	机械工程学院	阳建宏	一种激光诱导等离子体光谱增强装置
68	2015-2-4	201520079989.X	自动化学院	崔家瑞	一种无轨公交电车智能分线系统
69	2015-3-24	201520169619.5	自动化学院	张育萌	一种超市存包智能牌号
70	2015-4-20	201520241387.X	自动化学院	肖志博	一种基于微控制器控制的节能新型电热开水器
71	2015-9-30	201520771769.3	自动化学院	冯毅南	一种智能节能小风扇
72	2015-10-23	201520828551.7	自动化学院	赵君伟	一种照明控制系统
73	2015-3-3	201520122121.3	计算机与通信工程学院	刘　强	一种非接触隧洞沉降视觉测量装置
74	2015-3-3	201520122100.1	计算机与通信工程学院	张中山	食物链源头监测系统
75	2015-3-16	201520146595.1	计算机与通信工程学院	张晓彤	一种超低功耗工业无线数据采集系统

续表

序号	申请日期	申请号	所属单位	第一发明人	专利名称
76	2015-4-23	201520251671.5	计算机与通信工程学院	王志良	一种车载预警、警告及呼救系统
77	2015-9-23	201520743202.5	计算机与通信工程学院	王志良	一种基于卷积神经元网络的中医舌诊模型的确定系统
78	2015-10-19	201520811234.4	计算机与通信工程学院	王重阳	一种钢包烘烤器故障在线诊断系统
79	2015-10-26	201520834475.0	计算机与通信工程学院	张中山	一种全双工无线通信模拟自干扰消除装置
80	2015-11-18	201520921752.1	计算机与通信工程学院	张中山	一种信号交换装置
81	2015-11-18	201520921969.2	计算机与通信工程学院	张中山	一种用于天线收发隔离的可调平行定向耦合器
82	2015-5-6	201520288064.6	化学与生物工程学院	孙明明	一种动态调节压缩比同步显示P-V曲线的斯特林热机教具
83	2015-11-26	201520964069.6	化学与生物工程学院	叶亚平	一种基于二氧化碳的铁碳微电解降解碱性有机废水的装置
84	2015-1-21	201520040547.4	冶金工程研究院	王　尚	一种带钢表面处理浆料连续供给系统
85	2014-1-23	201520046563.4	冶金工程研究院	王　尚	一种离心式转速可调磨料射流除鳞系统
86	2015-11-4	201520872484.9	冶金工程研究院	徐言东	一种适合轧制中小规格钢板的试验装置
87	2015-1-6	201520006829.2	新材料技术研究院	唐德志	一种埋地金属管道遭受地铁动态直流干扰实验装置
88	2015-1-29	201520061916.8	新材料技术研究院	郝俊杰	一种复合超声均匀分散装置
89	2015-1-29	201520061788.7	新材料技术研究院	郝俊杰	一种弥散强化铜基粉末冶金刹车片
90	2015-3-12	201520139793.5	新材料技术研究院	郝俊杰	一种静电激发式测量粉末冶金材料内耗值的测定仪
91	2015-4-3	201520200936.9	新材料技术研究院	李晓刚	一种用于微量腐蚀性气体氛围下的薄液膜原位测试装置
92	2015-5-14	201520311578.9	新材料技术研究院	郭志猛	一种简易氢气中还原失重测定的装置
93	2015-12-14	201521033140.5	新材料技术研究院	李晓刚	一种适用于野外站点远程连续监测的大气腐蚀监测系统
94	2015-10-28	201520844044.2	钢铁冶金新技术国家重点实验室	刘　青	一种关于旋流器溢流管的阻挡环装置
95	2015-4-10	201520217690.6	国家材料服役安全科学中心	兰成明	混凝土内钢筋锈蚀风险原位监测装置
96	2015-5-21	201520333968.6	国家材料服役安全科学中心	孙冬柏	一种金属材料电化学再钝化性能的测试装置
97	2015-9-2	201520679428.3	国家材料服役安全科学中心	章立军	一种集多类型传感器的无线传感网络装置
98	2015-9-14	201520711235.1	国家材料服役安全科学中心	时　鹏	一种基于图像的金属腐蚀高通量表征实验装置
99	2015-11-17	201520915647.7	国家材料服役安全科学中心	任学冲	一种利用液态金属直接进行3D打印制造的方法和装置

续表

序号	申请日期	申请号	所属单位	第一发明人	专利名称
100	2015-12-14	201521037700.4	国家材料服役安全科学中心	孙冬柏	一种管件蠕变性能测试用近服役环境模拟装置
101	2015-12-14	201521040591.1	国家材料服役安全科学中心	孙冬柏	一种蠕变持久试验机用长时连续工作加热炉
102	2015-12-14	201521040557.4	国家材料服役安全科学中心	孙冬柏	一种蠕变持久试验机用加热炉故障更换设备
103	2015-12-14	201521037699.5	国家材料服役安全科学中心	孙冬柏	一种长时连续工作蠕变持久试验机
104	2015-3-18	201520153297.5	国家板带生产先进装备工程技术研究中心	陈　丹	一种用于超声扫描显微镜多分辨力检测的换能器装置
105	2015-9-23	201520743227.5	高等工程师学院	白艳茹	一种脚形数据采集器
106	2015-9-23	201520742192.3	高等工程师学院	白艳茹	一种人体脚形测量系统
107	2015-9-23	201520747724.2	高等工程师学院	白艳茹	一种人体脚形测量系统
108	2015-10-13	201520803504.7	高等工程师学院	白艳茹	一种自行车智能感压充气装置

2015年发明专利授权明细表

序号	申请日	申请号	所属单位	第一发明人	专利名称
1	2012-7-30	201210269237.0	土木与环境工程学院	刘娟红	一种混凝土粗骨料非常不规则粒形的检测方法
2	2012-8-17	201210295919.9	土木与环境工程学院	王更雨	一种扰动河床防渗治理的方法
3	2012-8-27	201210307878.0	土木与环境工程学院	朱维耀	一种使用纳微米聚合物颗粒开采低渗透油田剩余原油的方法
4	2012-9-4	201210323309.5	土木与环境工程学院	朱维耀	一种使用泡沫复合体系开采油田剩余原油的方法
5	2012-11-9	201210447720.3	土木与环境工程学院	韩　斌	一种矿山采场和巷道掘进工作面底眼防堵塞方法
6	2013-1-8	201310007029.8	土木与环境工程学院	姚　俊	一种厌氧简易岩心驱油模拟系统模拟方法
7	2013-1-16	201310015313.X	土木与环境工程学院	马鸿志	一种提高抑菌保存后餐厨垃圾乙醇发酵产率的方法
8	2013-1-24	201310027418.7	土木与环境工程学院	冯雅丽	一种利用生物质焦制备海绵铁的方法
9	2013-2-27	201310061950.0	土木与环境工程学院	周　喻	一种节理岩体表征单元体积的取值方法
10	2013-3-15	201310084188.8	土木与环境工程学院	金龙哲	一种多驱动方式的避难硐室用空气净化装置
11	2013-4-1	201310110245.5	土木与环境工程学院	李安定	一种Fe掺杂TiO_2纳米管光催化剂及其制备方法和途径
12	2013-4-20	201310138992.X	土木与环境工程学院	王少勇	一种电场强化细粒尾矿原地浸出的方法
13	2013-4-27	201310151624.9	土木与环境工程学院	王洪江	一种矿山活动塌陷区回填处置方法
14	2013-4-30	201310157009.9	土木与环境工程学院	朱维耀	一种模拟微生物驱油的高温高压可视化装置以及模拟方法
15	2013-5-10	201310170360.1	土木与环境工程学院	倪　文	一种还原气氛窑炉快速还原镍渣生产铁镍铜合金粉的方法

续表

序号	申请日	申请号	所属单位	第一发明人	专利名称
16	2013-5-15	201310180678.8	土木与环境工程学院	黄志安	一种黄泥浆添加凝胶防遗煤自燃材料
17	2013-5-17	201310183203.4	土木与环境工程学院	朱维耀	一种开采页岩气的方法
18	2013-7-15	201310296207.3	土木与环境工程学院	高 娜	紧急避险空间的氧烛供氧系统
19	2013-8-2	201310334574.8	土木与环境工程学院	倪 文	一种赤泥深度还原提铁及二次尾渣制备胶凝材料的方法
20	2013-9-5	201310399790.0	土木与环境工程学院	吴爱祥	一种膏体饱和浓度测量装置及其使用方法
21	2013-9-27	201310452807.4	土木与环境工程学院	段旭琴	一种脉冲喷射式泡沫浮选机
22	2013-10-18	201310490151.5	土木与环境工程学院	汪群慧	利用甲乙醇作为酯交换剂制备生物柴油的新方法
23	2013-10-25	201310512983.2	土木与环境工程学院	金龙哲	一种用于煤矿用可移动式应急救生舱的自动化空气净化器
24	2013-10-29	201310520253.7	土木与环境工程学院	乔 兰	一种三维应力下废物地质处置多场耦合试验台架系统
25	2013-10-31	201310530275.1	土木与环境工程学院	蔡珉敏	利用注射器管筒制作的简易岩心驱油测试系统及其模拟方法
26	2013-11-7	201310549934.6	土木与环境工程学院	姜福兴	利用抽帮充填防治沿空巷道冲击低压的方法
27	2013-11-22	201310598485.4	土木与环境工程学院	王贻明	一种缓倾斜薄－中厚矿体的新型采矿方法
28	2013-12-6	201310655494.2	土木与环境工程学院	孙体昌	一种组合添加剂降低海滨钛磁铁矿直接还原铁中钛的方法
29	2013-12-20	201310714538.4	土木与环境工程学院	李子富	一种一体化净化与提纯沼气的装置及其工艺
30	2014-1-24	201410036336.3	土木与环境工程学院	汪群慧	一种处理对甲苯磺酸钠废液同时回收酸碱的装置及工艺
31	2014-2-26	201410067123.7	土木与环境工程学院	孙体昌	一种用高磷鲕状赤铁矿和高炉灰生产直接还原铁的方法
32	2014-5-16	201410210347.9	土木与环境工程学院	吴爱祥	一种膏体充填多场耦合研究装置及其使用方法
33	2014-7-11	201410329465.1	土木与环境工程学院	宋存义	一种重选鼓风氧化提纯工艺及其装置
34	2012-1-20	201210019777.3	冶金与生态工程学院	黄 凯	一种利用山竹渣吸附清除废液中重金属及六价铬的方法
35	2012-7-17	201210247819.9	冶金与生态工程学院	王丽君	利用高温质谱的方法确定过渡金属在熔渣中的价态的方法
36	2012-10-30	201210425027.6	冶金与生态工程学院	李建玲	一种NAF包覆富锂锰基层状正极材料的制备方法
37	2012-12-6	201310659226.8	冶金与生态工程学院	张建良	一种熔融炉处理钢铁厂固体废料工艺方法
38	2012-12-19	201210553216.1	冶金与生态工程学院	于然波	球形铋基Bi-DMF光催化剂的制备及性能检测方法
39	2013-2-22	201310057222.2	冶金与生态工程学院	王新东	一种粉体材料电导率与膜电极阻抗的测试装置与方法
40	2013-3-19	201310088495.3	冶金与生态工程学院	张立强	一种遥控式连铸坯射钉装置与方法
41	2013-5-3	201310160930.9	冶金与生态工程学院	王丽君	IT-SOFC电池堆合金连接体及电池堆的连接方法
42	2013-5-8	201310167403.0	冶金与生态工程学院	国宏伟	一种基于多特征分析的高炉除尘灰成分分析方法

续表

序号	申请日	申请号	所属单位	第一发明人	专利名称
43	2013-5-20	201310187894.5	冶金与生态工程学院	张宗旺	旋流状态下双燃料多级混烧的方法和装置
44	2013-6-5	201310219094.7	冶金与生态工程学院	张建良	一种改善高炉冶炼钒钛磁铁矿中高钛渣流动性的方法
45	2013-6-17	201310239617.4	冶金与生态工程学院	王丽君	一种固体氧化物燃料电池电极自动浸渍系统
46	2013-7-3	201310276920.1	冶金与生态工程学院	陈伟庆	一种易切削钢液中低熔点金属铋的添加方法
47	2013-8-9	201310347373.1	冶金与生态工程学院	黄　凯	逆Irving-Williams顺序生物吸附材料的制备方法
48	2013-8-20	201310364481.X	冶金与生态工程学院	刘建华	一种采用氩氧炉冶炼低碳TWIP钢的生产方法
49	2013-8-21	201310365418.8	冶金与生态工程学院	张建良	一种含钛高炉渣中钛的富集方法
50	2013-9-2	201310392489.7	冶金与生态工程学院	郭汉杰	一种CEO复合型熔融还原炼铁装置及其工艺
51	2013-10-9	201310466944.3	冶金与生态工程学院	张延玲	带桨叶型转子的旋转粘度计及其测量颗粒流体粘度的方法
52	2013-10-9	201310467396.6	冶金与生态工程学院	张　梅	一种用冷轧泥和废玻璃生产泡沫玻璃的方法
53	2013-10-14	201310477512.2	冶金与生态工程学院	李　宏	一种铁水气化脱硅回收纳米SiO的方法
54	2013-11-5	201310541239.5	冶金与生态工程学院	国宏伟	高炉熔渣生产微晶玻璃的连铸压延工艺方法及其设备
55	2013-11-5	201310541499.2	冶金与生态工程学院	国宏伟	高炉熔渣生产微晶玻璃的模铸工艺方法及其设备
56	2013-11-5	201310541643.2	冶金与生态工程学院	国宏伟	高炉熔渣生产铸石的连铸压延工艺方法及其设备
57	2013-11-5	201310542523.4	冶金与生态工程学院	国宏伟	高炉熔渣生产微晶玻璃的烧结工艺方法及其设备
58	2013-11-5	201310544436.2	冶金与生态工程学院	国宏伟	高炉熔渣生产铸石的可控温模铸工艺方法及其设备
59	2013-11-11	201310556866.6	冶金与生态工程学院	侯新梅	利用除杂后的煤矸石为原料制备堇青石质多孔陶瓷的方法
60	2013-11-26	201310611864.2	冶金与生态工程学院	郭兴敏	一种高MgO型烧结矿的复合熔剂及制备方法、及其应用
61	2013-11-27	201310616734.8	冶金与生态工程学院	王静松	一种转底炉直接还原－电炉熔分综合利用硼铁矿的方法
62	2013-12-10	201310664861.5	冶金与生态工程学院	李素芹	超导HGMS-负载Fe吸附耦合工艺处理重金属废水的方法
63	2013-12-10	201310665185.3	冶金与生态工程学院	李素芹	超导HGMS-NZVI耦合工艺处理重金属废水的方法
64	2013-12-10	201310666381.2	冶金与生态工程学院	李素芹	超导HGMS-活性炭耦合工艺处理重金属废水的方法
65	2013-12-10	201310664735.X	冶金与生态工程学院	李素芹	超导HGMS-FEOOH耦合工艺处理重金属废水的方法
66	2014-3-4	201410076628.X	冶金与生态工程学院	苍大强	一种热态熔渣在线改质装置
67	2014-4-4	201410139752.6	冶金与生态工程学院	闫柏军	一种四价铌和五价铌的分离及分析方法
68	2014-4-18	201410156371.9	冶金与生态工程学院	郭　敏	一种用红土镍矿合成共掺杂铁酸镍软磁材料的方法

续表

序号	申请日	申请号	所属单位	第一发明人	专利名称
69	2011-9-19	201110278388.8	材料科学与工程学院	刘雪峰	高耐磨耐蚀自润滑陶瓷维护氧化制备方法及其电解液
70	2012-5-31	201210176269.6	材料科学与工程学院	黄继华	一种AL-Si-Zn-Ge系低熔点铝基钎料及其制备方法
71	2012-6-14	201210196919.3	材料科学与工程学院	郑裕东	一种多聚糖与纳米细菌纤维素的复合伤口敷料的制备方法
72	2012-7-5	201210233001.1	材料科学与工程学院	李殊霞	一种双相不锈钢中空夹层结构件制造方法
73	2012-7-5	201210233146.1	材料科学与工程学院	张麦仓	一种用于轧机设计的材料变形抗力统一模型的构造方法
74	2012-7-16	201210245799.1	材料科学与工程学院	王国杰	利用聚丙烯酸芘甲酯－聚（甲基）丙烯酸二甲胺乙酯共聚物检测核酸序列的范菲菲虎合成的产物
75	2012-9-8	201210365968.5	材料科学与工程学院	李明华	一种提高各向异性磁电阻NiFe薄膜热稳定性的方法
76	2012-9-20	201210353483.4	材料科学与工程学院	黄继华	一种Cf/SiC陶瓷基复合材料与钛合金的复合－扩散钎焊方法
77	2012-9-20	201210353699.0	材料科学与工程学院	黄继华	一种Cf/SiC陶瓷基复合材料与钛合金的复合－扩散钎焊方法
78	2012-9-25	201210360804.3	材料科学与工程学院	康永林	一种连续制备半固态浆料装置
79	2012-9-26	201210363857.0	材料科学与工程学院	王国杰	芘标记的单链DNA荧光探针及其制备方法
80	2012-10-19	201210398254.4	材料科学与工程学院	黄继华	一种铝及铝合金与铜的扩散钎焊工艺
81	2012-10-29	201210419872.2	材料科学与工程学院	王　冬	一种高浓度纳米Al_2O_3复合的耐电晕聚酰亚胺薄膜及其制备方法
82	2012-11-29	201210497491.6	材料科学与工程学院	张　旭	一种加速耐候钢表面锈层稳定化的喷液预处理方法
83	2012-12-12	201210536595.3	材料科学与工程学院	田文怀	热压模具及利用该热压模具制备铝铁合金药型罩的方法
84	2012-12-20	201210560226.8	材料科学与工程学院	李立东	三唑类衍生物、其制备方法及其纳米粒子和纳米粒子的应用
85	2013-1-8	201310005676.5	材料科学与工程学院	李立东	一类吡嗪并二噻吩衍生物及其制备方法
86	2013-1-15	201310014932.7	材料科学与工程学院	龙　毅	一种高耐蚀性稀土－铁铬硅碳磁热材料及其制备方法
87	2013-1-22	201310025560.8	材料科学与工程学院	肖　葵	一种室内综合模拟/快速评价大气环境腐蚀的装置
88	2013-2-2	201310042633.4	材料科学与工程学院	贾成厂	一种近球形钨粉的制备方法
89	2013-2-2	201310042846.7	材料科学与工程学院	赵海雷	一种促进硅基磷灰石电解质材料致密化的方法
90	2013-3-11	201310076729.2	材料科学与工程学院	于　浩	一种二氧化钛纳米粉体改性含氟丙烯酸酯乳液的制备方法
91	2013-3-11	201310076393.X	材料科学与工程学院	乔利杰	一种持续加载压痕式应力腐蚀试验机及实验方法
92	2013-3-13	201310080321.2	材料科学与工程学院	韦玉平	一种制备含Ga笼状化合物的方法
93	2013-3-21	201310092358.7	材料科学与工程学院	王开坤	一种高导电率的铝合金板挤压成形装置及工艺

续表

序号	申请日	申请号	所属单位	第一发明人	专利名称
94	2013-3-25	201310097231.4	材料科学与工程学院	王　戈	聚苯胺级次结构的可控合成方法
95	2013-3-25	201310096692.X	材料科学与工程学院	李　勇	一种不烧氮化硅铁－棕刚玉复合耐火材料的制备方法
96	2013-4-7	201310121671.9	材料科学与工程学院	周张健	弥散析出相强化高Cr高Ni奥氏体不锈钢及热加工方法
97	2013-4-12	201310126361.6	材料科学与工程学院	王　戈	一种多级孔二氧化硅基复合气凝胶的制备方法
98	2013-4-19	201310138461.0	材料科学与工程学院	宋仁伯	一种高强韧高耐磨不锈轴承钢轴承零件的生产工艺
99	2013-4-22	201310140939.3	材料科学与工程学院	刘雪峰	一种温型铸造方法
100	2013-4-23	201310146555.2	材料科学与工程学院	赵海雷	一种锂离子电池二氧化硅/碳复合负极材料的制备方法
101	2013-4-24	201310145924.6	材料科学与工程学院	赵海雷	一种锂离子电池氧化铁负极材料的制备方法
102	2013-4-24	201310145956.6	材料科学与工程学院	赵海雷	一种锂离子电池氧化铁基高性能负极材料的制备方法
103	2013-4-24	201310146573.0	材料科学与工程学院	赵海雷	一种锂离子电池氧化硅/碳复合负极材料的制备方法
104	2013-4-25	201310147886.8	材料科学与工程学院	燕青芝	一种超临界水堆用马氏体钢及其制备方法
105	2013-5-20	201310187373.X	材料科学与工程学院	赵海雷	一种锂离子电池介孔氧化亚硅碳复合负极材料的制备方法
106	2013-5-31	201310211312.2	材料科学与工程学院	曹文斌	一种防污闪绝缘子的制备方法
107	2013-6-3	201310215569.5	材料科学与工程学院	黄继华	一种铝/铜钎焊用锌基钎料及其制备方法
108	2013-6-3	201310215572.7	材料科学与工程学院	黄继华	一种铝/铜钎焊用锡基钎料及其制备方法
109	2013-6-3	201310216081.4	材料科学与工程学院	黄继华	一种铝/铜钎焊用Zn-Al-Cu基钎料及其制备方法
110	2013-6-3	201310216782.8	材料科学与工程学院	黄继华	一种Zn-Al-Cu基钎料及其制备方法
111	2013-6-7	201310226497.4	材料科学与工程学院	姚志浩	一种实现GH4738镍基高温合金铸锭均匀处理方法
112	2013-6-7	201310226997.8	材料科学与工程学院	姚志浩	一种实现GH4738镍基高温合金涡轮盘成形方法
113	2013-6-14	201310234229.7	材料科学与工程学院	姚志浩	一种难变形镍基高温合金超塑性成形方法
114	2013-6-18	201310240523.9	材料科学与工程学院	高克玮	一种评定金属腐蚀产物膜有效孔隙率的方法
115	2013-7-3	201310276079.6	材料科学与工程学院	曹　林	一种添加锰方硼石的铜基摩擦材料的制备方法
116	2013-7-3	201310276365.2	材料科学与工程学院	薛文东	一种可用于中间包的高镁质覆盖剂材料及其制备方法
117	2013-7-16	201310298037.2	材料科学与工程学院	康永林	一种摇摆搅拌装置制备半固态浆料和流变成形设备
118	2013-7-16	201310298280.4	材料科学与工程学院	康永林	一种分流汇合浇道制备半固态浆料装置和流变成形设备
119	2013-7-18	201310302904.5	材料科学与工程学院	连　芳	一种全固态聚电解质薄膜及其制备和应用方法
120	2013-7-19	201310307020.9	材料科学与工程学院	范丽珍	一种碳包覆锂正极材料及其制备方法

续表

序号	申请日	申请号	所属单位	第一发明人	专利名称
121	2013-8-2	201310334681.0	材料科学与工程学院	燕青芝	一种铜基复合材料摩擦块的连续气压烧结方法
122	2013-8-16	201310359168.7	材料科学与工程学院	姚志浩	一种应用于超大型镍基高温合金涡轮盘锻造的包套方法
123	2013-8-23	201310372990.7	材料科学与工程学院	李俊儒	一种马氏体型耐热钢原奥氏体晶界的显示方法
124	2013-8-23	201310373483.5	材料科学与工程学院	刘雪峰	一种多坯料闭式组合孔型拉拔方法
125	2013-8-28	201310381488.2	材料科学与工程学院	曹文斌	一种气相光催化反应装置
126	2013-8-28	201310381587.0	材料科学与工程学院	韩静涛	组合模具板金属连续冲压成形工艺及成形设备
127	2013-9-6	201310404343.X	材料科学与工程学院	曹文斌	一种五氧化二钒溶胶的制备方法
128	2013-9-9	201310407358.1	材料科学与工程学院	龙　毅	稀土铁硅合金从包析反应中得到$NaZn_{13}$结构的退火方法
129	2013-9-25	201310445711.5	材料科学与工程学院	王学敏	一种高Nb原油船货轮舱底板用耐蚀钢
130	2013-9-27	201310452322.5	材料科学与工程学院	王国杰	一种光/pH敏感型芘功能化聚合物胶束的制备方法
131	2013-10-15	201310482098.4	材料科学与工程学院	张　丹	显示珠光体状态的$GCr_{15}SiMn$钢院士奥氏体晶粒的方法
132	2013-10-18	201310489326.0	材料科学与工程学院	王学敏	一种海洋平台用高铝低密度中厚钢板及其制备方法
133	2013-10-18	201310489566.0	材料科学与工程学院	林国标	一种盘形滚刀刀圈合金及其制备方法
134	2013-10-22	201310497601.3	材料科学与工程学院	文新理	钢板生产现场快速检测管线钢包辛格效应的方法及装置
135	2013-10-31	201310529456.2	材料科学与工程学院	任学冲	一种可在线观测的高效冷热疲劳试验装置及方法
136	2013-11-13	201310562449.2	材料科学与工程学院	王丽萍	一种油溶性氧化锡纳米微粒及气敏薄膜的制备方法
137	2013-11-13	201310571294.9	材料科学与工程学院	吕　政	一种高比重高硬度霰弹枪圆柱型弹丸的制造方法
138	2013-12-26	201310740594.5	材料科学与工程学院	宋仁伯	一种球磨机用轻质高锰钢衬板及其制备方法
139	2013-12-27	201310741088.8	材料科学与工程学院	张迎春	一种湿法制备高活性LiH微球的方法
140	2013-12-30	201310743440.1	材料科学与工程学院	张波萍	一种Ga掺杂ZnO织构热电材料的制备方法
141	2013-12-30	201310743768.3	材料科学与工程学院	张波萍	一种Al掺杂ZnO织构热电材料的制备方法
142	2014-1-3	201410003203.6	材料科学与工程学院	王　戈	一种核壳结构的C@P4VP@Au催化剂的制备及应用
143	2014-1-3	201410003584.8	材料科学与工程学院	刘雪峰	一种金属层状复合板带材的短流程高效制备方法
144	2014-1-15	201410017249.3	材料科学与工程学院	燕青芝	一种碳化硅石墨复合材料及其制备方法
145	2014-1-15	201410019407.9	材料科学与工程学院	孙建林	一种高速宽幅铝板带轧制油及其制备方法
146	2014-1-20	201410023732.2	材料科学与工程学院	刘平平	一种用离子预辐照提高低活化材料抗辐照性能的方法
147	2014-1-22	201410030507.1	材料科学与工程学院	孙建林	一种抗硬水的高性能冷轧乳化液及其制备方法

续表

序号	申请日	申请号	所属单位	第一发明人	专利名称
148	2014-1-24	201410036406.5	材料科学与工程学院	刘雅政	一种高强韧性27SiMn钢热处理工艺
149	2014-2-26	201410066985.8	材料科学与工程学院	孙建林	高浓度复合纳米TiO_2/ZnO润滑添加剂及制备方法
150	2014-3-27	201410119208.5	材料科学与工程学院	李　勇	一种高铁镁砂烧结刚玉复合无铬高铁镁砖及制备方法
151	2014-4-18	201410156374.2	材料科学与工程学院	王开坤	铝包镁复合管半固态制备方式中的挤压成形模具及方法
152	2014-5-26	201410225115.0	材料科学与工程学院	李殊霞	一种钛轧制复合板的制造方法
153	2014-5-27	201410228451.0	材料科学与工程学院	李　勇	塞隆结合红柱石/硅线石/SiC耐火材料及制备方法
154	2014-5-27	201410228821.0	材料科学与工程学院	李　勇	塞隆结合红柱石/SiC复合耐火材料及制备方法
155	2014-9-1	201410441401.0	材料科学与工程学院	刘雪峰	一种包覆材料固/液复合水平连铸成形设备与方法
156	2010-11-11	201010541470.0	机械工程学院	李延辉	一种以硅粉作添加剂实现非晶氮化硅粉末的快速晶化方法
157	2012-9-3	201210321744.4	机械工程学院	苏兰海	基于人工标记的高温物体面内位移场的测量系统及方法
158	2012-9-17	201210344565.2	机械工程学院	刘　江	一种新型基于模块化设计的立式加工中心床身结构
159	2012-11-8	201210444261.3	机械工程学院	王　恒	高浓度煤粉燃烧器
160	2013-1-18	201310020115.2	机械工程学院	冯俊小	一种熔融高炉渣气固喷射粒化装置及方法
161	2013-2-25	201310058544.9	机械工程学院	范让林	一种三线扭摆法刚体动力学参数测试台
162	2013-2-25	201310058545.3	机械工程学院	范让林	一种高稳定性的三线扭摆法刚体动力学参数测试台
163	2012-3-20	201210074826.3	机械工程学院	苏庆泉	一种热泵系统及干燥系统以及方法
164	2013-3-7	201310072157.0	机械工程学院	闫晓强	一种轧机振动抑振装置
165	2013-4-8	201310120133.8	机械工程学院	张　辉	一种基于容量法测定气液化学反应速率的装置及测定方法
166	2013-4-15	201310128448.7	机械工程学院	阳建宏	用于活套区冷轧带钢跑偏检测的自供电无线传感器节点
167	2013-5-7	201310163362.8	机械工程学院	张　辉	同步跟踪测定气固吸附过程微热量变化的装置及测定方法
168	2013-5-15	201310178450.5	机械工程学院	童莉葛	一种用于局部调温的空气调节器
169	2013-8-1	201310331443.4	机械工程学院	刘训良	一种连续运行的移动床化学链反应系统
170	2013-8-2	201310334215.2	机械工程学院	豆瑞锋	一种带卷材料径向等效导热系数的测量装置及测量方法
171	2013-8-15	201310356940.X	机械工程学院	曹建国	用于宽幅带钢板形控制的通用变凸度轧辊辊形设计方法
172	2013-8-22	201310368624.4	机械工程学院	孟　宇	一种地下矿用铰接车的驾驶模拟系统
173	2013-9-2	201310392370.X	机械工程学院	陈　兵	一种具有简易窜辊功能的冷轧带钢拉伸弯曲矫直机
174	2013-9-13	201310418010.2	机械工程学院	张欣茹	一种快速高通量可直接测量细胞表面自由能的方法

续表

序号	申请日	申请号	所属单位	第一发明人	专利名称
175	2013-10-14	201310479314.X	机械工程学院	杨翠芹	一种半轴套管的楔横轧精密成形方法
176	2013-11-17	201310575202.4	机械工程学院	刘应书	一种用于沼气低温燃烧脱氧的节能装置及其工艺
177	2014-1-20	201410022976.9	机械工程学院	吴迪平	一种板材张力矫直装置
178	2014-3-19	201410101802.1	机械工程学院	肖成勇	一种工程车辆载重测量装置及方法
179	2014-5-19	201410210411.3	机械工程学院	王宝雨	一种多层箱式加热炉用的快速上下料设备
180	2012-5-23	201210163306.X	自动化学院	胡广大	一种敏感器主安装盒和被动式光学敏感器
181	2012-12-3	201210509245.8	自动化学院	张伏龙	一种基于图像特征的特种车辆仪表类型识别与标定的方法
182	2012-12-3	201210511395.2	自动化学院	白真龙	一种基于计算机视觉的特种部队车辆仪表自动识别系统及算法
183	2012-12-10	201210529624.3	自动化学院	刘　涛	一种低时延的容迟容断传感器网络的组播路由算法
184	2012-12-14	201210546049.8	自动化学院	郭迎春	一种针对特种车辆指针式仪表的半自动校验方法
185	2013-1-18	201310018394.9	自动化学院	刘　涛	OFDM系统中存在I/Q不平衡时的盲载波频率偏移估计方法
186	2013-3-25	201310095932.4	自动化学院	徐令仪	基于油门踏板位置和车速的道路纵向坡度检测装置及方法
187	2013-6-17	201310237706.5	自动化学院	李　擎	基于低压电力线的载波表自组网方法
188	2013-9-13	201310418199.5	自动化学院	陈先中	一种基于溜槽位置判断的多点雷达协同成像装置及方法
189	2013-12-3	201310643539.4	自动化学院	刘　欣	面向孤独症儿童的智能远程社交辅助治疗机器人
190	2012-6-25	201210208163.x	计算机与通信工程学院	李　刚	全天候一体化摄像机防护罩
191	2012-8-27	201210309048.1	计算机与通信工程学院	石志国	一种细粒度的多机器人协作系统任务分配算法
192	2012-12-27	201210581849.3	计算机与通信工程学院	班晓娟	一种交通标志标线只能设计系统及方法
193	2013-2-25	201310057842.6	计算机与通信工程学院	杜利平	基于回溯检查凸集投影的认知无线电主用户定位方法
194	2013-3-7	201310073790.1	计算机与通信工程学院	陈月云	一种适用于超宽带的无线接入控制与时隙分配方法
195	2013-3-20	201310089615.1	计算机与通信工程学院	解　仑	一种大容量晶闸管变流型矢量控制装置的主动防危系统
196	2013-3-21	201310092381.6	计算机与通信工程学院	王志良	一种用于健忘老人或强迫症患者的智能语音提示装置
197	2013-4-17	201310133742.7	计算机与通信工程学院	阳小龙	CDN-P2P中内容属性可区分的流媒体缓存替换方法
198	2013-9-10	201310409920.4	计算机与通信工程学院	马　静	一种基于低功率电小天线的地下低频无线通信系统
199	2013-11-20	201310589891.4	计算机与通信工程学院	周贤伟	一种计算深空通信链路损耗值的方法

续表

序号	申请日	申请号	所属单位	第一发明人	专利名称
200	2014-1-16	201410020003.1	计算机与通信工程学院	杜利平	一种基于典型关联分析的多主用户个数检测方法
201	2014-1-23	201410032230.6	计算机与通信工程学院	皇甫伟	一种多深度层面的航道水文监测信息的可视化方法
202	2013-2-4	201310043982.8	化学与生物工程学院	杨运旭	一种合成制备(S)-(3,4-二氟苯基)环氧乙烷的方法
203	2012-12-14	201210546149.0	化学与生物工程学院	姜建壮	在液相中通过纳米颗粒定向聚集制备有机卟啉单晶的方法
204	2013-7-3	201310276375.6	化学与生物工程学院	罗　晖	一种固定化头孢菌素C酰化酶的制备方法
205	2013-7-29	201310321485.X	化学与生物工程学院	闫　海	一种利用餐厨垃圾培养蛹虫草的方法
206	2013-9-22	201310432381.6	化学与生物工程学院	张　怀	一种提高L-苯丙氨酸基因工程菌产L-苯丙氨酸的方法
207	2013-11-13	201310562605.5	化学与生物工程学院	范慧俐	一种石墨烯/聚苯胺/钴复合吸波材料及制备方法
208	2013-11-26	201310607128.X	化学与生物工程学院	闫　海	一种提高红法夫酵母产虾青素的方法
209	2013-12-2	201310637273.2	化学与生物工程学院	李建强	一种用固相合成法制备Ca_2PbO_4粉体的方法
210	2013-12-5	201310652264.0	化学与生物工程学院	董　彬	一种金属掺杂碳包覆磷酸铁锂微球的制备方法
211	2013-12-5	201310652621.3	化学与生物工程学院	苏　磊	一种基于荧光银纳米簇的检测血清中半胱胺的方法
212	2013-12-6	201310656641.8	化学与生物工程学院	董　彬	一种共沉淀法制备粒径均一过渡族纳米氧化物
213	2013-12-23	201310718532.4	化学与生物工程学院	温永强	一种量子点功能化的纳米纤维检测癌细胞的传感器及制备方法
214	2014-2-21	201410059253.6	化学与生物工程学院	张美芹	一种蜡烛烟灰熏显潜指纹的方法
215	2014-3-5	201410078720.x	化学与生物工程学院	张美芹	一种多金属沉积技术显现潜指纹的方法
216	2012-3-21	201210075551.5	新金属材料国家重点实验室	王　辉	一种轻质高强闭孔泡沫铝合金及其制备方法
217	2012-9-12	201210336476.3	新金属材料国家重点实验室	张济山	一种基于超高强高韧铝合金板材的热机械处理工艺
218	2013-1-5	201310001748.9	新金属材料国家重点实验室	王西涛	一种耐热老化的双相不锈钢及其制备方法
219	2013-1-5	201310002516.5	新金属材料国家重点实验室	王西涛	一种在线检测双相不锈钢热老化状况的方法及系统
220	2013-1-14	201310013155.4	新金属材料国家重点实验室	宋西平	一种制备纳米镁的方法
221	2013-2-27	201310061956.8	新金属材料国家重点实验室	张济山	一种汽车车身用铝合金板材及其制备方法
222	2013-2-28	201310063299.0	新金属材料国家重点实验室	张　跃	一种利用扫描电镜在单根微纳线上制作金属电极的方法
223	2013-4-23	201310143639.0	新金属材料国家重点实验室	宋西平	一种无裂纹锆合金的制备工艺
224	2013-5-20	201310187669.1	新金属材料国家重点实验室	刘雄军	一种基于Ag基非晶合金制备纳米多孔银的方法

续表

序号	申请日	申请号	所属单位	第一发明人	专利名称
225	2013-6-27	201310259647.1	新金属材料国家重点实验室	张 跃	一种ZnO纳米阵列紫外探测器及其制作方法
226	2013-7-17	201310300924.9	新金属材料国家重点实验室	侯陇刚	一种显著改善高强铝合金变形能力和力学性能的处理方法
227	2013-10-18	201310489117.6	新金属材料国家重点实验室	包小倩	一种晶界富钕相被替换的烧结钕铁硼永磁材料的制备方法
228	2013-10-31	201310530812.2	新金属材料国家重点实验室	惠希东	一种TiZrNbVMox高熵合金及其制备方法
229	2013-10-31	201310533010.7	新金属材料国家重点实验室	高学绪	一种利用柱状晶板坯制备取向磁致伸缩薄板的方法
230	2013-11-18	201310577265.3	新金属材料国家重点实验室	张济山	一种7000系铝合金的晶粒细化处理方法
231	2013-11-18	201310582389.0	新金属材料国家重点实验室	林均品	一种高Nb-TiAl合金及其制备方法
232	2014-1-20	201410024330.4	新金属材料国家重点实验室	包小倩	一种弥散强化铁镍软磁材料的制备方法
233	2014-1-21	201410026127.0	新金属材料国家重点实验室	包小倩	一种微细球形Sm-Fe-N系永磁粉的制备方法
234	2014-1-24	201410035393.X	新金属材料国家重点实验室	林均品	一种高铌钛铝基合金板材的制备方法
235	2014-4-10	201410142751.7	新金属材料国家重点实验室	刘雄军	一种Ce-Al-Cu-Ag系大块非晶合金及制备方法
236	2014-4-23	201410165581.4	新金属材料国家重点实验室	张来启	一种制备多孔钼硅硼三相合金的方法
237	2014-4-23	201410164019.X	新金属材料国家重点实验室	张 迪	一种Al-Mg合金及其板材的制备方法
238	2011-8-30	201110253731.3	冶金工程研究院	刘 涛	一种带预矫直的在线加速冷却方法
239	2012-7-20	201210254458.0	冶金工程研究院	刘华强	一种全连续镁合金带卷精整装置及精整方法
240	2012-9-14	201210343143.3	冶金工程研究院	宋 勇	一种模拟系统与Web监控画面的数据通信实现方法
241	2012-12-10	201210528922.0	冶金工程研究院	陈银莉	一种汽车用超高强薄钢板的淬火退火制备方法
242	2013-1-19	201310020430.5	冶金工程研究院	徐言东	坑道自卸车
243	2013-1-23	201310024360.0	冶金工程研究院	赵爱民	一种具有TRIP效应的球墨铸铁的制备工艺
244	2013-3-7	201310073798.8	冶金工程研究院	江海涛	一种高强度高塑性中锰冷轧钢板及其制造方法
245	2013-3-14	201310081126.1	冶金工程研究院	宋 勇	一种热连轧粗轧短行程曲线参数的在线计算方法
246	2013-4-2	201310112938.8	冶金工程研究院	苏 岚	一种低屈强比超高强冷轧钢板及其制备方法
247	2013-9-6	201310403246.9	冶金工程研究院	荆丰伟	提高薄规格热轧不锈钢全长宽度均匀性的变张力控制方法
248	2013-9-17	201310424687.7	冶金工程研究院	张勇军	一种防止逆变颠覆的智能过流保护装置及其控制方法

续表

序号	申请日	申请号	所属单位	第一发明人	专利名称
249	2013-9-27	201310452082.9	冶金工程研究院	江海涛	利用双面包覆铝板轧制超薄镁合金板材或箔材的制备方法
250	2013-12-3	201310642618.3	冶金工程研究院	张　飞	一种冷轧工作辊弯辊控制方法及其应用
251	2014-4-18	201410156354.5	冶金工程研究院	赵爱民	一种改进型Cr8钢轧辊及其制备方法
252	2014-5-21	201410215099.7	冶金工程研究院	邵　健	一种基于多参数的热轧铝板喷射梁分段冷却设定方法
253	2012-3-14	201210067224.5	新材料技术研究院	唐伟忠	一种高功率的微波等离子体金刚石膜化学气相沉积装置
254	2012-3-26	201210082172.9	新材料技术研究院	张深根	一种不锈钢酸洗废液循环处理方法
255	2012-6-14	201210196311.0	新材料技术研究院	李成明	一种金刚石自支撑膜表面平整化方法
256	2012-6-26	201210216056.1	新材料技术研究院	尹海清	一种粉末微注射成形用热塑性粘结剂的制备及使用方法
257	2012-9-20	201210353362.X	新材料技术研究院	董超芳	一种研究磁场载荷下金属电化学行为的实验装置
258	2012-9-21	201210354102.4	新材料技术研究院	邵慧萍	一种用氢化钛粉制备TiAl金属间化合物粉末的方法
259	2012-11-2	201210432365.2	新材料技术研究院	张深根	一种废铝易拉罐绿色循环保级再利用的方法
260	2012-12-14	201210545875.0	新材料技术研究院	孙爱芝	采用保压固化工艺制备各向异性粘结磁体的方法
261	2012-12-28	201210582344.9	新材料技术研究院	郭志猛	一种Mo_2FeB_2基热喷涂合金粉末的制备方法
262	2013-1-6	201310004233.4	新材料技术研究院	董超芳	一种可由PH控制释放的长效智能缓蚀剂的制备
263	2013-1-7	201310004646.2	新材料技术研究院	郭志猛	一种高密度铁基粉末冶金零件的制备方法
264	2013-1-21	201310020390.4	新材料技术研究院	潘德安	一种多场耦合制备磁电复合材料的方法
265	2013-2-19	201310053764.2	新材料技术研究院	高　瑾	微创手术用盘旋状髓核假体的制备方法及应用
266	2013-2-28	201310064487.5	新材料技术研究院	刘　烨	一种制备多孔镍基ODS合金的方法
267	2013-3-19	201310086498.3	新材料技术研究院	曲选辉	一种制备纳米晶Nb-W-Mo-Zr合金粉末的方法
268	2013-3-19	201310086534.6	新材料技术研究院	曲选辉	一种制备小尺寸、薄壁Nb-W-Mo-Zr合金零件的方法
269	2013-3-19	201310086579.3	新材料技术研究院	曲选辉	一种制备微细球形Nb-W-Mo-Zr合金粉末的方法
270	2013-3-25	201310096126.9	新材料技术研究院	孙爱芝	硅酮树脂－铁氧体复合包覆的软磁磁粉芯及其制备方法
271	2013-3-28	201310104789.0	新材料技术研究院	秦明礼	一种制备碳化硅纳米纤维的方法
272	2013-4-10	201310123415.3	新材料技术研究院	郭志猛	一种纳米氧化钇弥散强化钨合金的制备方法
273	2013-4-16	201310130886.7	新材料技术研究院	范丽珍	一种锂离子电池用多孔碳基单块复合材料及制备方法
274	2013-4-25	201310148199.8	新材料技术研究院	郝俊杰	一种弥散强化铜基粉末冶金刹车片及其制备
275	2013-4-26	201310150661.8	新材料技术研究院	魏俊俊	一种研磨抛光机的磨料自动添加装置
276	2013-4-28	201310155646.2	新材料技术研究院	李金许	一种平行力连续自加载装置样品及试验方法

续表

序号	申请日	申请号	所属单位	第一发明人	专利名称
277	2013-5-12	201310173160.1	新材料技术研究院	刘新华	一种铜包铝复合材料界面厚度与性能调控退火方法及装置
278	2013-5-13	201310175547.0	新材料技术研究院	刘新华	一种藕状多孔金属材料的原位反应析出制备装置及工艺
279	2013-5-14	201310178145.6	新材料技术研究院	李金许	一种平行力连续自加载压缩装置样品
280	2013-5-23	201310193629.8	新材料技术研究院	张志豪	一种制备块体β-$FeSi_2$热电和光电转换材料的方法
281	2013-6-3	201310215703.1	新材料技术研究院	董超芳	一种测试薄液膜厚度的装置
282	2013-6-9	201310231261.X	新材料技术研究院	李成明	金刚石自支撑膜－金刚石颗粒－金属复合材料的制备方法
283	2013-6-18	201310240215.6	新材料技术研究院	郭志猛	一种铸件表面反应熔覆氧化铝基涂层的方法
284	2013-6-18	201310240381.6	新材料技术研究院	曲选辉	一种粉末冶金工艺制备纯铁、铁磷软磁合金产品的方法
285	2013-6-18	201310240502.7	新材料技术研究院	刘智勇	一种可定量改变液膜厚度的电化学测量装置及其使用方法
286	2013-6-18	201310241358.9	新材料技术研究院	尹海清	一种高速压制成形制备Al_2O_3弥散强化铜合金的方法
287	2013-6-25	201310254663.1	新材料技术研究院	孔祥华	一种在不锈钢基体上制备阻氢及其同位素渗透层的方法
288	2013-6-27	201310261400.3	新材料技术研究院	秦明礼	一种铜/碳复合空心球颗粒材料及其制备方法
289	2013-7-5	201310280981.5	新材料技术研究院	郭志猛	一种辐照凝胶注模成形方法
290	2013-7-5	201310282171.3	新材料技术研究院	徐晓娟	一种金属零部件的凝胶超声震荡成形方法
291	2013-7-18	201310303961.5	新材料技术研究院	许立宁	高温高压动态电化学测试及pH原位监测实验装置
292	2013-8-15	201310356505.7	新材料技术研究院	尹海清	一种高速压制成形制备FeSiAl合金的方法
293	2013-8-28	201310381994.1	新材料技术研究院	郭志猛	一种采用内氧化法制备氧化钙颗粒弥散强化铁粉的方法
294	2013-9-5	201310400060.8	新材料技术研究院	秦明礼	一种制备高性能复杂形状纯铁软磁产品的方法
295	2013-9-6	201310401759.6	新材料技术研究院	潘德安	一种重金属化学石膏钙硫资源化的方法
296	2013-9-6	201310403433.7	新材料技术研究院	郭志猛	一种基于有机物理凝胶的凝胶注模成形方法
297	2013-9-12	201310414116.5	新材料技术研究院	郭志猛	一种自润滑轴承材料的粉末冶金制备方法
298	2013-9-12	201310415417.X	新材料技术研究院	郭志猛	一种铁粉硫化处理获得高密度铁基汾末冶金零件的方法
299	2013-9-17	201310423341.5	新材料技术研究院	郭志猛	一种高耐蚀性耐候钢的粉末冶金制备方法
300	2013-9-17	201310425182.2	新材料技术研究院	尹海清	一种钼镍铬硼多元硼化物基金属陶瓷的制备方法
301	2013-9-17	201310424272.X	新材料技术研究院	郭志猛	一种钢丝缠绕制备储能飞轮转子环套
302	2013-10-9	201310467022.4	新材料技术研究院	潘德安	一种重金属石膏复合无害化处理方法
303	2013-10-21	201310494939.3	新材料技术研究院	章　林	一种带侧斜面零件的注射成形模具
304	2013-11-13	201310571725.1	新材料技术研究院	张深根	一种用于废旧金属油漆层热脱除的装备和方法

续表

序号	申请日	申请号	所属单位	第一发明人	专利名称
305	2013-11-13	201310571869.7	新材料技术研究院	张深根	一种鳞片状纳米晶高温微波吸收剂的制备方法
306	2013-11-20	201310590509.1	新材料技术研究院	张志豪	一种7000系铝合金高温快速均匀化处理方法
307	2013-11-21	201310590655.4	新材料技术研究院	任淑彬	一种制备二维散热用取向增强Cu复合材料的方法
308	2013-11-21	201310593978.9	新材料技术研究院	任淑彬	一种低成本制备高精度金刚石/Al复合材料零件的方法
309	2013-11-21	201310594027.3	新材料技术研究院	任淑彬	一种低成本制备高精度金刚石/Cu复合材料零件的方法
310	2013-12-20	201310713563.0	新材料技术研究院	吴成义	一种高速重载刹车片的连续加压烧结装置及其烧结工艺
311	2013-12-27	201310740728.3	新材料技术研究院	郭志猛	一种粉末液相模锻制备铝合金的方法
312	2013-12-27	201310741908.3	新材料技术研究院	秦明礼	一种制备难熔泡沫金属钨的方法
313	2013-12-30	201310742106.4	新材料技术研究院	林　涛	一种纳米三氧化钨粉末的制备方法
314	2013-12-31	201310753315.9	新材料技术研究院	谢建新	用于铜包铝复合扁排性能调控的高频感应退火装置及工艺
315	2013-12-31	201310753340.7	新材料技术研究院	谢建新	一种铜包铝复合扁排感应连续退火设备及其工艺
316	2014-1-15	201410018210.3	新材料技术研究院	郝俊杰	一种以$MnCO_3$为原料制备微细球形Mn_3O_4粉末的方法
317	2014-1-15	201410019406.4	新材料技术研究院	章　林	一种轻质铌基合金粉末及零部件的制备方法
318	2014-1-16	201410019050.4	新材料技术研究院	潘德安	一种重金属废石膏减量化无害化资源处置方法
319	2014-1-16	201410019456.2	新材料技术研究院	邵慧萍	一种利用磁流体制备吸波材料的方法
320	2014-1-16	201410019961.7	新材料技术研究院	曲选辉	一种制备细粒径球形铌钛基合金粉末的方法
321	2014-1-20	201410022560.7	新材料技术研究院	张深根	一种去除废旧稀土荧光粉中玻璃渣和硅铝氧化物的方法
322	2014-2-11	201410047534.X	新材料技术研究院	郭志猛	一种金属料浆3D打印无模凝胶成形方法
323	2014-2-26	201410067105.9	新材料技术研究院	秦明礼	一种铜纳米颗粒负载碳球复合材料及其制备方法
324	2014-3-20	201410106155.3	新材料技术研究院	刘新华	一种高性能铜/钛复合管的制备方法
325	2014-3-20	201410106275.3	新材料技术研究院	刘新华	一种铜/钛双金属毛细管的制备方法
326	2014-6-30	201410306561.4	新材料技术研究院	任淑彬	一种发动机气缸活塞用复合材料的制备方法
327	2011-12-13	201110414492.5	钢铁冶金新技术国家重点实验室	包燕平	一种用于连铸保护浇注的装置及保护浇注的方法
328	2012-7-11	201210241154.0	钢铁冶金新技术国家重点实验室	包燕平	一种用于去除中间包钢液夹杂物的吹气精炼装置及方法
329	2013-4-7	201310117067.9	钢铁冶金新技术国家重点实验室	刘　青	一种基于精准热物性参数的连铸坯凝固冷却过程模拟方法
330	2013-5-29	201310206471.3	钢铁冶金新技术国家重点实验室	唐惠庆	一种利用生物质木炭实现鲕状高磷铁矿脱磷的方法
331	2013-6-17	201310239584.3	钢铁冶金新技术国家重点实验室	王丽君	一种低水蒸气含量气体湿度精确控制装置

续表

序号	申请日	申请号	所属单位	第一发明人	专利名称
332	2013-9-9	201310407521.4	钢铁冶金新技术国家重点实验室	郭占成	利用钢铁企业高炉瓦斯灰生产氯化钾的方法
333	2013-9-13	201310416429.4	钢铁冶金新技术国家重点实验室	郭占成	一种超重力分离钒渣中钒资源的方法
334	2013-10-31	201310532855.4	钢铁冶金新技术国家重点实验室	左海滨	一种超高温煤粉燃烧实验装置
335	2013-11-12	201310562442.0	钢铁冶金新技术国家重点实验室	高金涛	一种超重力去除钢水中非金属夹杂物的方法
336	2013-11-29	201310627886.8	钢铁冶金新技术国家重点实验室	郭占成	超重力分离硼渣中硼资源的设备、方法及系统
337	2014-4-23	201410165638.0	钢铁冶金新技术国家重点实验室	张炯明	一种真空蒸馏锰铁提取金属锰的方法及装置
338	2014-5-15	201410205833.1	钢铁冶金新技术国家重点实验室	左海滨	一种高炉喷吹煤性价比评价模型的建立方法
339	2013-10-24	201310508874.3	国家板带生产先进装备工程技术研究中心	王晓晨	一种针对六辊轧机的弯辊力组合板形控制方法
340	2013-1-16	201310018243.3	国家材料服役安全科学中心	冯　强	一种高温稳定γ'相强化的钴基高温合金及制备方法
341	2014-2-21	201410059323.8	国家材料服役安全科学中心	黄尚洪	一种煤焦渣油的固化改性工艺方法

2015年实用新型专利授权明细

序号	申请日期	申请号	所属单位	第一发明人	专利名称
1	2014-7-11	201420384258.1	土木与环境工程学院	宋存义	一种重选鼓风氧化提纯装置
2	2014-7-11	201420381824.3	土木与环境工程学院	宋存义	一种一体化卧式湿法脱硫装置
3	2014-10-29	201420633826.7	土木与环境工程学院	金龙哲	一种避难硐室用空气再生装置
4	2014-12-22	201420821869.8	土木与环境工程学院	乔　兰	一种狭小洞室内精确安装辅助系统
5	2015-1-12	201520017275.6	土木与环境工程学院	唐晓龙	矩阵式介质阻挡等离子体协同吸附/催化分解脱硝装置
6	2015-1-15	201520026299.8	土木与环境工程学院	董颖博	一种多级净化农村微污染水源饮用水的装置
7	2015-3-10	201520135634.8	土木与环境工程学院	宋存义	一种波纹状湿式电除尘器阳极
8	2015-3-18	201520155371.7	土木与环境工程学院	宋存义	一种湿式电除尘器阳极
9	2015-4-1	201520194833.6	土木与环境工程学院	宋存义	一种半干法脱硫专用气力输送成套装置
10	2015-4-2	201520196292.0	土木与环境工程学院	由　爽	温度渗流应力（THM）耦合模拟试验系统
11	2015-4-10	201520217474.1	土木与环境工程学院	王金安	一种双向颗粒流动光弹实验装置
12	2015-4-14	201520224658.0	土木与环境工程学院	宋存义	一种蜂窝状竹胶板湿式电除尘器阳极
13	2015-4-21	201520245002.7	土木与环境工程学院	唐晓龙	一种用于气固反应的配气系统
14	2015-4-27	201520262221.6	土木与环境工程学院	唐晓龙	一种顶置式原位红外分析系统

续表

序号	申请日期	申请号	所属单位	第一发明人	专利名称
15	2015-4-29	201520270910.1	土木与环境工程学院	王洪江	一种提高立式砂仓排放浓度稳定性的存贮装置
16	2015-5-25	201520343619.2	土木与环境工程学院	蒋仲安	一种用于矿井综掘面的可调式附壁风筒
17	2015-5-29	201520365972.0	土木与环境工程学院	吴爱祥	采场膏体充填料热－水－力－化多场性能监测装置
18	2015-6-1	201520368505.3	土木与环境工程学院	王瑞星	一种锚杆用管状储胶器
19	2015-6-25	201520444925.5	土木与环境工程学院	唐晓龙	一种用于气固反应的配气系统
20	2015-6-29	201520456975.5	土木与环境工程学院	吴爱祥	一种膏体浓密机集料井搅拌装置
21	2015-7-3	201520477779.6	土木与环境工程学院	吕文生	在充填料浆管道输送中增阻调压的装置
22	2015-7-23	201520540051.3	土木与环境工程学院	李子富	一种自动调控碱度预防厌氧混合发酵酸化的装置
23	2015-7-13	201520504722.0	冶金与生态工程学院	郭汉杰	一种单管式多功能真空精炼系统
24	2014-11-14	201420681728.0	材料科学与工程学院	叶荣昌	一种旋转盘式球形粉末筛分装置
25	2014-12-9	201420773464.1	材料科学与工程学院	黄继华	一种超高温或大温差环境下剪切强度测试装置
26	2015-3-18	201520152814.7	材料科学与工程学院	孟　利	一种隔膜压缩机金属薄膜片弯曲疲劳测量装置
27	2015-4-14	201520224568.1	材料科学与工程学院	康永林	一种板坯连铸机扇形段连铸辊外支撑装置的冷却系统
28	2015-5-5	201520285781.3	材料科学与工程学院	韩静涛	一种桥梁用U型肋热辊压成形装置
29	2015-5-5	201520286224.3	材料科学与工程学院	康永林	一种热轧带钢中间坯的快速连接模具
30	2015-8-12	201520607279.X	材料科学与工程学院	康永林	一种气冷多管搅拌制备轻合金半固态浆料的装置
31	2015-8-12	201520607429.7	材料科学与工程学院	康永林	一种制备大直径半固态合金坯料的装置
32	2014-10-23	201420617771.0	机械工程学院	窦欣蓓	微型负压超细粒空气净化加湿干燥仪
33	2014-11-12	201420681599.5	机械工程学院	陈　兵	一种水浴加热酸洗实验装置
34	2014-11-26	201420724541.4	机械工程学院	鄢宇勤	涵道式自动空气检测净化仪
35	2014-12-29	201420854027.2	机械工程学院	刘晋平	一种实现无芯棒空心坯料成形的楔横轧模具
36	2015-2-2	201520073041.3	机械工程学院	张复建	一种液力缓速装置
37	2015-3-20	201520162422.9	机械工程学院	蒋兴奋	回转举升调平机构
38	2015-3-20	201520163096.3	机械工程学院	王宝雨	一种用于齿轮轴锻造的模具
39	2015-3-20	201520162424.8	机械工程学院	王宝雨	汽车变速器输入轴复合成形锻压模具
40	2015-4-9	201520212794.8	机械工程学院	杨光辉	一种用于安装影像引导放疗装置探测屏的装置
41	2015-5-15	201520317480.4	机械工程学院	刘晋平	一种应用芯棒的汽车发动机空心气门坯料精确成形组件

续表

序号	申请日期	申请号	所属单位	第一发明人	专利名称
42	2015-5-15	201520318242.5	机械工程学院	刘晋平	一种芯棒控制小直径空心坯料精确成形的装置
43	2018-8-17	201520620671.8	机械工程学院	阳建宏	一种激光诱导等离子体光谱增强装置
44	2014-9-5	201420512617.7	自动化学院	刘　凯	一种无人自动断电控制系统
45	2014-11-3	201420648403.2	自动化学院	郭　辉	一种LED路灯照明系统
46	2014-11-12	201420681559.0	自动化学院	邢贝贝	一种铝电解阳极分布电流精确测量仪
47	2014-12-29	201420853174.8	自动化学院	陈先中	一种能够实时监测高炉料面变化的雷达扫描装置
48	2014-12-31	201420872093.2	自动化学院	郭　辉	一种冷却塔冷却系统
49	2015-2-4	201520079989.X	自动化学院	崔家瑞	一种无轨公交电车智能分线系统
50	2015-3-24	201520169619.5	自动化学院	张育萌	一种超市存包智能牌号
51	2015-4-20	201520241387.X	自动化学院	肖志博	一种基于微控制器控制的节能新型电热开水器
52	2015-4-29	201520269133.9	自动化学院	郭　辉	一种气化煤渣干燥设备及系统
53	2015-3-3	201520122121.3	计算机与通信工程学院	刘　强	一种非接触隧洞沉降视觉测量装置
54	2015-3-3	201520122100.1	计算机与通信工程学院	张中山	食物链源头监测系统
55	2015-3-16	201520146595.1	计算机与通信工程学院	张晓彤	一种超低功耗工业无线数据采集系统
56	2015-4-23	201520251671.5	计算机与通信工程学院	王志良	一种车载预警、警告及呼救系统
57	2015-5-6	201520288064.6	化学与生物工程学院	孙明明	一种动态调节压缩比同步显示P-V曲线的斯特林热机教具
58	2015-1-21	201520040547.4	冶金工程研究院	王　尚	一种带钢表面处理浆料连续供给系统
59	2014-1-23	201520046563.4	冶金工程研究院	王　尚	一种离心式转速可调磨料射流除鳞系统
60	2014-9-1	201420499967.4	新材料技术研究院	兰成明	一种混凝土内钢筋锈蚀与应力状态原位监测装置
61	2014-8-11	201420450891.6	新材料技术研究院	柳　伟	一种油气防砂筛管高温过滤精度观测装置
62	2014-11-24	201420711248.4	新材料技术研究院	张深根	一种废旧18650型锂电池拆分预处理系统
63	2014-12-16	201420796506.3	新材料技术研究院	许立宁	高温高压实时监测溶氧、pH的缓蚀剂评价装置
64	2014-12-19	201420821642.3	新材料技术研究院	刘智勇	一种测试金属材料在液体高压下氢渗透性能的装置
65	2014-12-19	201420821973.7	新材料技术研究院	许立宁	高温高压环境下顶部腐蚀电化学测试装置
66	2015-1-6	201520006829.2	新材料技术研究院	唐德志	一种埋地金属管道遭受地铁动态直流干扰实验装置
67	2015-1-29	201520061788.7	新材料技术研究院	郝俊杰	一种弥散强化铜基粉末冶金刹车片

续表

序号	申请日期	申请号	所属单位	第一发明人	专利名称
68	2015-1-29	201520061916.8	新材料技术研究院	郝俊杰	一种复合超声均匀分散装置
69	2015-5-14	201520311578.9	新材料技术研究院	郭志猛	一种简易氢气中还原失重测定的装置
70	2015-4-3	201520200936.9	新材料技术研究院	李晓刚	一种用于微量腐蚀性气体氛围下的薄液膜原位测试装置
71	2015-3-12	201520139793.5	新材料技术研究院	郝俊杰	一种静电激发式测量粉末冶金材料内耗值的测定仪
72	2014-8-1	201420432620.8	钢铁冶金新技术国家重点实验室	刘　青	一种关于搅拌釜的挡板装置
73	2015-4-10	201520217690.6	国家材料服役安全科学中心	兰成明	混凝土内钢筋锈蚀风险原位监测装置
74	2015-3-18	201520153297.5	国家板带生产先进装备工程技术研究中心	陈　丹	一种用于超声扫描显微镜多分辨力检测的换能器装置
75	2014-12-3	201420746005.4	高等工程师学院	白　鹏	一种双感应双出水节水水龙头

2015年外观设计专利授权明细

序号	申请日期	申请号	所属单位	第一发明人	专利名称
1	2014-12-2	201430491695.9	土木与环境工程学院	周北海	2014-12-2

2015年国际PCT申请明细表

序号	申请日期	申请号	国内优先权申请号	优先权日	单位	第一发明人	名称
1	2015-1-12	PCT-CN2015-072982	201510013367.1	2015-1-12	北京科技大学	朱　岩	一种集合成员关系判定的密码学构造方法及系统
2	2015-02-15	PCT-CN2015-073110	201410077167.8	2014-03-04	北京科技大学	李　宇	一种辉石瓷及其制备方法
3	2015-04-20	PCT-CN2015-076947	201510188866.4	2014-08-22	北京科技大学	焦树强	一种可充电铝离子电池及其制备方法
4	2015-07-13	PCT-CN2015-083915			北京科技大学	徐立坪	基于铁磁材料磁弹性相位时延效应的应力检测系统及方法
5	2015-08-19	PCT-CN2015-087504	201510395194.4	2015-07-07	北京科技大学	解　仑	一种PLC安全防护设备测评方法及系统

续表

6	2015-11-05	PCT-CN2015-093838	201510012649.X	2015-11-05	北京科技大学	朱　岩	一种具有选择和排除功能的群组加解密方法及系统
7	2015-11-27	PCT-CN2015-095729	201510159438.9	2015-04-03	北京科技大学	李　宇	一种利用冶金中间包覆渣生产陶瓷材料的方法

2015年计算机软件登记明细表

序号	登记号	软件名称	单位	第一设计人
1	2015SR124041	井壁混凝土模拟测试工具软件	土木与环境工程学院	由　爽
2	2015SR124046	浅层地热能评价工具软件	土木与环境工程学院	由　爽
3	2015SR243112	智能综采数据采集服务器系统软件	土木与环境工程学院	乔　兰
4	2015SR243574	智能综采无线3G通信一体化信息平台软件	土木与环境工程学院	乔　兰
5	2015SR162090	基于成本控制和工艺优化的转炉流程专家系统软件	冶金与生态工程学院	唐海燕
6	2015SR106518	钢轨轧制CAD-CAE-CAM集成系统	材料科学与工程学院	朱国明
7	2015SR106521	钢轨孔型参数化设计系统	材料科学与工程学院	朱国明
8	2015SR076409	纳米隔热材料基础数据库软件1.0	机械工程学院	乐　恺
9	2015SR075965	微米尺度隔热材料结构模型重构软件	机械工程学院	乐　恺
10	2015SR162455	数据采集与分析系统	机械工程学院	靳添絮
11	2015SR171624	混合动力地下铲运机整车控制器程序软件	机械工程学院	靳添絮
12	2015SR232630	基于蒙特卡洛法三维空间角系数计算软件	机械工程学院	豆瑞锋
13	2015SR035439	轧钢产品质量智能规则预报系统V1.0	自动化学院	王　玲
14	2015SR069220	常用金属材料腐蚀数据库及寿命预测软件	自动化学院	付冬梅
15	2015SR053264	RS编译码实验平台	自动化学院	崔家瑞
16	2015SR053277	无拖曳推力控制器调试软件	自动化学院	崔家瑞
17	2015SR026450	蓄电池性能参数在线监测及故障诊断智能管理软件V2.0	自动化学院	赵小燕
18	2015SR008485	基于Kinect和LabVIEW的转台运动控制人机交互软件	自动化学院	崔家瑞
19	2014SR203595	铝电解阳极导杆电流测量仪软件V1.0	自动化学院	陈建芳
20	2014SR203597	JDSU微型近红外光谱仪测控系统	自动化学院	李　欢
21	2015SR164861	高校学生党员述责测评网络系统	自动化学院	景　鹏
22	2015SR206126	表贴式永磁同步电机频率特性测算软件	自动化学院	李　擎
23	2015SR207291	表贴式永磁同步电机运行状态实时监视软件	自动化学院	崔家瑞
24	2015SR207286	基于Kinect的人机交互控制软件	自动化学院	崔家瑞
25	2015SR206127	四旋翼飞行器状态设定与记录软件	自动化学院	李　擎
26	2015SR208308	基于Android系统的会议提醒与投票系统	自动化学院	景　鹏
27	2015SR256314	太赫兹时域数据分析系统软件	自动化学院	赵小燕
28	2015SR259897	矿山设备对标平台软件	自动化学院	王　莉

续表

序号	登记号	软件名称	单位	第一设计人
29	2015SR047466	高校志愿服务系统app软件	计算机与通信工程学院	赵雅楠
30	2015SR047467	面向硬质材料的ERP企业项目管理系统	计算机与通信工程学院	赵雅楠
31	2015SR083110	基于无线传输普适性环境监测节点数据采集系统	计算机与通信工程学院	张中山
32	2014SRBJ0881	基于高维空间投影的粒子群优化算法系统	计算机与通信工程学院	王洪泊
33	2014SRBJ0882	一种蛙跳改进算法实现系统	计算机与通信工程学院	王洪泊
34	2014SRBJ0883	基于射频识别技术刷卡考勤系统	计算机与通信工程学院	王洪泊
35	2014SRBJ0884	双环协进化粒子群优化算法系统	计算机与通信工程学院	王洪泊
36	2014SRBJ0917	二元三元相图Bezier曲线建模软件	计算机与通信工程学院	包　宏
37	2014SRBJ0984	基于Bezier曲线拟合技术的渣图管家系统	计算机与通信工程学院	包　宏
38	2015SR074194	基于NS2平台的Adhoc洪泛攻击模拟软件	计算机与通信工程学院	高海亮
39	2015SR084128	基于无线传输的可穿戴与定位的姿态监测数据采集系统	计算机与通信工程学院	史雪迪
40	2015SR088828	企业客户关系管理系统	计算机与通信工程学院	高亚萍
41	2015SR088824	考研志愿报名系统	计算机与通信工程学院	宁淑荣
42	2015SR092189	Vice切片动画编辑软件	计算机与通信工程学院	魏　冉
43	2015SRBJ0311	基于B-S的物流行业办公自动化系统	计算机与通信工程学院	赵冲冲
44	2015SR150280	基于虚拟化技术的云计算资源监测系统	计算机与通信工程学院	陈红松
45	2015SR177249	服务器资源管理系统软件	计算机与通信工程学院	陈红松
46	2015SR118741	基于Qt的图像采集处理平台	计算机与通信工程学院	张晓彤
47	2015SR118739	复杂环境下的低功耗自组网温度采集系统软件	计算机与通信工程学院	张晓彤
48	2015SR118961	作业评测系统	计算机与通信工程学院	应文蕊
49	2015SR118945	MyContacts多功能手机通讯录软件	计算机与通信工程学院	闫景阳
50	2015SR118957	虚拟大学生活游戏软件	计算机与通信工程学院	王凤儿
51	2015SR118952	校园小纸条即时通讯软件	计算机与通信工程学院	史骁雄
52	2015SR118940	北京旅游信息管理系统	计算机与通信工程学院	吕圣男
53	2015SR120263	基于WSN网络温湿度监测系统路由器软件	计算机与通信工程学院	李希飞
54	2015SR118006	基于WSN网络温湿度监测系统终端软件	计算机与通信工程学院	李希飞
55	2015SR120266	基于WSN网络温湿度监测系统协调器软件	计算机与通信工程学院	李希飞
56	2015SR120251	利用卡尔曼滤波和信道划分提高TOA测距精度算法软件	计算机与通信工程学院	周国旭
57	2015SR119413	基于加速度传感器和地磁传感器的电子罗盘算法软件	计算机与通信工程学院	周国旭
58	2015SR120273	基于分区域质心加权定位算法软件	计算机与通信工程学院	周国旭
59	2015SR119409	党员发展管理系统V1.0	计算机与通信工程学院	苏庆东
60	2015SR120268	基于气压计的上下楼姿态识别算法软件	计算机与通信工程学院	蔡海飘
61	2015SR120270	基于气压计和加速度计的跌倒识别算法软件	计算机与通信工程学院	蔡海飘
62	2015SR122371	基于AX5043的无线通信传感软件	计算机与通信工程学院	蔡海飘
63	2015SR109100	电子标签管理系统	计算机与通信工程学院	张锐龄
64	2015SR114193	科普资源信息化管理系统	计算机与通信工程学院	徐　洋
65	2015SR114628	大学生笔记空间软件	计算机与通信工程学院	刘宏伟

续表

序号	登记号	软件名称	单位	第一设计人
66	2015SR113232	旅游人力资源管理系统	计算机与通信工程学院	陈红松
67	2015SR113774	随访诊疗咨询系统	计算机与通信工程学院	彭文娟
68	2015SR113081	基于Apriori算法的学生成绩管理系统	计算机与通信工程学院	石　川
69	2015SR116009	在线投票系统	计算机与通信工程学院	仇敬飞
70	2015SR115906	基于java的图书管理系统	计算机与通信工程学院	穆莹雪
71	2015SR115901	学生上课签到软件系统	计算机与通信工程学院	任志远
72	2015SR115908	智能家庭服务机器人系统	计算机与通信工程学院	任志远
73	2015SRBJ0422	基于Android平台的3D魔方游戏软件	计算机与通信工程学院	李建江
74	2015SR118012	简易睡眠分析系统	计算机与通信工程学院	张　龙
75	2015SR118103	掌上税务营业厅软件	计算机与通信工程学院	赵　琦
76	2015SRBJ0423	基于Structs框架的招商管理系统	计算机与通信工程学院	李建江
77	2015SR122995	无线网络异常流量模拟与数据分析软件	计算机与通信工程学院	陈红松
78	2015SR110704	基于北斗定位的环境监测系统	计算机与通信工程学院	陈红松
79	2015SR111031	移动直播助手	计算机与通信工程学院	蔡　霖
80	2015SR115424	环游天下门店销售系统	计算机与通信工程学院	史　可
81	2015SR113491	Linux即时通信系统	计算机与通信工程学院	张少华
82	2015SR113498	基于JAVA的校园新闻发布系统	计算机与通信工程学院	张少华
83	2015SR113415	基于C-S的诊所信息管理系统	计算机与通信工程学院	胡春美
84	2015SR113046	基于VC6.0MFC地磅管理系统	计算机与通信工程学院	刘　静
85	2015SR112005	基于安卓系统的具有条形码识别与定位的文档管理软件	计算机与通信工程学院	黄　赐
86	2015SR128023	低频磁感应通信系统调制解调软件	计算机与通信工程学院	黄琪玮
87	2015SR114772	乳腺癌多维信息采集与评估预警app软件V1.0	计算机与通信工程学院	周靖云
88	2015SR118399	基于单片机的智能风扇温度监控系统	计算机与通信工程学院	冀光海
89	2015SR118596	实验作业管理系统	计算机与通信工程学院	王志友
90	2015SR118601	保险客户管理软件V1.0	计算机与通信工程学院	冯少辉
91	2015SR111441	超级视界用户权限管理系统	计算机与通信工程学院	李春醒
92	2015SR135674	实验室信息管理系统	计算机与通信工程学院	王雪莹
93	2015SR135108	北京市交通部信访管理系统	计算机与通信工程学院	周昱轩
94	2015SR134464	北京市交通运输投诉系统	计算机与通信工程学院	付玥甜
95	2015SRBJ0190	基于Struts和Hibernate的知行测评管理系统	计算机与通信工程学院	赵冲冲
96	2015SR144976	智能温室监测系统	计算机与通信工程学院	刘宏伟
97	2015SR152562	基于推荐算法的社会图书检索系统	计算机与通信工程学院	刘甜甜
98	2015SR151719	标识集上具有选择和排他关系的加密系统	计算机与通信工程学院	朱　岩
99	2015SR151710	支持集合属性操作的加密系统	计算机与通信工程学院	朱　岩
100	2015SR151718	基于椭圆曲线和双线性对的面向群组加密邮件系统	计算机与通信工程学院	朱　岩
101	2015SR151854	基于社会网络分析技术的中医论坛资源挖掘系统	计算机与通信工程学院	张晨萌
102	2015SR016829	基于TDM和FDM的双频段超低功耗温度采集系统软件	计算机与通信工程学院	张晓彤

续表

序号	登记号	软件名称	单位	第一设计人
103	2015SR155862	基于Android的老年人服务系统	计算机与通信工程学院	祁军凤
104	2015SR159074	学生成绩管理系统	计算机与通信工程学院	刘宏伟
105	2015SR159075	计算机专业考研交流系统	计算机与通信工程学院	刘宏伟
106	2015SR172678	基于舆情数据的药物副作用分析系统	计算机与通信工程学院	覃小娜
107	2015SR203606	科技信息管理系统	计算机与通信工程学院	李　冲
108	2015SR203619	电子商务管理系统	计算机与通信工程学院	巴哈德
109	2015SRBJ0535	基于B-S结构平台智能点餐系统	计算机与通信工程学院	陈　磊
110	2015SR181777	基于opencv的背景建模与视频检测软件	计算机与通信工程学院	李　刚
111	2015SR191010	基于外罚法的无基站TOA协作定位软件	计算机与通信工程学院	王　然
112	2015SR190966	TOA自组网拓扑构建及定位算法设计	计算机与通信工程学院	王　然
113	2015SR203491	旅客名单识别软件	计算机与通信工程学院	李志强
114	2015SR208787	蝴蝶时钟软件	计算机与通信工程学院	姜嘉林
115	2015SR213916	基于HL7v3的分布式医疗信息分发系统V1.0	计算机与通信工程学院	罗　熊
116	2015SR220323	中医公众健康服务系统	计算机与通信工程学院	彭　玮
117	2015SR214947	基于过滤驱动的透明加密文件系统监控软件	计算机与通信工程学院	伍中阳
118	2015SR225481	聚财助手	计算机与通信工程学院	林　皓
119	2015SR259892	基于S2SH的影院网上购票系统	计算机与通信工程学院	阿孜古丽
120	2015SR225416	淘金助手软件	计算机与通信工程学院	郑宇航
121	2015SR252576	基于北斗民用数据的地理信息数据管理软件	计算机与通信工程学院	王洪泊
122	2015SRBJ0059	基于Android平台的生活小助手软件	计算机与通信工程学院	王先梅
123	2015SRBJ0075	基于ASM的面部关键点定位系统	计算机与通信工程学院	王先梅
124	2015SRBJ0081	基于背景建模的阴影检测系统V1.0	计算机与通信工程学院	王先梅
125	2015SR023020	基于安卓平台的舌象采集系统	计算机与通信工程学院	王先梅
126	2015SRBJ0076	基于Hog-CSS特征的行人检测系统	计算机与通信工程学院	王先梅
127	2015SRBJ0080	基于平衡型Vector Boosting的人眼状态检测系统	计算机与通信工程学院	王先梅
128	2015SRBJ0060	基于FFT和ZoomFFT算法的数据处理软件	计算机与通信工程学院	王先梅
129	2015SR001638	基于认知科学的中医思维诊疗系统	计算机与通信工程学院	肖　鹏
130	2015SR291365	LED背光模组用自由曲面透镜设计和分析软件	计算机与通信工程学院	陆慧敏
131	2015SR291366	Ⅲ族氮化物LED发光特性分析软件	计算机与通信工程学院	陆慧敏
132	2015SR291360	LED非线性影响下DCO-OFDM VLC系统PAPR分析软件	计算机与通信工程学院	严朝雯
133	2015SR291336	智能交通系统车牌识别软件	计算机与通信工程学院	高　维
134	2015SR260412	基于java的网上订餐系统	计算机与通信工程学院	谢永红
135	2015SR256177	表面缺陷在线监测界面控件库软件	冶金工程研究院	杨朝霖
136	2015SR256223	样本库管理软件	冶金工程研究院	杨朝霖
137	2015SR035520	基于专家系统的电气传动选型设计软件	冶金工程研究院	张勇军
138	2015SR276254	热轧带钢组织性能预报软件	冶金工程研究院	宋　勇
139	2015SR276271	基于FLEX的HMI系统通信开发平台	冶金工程研究院	宋　勇
140	2015SR153148	接地系统与区域阴保系统相互影响关系计算软件	新材料技术研究院	杜艳霞

续表

序号	登记号	软件名称	单位	第一设计人
141	2015SR161348	钢铁生产灰渣信息系统	钢铁冶金新金属国家重点实验室	郭占成
142	2015SR147499	金属材料长时寿命外推计算系统	国家材料服役安全科学中心（筹）	时　鹏
143	2015SR147497	科研设备采购管理系统	国家材料服役安全科学中心（筹）	时　鹏

2015年北京科技大学出版学术专著奖励明细表

序号	专著名称	作者	出版社	所属单位
1	矿冶企业生产事故安全预警技术研究	李翠平等著	冶金工业出版社	土木与环境工程学院
2	金属矿采空区灾害防治技术	宋卫东等著	冶金工业出版社	土木与环境工程学院
3	金属矿膏体充填理论与技术	吴爱祥等著	科学出版社	土木与环境工程学院
4	水库区三维遥感解译与基于GIS的工程地质问题评价	谢谟文等著	中国水利水电出版社	土木与环境工程学院
5	阿尔泰南缘造山－变质环境中的成矿流体	徐九华等著	冶金工业出版社	土木与环境工程学院
6	矿山闭坑运行新机制	赵怡晴等著	冶金工业出版社	土木与环境工程学院
7	内蒙古东乌珠穆沁旗地区燕山期钼（钨）－铅锌（银）成矿系统	谢玉玲等著	地质出版社	土木与环境工程学院
8	中国古代金属材料显微组织图谱总论	韩汝玢等编著	科学出版社	冶金与生态工程学院
9	非高炉炼铁	张建良等著	冶金工业出版社	冶金与生态工程学院
10	女性主义科学编史学研究	章梅芳著	科学出版社	冶金与生态工程学院
11	石化用耐热合金管材的服役行为	张麦仓等著	冶金工业出版社	材料科学与工程学院
12	行星齿轮箱振动故障诊断方法	冯志鹏等著	科学出版社	机械工程学院
13	矿用设备时变不确定性分析与寿命预测	石博强等著	冶金工业出版社	机械工程学院
14	冶金生产过程质量监控理论与方法	徐金梧等著	冶金工业出版社	机械工程学院
15	滚动轴承诊断现场实用技术	阳建宏等编著	机械工业出版社	机械工程学院
16	冷连轧带钢板形控制与检测	杨光辉等编著	冶金工业出版社	机械工程学院
17	热轧带钢板形控制与检测	杨光辉等编著	冶金工业出版社	机械工程学院
18	博弈论及其在无线通信网络中的应用	马忠贵等编著	国防工业出版社	计算机与通信工程学院
19	RFID重大工程与国家物联网	宁焕生等著	机械工业出版社	计算机与通信工程学院
20	MicroRNA Detection and Pathological Functions	张学记等著	Springer Briefs in Molecular Science	化学与生物工程学院

续表

序号	专著名称	作者	出版社	所属单位
21	全球化背景下我国重点产业安全研究	何维达主编	知识产权出版社	东凌经济管理学院
22	在华跨国企业知识转移的理论与实证研究	胡　玲著	对外经济贸易大学出版社	东凌经济管理学院
23	肯定性行动	王凡妹著	社会科学文献出版社	东凌经济管理学院
24	产品类型对消费者连续购买行为的影响研究	姚　卿著	经济科学出版社	东凌经济管理学院
25	中国科学院院士专利分析	俞文华著	知识产权出版社	文法学院
26	知识产权强国评价体系研究	俞文华著	知识产权出版社	文法学院
27	科技创新与文化建设的理论与实践	钱振华著	知识产权出版社	马克思主义学院
28	社会变迁与共和国同龄人的生命历程	边　静著	世界知识出版社	外国语学院
29	哈罗德品特戏剧创作的内动力	陈红薇著	中国人民大学出版社	外国语学院
30	记者、小说与知识分子关系	高西峰著	中央编译出版社	外国语学院
31	汉语功能句法分析	何　伟等著	外语教学与研究出版社	外国语学院
32	英语功能句法分析	何　伟等著	外语教学与研究出版社	外国语学院
33	油气工业的腐蚀与控制	路民旭等编著	化学工业出版社	新材料技术研究院

2001～2014年北京科技大学SCIE、EI、CPCI-S在全国高校排序表

年份	SCIE	排名	EI	排名	CPCI-S	排名
2001	197篇	23名	223篇	16名	32篇	48名
2002	287篇	22名	206篇	22名	64篇	40名
2003	255篇	24名	254篇	22名	56篇	49名
2004	241篇	31名	347篇	25名	34篇	71名
2005	383篇	26名	571篇	27名	156篇	42名
2006	376篇	34名	618篇	27名	147篇	54名
2007	441篇	33名	838篇	25名	296篇	36名
2008	552篇	33名	981篇	22名	373篇	42名
2009	577篇	37名	941篇	29名	335篇	36名
2010	680篇	39名	1156篇	26名	608篇	30名
2011	816篇	33名	1137篇	28名	473篇	13名
2012	911篇	36名	1225篇	25名	520篇	13名
2013	1234篇	33名	1606篇	23名	342篇	25名
2014	1445篇	32名	1911篇	17名	363篇	23名

数据来源：中国科学技术信息研究所

产业工作

【概况】2015年，科技产业按照学校综合改革的总体部署，制定了“依托学校，面向市场，规范管理，创新驱动，科学发展”的发展思路，克服整体行业形势低迷的情况，重点做好了企业规范化建设、提高科技园与孵化器管理水平、提升分析检验中心自主检测能力和搭建企业沟通交流平台等方面的工作，始终坚持以理顺投资企业产权关系为重点，促进科技产业健康发展。至2015年12月，学校科技产业全口径统计企业共有48家，其中全资企业8家，控股企业6家，参股企业34家。职工总计900余名，其中学校编制职工37名。2015年1～12月，投资企业共实现总产值9.53亿元，较上一年同期下降13.8%，实现净利润7792.70万元。至12月底，投资企业总资产为17.89亿元,科技产业实际占有净资产为2.1亿元，较上一年同期上升7.7%。

（刘　焱、张宏伟）

【资产公司发展概况】2015年，资产公司克服经济增速下滑、钢铁行业低迷的影响，在压缩成本、提高工作效率的同时，注重进一步理顺科技产业的管理体制和机制，规范企业分红行为，进一步加强企业规范化建设。

①理顺产业管理体制，提高决策效率。根据北京科技大学经资委会第14次会议要求，资产公司将《资产公司管理体制和议事规则》分为《经资委议事规则》和《资产公司议事规则》，从而进一步明确了北京科技大学科技产业的管理体制、决策机制和管理权限，确保科技产业管理体制的科学性和决策机制的高效性。此外，资产公司进一步完善各类管理制度，制度建设取得一定成效。

②推进企业清理整顿，确保国资安全。为进一步规范投资企业管理，确保国有资产安全，资产公司严格按照国有资产管理的各项规定，继续开展规范化建设，年内共完成了5家企业的清理整顿。一是完成了鑫冶机电的股权转让的挂牌工作。二是继续推进科大博联、科大迈捷和科大华科三家公司的清理工作。三是完成了永兴公司股权无偿划转的备案和工商变更工作。

③规范投资企业管理，规避经营风险。年内，按照《北京科技大学校办企业管理办法》等企业管理制度，进一步规范投资企业管理，及时规避企业经营风险。一是全面落实投资企业股东代表、董事、监事派出制度，科技产业共参加各企业召开的“三会”近20次。二是加强财务监管，通过企业财务报表实时了解和掌握科技产业所属企业的经营状况，及时规避经营风险。三是认真做好投资企业的审计管理工作，全年共完成了12家全资控股企业的审计工作，参股企业审计率近50%。

④加强国资考核管理，维护校方权益。为保证资产公司出资人的合法权益，资产公司认真落实财政部、教育部、北京科技大学等上级部门的文件精神，进一步加强国有资产的日常管理与年终考核工作，规范企业分红行为。一是完成了财政部和教育部下发的包括财务会计决算、财务月度快报、国有资本收益、校办产业统计在内的11项统计工作的上报。二是完成了北京市教委下发的《北京工业年鉴》北科大部分的上报工作。三是完成

了北京科技大学下发的包括社科统计、学校对外投资、教育信息公开等在内的4项统计工作的上报。2015年全年，资产公司收到企业分红和任务款共计637.06万元。

⑤配合上级国资检查，明确整改思路。年内，按照上级主管部门的要求，资产公司配合完成3次涉及企业国有资产的检查工作，本着“以查促改、边查边改”的原则，以检查为契机，发现问题、理清思路。一是对投资企业管理制度等33项制度进行了梳理，基本理清投资企业的管理制度，发现部分资产管理制度缺失、部分制度执行不到位、制度制定和发布不规范等问题。二是梳理出学校的投资企业48家，基本理顺投资企业的产权关系，但部分企业依然存在产权不清晰，企业国有股权未按规定划转、清理、报批等问题。三是结合企业国有资产检查，基本明确了下一步的工作思路及工作重点。

（张宏伟、李嘉芷）

【全资企业】①科技园和孵化器在继续做好企业房屋租赁的基础上，不断加强自身能力建设，提升管理与服务水平，在高新技术企业孵化、科技成果转化、创新创业人才培养等方面均取得一定成绩。在孵化服务方面，至年底，方兴大厦在园企业59家，年内新注册企业15家，新注册海归创业企业7家；为园区6家初创留创企业申请政府扶持、奖励资金合计106万元；联合兄弟园区共同举办“中关村留学人员精品项目推介会”，科技园10家留创企业项目入选精品项目集、2家企业进行现场路演并获得天使投资100万元；提供资质认定、项目申报、人事、法律、知识产权、投融资等各类咨询及服务累计300余人次，累计咨询服务费收入4.2万元，开展各类培训、宣讲、交流等累计100余人次。在成果转化方面，年内，制订了《中试项目产品推广激励方案》等文件，探索出产学资企孵化、创业大赛筛选、协同创新合作3种项目中试孵育模式；继续推进西三旗和沙河百善中试基地建设，入驻基地的分级等温淬火磨球项目、高硅铝复合材料项目、生物质吸附材料治理重金属污染项目等3个中试项目均取得阶段性成果；先后与山东省金乡市等国内外各类机构开展“校－地－企”产学研合作交流与对接，全年累计提供技术交流及技术咨询服务70余次。

②宏洁物业公司认真做好了方兴大厦和西三旗校区的经营管理工作，保证安全稳定、提升服务质量。管理区域资产管理运营良好，无投诉、无纠纷、无安全责任事故。重点调研周边房屋租金情况，适时调整房屋租赁价格，确保国有资产获得良好收益。全面落实各项物业管理制度和管理措施，加强物业管理培训，更新方兴大厦停车场管理系统，规范停车场管理，切实维护好与租户、业主的关系。西三旗校区全年除去学校自用,其余各项费用收取率为100%。

③分析检验中心加强自身能力建设，大力开拓，取得了可喜的成绩。一是通过自主实验室建设、扩展外部实验检测资源等方式，完善产品检测服务体系，全面提升检测服务能力，实现了检测业务的快速发展。二是继续做好实验室质量管理和检测资质建设，年内完成CNAS、CMA监督和扩项二合一评审工作，截至年底，分析检验中心实验室质量体系涵盖24个大检测领域340个认可项目。2015年累计发出规范的“科测”报告990份，CNAS、CMA资质报告320份。三是加强机加工中心的管理，完善服务体系，进一步拓展加工服务能力，年内共计完成2560批次加工任务。四是积极争取政府的科技项目支持，累计获得项目资金300余万元。五是“冷弯型钢产品检测中心”建设工作顺利推进，年底与冷弯型钢协会合作完成波纹钢管类产品首批企业产品认定工作。六是“北科标样”工作

成效显著，作为第四届全国大学生金相技能大赛唯一指定样品供应商，已累计面向70多所高校实现样品销售，获得广泛好评。

（张慧秋、黄　瑛、陈兴禹、刘亚东）

【天工大厦】2015年，天工公司根据学校对天工大厦年度工作的总体要求，重点在顺利续签新签房屋租赁合同、保证安全稳定、提升服务质量、进一步加强内部管理4个方面开展工作。通过公司全体员工的共同努力，比较好地完成了公司全年的工作计划和任务指标，也为今后继续保持长期稳定的经济收益和提高公司规范化管理水平奠定了良好的基础。全年大厦签约进驻企业95家，出租面积66049.25平方米，出租率为100%，商业配套签约进驻服务企业7家，出租面积11731.67平方米，出租率为100%，完成全年财务收支预算，超额完成年度上缴经济任务指标。大厦资产管理运营良好，无安全责任事故，固定资产账物相符率100%，设备设施运行维护及完好率达到100%，客户满意率达到99%以上。“中关村高端人才创业基地”再创新高，年内，基地企业总产值超过40亿元，纳税超过1.5亿元。新申请并授权各类专利、软件著作权、商标等147件。获得各类政府专项14项，支持资金5662万元。获得荣誉及行业资质43项，企业获得其他投融资1.78亿元，并购重组涉及资金超过20亿元，接待全国各类调研、来访交流团组5次。基地入驻企业中“千人计划”入选者14人，“海聚工程”入选者11人，“高聚工程”入选者15人，“青年英才”入选者13人，外籍院士2人；高新技术企业50家，“瞪羚计划”入选企业9家，重点瞪羚4家，上市企业4家，准备上市企业 9家；企业博士后工作站1个，企业院士工作站1个。北京市经济和信息化委员会中小企业服务平台资金补贴项目顺利通过补助150万元。

（刘　临、孙　桐）

【参控股企业】2015年，钢铁行业仍处于转型升级的“阵痛期”，从业企业面临的生产经营形势依然严峻，学校科技产业80%以上的企业主营业务围绕钢铁行业开展。从统计数据来看，仅13家企业主营业务收入较去年增加，14家企业净利润较上一年增加，且增幅都不大，超过45%的企业账面亏损。面对依然严峻的行业形势，各企业在困境中求发展，不断探索转型发展的新途径和新方向。其中赛能杰公司积极开展环保节能燃烧技术的国际合作，引进美国日本先进的技术和设备，取得不错进展。该公司正积极推进新三板上市。中冶公司和北科麦思科自动化公司克服严峻的行业形势，分别向资产公司分红261万元和150万元，为科技产业的发展做出了突出的贡献。

（张宏伟、于　伟）

【党建和行政工作】2015年，科技产业集团党委按照学校的党建工作要求，认真贯彻中共十八大和十八届三中、四中、五中全会精神，立足科技产业党建工作实际，不断改进党建工作方法，创新工作思路，进一步加强领导班子建设和基层党组织建设，为科技产业转型发展和持续健康发展提供了坚强的思想和组织保证。

①2015年，科技产业集团党委进一步加强组织领导，严明党的政治纪律和政治规矩：一是按照学校党委关于党代会召开的部署，作为召集人，组织几家单位参加了中国共产党北京科技大学第十一次党代会的预备会和正式大会，科技产业集团全体代表都出席了党代会，认真履行代表职责，圆满完成参会任务。二是加强理论中心组学习，认真学习贯彻中共十八大和十八届三中、四中、五中全会精神。三是认真贯彻落实党的群众路线教育实践活动，加强党风廉洁责任制建设。四是进一步改进工作作风，建章立制，形成作风建设的长效机制。

五是结合《条例》和《准则》的学习，开展“三严三实”专题教育。六是按照学校关于召开第八届教工代表大会和第16届工会代表大会的工作，科技产业集团召开全体工会会员大会，选举产生集团参加学校教代会（工代会）的代表。

同时，产业集团党委也深入开展调查研究，抓好基层党建工作，力争协调好企业在业务发展和基层党建的共同发展。通过研究部署基层党建重要工作，统筹推进学习型、服务型、创新型党组织建设。党委也注重加强党员队伍建设，提高党员发展质量，严格党员教育管理，认真贯彻执行党内组织制度。

②年内，科技产业集团进一步改进工作作风，深入贯彻落实党的群众路线教育实践活动精神。进一步精简会议，集团党委和行政班子十分注意严控会议数量和规模，压缩会议时间。科技产业集团全年无因公出国（境）计划。严格按照学校关于办公用房整改的各项要求，至年底，科技产业集团党政领导班子的行政办公用房已全部整改到位，清理腾退出行政办公用房约20平方米，并已转作其他职工用房。加强“三公”经费和办公经费管理，厉行节约，防止浪费。截至年底，三公经费与上一年同期相比下降10%，其中公务招待费比去年同期下降69%。严格公车管理，起草并通过了《资产公司公车管理规定》，杜绝公车私用。

（刘　焱、李嘉芷）

附　录

北京科技大学企业一览表

单位：万元

序号	公司名称	法人	注册资本
1	北京科大资产经营有限公司	王维才	4500
2	北京科大科技园有限公司	刘俊友	1000
3	广东北科科技发展有限公司	何新波	600
4	北京科大天工科技服务有限公司	张卫钢	500
5	北京科技大学设计研究院有限公司	唐　荻	1500
6	北京科大恒兴高技术有限公司	唐　荻	500
7	北京宏洁物业管理有限公司	刘　焱	100
8	北京科大分析检验中心有限公司	张明忠	100
9	北京科大永兴科技有限公司	张深根	500
10	北京科大印刷有限公司	张文平	200
11	北京科大华科高新技术有限公司	郭　俊	100
12	北京科大方兴加油站有限公司	张　岩	200

续表

序号	公司名称	法人	注册资本
13	北京科大方兴科技孵化器有限责任公司	刘　临	100
14	北京首科兴业工程技术有限公司	陆　钢	1000
15	北京科大华冶工程技术有限公司	王满元	300
16	北京科大鑫冶机电设备有限公司	高　庆	100
17	北京中渣冶金技术有限公司	牛四通	50
18	北京科大博联科技发展有限公司	黄重国	50
19	北京科大机翔科技有限公司	胡正寰	100
20	北京科大迈捷科技有限公司	闫晓强	100
21	北京科大京科技术有限公司	王振声	100
22	北京科大方兴高新技术有限公司	王剑军	100
23	北京科大常青藤教育科技发展有限公司	滕立新	10
24	北京科大京都高新技术有限公司	刘　勇	108
25	北京北科麦思科新材料技术有限公司	刘伟嶂	1000
26	常熟中科创管理有限公司	李　军	200
27	北京科大国泰能源环境工程技术有限公司	李士琦	200
28	北京科大和兴科技有限公司	刘　钊	50
29	莱芜钢铁冶金生态工程技术有限公司	姜　雷	1000
30	赛能杰高新技术股份有限公司	刘　洪	5000
31	北京科大朗涤环保工程技术有限公司	黄钢汉	1000
32	亿源科大磁性材料有限责任公司	丁穆源	5000
33	北京科大森浪信息技术有限公司	王宗杰	501
34	北京新材料孵化器有限公司	王　兵	500
35	北京科大联创冶金技术有限公司	刘京山	220
36	北京北科威斯迈技术发展有限公司	向永清	200
37	时光科技有限公司	杜宏斌	3000
38	蓝天科大新材料有限责任公司	朱明龙	7500
39	北京北科麦思科自动化工程技术有限公司	刘伟嶂	3334

续表

序号	公司名称	法人	注册资本
40	北京银河昊星置业投资有限公司	洪　亮	1000
41	北京联力源科技有限公司	苏庆泉	100
42	北京科光磁性材料有限公司	黄光南	50（美元）
43	北京科大中冶技术发展有限公司	陈向明	2452.662342
44	北京首钢中冶机电设备有限公司	鲍生旭	500
45	北京中关村海归文化发展有限公司	周树鑫	140
46	中联先进钢铁材料技术有限责任公司	才　让	11000
47	新冶高科技集团有限公司	张启富	7500
48	中国高科集团有限公司	韦俊民	29332.8001

科研基地及研发平台

“重大工程材料服役安全研究评价设施”暨“国家材料服役安全科学中心（筹）”

【概况】“国家材料服役安全科学中心（筹）（以下简称NCMS）”于2008年12月由国家发展改革委员会批复组建，依托于我国重大科技基础设施“重大工程材料服役安全研究评价设施”（以下简称MSAF），由“重大工程材料服役安全研究评价设施”项目建设指挥部（以下简称指挥部）负责相关筹建工作。NCMS位于国家自主创新基础能力建设“十一五”规划研究实验体系的最高层，是首个由教育部部属高校承建的国家科学中心，中心位于北京市昌平区的中关村国家工程技术创新基地，共占地316666.67平方米（475亩），建设总投资约12亿元，建成后将达到研究人员（含客座研究员、访问学者、博士后）500人，研究生（含博士、硕士研究生）2000人的规模。

NCMS建设包括力学-化学多场耦合环境结构材料实验装置、多相流环境结构材料实验装置、高温高压水汽环境结构材料实验装置等在内的八套具有公共性、通用性，开放共享、世界领先水平的大型的工程结构材料服役安全科学研究实验装置。建设目标是通过设施建设，全面提升大尺寸/全尺寸构件及材料的试验研究能力和安全评价技术的整体实力，建立我国自主的工程材料安全服役标准和规范。在建设世界先进水平的大型工程结构材料服役安全科学研究试验装置基础上，NCMS大力推进国际化建设进程，积极创新管理体制和运行机制，创造汇聚一流人才的学术环境，立足为解决制约经济社会发展的重大科技问题提供科技支撑。

（于龙洋）

【人员状况】NCMS本着“以我为主，按需引进，为我所用”的原则，在建设期间注重人才的汇集，有计划、多层次、多渠道地引进国内外各类专业科学、技术和管理人才，注重复合型人才的吸纳和培养，使师资队伍结构不断优化。2015年，NCMS共有建设人员76人（包括北京科技大学42人、中科院沈阳金属研究所9人、西北工业大学10人、哈尔滨工业大学15人），其中专职在编人员32人，具有博士学位的教师比例为64%，具有高级专业技术职务的教师比例为44%，海外毕业及外校毕业教师比例为61%，35~45岁教师占41%，现有院士1人、国家千人/外专千人计划特聘教授2人、荣誉教授4人、客座教授4人、高级顾问3人及10余位长期在中心工作的高端外国专家，初步形成了一支结构合理、学科交叉、人员精炼、整体水平较高的科研管理团队。

（贺诗淇）

【装置建设工作】在装置建设工作中，各子项目通过技术研讨、测试验证、多方协调不断优化完善各项技术指标，4个子项目主体装置与配套设备共15个系统42台（套）设备陆续到货，6台（套）设备已完成开箱验收工作。围绕装置建设运行的若干关键技术累计申请专利50项，其中发明专利32项。2015年完成含蠕变疲劳试验机、真三维X射线断面分析仪、特殊地域环境结构材料试验装置等设备在内的招投标工作。

多相流子项目组完成了高温高压、常温常压试验环路等设备非标设计工作，完成主要设备包括循环泵、循环压缩机及气液分离器等主体设备的制造。重点解决了气液分离及气相支路的优化设计与设备配置，大幅降低了设备造价；优化了环路模拟顶部腐蚀工艺设计，拓展了装置的功能；实施DCS控制系统，提高了装置自动化水平；解决了二套试验环路同时变角度抬升问题和抬升系统。高温高压子项目完成5次监造任务，主体设备预计2016年3～4月进行出厂检验。重点解决了管道微裂纹硼泄漏的检测，硼泄漏量实现装置自动停机可行性验证，保证装置能够自动停机；对螺旋管附加应力、试验管干扰力等的初步现场测试；确定了各装置系统的出厂测试验证方案；完成了亚临界和超临界装置的初步试运行。自然大气子项目完成了现场设备监造，装置安装与基建对接、钢平台制造及基于安全、智能和人性化的软件功能设计。特殊地域子项目组完成了多种环道加速加载系统详细设计方案的比对，对加载子系统和环境模拟子系统的实施方案进行了创新设计；通过对环道供电系统的非标设计，突破了供电系统局限对装置速度的制约，将环道加载系统的运行速度提高到60km/h，提高了加载效率。力学化学子项目组完成了高性能电液伺服多点协调加载系统、六自由度加载装置的现场预验收；超声波（超高频）疲劳试验机、振动测试系统、光学形变测量系统、电化学测试仪和超声探伤仪等设备均已完成开箱验收工作；完成了3000t试验机合同的签署；基本完成反力墙、强力地板的主体结构施工。蠕变子项目组重点攻克了长时蠕变持久试验机详细设计方案和样机的试制以及关键技术验证性试验，长时连续可靠工作时间可达30万小时以上；突破了高温水蒸气、氢气、熔盐腐蚀等环境模拟装置与力学加载主机、变形测量系统之间的动态密封、结构配合等关键技术，完善了高温水蒸气环境、高温氢气环境、变温－变载等六大类特殊功能蠕变持久试验机的设计方案。开放共享子项目组明确了实验数据管理系统的数据采集接口规范，保障了所有装置的实验数据及实验过程的集中存储；配合完成园区校园网及与校本部互联建设，完善专门用于实验数据采集的试验网设计方案；初步建立了工程材料失效数据平台框架；确定了子项目与仿真系统的软、硬件系统的对接方案；深化了工程材料全生命周期安全评价的设计理念，扩展了工程结构材料的预测与健康管理分析模块。

（陆永浩、于龙洋）

【装置招标和园区建设工作】2015年完成含蠕变疲劳试验机、特殊地域环境结构材料试验装置等设备在内的招投标工作，共完成投资额合计3566万元。

在蠕变疲劳试验机、特殊地域环境结构材料试验装置的招标工作中，面临着试验机种类多、设备台套多、功能复杂等诸多难题，子项目负责人、工程部相关工作人员在指挥部的统一领导和指挥下，广泛调研、集中攻关、各个突破、化繁为简，保障了项目招标工作的顺利开展。在完成大型物理实验装置的招标工作的同时，NCMS大力开展了招投标档案工作的整理和归并工作，在吸收借鉴上海光源等单位的档案管理经验的基础上，整理了招标项目的启动、款项拨付、验收等方面的流程和具体内容，进一步完善了装置、设备的验收流程。

园区建设方面，在指挥部和基建处的共同努力下，昌平创新园的土建工作已进入收尾阶段，其中力学化学试验厂房的主体结构已完工；办公区A、B楼完成土建施工，正在进行外幕墙装饰施工；园区外线工程已全部完工；园区道路、围墙已完成招标工作，主楼和专家宿舍的精装修、园区的绿化工程已启动招标工作。在土建与设备基础的对接工作中，组织专家和设备厂家对非标设备，如自然大气子项目环境仓、高温高压子项目超临界－亚临界实验装置、多相流实验装置等进行了专业基础设计和用电负荷设计，等待地基完成准备进场施工安装。

（杨　斌、王志强）

【国际化进程推进工作】2015年，NCMS共邀请材料服役领域相关外籍专家20余人次来华进行讲学、授课及学术交流。同时组织科研人员、装置建设人员及研究生出访参会、交流、进行装置监造15余人次，扩大了海外影响力。

重点聘请国际知名专家来华工作，在外籍专家的带动下，与相关国际知名科研机构所开展的主要合作研究方向如下：①在高温高压水汽环境材料失效相关基础研究中与东北大学Shoji教授课题组开展深度合作，独立招生3名，同时联合指导3名博士研究生，相关合作研究成果已经发表。②日本物质材料研究机构前高级研究员八木（Yagi）博士开设蠕变疲劳前沿课程，协助指导高温蠕变及疲劳断裂3名相关博士生开展科研工作。③瑞典皇家工学院院士、校荣誉教授莱格拉夫（Leygraf）和客座教授潘金山教授与中心老师开展科研合作，联合培养2名博士研究生，协助指导3名博士生，合作研究成果已发表。④日本石油公司的本田（Honda）教授指导多相流装置设计及建设，顺利完成了多相流装置的整体设计与制造招标采购。⑤新聘请日本IHI高级顾问中川（Nakagawa）博士来NCMS短期工作，开设了4学时的有关高压水容器失效案例课程，并协助指导1名博士研究生科研工作。⑥持续聘请美国佐治亚理工大学的史建军、密歇根大学的金炯华开展工业数据挖掘与工艺优化等方面的合作研究。2015年3月，NCMS围绕材料服役安全评价这一主题举办了一次“NCMS-KTH双边研讨会”，制定了Co-GEM合作路线图。同时NCMS(USTB）与OAS（TohokuU）达成了共同组建国际联合实验室的协议。

（金　莹、常　海）

【预研工作与用户拓展】NCMS提前布局重大工程材料研究前沿，参与的“十二五”国家重大科技基础设施项目——先进光源预研项目建议书已获得国家发改委批复立项。在“边建设、边科研”的指导思想下，完成预研项目的执行，在工程构件大气环境适应性试验中关键技术研制、管道试样与加载系统的夹持、连接方式及环境相容性研究和特殊地域环境加速加载试验路模型相似性研究等课题已完成研究任务，取得初步研究成果。提出“重大工程领域大尺寸样品试验数据失效风险模型和控制技术”“材料基因组相关研究方向”“钛钢复合板界面复合微观机制的同步辐射研究”等国家重大专项需求建议和国家自然科学基金等项目建议50余项。新增“国家自然科学基金”等科研项目20项，已到款经费1189余万元。完成了建设项目的环评、安评和职评等验收工作，完成了“973”“863”和国家科技重大专项等项目的结题验收工作。共有“863”项目、“973”项目和国家科技重大专项课题4个项目顺利完成研究任务，包括“863”项目“铸造高温合金制备技术与应用研究”“973”项目“高温高压水中的材料微动损伤的规律和机制研究”、国家科技重大专项课题“焊接对管道材料腐蚀的应力腐蚀的影响”和“加工工艺、尺寸和形状对核电接管安全端的环境性能影响研究”等。

通过适度争取和参与国家及企业项目，稳步提高中心科研能力，积累服务国家和企业的科研经验，用户单位逐步扩大，目前已经形成具有实质合作关系的用户30余家，涵盖核电火电、能源、高速铁路、航空航天、道路工程及有色冶金等领域的生产制造和研究单位。

（蒋立武、于龙洋）

【研究生培养】NCMS践行国际化教育理念，培养创新型人才，邀请国际知名学者开设海外专家精品课程，联合指导研究生。2015年，NCMS开设海外名师精品课程3门，组织学术课程讲座9次，共派出3名研究生赴美国、欧洲、日本进行项目合作、短期访学与联合培养，组织大型国际学术研讨会2次。2015年，学生班集体分别获“校研究生标兵班集体”“标兵党支部”“校研究生优秀党支部”称号。5名博士生获校长奖学金，3人获国家奖学金，3人获特种奖学金，52人次获校级以上荣誉称号。同时，NCMS积极探索多学科交叉国际化创新培养模式，成功申请1项中国学位与研究生教育学会研究课题、1项学校研究生教育发展基金课题。

为吸引优质生源，结合往届生源分布，组织各学科专业教师赴多地开展招生宣传工作，并于7月举办了第二届材料服役安全暑期学术夏令营。此外，从海外招收了首届4名博士留学生，拓展了中心研究生国际化培养的外延。为推进研究生学风建设，NCMS进一步修订研究生奖助学金体系，规范开展研究生评奖评优工作。

为推动毕业生高质量就业，组织10余名研究生前往大型企业开展实习实践。2名研究生进行实体创业，其中1人获多项国家发明专利。2015级毕业研究生整体就业率100%，毕业生签约率75%，连续四年实现全就业，再次荣获学校“就业率优胜奖”。

（蒋灵斌、贺诗淇）

【党建工作】召开NCMS第一届第一次教职工暨工会会员大会，成立了NCMS工会，选举产生了教代会暨工代会代表、工会委员。召开NCMS研究生会成立大会，选举产生了研究生会主席团和委员。共发展20名中共预备党员，转正6名中共党员，组织25名入党积极分子参加业余党校学习。

结合多学科交叉特色，NCMS党总支组织各党支部与北京航空航天大学、学校土木与环境工程学院等联合开展“1+N”跨学科交流活动，分享学术、科研、实验等方面经验与资源，探索研究生联合培养，共同开展实验，促进教育教学主战场的建设；组织参加“USTB-KTH Workshop”学术交流会、贝壳学术汇；组织参观国际智慧城市博览会、昌平创新园区；联合首钢京唐公司开展红色“1+1”结对共建活动，荣获市级评选优秀奖；组织7个党支部参与学校基层党组织活动立项，实现100%参与并结项，其中2个党支部分获学校优秀党组织活动一等奖、二等奖，党总支荣获优秀组织奖。荣获“学生基层组织建设”专项奖、学校第六届青年五四奖章（团队奖）。获批北京高校青年教师社会调研项目1项，结项并获北京市二等奖；获批学校党建研究课题1项。

（蒋灵斌）

新金属材料国家重点实验室

【概况】新金属材料国家重点实验室（以下简称“重点实验室”）按照开放、流动、联合与竞争的运行机制，坚持前沿性、创新性、系统性、深入性和长期性的研究特色，学术研究立足于金属材料科学的前沿问题和我国国民经济建设中的重大金属材料科学的应用基础问题，注重新材料的模拟设计－制备技术－组织结构－服役性能－安全服役行为之间关系的研究，在金属材料的科学规律、计算模拟与设计、制备技术与工艺、服役行为与评价以及实验测试分析技术等方面进行系统深入探索。目标是发展以新金属间化合物结构材料与新金属功能材料为主的新型金属材料、新金属能源材料及先进制备技术。

重点实验室具有材料科学与工程一级学科博士学位授予权，涵盖材料物理与化学、材料学和材料加工3个二级学科，并与凝聚态物理、冶金学、力学等学科相交叉。已建设有5个公共检测平台：材料性能测试、物理模拟系统、物质结构分析、材料制备与加工及高性能计算模拟平台；构建了4个重点研究基地：国家111创新引智基地、国家军工实验基地、中广核联合实验基地、中国铝业联合研发基地。重点实验室同时通过中国计量认证（CMA）以及中国合格评定国家认可委员会（CNAS）实验室认证及认可评价。近年来重点实验室在学科建设、队伍素质、科研装备、科技创新和开放交流等方面都得到了很大发展。

（隋延力）

【学术梯队建设】2015年5月，重点实验室召开了新一届学术委员会，根据国家“十三五”规划对先进金属材料的重大需求及金属材料学科发展的前沿导向，重点实验室对现有的研究方向进行了调整，对学术梯队进行了整合，并新成立了材料设计与计算模拟梯队及钢铁材料服役安全梯队，加强了先进钢铁材料梯队。

重点实验室在青年人才培养方面取得突破，吴渊博士成功入选科技部“青年拔尖人才”计划；吕昭平教授入选国家百千万人才工程计划，并被授予工程人选“有突出贡献中青年专家”荣誉称号；吕昭平教授同时还入选科技部“创新人才推进计划”。针对国家专项经费管理制度的改革，针对强调链条式发展模式，重点实验室组织了包括4家企业国家重点实验室、1家省部共建国家重点实验室、1个国家工程中心及1家国家重点实验室的协作交流会议，探索共同承担国家重大专项的体制。为促进青年人才的成长，重点实验室启动了“1+1”开放交流项目，鼓励青年学者向国际知名学者求学，支持合作研究，提升研究水平和影响力。另外，王沿东教授在国家自然基金委重大仪器专项申请上取得突破，成功获得项目支持。

在硬件建设方面，2015年主要是根据财政部、教育部国家重点实验室科研仪器设备购置、研制及升级改造批复计划，启动总经费为5002万元的大型仪器设备购置、研制及改造任务，尽快完成仪器专项的建设工作。

重点实验室正努力造就学术严谨、勇于创新的高水平学术梯队。重点实验室现有美国工程院院士、中国工程院外籍院士1人，“973”

首席科学家2人，国家“千人计划”入选者2人，国家“外专千人计划”入选者1人，国家自然科学基金杰出青年基金获得者5人，国家自然科学基金优秀青年基金获得者2人，教育部“长江学者”奖励计划特聘教授8人，讲座教授1人，百千万人才4人，教育部跨（新）世纪优秀人才16人，北京市科技新星5人。

（吕昭平）

【科研工作】重点实验室在科研工作中继续坚持前沿性、创新性、系统性、深入性和长期性的研究特色，并不断探索新的学科领域和方向，强化交叉与融合；在科研工作中重视国家在材料领域的重大需求，积极组织和争取国家重大科技计划，注重自主课题的重点布局和国家重大科技计划的培育，促进科研工作稳步发展和突破。主要表现在：承揽国家重大重点科研项目的能力和科研水平继续提升。2015年共承担纵向课题162项，横向课题97项。科研到款13401万元，其中纵向到款12616万元，横向到款785万元。首次获得仪器重大专项2项，合同额1600万。科研产出继续攀升，成果突出。共发表期刊论文273篇，其中国外期刊192篇，国内核心期刊73篇，国内一般期刊8篇。SCI收录207篇，EI收录40篇。*Advanced Materials* 1篇（影响因子17.493），*Adv. Func. Mater.* 3篇（11.805），*Nano Letters* 1篇（12.94），*Nano Energy* 5篇（10.325），*Acta Materialia* 8篇，影响因子大于10的有12篇。发表文章在数量增加的基础上，质量也显著提升。授权国家发明专利45项，申请发明专利67项。出版中文专著4部。获得国家技术发明奖二等奖1项、省部级一等奖3项、省部级二等奖1项。在师资队伍建设上，培养优秀骨干，优化师资队伍。

（张来启）

【实验室建设】重点实验室在实验室建设方面的方针是：紧紧围绕主要任务和研究方向，致力于公共实验平台和基地的软、硬件的不断提升。

重点实验室在公共实验平台软件建设的同时，积极、稳妥地进行实验仪器设备升级改造工作等硬件建设。重点实验室注重建立管理有序、运行高效的仪器设备公用和科研平台，并优化布局实验场地，仪器设备集中放置，采用按功能划分的方法，将所有仪器设备按功能集中放置，统一管理，专人负责，大大地提高了实验空间的利用率。至2015年年底，重点实验室拥有仪器设备共1680台（套），设备原值9103万元，其中100万元以上设备19台（套）、30万元以上设备53台（套），具备了较完整的从材料合成与制备、相与组织结构分析、性能测试与服役评价到计算与模拟的各种精密仪器设备和装置。

继续完善重点实验室质量管理体系，确保了试验的规范化，量值的溯源化，检测结果的公正性、准确性和可靠性，提高了为科研教学服务的质量。作为同时取得CNAS和CMA资质的国家重点实验室，为维持体系的运行，不断持续改进检测技术与管理能力，实验室不断持续改进，逐步完善质量管理体系。进一步贯彻执行国家质量监督检验检疫总局163号令，认真学习《检验检测机构资质认定管理办法》和《检验检测机构资质认定准则》，并将新的要求转化至《质量手册》和《程序文件》中。

重点实验室为了充分利用仪器设备，在完成学校的教学科研和实验任务的同时，重点实验室的大型精密仪器与设备均向社会开放，积极为科研院所、大专院校和工矿企业提供优质服务。同时利用基地与平台的优势开展相关技术培训，培养研究生的技术创新能力。

（刘斌斌　王建国）

【开放交流与合作】2013年度批准的开放课题正在进行结题验收，据初步统计，2015年度开放课题研究成果继续保持良好的发展势头：发表和接收学术论文25篇，其中IF≥3的论文5篇，IF介于1和3之间的论文15篇；发表刊物包括*Advanced Materials*、*Advanced Energy Materials*、*Nature Communications*等知名刊物。2014开放课题中期评估工作正在进行中，初步检查统计结果表明：2015年度开放基金资助课题进展基本顺利，发表学术论文14篇，接收论文10篇，其中IF≥3的论文4篇，IF≥1的论文15篇；发表刊物包括*The Journal of Physical Chemistry C*、*CrystEngComm*、*Solar Energy*等知名国际期刊。年内，重点实验室共收到开放课题申请18份，研究内容涉及高熵合金、功能材料、先进制备成形技术、高性能金属新材料等，申请者所在机构包括哈尔滨工业大学、东北大学、美国埃姆斯国家实验室、瑞典林雪平大学等知名高校和研究机构。经形式审查、评审和主任会议讨论，资助各种课题共计16项，其中包括新资助重点研究项目9项，一般研究项目7项，资助总金额135万元。

2015年，重点实验室国际合作交流形成常态并突出特色，国内的开放和交流收到了良好的社会效果。

2013年度开放课题结题验收，2014年度开放课题中期评估，发表学术论文52篇。2015年度，新增开放课题16项，其中包括新资助重点研究项目9项，一般研究项目7项，资助总金额135万元。

公布了《新金属材料国家重点实验室“1+1”合作研究基金资助项目申请指南》。项目支持强度为10～20万元/每年，可滚动支持。已经启动7个项目，2015年度到位经费80万元。

重点实验室开放基金继续遴选资助了高水平国内外学术会议，一系列会议的成功举办已经成为精品项目，对扩大重点实验室国内外学术影响力发挥了积极作用。2015年共接待国外专家19批40人次来访。全年组织学术报告16场。累计出席各类会议人员800余人次。重点实验室先后接待了来自全国多个省、市、地区参观考察1000余人次。其中包括：安泰科技、深圳市正松电子有限公司等企业单位，中电集团21所、宁波52所等科研院所，清华大学、北京大学、西安交通大学等高校，以及北京科技大学众多校友，弘扬了重点实验室面向全国和全社会开放的精神，取得了良好的社会效益。

重点实验室所有先进设备均对外开放，清华大学、北京大学、北京航空航天大学、北京工业大学、中国科学院、北京航空材料研究院等20余家知名高校和科研院所从中获益，树立了重点实验室开放友好的科研态度形象，也吸引了多方优秀人才以不同形式来实验室交流和工作。

重点实验室积极响应国家发展科普教育的方针，举办科普活动周活动，安排了参观、演示、学术讲座等丰富多彩的活动，重点面向全国中小学生开放，先后接待了北京石油大学附属中学、北方交通大学附属中学、北京科技大学附属小学等多家单位，并请大家亲手感受科研成果，得到了参观单位的一致好评。

（蔡元华、叶　丰、乔　祎）

【党建、工会与研究生工作】重点实验室党委根据学校要求，深入学习贯彻中共十八届三中、四中、五中全会精神及习近平总书记系列重要讲话精神，积极践行“三严三实”，切实履行党委在党风廉政建设方面的主体责任。圆满完成学校党代会两委委员候选人提名推荐，完成工会委员、工会小组长和学校教代会代表的换届选举。

重点实验室党委确定“十三五”发展规划，明确目标和发展方向，组织全体职工每周学习《中国共产党廉洁自律准则》《中国共产党纪律处分条例》，党委委员分别以PPT形式做专题，同时还邀请学校、重点实验室有丰富的相关主题工作经验的老师做交流，做到有计划、有安排、有主题、有考勤、有收获。

做好研究生党建、学风、安全、就业等工作，毕业生就业率保持100%。多个集体和个人获北京市和学校奖励。

提高研究生教育质量，采取“走出去，请进来”和举办科技夏令营等方法做好招生宣传工作。2015年硕士推免生25人，突破近三年新高；博士生连续三年“985”“211”学校生源超过80%；复试录取做到了公平、公正、公开。博士论文盲评最初通过率和最终通过率均为100%，持续10年做好研究生论文格式审查工作，取得良好效果。连续4届荣获“北京科技大学研究生教育管理先进集体”称号。

重点实验室分工会在校工会和分党委领导下，紧紧围绕中心工作，按照年初制订的分工会工作计划，组织开展了一系列丰富多彩的文体活动。

积极组织教职工参加校工会的活动。组织了以“感悟森林、强健身心”为主题的教职工春季踏青活动和庆祝“三八”节健走活动；组织教职工参加了校师生轻体运动会，取得团体第一名、学生团体总分第一名、教授团体总分第二名和拔河比赛第一名的好成绩；参加了校工会举行的教职工拖拉机（扑克连牌）个人赛并进入八强；参加了校工会组织的“纪念抗战胜利70周年合唱比赛”并获得三等奖；在计划生育家庭少儿手工制作大赛中，获得一等奖2项。

分工会按照校工会要求开展在职职工互助保障计划、旅游、学车、服务月及送温暖等活动，完善生活困难教职工档案，形成帮扶长效机制，特别关注有困难职工群体。分工会举办了拖拉机系列大奖赛和一年一度的春季教职工乒乓球赛，羽毛球协会常年坚持活动。组织教职工到北京大学第三医院进行了全面体检活动。分工会不仅组织教职工坚持做工间操，还特别邀请了同仁堂中医医院的著名骨科专家刁文鲳先生进行了专题医疗讲座“向脊椎要健康”，向大家传授了刁氏脊椎保健操，用于平时康复保健治疗。2015年，重点实验室分工会组织并积极申报“北京市先进教职工小家”。

2015年重点实验室的研究生管理工作围绕解决研究生最迫切需要的工作目标，突出研究生党建和学风两项工作重点，结合研究生学术论坛、暑期科技服务与挂职锻炼、党支部基层立项、班集体建设，职业生涯规划月、新材料点子大赛等具体工作安排，认真做好研究生科研能力培养、骨干队伍和集体建设，继续推进重点实验室安全教育、科研能力教育、心理健康教育、生涯规划教育等工作，全面提升研究生科研创新能力、重点实验室安全意识及就业创业水平，经过重点实验室全体学生工作老师和同学的努力，重点实验室多个集体和个人获得了国家奖学金、北京市三好学生、校十佳学术之星、优秀班集体和党支部等各项奖励。

（孙学辉、王海骊、刘斌斌）

钢铁冶金新技术国家重点实验室

【概况】在科技部和学校各级领导的关怀和大力支持下，钢铁冶金新技术国家重点实验室（以下简称“冶金国重室”）的党政领导机构建设、实体化运行管理制度建设、科学研究条件建设和研究工作等方面发展良好。冶金国重室加强团队建设，并按研究方向形成团队考核和资源配置机制。新购仪器设备总价值1600万元，为实验室开展重要科学研究创造条件。实验室加强了冶金科技学术交流合作与资源开放共享，筹备了“冶金科技国家重点实验室创新联盟”，举办了“2015冶金创新论坛”国际会议。冶金国重室承担国家重要科研项目方面取得新的进展，科研经费到款和新增合同额增加较为明显，在炉渣分离提取技术、节能减排新技术、固体资源综合利用、高质量钢生产技术等方面取得了突出成果。

（郭占成）

【科研工作】2015年，实验室承担国家重大重点科研项目能力和科研水平不断提升。承担纵向课题在研项目91项、横向在研项目49项，实到科研经费总计4400多万元。共发表SCI收录论文174篇、EI收录论文134篇（不含SCI、EI双收录论文60篇）、中文核心期刊论文105篇；获授权国家发明专利28项、实用新型专利1项、计算机软件著作权1项；获得国家科技进步二等奖1项和省部级奖5项。

为加强实验室专项经费使用效率，对过去两年部署的31项自主研发课题和20项开放课题进行考核评估，重点考核研究领域包括：低品位矿综合利用、固废资源二次利用、高品质钢夹杂物控制技术、生物质冶金新技术和二次能源综合利用等。结合冶金国重室所需，2015年与优势单位合作，执行了27项开放课题，部分开放课题已对实验室建设起到了良好的促进作用，例如与上海大学合作的开放课题，为实验室完善了小型电渣重熔实验炉；与辽宁科技大学合作的开放课题，为实验室完善了钢中夹杂物原位制备实验装置；与重庆大学合作的开放课题，为实验室建立了熔渣凝固析出原位观察仪。

（刘锦周）

【师资队伍与研究生培养建设】实验室作为国家钢铁冶金新技术领域科学研究基地，通过科研实验平台及科学管理机制等体制建设，完善了科研队伍，现有专职研究人员22人，其中副高级（含）以上职称人员17人（占全体研究人员77%），具有博士学位的研究人员为全体研究人员的95%；仪器设备和行政管理人员10人，其中具有博士学位人员3人，具有硕士学位人员6人；1人晋升为教授，2人晋升为工程师。

在学博士生107人，在学硕士生130人；毕业博士研究生24人，硕士研究生38人，其中13人被评为校优秀毕业生，3人被评为北京市优秀毕业生。

（刘长鑫）

【学术交流与合作】2015年，实验室深化了与日本东京大学、英国莱斯特大学、韩国浦项工业大学、加拿大多伦多大学、瑞典皇家工学院、比利时鲁文大学等校际学术交流与合作。此外，实验室牵头的两项中英国际合作项目正在进行积极合作研究。实验室组团参加了在日本举行的2015年亚洲钢铁年会和在北京召开的第六届世界炼钢大会，并担任分会场主席。

实验室牵头组建了全国冶金重点实验室创新联盟，举办了“2015冶金创新论坛”国际会议。此外，冶金国重室一直积极致力于开展对外公众开放活动，承接了青少年科技夏令营活动，向青少年普及冶金科学知识，宣传科学思想和科学方法。

（刘锦周）

【实验平台建设与管理】实验室紧紧围绕主要研究方向，加强科研条件建设。至2015年年底，实验室拥有仪器设备超过300台（件），总价值6000多万元，其中30万以上的大型仪器设备39台，价值2800余万元。为了充分发挥大型仪器设备的作用，实现资源共享，建立了“北京科技大学仪器设备共享管理系统”，推动了学校大型仪器设备开放共享运行的管理。实验室为20余家国内研究机构和高校提供了分析测试服务。

购置30万以上大型仪器设备10台，购置30万以下仪器设备7台，购置软件1套。

为加强大型仪器设备优质资源的开放共享，更好地为人才培养和科学研究服务，开展了大型仪器设备系列讲座活动。此外，定期对新进实验室的研究生进行安全培训，增强研究生安全防范意识。

（程慧静）

【支部建设】冶金国重实验室党支部积极组织开展各类学习活动，紧密围绕学校党委精神开展支部建设工作，取得了良好的效果。根据党委的要求，党支部在2015年组织党员认真学习了《中共组织部关于建立民主评议党员制度的意见》《北京科技大学教职工共产党员行为规范》《中国共产党廉洁自律准则》《中国共产党纪律处分条例》等文件，并结合党支部和各位党员自身的实际情况进行了讨论，通过学习和讨论提高了党员对自身行为规范的认识，督促党员以身作则，加强自身约束。同时，党支部每周组织一次党支部活动，结合工作情况开展学习和讨论，加强党员之间的交流，使大家对党的政策认识更加透彻。通过定期地组织活动，党员感受到了组织生活的必要性，对具体问题的认识更加清晰，加强了冶金国重室党支部的凝聚力。

（李　晶）

附　录

钢铁冶金新技术国家重点室新增主要仪器设备表

实验室名称	主要仪器、设备	主要检测项目
物相分析实验室	X射线衍射仪	物质的晶体结构，织构及应力，物相分析
	电子探针	元素成分定性、定量分析及其分布信息
	夹杂物自动分析系统	自动分析钢中非金属夹杂物，可对钢样进行二次电子形貌观察
测试分析实验室	多维高精度数字化感应电磁场	任何形状空间交直流磁场的空间立体磁场分布
	氧氮氢分析仪	材料中氧、氮、氢元素含量进行检测
	碳硫分析仪	材料中碳、硫元素含量进行检测
	显微维氏硬度计	显微硬度；测定金属腐蚀后较脆硬材料的显微维氏硬度
	探伤仪	不同材料，不同深度工件缺陷的检测、定位、评估及诊断

（程慧静）

固体电解质冶金测试技术国家专业实验室

（新能源材料与技术北京市重点实验室）

【概况】固体电解质冶金测试技术国家专业实验室（以下简称“专业实验室”）的学术研究立足于功能材料，特别是新能源材料的学科前沿问题以及纳米材料和技术在能源材料方面的应用基础问题，主要进行锂离子电池、燃料电池、混合导体透氧材料、太阳能电池关键材料，以及核能、热电、介电、传感器等材料及纳米技术的研究。专业实验室的目标是建设成为北京地区新能源材料的研究基地，进而加强北京地区在新能源理论、技术与应用方面的研究，促进北京地区能源、电力、交通、电子等相关行业的迅猛发展，同时成为立足北京、面向全国的培养博士和硕士学位研究生的先进育人基地。

自2005年11月批准成立“新能源材料与技术北京市重点实验室”以来，固体电解质冶金测试技术国家专业实验室并新能源材料与技术北京市重点实验室拥有注射成型机、磁控溅射仪、热压炉、热分析仪、表面性质分析仪、电化学工作站、热膨胀仪、冷等静压机、高温X射线仪、多功能热分析仪、红外分析仪、真空烧结炉、交流阻抗频谱仪、手套箱、显微拉曼光谱仪、热场发射扫描电子显微镜等30万元以上设备40台（套），设备原值4500万元，具备开展诸如高能锂离子电池、燃料电池、太阳电池、热电材料、薄膜传感器、氧化物－非氧化物复合陶瓷、陶瓷注射成型等较高水平的研究能力。实验室面积1000平方米，专职人员33人，兼职人员10人，引进教育部“新世纪优秀人才支持计划”1人。2015年培养本科生95人、研究生60人。获得教育部高等学校科学研究优秀成果奖自然科学类一等奖。

（赵海雷）

【科研活动】专业实验室承担各种科研项目60项，其中国家级项目27项，其他项目25项；科研经费到位2250万元；发表论文212篇，其中SCI、EI、ISTP检索收录114篇；申报专利8项，获授权专利3项。

（赵海雷）

【对外交流】专业实验室按照国家重点实验室开放、联合与交流的方针，利用设备及技术上的优势，实行对外开放，承担了国内外高校、科研单位和企业的科学研究、性能测试、检验及分析等技术服务与咨询工作。实验室重视材料前沿领域的国际合作与交流，承办大型国际学术会议5次，在国内外学术会议上做报告25次。

（赵海雷）

国家板带生产先进装备工程技术研究中心

【概况】2006年，经教育部批复（教技函〔2006〕30号），依托学校建设“先进板带生产装备与控制教育部工程研究中心”，并于2011年通过教育部验收（教技函〔2011〕9号）。2009年，经科技部批复（国科发计〔2009〕73号），在教育部板带中心的基础上，依托学校建设“国家板带生产先进装备工程技术研究中心（以下简称“板带中心”）”。学校成立了专门机构承担建设任务。2012年，国家板带中心经过3年建设，完成各项任务，通过国家验收并获优秀，位列同期验收的27个国家中心第2名。学校根据未来发展需要，将“教育部板带中心”和“国家板带中心”组织管理机构归一，并与机械工程学院共建。校内外的协建单位主要有冶金工程研究院和北京赛能杰高新技术股份有限公司等。

（杨　荃）

【管理运行】板带中心设管理委员会、建设工作组、工程技术委员会、主任管理团队和技术研发部、工程项目部、综合管理部等职能部门。①健全规章制度管理体系。按照“边建设、边运行、边发展”的运行模式，树立“模拟法人，集中管理，用心工作，开心生活”的现代化管理理念，参照工程技术公司管理制度和质量认证体系，建立了完整的规章制度管理体系。②充分发挥依托单位的学科和人才优势，探索建立了人员双聘制。

（梁治国）

【科研活动】板带中心及其协作单位在板带装备设计和板型质量控制、热工设备节能减排、设备监测和故障诊断等关键技术方面又有新的进展，开发了具有自主知识产权的先进技术，并继续在行业中辐射推广：①基于超声波技术的带钢内部质量检测与装备开发研究。基于超声显微镜的无损检测技术与装备开发，实现带钢的组织性能、内部缺陷、微结构的无损、在线检测，结合“国家板带生产先进装备工程技术中心”精密合金板带试验线建设工程与国家“十二五”科技支撑计划项目“精密带钢产品质量优化与关键装备研发”，建成精密带钢典型内部质量缺陷的质量在线测控系统，实现内部缺陷的检测、分类、识别与三维重构。研究成果已形成多篇高水平期刊论文，5项发明专利，1项已经获得授权，获得了国际、国内同行的认可，并辐射到南钢、舞钢等大型钢铁企业。②炼钢工艺对粉尘和气体排放的影响及控制技术。转炉炼钢产生的烟气是整个炼钢系统烟气排放的主要来源，转炉烟气中含有大量的CO及粉尘等物质。近年来，国内炼钢企业在转炉炼钢方面进行了大量新工艺的探索，如石灰石辅助造渣工艺、转炉加矿石炼钢、少渣冶炼等工艺，以达到降低生产成本及提高产品质量的目的。新工艺的应用同时也给转炉烟气回收及处理带来了新的问题。通过系统研究了不同转炉炼钢工艺对转炉烟气及粉尘排放的影响，结果表明，不同的装入、供氧、加料控制方式决定了烟气及粉尘排放特点。通过工艺的优化可以达到在降低成本的同时降低转炉烟气和粉尘的排放量。新工艺平均粉尘浓度降低20%，煤气回收率提高10%以上。③冶金反应器的系统优化及控制技术。钢液在整个冶炼过程中都在不同的冶金反应器中进行，冶金反应器（转炉、钢包、中间包、RH、结晶器等）的内型结构设计、耐材状态、气/液/固相界面特征、钢液的流动及反应状态都会影响到钢液的洁净度水平。通过对冶金反应器的系统优化及与工艺的合理匹配可以做到在不增加成本的前提下最大化去除钢液中夹杂物，改善钢液洁净度、提高铸坯质量。研究成果已成功应用于首钢京唐、首钢迁安、兴澄特钢、鞍钢、唐钢、太钢、湘钢、杭钢、太钢、涟源钢厂、凤宝特钢等多家企业，为企业带来显著经济效益。

（梁治国、王晓晨、孙友昭）

【基地建设和能力建设情况】①继续建设精密合金板带生产线。自板带中心机构成立之日开始，建成板带新工艺试验生产线（精密合金板带生产线）就是板带中心和依托单位共同努力推进落实的工作。板带中心新工艺试验生产线已纳入依托单位承建的"国家科学中心"配套工程，选址北京市昌平区中关村国家工程技术创新基地进行建设，建筑面积约1200平方米，是进行高新技术研发和成果转化的示范工程。板带中心对激光超声系统、超声显微镜系统和X射线衍射仪系统等先进板带生产线装备的安装与调试，并已开展在线实验得到了大量实验数据，为各项技术滚动发展奠定了基础。②"国家板带生产先进装备工程技术中心江苏淮工分中心"举行揭牌仪式。3月13日下午，国家板带生产先进装备工程技术研究中心江苏淮工分中心共建签约暨揭牌仪式在江苏淮阴工学院行政楼一楼报告厅举行。淮安市人民政府副市长唐道伦，淮安市开发区管委会副主任刘中阳，淮安市科技局局长李太生，淮钢有限公司等企业负责人以及北京科技大学科学研究与发展部副部长邢奕，板带中心常务副主任杨荃、副主任梁治国出席签约仪式。淮阴工学院院长李北群致欢迎辞，副院长张有东主持仪式。淮安市唐道伦副市长在会上指出北京科技大学国家板带生产先进装备工程技术研究中心江苏淮工分中心是淮安市引进的第一个国家级工程技术中心，充分肯定了该中心对于促进淮安地区相关产业发展的重大意义。唐道伦副市长表示，希望中心针对淮安地区装备制造业的特点，开展板带等产品生产过程的节能降耗、装备的高效延寿以及质量的精确控制等技术研究，为淮安地区相关产业的发展提供技术支撑。

（梁治国、王晓晨）

【学术交流与合作】受邀参加了在德国亚琛举办的第30届亚琛钢铁年会——Aachener Stahl Kolloquium 2015"（2015亚琛钢铁年会），并进行研究成果"Relationship between Inclusions' Morphologies and Removal Behavior"（夹杂物形态与去除行为的关系）的展示。会议期间与来自德国不同钢铁企业和研究机构的技术人员对相关领域的共性问题进行了很好的交流。参加了2015年德国钢铁年会，会议的一个重要内容是德国本土关于工业4.0和钢铁制造4.0的解析和应用案例。德国钢铁生产正在从传统模式向基于互联网、大数据下的智能制造和个性化生产转变，这对国内钢铁生产转型也有一个很好的借鉴。访问和参观了ThyssenKrupp AG（蒂森克虏伯股份公司）在德国的钢铁厂。在深入德国制造企业生产一线参观的过程中能感受到德国制造业强大的基础，其完善和成熟的生产管理体系是值得我们借鉴的，即使是用很简陋的设备也能在严格和规范的生产管理体系下生产出高质量、高精度的产品。促使中心在不断提高设备升级的同时，加强管理体系的完善。中心常务副主任杨荃教授11月23日赴美国西北大学质量工程与失效预防中心进行研修，解决多超声探头的布置、复杂水环境的影响、非线性超声信息的特征提取和多测点数据的融合和实时处理，拓展机械工程学科博士生培养的国际化视野和途径。

（马　粹）

材料科学数据共享网

【概况】材料科学数据共享网项目于2009年10月由国家科技部批复建设，由教育部担任牵头部门。项目承担单位包括北京科技大学、中国科学院金属研究所和西北工业大学等16家高校和科研院所，项目管理办公室设在北京科技大学。

材料科学数据是工程与装备设计、制造与服役安全评估、新材料研发等活动不可缺少的重要信息。材料科学数据共享网项目建设的总体目标是：以满足国家经济与国防建设和材料科学技术创新研究与快速发展需求为目标，以现有较为成熟的材料科学数据资源为基础，结合国家重大工程、支柱产业发展、国防建设等实际应用需求，评价、整合、重构材料科学数据资源，建立跨部门、跨地区、多层次、异构、分布、有序共享的材料科学数据体系。形成数据齐全完整、存储安全可靠、使用灵活方便的材料数据服务体系和共享网，最大限度地发挥数据信息的效益，满足国家建设、社会发展与科技创新的迫切需要。研究制定符合材料数据特点的共享机制和数据共享相关的标准规范体系。构建面向社会的网络化、智能化的材料科学数据共享服务平台，形成数据采集提交、质量控制、数据存储、安全保障、资源共享、面向应用与数据重构的管理体系。按照统一的标准规范对材料数据进行整合集成，形成材料领域专门化数据共享资源结点，在此基础上建设数据管理服务中心，初步构建成材料科学数据共享网。

至2015年年底，材料科学数据共享网项目已完成了全部10个材料数据共享资源结点和2个面向应用的主体库的结构建设，即材料基础、有色金属材料及特种合金、黑色金属材料、复合材料、有机高分子材料、无机非金属材料、生物医用材料、能源材料、信息材料、天然材料及制品数据共享资源结点和建筑材料、道路交通材料应用主体库。制订了26个标准规范草案，形成了5项相关技术软件，并已登记。形成1个名词术语对照词典，5项规章制度，3个材料数据的环境、收集整理及质量分析的分析评价方法。完成了材料科学数据共享网的网站建设，建成了共享网管理与服务中心，纳入中心的数据为25.6万条，新增数据近4000条，分布数据源的数据约为43万条，新增2万余条，合计68.6万条，涉及材料24250余种。向科技基础条件平台中心信息技术中心提交了共享网运行日志，提交元数据236条。通过搜索引擎的多种检索方式，可以实现对各类材料数据的检索。

（尹海清）

【科研活动】2015年1月7日，项目组成员尹海清参加了在新加坡召开的第九届计算物理大会，并就材料基因组工程做了分会邀请报告。

6月8日，材料科学数据共享网项目组在北京科技大召开项目交流会，对项目进展以及今后工作的发展与展望进行了深入的研讨。

8月24～25日，在兰州召开的2015中国科学数据大会上，组织并承办了“材料数据及材料基因组工程”分会，使材料数据的研究及其在材料基因工程中的作用与应用成为科学数据会议的分会主题之一。

11月24日，材料科学数

据共享网项目组成员尹海清和姜雪参加了2015年中国科技信息资源管理与服务年会（COINFO 2015），尹海清就材料科学数据共享网项目及其在材料基因工程中的应用做了分会邀请报告。

（尹海清）

【队伍建设与人才培养】2015年，共有40余名学者参与了材料科学数据共享网项目的建设，其中教授23人、副教授14人、讲师或博士后4人，全部具有博士学位，50岁以下的中青年占95%。共有15人参与到项目的建设中，其中教授9人、副教授4人。材料科学数据共享网项目已经基本建成一支稳定的建设队伍。年内共培养硕士生2人。

（尹海清）

环境断裂教育部重点实验室

【概况】环境断裂研究室（以下简称“研究室”）具有30多年的发展历史，长期从事结构材料特别是钢铁材料的腐蚀、断裂和环境敏感断裂的基础和应用基础研究，获得了丰硕的研究成果，在国内外具有重要影响。几十年来，培养了一批高水平的研究型人才，他们在国内外知名研究单位、大学及首钢、宝钢等国家大型企业从事科研工作，取得了重要成绩。近年来，研究室在保持原有优势的基础上，开展铁电、铁磁等新型功能材料的制备和性能研究，以及纳米材料的性能研究。经过近十年的发展和积累，1990年研究室被正式批准为教育部开放实验室；1999年更名为环境断裂教育部重点实验室（以下简称“实验室”）。

实验室有固定人员34人，其中教授18人、副教授14人，博士生导师18人，长江学者奖励计划特聘教授2人、讲座教授1人，国家杰出青年基金获得者1人，跨（新）世纪优秀人才5人，新世纪百千万创新人才1人，北京市科技新星6人，中组部拔尖人才1名，国家自然科学基金优秀青年基金获得者1名。实验室拥有原子力显微镜、高分辨率电镜、透射电镜、俄歇电子能谱仪、场离子显微镜、宏－微摩擦磨损测试系统、纳米力学探针仪等较为先进的仪器设备149台（套），设备价值2200万元，其中30万元以上设备21台（套）。

（李金许）

【科研活动】2015年，实验室承担国家支撑计划项目4项，国家科技重大专项2项，“973”项目4项，“863”项目2项，十二五国家科技基础条件平台建设重点任务研究1项，国家自然科学基金重点项目4项、面上项目23项、青年项目3项，军工课题3项，其它省部级项目多项，合同额50万以上厂协项目11项。在国内外核心期刊上发表论文约75篇，其中SCI收录约45篇。

（李金许）

【人才培养】实验室采取加强国内外交流、培养和引进高层次人才、创造有利的学术环境等措施，积极建设高水平研究队伍，拓宽研究领域，已经培养出一支年龄结构合理、专业方向有机结合、学术气氛浓厚、凝聚力强的研究队伍。

实验室研究生与往年基本相同，160余人在读，其中硕士生100余人，博士生近60人；毕业硕士生51人，博士生10人。

（李金许）

【学术交流】2015年，实验室进一步加强材料科学领域的学术合作与交流。3月，实验室10余名研究人员参加了在美国举办的NACE年会。9月，实验室6名教授和副教授参加了在奥地利举办的2015欧洲腐蚀大会（EUROCORR 2015）；邀请了来自美国、加拿大、英国、日本及中国香港等国家和地区的多位知名学者到实验室讲学和交流。11月，实验室大部分研究人员参加了在厦门举办的第八届全国腐蚀大会，参会代表人数200余人；12月，实验室大部分研究人员参加了在北京举办的2015第二届海洋材料腐蚀与防护大会。

（李金许）

附 录

环境断裂教育部重点实验室2015年在研课题一览表

项目名称	项目来源	负责人	起止年限	经费（万元）
国家材料环境腐蚀野外科学观测研究平台（2015年度）	科技部	李晓刚	2015.7.29～2016.7.29	2900
多重动态海洋环境因素作用下材料腐蚀损伤的机理与规律	国家“973”计划	李金许	2014.1.1～2018.12.31	186
基于纳米材料及结构力学新理论的表征方法和测量原理	国家“973”计划	宿彦京	2012.7.1～2016.12.31	160
核电关键材料及焊接部位在微纳米尺度下的环境形为与蚀效机理工——辐照损伤的计算机模拟和实验研究	国家“973”计划	宿彦京	2011.1.1～2015.12.31	70
大型水利水电工程高陡边坡全生命周期性能演化与安全控制——高陡边坡体锚固机理与性能演化特征	国家“973”计划	何积铨	2011.1.1～2015.12.31	70
南海深水油气开发示范工程	国家科技重大专项	路民旭	2011.1.1～2015.6.30	233
大型油气田及煤层气开发—南海深水油气开发示范工程——荔湾3-1气田设施内腐蚀控制及选材设计	科技部重大专项	路民旭	2011.1.1～2015.6.30	580
中国材料腐蚀现状及材料腐蚀对自然环境污染情况调查	科技部	李晓刚	2012.4.1～2017.4.30	919
新型功能材料的理化性能分析表达方法及应用	科技部	曹江利	2012.9.15～2015.9.30	91
集束射流气动热－力耦合环境模拟试验舱	科技部	俞宏英	2011.10.1～2015.10.31	774
高温高压核电水环境中材料腐蚀的痕量效应及防护机理研究	国家自然科学基金重点项目	乔利杰	2015.1.1～2019.12.31	355
高强度管线钢土壤腐蚀的关键影响因素及机理研究	国家自然科学基金重点项目	李晓刚	2012.1.1～2016-12-31	300
大气环境中材料薄液膜腐蚀的电化学基础理论研究	国家自然科学基金重点项目	李晓刚	2012.1.1～2016.12.31	90
压水堆核电站蒸汽发生器用690合金传热管的应力腐蚀行为及机理	国家自然科学基金联合基金项目	李晓刚	2013.1.1～2016.12.31	240
金属的腐蚀与防护	国家自然科学基金优秀青年基金项目	董超芳	2013.1.1～2015.12.31	100

续表

项目名称	项目来源	负责人	起止年限	经费（万元）
Nb（C，N）纳米析出相对X80管线钢深海应力腐蚀的影响规律及机理研究	国家自然科学基金面上项目	黄运华	2015.1.1～2018.12.31	80
地铁杂散电流干扰下埋地管道材料的腐蚀机理研究	国家自然科学基金面上项目	路民旭	2017.1.1～2018.12.31	85
高强管线钢土壤环境应力腐蚀裂纹尖端非稳态电化学行为与机理	国家自然科学基金面上项目	刘智勇	2015.1.1～2018.12.31	85
液相脉冲放电合成Ni-P合金纳米粉机理的原位XAFS/SAXS研究	国家自然科学基金面上项目	俞宏英	2014.1.1～2017.12.31	80
深海等静压对应力腐蚀的影响规律和机理研究	国家自然科学基金面上项目	宿彦京	2014.1.1～2017.12.31	82
油套管丝扣塑性变形促进腐蚀加速机理和控制措施研究	国家自然科学基金面上项目	路民旭	2014.1.1～2017.12.31	80
交流电/应力场耦合对X80钢SCC裂纹萌生与发展的影响机理	国家自然科学基金面上项目	杜翠薇	2014.1.1～2017.12.31	8
准同型相界铁电材料电卡效应影响规律及机理研究	国家自然科学基金面上项目	白　洋	2014.1.1～2017.12.31	80
磁场、环境耦合作用下Fe-Ga合金应力腐蚀的规律及机理	国家自然科学基金面上项目	李金许	2014.1.1～2017.12.31	80
高强铝合金搅拌摩擦焊内部残余应力分布的多因素关联研究	国家自然科学基金面上项目	张　津	2013.1.1～2016.12.31	79
氧阴极法节能环保制备二氧化锰电解规律研究	国家自然科学基金面上项目	孟惠民	2013.1.1～2016.12.31	80
弥散贵金属微粒增韧复合热障涂层的结构与特性研究	国家自然科学基金面上项目	何业东	2013.1.1～2016.12.31	80
低维纳米尺度金属（Cu、Ni）的腐蚀行为及电化学特征研究	国家自然科学基金面上项目	吴俊升	2013.1.1～2016.12.31	80
深水及阴极保护下双相不锈钢氢致应力开裂的氢行为与临界电位研究	国家自然科学基金面上项目	张　雷	2013.1.1～2016.12.31	80
双相不锈钢的相腐蚀及应力腐蚀裂纹萌生发展机制研究	国家自然科学基金面上项目	程学群	2013.1.1～2016.12.31	80
非稳态薄液膜下PCB微纳米尺度环境损伤机制	国家自然科学基金面上项目	肖　葵	2013.1.1～2016.12.31	80
多场耦合条件下铁电多层厚膜电卡效应的动力学研究	国家自然科学基金面上项目	白　洋	2012.1.1～2015-12-31	60
高强管线钢在深海环境中的应力腐蚀规律与机理研究	国家自然科学基金面上项目	李晓刚	2012.1.1～2015-12-31	60
裂纹在沿晶氧化膜内形核的应力腐蚀新机理	国家自然科学基金面上项目	李金许	2012.1.1～2015-12-31	55
先进超高强度不锈钢钝化膜稳定性及其主控机制研究	国家自然科学基金面上项目	董超芳	2012.1.1～2015-12-31	65

续表

项目名称	项目来源	负责人	起止年限	经费（万元）
大面积阴极等离子电解沉积金属涂层的机理及其涂层特性研究	国家自然科学基金面上项目	何业东	2012.1.1～2015.12.31	55
高含H_2S湿天然气管道冷凝液膜环境下的氢渗透机制	国家自然科学基金面上项目	张　雷	2012.1.1～2015.12.31	60
疏水/超疏水防腐涂层物理屏障作用与自修复机制的研究	国家自然科学基金青年基金项目	张达威	2017.1.1～2018.12.31	25
316L不锈钢在高温高压水中沿晶应力腐蚀开裂裂尖钝化膜的微纳米尺度行为研究	国家自然科学基金青年基金项目	陈　旭	2013.1.1～2015.12.31	25
金属生物膜的形成机理及其润滑和耐磨蚀特性的研究	国家自然科学基金青年基金项目	岩　雨	2013.1.1～2015.12.31	25
2016100050101	军工课题	张　津	2015.1.1～2018.12.31	300
2011150080101	军工课题	乔利杰	2010.1.1～2016.12.31	100
2011150130101 /201115030010 /2011150550101	军工课题	李晓刚	2010.1.1～2016.12.31	220
海洋链应力腐蚀性能测试及服役安全性评估	厂协	李金许	2014.5.1～2017.12.31	65
青石与钛酸铝蜂窝陶瓷载体的研发2011-473	厂协	白　洋	2011.7.1～2014.6.30	60
土壤环境下材料的可靠性评估方法研究项目	厂协	李晓刚	2013.11.30～2015.9.30	53
镍基铁镍基合金油井管第二相的演变及其对耐蚀性的影响	厂协	张　雷	2011.12.1～2015.12.1	50
电力变压器用高磁感取向硅钢研发及应用技术研究2013-493	厂协	何业东	2013.1.1～2015.12.31	320
重工业污染区输电线杆塔和接地网腐蚀防治技术研究与示范2012-588	厂协	李晓刚 高　瑾	2012.1.30～2015.12.31	120
高压铝箔多V高效腐蚀技术的研究开发2012-560	厂协	何业东	2012.8.1～2015.12.31	120
大气环境下金属材料腐蚀寿命研究项目	厂协	李晓刚	2013.11.30～2016.6.30	90
规整填料在减压条件下的腐蚀机理及失效预防2012-865	厂协	岩　雨	2012.12.19～2017.12.30	100
直流输电接地网及附近金属构件腐蚀规律及预防控制关键技术研究	厂协	杜翠薇	2015.1.1～2016.12.31	146
多元热流体注采对防砂筛管挡砂性能影响研究2015-434	厂协	柳　伟	2015.8.1～2016.9.30	103

（李金许）

金属矿山高效开采与安全教育部重点实验室

【概况】金属矿山高效开采与安全教育部重点实验室（以下简称“实验室”）于2003年经教育部批准建立，2004年开始建设，2012年通过教育部评估。实验室覆盖4个二级学科博士点，即采矿工程（国家重点学科）、工程力学（北京市重点学科）、岩土工程（北京市重点学科）、防灾减灾工程与防护工程和安全科学及工程（一级学科）；拥有性能先进的MTS岩石力学实验机、电液伺服岩石三轴试验机、EH-4大地连续电导率成像系统、矿山减灾结构综合试验系统、数字开采模拟实验系统等一批现代化实验设施；建设了金属矿山采矿系统优化与地压控制、金属矿床高效开采理论与方法、矿山人工环境及采动灾害防治、数字矿山理论与应用四个实验区，实验室现有建筑面积6400m^2。

至2015年年底，实验室设备总值7013万元，设备总数达3592台（套），其中10万元以上大型设备96台（套），40万元以上大型设备33台（套）。

（宋卫东）

【科研活动】实验室以岩石力学理论研究为基础，以金属矿山安全高效开采为目标，形成了采矿系统优化与地压控制、矿床高效开采理论与方法、矿山安全与灾害防治、矿山系统工程与矿业经济4个研究方向。实验室承担包括“973”计划、“863”计划、国家科技支撑计划、自然科学基金重点项目在内的各类科研项目80余项，项目经费5000余万元；获省部级科技奖励12项，授权专利10项。

（宋卫东）

【学术交流】实验室与国内外同行开展了广泛的学术交流活动，提高了实验室在国内外的影响力。实验室先后接待前来参观和进行技术交流的学术团体20余次，组织国内外学术会议2次，参加国际学术会议20余人次。

（宋卫东）

钢铁流程先进控制教育部重点实验室

【概况】自获批立项建设以来，钢铁流程先进控制教育部重点实验室（以下简称“实验室”）整合学校相关学科优势资源，充分利用国内外先进的理论、技术、方法和成果，瞄准支撑国家和钢铁工业新建和改造工程的国家级重大项目，解决钢铁工业中信息与控制领域的重大科学与技术问题。

实验室依托控制科学与工程、仪器科学与技术、计算机科学与技术等学科，主要在“数据驱动的工业过程监控理论与方法”“钢铁流程先进控制理论与方法”“高精高速控制系统实现技术”“高性能过程控制系统与技术”“恶劣工业环境下信息获取方法与技术”等研究方向深入开展科学研究和人才培养工作。

召开了学术委员会会

议、实验室建设验收会议，通过专家验收是实验室发展中的重要里程碑。围绕重点实验室的建设目标，开展了科学研究、人才培养、学术交流等工作。

（刘德荣）

【学术委员会会议】2015年11月26日，钢铁流程先进控制教育部重点实验室学术委员会在北京科技大学信息楼1104会议室召开。学术委员会主任徐宗本院士主持了会议，学校副校长吴爱祥致欢迎词，实验室负责人刘德荣教授做工作报告，报告包括实验室基本情况、研究成果及进展、实验室人员组成及培养、学生情况交流合作及运行管理情况等方面。各位学术委员会委员在听取了工作报告和参观实验室后，充分肯定了实验室近年来取得的工作成绩，并分别就实验室的研究方向和实验室名称等关键性问题进行了讨论。学术委员会的召开对实验室的验收及今后的发展起到了促进作用。

（刘德荣）

【实验室验收】2015年12月3日，教育部在北京科技大学机电信息楼1104会议室组织召开了“钢铁流程先进控制教育部重点实验室”建设验收会。会议由教育部科技司邹晖副处长及验收专家组组长桂卫华院士主持。验收专家组专家、教育部科技司领导、学校副校长孙冬柏，科学研究与发展部副部长邢奕，自动化学院党政领导、全体教授以及20多位实验室骨干教师出席会议。验收专家充分肯定了实验室面向国家重大需求与学科发展前沿，定位合理，方向明确，特色鲜明。经过质询和讨论，验收专家组认为，实验室完成了建设计划任务书规定的任务，实现了建设目标，一致同意通过验收。

（刘德荣）

【科研活动】年内，贺威教授获得国家自然科学基金优青项目。实验室成员主要在以下纵向项目开展研究：①国家“863”计划：基于精确感知与智能决策的铝电解MES开发及应用。②国家自然科学基金重点项目：面向指标优化的高炉布料过程建模与控制。③国家自然科学基金面上项目：中立型分布延时微分方程可计算的稳定性判据，互联云环境中基于效用模型的跨云协同服务优化研究，纳米钢材料无损穿透通信中的信号传输技术研究，二维系统的有限频设计方法研究，质量相关的多工况动态间歇过程建模及故障诊断方法研究。④国家自然科学基金青年项目：非线性影响下高速轧机机－电－液耦合系统振动机理与控制方法，基于量化输出和信道通信的系统辨识与状态估计，太赫兹波在固态有机物中的散射特性分析及建模，复变非线性系统自学习最优控制理论与方法研究。⑤教育部新世纪优秀人才支持计划：丁大伟副教授负责的“二维系统的滤波与故障检测研究”。⑥北京市自然科学基金：基于相控阵雷达的无钟高炉布料过程数据驱动建模与控制，数据驱动的多工况非高斯复杂间歇过程的故障诊断，基于复值ADP理论的非线性系统自适应最优控制方法研究、基于多目标优化技术的分类问题模型选择方法研究、基于有限频方法的二维系统研究。

此外，各科研梯队发挥实验室传统优势并不断取得新成就。例如，尹怡欣教授负责的“基于精确感知与智能决策的铝电解MES开发及应用”，童朝南教授负责的“板带冷轧机板形仪及控制系统技术开发”，陈先中教授负责的“武钢7#高炉料面测量用相控阵雷达研制”，彭开香教授负责的“面向热轧薄带钢生产的润滑轧制模型与窜辊模型系统开发”等重要科研项目。

（刘德荣）

【人才培养】实验室培养毕业博士生19人，学术学位硕士及专业学位硕士81人。

（刘德荣）

【学术交流】2015年8月，实验室积极配合学院承办了

“2015全国第二十届自动化应用技术学术交流会”。同时，组织教师、研究生积极参加国内外高水平学术交流活动，推动学院与国外大学科研合作或联合培养。此外，4位教师分别在加州大学伯克利分校、新奥尔良大学、俄克拉荷马州立大学、兰卡斯特大学等高校做半年以上的访问学者，5位教师分别赴美、英等国家进行短期学术交流。

（刘德荣）

科技部材料模拟设计实验室

【概况】科技部材料模拟设计实验室(以下简称“实验室”)前身是国家“863”计划新材料模拟设计实验室。实验室结合北京科技大学在材料科学方面的优势，依靠独创的晶格反演方法建立起固体材料体系、界面系统以及层状材料的第一性原理计算到原子级计算机模拟的桥梁，在材料模拟计算方面进行了多方面的探索，努力拓展新的学科发展方向。

成立以来，实验室先后承担了国家“973”计划“材料计算设计与性能预测基础问题”（2000～2005年）以及“面向性能的材料集成设计的科学基础问题”（2006～2010年）项目中的课题研究。2011年，实验室承担国家“973”计划项目“基于集成计算的材料设计基础科学问题”（2011～2015年）项目中课题。2015年度申请了国家重大专项“材料基因工程专用数据库和材料大数据技术”中子课题“原子势库平台建设”。实验室有研究人员6人，其中中国科学院院士1人，教授2人，副教授3人。

（陈难先、申江、钱萍、田付阳）

【科研活动】2015年，实验室重点工作主要是完成国家“973”计划项目“基于集成计算的材料设计基础科学问题”中课题“复杂材料原子间相互作用势库的创新与拓展”（课题经费484万元）的结题准备工作。2015年实验室进行的主要研究进展有：①晶格反演EAM合金势的探索，对Fe-Al、Co-Al系合金的力学及热力学性质进行了原子级模拟计算。②采用晶格反演方法获得层状材料的层间势，重点结合最新vdW力处理的新方法改进层间势，特别是对远距离相互作用进行了修正。③用第三类晶格反演方法获得的界面势对Ag/ZnO界面、Fe-Cu 界面和扭转双层石墨烯界面进行了界面位错、断裂等力学行为的系列性应用。④利用晶格反演对势在置换型固溶体合金进行应用拓展，如TaW、NiAl和CuAu合金等，初步研究了等效原子势，为复杂合金的处理提供新的方法。⑤稀土与锕系金属间化合物研究。⑥开展了高熵合金的弹性力学性能研究。

（陈难先、申江、钱萍、田付阳）

【科研展望】材料中原子势库是材料集成设计中的一个重要组成部分。精确、可靠的原子势是当前材料学科发展的重大瓶颈。如果有了有效的势场，将大大促进材料设计的发展。在研究中实验室尽力发掘常规第一原理难以解决，而原子势和经典分子动力学模拟能够回答的问题。实验室的办法是将理论分析结合中等规模的原子级模拟计算来解决问题。选择适当的模型，控制计算时间，结合理论分析和合适的唯象模型能够解答一些材料科学中的基本问题。下年度实验室一方面要继续进行探索性研究，另外要在推广应用上加大力度。根据当前研究进展情况，深入研究晶格反演嵌入原子势，同时拓展到不同领域中加以应用。对界面系统方面加大研究力度，在金属/氧化物及金属/半导体的界面势研究方面推广应用，特别在跨界面热传导研究方面进行拓展。在晶格反演对势有应用优势的稀土与锕系金属间化合物及其他复杂金属间化合物中继续拓展应用领域。深入研究高熵合金的固溶增强机制及良好塑性机理。另外通过等效原子势的概念研究复杂合金的热力学性质。实验室将加强与中科院半导体所、中科院物理所、中科院金属所、北京计算科学研究中心、瑞典皇家工学院及匈牙利固体物理与光学研究所Winger-Seitz研究中心等研究机构交流合作。

（陈难先、申江、钱萍、田付阳）

北京市先进粉末冶金材料与技术重点实验室

【概况】2015年，北京市先进粉末冶金材料与技术重点实验室（以下简称“实验室”）有固定研究人员22人，其中教授12人，博士生导师12人，副教授8人，具有博士学位的教师22人，长江学者特聘教授1名，国家杰出青年科学基金获得者1名，教育部跨/新世纪人才培养计划入选者5名，教育部青年骨干教师1名，北京市科技新星6名。此外，实验室聘请了兼职教授6名，接收访问教授4名。“材料先进制备加工与成形研究团队”先后入选教育部“长江学者创新团队”、国防科技工业局“国防科技创新团队”和科技部“国家863计划高技术创新团队”。主要学术骨干均有在国外留学和工作的经历。

实验室下设4个研究室：①反应合成与纳米材料研究室。研究方向：自蔓延高温合成技术、射频等离子体球化制粉技术、纳米及超细粉末制备技术、金属粉末凝胶注模成形技术、弥散强化材料、超细晶硬质合金、硬面涂层、医用钛合金、金刚石工具、磁性纳米粉末及磁流体技术、粉末冶金新材料和新工艺。②先进粉末冶金成形技术研究室。研究方向：粉末注射成形、高速压制、热等静压以及熔渗技术等，同时，研究高性能铁基粉末冶金材料与零件、粉末高温合金、粉末高速钢、粉末冶金TiAl及Ti合金、高导热电子封装材料、新型电池材料等先进材料和粉末冶金过程模拟技术等。③先进复合材料研究室。研究方向：高性能金属基和陶瓷基复合材料以及粉末冶金成形新技术等，通过材料、冶金、物理、化学、计算机与电子技术等多学科的融合与集成，重点开展粉末冶金金属基复合材料及其近终形成形、高性能电子封装复合材料设计与制备、超高温陶瓷基和钨基复合材料的制备、高速压制成形、3D打印以及熔渗与强化烧结等技术的基础与应用研究。④清洁能源材料研究室。研究方向：清洁能源材料及器件，以基础研究和应用问题的解决为目标，研究清洁能源材料的理论基础和材料制备中的若干科学问题，解决清洁能源材料在应用中存在的相关重要基础科学问题。具体研究方向有：锂离子电池关键材料、超级电容器关键材料、储氢材料、新型碳材料、功能纳米复合材料、轻质热传导材料、电磁屏蔽材料、介电与微波吸收材料、磁性材料等。

（吴　茂、何新波）

【科研活动】2015年，实验室共承担各类科研课题107

项，包括国家“973”计划子课题2项、国家“863”计划课题7项、国家科技支撑计划1项、国家科技基础条件平台建设计划项目1项、国家自然科学基金项目19项、国防军工项目1项、教育部项目4项、北京市项目6项，其余为各类厂协（横向）等项目，在研项目合同经费总计8952.3万元。年内，实验室实到研究经费5763万元，发表学术论文66篇，申请国家发明专利25项，获专利授权6项。

（吴　茂、何新波）

【师资队伍】2015年，实验室师资队伍得到进一步加强。7月，田建军副研究员和宋维力博士分别晋升研究员及副研究员职称。同时，贾宝瑞、陈存广两位博士留校任助理研究员。

（吴　茂、何新波）

【人才培养】2015年，32名博士生、38名硕士生和25名本科生在实验室进行毕业论文等相关研究工作。年内，实验室毕业博士生4名，硕士生21名。

（吴　茂、何新波）

【学术交流与合作】2015年，实验室继续与美国、英国、澳大利亚等国家及大陆、香港、台湾地区的学校、科研机构和企业保持紧密的合作关系，学术交流活动频繁。研究室师生参加国内外重要学术会议85人次。2015年，任淑彬副研究员和路新副研究员分别赴澳大利亚进行为期一年的访学研究。

（吴　茂、何新波）

附　录

2015年北京市先进粉末冶金材料与技术重点实验室主要在研项目

序号	课题负责人	课题名称	类别	起截时间	合同经费（万元）
1	曲选辉	高性能金属材料控制凝固与控制成形的科学基础——金属材料智能化控制成形技术的基础研究	国家“973”计划课题	2011～2015年	437
2	范丽珍	新型三维纳米集流体材料及三维复合电极的可控制被与应用机理	国家“973”计划子课题	2013～2017年	45.2
3	贾成厂	大截面高速工具钢开发	国家“863”计划课题	2012～2015年	112
4	章　林	先进粉末高温合金的研制及制备技术	国家“863”计划课题	2012～2015年	525
5	任淑彬	金属/陶瓷层状结构复合材料的研究及其在热镀锌工业和重型车辆中的应用	国家“863”计划课题	2013～2015年	108
6	贾成厂	新型低成本粉末冶金钢铁材料及零件强化技术	国家“863”计划子课题	2013～2015年	27
7	张瑞杰	高强韧钢/镁合金跨尺度设计与制备技术	国家“863”计划课题	2013～2015年	546
8	罗　骥	氧化物弥散强化粉末冶金材料组织控制与致密化技术	国家“863”计划课题	2013～2015年	224.7
9	秦明礼	高密度铁基粉末冶金关键构件制备与应用技术	国家“863”计划课题	2013～2015年	250

续表

序号	课题负责人	课题名称	类别	起截时间	合同经费（万元）
10	郭志猛	镍资源节约型不锈钢产品开发及产业化关键技术研究	国家科技支撑计划子课题	2012～2015年	128
11	曲选辉	2014150010102	JG	2013～2016年	493
12	秦明礼	高导热氮化铝（AlN）陶瓷近净成形的相关基础问题	国家自然科学基金面上项目	2012～2015年	60
13	尹海清	微米尺度氧化铝微型齿轮的微注射成形研究	国家自然科学基金面上项目	2012～2015年	60
14	范丽珍	全固高比能量锂离子电池聚合物电解质与正负电极的作用机制	国家自然科学基金面上项目	2012～2015年	60
15	曲选辉	层状结构铝基复合材料近终形制备技术基础的研究	国家自然科学基金面上项目	2012～2015年	68
16	路　新	基于TiH_2制备高Nb-TiAl合金微球粉的几个基础问题	国家自然科学基金青年科学基金项目	2013～2015年	26
17	吴　茂	活性金属在非均质Diamond/Cu复合材料表面润湿机理研究	国家自然科学基金青年科学基金项目	2013～2015年	25
18	何新波	高导热Diamond/SiC复合材料近终形成形的基础研究	国家自然科学基金面上项目	2013～2016年	80
19	郭志猛	TiH_2粉末在射频等离子体中行为研究	国家自然科学基金面上项目	2013～2016年	79
20	贾成厂	金属粉末非水基凝胶注模成形中的浆料悬浮及凝胶化机理	国家自然科学基金面上项目	2013～2016年	79
21	宋维力	宽频段石墨烯/磁性颗粒异质结构电磁屏蔽与微波吸收材料及其衰减吸收机制	国家自然科学基金青年科学基金项目	2014～2016年	25
22	杨　霞	高速压制高密度成形的粉末物理特性取决性研究	国家自然科学基金青年科学基金项目	2014～2016年	25
23	曲选辉	粉末冶金超合金近终形制造相关基础问题研究	国家自然科学基金面上项目	2014～2017年	81
24	范丽珍	纳微结构多孔碳/金属氧化物复合材料的制备、修饰及超级电容特性	国家自然科学基金面上项目	2014～2017年	80
25	任淑彬	熔渗法制备二维散热用（鳞片状石墨+金刚石颗粒）/铜复合材料的相关基础问题研究	国家自然科学基金面上项目	2014～2017年	80
26	张深根	含Cr危固的Cr、Ni固化与解毒机理及微晶玻璃应用研究	国家自然科学基金联合资助基金项目重点项目	2014～2017年	200
27	田建军	过渡金属离子掺杂量子点敏化太阳能电池光电转换机理的研究	国家自然科学基金面上项目	2014～2017年	80

续表

序号	课题负责人	课题名称	类别	起截时间	合同经费（万元）
28	李　平	聚合物/储氢合金复合材料用于氢气回收的基础问题研究	国家自然科学基金面上项目（与钢铁研究总院联合申请）	2015～2018年	40
29	贾成厂	碳纳米管与陶瓷颗粒混杂增强铜基复合材料	国家自然科学基金面上项目	2015～2018年	79
30	张深根	碱熔解离蓝粉β-$Al_{12}O_3$和绿粉畸变磁铅矿晶体结构的机理	国家自然科学基金面上项目	2015～2018年	80
31	郭志猛	SHS熔覆钢结硬质合金涂层复合材料的研究与产业化	广东省省部产学研合作项目重大专项	2010～2015年	300
32	郝俊杰	电子线路板蚀刻废液（HW22）高值化利用的研发与产业化	广东省省部产学研合作项目	2012～2015年	32
33	吴　茂	Ag-Cu-Ti活性钎料与金刚石/铜复合材料润湿机理研究	教育部博士点基金新教师类	2013～2015年	4
34	郝俊杰	瞬间氢爆等离子球化制备烧结钕铁硼球形磁粉的基础问题研究	教育部博士点基金博导类	2013～2015年	12
35	范丽珍	多孔碳/金属氧化物复合材料的制备、修饰及超级电容特性研究	教育部博士点基金博导类	2014～2016年	12
36	田建军	全光谱敏化剂PbS粉体制备技术的研究	教育部新世纪优秀人才支持计划	2014～2016年	50
37	宋维力	柔性高性能石墨烯/纳米碳纤维网络超薄电磁屏蔽材料	中国博士后基科学金会	2014～2015年	15
38	张瑞杰	北京实验室－高性能低成本金属结构材料制备加工技术研究（协同创新中心）	北京市教委	2013～2015年	180
39	曲选辉	北京实验室－高性能低成本金属结构材料制备加工技术研究（协同创新中心）	北京市教委	2013～2015年	240
40	章　林	新型钴基ODS合金中纳米复合氧化物的粒径和界面结构演化规律	北京市自然科学基金	2013～2015年	14
41	任淑彬	北京高校“青年英才计划”	北京市教委	2013～2016年	10
42	潘德安	北京市科技新星	北京市科学技术委员会	2014～2017年	10
43	李　平	铁氧体催化剂对$NaAlH_4$-MgH_2储氢材料热力学及动力学性能的作用机理	北京市自然科学基金	2015～2017年	18
44	张深根	铅锌冶炼重金属废渣固化机理及地质聚合物应用研究	中央高校基本科研业务费	2014～2016年	5
45	张深根	新型有机/无机杂化钙钛矿型太阳能电池	中央高校基本科研业务费	2014～2016年	15
46	路　新	高铌TiAl合金粉末活化烧结技术研究	中央高校基本科研业务费	2014～2015年	5

续表

序号	课题负责人	课题名称	类别	起截时间	合同经费（万元）
47	宋维力	轻质柔性碳织布/石墨烯气凝胶电磁屏蔽复合三维结构	中央高校基本科研业务费	2014～2015年	5
48	任淑彬	鳞片石墨增强铝基复合材料的制备工艺研究	中央高校基本科研业务费	2014～2015年	5
49	吴　茂	粗糙度对高温润湿性能影响机理研究	中央高校基本科研业务费	2014～2015年	5
50	章　林	高密度铁基粉末冶金材料制备原理与技术	实验室开放课题－新金属材料国家重点实验室	2014～2015年	15
51	秦明礼	粉末注射成形不锈钢零件的研制	常州市丁鼎硬质合金有限公司	2014～2015年	20
52	秦明礼	一种制备稀土氧化物掺杂钨粉的方法（专利实施许可）	廊坊开发区阳雨钨业有限公司	2014～2015年	10
53	郭志猛	摩擦片铁合金粉的研制	西安航空制动科技有限公司	2009～2015年	20
54	林　涛	一种制备纳米铁粉的方法	北京天宜佳新材料有限公司	2010～2015年	30
55	郭志猛	水泵站管线防腐	北京动力机械研究所	2012～2015年	98
56	郭志猛	高性能粉末冶金用铁粉的开发	莱芜钢铁集团粉末冶金有限公司	2014～2015年	70
57	曲选辉	北京新材料产业信息与需求分析	北京新材料发展中心	2014～2015年	3
58	罗　骥	CLAM钢热等静压焊接实验	中国科学院合肥物质科学研究院	2012～2015年	2.8
59	曲选辉	北京市“十三五”时期新材料产业发展战略研究	北京新材料发展中心	2014～2015年	3
60	秦明礼	95氧化铝陶瓷粉末注射成形技术研究	中物院电子工程研究所	2014～2015年	18.6
61	郭志猛	聚四氟乙烯基减摩擦材料的开发	扬州立德粉末冶金股份有限公司	2014～2015年	20
62	林　涛	陶瓷内衬复合管件的研制	南通中兴多元复合钢管有限公司	2015～2015年	20
63	曲选辉	硬质合金渗硼技术的应用研究	株洲硬质合金集团有限公司	2013～2015年	23
64	曲选辉	磁体辐射取向和注射成形技术	北京三吉利新材料有限公司	2010～2015年	10
65	李　平	委托测试协议	内蒙古科技大学	2015～2015年	3.5

续表

序号	课题负责人	课题名称	类别	起截时间	合同经费（万元）
66	曲选辉	扬州海昌粉末冶金有限公司－北京科技大学粉末冶金工程技术研究中心建设	扬州海昌粉末冶金有限公司	2011～2016年	25
67	曲选辉	以粉末为原料制备发动机涡轮增压器用调喷嘴叶片的方法（专利实施许可）	扬州海昌粉末冶金有限公司	2011～2016年	10
68	曲选辉	一种径轴向两用磁场注射成形机（专利实施许可）	江门协立磁业高科技有限公司	2010～2016年	10
69	章　林	铜合金致密化技术	宁波博威合金材料股份有限公司	2015～2016年	1.2
70	范丽珍	三元/石墨体系电池循环过程中容量衰减机理研究	北京波士顿电池技术有限公司	2015～2016年	3
71	曲选辉	制备高体积分数碳化硅颗粒增强铝基复合材料零件方法	河北五维航电科技有限公司	2011～2016年	10
72	张瑞杰	冶金炉窑节能与环保关键技术与研究	重庆赛迪工业炉有限公司	2011～2016年	700
73	林　涛	一种微波合成纳米碳化钨粉末的方法（专利转让合同）	北京上佳合金有限公司	2011～2016年	30
74	郭志猛	SHS熔覆钢结硬质合金涂层复合材料的研究与产业化	广东新劲刚超硬材料有限公司	2012～2016年	50
75	郭志猛	用90铁粉制取高性能铁粉的研究	武汉钢铁股份有限公司	2013～2016年	25
76	罗　骥	粉末冶金弥散强化高硅铝合金的研制	广东坚美铝型材厂（集团）有限公司	2014～2016年	48
77	张瑞杰	ICME Model Development for Forging Automotive Components	美国福特汽车公司	2014～2016年	55.3
78	郭志猛	甲醇裂解制备纳米碳化钨粉的方法	海安县鹰球集团有限公司	2007～2017年	80
79	郭志猛	一种金属粉末的注凝成形方法（专利实施许可）	海安县鹰球集团有限公司	2007～2017年	60
80	贾成厂	一种含氮无镍不锈钢及其粉末冶金成形工艺（专利实施许可）	海安县鹰球粉末冶金有限公司	2012～2017年	5
81	郭志猛	一种钢结硬质合金的制备方法（专利实施许可）	北京科大京都高新技术有限公司	2007～2017年	80
82	郝俊杰	一种纳米碳化铬粉末的制备方法（专利实施许可）	北京科大京都高新技术有限公司	2007～2017年	60
83	郭志猛	磁性功能纸	本溪瑞合矿业有限公司	2013～2018年	50
84	郭志猛	热熔覆技术开发	大庆汇达兴业制造有限公司	2014～2018年	20

续表

序号	课题负责人	课题名称	类别	起截时间	合同经费（万元）
85	郭志猛	凝胶注模成形钛合金制品研发及应用	北京麦格东方新材料技术有限公司	2012～2018年	400
86	果世驹	一种粉末不锈钢的强化烧结方法	河南飞孟金刚石工业有限公司	2008～2018年	3
87	邵慧萍	一种高浓度磁性流体及其制备方法（专利实施许可）	台州六合工程咨询有限公司	2014～2019年	3
88	郭志猛	复杂形状金属零部件的无毒性凝胶注膜成型方法（专利转让）	扬州市立德粉末冶金有限责任公司	2010～2019年	80
89	郭志猛	一种微细球形Nd-Fe-B粉的制备方法（专利实施许可）	北京京磁电工科技有限公司	2012～2019年	10
90	郭志猛	一种金属粉末凝胶挤压成形方法（专利实施许可）	廊坊金熊精密材料有限公司	2012～2019年	10
91	郭志猛	复杂形状金属部件的无毒性凝胶注模成型方法	江都市立德粉末冶金有限责任公司	2010～2020年	80
92	郭志猛	一种用高碳铸铁熔液为渗碳剂的渗碳方法（专利实施许可转让）	北京科大京都高新技术有限公司	2011～2021年	10
93	郭志猛	一种面向等离子体镀层电镀液（专利实施许可）	北京鼎臣世纪高科技有限公司	2011～2021年	10
94	郭志猛	大尺寸稀土各向异性粘结磁体的磁场凝胶注膜成型方法（专利转让合同）	三环永磁（北京）科技有限公司	2011～2021年	10
95	郭志猛	铁基材料自蔓延熔覆耐磨涂层技术	江苏蓝日超硬钢材料有限公司	2012～2022年	900
96	罗　骥	高铁制动闸片摩擦材料的国产化研制和弥散强化铝合金在飞机刹车上的应用研究	北京北摩高科摩擦材料有限责任公司	2014～2022年	100
97	郝俊杰	粉末冶金制动闸片的研发与产业化	北京航空材料研究院	2012～2022年	200
98	郭志猛	钛合金粉末及制品的研发	北京金物科技发展有限公司	2014～2024年	10
99	郭志猛	粉末冶金钛合金研发及产业化	山西省运城恒磁新材料有限公司	2014～2024年	200
100	郭志猛	一种金属粉末凝胶注模成形方法-专利实施许可	北京鼎臣世纪高科技有限公司	2014～2024年	10
101	郭志猛	一种微细球形钛粉的短流程制备方法（专利实施许可）	北京金物科技发展有限公司	2015～2025年	3
102	郭志猛	乙炔碳化制备纳米碳化钨粉的方法（专利实施许可）	北京市粉末冶金研究所有限责任公司	2007～2027年	25
103	邵慧萍	利用醋酸钴低温制备钴包覆钛粉的方法（专利实施许可）	泉州天智合金材料科技有限公司	2014～2028年	10

续表

序号	课题负责人	课题名称	类别	起截时间	合同经费（万元）
104	邵慧萍	一种制备铜包覆钨复合粉末的方法（专利实施许可）	泉州天智合金材料科技有限公司	2014～2029年	10
105	张深根	电路板铜阳极泥分银渣铅锡回收	致远控股集团有限公司	2013～2016年	10
106	张深根	用于生产多种牌号烧结钕铁硼磁体的合金铸片（专利转让）	北京三吉利新材料有限公司	2012～2017年	14
107	张深根	废杂铝再生目标铝合金相关技术（专利权转让合同）	肇庆市大正铝业有限公司	2015～2020年	15

北京市腐蚀、磨蚀与表面技术重点实验室

【概况】北京市腐蚀、磨蚀与表面技术重点实验室（以下简称“实验室”）设材料表面化学与技术、腐蚀控制系统工程、电化学工程与材料、环境敏感断裂、环境损伤评估与控制研究共5个学术梯队。实验室有固定人员32人，其中国家级突出贡献专家1人、博士生导师12人、教授12人、副教授17人、讲师2人。50岁以下的中青年研究人员中，有长江学者1人、全国优秀教师1人、教育部跨世纪人才2人、北京市科技新星3人、国家自然科学基金优秀青年基金获得者1人、北京高校青年英才计划4人、科技北京百名领军人才培养计划1人。

实验室拥有一系列世界水平的成套仪器和设备，包括在研究开发新测试技术基础上研制的一系列新型实用研究设备和测试装置，总计1262台（套），总价值11782万元。在硬件建设方面，建设了具有国际先进水平的材料环境腐蚀研究中心，拥有开展材料环境腐蚀基础研究的环境扫描电子显微镜、X射线光电子能谱、傅立叶红外光谱、M370微区电化学工作站、多通道电化学工作站等先进的分析检测设备，原子力显微镜、纳米力学压痕仪、UMT摩擦磨损仪及Atlas综合腐蚀试验箱、Atlas氙灯老化和紫外老化等加速腐蚀设备，并拥有自主知识产权的多种类型的自然环境腐蚀加速模拟试验设备，如用于模拟管道腐蚀和在多相流环境工作的高压釜装置等，在保证材料环境腐蚀基础研究工作的同时，还可以为国内外的企事业单位提供材料环境腐蚀试验。

腐蚀、磨蚀与表面技术涉及材料科学、化学、电化学、力学、表面科学和生物、生命科学等众多学科领域。实验室主要从事基础、应用基础和高新技术研究。基于科学、经济和社会的发展，实验室形成了独具特色的研究方向：①腐蚀与防护机理研究，包括环境敏感断裂、高温腐蚀与防护机理研究、煤化工腐蚀机理与控制技术研究、油气田腐蚀与控制、电化学腐蚀机理研究、腐蚀防护系统工程。②磨蚀

机理及其控制研究，包括生物、医用材料研制，磨蚀机理及控制，材料微振腐蚀机理及控制研究，多相流中材料的腐蚀及控制研究，摩擦条件下金属材料的电化学行为。③高新表面技术研究与应用，包括锌溴电池电极材料表面修饰处理、磁性材料防蚀技术、电子器件抗磁干扰处理等高新功能表面技术研究与应用。

（张　津，王德仁）

【科研活动】实验室在腐蚀、磨蚀与表面技术领域开展了大量的科研工作，获得一批重要的成果，其中一些具有创新性的成果达到了世界先进水平或国内领先水平。重点实验室在材料环境腐蚀观察平台建设、燃气管道安全评估、国家高新国防工程等领域开展了大量的研究，开展了卓有成效的工作，取得了较为突出的成果。2015年负责承担了国家“973”计划项目1项，国家“863”计划项目1项，国家科技重大专项4项，科技支撑计划项目3项，国家自然科学基金18项，北京市教委项目2项，其他各部委项目3项，厂协项目65项，累计科研经费5882万元。实验室加强自身条件建设，2015年新增各类设备68台（套），增加设备费546万元，申请国家发明专利26项，获得国家发明专利授权14项。获得省部级一等奖3项，出版专著13部。发表EI收录论文108篇，SCI收录论文115篇，核心期刊收录论文27篇，其他6篇。

（王德仁）

【人才培养】实验室所属学科专业在国内高校中首批获得硕士、博士学位授予权，是当时该学科专业的唯一的博士点和设立博士后流动站的单位。2014年实验室共培养博士生15人、硕士生68人、本科生65人。

（张　津，王德仁）

【对外交流】2015年，实验室邀请国际知名教授学者来校讲学15次，并派出26人次到国外进行短期访问交流，与国外相关单位进行联合研究，实验室教师应邀在国际学术会议作报告45次，国内学术会议作报告55次。

（张　津，王德仁）

金属与矿冶文化遗产研究国家文物局重点科研基地

【概况】金属与矿冶文化遗产研究国家文物局重点科研基地（北京科技大学）（以下简称“基地”）是国家文物局批准设立的22个重点科研基地之一，总体定位于开展全国范围内的金属与矿冶文化遗产研究与保护工作。基地有全职研究人员21名，其中教授9名、副教授6名、讲师1名、师资博士后3名、实验员1名、图书资料室管理员1名；兼职研究人员15名，其中教授（研究员）6人、副教授（副研究员）9名。

（李延祥、陈坤龙）

【队伍建设】2015年，新引进青年研究人员3名：刘思然博士，英国伦敦大学学院博士毕业，从事冶金考古方向；晋世翔博士，北京大学科技哲学专业博士毕业，从事中世纪西方科学史研究；韩向娜博士，中科院上海硅酸盐研究所博士毕业，浙江大学博士后出站，从事文物保护材料学研究。

（李延祥、陈坤龙）

【实验室建设】新增大型设备约500万元，主要购置了一批先进的仪器设备，包括气相色谱质谱仪、热裂解气相色谱质谱仪、显微傅立叶红外光谱仪、LIBS分析仪、三维激光扫描仪等。根据情况进行了实验室改造，重新布置了仪器安放，并加强了实验室管理制度建设。

程瑜工程师领衔的“科学技术史专业协同实验技术平台建设”项目获2014年度北京科技大学第11届实验技术成果二等奖。

（李延祥、陈坤龙）

【科学研究】孙淑云教授的论文集《攻金集——孙淑云冶金技术史论文选》出版，此书是她四十载冶金史研究的成果集成，不仅反映了她精深的学术修养，也是中国冶金史研究发展的一个缩影；章梅芳出版《女性主义科学编史学研究》；李晓岑教授出版《云南科技简史（第二版）》。

在论文发表上，据不完全统计基地专职研究人员发表的学术论文共57篇，其中数篇发表在顶级期刊*Journal of Archaeological Science*（《考古学杂志》），*Archaeometry*（《考古术》），*Antiquity*（《文物》）等上。

在田野工作方面，金属与矿冶文化遗产研究国家文物局重点科研基地（北京科技大学）新疆工作站在新疆维吾尔自治区考古研究所正式挂牌运行，标志着围绕国家“一带一路”战略进行的布局取得成效；北京科技大学科学史与文化遗产研究院参与发掘的“北京延庆大庄科矿冶遗址群”当选2014年度全国十大考古新发现，这是北京科技大学的名称首次进入十大系列。

在科研项目上，马泓蛟博士的博士后基金项目《北方白瓷瓷釉的锶同位素研究——以巩义白河窑出土样品为例》是科技史学科历史上第一次获得一等博士后基金，易德生的博士后基金项目也获得了批准。

（李延祥、陈坤龙）

【人才培养】2015年入学学生24名，其中博士研究生8名，硕士研究生16名。在校就读的学生共95人。2015年1月和6月毕业的学生共计24名，其中博士研究生10名、硕士研究生14名。

2011级博士生先怡衡获得第二届校长奖学金，是学科首次获得此项奖励。2012级博士生陈虹利获得第九届全国青年科技史学术研讨会二等奖，2014级硕士生颜建超、乔尚孝分别获得第六届北京科史哲研究生论坛二等奖、三等奖。2013级博士生王颖琛获得去德国海德堡大学交流学习的机会。

（李延祥、陈坤龙）

【学术交流】2015年，基地组织和参与的学术交流与合作活动非常频繁，国际学术访问和交流活动方面：①Microfading & Light Management in Museum（博物馆展示用光及微褪色检测技术国际研讨会）在北京耶鲁中心顺利召开，这是中心在文物保护领域举办的第一次国际会议。②潜伟教授获美国富布莱特学者计划支持，在普林斯顿大学访学，期间还到多所知名大学和文博机构进行学术调研，并对美国近代冶铁遗址进行了考察。③李晓岑教授到德国图宾根大学中韩研究中心进行为期2个月的访问，并作早期古纸方面的学术报告。④梅建军教授应邀到德国海德堡大学、马普学会科学史研究所、新加坡国立大学、以色列特拉维夫大学访问，并组织了在巴黎召开的第14届东亚科学技术和医学史国际学术研讨会。⑤研究院教师邀请的国际著名学者频频来访，如著名科技考古专家、英国诺丁汉大学的朱力安·汉德森（Julian Handerson）教授，美国技术史学会主席、英国爱丁堡大学的白馥兰教授，SCC钢铁卷作者、丹麦哥本哈根大学的华道安博士，著名文物保护专家、维也纳艺术大学科技应用学院院长曼弗雷德·施莱纳（Manfred Schreiner）教授等。

主办的大型学术活动：联合多家相关科技史专业委员会主办的第四届中国技术史论坛，以研究生为主自发组织的第六届北京研究生科史哲论坛。

举办了18次“科学技术史论坛”的学术讲座活动。应邀来学校进行学术讲演的专家不仅有国内各重要学术机构的知名学者，如中国科学院古脊椎古人类研究所高星研究员、中国科学院大学王昌燧教授、广西民族大学的万辅彬教授和陕西考古研究院的王占奎研究员，而且有来自国外的重量级嘉宾，如英国爱丁堡大学的白馥兰教授、德国的罗梅博士。专家们的演讲论题广泛、内容丰富，不仅引起中心师生的极大兴趣，而且吸引了很多外单位的学者和学生前来听讲，极大地充实并活跃了中心的学术氛围。

（李延祥、陈坤龙）

北京市冶金工业节能减排重点实验室

【概况】北京市冶金工业节能减排重点实验室（以下简称“实验室”）建设单位包括机械工程学院热能工程系和土木与环境工程学院环境工程系，依托学科是动力工程及工程热物理和环境科学与工程学科。实验室拥有动力工程及工程热物理一级学科博士学位授予权，其中热能工程学科是国家重点学科，动力工程及工程热物理一级学科是北京市重点学科；还拥有环境工程学科博士学位授予权。动力工程及工程热物理学科和环境科学与工程学科均已设立了博士后流动站。上述学科均为北京科技大学国家“211”工程和优势学科创新平台等重点建设项目的主要学科方向。

实验室自2011年年初得到北京市科委的认可后，在平台建设、人才队伍建设、研究成果转化、管理体制、产学研合作等方面取得长足进步。2014年年底通过了北京市科委组织的三年绩效考评。

（温　治、童莉葛）

【人才队伍】实验室作为北京科技大学工业节能减排领域科学研究和成果转化的平台，通过学科队伍建设、科研实验平台建设及成果转化机制建设等体制建设，在人才资源管理探索过程中，不断总结经验，吸引和稳定了一大批该领域高水平人才。现有研发人员55名，其中副高级（含）以上职称人员37人，取得博士学位人员48人。有3位老师赴美国、加拿大等国访学。

（温　治、童莉葛）

【研究生培养】经过建设，2015年毕业硕士研究生35名，博士研究生2名。至年底，在读硕士和博士研究生人数超过100人。

（温　治、童莉葛）

【实验室建设】2015年，实验室获得了来自中央级普通高校改善基本办学条件专项资金的重点资助。现有大型设备120余台（套）。

（温　治、童莉葛）

【科研成果】实验室自成立以来，积极响应北京的中长期发展规划和北京市科委“发展循环经济、建设节约型社会”的主题，在脱硫脱硝、CO_2捕集处理、垃圾及废弃物焚烧、污水处理、天然气重整制氢、分布式能源、建筑节能、建筑材料和低谷电利用等方面进行了节能与环保技术的推广与示范工作，为首都建设、学校学科建设和国家的节能与环保做出贡献。2015年，实验室承担了国家科技计划项目2项、国家自然科学基金委员会项目7项、博士后基金2项、北京市英才计划1项，经费总额445万元。承担其他省部级科技计划项目10余项，到款经费超过215万元。“气控热管高精度温度源”获得2015年度国家科技进步二等奖。

（温　治、童莉葛）

【产学研合作】2015年，实验室与北京市燃气集团研究院、浙江松阳县西屏工业园开发有限公司、北京英博电气股份有限公司、中冶东方工程技术有限公司包头贝瑞工业炉分公司等企业合作开展科学研究，科研项目经费共计200余万元。这些研究项目的开展，大幅度提升了学科的科研实力与行业影响力。

（温　治、童莉葛）

【交流与合作】年内，实验室邀请了美国普林斯顿大学施耐德博士（Dr. M.N.Shneider）、美国伯克利国家实验室汉森伯杰博士（Dr.A.Hasanbeigi）、澳大利亚西悉尼大学何博士（Dr.Y.P.He）、美国俄亥俄州立大学阿德莫维奇教授（Prof. I.V.Adamovich）、英国伯明翰大学丁教授（Prof. Ding）、澳大利亚迪肯大学的高博士（Dr. Gao）、英国萨里大学的吴教授（Prof. Wu）等国际知名教授进行学术交流或短期讲学。

（温　治、童莉葛）

高效零件轧制技术研究推广中心

（零件近净轧制成形教育部工程研究中心）

【概况】高效零件轧制技术研究推广中心（以下简称“轧制中心”）主要从事轴类零件轧制（楔横轧与斜轧）技术的研究、开发与推广工作。总体技术水平与实验条件处于国内领先水平，并达到国际先进水平。2007年经教育部批准建设成立“零件近净轧制成形教育部工程研究中心”。

2015年，轧制中心下设：①研究与开发室：主要从事理论研究、模具设计、设备设计、新产品开发等。②轧制实验室：主要从事实验研究、新产品试制，拥有楔横轧与斜轧机6台及其相关设备与仪器等。③模具制造车间：主要从事楔横轧与斜轧模具的制造，每年开发并生产300副左右的模具供生产厂使用。至2015年年底，中心共有数控机床7台，其中大型数控车床3台，高速铣床1台，大型模具专用加工机床4台；共有工作人员20余人，其中中国工程院院士1人、国家“千人计划”特聘教授1人、具有高级技术职称人员8人。

（王宝雨、郑振华）

【科研活动】轧制中心与工厂合作，在北京、重庆、山东、湖北等27个省市建成零件轧制生产线200余条，其中有10余条生产线出口美国、日本、俄罗斯、印尼等国家，建成零件轧制专业化工厂10余家。累计开发并投产的零件500余种，如红旗轿车的输出轴、玉林柴油机六缸凸轮轴、东风与解放载重车变速箱传动轴等。已累计生产轴类零件500余万吨，产值260余亿元，直接经济效益30余亿元。由于推广工作成绩显著，该项技术被国家科委评为“全国十大典型推广项目”之一。项目先后获国家级奖5项、省部级奖14项。

2015年，轧制中心承担的主要任务有：国家科技部重点研究与推广项目，平均每年推广零件轧制生产线6～10条；国家自然科学基金项目“重载大模数齿轮精密轧制成形与微观组织演变规律研究”；北京实验室建设项目“高性能低成本金属结构材料制备加工技术研究”；北京市科技重大专项“1200～1500MPa超高强热成形汽车钢开发”；以及厂协项目“土耳其30mm、60mm钢球生产线项目”、太原重工轨道交通设备有限公司“铁道车辆车轴快锻－楔横轧高效近净成形技术研究、开发与产业化”等。年内，轧制中心发表论文20余篇，其中SCI检索论文11篇，EI检索论文11篇，获授权发明专利2项，完成课题10余项，经费收入1200余万元。

（王宝雨、郑振华）

【人才培养与对外交流】轧制中心从1995年开始招收研究生。2015年，共有近30名研究生在轧制中心就读和从事科研工作，主要研究零件轧制成形机理、轧制工艺模具CAD/CAM、轧制设备控制与自动化技术等。

年内，轧制中心派出1人次到英国参加国际会议，派出数人次参加科技合作交流和访问研究等活动，并与英国帝国理工学院合作开展零件近净轧制成形项目的研究。

（王宝雨、郑振华）

附　录

高效零件轧制研究推广中心2015年科研项目

编号	项目名称	项目来源	起止时间	经费（万元）
1	先进高强钢热成形微观组织演变研究	高等学校博士学科点专项科研基金	2013～2015年	12
2	重载大模数齿轮精密轧制成形与微观组织演变规律研究	国家自然科学基金项目	2014～2017年	80
3	北京实验室－高性能低成本金属结构材料制备加工技术研究	北京市教委	2015年	79.36
4	无镀层热成形汽车钢开发与应用研究	北京市科委	2015年	68.58
5	热成形钢热冲压成形微观组织及塑性损伤演变建模与仿真	首钢总公司	2014～2015年	35
6	铁道车辆车轴快锻－楔横轧高效近净成形技术研究、开发与产业化	太原重工轨道交通设备有限公司	2015年	25
7	30mm、60mm钢球生产线项目	土耳其	2014～2015年	177

（王宝雨、郑振华）

北京表面纳米技术工程研究中心

【概况】北京表面纳米技术工程研究中心（简称“中心”）于2002年4月由北京市科委批复成立，依托北京科技大学建设，集中北京地区表面纳米科技优势，吸纳优秀成果和杰出人才，开发具有自主知识产权的表面纳米工程技术和产品，形成一流的研发平台、技术转移平台和信息服务平台，成为推动国家表面纳米产业发展的重要节点。

中心设有中心建设管委会，下设学术委员会及战略研究委员会，具体包括3个专业实验室、1个管理办公室及1个信息服务中心。2015年，中心有研究人员11人，其中教授8人、副教授3人，长江计划特聘教授2人，国家杰出青年基金获得者1人，跨世纪优秀人才1人，新世纪百千万创新人才1人，北京市科技新星2人。

中心拥有宏观–微观摩擦磨损测试系统、纳米力学探针、超音速火焰喷涂设备、金属纳米粉末制备系统等10余套先进的仪器设备，条件建设经费1500万元，建设面积1000m^2；建立了表面纳米摩擦磨损检测平台，表面纳米微观性能测试平台。

（孟惠民）

【科研活动】中心以国家和北京市项目为基础，围绕纳米功能涂层材料与制备技术、纳米催化净化材料与制备技术、纳米光电（能源）材料与制备技术及表面纳米检测、分析、表征及标准4个研究方向，建设了3个专业研究实验室。2015年，中心在研项目26项，其中省部级以上项目15项，包括国家重大专项1项，“973”计划项目1项，国家自然科学基金项目6项。在先进武器装备，海洋腐蚀与装备制造，京沪、京深等高铁建设，南水北调工程等国家重大工程中均做出了贡献。授权国家发明专利2项，在国内外学术期刊上发表论文47篇，其中SCI/EI收录26篇；参加国际学术交流会议5次，国内学术交流会议7次；培养毕业博士生8人、硕士生34人、本科生43人。至2015年，在读硕士研究生53人，博士研究生19人。

（孟惠民）

【对外交流】中心利用设备和技术优势，积极加强与国内外企业的合作，承担了性能测试、检验及分析等技术服务与咨询工作。同时，中心与国内外表面纳米技术研究机构建立了广泛的合作关系，通过主办和联合举办国际国内学术研讨会，积极加强表面纳米技术领域内的学术交流与合作。

（孟惠民）

北京高校节能与环保工程研究中心

【概况】北京科技大学节能与环保工程研究中心（以下简称“工程研究中心”）成立于1997年，并于2010年1月获得北京高等学校工程研究中心批复，立项建设。研究中心建设单位包括机械工程学院热能工程系和土木与环境工程学院环境工程系。工程研究中心依托动力工程及工程热物理学科和环境科学与工程学科，致力于节能与环保技术研发和推广，已建设成为学科队伍齐整、科研业绩突出、成果转化畅通、综合效益显著的科研开发和技术推广平台。

工程研究中心拥有“动力工程及工程热物理”一级学科博士学位授予权，其中热能工程学科是国家重点学科，动力工程及工程热物理一级学科是北京市重点学科；拥有环境工程学科博士学位授予权；拥有动力工程及工程热物理和环境科学与工程两个博士后流动站。工程研究中心已逐步形成了“能量转换与梯级利用”“清洁燃烧与污染治理”“节能新工艺、新设备和新材料”“新能源技术”“气体制备与处理”等多个有特色、高水平的研究方向。

（温　治、童莉葛）

【研究生培养】2015年，工程研究中心毕业硕士生20人，博士生4人。至2015年年底，在读硕士和博士研究生70余人。

（温　治、童莉葛）

【实验室建设】2015年，工程研究中心充分利用现有大型设备100余台（套），其中新增添了实时粉尘监测仪、红外热成像仪、微波等离子体系统和可移动的小型催化燃烧实验平台等。

（温　治、童莉葛）

【科研成果】工程研究中心成立以来，积极响应北京中长期发展规划要求，围绕北京市科委“发展循环经济、建设节约型社会”主题，在脱硫脱硝、CO_2捕集处理、垃圾及废弃物焚烧、污水处理、天然气重整制氢、分布式能源、建筑节能、建筑材料和低谷电利用等方面进行了节能与环保技术的推广与示范工作，为学校学科发展、首都建设和国家的节能与环保事业做出贡献。至2015年年底，工程研究中心获得纵向和横向科研经费300余万元，其中包括上海宝钢节能环保技术有限公司、中冶华天南京工业炉有限公司、中国恩菲工程技术公司、洛阳建龙微纳新材料股份有限公司、宝山钢铁股份有限公司等企业委托的项目。

工程研究中心在节能与环保领域成果显著，近3年科技成果转化的典型成果包括：①蓄热式有机废气焚烧炉关键技术研究与应用示范。②质子交换膜燃料电池核心技术研发。③脱硫技术成果转化。④低谷电蓄能供暖技术。⑤煤矿乏气瓦斯分离富集与氧化作用关键技术与设备。⑥干熄焦成套技术。⑦工业炉节能减排成套技术。⑧新一代辐射管研发。⑨全氧高炉炼铁关键技术研究。⑩炉顶煤气循环氧气鼓风高炉炼铁技术。

（温　治、童莉葛）

【产学研合作】2015年，工程研究中心与企业合作开展科学研究，科研项目经费300万元。这些合作研究项目的开展，大幅度提升了本学科的科研实力与行业影响力。

（温　治、童莉葛）

【交流与合作】2015年，工程研究中心邀请来自美国夏威夷大学等国际学者进行专题讲座和报告。2010年1月由北京科技大学组织成立的“中国工业节能减排大学联盟”已有70余家联盟单位，并与美国劳伦斯伯克利国家实验室、美国橡树岭国家实验室等国际著名实验室签署了合作协议。

（温　治、童莉葛）

国家环境与能源国际科技合作基地

【概况】国家环境与能源国际科技合作基地（以下简称“基地”）于2010年11月由国家科技部国际合作司批复成立，依托北京科技大学建设，集中国内外环境与能源研究领域的一流优势科研院所，吸纳优秀成果和杰出人才，开发具有自主知识产权的环境与能源领域技术与产品，形成了一流的研发平台、技术转移平台和信息服务平台，达到国内领先及国际先进水平。

基地现有固定人员36名，流动人员80名。其中教授11人（全部为博士研究生导师）、副教授12人，外聘中国工程院院士2人、中国科学院院士2人、外籍院士2人、著名国外学者客座教授4人。拥有国家“千人计划”入选者3人、国家杰出青年基金获得者1人、中科院“百人计划”入选者1人、新世纪百千万人才工程北京市人选1人、北京市教学名师1人、北京市优秀青年骨干教师和北京市科技新星培养计划各1人、教育部新世纪优秀人才2人。基地的国际科技合作与学术交流十分活跃，先后与美国、德国、英国、加拿大、俄罗斯、瑞典、挪威、意大利、法国、日本、韩国、欧盟和联合国环保署UNEP等国家和组织的同行建立了长期稳定的科研合作关系，主持、参加过多次国际学术会议，形成了“基地－项目－人才培养－成果”的循环模式，有力地推动了基地的科研水平。

（姚　俊）

【科研活动】基地以国家、北京市、厂协项目为基础，围绕环境生态毒理学、工业废气污染控制与治理、水污染控制与治理、固体废物处理及资源化、环境生物技术、能源与环境流体力学、环境管理等7个研究方向，建设有5个专业研究实验室。2015年，基地在研项目86项。新申请国家外专局高端外国专家项目资助3项。申请并授权专利20余项，在国内外学术期刊发表学术论文130余篇，其中SCI检索论文68篇。

（姚　俊）

【对外交流】基地积极与国内外一流的科研院所及知名公司合作。目前已经与基地建立良好合作关系的科研单位有：美国耶鲁大学、哈佛大学、麻省理工学院、杜克大学、俄克拉荷马大学、德国国家UFZ环境研究中心、德国国际沼气与生物质能源中心、瑞典斯德哥尔摩环境研究院、英国伦敦大学、意大利比萨国家研究中心、法国巴黎第十一大学、挪威科技大学、加拿大国家生物技术中心、加拿大卡尔加里大学、匈牙利罗兰大学、日本九州大学；国外公司有：德国技术合作公司、德国KFW开发银行、德国IHC公司、德国MUP环境技术咨询公司、法国ACF公益组织、挪威SOBY公司、亚洲开发银行（ADB）等。2015年，实验室人员参加国际会议78人次，进行国际学术交流与讲座34人次。为促进我国环境治理和修复行业的发展，加强国际交流与合作，于2015年举办“第一届矿区污染防治国际学术研讨会暨第四届中－匈Workshop”。

（姚　俊）

北京企业低碳运营战略研究基地

【概况】北京企业低碳运营战略研究基地是学校申请建立的第一处哲学社会科学基地。基地以学校优势学科为基础，整合生产管理、环境管理、生态经济等相关学科，发挥学科交叉渗透和融会贯通的优势，紧密围绕北京企业低碳运营中出现的亟待解决的重大理论与现实问题，设计研究路径，开拓研究领域，选择研究项目。基地主要研究目标包括北京市重点工业企业低碳运营战略研究、北京市公共事业“绿色运营服务链”研究及北京企业低碳文化与市民低碳行为研究。

至2015年年底，基地队伍中共有核心成员31人、专家委员会成员14人。队伍中具有副高级以上职称者25人，而专家委员会的成员则分别来自政府部门、高校和企业。研究人员队伍中教授18人、副教授7人、讲师6人。另外有参与基地项目的博士研究生8人、硕士13人。

（朱晓宁）

【科研活动】自2012年基地成立至2015年年底，共承担各类纵向科研项目68项，其中包括：①国家级项目13项，其中“十二五科技支撑计划”2项，“863”计划项目1项，国家自然科学基金9项，“973”计划项目1项。研究领域主要以钢铁为代表的企业、行业低碳生产模式研究为主线，涵盖了与之相关的生产性服务业、劳动力分配、产业结构升级等研究。②省部级项目共29项，包括教育部项目5项、北京市哲学社科规划项目10项。③企业协作项目26项。与企业的合作包括钢铁、水泥、稀土、能源、建筑、交通、商贸、航空、机械等众多领域。低碳研究基地累计发表论文共100余篇，其中SSCI/SCI、EI、CSSCI等高水平检索论文40篇。

（朱晓宁）

【学术交流】基地专家及成员共参与国际学术会议25次，另参加国内管理科学相关会议109人次。美国蒙哥马利奥本大学教授，德国亚琛大学教授，中国通用技术集团、中国通用咨询投资有限公司刘德冰董事长，五矿集团总经理助理韩刚，金和软件董事长栾润峰等开展了讲座并进行了学术交流。

（朱晓宁）

【获奖情况】研究基地自2012年建立后，获得省部级奖励5项，其中包括国家科学技术进步奖二等奖1项、环境保护科学技术奖1项、中国产学研合作创新成果奖1项、教育部科学技术进步二等奖1项。基地多项研究成果直接应用于企业，并为企业创造了直接的经济效益，帮助企业碳减排。

（朱晓宁）

材料领域知识工程北京市重点实验室

【概况】材料领域知识工程北京市重点实验室（以下简称“实验室”）围绕材料领域的材料设计与新材料开发所需智能化信息技术开展理论与技术研究，力争创建一个具有一定规模、先进、开放、共享的材料知识工程创新性实验基地，深化学科交叉，研发新理论、新技术、新设备、拓展应用服务，全面促进北京市材料科学与智能技术发展。针对当前材料领域高度活跃的材料信息技术、技术创新等前沿支撑技术需求，瞄准材料领域中信息技术应用的共性需求；通过深化材料设计与新材料开发所涉及的知识工程理论与技术，为国家及北京市材料领域技术创新方法建立与推广应用提供支撑技术，为材料设计以及新材料开发提供理论与技术支撑。

重点实验室技术成果与北京科技大学的材料科学与工程等优势学科及相关领域应用形成汇聚效应。①推动材料领域知识工程理论与技术研究的不断深入，形成了知识获取、知识库、仿真等技术。②通过“新材料开发技术创新方法”“材料设计支撑技术”的实现与应用，加速成果的转化，使知识工程领域的研究成果与材料领域的应用实践紧密结合。

（张德政）

【科研工作】在北京市科委和北京科技大学的支持下，实验室在深化原有在智能技术与知识发现、机器翻译与自然语言处理、智能控制与智能管理系统、创新方法与知识管理、大系统智能管理与控制、高性能计算技术与数据工程等方面研究基础的同时，针对北京市重点发展的材料领域对信息技术与创新支撑技术的重大需求，实验室依托于北京科技大学智能科学与技术优势、材料科学与工程的学科优势与资源优势，定位于面向高性能金属的材料设计与开发需求，研究材料科学工程知识工程理论与技术，服务北京材料领域产业化发展与技术创新。以解决材料领域的知识工程、材料创新方法以及支撑技术等共性关键问题为研究重点，以材料领域创新知识工程技术体系的形成、发展与产业化为目标，研发切实满足材料科学与工程发展需要的智能技术，形成一批具有自主知识产权的技术成果。

2015年，重点实验室新增56项国家“973”计划、国家“863”计划、国家自然科学基金、国家科技攻关、国家科技基础平台等国家级以及省部级与企业的重大课题。新增经费总计3786.29万元，其中获得国家科技计划项目（科技部项目）、国家自然科学基金委员会等项目3321.21万元，其他项目465.08万元。申请专利18项（其中PCT申请2项），授权专利4项，发表三大检索论文103篇。

（张德政）

【学术梯队建设】实验室现有固定人员60余人，其中教授18人，副教授23人，具有副高级技术职称以上人员占64%，年均招收硕士生100人，博士生10人。实验室学术委员会由18位国内著名专家组成，其中中国工程院院士1人、中科院长江学者特聘教授1人、国家杰出青年科学基金获得者1人、教育部新世纪优秀人才2人、北京市教学名师1人。另外有部分兼职、流动研究人员和200名博士、硕士研究生参与重点实验室的项目研究工作。2015年，重点实验室引进3名高水平人才，招收优秀应届博士生8名，晋升职称4名，更加充实了重点实验室的科研队伍。

重点实验室设主任1名、副主任3名，其中专职管理副主任1名，负责重点实验室日常行政管理与对内对外协调工作。重点实验室下设1个办公室、4个研究室。学术委员会负责重点实验室建设目标、发展规划、学科建设和发展、科研方向和学术活动、人才培养和开放课题等重大问题的研究、制定和控制。

（张德政）

【交流与合作】开放和交流是重点实验室的基本特征之一。2015年，重点实验室对开放与交流的认识不断升华。不断加大重点实验室的开放力度，通过参加国际会议、邀请讲学、聘请兼职研究人员等方式，吸引国内外高水平研究人员进行交叉研究，制度化与国际同行的实质性交流与合作，并选派部分中青年教师到国外进行访问交流。

2015年，聘请10余位国际、国内著名教授和学者来学院讲学；积极组织人员参加高水平国际学术会议，加强与同行的学术联系，扩大重点实验室的学术影响，2015年参加高水平学术会议30余人次，同时实验室成员积极承办优秀国际学术会议（国际智能空间大会）；选派3名优秀中青年研究人员到国外高水平高等院校（如斯坦福大学等）进行访问交流；积极与高等院校、科研院所、骨干企业及其他单位建设长效稳定的产学研联盟，与国内大型钢铁企业如宝钢、鞍钢建立紧密的合作关系，合作承担项目。

（张德政）

北京市弱磁检测及应用工程技术研究中心

【概况】北京市弱磁检测及应用工程技术研究中心（以下简称“中心”）成立于2012年5月。中心针对现代先进智能测量技术及控制系统、电子通信设备、工业测试设备及军事应用领域中对新型小尺寸、高灵敏度、高热稳定性、低功耗磁敏传感器的巨大需求，以北京科技大学已有的低维磁性材料、磁敏芯片的制备技术、磁敏传感器的设计制造技术为基础，以特殊功能IC芯片的设计与开发、传感器通用结构设计及磁路优化为手段，研究系列磁敏旋转和线性位移传感器制造技术、高灵敏度隧道结巨磁电阻（TMR）器件制造技术、高灵敏度高温超导量子干涉器件（SQUID）制造技术、高灵敏磁光和磁激发拉曼散射器件制造技术，建立完整的弱磁检测技术框架、知识库和工程技术标准。开发出能实现高精度、轻量化、多用途的系列无触点磁敏传感，用于恶劣工业环境下的自动控制系统、军事惯性导航系统和地磁匹配制导领域；研制弱磁无损检测装置，解决特殊行业大型金属工程构件的无损检测难题，设置应力集中容限，实时检测并警报从而为金属工程结构延寿。联合中国科学院空间科学与应用研究中心，建立空间三维正交磁场测量系统，解决影响弱磁检测器件的温度稳定性和噪声，研制出先进磁敏载荷，服务国家深空探测重大专项。

（张　超）

【管理运行】中心整体并入学校GJB 9001B－2009版认证体系管理，产品生产获得武器装备科研生产许可授权。中心设主任1名，常务副主任1名。北京科技大学弱磁检测及应用技术工程技术中心实行主任负责制，主任由学校聘任和考核。主任负责中心 全面工作，包括技术开发、科研计划的制订、新项目开展、项目的组织落实和监督管理、协调与共建单位的合作事宜等。常务副主任负责日常管理，包括研究生培养、各学术梯队的科研协调、技术推广、技术培训、产品开发及市场协调等工作。

（张　超）

【人才队伍培养和建设情况】至2015年年底，中心有研究人员总数26人，包括固定研究人员23人，客座人员3人。其中高级职称16人、中级职称10人。工程技术研究中心有技术管理人员1人、工程技术人员5人。中心主任姜勇教授获得国家杰出青年基金，徐晓光教授先后获得“北京市科技新星”和“北京市优秀人才”称号，苗君教授获得“教育部新世纪优秀人才”称号，在低维功能材料领域获得创新成果。为提升中心对磁检测半导体器件的研发能力，中心引进了郑新和教授加入了研发团队。中心有在读博士研究生7人、硕士研究生38人。

（张　超）

【科研活动】①GMR生物传感器研究。在磁感应热疗方面，通过检测磁性纳米颗粒表面修饰的双链DNA（ds-DNA）量的变化，对磁性纳米颗粒在交变磁场下表面温度的变化进行了研究。将超顺磁性纳米颗粒与巨磁电阻器件结合用于生物探测，并对前列腺癌相关的生物标记物Endoglin进行检测。利用磁控溅射在硅晶片上沉积自旋阀，经光刻后成功制备了GMR芯片。在芯片表面沉积氧化铝（ALD法）与二氧化硅（PECVD法）保护层。将芯片在磁场下退火处理后使被钉扎层的磁矩方向沿条形芯片的短轴方向，与自由层的磁矩方向垂直。退火后测量了传感器的R-H曲线，曲线在零场附近电阻随外场线性的变化。GMR传感器的线性部分为工作区域。搭建了探针式的测试平台，电路部分采用惠斯通桥的交变检测法，并利用此平台对前列腺癌相关生物标记物Endoglin进行检测，检测极限可以达到56pM。②$Pt/Co_2FeAl_{0.5}Si_{0.5}$界面的自旋泵浦效应研究。自旋泵浦效应即持续进动地磁矩向近邻的非磁层发射自旋流，利用这一效应实现自旋流的有效注入。在铁磁/非磁金属（FM/NM）双层膜体系中，FM/NM界面的自旋混合电导直接反应了界面自旋泵浦的效率。从阻尼增强的角度研究了铁磁/非磁金属界面的自旋泵浦效应。因为进动的磁矩向近临的非磁金属中发射自旋流的同时也会受到一个附加的力矩，使得FM/NM界面的阻尼常数增强。

（张　超）

【学术交流】通过依托单位、合作企业、相关学会等机构与国际相关学术组织、科研机构、高等学校及先进企业建立长期交流合作，中心定期举办相关领域的学术交流和人员互访，及时跟踪掌握国外相关技术发展方向，积极组织力量，引进、消化吸收国外先进技术成果，同时互派研究人员合作进行项目研究开发。在产业化领域，中心学习国外先进的产业化经验、跟踪业界先进技术并开发出了自主知识产权产品，走出国门，进行广泛的技术交流与服务。对整个工程中心的技术深度、服务领域的拓展都产生了重大的积极影响。

（张　超）

附　录

2015年中心参加国内外学术交流情况一览表统计

序号	会议名称	会议类别	参与情况（主办/参与）	时间	地点	主要议题/内容
1	2015中国功能新材料学术论坛暨第四届全国电磁材料及器件学术会议	国内	主办	2015-10-19	湖北宜昌	新型磁电子材料的研究
2	第六届海内外中华青年材料科学技术研讨会暨第十五届全国青年材料科学技术研讨会	国内	主办	2015-10-16	重庆	材料科学技术研讨会

北京市融合网络与泛在业务工程技术研究中心

【概况】北京市融合网络与泛在业务工程技术研究中心（以下简称“工程中心”）依托北京科技大学通信与信息系统北京市重点学科、计算机科学与技术国家一级学科与矿业工程国家一级重点学科，结合中国移动设计院的工程化优势，瞄准融合网络与泛在业务领域亟待解决的关键问题，重点开展光网络和无线网络、地面网络与卫星网络、电信公网与行业专网的融合与技术创新。研发内容包括：①融合网络体系架构、互通机理和业务模型。②融合网络的组网、路由、管控等关键技术研究和设备研发。③融合网络与泛在业务的应用和工程化。工程中心的研发内容符合北京市“十三五”规划信息领域的重点支持方向，将建设成集技术研发、成果转化、工程应用、标准制定和人才培养于一体的基地，对提升北京市信息领域技术创新与工程应用能力具有重要推动作用。

（隆克平）

【管理运行】工程中心的组织结构包括技术委员会、理事会、中心主任等，工程中心下设融合网络体系架构技术研发部、无线网络技术研发部、光网络技术研发部、泛在业务及应用工程部5个技术部门，在北京科技大学和中国移动设计院分别设置办公室。

工程中心实行理事会领导、技术委员会指导下的主任负责制。理事会由各上级主管部门和依托单位的主要领导组成，旨在确定工程中心产业发展方向，引导工程中心成果规模转化、技术持续创新和产业化推广。技术委员会由本领域的院士、“973”计划首席科学家及具有引领作用的企业高级技术专家组成，指导工程中心技术发展方向，确保核心技术创新的前瞻性。工程中心主任负责和主持日常工作。

工程中心的运行以北京科技大学为依托，同时与中国移动通信集团联合。高校在关键技术攻关、设备研发初试、行业应用（冶金、工矿等）和成果的小规模运行具有优势，而中国移动设计院处于产业链前端，在通信建设和业务部署方面具有引领作用。工程中心为这两者合作、联合提供了良好的平台，有助于学术界和工业界实现优势互补、合作共赢。在此基础上，工程中心将积极参与首都科技条件平台开放资源，实现资源共享，大力推动北京市产业联盟建设，促进产学研联合，通过设立国际国内企业合作基地、博士后流动站等方式加强人才的流动和交流，通过采取灵活的人才聘用制度和激励机制引入竞争机制，提高研发水平。

（隆克平）

【科研工作】 2015年，工程中心团队在*IEEE Trans.* 系列、*IEEE Wireless Commun.* 等国际国内重要期刊和国际学术会议上发表/录用论文13篇，其中SCI检索论文6篇、EI检索论文7篇。2015年工程中心承担（含新增和继续执行的）国家自然科学基金等纵向项目70余项，申请发明专利158项，研究成果获省部级奖励2项。此外，年内共签署技术合同27项，纵向项目合同额577.9万元，横向项目合同额115.9万元，特别是在5G无线通信技术研发、移动通信网络优化、云计算、物联网和“互联网+”、移动医疗行业应用等方面取得突出成果，基地研究和技术创新能力得到了进一步提高。

（隆克平）

【师资队伍与研究生梯队培养建设】 工程中心人员队伍规模持续扩充。工程中心在2013年认定时期，固定人员填报61人，其中高级职称为48人（占79%），中级职称为13人（占21%）。经过3年的发展，2015年度工程中心固定人员规模为68人，其中高级职称为55人（占81%）、中级职称8人（占12%）、博士后5人（占7%），其中成功申报“香江学者”1名。在2015年度，工程中心培养毕业硕士研究生81人和博士研究生11人。至2015年年底，工程中心在读研究生为205名硕士研究生和62名博士研究生，为通信领域的人才培养做出了一定的贡献。年内工程中心开展的对外交流活动包括石志国赴赞比亚的合作研究，孙奇福、张中山、米振强在英国的国际会议，周娴在西班牙的国际学术会议等。工程中心的人员数量和队伍结构有良好的发展。

（隆克平）

【成果转化】 工程中心在移动通信领域主要的成果转化包括：①在安徽省，针对省公司提出将网络结构问题严重的小区提交地市公司进行督办整改的要求，项目组共整理出50个过覆盖严重小区、50个弱覆盖小区等问题。在安徽省网络结构专项优化通报第二期中，已经将网络结构问题小区清单结果下发市分公司进行现场核查和整改。②在宁夏回族自治区完成工参、弱覆盖场景、重叠覆盖、过覆盖、干扰等典型场景现场核验，形成固原网络结构最终分析报告，并与网优中心优化室经理、网优中心领导汇报沟通。目前项目组在网络结构分析上筛选了109个小区作为主要调整的小区，并且按照优先级分成两类，已经由地市公司开展整改，后期将进一步跟进效果。③在甘肃省主要完成了网络整体状况分析、基础数据核查、覆盖评估及精准规划、网络结构分析、WLAN分析、VoLTE容量分析、AOA核查小区方向角及信令数据分析；春节前已经就问题向甘肃网络部进行了汇报并明确了优化调整建议及规划建设建议。④在陕西省完成除西安外所有数据无问题的地市分析，并输出报告；与陕西分院合作完成对分析结果的核验工作，分析疑似天馈故障小区与设计工作的相关性，排除设计因素；向陕西移动提供了安康、铜川两地市的分析报告；春节后项目组与省公司、地市公司开了项目沟通会、确定了以安康、铜川为试点的下一步上站排查计划，同时针对上站中的人员、设备、车辆安排问题，及问题站点中的问题进行了讨论和沟通；继续对西安的2G、3G、4G数据进行导入和分析。

（隆克平）

【应用示例】 工程中心的成果应用示例包括：①网络评

估分析与诊断系统，完成了全国多省的评估分析和诊断优化服务。具体包括无线参数分析与管理服务、场景配置和参数分析诊断服务、频率扰码分析诊断服务、LTE网络结构优化分析诊断服务等。②网络专项优化产品，在根据四川、广西、山东、安徽、宁夏、兰州、陕西、北京等省（市、自治区）包括ASOS/ASPS/WPM/智能频率扰码优化工具/天馈在网检测诊断等产品的部署应用和专项服务中LTE上行干扰分析的试用经验，已经完成15个以上省（市、自治区）的产品部署应用和专项服务，将继续完成全国各省（市、自治区）的产品部署应用和专项服务。具体包括智能频率扰码优化服务、网优自动化服务、LTE网络结构优化服务、ASOS及ASPS优化服务、参数优化服务、天馈在网检测诊断服务、LTE上行干扰分析及优化服务。③LTE网络结构优化分析平台，将在现有多个省部署的基础上，实现网络结构自主化分析，实现网络性能提升和网络结构的优化，增强开发新功能实现了全国上线，并可根据新需求迭代敏捷开发新优化功能模块。

（隆克平）

教育部金属电子信息材料工程研究中心

【**概况**】教育部金属电子信息材料工程研究中心（以下简称“中心”）于2001年4月经教育部批准成立，依托于北京科技大学建设，是由教育部和北京市共建的技术创新和高新技术产业化基地。中心采用现代企业制度进行管理，实行多元化投资，与注册成立的具有独立法人资格的北京科大永兴科技有限公司为同一个实体。

中心设有粉末冶金事业部、高技术薄膜材料事业部、微电子辅助材料事业部、有色加工事业部，另设有办公财务部、投资发展部。

（雷　诺）

【**粉末冶金事业部**】粉末冶金事业部成立于2001年，至2015年年底，有教师和研究人员16人，其中教授5人。10名博士生、24名硕士生和36名本科生在实验室进行毕业论文等相关研究工作。年内，实验室毕业博士生2名，硕士生6名。

事业部拥有较为先进的专用仪器设备，设备原值近800万元，其中进口设备日本岛津烧结炉一台，价值205万。10万元以上设备10台（套），如永磁材料测量系统、磁滞回线仪、磁场注射机、粉末冶金注射机、转矩流变仪、高效混炼挤出造粒机、热等静压烧结炉等。

事业部主要业务范围是高技术新材料的研究、开发与生产，新材料制备与加工设备的制造，新型电子信息元器件的开发与制造，计算机控制系统集成、机电一体化技术开发，铁基合金、不锈钢、高比重合金、硬质合金、磁性材料、金属陶瓷、高温合金、难熔合金、低合金钢、钛合金等产品的生产与销售。产品广泛应用于医疗器械、电子通讯、办公机械、仪器仪表、纺织机械、食品饮料机械、计算机工程、汽车工业、机械武器、体育娱乐器械等领域。

近期重点研究与产业开发方向有：①纳米粉体及材料的研究。超细和纳米粉体制备技术、机械合金化制粉技术、雾化制粉技术、磁屏蔽材料、纳米硬质合金、钨基高比重合金、难熔金属与合金、高温合金。②反应合成技术与复合材料的研究。

自蔓延高温合成技术、陶瓷/钢复合管制造技术、核废料处理技术、粉末冶金多孔材料、粉末冶金层状与梯度结构材料、AlN-BN复合陶瓷、耐热及抗氧化涂层粉末与涂层技术、高性能SiC和Si_3N_4陶瓷、C/SiC陶瓷基复合材料、超高温陶瓷基复合材料、高性能粉末冶金金属基复合材料。③先进成形与烧结技术的研究。粉末注射成形技术及其智能化、粉末微注射成形技术、温压成形技术、高速压制成形技术、等静压成形技术、胶态成形技术、放电等离子烧结技术、粉末冶金材料设计与工艺过程模拟。④功能材料的研究。NdFeB粘结磁体、Sm-Co合金、磁温度补偿合金、超磁致伸缩材料、电工合金、新型电子封装材料、能源材料、储氢合金、光电信息材料、功能陶瓷。⑤钴基高温合金的研究等。

（雷　诺）

【微电子辅助材料事业部】 微电子辅助事业部成立于2002年，至2015年年底，有教授1人、副教授2人、技术员2人、在读博士生和硕士生9人。

事业部具有较完备的材料制备和组织性能检测的设备，如100kg真空熔炼下拉式连续定向凝固设备、50kg下拉式连续定向凝固设备，反重力铸造设备及完整的拉丝设备等，能生产各种规格的高性能有色金属丝材。主要业务集中在微电子超细丝材的研究、开发与生产，高性能铜及铜合金、铝及铝合金超细丝材制备与加工成套设备及产品的研制和开发。产品主要有：直径为100μm、75μm、50μm、32μm和25μmAl-Si合金集成电路用键合丝，具有单晶或连续纤维晶组织的各种规格的高性能铜及铜合金线材等。广泛应用于电线电缆、集成电路、仪器仪表、纺织机械、汽车工业、航空航天、高级音响等领域。

近期重点研究与产业开发方向有：①航空航天用特种电线电缆。②高性能无氧铜杆。③25μmAl-Si合金集成电路用键合丝。④高性能铂金丝。⑤微细Ag包Al丝。⑥高性能铜及白铜管等。

（雷　诺）

【高技术薄膜材料事业部】 高技术薄膜材料事业部至2015年年底，有教授1人、副教授3人、技术人员2人，在读博士生10人、硕士生8人。

事业部拥有包括100kW直流电弧等离子体喷射、10kW直流电弧等离子体喷射、5kW微波等离子体化学气相薄膜沉积系统和强电流直流伸展电弧（HCEDCA）等离子体CVD系统等多种金刚石薄膜制备设备，拥有电子束真空蒸镀机、磁控溅射仪、射频等离子体CVD装置、金刚石膜研磨机、金刚石膜抛光机及光学材料砂蚀试验机、金刚石膜力学性能试验机等常规薄膜材料制备手段。固定资产总价值约300万元。主要业务集中于以金刚石厚膜、薄膜为主的各种高技术薄膜材料、各种硬质涂层材料与技术、各种非常规的等离子体化学沉积设备等。

重点研究和产业开发方向有：①大面积金刚石光学窗口材料。②金刚石薄膜光学涂层。③声表面波器件金刚石薄膜基片。④金刚石膜热沉材料及其在微电子和光电子器件或系统中的应用。⑤掺硼金刚石膜（BDD）及其在废水处理和生物医学中的应用。⑥高性能粒子探测器、紫外探测器、X-射线探测器用高质量（探测器级）金刚石膜材料。⑦金刚石涂层硬质合金工具。⑧金刚石膜基探测器和传感器。⑨类金刚石硬质防护涂层。⑩金刚石薄膜化学气相工业化生产技术和设备开发等。

（雷　诺）

冶金工程研究院

（高效轧制国家工程研究中心）

【概况】冶金工程研究院（以下简称“冶研院”）成立于2005年，主要由高效轧制国家工程研究中心（以下简称“高效轧制中心”）和冶金技术工程研究中心组建而成。其中，高效轧制国家工程研究中心成立于1996年，依托于北京科技大学建设，是原国家计委第一批批复设立的47家国家工程研究中心之一，也是轧制技术领域唯一的国家级工程中心，获得“国家工程研究中心杰出贡献奖”。2014年荣获“全国钢铁工业先进集体”称号。

2015年，冶研院共有教职员工48人。其中教授5人，副教授及高级职称17人，中级职称24人，博士生导师5人。另外冶金工程研究院有特聘专家6人，其中有中国工程院院士2人。

（郭　强）

【科研工作】2015年，由冶研院牵头的新增科研合同1066.82万元。其中，新增纵向科研项目15项，合同额384.30万元，包括国家自然科学基金项目1项、北京市自然科学基金项目1项、其他纵向项目13项；新增横向科研项目合同14项，合同额637.02万元，包括1项国际合作开发项目；另获得2015年北京市科委的技术转移示范专项及后补贴等项目3项，获得支持经费45.50万元。

2015年，冶研院到校科研经费总额达到1967.91万元，与2014年相比略有增长。其中，纵向经费到款709.45万元，横向经费到款1258.46万元。

2015年，以冶研院为第一完成单位共计公开发表科技论文149篇，其中EI/SCI检索收录82篇，与2014年相比，人均数量有较大提高；申请发明专利18项，获得专利授权19项，授权数量大幅上升；积极组织和动员，尤其是调动青年员工的课题申报积极性，共计撰写各类纵向项目申报书34项，人均申请数量略有增长。其中包括申请国家自然科学基金15项、北京市自然科学基金7项、“863”计划项目2项、科技部创新方法工作专项1项、教育部推进“一带一路”建设科技创新专项1项、教育部基本科研业务基金4项、北京市科委科技计划项目2项、北京市科技服务业促进专项1项、海淀区技术转移专项1项。

通过精心梳理，2015年冶研院积极申报各项科技奖励，其中作为第一获奖单位，“宽带钢热连轧自由规程轧制关键技术及应用”获得中国钢铁工业协会、中国金属学会冶金科学技术奖一等奖；作为第二获奖单位，“IGCT大功率高性能电气传动关键技术研究及应用”获中国有色金属工业协会科学技术奖一等奖。另有2项科技成果，作为第二申请单位申报2015年度四川省科技进步奖和株洲市科技进步奖。

2015年也是钢铁行业形势异常严峻的一年，冶研院除积极备战“十三五”国家在钢铁新材料领域的科技申报外，也在努力探索新的领域，在承接高强度耐腐蚀专用油井无缝钛管生产线设计及设备总包项目的基础上，在国内率先进行无缝钛管的成套生产工艺及装备的研制，已成功试制大中口径无缝钛管，并与国内多家钛加工与生产企业以及有色协会钛锆铪分会建立良好合作关系。

2015年也是值得庆贺的

一年。这一年，轧制中心历经18年，在没有向学校申请任何经费支持的情况下（按当初国家计委批复的文件，这笔贷款应该由工程中心的依托单位即北京科技大学偿还），依靠自身力量完成了建设初期世行贷款的所有还款任务，共计1681万元。此外，2015年是高效轧制国家工程研究中心的评估年度。冶研院上下认真对待，积极组织材料，保质保量地完成了材料汇总和上报工作，确保工程中心的顺利良好运行，并圆满完成国家考核任务。同时，工程中心创新能力建设项目进入验收期，冶研院也在认真组织材料，准备在2016年年初完成全部验收工作。

（张勇军）

【工程技术领域】重点突破，圆满完成各个项目的实施。2015年，尽管整个冶金行业运行非常困难，但对于冶研院来讲，依然是非常繁忙的一年，尤其是轧制自动化、表面缺陷检测领域，存在项目实施人员异常紧张、出差任务重的突出矛盾。为了做好项目实施，为客户创造价值，冶研院全体员工发扬自我牺牲、乐于奉献的优良传统，从春节至元旦，每个节假期均有两个以上的项目团队坚守工作岗位，挥洒汗水，在服务态度和技术能力方面均赢得了用户的高度评价。

①经过半年多的紧张实施，在国际上均是首次由中国人实施的薄板坯连铸连轧生产线过程控制系统在线改造项目取得圆满成功。全部的改造升级工作均是利用检修时间分步完成，没有申请额外时间，整个改造过程也没有出现由此而导致的生产事故。新系统上线运行后，不仅仅是厚度、温度、板形等所有质量指标均优于原西门子系统，而且最薄轧制规格也由原2.0mm扩展至1.2mm。另外，新系统也可实现高牌号无取向硅钢的稳定生产。该项目取得的效果远超企业预期，对于扩大北京科技大学的技术声誉产生非常积极的影响。

②经过一年多的紧张实施，“涟钢全流程工艺质量在线判定与离线分析平台”项目也进入到收尾阶段。该项目以现代质量管理方法为基础、以计算机信息系统为手段，对各生产线的产品和过程实施过程质量信息采集、过程质量追溯、质量分析、在线质量判定、质量控制、质量改进和质量保证。该项目也是大数据相关技术及理念在钢铁领域的首次实质性应用，通过在线判定和检测技术，实现在线质量监控与优化，使产品质量由事后抽样提升为全部在线评级，确保产品质量稳定性并建立全生命周期管理。涟钢项目的成功已经吸引了安钢、马钢等钢铁公司前来现场考察，对今后相关业务的拓展及相关技术的深度研发很有帮助。

除此之外，还完成了明泰1+4铝热连轧改造、明泰1+1铝热轧、邯钢CSP加热炉、凌钢中宽带改造及近10个表面检测类等项目的实施，东海1450、印尼1780不锈钢热连轧项目也分别进入现场调试、系统离线搭建等阶段。

周全策划，维持核心业务领域的业绩稳定。面对冶金行业日趋严峻的形势，冶研院审时度势，把合同的风险防控放在首位，须对甲方的资金状况和付款能力进行认真分析判断。为此，有选择性地争取一些关键的、对冶研院今后持续发展有益的和有行业影响的项目成了冶研院努力的方向。2015年新签的工程项目合同额虽不到6000万，但现阶段结果表明，这一做法是对的。2015年合同的付款条件及预期盈利均好于往年，签订的项目也均在执行并且资金能够按时到位，冶研院整体财务状况安全，风险可控。同时，2015年冶研院也加大对以往合同拖欠款的催款力度，回款情况明显好于往年。尤其值得一提的是，2015年冶研院承接了印度尼西亚新建

1780mm不锈钢1+8热连轧生产线的电气自动化系统成套项目，首次实现了业绩的海外拓展。

（何安瑞、郭　强）

【合作交流】2015年，冶研院先后派出2名教职工出国参加各类国际会议及交流培训。1位教授前往英国布鲁内尔大学进行为期1周的访问交流。资助1名青年教师到美国密歇根大学进行为期半年的访问学习。完成创新人才培养海外学者讲座及博士生短期访学项目。邀请奥地利莱奥本大学克里斯汀（Christian）教授进行了为期一周的讲学，并与我院老师进行了广泛的技术交流，达到了预期目标。物流工程专业博士生李婷赴葡萄牙里斯本大学进行为期6个月的短期访学。机械专业博士生冯夏维作为建设高水平大学项目公派法国国立巴黎高等矿业学校进行联合培养。

（郭　强、刘云清）

【实验室管理和建设】建设高水平的实验室和实现规范化的实验室安全管理一直是冶研院努力的目标。2015年，冶研院在实验室管理和建设方面重点做了以下几项工作：

①配合学校实验室安全年活动，制订了与冶研院学科相适应的、具有本学科特色的安全制度及应急预案，完善了实验室各项规章制度，加强对实验员和研究生的操作和安全培训，定期进行安全隐患排查和整改，保障了实验室的安全平稳运行。

②配合学校资产管理处完成实验室信息化管理及监控系统的验收。

③为更好地为科研服务，多渠道筹措资金，不断完善实验平台的建设，新增共聚焦显微镜、盐雾腐蚀试验箱等实验设备，并对4台老抛光磨样实验机进行更新，对XRD、高速拉伸试验机进行考核验收等。

④为满足校内外不断增加的实验需求，统筹协调，除大型实验设备全部对外开放外，增加每周对外开放时间，并因此实现对外实验收入100多万元。

⑤整合冶研院的研发力量，加强实验设备的自主研发，首次实现高速扭转实验机向刑钢新光凯乐公司的转化，并获得用户的高度肯定；自主研发的具有先进水平的材料加工物理模拟系统——高速平面压缩试验机，正在进行安装、调试。

（胡水平）

【研究生培养】2015年，学院的在校研究生共302人，其中博士89人，学术型硕士84人，全日制专业学位129人。毕业研究生88人，其中博士13人，学术型硕士29人，全日制专业硕士46人。共招收研究生87人，其中博士招收12人，硕士招收31人，全日制专业学位研究生44人。除了积极做好招生、培养、毕业全过程的管理外，重点做好以下几方面的工作：

①为更好地适应国家经济、社会发展对高层次应用型人才的迫切需要，调整优化研究生教育类型结构，着力推进全日制专业学位硕士研究生教育培养模式的改革创新。同时为发挥冶研院的实践培养和学科交叉特色，在完善自身基地建设的同时，积极搭建专业学位培养体系的框架结构，针对企业导师及培育企业实践基地等内容，形成自身特色。在研究生院的指导下，与首钢京唐公司建立全日制专业学位硕士研究生培养实践基地，构建以实践教育和多学科培养为特色的专业学位培养体系。2015年12月4日下午，北京科技大学与首钢京唐公司联合培养研究生项目签约仪式在科技楼举行。协议内容主要关于学校研究生前往京唐公司实习实践联合培养的具体事宜。研究生直接与实习企业签订实习协议书，在企业驻扎一年到一年半的时间，除了课程学习，几乎全部研究在企业完成。参加项目的硕士生加入到企业现有的研发团队，课题全部来自于企业目前的研发项目，每位学生都配备有现场导师。

对于表现优秀的学生在毕业后可直接与企业签订劳动合同，并视情况给予减免实习期。

②7月9～11日举办了首期暑期夏令营活动。经过自主申报、专家审核等环节，来自山东大学、太原理工大学等高校的15名优秀大学生参加了本次夏令营活动，涵盖机械、材料、冶金、计算机和物流等专业。

③强化新生教育。完善新生信息采集机制，实现了基础数据一人一档，切实做到底清数明；设立了“冶研初见，新生起航”“冶研相识，安全保航”“冶研相守，师者导航”三大版块，开展毕业生给十年后的自己、师弟师妹写寄语活动，打造毕业烙印。

④重视问题学生的引导。针对重点关注学生，坚持谈心谈话制度，掌握每名同学基本情况；坚持“四项深入”，即深入实验室、深入宿舍、深入网络、深入活动，掌握第一手信息。2015年度，冶研院各类重点关注在档学生共计22人，其中新生3人，做到一人一档、一人一策。

⑤加强党团和班级建设。设计《冶金工程研究院入党工作流程示意图》，结合专题培训，规范党员发展流程；丰富支部活动，7个学生支部开展红色“1+1”活动、基层党支部立项活动、研究生成才标准主题党日活动，其中工艺设备支部与苏家坨镇柳林村党支部共建项目被推选到北京市参加红色“1+1”市级评选，机械1支部获得“校级标兵党支部”称号，品种开发2支部获得“校级优秀党支部”称号，708实验室、普硕14班获得“校级优秀集体”称号。

⑥积极落实导师责任制。通过召开导师工作会、举办“冶研家话”等活动，加强研究生的过程管理，提高研究生的培养质量。2015年博士生学位论文终审通过率100%，高于学校95%的平均值。

⑦加强毕业生就业指导。2015年共举办院内就业相关大型讲座及活动7场，其中冶研院学生在“贝壳职来职往”之第七届模拟面试大赛分站赛中包揽前三名，并在总决赛中斩获最佳人气之星奖；有6名毕业生荣获北京市颁发的“志愿服务西部奖”，2名毕业生荣获学校颁发的“启航奖励金”；夏季和春季毕业生整体就业率100%，签约率名列前茅，再次荣获学校颁发的“2015年度就业率优胜奖”，连续四年实现全就业，且就业质量高。

⑧2015年冶研院各类奖项的评选：一是优秀集体评选：本着促进交流、树立典型的目的，开展院优秀集体答辩会，共评选院级标兵集体4个，院级优秀集体5个。在校级评定中，机械1支部获得“校级标兵支部”称号，品种开发2支部获得“校级优秀支部”称号，708实验室、普硕14班荣获“年度校级优秀集体”称号。二是特种奖学金和评选：经研究生本人申请，导师推荐，专业内初选、公开答辩，共有4人获博士研究生国家奖学金、4人获硕士研究生国家奖学金，1人获建龙一等奖学金，1人获建龙二等奖学金。三是个人荣誉的评定：经研究生本人申请，各班级初步评定后，由学工部做最后审核，共评出北京市三好学生1人、校级优秀三好研究生11人、三好研究生33人、优秀研究生干部11人、优秀共青团干部5人、优秀共青团员12人。四是2015年冶研院研究生奖学金评选：博士研究生2人获一等奖学金，4人获二等奖学金；硕士研究生7人获一等奖学金，16人获二等奖学金。五是优秀毕业生的评定：根据毕业生答辩成绩和在读期间表现，采用研究生自愿申请、梯队内评定、部门审核择优推荐的方式，已评出2015届春季优秀毕业生15人，其中市级优秀毕业生4人，校级优秀毕业生11人。六是宿舍评优：学院在2015年的学生宿舍检查

和评比中成绩良好，其中有1个宿舍被评为标兵宿舍，3个宿舍被评为文明宿舍，1人为标兵宿舍长，9人为优秀宿舍长。

（米振莉、刘云清、王泽汉）

【党建与工会工作】 ①根据学校要求，对照“三严三实”的要求，切实增强践行“三严三实”要求的思想自觉和行动自觉，在深化“四风”整治、巩固和拓展党的群众路线教育实践活动成果上见实效，进一步坚定理想信念、强化党性原则、明确干事创业的行为准则。

②落实党风廉政建设主体责任，党政领导班子负集体领导责任，主要负责人负第一责任，领导班子其他成员负职责范围内的领导责任。

③为进一步加强冶研院廉政风险防控管理工作，扎实推进权力结构科学化配置、权力运行规范化监督和廉政风险信息化防控“三个体系”建设。

④培育和践行社会主义核心价值观，要坚持以人为本，坚持以理想信念为核心，坚持全面覆盖、分类指导，坚持注重实效。积极推进理念创新、手段创新和基层工作创新，增强工作的吸引力、感染力。

⑤认真做好校园安全稳定和综合治理工作，落实安全工作责任制，进一步健全冶研院安全工作机制和责任体系。积极参加“平安校园”创建回头看，巩固“平安校园”创建成果，完善长效机制。

⑥加强宣传工作。首先是加强新闻报道工作。2015年度学校网站新闻投稿量为32篇，比上一年提高68%，创历史新高，超额完成宣传观测点指标，其中4篇稿件发布在新闻导读，点击量突破2000次。其次是加强新媒体建设。以“冶研传媒”微信平台为抓手，推送了系列宣传稿件。首次邀请院外教师进行应用文写作及新闻摄影培训，提升运作团队成员媒体素养。平台关注人数为655，基本覆盖了冶研院师生。根据图文统计数据，累计发布图文消息104篇，各类图文页阅读63414人次，分享转发2666人次。

⑦协助校工会承办“教职工乒乓球赛”，积极组织职工参加教职工“扑克牌”“教职工羽毛球赛”“纪念抗战胜利70周年教职工歌咏比赛”。在领导的支持、同志们的积极配合和共同努力下，大家利用休息时间一起练习，获得乒乓球团体第三名、扑克牌比赛第三名、歌咏比赛三等奖的好成绩。

⑧关心职工的生活，年内慰问教职工及家属10余人次；在校工会为教职工办实事的工作中，将购物通知单发到每个部门，做好登记、购买和发放工作，对于老教师和出差在外的尽量安排统一领取，解决他们的后顾之忧。年内安排121人体检，129人参加了意外伤害保险。组织年终系列文体比赛活动，丰富教职工业余文化生活。

⑨开展公司员工入会工作，共有参加工作满2年的51名公司员工上交了工会会费，正式加入了工会组织。

⑩完成第八届教代会代表、第16届工会委员的选举工作，选出教代会代表4人、工会委员5人。

（陈雨来、郭　强、刘云清）

附　录

2015年新增纵向科研项目表

序号	项目名称	项目来源
1	Fe-Mn-C（-Al）系孪晶诱导塑性（TWIP）钢凝固特性与调控机制研究	国家自然科学基金委员会
2	热轧不锈钢四分之一浪形的生成机理及数值模拟	北京市教委青年英才
3	核方法支持向量机在线回归研究与应用	北京市教委青年英才
4	RH精炼过程中近相界面钢液流动行为研究	北京市教委青年英才
5	北京科技大学-河北衡水工业新区共建高校工作站合作项目	衡水工业新区
6	北京实验室——高性能低成本金属结构材料制备加工技术研究（1）	北京市教委
7	基于快冷工艺的热轧高强钢横向翘曲生成机理及数值模拟研究	北京市自然科学基金委员会
8	基于数据挖掘的热轧过程控制模型智能诊断系统研究	中央高校基本科研业务费
9	基于分布式光纤传感的长距离油气管道监测技术研究	中央高校基本科研业务费
10	钛管、带材轧制数学模型及组织性能研究	中央高校基本科研业务费
11	高品质交通及能源用特殊钢的研究与开发	中央高校基本科研业务费
12	宽幅高强度铝带热连轧产品质量控制技术研究	中央高校基本科研业务费
13	热轧高强钢卷取后温度及应力场演变规律研究	中央高校基本科研业务费
14	稀土含钙镁合金纳米力学行为及变形机制研究	中央高校基本科研业务费
15	气泡浮选去除夹杂物技术研究	中央高校基本科研业务费

2015年新增横向科研项目表

序号	项目名称	甲方名称
1	具有综合性能的镁合金室温成形性及断裂韧性的改进	美国波音公司
2	退火模拟实验	上海梅山钢铁股份有限公司
3	邯钢2250版形质量改进及质量判定系统开发	河北钢铁股份有限公司邯郸分公司
4	静态扭转试验机的研发	北京新光凯乐汽车冷成型件股份有限公司
5	巨科AM-MES系统开发	宁夏锦宁巨科新材料股份有限公司
6	高品质纯钛带卷热轧、退火酸洗技术研究及应用项目	四川西南不锈钢有限责任公司
7	850mm航空材料压延生产线工艺优化技术	中航上大高温材料有限公司
8	梅钢1780mm层流冷却及卷取过程温度和相变仿真研究	上海梅山钢铁股份有限公司
9	梅钢1780mm新一代变接触支撑辊辊形技术研究	上海梅山钢铁股份有限公司
10	钛板表面抛光、切削加工及成形性能研究	湖南湘投金天钛金属有限公司
11	输煤系统粉尘控尘曲线落煤筒技术研究	神华国华（北京）电力研究院有限公司
12	沙钢1450mm热连轧机板形质量改进	江苏沙钢集团有限公司
13	WB36耐热钢管表面硬度稳定性研究	瓦卢瑞克无缝钢管（常州）有限公司
14	高铬钢复合轧辊的质量控制与优化	邢台德龙机械轧辊有限公司

2015年新增工程项目表

序号	合同名称	合同单位
1	1580AGC改造施工	日照钢铁轧钢有限公司板材制造部
2	碳钢薄板厂转炉静态模型	甘肃酒钢集团宏兴钢铁股份有限公司
3	带钢表面处理实验装置	北京科技大学
4	冷轧钢带St14成形极限图测试	内蒙古包钢钢联股份有限公司汽车用
5	银海铝3300mm+2800mm热轧机组检查线改造	二重集团（德阳）重型装备股份有限公司
6	1780mm热连轧表面检测设备供货合同	鼎信科技有限公司
7	碳钢微观组织与织构测试分析	北京科技大学
8	鼎信850mm工艺润滑系统电控系统	北京博壬宏环保设备有限公司
9	2#加热炉降低氧化烧损加热炉改造工程	凌源钢铁股份有限公司
10	880mm中宽带轧线二级计算机项目	凌源钢铁第二轧钢厂
11	2400mm1+4热连轧精轧机组自动化控制系统升级改造	河南万达铝业有限公司
12	2400mm1+4热连轧精轧机组自动化控制系统升级改造	河南万达铝业有限公司
13	2000mm1+4热连轧生产线粗轧区自动化系统升级合同	河南明泰铝业股份有限公司
14	850mm不锈钢带生产线轧制工艺及设备综合测试技术服务合同	宁波一瑞金属制品有限公司
15	1450mm生产线表面缺陷在线检测系统安装	柳钢热轧厂
16	连铸坯表面检测系统	北海诚德金属压延有限公司
17	中厚板表面检测系统维护	江阴兴澄特种钢铁有限公司
18	连铸坯表面质量在线检测系统	柳州钢铁股份有限公司转炉厂
19	1780mm热连轧自动化系统	上海鼎信投资集团有限公司
20	三轧棒材表面检测缺陷检测	江苏利淮钢铁有限公司
21	EBSD微观织构	安泰科技股份有限公司
22	3#酸洗固融线在线表面检测系统	北海诚德金属压延有限公司
23	高强度低合金钢连续退火模拟试验	北京工业大学
24	微机监控系统设备	中国石油天然气 吉林油田分公司
25	PLC技术支持服务合同	成都自来水六厂B厂
26	1580mm热轧MES接口集成改造	日照钢铁轧钢有限公司
27	1+4热连轧粗轧运输轨道改造	河南明泰铝业股份
28	微纳试验钢冶炼及分析技术服务合同	唐山学院
29	Cr系试验钢冶炼及分析技术服务合同	唐山学院
30	永杰1850mm“1+3”热连轧与3#加热炉调试	浙江永杰铝业有限公司

新材料技术研究院

【概况】2015年，全体教职员工团结奋进，凝心聚力，本着“组织大项目、出标志性成果、推进成果转化”定位和目标，精心培育和发展新的学科方向，着力提升人才培养质量，积极创建产学研基地和平台，建设国际一流、学科一流高水平研究院而扎实工作。2015年，新材料技术研究院业绩辉煌，成果突出，圆满完成学校下达的各项任务。

（曲选辉、吴春京）

【党风建设】严抓党风建设，积极响应和执行党中央号召和规定。领导班子在院党委直接领导下，认真学习中共十八大、十八届三中全会精神，学习习近平总书记系列重要讲话精神；认真执行反对四风、改进作风、厉行勤俭节约、反对铺张浪费的各项规章制度；推进党务、政务信息公开工作；切实把教职工思想统一到中央部署要求上来，统一到促进学校教育事业上来，形成改革创新发展合力，自觉为实现“中国梦”“北科梦”“新材梦”贡献力量。

（曲选辉、吴春京）

【师资队伍建设】加强高水平人才引进和培养，提高教师队伍整体水平。人才是立院之本，强院之基。年内共收到求职简历57份，接待求职人员15人，组织1场求职学术报告会。通过公开考评，专家面试，经学校批准，已有4人入站师资博士后，1人正式进入梯队工作。晋升正高级职称1人、副高级职称1人，教师资格认定4人，通过留学基金委全额资助2人，青年骨干人才1∶1配套2人，合同期满考核合格5人，因公短期出国学术交流和特邀报告48人。聘请了周廉院士、曹国忠教授（千人计划专家）为学院兼职教授。特别值得庆贺的是学院谢建新教授当选中国工程院院士，再次展示了学校材料学科的优势，也为学校材料学科的发展奠定了很好基础。

（曲选辉、李　芊）

【学科建设】建设新的学科方向是研究院重要任务之一，围绕确立的“十二五”学科发展目标，在以下方面取得了重要进展。

①材料基因组工程：利用北京市重点学科群布局材料基因组工程，“基于材料基因工程的高通量设计、制备与表征技术”获批科技部“863”计划主题项目并正式启动，申请的“材料基因工程北京市重点实验室”获得批准，积极参与了国家重大研发计划《材料基因工程重点专项建议书》《材料基因工程关键技术与支撑平台试点专项实施方案》和《材料基因工程关键技术与支撑平台试点专项2016年度首批项目指南》的编写工作。

②3D打印技术：完善了等离子粉末球化系统，可以满足3D打印对高质量钛合金、难熔金属等球形粉末的需要；结合粉末注射成形、凝胶注模成形等复杂形状零件近净成形技术，开创3D冷打印技术，可打印其他技术无法制备的硬质合金、高比重合金等金属基复合材料。获得了北京市科技计划支持和北京实验室支持。

③海洋腐蚀：为适应海洋资源开发、深海工作站、科考和军事装备建设，布局海洋腐蚀研究，建造多套适应海洋腐蚀研究的设备。获包括“973”计划在内的多项支持，相关成果获得省部级一等奖，发表了系列高水平论文，在国内外产生了重要

影响。

④量子点太阳能：以半导体量子点构筑的太阳能电池，可以突破传统太阳能电池理论极限，具有更高转换效率，得到世界同类体系最高光电转换效率的量子点太阳能电池，在钙钛矿型材料研究方面形成了自己的特色，发表了多篇高水平论文。

⑤资源循环再利用：以金属二次资源和尾矿绿色循环再利用技术，重点研究电子废弃物、冶金工业副产物、二次有色金属和尾矿等资源化、无害化综合利用和深加工技术。多项成果获得产业化应用。1项成果获得中国有色金属科学技术奖二等奖。

（曲选辉、张深根）

【科学研究】 申请重大重点项目，经费再次突破亿元。至12月31日，进校经费10975.2921万元（纵向经费8780.0064万元，横向经费2195.2857万元），连续四年科研经费到款突破亿元。申请立项国家“863”计划主题项目（乔利杰教授）——基于材料基因工程的高性能材料设计、制备与表征技术（1131万元），国家科技基础平台建设项目（李晓刚教授——国家材料环境腐蚀野外科学观测研究平台（2975万元），国家自然科学基金重点项目（范丽珍教授）——全固态锂电池固体电解质的关键问题（347.6万元），国防“973”计划课题（曲选辉教授）——××××××（560万元）。有8项科技成果获得省部级奖，其中一等奖5项；申请专利108件，授权93件；出版著作7部。发表SCI论文162篇（2014年150篇），影响因子大于3的有55篇，大于5的有17篇（2014年分别为40篇和10篇）。李晓刚教授团队经过多年的努力，2015年在世界顶级杂志*Nature*上发表重要论文（影响因子41.456），实现了学校“零”的突破，校长亲自带队来院看望李晓刚团队，并做出了“建国际一流腐蚀学科”的指示。

（曲选辉、董超芳）

【研究生培养】 根据学校要求，研究院2015年独立招收硕博研究生。报考硕士281名，博士66名。2015年共招收博士研究生52名，硕士研究生146名，其中免试推荐生29名，“211”及“985”生源27名。

制订《新材料技术研究院2016年推免硕士研究生复试工作实施方案》《新材料技术研究院2016年硕博连读、申请考核制博士研究生录取方案》，设立了研究生特种奖学金，举办了“夏令营”活动，院、所（中心）领导非常重视研究生招生，亲自坐阵现场进行各种咨询，吸引优质生源。招收2016年推免硕士生37名（上年29名），比上年增长28%；优质生源有29名（上年27名）。2016年报考研究院硕士人数370名（上年281名），比上年增长了32%。

强化管理，努力提高研究生培养质量。研究院研究生总人数为643人，其中2015级研究生共198名（52名博士和146名硕士），2014级及以前研究生共445名（164名博士和281名硕士）。组建了一支研究生培养的管理团队，负责日常事务。根据国家及学校相关文件精神，制定了学业奖学金评选制度和新生特种奖学金规则，开展了丰富多彩的研究生学术和文体活动，营造良好创新教育氛围。2015年学院研究生获国家奖学金18人、北京市三好学生1人、校十佳学术之星1人、特种奖学金3人、优秀三好研究生51人、优秀研究生干部20人，三好研究生59人。

（曲选辉、张深根）

【国内外学术交流工作】 加强与国际合作，促进国际化成果。国内外学术交流活动活跃，进一步提升了研究院国际影响力。2015年研究院国际交流出访47人次，特邀报告24人次，其中组团参加了“2015年腐蚀会议与展览会”和“2015欧洲腐蚀大会”等，进一步加强了研究院与国际相关机构和人员交流与合作。与此同时，先后邀请了挪威科技大学张志良教授、何健英副教授、华盛顿大学（西雅图）曹国忠教授、华盛顿DC水务局张建祺教授、美国SEEO公司王晓亮资深研究员和麻省理工学院林宏焘博士等前来讲学。与挪威有关方面探讨了筹建北极材料中心事宜，研讨了电池材料、光通信材料等最新研究进展。

2015年研究院主办国内会议3次，参加国内会议56人次，其中特邀报告26人次，校外讲学22人次。

（曲选辉、张深根）

【实验室工作】加强安全管理，促进平安校园。实验中心共承担实验课40门次，完成了大量的研究生实验和对外测试服务工作。编写了《实验室安全》教材并为学生开设课程，为新进研究生进行了实验室安全教育。结合理论学习，请学校资产处主管领导来院为教师作实验室安全教育报告，通过这些活动，增强了安全意识，确保了实验室安全。此外，实验中心和院办公室还配合环保办及时处理废弃化学品及废液空，协助学校工程实践基地建设两院拆迁和新建房屋工作，对各楼冷却循环水站日常维护和维修，确保教学科研实验顺利进行。组织了第四届北京科技大学金相实验技能大赛暨第四届全国大学生金相技能大赛选拔赛和决赛，并再获佳绩。开展了实验中心开放日活动，暑假接待全国青少年高校科学营的观摩、实验；接待来自国内外高校及企事业单位来访人员参观实验室。

（曲选辉、孙建林）

【其他工作】提高服务质量，共建和谐院所。组织教职工去北京大学第三医院体检，给职工办理各类保险，协助举办两院第17届师生运动会，参加校工会组织的各项球类比赛，组织教职工进行冬季长跑活动，走访看望离退休、患病职工和德高望重的院士、老教授。

无论人事管理、财务报账、网络宣传、国际交流，还是频繁琐碎的日常工作，办公室人员始终以笑脸相迎，为教师所思，替教师所想，以耐心的服务态度承接任何事务，将每件事务尽可能做到简洁条理、科学规范、完善人性，为教职工随时提供准确、科学、有效的各种便利，真正为研究院和学校、各职能部门之间搭好信息畅通、上传下达的桥梁，为共创和谐研究院和平安校园努力工作。

（曲选辉、李　芊）

广东研究院

【概况】北京科技大学广东研究院（以下简称“研究院”）始终遵循“学校指导与市场导向相结合原则，协同创新与成果共享为一体机制”，充当广东产学研工作的桥头堡，不断扩大学校在广东省的影响力。2015年，研究院紧紧围绕学校深化广东省产学研合作的总体部署和要求，以谋划研究院基地建设为重点，以在建地市研究院、联合研发中心的建设和发展为基础，积极加强对外交流合作，使得研究院各项工作平稳地向前推进。一直以来，在学校各级领导，科学研究与发展部等相关职能部门和学院的大力支持下，研究院充分发挥了平台和窗口作用，不断推进在广东省的产学研合作、成果转化及人才培养，产学研合作的水平、层次均得到提升。

研究院在广东省现有5个实体机构：①广东北科科技发展有限公司，主要负责广东省相关产学研项目的对接、技术研究与开发、成果转让及相关实验室建设等。②佛山市北京科技大学研究院，主要负责佛山地区的产学研工作及佛山、广州、深圳等珠江三角地区的远程教育招生和研究生培养等。③北京科技大学云浮研究院，主要开展广东粤东地区的产学研相关工作。④北京科技大学湛江工业技术研究院，主要以钢铁、石化产业为基础，开展技术开发、科技服务、人才培养、成果转化、产业培育等工作，服务粤西北。⑤新材料制备加工技术联合研究中心，主要开展腐蚀与防护技术实验室建设及相关项目的合作等工作，服务于广东海洋经济。

至2015年年底，研究院现有工作人员12人，其中博士学历2人、硕士学历3人、本科学历5人、大专学历2人。研究院还聘请了多位教授和副教授作为兼职研发人员，协助研究院完成与企业合作的项目。

（姚　迪）

【科研工作】2015年，研究院积极发挥桥梁作用，加强学校科技成果在广东省的转化，积极组织项目申报，实施项目攻关与研发。2015年，顺利完成广东省“北京科技大学云浮研究院建设”“佛山市杨和镇金属材料技术创新公共服务平台建设”等五项项目的实施与验收。同时，申报广东省重点、重大等各类产学研项目近10项。与广东亚太西奥电梯有限公司签订关于“共建北京科技大学佛山产学研基地”的合作协议，并正式挂牌运行，且共同立项启动了“关于8m/s高速电梯的研究开发”的项目。

云浮研究院针对云浮市不锈钢制品企业的需求，立项实施了“环保型高温耐磨不粘锅涂层制备技术的研发”项目，项目获得云浮市专项经费的支持。广东省产学研项目“基于云计算VSaaS的多源异构视频监控集成化服务平台”顺利实施，已处于结题收尾的阶段。在该项目研发的基础上，研究院申报了2016年广东省“协同创新与平台环境建设专项资金”项目“面向VSaaS云平台的移动监控视频分发关键技术研究”。

（张　涛）

【基地与实验室建设】2015年，研究院大力筹划基地建设，谋求研究院长期可持续发展。积极与广东省内外有关政府及企业等部门单位互访交流，筹划研究院基地建设事宜。“北京科技大学湛江工业技术研究院”挂牌成立后，研究院与湛江市政府及企业就钢铁和炼化产业项目、科技成果二次开发产业化、学历教育等方面多次交流，落实具体建设事宜。研究院还与烟台市政府、广州市政府等地市政府达成合作共建新材料等领域的基地建设协议，进一步扩展了研究院在其他地市的产学研合作平台，目前有关基地正在筹建中。

新材料制备加工技术联合中心经过近5年的建设，已成功开发出多款新型涂料产品，并继续与广州建邦化学有限公司共同开展车间底漆等产品的中试产业化和推广工作，相关产品正在争取船级社的认证工作。

（姚　迪）

【合作交流】2015年，研究院应邀参与广东省科技厅、各地市科技局、企业召开的各项产学研会议30余次。研究院积极与各市区科技局开展科技交流合作，利用相互资源优势促成科技成果转化，进一步促进学校在广东省开展产学研结合工作的提升。年内，研究院先后受邀参加第一届创新科技成果交易会，深圳高技术成果交易会等科技交流会；应邀参加云浮市科技服务业座谈会，与省科技厅领导、云浮科技局及企业相关人员共同商讨产学研合作事宜；参加三水区科技创新大会产学研对接交流活动，旨在为企业发展搭建科技、金融、产业、人才交流平台，推动科研院校与三水区企业的联系与合作；重点走访深圳、佛山、云浮、惠州、湛江等科技局及相关企业，进一步强化学校与地方、学校与企业的长效合作机制。

（张　涛）

【人才培养】佛山远程学习中心在佛山市、东莞市、广州市等地区通过现场宣传及网络媒体、合作机构等形式，积极开展本科、专科等学历教育及研究生教育。2015年，学习中心远程教育新增了“汽车检测与维修技术”专业（专科）。至2015年年底，佛山远程学习中心共招生近1500人。同时，研究院着手招收公共管理硕士（MPA）学位研究生，努力拓展研究院招生工作的方向。

（杜　鹍）

管理与服务

校务管理

【概况】学校校务管理工作主要由党委办公室、校长办公室承担。党委办公室、校长办公室是学校党委和行政的综合办事机构，负责处理学校党委和行政的日常工作。校长办公室成立于1953年10月（时称院长办公室），1964年5月改为政治部办公室，“文化大革命”期间停止工作，1978年恢复建制。党委办公室成立于1956年4月，1964年9月学校建立政治部后属政治部领导，“文化大革命”期间停止工作，1978年恢复建制。根据不同时期的工作需要，校长办公室下设机构几经调整，到1992年，校长办公室下设综合室、文秘室、信息室、档案室、校史编辑研究室。1997年，档案室、校史编辑研究室与人事处的人事档案室合并成立档案馆。1999年5月，学校机构改革后，党委办公室、校长办公室、统战部合署办公，下设综合接待室、信息文秘室、校友会与校董会办公室、法律事务中心。2001年统战部从党办、校办、统战部合署中分离，党办、校办合署办公，下设机构不变。2015年，党办、校办（以下简称办公室）设有信息文秘室、综合接待室、法律事务中心等下设机构。

（张卫冬）

【重点工作】①2015年，办公室牵头做好学校第十一次党代会筹备及召开工作。在学校党委领导下，完成了题为《加强党建、深化改革，为加快建成高水平研究型大学而努力奋斗》的党代会报告的起草，经过4次全面的修改，于7月形成报告初稿，8月底正式送审。起草党代会开闭幕词、主持词、领导致辞等文稿累计近十万字，并按照简朴庄重的原则，高水平地完成了会务筹备和组织工作。

党代会召开期间，办公室协助宣传部门策划了宣传专题、起草了重要新闻稿件数篇。会议闭幕后，办公室作为提案委员会办公室积极推进提案工作，并在年内对全部提案进行了答复或处理。

②2015年，办公室作为牵头单位起草了《<北京科技大学综合改革方案>编制和报备工作方案》，并于1月正式启动《综合改革方案》的编制工作。

经过半年多的统筹推进，十余次意见征询和调整，《综合改革方案》于8月形成送审稿，并由2015年暑期党委扩大会议讨论通过，校党委常委会讨论审定，报国家教育体制改革领导小组办公室。12月，完成《方案》的最终修改和报送工作，着手制订《关于发布实施<北京科技大学综合改革方案>的通知》，推进方案的实施和落实。

③办公室牵头做好迎接教育部巡视组对学校的巡视相关工作。先后起草完成《北京科技大学党委工作报告》《北京科技大学关于教育部巡视组反馈意见的整改方

案》，向教育部报送《关于教育部巡视组反馈意见整改情况的报告》，编写《关于教育部巡视组反馈意见整改情况的通报》并通过网站向社会公开。截至年底，全部按计划完成整改落实的阶段性工作。

④ 2015 年 4 月，《北京科技大学章程》在教育部网站公开发布，办公室着力稳步推进章程的学习宣传相关工作，制订并发布了《<北京科技大学章程>学习宣传贯彻实施工作方案》，先后编印了《北京科技大学章程》《<北京科技大学章程>学习问答》等材料并面向二级单位广泛发放，编制了《图解<北京科技大学章程>》折页和网络专题推送，组织了章程学习宣传展览，并面向教职工开设相关专题讲座。

（张卫冬）

【综合管理工作】2015 年，办公室更加强化“精品、责任、服务”意识，保证综合协调工作的质量和效率，努力做到“运转有序、协调有力、督办有效、服务到位”，塑造良好的服务形象，打造优良的工作口碑。

①各类重要活动的接待服务。办公室切实增强综合协调的主动性，保证服务的细致性、周到性和实效性。参与学校各类重要活动的组织与协调，包括 2015 年寒暑假党委扩大会议，教育部巡视组巡视动员大会、反馈会，第三届“魏寿昆科技教育奖”颁奖典礼，“三严三实”专题教育活动等多项学校重大活动的会务筹备。顺利完成数百次上级领导、企业、兄弟院校、外宾来校参观视察合作等接待服务，为教育部监察局、国有资产检查组、教育部财务司和监察局上级部门巡视和入校检查提供后勤保障。牵头开展对学生迎新、毕业的总体协调工作。严格审批、严格把关，确保印章规范使用。

②信访接待工作。办公室以构建和谐校园为目标，全面落实《北京科技大学信访工作条例》，做好群众来访接待，继续坚持领导接待日制度、“校长面对面”制度，协助领导主动约访、下访。共处理来信（含电子邮件）70 余封，接待群众来访 100 多人次。全年专门安排校领导接待群众来访 42 次，主动到老干部活动站接待离退休人员来访 8 次，接待来访离退休人员 70 多人次，主要为与教职工生活及个人利益密切相关的各类问题。群众所反映的绝大部分问题都得到了及时回复和妥善处理。

③督查督办工作。校长信箱共受理各类问题 58 个，较上一年度同比减少 44%，涉及学校教学科研、学生事务、行政管理、后勤服务、校园文化、党务工作六大类，其中后勤类问题 19 个，各类感谢、表扬信件 3 封。办公室对所有问题均按照《校长信箱网络平台使用管理办法》，做到了及时、认真地答复，答复率为 100%。

④安全稳定工作。积极协调各部门认真开展矛盾隐患排查工作，在“两会”、“5 · 12”等诸多敏感时期，坚持认真做好值班和各类安全稳定信息的搜集和“零报告”工作，与教育部、市委教育工委等上级部门保持信息通畅。全年编辑整理信息“零报告”40 余期。此外，还积极推进无烟校园创建工作，牵头并会同相关单位联合开展校园控烟工作。

⑤定点扶贫工作。2015 年 6 ~ 7 月，组织学生实践团前往甘肃省秦安县开展“调查帮扶”为主题的社会实践。继续加大对在校秦安籍学生的资助力度，以期与实现脱贫要求相匹配。全年资助秦安籍学生 7 人，申请国家助学贷款 94400 元，奖助学金 17000 元。至年底，总计向秦安县兴国镇捐赠电脑 60 台，价值 18 万元，支援其信息化教育建设，有效改善了该地的硬件设施配置。

（李　帅、郭志恒、李　凯）

【信息工作】① 2015 年，信息工作继续保持教育部先进水平。全年向教育部和北京市教工委报送《北科大信息》

《简报》《情况反映》《情况通报》200余期，学校再次获得“教育部信息工作先进单位”称号，保持并巩固了学校信息报送在教育部的先进地位。办理学校公文700余份，处理上级文件10000余份、内部公文192份；起草各类文件、报告、讲话等100余份；完成92次党委全委会、党委常委会和校长办公会的材料准备、记录和纪要编发工作。

② 2015年，编辑出版《北京科技大学年鉴（2015）》（共54.8万字），完成了《中国教育年鉴》《北京教育年鉴》《中国钢铁工业年鉴》《有色金属年鉴》等校外年鉴学校部分3万余字的编写工作。《北京科技大学年鉴》（2013）先后获第五届全国年鉴编纂出版质量评比综合一等奖，北京市首届年鉴综合质量评比二等奖，年鉴编纂出版质量评比条目编写一等奖、框架设计二等奖、装帧设计二等奖共5个奖项。

（赵　萌、金剑芭、李　鹏）

【信息公开、党务公开工作】 2015年，办公室继续牵头做好信息的主动公开和依申请公开工作。深入落实教育部《高等学校信息公开事项清单》的要求，对涉及学校发展的5大类50条重要信息进行了集中展示，成为教育部高校中公开清单全部信息的38所高校之一。并广泛调研，积极研究学校信息公开专网的改版工作，优化功能、分类及布局。

（赵　萌、金剑芭、李　鹏）

【附中共建工作】 2015年，办公室召集学校多个部门和学院与附中召开相关会议6次，编辑、上报活动简报6篇。开展成长导师、高三学业辅导等品牌活动，特色做法在北京市教委工作会上作为经验被推广。积极落实机器人、生物、化学、物理等课程建设和相关实验室共建工作，帮助成立学生国乐团。安排院长、长江学者等知名教授进入附中作专题报告。多次组织附中师生参观学校图书馆、体育馆、校史馆、大型实验室等场所，宣传学校与附中同根共源的理念和思想。

（赵　萌、李　鹏）

【统计工作】 2015年，办公室牵头做好综合统计工作，按时保质地向上级单位报送了《普通高等学校基层报表》《普通高等学校科技统计年报》等数十份大型统计报表，荣获“教育事业统计工作质量评估优秀集体一等奖”。

（赵　萌、李　鹏）

【法律事务与政策研究】 ①促进校园普法和法律事务工作不断深化。校园普法方面，认真开展“六五”普法总结，并同文法学院、宣传部共同组织开展第二个宪法日的宣传活动。法律事务工作方面，年内协助司法机关执行案件1件，由法律顾问提供法律咨询15起（含合同审查），参与起草涉外重大协议2项。

②理论政策研究工作。开展高水平理论研究，协助校领导在《中国高等教育》《北京教育》等期刊发表理论文章3篇。开展关于大学排名的研究，形成《上海交大“两岸四地大学排名”分析研究报告》《艾瑞深中国校友会排名研究分析报告》，并对学校在其中的排位动态和指标得分进行了细致分析。

（都基辉、郭志恒、胡智林）

【其他专项工作】 ①公房达标改造工作。2015年7～8月，学校对办公楼三层办公室按照国家办公用房标准的要求进行改造。7月，办公室组织将校领导办公室从办公楼搬迁至会议中心，通信、其他办公设施、后勤等做到良好保障，并于9月完成回迁办公楼的工作。改造完成的校领导及办公室办公用房面积经教育部及中央巡视组的实地检查全部符合国家标准。牵头布置办公楼三层改造后新增的会议室、会客室，有效缓解了学校会议室紧张的状况。

②公车管理工作。牵头出台《关于进一步加强学校公务车辆使用管理的通知》，严格管理公车。明确学校所有机关车辆所属负责单位及

具体负责人。全面执行定点停放、定点加油、定点维修。采取“逐步报废、不再增加”的原则减少公车，对学校9辆使用15年以上或行驶30万千米以上或符合《机动车强制报废标准》的拟淘汰车辆启动报废程序。11月，根据教育部公车核查要求，对学校所有超标车辆（价格超过18万或排量大于1.8L）进行封存，所封存车辆均停放到指定位置，记录里程数并张贴封条，车钥匙集中存放。

（李　帅、郭志恒、李　凯）

校友会、基金会工作

【概况】2015年，校友会、基金会办公室遵循“传承、创新、服务、共赢”的工作理念，围绕学校中心工作，继续凝聚和服务广大校友，不断吸纳和挖掘社会资源，求真务实，开拓创新，圆满完成各项工作任务，为学校改革发展做出了应有贡献。

（吕朝伟、常馨悦）

【校友日常联络与服务】校友会办公室作为广大校友与母校之间的桥梁纽带，在日常工作中格外重视广大校友的联络和服务工作。

①圆满举行“校庆周”系列活动。协调相关部门集中举办了以展现学校发展历史、辉煌成果、办学特色和发展方向为主要内容的一系列学术、文化、宣传、校友返校等活动。其中“91级同窗志在四方·20载母校情深似海——91级校友毕业二十周年纪念活动”和“风华正茂半甲子·砥柱中流数八一——81级校友毕业三十周年纪念活动”两次校友值年返校，海内外1100多名校友带着对恩师和同窗的思念再次聚首母校；周方洁校友捐资1500万元设立“天一基金”和“仪表81基金”，创造了学校历史上单笔最大校友捐赠纪录。

②精心服务各类校友返校。组织、参与了机器人大赛团队校友返校活动，铸60届、机60届入学六十周年，采矿65届、轧65届、炉65届毕业五十周年，矿81级、轧81级、相81级毕业三十周年，轧55届、材研82级、物化85级、计专82级、自动化95级、文法01级、材料01级、管信01级、广播站老站友等不同专业和年级校友返校举行的相识周年纪念、毕业周年纪念等活动20多场次，服务校友人数超1000人。

③做好校友日常联络沟通。一是做好校友会网站、微博、微信等信息平台建设与维护，及时发布消息；年内以电子邮件形式定期编辑、发送《北科大校友工作动态》10期，每期发送电子邮件约4万封。二是密切掌握校友动态，及时为升迁、获奖等取得成绩的校友寄发贺信；每逢重要节假日，都制作贺卡、编辑信息向分会负责人和重要校友传递祝福、保持联系。

（郭晓东）

【校友分会建设】校友分会是联系和凝聚各地校友的重要平台，承担着联络和服务当地校友、扩大学校社会影响力、促成校企合作等重要职能。2015年主要完成的工作包括：①继续加强校友分会建设。年内，校友会协助各类校友分会的筹建，新建1个社团校友分会——MEI机器人团队校友会。此外，还联系筹备成立多个校友分会。至年底，学校基本形成了48个地方校友会、6个专业校友会和2个社团校友会纵横交叉的工作格局。②完善校友分会联系机制。一是确立并实施“校友工作年会制度”。建立了各地校友分会负责人、联络人微信群，加强对分会工作的联系和指导。2015年1月由深圳校友会承办召开了“2014年度校友工作研讨会”，与各地校友分会负责人共同探讨校友工作。二是继续坚持“校领导走访分会”机制，联系和安排校领导走访了广东、河北、深圳、福建等地的校友分会。三是有序推进“总会扶植分会制度”，支持和配合广州、深圳、海南、上海、香港等校友分会分别开展有自身特色的活动，为校友发展提供帮助，扩大学校和校友在各自地区的影响力。四是巩固“校友分会迎新”制度，及时向各分会发送年度毕业生信息，在各方面给予帮助和支持，海南、广东、深圳等校友分会举行了迎新活动。

（郭晓东）

【整合与开发校友资源】校友是支持母校发展的重要资源和力量，开发校友资源对于学校事业发展具有重要意义。2015年校友会办公室协同相关部门在开发校友资源方面进行了有益的探索。①积极联络校友企业，助力学生就业创业。为缓解毕业生就业压力，积极主动拜访企业家校友，与招就处合作举办“2016届校友、校董企业大型双选会”，共有129家校友企业参加，提供就业岗位2000余个，4000余名毕业生参加。积极推动“建龙创新创业基金”项目落地和新一期基金到账。②邀请优秀校友回校，助力学校育人工作。与相关部门合作举办历届“校长奖章”获得者代表主题论坛、机器人团队“机器·人·未来”主题论坛、“校友面对面”等活动。邀请奇虎360公司总裁齐向东、科技部中国民营科技促进会副会长汪斌校友分别参加研究生、本科生新生开学典礼，邀请刘振飞、万能、李琦、邓电明等优秀校友回校与母校师生座谈，通过杰出校友分享成长经历、奋斗历程和人生感悟，助力在校学生成长成才。

（吕朝伟、郭晓东）

【校友信息收集与整理】校友会办公室不断拓宽信息收集渠道，积极通过各地校友分会、校友会网站、官方QQ群、官方微博、官方微信等多渠道随时收集信息。实现校友信息的动态管理，充分利用校友返校、聚会等机会掌握校友信息变更情况，积极发挥群体力量，广泛动员教职工、校友积极为校友会提供各自掌握的最新校友信息。截至年底，学校校友信息库中校友人数已近12万人。继续推行毕业班校友联络员制度，在2015级每个本科班、每个研究生专业全覆盖选拔200多名毕业生做校友联络员，并在毕业典礼上举行毕业生校友联络员聘任仪式，从源头铺设校友联络通道，加强毕业生与母校，以及校友之间的情感联系。

（常馨悦）

【捐赠项目开发】2015年，基金会接受捐赠2730.11万元（52个基金项目），实现了捐赠总额翻一番的目标。争取教育部财政配比资金2403万元，为学校增加收入共计5100多万元。公益支出总计1318.32万元，资助公益项目41个，举办捐赠仪式6场、颁奖仪式3场。

（陈晔明）

【基金运营与管理】①按照民政部基金会年检工作要求，填报《北京科技大学教育发展基金会2014年度工作报告》，通过了民政部组织的年检抽查，获得年检“合格”的结论，并在《公益时报》公布基金会年度工作报告。接受了财政部“中央高校捐赠收入财政配比专项核查”和民政部“专项审计”，进一步提高了基金会的公信力。②2015年按照项目化管理要求，完成87笔捐赠收入的捐赠协议签订、开具捐赠收据及捐赠证书、基金入账、上传基金会网、银行对账等工作；向学校转出52笔基金，完成相关的项目审批表、领导审批、建立账号、开具转账支票、建立经费卡等工作；完成33个捐赠项目和40笔捐赠收入的教育部捐赠配比申报工作。完成了北京科技大学教育基金会的清算工作和国税注销工作，已向业务主管单位递交了清算报告和《北京科技大学关于“北京科技大学教育基金会”注销清算报告和剩余财产处理决定的请示》。

（吕朝伟、陈晔明）

发展规划工作

【概 况】2015年是学校“十二五”教育事业发展规划的收官之年，同时也是谋划和制订“十三五”教育事业发展规划的重要之年。这一年里，规划与学科建设办公室以科学发展观为统领，以综合改革为契机，在学校党委和行政的领导下，以学校发展规划为工作主线，顺利完成2015年度工作，为学校的发展规划工作提供了有力的支持。

（乔 兰、胡晓军、张云仙）

【总结工作】根据国家教育体制改革领导小组办公室下发的《开展“国家中长期教育改革和发展规划纲要（2010－2020年）”中期总结工作的通知》要求，学校高度重视，组织召开了总结工作布置会，统筹协调，合理分解任务，对《国家中长期教育改革和发展规划纲要（2010－2020年）》实施5年来的贯彻落实情况进行了认真检查和梳理，包括学校各项工作取得的进展、成效和经验，并深入分析了面临的问题和困难。在此基础上，通过深入学习和贯彻中共十八大，十八届三中、四中全会和习近平总书记系列重要讲话精神，并结合下一步学校的综合改革工作，提出了加快学校改革发展的思路和措施，最终形成《北京科技大学落实＜国家中长期教育改革和发展规划纲要（2010－2020年）＞中期总结报告》并上报国家教育体制改革领导小组。在认真总结纲要落实情况的基础上，二级单位对照“十二五”规划的任务目标，就各单位的“十二五”规划完成情况进行了认真梳理总结，规划与学科建设办公室进行了汇总与对比，为即将进行的学校“十三五”发展规划的制订工作奠定了基础。

（乔 兰、胡晓军、张云仙）

【“十三五”规划编制】规划与学科建设办公室认真收集多方资料，研判当前国内外形势；深入走访，调研兄弟院校“十三五”规划编制工作准备情况。

以“十二五”的成绩和经验总结为契机，办公室全面启动了“十三五”规划的编制工作。先按照自下而上的工作程序，召开全校“十三五”规划编制工作动员会议，就“十三五”规划编制工作进行动员和整体部署，明确学校整体目标。在此基础上，科学制定“十三五”期间的发展思路、建设目标及主要任务，并提出切实可行的保障措施与政策，形成“十三五”规划初稿。此外，召开相关二级单位“十三五”规划初稿汇报工作会，由校领导及相关部处负责人听取汇报，并按照学校整体目标对各二级单位的规划进行讨论并提出建议。

（乔 兰、胡晓军、张云仙）

【“双一流”建设】自国务院公布《统筹推进世界一流大学和一流学科建设总体方案》以来，规划与学科建设办公室认真学习和研读文件，结合学校第十一次党代会和正在制订的“十三五”发展规划，将统筹推进世界一流大学和一流学科建设工作与学校建设“特色突出、国际著名的高水平研究型大学”

的战略目标紧密结合，协助学校编制和上报了《北京科技大学<统筹推进世界一流大学和一流学科建设工作>的意见和建议》，在文件中表达了北京科技大学希望进入建设世界一流大学行列的决心，并提出推进世界一流大学和一流学科建设工作中的一些建议。为学校“双一流”建设献计献策。

（乔　兰、胡晓军、张云仙）

【追踪大学排名】学科作为学校的龙头，需要大力发展。而大学综合实力的竞争，实质上是学科的竞争。世界大学排名榜单在一定程度上反映了各院校学科综合实力的排名。

规划与学科建设办公室密切关注各大世界大学排名榜单的发布，力争在第一时间对新公布的榜单进行研究，追踪北京科技大学在国际以及国内的排名情况，以及参照相关兄弟院校、对标高校的排名情况，就本年榜单排名进行对比；同时关注北京科技大学及对标高校在本榜单近几年的排名变化情况，就单项排名指标进行对比。通过近两年规划与学科建设办公室对各大排名榜单的追踪和研究，已经初步掌握各大榜单的排名依据、指标权重及榜单权威性等情况，并力争在榜单发放第一时间形成简报，向相关校领导报送，并抄送给各学院的书记、院长，将几大榜单的排名作为评价学校学科综合实力的重要依据。在之后的工作中，规划与学科建设办公室会继续对世界大学排名榜单的更新情况进行关注，实现该项工作的常规化和信息化。

（胡晓军、张云仙）

【分析ESI排名】ESI排名的结果，显示了学科在国际同类学科中的地位和水平，越来越得到各高校的重视。2015年，以《北京科技大学“十三五”教育事业发展规划》的编制为契机，结合图书馆提供的相关数据，重新对进入ESI学科进行分析，在此基础上探索学科新发展，为建设世界一流学科提供指导。

（胡晓军、张云仙）

人事管理

【概况】2015年，学校入职139人，其中教师岗位93人（含引进的高水平拔尖人才及人才团队），占67%。入职人员中，具有博士学位97人，占70%；具有高级专业技术职务19人；具有海外留学经历12人，教师博士后53人。

至2015年年底，学校在职职工总数为3360人，其中专任教师1780人，教辅人员256人，行政人员387人，专职科研人员17人，工勤人员及其他人员920人。专任教师队伍中具有博士学位1182人，占66.4%。

（郝媛、焦丽君、纪伟、王玺宁）

【专业技术职务评聘工作】2015年，继续按照分类管理原则，更加强调学科差异、水平差异及岗位差异，并参照现有学科平均水平进行评价，既保持政策连续性，又不断提高任职水平，使考核晋升体系更加科学合理。在具体操作层面，继续坚持规范评聘程序，公开评聘标准，严格聘任条件，加强公示监督。全校共有109人晋升10个系列高一级专业技术职务，其中教学科研岗教师系列晋升62人（正高20人、副高42人），非教学科研岗晋升47人（正高1人、副高10人）。

（郭艳琳、于　群、杜　焱）

【高层次人才引进工作】2015年，学校进一步推进实施人才强校战略和人才振兴工程，把目光瞄准海内外高层次人才，大力加强人才引进力度。年内，学校引进、聘任国家“千人计划”入选者、中国科学院自动化研究所研究员刘德荣，国家杰出青年科学基金获得者、国家百千万人才工程入选者、跨世纪优秀人才培养计划入选者、华北科技学院教授何学秋，国家百千万人才工程入选者、北京矿冶研究总院研究员王成彦，电子科技大学协议教授贺威，中国科学院化学研究所副研究员王天宇，美国哈佛大学博士后陈吉堃，美国罗格斯新泽西州立大学博士王学云，法国国家科学研究院博士后石章智，澳大利亚阿德莱德大学博士后杜鑫，清华大学博士后许镇、魏海瑞，中国科学院化学研究所博士后路培，北京邮电大学博士王卫苹，中国工程院院士、中国钢研科技集团教授王海舟（兼职），2015年“千人转高端”项目入选者、德国弗莱贝格矿业工业大学教授彼得·谢勒（兼职）等高水平拔尖人才。

（郭东旭）

【高层次人才推评工作】 2015年，学校进一步加强和规范各类人才工程推评工作，完善人才遴选办法及评审程序，坚持“公正公开、实事求是、宁缺毋滥”的原则，做好各类人才工程项目的推评和管理。年内，经科研、教务、人事等部门推荐，谢建新入选“中国工程院院士”，张立峰入选“长江学者”特聘教授、“创新人才推进计划”中青年科技创新领军人才，吕昭平入选“国家百千万人才工程”“创新人才推进计划”中青年科技创新领军人才，梅建军入选“长江学者”讲座教授，陈骏、吴渊入选“万人计划”青年拔尖人才，贺威、侯新梅获“国家优秀青年科学基金资助”，刘立、金龙哲获“北京市教学名师”称号，陈曦、王戈、林海、强文江、朱维耀入选2014年度享受政府特殊津贴专家，王戈获2015年宝钢优秀教师特等奖提名，林海、何伟获2015年宝钢优秀教师奖，徐金梧获2015年全国冶金教育系统年度杰出人物奖（校领导），王戈获2015年全国冶金教育系统年度杰出人物标兵奖（教师），林海、何伟、刘立获2015年全国冶金教育系统年度杰出人物奖（教师），杨玲莉获2015年全国冶金教育系统年度杰出人物奖（管理骨干），张国华获“青年人才托举项目”资助。

（郭东旭、郭艳琳）

【考核聘任工作】 ①聘用合同期满教师考核工作。建立教师退出流转机制，与学校签订正式聘用合同且工作未满两个聘期（满六年）的教师，在首两个聘期内，每个聘期末均需参加考核。2015年完成合同期截至2015年12月31日的教师考核，参加考核教师共计70人（引进人才8人、首聘期36人、二聘期26人），其中二聘期1人不再续聘。

②教职工年度考核工作。按照学校相关规定及管理办法，组织实施并完成教职工年度考核工作。参加考核的教职工共计2541人，其中优秀166人、合格2329人、基本合格24人、不合格22人。

③回国人员期满考核工作。按照留学人员签订的《出国留学协议书》要求，对回国教师进行综合考评。参加考核教师共计51人，均严格履行约定职责义务，很好完成了出国期间任务，考核合格。

（郝媛、纪伟、郭艳琳、于群、杜焱）

【师资培养培训工作】 ①教师国际学术交流工作。学校做好教师队伍出国留学选派工作整体指导和规划，按照各单位出国人数比例，对长期出国人员申请进行总量控制，有层次、有步骤地进行选派。一方面，积极拓宽出国留学渠道，组织申请国家留学基金委的各类出国项目，2015年入选国家各类公派项目41人，其中全额资助项目15人、青年骨干教师（1∶1配套资助）项目23人、高校优秀学生工作者出国研修项目1人、国家汉办外派汉语教师2人。另一方面，充分利用海外经费资助及科研经费资助，以单位公派形式灵活选派30人赴海外高水平大学或机构进行学术研修。年内，学校共派出访问学者78人，其中国家公派49人、单位公派29人；完成访学回国63人，其中国家公派47人、单位公派16人。

②新教师岗前培训工作。2015年，学校开展新入校教师岗前培训，共99人参加，其中教学科研岗位57人、实验岗位12人、行政岗位12人、其他岗位18人。培训中新增教师爱国主义教育环节，开设教师礼仪培训讲座，帮助新教师加快角色转变，增强责任感和荣誉感。学校还组织13人参加北京市高校师资培训中心组织的高等学校教师岗前培训，提高新教师教育教学能力和专业素养。

③教师资格认定工作。2015年，学校继续组织落实北京市教育委员会的教师资格认定工作，进一步提升教师专业化水平。经过资格审查、能力测试、综合评定，共对55人认定了教师资格，其中教学科研岗位44人、辅导员岗位11人。

④其他培养培训工作。学校继续鼓励基础学科或亟需发展学科人员在职攻读学位，给予学费支持，同时适当放宽岗位专业技术性质强、学历相对较低人员在职攻读学位比例。2015年申请在职进修人员20人，审批通过19人；在职学习毕业人员11人，其中获得博士学位7人、硕士学位2人、其他2人。推荐派出1名青年骨干教师赴北京航空航天大学进行为期一年的访问交流；推荐派出1名青年教师到共青团北京市委员会相关岗位进行半年的挂职锻炼。

（郭艳琳、于　群、杜　焱）

【研究生助教、助管岗位管理】2015年，根据学校相关规定，开展研究生助教岗位设置、岗位职责制定、竞聘人员选拔、签约上岗及聘后管理等工作，共选拔博士研究生助教69名、硕士研究生助教156名、硕士研究生助管12名。

（郝　媛、纪　伟）

【博士后科研流动站工作与博士后管理工作】2015年，按照人力资源社会保障部、全国博士后管理委员会相关要求，组织学校2012年以前设立的11个科研流动站参加了2015年度博士后综合评估工作。经综合评估，学校材料科学与工程、机械工程科研流动站被评为全国优秀科研流动站，其他九个流动站为良好，人事处博士后工作办公室主任焦丽君作为优秀博士后管理人员被人社部、全国博管会予以通报表扬。2015年度学校共招收博士后研究人员97人，其中学校流动站单独招收85人（含拟聘教师博士后53人），与企业联合招收12人。办理博士后出站62人，至2015年12月31日，在站博士后233人，其中教师博士后98人。年内，共有45人获得中国博士后科学基金第57批和58批面上资助项目，其中12人获得一等资助、33人获得二等资助，资助总金额261万元，资助入选人数和总金额均创历史新高。此外有3人获得中国博士后科学基金特别资助项目，每人资助金额为15万元。

（焦丽君、王玺宁）

【社会保障工作】2015年，学校共为事业编制和非事业编制员工3500余人进行了养老、失业、工伤、医疗、生育保险的征缴和管理工作，其中保险新增及转出手续643人次、保险补缴手续5人次、外地转本地1人次、本地转外地5人次（其中4人办理退休）、社保退休手续1人次、生育津贴及生育保险报销手续10人次、工伤申报及认定手续8人次、医疗保险二次信息采集8人次、变更定点医院33人次，全年共收缴各部门保险费2148万元。

继续做好30名一级人事代理人员及16名待岗人员的日常管理工作，积极支持业务人员参加继续学习，全年共培训41人次（财会培训39人次、档案管理培训2人次）。组织6名工人参加中央国家机关工考委的工人职业技能鉴定。此外，全年共办理申请解决夫妻两地分居配偶调京手续35人次，协助办理落户16人次。

（苏靖、邵丽华、郝 媛、纪伟）

【养老保险制度改革】 机关事业单位养老保险制度改革是2015年全国人事工作的重点，也是学校确立的年度重点工作。年初，学校即着手各项准备工作，通过与兄弟高校的充分沟通和广泛调研，就改革过程中可能遇到的问题进行了充分探讨，提出初步思路；年中，根据人社部和教育部的工作安排，学校核算了全校事业编制人员的养老保险和职业年金数额，并与财务处一起完成了在职人员基本工资、离退休人员离退休费的调整工作，在职人员绩效工资扣减工作，以及基本养老保险和职业年金的预扣工作。年末，学校启动了事业单位养老保险制度改革数据采集工作，通过查阅人事档案、电话回访、走访采集等方式，共核实了近5200人的个人信息，顺利完成了全校事业编制人员的个人信息采集工作，为后期全面启动养老保险业务经办做好准备。

（苏靖、邵丽华、郝媛、纪伟）

【非事业编制人员管理工作】 2015年，按照学校年度工作安排，开展了非事业编制人员规范管理专项工作。学校积极调研兄弟高校和业务对口部门，组织召开了11所京内部属高校参加的“非事业编制人员规范管理交流会”，并多次参加了由北京大学、首都师范大学等高校组织的交流活动。通过前期调研，并结合实际，学校起草了《关于推进我校非事业编制用工的报告》，修订了《北京科技大学非事业编制人员管理暂行办法》，重新梳理有关劳动合同签订、工资发放、社会保险缴纳等工作的流程，规范相关格式文本和表格样式，逐步完善非事业编制人员相关制度。同时，为进一步丰富用工模式，学校多方协调，在图书馆的流通业务和编目业务岗位上试点劳务派遣用工方式，并取得了良好效果。

此外，为了能够更加规范地向北京市相关管理部门和学校有关单位提供劳动和薪资数据，学校建立了非事业编制人员信息统计制度，完善了非事业编制人员基础数据库，确保信息维护准确、及时、全面。

（苏 靖、邵丽华）

财务工作

【概况】 学校实行“统一领导、集中管理”的财务管理体制。财务处是学校的一级财务机构，在主管校长的直接领导下开展工作。财务处负有贯彻执行国家财经法规、执行上级主管部门相关文件精神的职责，统一管理学校的各项财经工作。2015年，财务处继续深入学习中央八项规定和中央十八届三中、四中全会精神，全面贯彻落实学校各项决策，切实巩固党的群众路线学习实践成果，在不断提高服务质量的同时坚持规范化、信息化、科学化管理，积极筹措办学经费，统筹各项经费支出，加强资金管理，努力提高经费使用效益，圆满完成了2015年财务工作和年初制订的工作计划。

（曹光远）

【总体财务状况】 2015年，学校收入总计243217万元，包括财政补助收入124686万元，占收入的51.3%，其中教育补助收入98437万元，占收入的40.5%，科研补助收入21410万元，占收入的

8.8%，其他补助收入4839万元，占收入的2.0%；事业收入77350万元，占收入的31.8%，其中教育事业收入24828万元，占收入的10.2%，科研事业收入52522万元，占收入的21.6%；附属单位上缴收入1504万元，占收入的0.6%；经营收入3456万元，占收入的1.4%；其他收入36221万元，占收入14.9%。2015年，学校支出总计216687万元，包括工资福利支出49546万元，占总支出的22.9%；商品和服务支出77462万元，占总支出的35.7%；对个人和家庭补助支出58016万元，占总支出的26.8%；基本建设经费支出4719万元，占总支出的2.2%；其他资本性支出23488万元，占总支出的10.8%；经营支出3456万元，占总支出的1.6%。

2015年，学校基本建设完成投资4736万元，其中国家拨款4719万元，自筹经费17万元。

至2015年年底，学校拥有资产总值699985万元，比上年增加69682万元，增长11%。其中固定资产343447万元，比上年增加23576万元，增长7%。

学校负债总额为34582万元，比上年增加5180万元，增长了18%。资产负债率为4.94%，比上年提高了0.28个百分点。学校账面净资产665403万元，占资产总值的95%，比上年增加64502万元，增长11%。

（管　耘）

【财务管理】①落实整改意见。为贯彻落实中央八项规定精神及各项上级部门开展检查、审计、巡视过程中对学校提出的整改意见，2015年财务处继续加强经费支出管理，严把经费支出关口，按照《北京科技大学国内公务接待管理实施办法》（党发〔2014〕1号）、《北京科技大学国内公务接待管理实施办法(修订)》(党发〔2015〕36号）、《北京科技大学差旅费管理办法（修订）》（校发〔2015〕67号）及财政部关于会议费、培训费、因公出国等相关管理规定，进一步加强了公务招待费、差旅费、会议费、培训费、因公出国等经费的支出管理，相关费用支出较往年有较大幅度下降。

②进一步规范科研经费支出。为进一步规范学校科研经费支出管理，协同科研部制定了科研经费中列支招待费、交通汽油费等内控制度。按照《关于加强横向科研经费中餐费支出管理的通知》（校发〔2014〕32号）、《关于加强横向科研经费中餐费支出管理的通知》（校发〔2015〕68号）等文件要求，切实加强了横向科研经费中招待费支出的管理，餐费全部纳入预算管理，单独列示，严格控制横向课题经费中的餐费支出。

③开展“小金库”专项检查工作。为贯彻落实教育部关于高校巡视问题的整改要求以及教育部办公厅关于违反中央八项规定典型案例通报视频会精神，财务处牵头分别于2015年9月、12月开展了两次“小金库”专项检查工作。检查内容主要包括各二级单位取得的罚没收入、行政事业性收费收入、资产处置收益等收入，是否统一纳入学校预算管理；是否存在隐瞒、截留、挤占、挪用、坐支、私分或转移等违规问题；是否存在应列入而未列入规定账户的各项资金及其形成的资产；是否存在各种形式的乱收费、乱罚款、乱摊派现象等。检查的途径包括实地抽查、依据各单位收费情况进行逐项梳理、约谈等。检查过程中，所有二级单位均进行了自查，并形成自查报告，各二级单位主要负责人签订了书面《承诺书》；同时财务处牵头组成专项检查组对部分重点单位开展了实地检查，并对检查过程中发现的收支不规范、资产处置流程不规范、存在预存现象等问题进行了专项整改。通过检查，取得了较好的警示效果，在很大程度上规范了二级单位的财务收支管理工作。

④开展二级单位复印点清理工作。为规范各二级单位存在的复印点出租行为，强化复印点出租过程中的财务管理，防范财务风险，财务处牵头对各复印点出租情况进行了专项清理，摸清了各复印点管理流程及主责单位，并就存在问题的整改建议向学校进行了专题汇报。

⑤开展二级单位收费项目的梳理工作。为规范各二级单位收费项目的管理，有效规避财务风险，财务处在与二级单位充分沟通的基础上，对27家存在收费项目的单位进行了逐项梳理，对可能存在的财务风险进行了逐项排查，并向学校进行了专题汇报。

⑥开展二级单位地税税控机专项检查。2015年6月，财务处针对二级单位使用的13台税控机进行了专项检查。检查重点内容包括：检查税控机开票的范围是否符合二级单位向财务处报备的范围，是否有超范围开具地方税务发票的情况；检查二级单位是否做到票款两清；检查二级单位是否有不开票的现象，是否存在没有上缴学校的"小金库"；帮助二级单位理顺发票的管理和登记工作，为二级单位设计统一的发票登记表样。通过专项检查发现了部分单位存在发票开具不规范、超范围开具发票、保险库存放私人物品等问题。财务处针对这些问题对相关单位进行了政策宣讲，并对二级单位使用税控机提出了规范管理的要求，再次强调各单位在验旧、购新发票时把旧发票的明细按照规定的格式上报财务处，审核合格后方可购新的发票等内容。

⑦全面开展"一站式"服务模式。创新服务模式，提升服务水平，全力做好财务服务工作。为应对学校资金规模不断增长给财务管理服务带来的挑战，顺应高校财务信息化发展趋势，有效解决学校长期存在的报销难问题，财务处不断摸索服务方式，在广泛调研的基础上开发了财务信息服务平台，并于2015年7月全面推行网络报销服务模式；同时联合科研部创新服务模式，克服人员有限、场地有限等困难，全面实施科研经费报销"一站式"服务模式，取得了很好的效果。

（曹光远）

资产管理

【概况】北京科技大学共有本科教学实验室60个，校级公共服务平台2个，国家级实验教学示范中心2个，国家级虚拟仿真实验教学中心2个，北京市级实验教学示范中心8个，实验室及实习场所面积13.8万多平方米。全校实验技术人员238人，其中高级职称55人（正高职1人）、中级职称130人、初级职称32人、工人21人。

至2015年年底，学校各类在账仪器设备64255台（套），价值14.56亿元；家具58600件（套），价值0.65亿元；软件1849套，价值1.48亿元。学校土地面积共80.39万m^2（合1205.78亩），其中本部57.8万m^2（合867.06亩）、管庄校区5.69万m^2（合85.35亩）、西三旗校区3.53万m^2（合52.98亩）、昌平创新园13.36万m^2（合200.39亩），全校总建筑面积97.01万m^2。

（柯红岩、刘晓楠、何　勇）

【实验室管理】①调研兄弟高校并结合学校实验技术队伍实际情况，形成《北京科技大学关于加强实验技术队伍建设的实施意见》（讨论稿）。②继续推动仪器设备开放共享平台建设，实行网上预约、设备监控、门禁管理一体化管理。入网仪器设备信息数据281台（套），数据对接成功率100%，入网设备数量居北京第二，数据质量居全国第二。③作为北京地区试点高校之一，积极开展“利用社会资源丰富中小学校外实践课堂”建设项目，全年共接待全市11所中学的千余名学生到校学习。④遴选并推荐钢铁生产全流程虚拟仿真实验教学中心申报2015年国家级虚拟仿真实验教学中心，推荐自然科学基础实验中心化学实验教学中心申报2015年北京市实验教学示范中心，均成功入选。⑤组织开展2014－2015学年40万元以上大型仪器设备（03类）考核。应考核设备数222台（套），考核合格数200台（套），合格率90.09%。⑥组织学术论文征集并推荐参加北京高教学会实验室工作研究会、技术物资研究会及中国冶金教育学会高校资产与实验室工作研究会2015年学术论文征集活动，共获得一等奖3篇、二等奖5篇、三等奖6篇。学校获得北京高教学会实验室工作研究会2014年学术论坛优秀组织奖。⑦实验室开放与仪器设备共享服务收入管理。2015年全年对外服务收入1305万元，结转维修费326.3万元。支持教学和公共服务仪器设备维修44台(套)，总金额约114万元。

（柯红岩）

【设备管理】2015年学校在设备管理方面主要开展以下工作：①2015年全校购置仪器设备6501台（套），价值23187.18万元；家具类1039套，价值187.42万元；软件类282套，价值2996.90万元。②2015年完成招标采购159批（次），其中，委托招标43批（次），总值人民币6751.6万元，校内招标116批（次），总值人民币3656.5万元。③协议供货项目804个、网上竞价项目123个，总价值1717.66万元。④顺利通过北京海关2015年度年审，完成50万以上进口仪器设备审批备案23个项目，完成外贸代理137批（次），共计设备217台（套）、软件8套，价值折合人民币约9884.39万元，节约税金约1976.8万元。⑤2015年对已达报废条件的仪器设备共1102台（套）进行处置，账面原值685.52万元，组织公开竞价8次，处置收入21.52万元，全部上缴中央国库。⑥制定出台《北京科技大学采购管理办法》（校发〔2015〕59号），加强对学校各类采购工作的管理，规范采购行为。

（刘晓楠、何　勇）

【国有资产管理】①制定出台《关于加强学校国有资产管理的若干意见》（校发〔2015〕48号），提出17条意见加强国有资产管理。制定出台《北京科技大学国有资产管理工作规程（暂行）》（校发〔2015〕47号），对资产使用、资产处置、资产清查等环节的管理流程进行明确规定，确保各类事项办理有章可循。②配合教育部专项检查组就国有资产体制及制度建设、资产使用与处置、校办企业管理等内容开展专项检查。通过认真梳理、深刻总结，明确了学校下一步加强国有资产管理的思路和整改方向。

（何　勇）

【公共用房管理】①对全校行政办公用房进行清理整改，学校所有行政人员办公用房全部符合国家规定标准。共清理出用房面积1902m^2，全部用于教学科研、办公辅助等用途。②重新设计公共用房管理体系，按照行政办公用房、教学科研用房、后勤服务用房、产业商业用房进行分类管理。制定出台《北京科技大学行政办公用房管理实施细则》《北京科技大学后勤服务用房管理实施细则》，将党委行政部门和直属单位的公共办公辅助用房交由学校统一管理，重新对教学科研单位用房情况进行核查和测算，完成对全校公共用房出租出借情况清理核实。

（何　勇）

【人防及地下空间管理】①完成地下空间规划实施。一是完成对地下空间的全面清理核实，明确使用单位和责任人，共清理违规占用492m²，清退出租339m²。二是完成装修整修，对教学科研区6778m²地下空间围绕基础条件建设、满足教学科研需求进行装修改造；对学生宿舍区7393m²地下空间按试卷档案库房、特殊用途库房、自行车库、学生活动室等用途进行装修改造；对家属区1051m²地下空间以库房用途为主进行装修整修。三是按功能分区投入使用，依据分配原则、分配方案，对可用地下空间根据职能部门、教学科研单位需求进行分配，同时签订安全使用责任书、完成领用手续。②加强人防宣教与管理。按“平战结合”原则完善人防战备功能，悬挂各类防空标志牌。通过举办“防空65周年”纪念活动、发放《防空防灾知识宣传手册》、设立防空防灾宣传栏等形式，全方位增强防空防灾意识，加强人防管理。③加强地下空间安全管理。一是组建6人的安全巡查队伍，负责地下空间的日常性巡视、检查和设施维修、维护任务，全年共组织巡查79天，合计1610小时。二是在两会、节假日等重点时期内，坚持做到24小时值班制。三是完成汛期地下空间入口处防汛沙袋（约2000袋）的布放，坚持雨天24小时值班，确保安全。

（谭　豪）

【环保与技术安全管理】①全面搭建实验室安全工作体系，覆盖工作体制、规章制度、文化教育、安全检查、信息平台、安防设施、事故应急、危险化学品监管等八方面，并通过组织实验室安全年工作会、实验室安全工作培训会等多种形式落实体系建设。②全面开展2015年实验室安全年活动，重点组织安全年文化月活动，包括文化作品征集、问卷调查、知识宣传展、安全防范设备（安全方案设计）展示会、院系巡回宣讲、事故应急演练、应急设施及安全劳保用品启用发放仪式、先进工作评奖等。③建立学校三级文件体系，制定《实验室技术安全管理规定》（校发〔2015〕28号），《实验室技术安全责任追究暂行规定》（校发〔2015〕29号），《实验室安全事故应急预案》（校发〔2015〕63号）和《放射性同位素与射线装置安全和防护管理办法》（校发〔2015〕30号）等校发文，制定《实验室安全工作先进奖评选通知》等资发文。④逐级落实实验室安全工作责任制，建立了校、院、实验室三级责任体系，代表学校与19个二级单位签订《二级单位实验室安全管理责任书》，要求二级单位与实验用房责任教师、实验用房责任教师与实验人员签订安全责任书。⑤全面实施实验室安全教育培训，开设实验室安全基础课程，在冶金、材料、化生等学科设6个课堂覆盖1500余人；组织安全培训讲座14场、院系巡回宣讲11场，覆盖全体新生、学生辅导员、教职工等8000余人；试点实施校级实验室安全准入考试，涉及化生学院2015级128名研究生；编制并发放各类宣传材料，包括与国际处编印英文版《实验室安全知识读本》，发放3000余份《实验室安全十问十答》、10000余册《实验室安全资料汇编》及《实验室安全知识读本》。⑥推进安全设施建设，在冶金学院、化生学院试点安装洗眼器83套、紧急喷淋器15套、急救箱15套；向全校理工科单位发放安全防护用品，包括防护服45件、防护眼镜542副、防护手套542副、防护口罩1060个、防毒面具40个及实验工作服570件；推进实验室信息明示，安装实验室安全信息铭牌603个，印发各类安全警示标识及危险化学品使用登记簿3000多份。⑦实行实验室安全三级检查制度，包括学校季查、学院月查及实验室日查，其中2015年度学校共检查8次、解决处理安全隐患点90多个，发布专项通知或通报28份，成立实验室安全督查组开展日常巡查；12 月 16 ~ 17 日迎接教育部高校实验室安全专项检查，围绕教育部检查专家组提出的 15 个隐患问题督促并协助 15 个教学科研二级单位完成整改。⑧优化环境保护管理与监测，共处理实验室废弃试剂、废液 35.53 吨，废弃试剂瓶 5.73 吨、废弃气瓶 17 个；对校园区域饮用水、PM2.5 情况、校园排污口污水、校医院医用污水、印刷厂污水、食堂排放油烟、各区域及周边噪声等环境指标进行检测；按要求完成了涉辐人员的证件办理、培训、体检、剂量监测及辐射设备的检测工作。

（马　庆、牛　犁）

【专项工作】完成工程实践基地一期工程的分配及安置方案调整，将材料学院、新材料研究院、新金属材料国家重点实验室等单位设计要求提交基建管理部门。零件轧制研究中心和材料学院特陶实验室等单位在西三旗校区过渡方案设计已完成并进入施工阶段。

（何　勇）

【数据统计及报表】①根据国务院机关事务管理局要求，完成 2015 年度中央行政事业单位资产决算报表编报。②根据财政部要求，完成 2015 年行政事业单位资产管理信息系统报表编报。③根据教育部要求，完成 2014 － 2015 学年教育事业统计报表中高基表、高元表中涉及固定资产、土地、房屋部分的数据统计。④根据教育部要求，完成 2014 － 2015 学年高等学校实验室信息统计数据报送工作。

（何　勇、柯红岩）

信息化建设与管理

【概况】2015 年，信息化建设与管理办公室在编人员共计 11 名，缺编 1 人，负责校园网、一卡通专网、门户网站、各级网站的安全运维与管理以及各业务系统的维护。以“梳理、规范网络信息安全管理体系，完善、健全制度建设”为主线，开展了校园门户网站建设，加强各级网站的管理与运维，完善和修订各类信息化相关制度和办法，完善新生一体化平台，建立起一站式信息化服务大厅，提升了网络相关业务的管理和服务效率，持续推进学校信息化工作。

（杨德斌）

【内部管理制度】修订和制定了《北京科技大学校园信息网络基础设施建设和管理暂行办法》《北京科技大学二级网站建设与运行管理办法》等内部规章制度，为安全管理提供了制度保障。依据校党发〔2015〕10 号《中共北京科技大学委员会落实党风廉政建设主体责任实施细则》制定了《信息办党风廉政建设实施办法》《信息化建设与管理办公室议事规则》《信息办党风廉政建设实施办法》《信息办科室党风廉政建设责任书》《信息化建设与管理办公室采购业务流程》等制度和办法。

（杨德斌、钱大益）

【网站与业务应用】2015 年主要工作如下：①新版校园英文主页的建设。通过大量、细致的调研，认真听取师生的建议，在版面风格、栏目设置、表现形式、视觉焦点设置等方面进行精细的设计和改进，历经两个大版本和 20 余小版本的设计、修改、调整，完成了全新版本的校园网英文主页。②进一步完善数字化迎新系统，优化相关的业务流程。将线上线下的业务和服务有机融合，打造了具有北科大特色的新生一体化平台，实现了了解科大、结识新同学、网上业务办理、新生及家长与辅导员、学院互动交流、后勤线上服务、数据共享与分析等诸多的功能。为学院、职能部门提供了良好的数据、管理、服务平台，受到新生及家长、学院和职能部门的好评。③数字化校园应用拓展和新增业务的接口对接，配合人事、科研、财务、教务、研究生院、资产、基建等部门，对其应用子系统、数据平台的运维及技术支持；为校级公共服务信息系统提供安全、稳定、高效的运行环境。④为学校大型活动网络视频直播提供网络和平台保障，包括2015新年晚会、本科生毕业典礼、新生开学典礼、北京科技大学第十一次代表大会等多次视频直播。⑤利用校园网认证入口有效地延展了校内各类社团活动的覆盖面和影响力。维护各类宣传活动220项，平均更新频率达1.5天/次，位于校园内网站更新频率前列。⑥协助配合学校相关职能部门开展无纸化信息推送，全年共发送了合计二十余期电子期刊，包括校友会的《北科大校友工作动态》、学生处的《学生工作快讯》、科研部的《科研快讯》、教务处的《本科教学动态》等。

（杨德斌、何　敏）

【网络中心】网络中心主要承担校园网络的运行维护、监控、实施和技术培训等技术支持工作。2015年主要完成如下工作：①在完善校园网络基础环境的前提下，建设下一代互联网管理、认证服务体系。②新增无线AP接入100个点位，实现了校园网在教学办公区的主要覆盖，有效提升了校园网在学校教学、科研管理以及服务方面的支撑能力。③2015年新扩充网络机房面积约45m^2，购置服务器二十余台（套），并分批对分布各楼宇的网络设备间安装实施智能监控。④建立并开发应用网络漏洞预警分析平台等一系列的有效管理平台将各个应用程序有效整合，加入运维管理，以提高校园网运行维护的管理水平。⑤开发web应用防火墙，入侵检测防火墙等设备，通过对防火墙和流量控制设备的不断完善和升级，有效监控外网每条链路的带宽使用情况，并及时根据应用做出调整，节约了网络带宽成本。⑥新增智能存储为数据中心的虚拟化建设提供支撑条件，数据中心虚拟化硬件平台的建立，为各种资源在统一平台之上的高度融合提供硬件保障，为全校教师生员工提供良好的网络化、数字化的教学、科研、办公、管理与服务平台。⑦分布式校园网节点设备间智能监控系统实现了节点设备间温度、湿度、烟雾监测及交换机电力供给的在线监控，为网络设备故障早期预警、提高校园网络的稳定性提供了准确、科学的依据。⑧对卡务中心、学生公寓8斋和9斋、办公楼3层无线网络线路改造维修维护。⑨暑假期间，对1098间新生宿舍的2304个端口进行巡查，对其中97个故障点进行维修，更换网络端口模块和面板。对6斋地下室因自然灾害造成的大面积网络故障及时有效地检查并修复。

（梁　哲、谢海波）

【校园卡管理中心】2015年主要完成如下工作：①制卡、发卡、补卡共计两万余张，其中新办卡8553张、补卡12259张，接待师生用户近两万余次。②按时完成2015级新生大批量制卡、发卡，2014级毕业生销户、退费，教工每月餐补的发放与统计等工作。③按照数据清理计划，对一卡通数据库中的账户进行清理，降低了数据库的负荷。④与相关业务部门共同协商，精简相关业务流程。对新教工入校报到、离校审批、网络基础服务、校园一卡通业务等进行整合和优化。与多家系统厂商沟通，解决技术瓶颈；内部挖潜，克服场地与人员紧缺等困难，因地制宜，改造校园卡服务中心现有场地，在学生部门的大力支持下，成立了信息化服务一站式服务大厅，方便了师生的业务办理。⑤一卡通系统升级项目及功能完善。简化一卡通业务流程，减少对账环节，实现了校园卡补、换卡成本费由系统直接扣取，有效地减少了每日人工对账的环节。⑥新增了一卡通门禁单独授权模块，将具体业务下发对应的业务部门（安委会和教宿科），方便管理。⑦做好校园卡的发放、管理、销户、数据处理、财务退款、报表编制等日常维护和管理工作。完善校园卡采购与管理，建立了入库、出库、盘点等制度，实现了对校园卡的有效管理。⑧继2014年的机房光纤改造之后，进行了UPS更换、UPS电池更换、配电柜移位、线路改造等事项，改善了机房环境。⑨完成了所有相关楼宇的一卡通数据采集处理机的更换，解决了老旧设备经常出现的不能远程管理、无法上传流水、无安全防护等问题。

（钱大益、颉　斌）

招生与就业指导

【招生工作】 2015年，学校本科共有29个理工科专业、8个文科专业、1个艺术类视觉传达设计专业招生，其中文理兼收的专业共有6个，英语、日语和德语只在保送生中招理工科考生。取消了理工英语的招生，高等工程师学院的6个专业统一按照工科试验班类（卓越计划）招生。

2015年学校录取本科生3353人（其中3人为港澳台学生），专科（高职）100人。录取平均分与各省市的重点控制线之差为87.3（理工）和54.5（文科），理工科和文科录取分数都有大幅提高。首次实现全国范围内所有招生省份文科、理科无断档现象。

本科生中文科435人，理工科2918人。其中新疆、西藏内地班学生31人，视觉传达设计（艺术类）39人，外语类保送生29人，自主招生116人，贫困计划170人，农村单独招生38人，高水平艺术团8人，国防生69人，高水平运动队24人，由北京邮电大学转入学校学习的2014年学校招收的少数民族预科生24人及新疆民考汉20人。同时，2015年新录取的少数民族预科生23人和新疆民考汉20人在北京邮电大学攻读一年预科。

从新生情况看，男生2073人，占61.83%；女生1280人，占38.17%。城镇户口2162人，占64.48%；农村户口1191人，占35.52%。应届生3124人，占93.17%；往届生229人，占6.83%。汉族学生3012人，占89.83%；少数民族学生341人，占10.17%。党员3人，占0.09%；团员3244人，占96.75%；其他106人，占3.16%。

合理制定招生政策，提高特色学科吸引力。①科学调整分省、分专业计划。根据学校发展整体规划的要求和社会对高层次人才的需求，综合考虑地区经济发展、学校专业特点、往年招生计划和不同地区专业冷热情况等因素，合理制定了2015年各专业在不同省份的招生计划。②结合学科特色调整自主招生政策。增加偏冷的重点学科专业的自主招生计划，将更多的热门专业招生计划调进普通类。同时将自主招生专业分成2种类型，设定不同的报考条件和考试内容，提高理工二类冶金、采矿、矿物加工等专业的优惠力度，将优惠分数降到本一线。③积极应对国家考试招生制度改革，和教务处及各学院一起制订大类招生方案及各专业选考科目。在广泛调研和征求各学院意见基础上，确定了学校本科招生专业设置及各专业选考科目。2017年学校本科招生专业由原来40个调整为24个。

广泛凝聚各方力量，建设立体化全方位宣传平台。①建设立体化的网上宣传平台。北科招生手机网站上线，开通微信公众平台，为考生和家长提供更及时便捷的资讯服务。录制12个学院院长及学生的访谈视频25个，从院长和在校学生的角度更全面、直观地宣传学校。②发挥教授、学生力量，深入中学宣传。2015年在全国范围内举办以“触碰学科前沿、找准专业兴趣、规划职业生涯”为主题的“大学教授走进中学校园”公益科普讲座活动，13名教授远赴湖南、河南、河北、内蒙古等10个省（市、自治区）地区的高质量生源中学，开展了14场公益科普讲座，参加讲座的高中生近5000人。依托寒假社会实践“把我的大学带回母校”活动，组建65支团队，354名学生走进267所中学宣传北京科技大学，进一步提高了学校在中学的影响。③加强招生宣传队伍建设，加大各省市宣传力度。联合各学院选聘27名教师担任招生宣传组长，选派179名宣传人员赴京外各省开展宣传，参加现场咨询210场（比上年增加30场），覆盖138个地市（新增24个地市）。④找准时间节点，做好咨询服务。在高考咨询周期间，利用BBS、新浪微博、阳光高考网、各省咨询网等平台及时解答考生和家长咨询问题。同时，招生部启动了13部招生咨询热线，电话咨询时间延长至每日21点，尽可能满足广大考生和家长的咨询需求。

严格招生政策执行，确保招生工作公平、公正、公开。①规范招生过程。制定《权力运行（业务）流程图》和《职权目录清单》，找准权力运行过程中的风险点，开展廉政风险防控“三个体系”建设。进一步明确招生工作责任，规范招生计划制订、招生录取、信息公开公示和新生入学复查等重要环节的过程操作，落实招生工作的全程监督。②加强特殊类型招生工作管理。积极与机械学院、体育部、外国语学院、校团委等部门合作，对特殊类型招生的关键环节和重要节点进行梳理，明确具体责任，规范工作流程。③严明纪律，细化责任。修订招生工作手册，细化招生录取工作程序，组织网上录取人员认真学习教育部规范招生录取工作的系列文件，进一步强调工作纪律，明确工作责任。学校纪委全程参与招生录取过程，严格执行教育部提出的“六不准、十严禁、十公开”制度。

（王占奎、王　彬）

附　录

北京科技大学2015年录取分数统计表

		学生来源								
		北京	天津	河北	山西	内蒙古	辽宁	吉林	黑龙江	上海
理工类	招生人数（不含保送生）	181	58	188	156	95	85	57	69	12
	省重点线（理工科）	548	538	544	515	464	500	525	483	414
	最高分 / 最低分	668/648	638/622	660/632	603/579	623/551	626/603	625/591	645/601	458/425
	录取平均分	653	625	638	587	590	612	607	608	439
		江苏	浙江	安徽	福建	江西	山东	河南	湖北	湖南
	招生人数（不含保送生）	76	76	121	63	88	132	139	91	97
	省重点线（理工科）	344	605	555	525	540	562	529	510	526
	最高分 / 最低分	373/365	675/661	652/632	631/615	621/599	666/644	624/607	612/592	631/600
	录取平均分	368	665	636	620	603	650	611	597	606
		广东	广西	海南	重庆	四川	贵州	云南	陕西	甘肃
	招生人数（不含保送生）	60	52	15	51	92	60	34	82	49
	省重点线（理工科）	577	480	608	573	528	453	500	480	475
	最高分 / 最低分	633/623	603/567	742/716	648/627	627/589	587/541	621/583	609/579	578/552
	录取平均分	626	576	727	633	595	552	598	586	562
		青海	宁夏	新疆	西藏（汉）	西藏（少）				
	招生人数（不含保送生）	37	34	66	3	4				
	省重点线（理工科）	400	445	446	420	280				
	最高分 / 最低分	555/497	567/528	602/535	615/606	384/334				
	录取平均分	515	543	562	611	355				

		学生来源								
		北京	天津	河北	山西	内蒙古	辽宁	吉林	黑龙江	江苏
文科	招生人数（不含保送生）	19	16	27	21	18	19	13	14	15
	省重点线（文科）	579	547	548	513	487	530	543	495	342
	最高分 / 最低分	639/631	614/602	620/606	568/553	585/561	611/597	607/587	594/579	373/354
	录取平均分	634	606	612	559	575	602	595	583	360
		浙江	安徽	江西	山东	河南	湖北	湖南	广东	广西
	招生人数（不含保送生）	16	15	14	23	24	14	19	1	1
	省重点线（文科）	626	597	528	568	513	521	535	573	530
	最高分 / 最低分	674/667	641/636	577/563	632/613	572/562	573/559	598/583	604/604	587/587
	录取平均分	669	638	567	620	565	563	587	604	587
		重庆	四川	云南	陕西	甘肃	新疆			
	招生人数（不含保送生）	13	20	12	14	10	1			
	省重点线（文科）	572	543	540	510	517	486			
	最高分 / 最低分	639/627	599/583	626/593	586/564	573/551	579/579			
	录取平均分	631	587	604	574	559	579			

【就业工作】学校2015届毕业生共6048人，其中研究生2730人，本科生3318人。至8月31日，全校平均就业率达到97.95%，比上年提高0.52个百分点，圆满完成年度就业工作目标。其中，研究生就业率99.41%，本科生就业率96.75%。本科生国内读研率连续三年保持在40%以上。

①完善职业辅导体系，引导学生树立科学就业观。不断完善“课堂教育+个性化辅导+网络引导+岗位实践”四位一体的职业辅导体系，引导学生既树立远大人生理想，又能实事求是、成功就业。一是加强《大学生职业发展与就业指导》本科必修课程建设，夯实第一课堂育人基础。科学设计课程，将专业解读、行业发展等内容融入职业教育中，帮助学生在课程中澄清职业理想。加强授课教师培训，推行“就业教师职业能力提升计划”，2015年教师培训达到126人次。出台《大学生职业发展与就业指导课程管理办法》，坚持案例研讨、集中备课和调研总结，学生对课程满意度超过90%。二是加强个性化辅导，发挥第二课堂育人优势。以“职业生涯辅导月”“求职季公开课”等为载体，开展内容丰富、形式多样的第二课堂活动。2015年共组织专题讲座、模拟面试大赛、主题工作坊、简历问诊日、求职集训营等活动70余场，覆盖学生8000余人次，有效将职业教育融入学生的日常学习和生活中。依托“学生职业发展协会”“BOE企业俱乐部”等学生社团，开展朋辈职业辅导，激发在校生参与职业生涯规划的热情。6月，召开“我的事业梦在这里启航——北京科技大学西部·启航奖励金颁奖仪式”，对赴西部基层就业毕业生进行全校表彰，引导学生将自我成长融入国家建设发展中。三是充分利用新媒体加强就业指导。改版就业信息系统和就业信息网，上线“北京科技大学职业发展与就业指导课程网”，实现学生就业指导和就业服务网络化。进一步加强微信、微博、手机APP等受学生欢迎的新媒体平台建设，根据青

年学生喜好发布内容，开通在线职业测评系统，学生可以随时上网学习网络课程，进行在线职业测评，制定适合自身个性特点的职业目标。四是积极搭建实习实践平台。继续实施“大学生预就业实习计划”，组织“实习生双选会”，参会单位108家，提供岗位3000余个。建设“大学生就业实习基地”。至年底，学校已与100余家重点企业签订了就业实习基地协议。

②拓展人才输送渠道，为学生提供更多就业机会。2015年，进校招聘毕业生的企业数量达1663家，比上年增加139家，其中就业中心举办招聘会1525场，学院举办招聘会138场。根据《就业状况调研》显示，“校园招聘会及就业信息网”和“校友或导师推荐”是学生获得就业机会的主要途径。毕业生就业单位领域除钢铁冶金、能源化工、装备制造、电子信息等传统行业外，还覆盖国防工业、航空航天、汽车、金融、新能源、新材料等国家战略新兴产业，基本建成“区域合理、行业兼顾、满足需求、保障质量”的就业市场格局。

一是根据学校人才培养目标和学科特点，制订学校就业市场开发建设方案。在校级就业市场建设基础上，加大院级就业市场建设。2015年学院新引进用人单位88家，各学院就业分市场初具规模。二是巩固传统行业就业市场，开拓新兴行业就业市场。积极引进材料、冶金、机械等传统行业重点龙头企业，保持学校传统优势行业企业进校招聘基本稳定。积极开拓高端装备制造、新能源、新材料、航空航天、国防工业等新兴领域就业市场。已与装备制造、能源化工、IT互联网、信息通信等八大行业的200余家龙头企业建立合作关系，去重点单位就业人数比上年明显增加。三是利用校友资源、地区合作等方式，创新毕业生输送的渠道。2015年，继续举办校董、校友企业双选会，共吸引129家重点校友企业进校招聘，充分发挥校友企业在毕业生就业中的作用。加强和重点地区组织、人才部门联系，与北京经济技术开发区、中关村人才特区高新企业集群以及天津、河北、浙江、广东、深圳等地区企业达成人才合作协议，为毕业生服务地区经济发展创造条件。

③深入落实精准服务，切实为学生做实事、解难事。一是提供规范、便捷、有效的就业服务，上线一站式就业服务系统。制定《关于做好重点关注群体毕业生就业帮扶工作的通知》《毕业生就业指导手册》等文件材料，就业工作有据可依。梳理就业手续过程中的各类情况，通过专题说明会、个体咨询等形式开展分类指导。上线一站式就业服务系统，实现就业手续、就业指导、信息获取网上完成，进一步简化手续办理。二是就业服务紧扣学生个体需求。结合学生需求调研开展服务工作，面向每位毕业生开展“三个一”服务：进行一次15分钟以上的“一对一”辅导，修改一次简历，进行一次匹配度较高的职位推荐。建设“基于求职意向的动态简历库”，为毕业生提供基于个体需求的求职推荐。引入企业HRD开展“简历问诊”“求职训练营”等活动，为学生提供个性化就业帮扶。联合各学院就业专任教师为学生提供“有温度”的咨询服务，做到日常咨询无需预约，敲门就进；网上咨询随时随地，你要我在；预约咨询有深度，更有温度。三是完善就业特殊群体帮扶体系。对于经济困难的学生，专门发放求职补贴，直接打入学生银行账户；对于心理承受能力较差的同学，联合心理咨询中心，通过专题工作坊、个别辅导等形式帮助毕业生缓解就业压力；对于求职能力和求职技巧较差的同学，进行“一对一”辅导。

④构建调研反馈体系，服务学校人才培养大局。一是构建“全方位、全过程”调研体系。针对毕业生求职

不同时期开展《求职意向和需求调研》《就业状况调研》《未就业状况和需求调查》，针对用人单位开展《满意度和行业需求调研》，针对校友开展《毕业生就业质量跟踪调研》，针对新生开展《高考志愿填报情况调查问卷》。多方面收集毕业生、用人单位、校友、考生对学校专业设置、人才培养、就业质量等方面信息，为学校招生、培养、就业工作提供参考依据。二是搭建信息反馈平台，促进“招生—培养—就业”有效联动。2015年首次将《毕业生就业状况白皮书》升级为《2015年招生就业状况白皮书》，详细分析和解读当年招生就业状况，并把招生就业过程中存在的问题及时反馈给相关部门。在拟定高考招生计划时，根据就业反馈数据，综合考虑各生源省市毕业生的深造率、派遣率和就业率等指标进行调整。11月，召开招生就业工作会，从招生、就业角度反馈人才培养过程中的问题，搭建学校、学院、各部门间的交流研讨平台。

（孙长林、王丽红）

附　录

近两年就业指导中心承办毕业生招聘会情况

招聘会类型	2014年			2015年		
	场次	单位数量	岗位需求数（约数）	场次	单位数量	岗位需求数（约数）
大型	2	538	12000	3	607	12000
中型	18	434	8000	21	604	12000
专场	409	409	10000	314	314	6000

审计工作

【概况】在校党委和行政的领导下，审计室紧紧围绕学校2015年工作要点，认真履行教育内部审计“三个服务”的宗旨，有重点、有目标地组织开展审计工作，在全体人员的共同努力下，圆满完成各项工作任务，充分发挥了内部审计的监督和服务职能，在促进学校及各二级单位规范内部管理、防范经济风险、提高资金使用效益等方面发挥了重要作用。

（李霞飞）

【经济责任和财务收支审计】2015年，审计室共完成了12个审计项目，包括3个单位（校工会、附小和管庄校区）的财务收支审计，6个单位（教务处、信息办、保卫处、教育经济信息网管理中心、体育馆和化生学院）负责人的经济责任及所在单位的财务收支审计，3个单位（国际处、研究生院和天工大厦）负责人的离任审计。超额完成年初校党委常委会确定的8个项目审计工作计划。对2014年有整改建议的6个被审计单位的整改落实情况进行了检查，促进审计意见落实到位。通过近年来对二级单位负责人经济责任和二级单位财务收支进行审计，强化了被审计干部经济责任意识、党风廉政建设意识和风险防范意识，促进了二级单位的内部管理。

（肖雅珠）

【专项审计和审计调查】根据学校工作需要，2015年审计室开展了以下专项审计工作：①对管庄校区函授和远程办学点欠费情况进行了专项审计，初步掌握了各办学点多年来累积欠费情况。②根据组织部的要求，对学校第十届党委任期内的党费收支情况进行了专项审计。③对后勤集团幼教中心2014年度财务报表出具了审签意见。

配合巡视整改工作，对纪委转办的5个单位或个人的信访件进行了调查核实，为纪委后续处理提供了证据支持。

（王小力）

【基建工程审计】继续加强基建项目全过程跟踪审计。2015年基建跟踪审计有昌平创新园区和工程实践基地（一期）2个项目。昌平创新园区跟踪审计项目2015年主要工作是配合项目建设进度，及时完成主楼和力学化学厂房工程相关项目招标文件审核6项，编制招标控制价6份，审核合同7项，审批变更、洽商转单70份，对跟踪审计过程中发现的问题提出了审计建议。2015年昌平创新园区部分完工项目需要进行结算审计，审计室公开招标确定了社会审计机构，完成试验厂房、动力中心、生活区三个项目的结算审计，总计报审金额14869.15万元，审减508.64万元。

工程实践基地（一期）建设跟踪审计项目主要是参与了前期初步设计专家评审会、可研方案评估、合同审核等工作。

（纪国东）

【修缮项目审计】2015年，对5项修缮项目委托社会审计机构进行跟踪审计，分别是办公楼中央空调改造项目、学生公寓粉刷及门整修项目、逸夫科技馆会议室装修改造项目、西三旗实验厂房改造项目和学术报告厅装修改造项目。办公楼中央空调改造和学生公寓粉刷及门整修2个跟踪审计项目已完成招标控制价编制及审核、过程跟踪和结算审计工作，最终报审金额552.50万元，审减3.01万元。逸夫科技馆会议室装修改造项目、西三旗实验厂房改造项目和学术报告厅装修改造项目的招标控制价编制和审核已完成，正在进行施工过程跟踪审计。

除委托外部审计项目外，审计室对超过5万元的修缮项目全部进行了结算审计，年内共完成修缮结算审计项目58项，送审金额合计1949.41万元，审减21.62万元。经初步统计，2015年度审计室共审核招标控制价9份，审查招标文件21份，审查施工合同33份，参加工程招标12次，参加竣工验收11次。

（纪国东、高文义）

【制度建设】继续完善内控制度，促进审计的专业化和规范化。根据国办和教育部最新文件精神，起草了《北京科技大学关于加强内部审计工作的实施意见》（校发〔2015〕24号），为下一阶段学校内部审计工作重点指明了方向，对进一步促进学校内部审计工作起到了积极作用。

（王小力）

【队伍建设】组织审计人员认真贯彻落实中共十八大及十八届三中、四中和五中全会精神，学习《中国共产党廉洁自律准则》和《中国共产党纪律处分条例》，要求审计人员严格执行“八项规定”要求，按照“三严三实”标准改进工作作风。根据审计和会计岗位后续教育的要求，组织审计人员参加后续培训和经验交流会议15人次，及时掌握新政策，汲取兄弟院校工作经验，不断提高审计工作水平。

（李霞飞）

【其他工作】①作为管庄校区工作组成员，配合管庄校区继续做好后续事项的处理工作。及时为工作组提供有关管庄各方面的详细数据，针对有关问题进行了专项审计，提出了审计建议。②积极配合财务、基建、资产、纪委等部门工作，形成工作合力解决有关问题。③完成小金库检查工作。④审签各类科研结题项目74项。⑤对每季度末财务处报送的银行对账单和银行存款余额调节表进行审签。

（曹　勇）

国际及港澳台交流与合作

【概况】2015年，国际合作与交流处暨港澳台事务办公室服务于学校建设“国内一流，国际知名的高水平研究型大学”的发展目标，以“创新模式、高端推进、务求实效、深化服务”为指导思想，积极构建国际合作交流战略格局，推进内涵发展的国际化平台建设，不断强化国际化人才培养能力，学校国际化建设各项工作得到推进和发展。

年内，学校与18所高水平海外院校新签/续签合作协议，共选派612名学生赴海（境）外交流学习，主办大型国际学术会议8个，接待各类来访人员900余人次，教师短期因公出国（境）进行学术交流331人次。

（郭侃俊、李　贝）

【对外合作与交流】着眼全局，积极优化国际合作结构与布局，拓展国际合作广度与深度，服务学校整体发展。

①与加拿大英属哥伦比亚大学等11所高水平院校/机构新签合作协议，扩展横向国际合作关系；与7所院校续（扩）签协议，深化纵向战略重点合作层次；共接待包括部长、大学校长、高层管理人员、院士、教授等在内的900余人次来校访问讲学；学校教师短期因公出国境参加国际学术会议、合作研究等共331人次。

②重点推动联合办学、共建联合实验室等深层次国际合作，包括：服务国家发展战略，成立“北京科技大学中国一带一路发展研究院”；积极推动与康奈尔大学共建联合医学院，该合作被列入第六轮中美人文交流高层磋商联合成果清单；加强与塔塔钢铁联合研究中心建设，开展联合科研及人员培训项目合作；推动学校与伯明翰大学成立“能源和环境研究与教育联合中心”，与澳大利亚伍伦贡大学达成共建材料联合研究中心意向。

③通过举办高水平多边研讨会、大师进校园、海外大学合作项目日等各类活动，巩固和深化与重点合作院校的战略性合作，包括：举办“创新与融合”国际化论坛、高校国际化与创新型人才培养研讨会等大型国际交流活动，邀请了21所高校的60余名高层管理人员、教授等共同就“大学国际化发展战略”和“国际化创新型人才培养”开展研讨；举行海境外高校教育展和海（境）外交流项目宣讲咨询会等系列活动，为师生与国外高校增进了解、建立合作提供了良好平台；举办“大师进校园”品牌活动，邀请哈佛大学大卫·韦兹（David Weitz）教授、国际顶尖纳米材料专家杨培东教授等来访讲学。

④紧密合作，扩大交流，推动孔子学院持续发展，组织召开了第二届孔子学院理事会会议，与德蒙福特大学就两校中长期的合作策略及孔子学院的发展规划进行了深入讨论；推进制度建设，拟定了《孔子学院规章制度》，为孔子学院的持续有序发展提供保障机制；拓展与德蒙福特大学在高层互访、学术合作、师生交流方面的合作，聘任德蒙福特大学副校长安迪·考勒普（Andy Collop）为兼职教授，选派1名博士生赴德大进行联合培养；成功举办“大数据+互联网+智能化+创新设计”国际会议暨设计作品交流展，来自学术界与产业界创新设计领域的专家学者、产业精英及高校师生共计1600余人次参加了此次创新设计盛会；组织

了来自英国莱斯特地区共11名中小学校长访华交流系列活动，推广学校孔子学院的汉语国际教育；新增一所孔子学院下设课堂，中小学汉语教学点增至27个；实施“孔子学院优秀学员奖助计划”，助力孔子学院汉语教学的课堂延伸。

⑤推动学校在区域性国际交流与合作、中外人文交流机制中扩大影响，罗维东书记、张欣欣校长、王戈副校长等校领导分别出席了全英孔子学院年会、中美人文交流高层磋商会议、第四届东盟－中国大学校长论坛、第六届中欧工程教育研讨会等高级别活动；与加拿大麦克马斯特大学、瑞典皇家工学院等世界知名高校的校长和高层管理人员会见并洽谈合作，推动学校国际合作与交流工作走向更高的平台。

（郭侃俊、李　贝、李腾腾）

【学生国际化培养】贯彻落实全国留学工作会议精神，深化内外双驱、多元融合的学生国际化培养体系，不断强化学生国际化培养的能力。

①共执行85项学生赴海（境）外交流项目，新增各类项目13项；共选派学生612名，人数较上年增长约4.9%，其中参加学习类项目（联合培养、攻读学位、校际交换、访学研修等）学生占69.9%，项目覆盖所有本科专业及大部分研究生专业，拥有海（境）外学习经历的学生比例为18.6%。

②依托与鲁汶大学、瑞典皇家工学院的合作关系申报国家级创新型人才国际合作培养项目1项；新执行高水平海外学习项目10项，包括伍伦贡大学“2+2”材料专业培优项目、蒙纳什大学卓越工程师硕士项目等；探索学生联合培养新模式，成功洽谈邓迪大学保研攻硕双学位项目等13项。

③学生领导力培养初见成效，选派1名学生赴联合国教科文组织实习，6名学生赴外参加国际学术竞赛，15名学生获得海外实习机会；健全学生国际交流奖助机制，落实校际合作项目费用减免或奖学金资助政策，利用“鼎新北科”计划进行专项资助，积极申报国家留学基金资助项目；国家优秀本科生国际交流项目执行工作取得新突破，12项优质项目成功获批资助，28名学生获得公派资格，项目数和人数较上一年大幅增长。

④完善国际理解教育教学体系，完成《国际理解与欣赏》课程教材建设，开展5期“行知世界”系列国别及国际问题专题讲座；整合校内优质资源，设计暑期开放实验室项目、“设计与创新”暑期学校和交换生项目，接收来自海（境）外合作院校共54人来校学习，有效加强“以我为主”的学生国际双向交流；推进中外教师联合讲学，邀请卡内基梅隆大学、邓迪大学和斯旺西大学等国外知名高校教师为学生主讲课程。

⑤大力建设海外学习交流会，组建第二期学生国际交流大使队伍，组织国际文化沙龙等交流活动，构建助推国际化的学生合力；建设“在线学堂”海外专家讲座共享平台（网站与手机APP），推动海外优质学术资源在线学习与共享；邀请国际学生走进课堂，参与社团活动，组织中国学生参加留学生文化节，促进中外学生交流互动。

⑥建设学生项目信息平台，开发交流项目专用APP软件，举办“品异域生活，话交流经历”学生海（境）外交流报告会、项目开放日、国家公派奖学金信息说明会等大型学生项目发布活动，组织近50场学生项目专项宣讲会，定期开展“线上咨询”，加强项目前期个性化、针对性、信息化咨询指导服务；强化赴外学习过程督导，制定定期学习反馈制度，加强与合作院校联动互动，为学生在外生活提供帮助，完善项目中期“平安留学”服务管理；创建项目发展效益数据库，严格把关学习总结汇报，跟进学生后期发展统计，确保项目实际效益。

（梁志扬）

【港澳台地区交流】创新方式方法，与港澳台高校稳步开展务实高效的多元化合作交流。

①响应和服务“大众创业、万众创新”的国家战略，积极创新与台湾高校的合作模式，与高雄第一科技大学、台北科技大学、云林科技大学3所台湾高校及华中科技大学、湖南大学等5所大陆高校共同发起成立两岸创新创业大学联盟，加强资源共享与合作。

②服务高校人才培养和科学研究的职能本位，加强实施与台湾高校联合科研计划。2015年度学校教师与台湾教授学者申报合作研究项目达14项，赴台进行交换学习、联合科研的师生达191人。

③锤炼精品活动，以文化为纽带推进对港对台深度交流，成功举办“互联网+世界与未来”京港大学生交流营和“北京科技大学海峡两岸青年创业论坛”，邀请来自16所港台高校及3所大陆高校的200余名师生参加，活动获得社会的广泛关注，扩大了学校在港台地区的影响力。

④主办第四届“海峡两岸绿色材料及绿色制程论坛”，参加“海峡两岸气候变迁与能源永续发展论坛”，与两岸学者共同开展战略性和前瞻性交流研讨与合作；联合举办“两岸创新创业大学联盟高峰论坛”和第十届“屏东科大—北科大学术研讨会”，深入开展创新人才交流合作。

⑤加强学生联合培养，积极推进与台湾高校硕士层面的双联学位项目，互派学生开展交换学习、暑期研修等多形式交流，2015年度学校赴台学术交流的学生达157人。

⑥开拓新的合作，新增2所台湾签约高校，与台湾高校合作院校数量达27所，在大陆高校中居于前列。

（张师平）

【引智工作】服务学科建设和人才培养，加强多元化项目设计，构建可持续发展的引智工作体系。

①共执行多元化国家级、校级重点引智专项50余项，其中111学科创新引智基地项目4项、海外名师项目4项、高端外国专家项目6项、引进海外高层次文教专家重点支持项目1项、学校特色项目3项。

②举办“国际智能空间大会”“纳米材料和纳米科技国际研讨会”“冶金创新论坛”等8个国际会议；引进786名外国专家来校进行讲学和科研，其中包括130余名国外工程/科学院院士、中组部千人计划、学科权威学者等高层次专家；聘请名誉教授3人、客座教授5人、外籍兼职教授1人。

③以国家战略和发展需求为导向开展引智工作，以工业节能与能效经济创新引智基地为依托，发起成立了北京协同创新研究院工业节能减排协同创新中心和京津冀钢铁行业节能减排产业技术创新联盟，并正式实施1项中英国际合作项目；积极推进高温超导材料、航空航天材料、高性能纳米材料的研究与开发，建设功能纳米材料国际合作平台，聘请来自美国哈佛大学、加州大学伯克利分校、佐治亚理工大学等高校的10余名高端专家来校开展合作研究，多篇研究成果在国际知名期刊发表；以工程结构材料服役安全创新引智基地为依托，国家科学中心建立了有重点、多层次、立体化的国际合作模式，与日本物质材料研究机构（NIMS）、瑞典皇家工学院（KTH）、日本东北大学等长期战略合作伙伴建立了稳定的科研合作平台，通过联合申请合作科研项目、互邀学者短期讲学、定期开展国际研讨会、针对重大项目开展联合攻关等，努力建设成为开放的国际联合研究中心。

④加强对引智项目的分类化、信息化管理，开发并建成引智项目网上申报管理系统，实现了多类引智项目的线上申请，提高了工作效率；优化引智项目的“申请－执行－总结”一体化流

程，进一步加强了国际会议申报、客座/名誉教授聘请工作的规范化、制度化管理；加强引智项目的先进性、典型性成果总结和上报，推进引智信息共享和宣传工作，学校引智整体工作获国家外国专家局好评。

⑤加强“鼎新北科”学院国际化平台建设力度，各学院从自身国际化建设出发，初步形成了多极发展、特色发展的学院国际化建设格局。如材料学院加强国际化组织保障建设，成立了国际化工作办公室，统筹学院国际化建设；数理学院与加拿大西安大略大学达成物理学科交换项目，该合作已申请国家留学基金委优秀本科生项目资助计划；东凌经管学院积极寻求中外合作办学项目合作及开展国际认证等。

（章　靖）

安全保卫与校园综合治理

【概况】2015年，保卫保密处、综合治理办公室在学校党委和行政的正确领导下，在上级业务主管部门的大力支持下，深入推进“平安校园”创建工作，与各部门积极配合，调动广大师生员工的积极性和主动性，认真履行职责，落实各项工作措施，维护校园安全稳定。

（刘兴德）

【校园综合治理】开展教学区内经营用房基本信息登记备案工作；全年共审核备案大小型活动、出行活动共计87次，保证各类活动顺利进行；年内共为215人出具办理暂住证证明；联合城管队、东升派出所、食品药品监督管理所、工商所等职能部门多次对家属区违规商业摊点进行联合执法，重点对16斋商业摊点及周边进行了集中整治，取得了良好的效果；加强对教学区违规丢弃化学实验用品、随意堆放建筑垃圾、公共设施是否完好的日常巡查；治理校园流动商贩、散发张贴小广告等违规行为，净化校园环境。加强学校各部门管控，对进入校园外来遛狗人员、快递、外卖派送车辆和摩托车进行控制和引导，同时组织人员加强校园巡逻，将外卖、快递派送人员集中到学校指定地点，将进校摩托车引导到指定的停放场地，并对违规人员进行及时处理。走访调研周边高校快递派发管理措施，着手制订符合学校实际的快递管理办法和改进措施。

（田　园）

【治安防范】调整保安力量，加强校门管理；合理安排巡逻力量，落实“分区负责”制，加强对教学区、学生宿舍区等重点区域、部位的巡逻、蹲守。特殊敏感时期，组织开展集中检查；日常坚持每季度检查和不定期抽查，落实等级化防控措施。协助公安机关查处各类事件172起（涉案价值13.6万余元）；抓获各类违法犯罪人员7人，并送交公安机关处理。组织力量为各类大小型活动提供安全保卫工作30余次；每学期组织开展矛盾纠纷和重点人员排查，调处师生各类矛盾纠纷8起；协助有关单位对重点人员进行管控。

（徐亚伟）

【消防安全】认真组织开展消防检查。坚持日常检查与重点检查相结合，每个季度、重大节假日及特殊时期对校内各单位和学生公寓、物美超市、图书馆、管庄校区等17个重点部位、驻校外单位进行消防安全检查，对检查中发现的隐患和问题及时督促整改，全年签发隐患整改通知书20份。每季度与资产管理处对各学院重点实验室进行安全检查，严格规范实验室仪器设备操作规程，监督危险化学品领用、使用、储存、消纳管理，有效预防了实验室安全事故的发生。

为确保消防器材完好有效，全年检修灭火器12502具、维护室内消火栓2350个、室外消火栓84个、消火栓及喷淋接合器66个。新购更新灭火器2154具、新购更新消防水袋295条、购置消防应急空气呼吸器20套。全面维护保养学校各楼宇火灾自动烟感报警系统、喷淋系统、排烟送风系统；对消防设施设备故障及时进行维修，保证了设施正常运行。通过北京市防避雷检测中心检测，对35栋、37栋及部分教学办公楼宇防雷设施存在的隐患和问题进行整改，避免雷雨季节直击雷对楼宇主体及室内重要仪器设备造成损失。

（王　晨）

【安全生产】根据国家相关法律法规，结合学校实际情况，严格执行《北京科技大学实验室及相关场所安全管理规定》和《北京科技大学危险化学品安全管理规定》；配合资产管理部门对实验室进行安全监督检查，特别是实验室消防安全及危险化学品、特种设备安全监督管理；配合、指导有关单位加强施工现场安全的监督管理；“安全生产月”期间，通过设置相关安全生产知识展板和在重点部位悬挂安全生产宣传横幅等形式开展宣传活动；认真组织开展安全生产大检查，在检查中对存在的隐患和问题责令相关单位做好整改。

（刘　智）

【交通安全】完善交通设施，对学校校门、学生公寓地下停车场损坏岗亭及校门老旧护栏进行更新；在师生通行流量较大的学子东路两侧，统一摆放路锥，规范和引导停车秩序；对教学区部分区域路面进行硬化，增加自行车架；对地上、地下停车车位线进行重新施划；对地下停车场部分区域进行粉刷，停车环境得到改善。加大校园机动车和非机动车管理力度，加强进入教学区、学生区摩托车管理与控制，在进入教学区的路口安装提示牌11块，增加力量加强巡查，对违规行为进行劝导，维护校园良好交通秩序。完成国家机关公务用车校内公车改革信息统计工作；加强公车管理，针对交通违法行为、车辆检验时间及时提示，以减少交通违法行为次数。根据上级规定，配合有关部门对学校公车加强了管理，对部分车辆进行统一封存管理。

（贾秀芳）

【政保工作】学校根据国内国际安保形势，加强对各类重点人员的监控力度和校园巡逻检查工作，防止不法分子在校内散发非法宣传资料或进行各种破坏活动；加大校园各类信息安全管理力度，加强值班，确保校园舆论环境和谐稳定；努力做好重大政治活动、重大事件等敏感时期的安全稳定工作，确保重大活动期间校园安全稳定。

（刘　萍）

【保密工作】根据实际情况及时调整、变更各级保密组织机构组成人员，保证保密管理各项工作顺利开展。通过举办“保密宣传周”系列活动、“国家安全形势报告会”等形式，加强保密宣传教育与培训，提高师生、领导干部和涉密人员维护国家安全利益的大局意识。督促、指导各单位对国家秘密事项及时开展密级确定工作。不断规范涉密载体、涉密计算机及办公自动化设备管理；加强网络信息安全管理，开展涉密计算机保密技术防护专用系统维护工作。对进入涉密岗位人员及时进行审查、界定，加强进岗、在岗、离岗、出境等管理。协助有关单位开展国家各类统一考试保密管理工作。对涉密会议、涉外活动和宣传报道加强保密管理，严格履行申报审批备案制度，确保国家秘密安全。组织学习国家保密局发布的《机关单位保密自评自查工作规则及标准》，开展涉密单位、涉密人员及保密管理人员相关培训工作。组织开展年度保密普查，定期进行保密检查与自查，督促有关单位和人员认真整改存在的问题。

（卜浩然）

【户籍管理】加强集体户口日常管理，配合公安机关开展户口信息核查等工作。完成2015年新生落户、身份证照片信息和指纹采集工作。办理教职工迁入户口145人，补(初)办二代身份证2740人，退学户口迁出51人，变更婚姻状况263人，丢失补办户口迁移证36人，更改迁移证地址、时间132人，改派61人，新生儿落户41人。全年接待近万人次日常查阅、咨询、户口借用等工作。

（刘京民）

【科技创安及信息化】扎实推进安防系统改(扩)建工作，组织施工单位对学校16斋视频监控、图书馆楼及周边重点部位视频监控、校内28所楼宇81部电梯远程监控（监测）报警进行数字化升级改造，新建网络高清视频监控和电梯运行监测报警装置，增强图书馆、档案馆及电梯运行监测安全保障能力。组织专业维保单位结合不同时期、不同区域、不同技术模式建设的安防系统开展日常维修保养与重点集中维护工作，对发生各类故障的安防设施设备及时维修、更换，保障系统安全运行。安防控制中心全年为公安机关侦办案件、大型考试和活动保障提供技术服务和影像资料20余份。积极加快保卫工作信息化建设，保卫保密处门户网站、治安接报案系统和“平安北科大”微信公众平台投入运行，保密业务交互式办理系统研发建设正在推进。通过不断加强信息化建设，极大提高了保卫工作办公信息化和自动化水平。

（刘　伟）

后勤与基建管理

【概况】2015年，学校后勤基建管理处下设7个科室：后勤基建办公室、后勤基建计划科、后勤基建工程科、后勤管理科、节能办公室、职工住房管理科、住房制度改革办公室。主要工作涉及学校基本建设、学校修缮工程、节能型校园建设和房产周转房管理等工作。至2015年年底，后勤基建管理处在编职工26人，其中副高级职称7人、中级职称11人、初级职称3人。返聘职工6人、研究生助管1人、非事业编制3人。

（金仁东）

【基建管理】依据学校未来事业发展刚性需求，谋划学校“十三五”基本建设规划；全面推进昌平创新园基本建设，为完工项目竣工验收交付使用做好前置准备；强力推进新建项目的筹建工作，为学校发展需求提供强有力支撑条件。

①依据学校未来事业发展刚性需求，谋划学校“十三五”基本建设规划。

依据2015年10月15日教育部召开的京津冀协同发展工作会议精神、北京科技大学“十三五”教育事业发展规划、北京科技大学综合改革方案，根据教育部办公厅2015年7月15日下发的《关于直属高校开展“十三五”基本建设规划编制工作的通知》《教育部直属高校基本建设管理办法》等，编制了北京科技大学“十三五”基本建设发展规划（草案）和北京科技大学新校区建设规划方案(草案)并报送教育部。

②全面推进昌平创新园基本建设，为完工项目竣工验收交付使用做好前置准备。

2015年，围绕以强力地板与反力墙装置建设为重点任务，着力推进昌平创新园主楼及力学化学厂房项目建设进程。根据施工节奏提前谋划剩余专业分包招标工作，当年共计完成了25项招标任务，合同总额7434.15万元。至年底，完成了全部主体结构和二次结构、80%外立面石材幕墙和玻璃幕墙、50%内部装饰和机电安装工程，获得了北京市建筑（结构）长城杯金质奖。同时，会同学校审计室、外委结算审计单位，加大工程结算力度，完成了生活区、动力中心、临建工程等三项工程的结算审计工作，缓解国拨资金执行压力。同时配合校财务部门从教育部收回其他高校未完成修购专项资金中又多争取了1320万元，及时收回试验厂房、生活区项目的“散装水泥、新型墙体材料”限制使用费17.86万元，以缓解建设资金缺口压力。

另外，还积极推进园区电力设施（包括市政外电源、10k总配电室、配电室配电设施、园区电力设施配套等）、东区北侧新增市政给水接入、燃气管线等基础配套设施建设；先后完成了水质监测、空气检测、电梯验收、档案预验收等竣工验收手续，为完工项目竣工验收交付使用提供了强有力保障。

③强力推进新建项目的筹建工作。

配合北京市规划委员会依据京津冀一体化政策要求，完成了对工程实践基地总体规划方案调整工作，于2015年12月31日获得了项目《规划设计方案的审查意见》规划方案复函（〔2015〕规复函字0142号），标志着工程实践基地（一期）项目方能落地建设。

同时，按照学校事业发展规划和昌平校区功能定位，调整了教育部材料服役安全科学中心西区项目设计方案，编制了教育部材料服役安全科学中心西区项目可行性研究报告、项目节能评估报告等文件，现已通过教育部组织的项目评审。

（金仁东、冯建明）

【后勤管理】2015年，学校进一步推进后勤管理工作，加强后勤保障能力建设，服务学校教学科研和师生生活，营造良好的校园环境。

①学校改善基本办学条件工程。2015年实施改善基本办学条件工程8项，包括学生公寓3斋地下室换热站改造工程，学生公寓维修粉刷及门整修工程，学术报告厅装修改造及设备更新工程，逸夫教学楼电梯更换工程，逸夫科技馆会议室装修改造工程等。

②编制2016年改善基本办学条件工程申报文本。编制2016年改善基本办学条件工程申报文本共9项，包括2016级学生公寓粉刷维修工程，学生公寓5斋、7斋、万秀园屋面防水维修工程，逸夫教学楼6～9层、学生公寓10～12斋空调改造工程，篮球场地改造（塑胶）工程，实验室通风系统改造工程。

③学校大修专项工程。2015年完成大修专项工程总计66项，主要分为暖气、给排水电气、土建等各类工程。

④学校教学区专项工程。2015年教学区专项工程总计22项。包括理化楼屋面防水维修及部分房间墙面粉刷，马列学院楼宇维修，学生公寓3斋地下二层水泵房配套设施更换，学生公寓地下室换热站系统改造，学生公寓4、5、9斋电梯大修，共计9台。

⑤学校家属区专项工程。2015年家属区专项工程总计30项。包括楼宇门禁维修，周转房维修，中心配电室地下室渗水维修，家属区自来水、下水管线维修更换，12、30、41、42、45、46、47栋天沟暖气主干管维修更换，中心配电室低压补偿电容器组更换（4组60块），44、45、46、47栋西侧路灯更换。

⑥计划外维修工程。2015年计划外维修工程总计41项。包括万秀园北侧一次热水维修，东换热站及学生公寓4、10～12斋浴水系统改造，天工大厦西门前市政污水管线应急抢修，学生公寓8斋玻璃门改造、4斋218

项新增隔断工程，保安宿舍改造工程，16斋增加栏杆工程等。

⑦加强制度建设。2015年，制定了《北京科技大学修缮工程质量管理细则》（校发〔2015〕41号）、《北京科技大学小型工程建设项目管理细则》（校发〔2015〕42号）、《北京科技大学政府集中采购工程类项目建设管理实施细则》（校发〔2015〕43号）。进一步规范工程招标程序、方式，规范工程建设管理，从源头上断绝利益输送的可能。加强廉政教育，做到警钟长鸣。

（仇安兵、金　璠）

【房产管理】2015年，学校后勤基建管理处加强周转房管理，完善周转房管理办法。

①组织召开周转房管理委员会，修订了周转房管理办法，并经过校长办公会研究通过，下发《北京科技大学周转房管理办法（修订）》（校发〔2015〕64号）。

② 2015年，为了进一步加强周转房管理，使周转房申请、安置情况更加公开透明，已经将周转房申请和安置情况在校内OA网后勤基建处网页上进行了公开，方便教职工了解自己排队情况，同时也接受全校教职工的监督。2015年累计腾退周转房32套、安排成套周转房63套，成套床位4套（每套3个床位）、零散床位39个，共安排入住教师114人。

③住房补贴预算、决算。2015上半年完成了《2016年中央行政事业单位住房改革支出预算》的编制和上报工作，学校2016年住房补贴预算资金计划在无房职工和部分住房面积未达标职工中发放，共计1551人，拟落实住房补贴共计2110.65万元。其中按月补贴发放职工1547人，未达标补贴发放职工0人，级差补贴发放职工4人；拟落实按月补贴金额2102.82万元，级差补贴金额7.83万元。2015年12月至2016年1月期间将完成《2015年中央行政事业单位住房改革支出决算》的编制和上报工作。享受补贴的职工约1708人，落实补贴为2132.63万元。

④住房补贴和职级级差补贴。一是2015年新进职工发放国家无房月补贴共116人，老职工发放国家无房月补贴共1592人，全体共涉及1708人，补贴总计2132.63万元。二是2015年合计发放差额补贴14.34万元。其中已发放职工1人，发放补贴5.16万元，12月底将核定发放职工1人，发放补贴9.18万元。三是2015年调整并补发由于提职而产生的晋级级差补贴共涉及4人，发放金额约7.83万元，12月底将完成发放工作；调整并补发无房提职人员无房月补贴共涉及65人，补发金额5.14万元。

⑤根据《关于在京中央和国家机关职工住宅区物业管理和采暖改革的意见》（国管房改〔2014〕504号）文件规定，经2015年11月2日第32次校长办公会研究，学校实行物业供暖改革。由于校内家属区尚未完成物业服务改革，因此，对学校职工采取分批逐步的方式随工资发放物业服务和采暖补贴。

采暖补贴分两批发放：第一批发放在学校本部家属区和管庄校区家属区内没有承租公房、已购公房或者购买商品房的离退休和在职职工（职工本人非产权人或承租人）。已于2015年11月25日完成发放，共计发放3402人，补贴合计821.56万元；第二批发放在学校本部家属区和管庄校区家属区内有承租公房、已购公房或者购买商品房的离退休和在职职工（职工本人是产权人或承租人）。已于2015年12月9日完成发放，共计发放1767人，补贴合计453.17万元。

物业服务补贴分两批发放：第一批发放所有在学校家属区内没有承租公房、已购公房或者购买商品房的离退休和在职职工（职工本人非产权人或承租人）。已于2015年12月9日完成发放，共计发放3390人，补贴合计746.70万元；第二批发放所有在学校家属区内有承租公房、已购公房或者购买商品房的离退休和在职职工（职工本人是产权人或承租人）。以上职工需待家属区物业服务改革完成后再发放物业服务补贴。

⑥已申请交通补贴的职工按月发放交通补贴，新申请人员递交材料后予以审核及发放，共涉及74人，补贴补发总计1.78万元。发放老职工校外购房交通补贴共计约85.52万元，共涉及970人。

⑦已售公房上市工作。2015年度北京市住房政策没有大的调整。但在制度建设和法律程序方面有了更加严格的要求。至2015年12月8日，已办理已售公房上市手续90户。其中，出售44户（已成交40户），继承、过户、赠予、共有权39户，办理住房抵押贷款7户。

（张东平、熊　梅）

【节能管理】2015年，学校加强能耗管理，推动节约型校园建设。

①能源消耗情况。一是学校综合能耗。2015年，学校（包括管庄校区，不含家属区）年综合能耗16525吨标煤，较上年增加20tce。其中天然气占能耗总量71%，电力占29%，汽油占0.3%。二是电力能耗。2015年学校用电消耗4928万kwh，与上年相比下降1.45%。其中教学区用电量3504万kwh，与上年相比下降0.2%，家属区用电量1423万kwh，比上年下降4.4%。据配电室抄表统计，学院教学占学校用电28%，其次为外单位、学生公寓、家属楼、学生食堂。三是天然气消耗。2015年校本部天然气消耗808万m^3，较上年减少0.7%。其中供暖用天然气584万m^3，比上年增长0.7%；热水天然气146万m^3，比上年下降5.8%；食堂天然气78万m^3，比上年减少1.6%。四是水资源消耗。2015年学校消耗水资源217万吨，较上年增加1.3%。其中自备井187万吨，占86%，自来水30万吨，占14%。

②能源费用支出情况。一是校本部水电气费用支出情况。2015年学校支出水、电、气费用共计5617万元，比上一年增加37万元。二是下达二级单位用电补贴情况。2015年，学校共下达二级单位用电补贴174.3万元，比2014年增加2.5万元；各单位使用补贴124.71万元，补贴使用率71.5%。

③能源使用回收情况。一是综合用能回收情况。2015年，学校共回收水、电、暖、热水、卫生费等共计3082万元，比上一年增加384万元。二是各建筑用能回收情况。2015年，学校各建筑物平均用电回收率为98.04%，较上一年增长21%。三是学校水、电、气净支出情况。2015年，学校水、电、气总支出5617万元，总回收3072万元，净支出2545万元，较上一年减少11.6%。

④节能管理落实情况。一是完成学校碳排放履约工作。2015年度下达学校的二氧化碳排放配额为41137吨，比上年度下降1.03%；学校实际排放二氧化碳42809吨，比上年度下降0.33%。2015年度二氧化碳实际履约1672吨。二是完成“十二五”节能目标考核工作。2015年学校节能量为3850吨标煤，“十二五”期间累计完成节能量9696吨标煤，超出累计节能量目标7152吨标煤。三是开展双体系认证评价工作。学校能源管理体系于2015年1～6月试运行完成；碳排放管理体系于5～8月试运行完成。9月，由发改委指定的第三方认证机构分别对学校的双体系进行了认证和评价。四是完成清洁生产审核工作。学校清洁生产工作于2015年7月完成。此次审核共产生可实施的、节能降耗减污增效显著的28项无/低费方案及4项中/高费方案，取得了良好的环境效益和经济效益。五是节能宣传工作。2015年2月，国家机关事务管理局、教育部、共青团中央和国家粮食局开展了主题为“厉行节约反对浪费”的公共机构节能宣传作品征集活动。学校机械与工程学院制作的视频类作品《纸的二次方》从19804份作品中脱颖而出，获

得了高校业余组二等奖的好成绩。

⑤节能技术改造情况。一是完成能源计量器具建设及能源管控中心建设项目申报。根据北京市发改委、北京市质量技术监督局、北京市财政局的要求，学校组织并申报了能源计量器具建设及能源管控中心建设项目。通过能源计量器具建设，可实现学校能源资源二级计量智能化率达到90%以上。二是完成节约型校园建筑节能监管平台建设工作。学校节约型校园建筑节能监管平台建设工作于2015年完工。此次节约型校园建筑节能监管平台建设主要包括教学区变配电室电计量与管理系统、给水计量监管系统、供暖计量与管理系统，并实现学校现有系统与节能监管平台对接。

（武绍杰、鲁　晓）

后勤服务

【概况】后勤服务集团下设9个单位，其中机关单位3个：集团办公室、财务部、人力资源部；实体单位6个：物业服务部、运行保障部、经营管理部、饮食中心、幼教中心和会议中心。主要工作内容涉及餐饮、学生宿舍、物业维修、环境卫生、校园绿化、动力运行、经营管理、幼儿教育、会议接待等多个方面。至2015年年底，集团共有职工818人，其中事业编制职工200人、非事业编制职工618人。

（张文平）

【党建工作】2015年，后勤党委认真学习贯彻落实党的十八大和十八届历次全会精神，按照围绕中心，服务大局的原则，认真组织党员理论学习，抓好党员干部的思想教育，大力加强基层党组织建设，推进党支部工作创新，认真开展党风廉政建设。通过一系列的教育活动，在后勤党委形成了勤勉务实、开拓创新的工作氛围。至2015年12月，后勤党委有党支部10个，党员154人，全年共发展党员5人，2名预备党员按期转正。

①营造浓厚学习氛围，抓好党员、干部思想教育。后勤党委制定了《关于加强教职工理论学习的通知》（校后党发〔2015〕3号）文件，将每周四下午固定为党支部集中学习时间，各党支部结合工作实际制订详细的学习计划，通过学习、讲座、讨论等形式丰富教职工理论学习的内容。给每个党员下发了《中国共产党廉洁自律准则》和《中国共产党纪律处分条例》，在党支部开展了专题讨论准则和条例活动；为每位党支部书记购置了最新版的《新编党支部书记手册》，不断提高基层党支部书记的业务水平。

②开展“三严三实”专题教育，营造风清气正的工作环境。后勤党委制订了《后勤党委“三严三实”专题教育实施方案》（校后党发〔2015〕2号），为党员领导干部购买了《三严三实党员干部读本》《习近平谈治国理政》《习近平关于党风廉政建设和反腐败斗争论述摘编》等学习资料。通过抓好集中学习、个人自学、专家讲座、专题研讨、走访调查等环节，提升党员干部的整体能力和思想水平。通过召开教职工代表、学生代表、离退休职工代表座谈会，征求对后勤服务工作的意见建议，更好地提升工作水平。通过组织中层干部开好专题民主生活会，认真开展批评和自我批评，查找不严不实的主要问题，提高后勤系统中层干部的领导能力。

③做好“双评”工作，表彰先进典型。2015年5月，后勤党委对10个党支部和156名党员开展了民主评议党员和党支部评估工作，根据“支部推荐，党委评选”原则，后勤党委评选出先进集体和个人进行表彰。在北京科技大学优秀基层党组织活动评选中，物业服务部党支部开展的主题为“积极践行社会主义核心价值观，打造服务型组织，推进文明服务建设”活动荣获二等奖。

④开展学生公寓党员先锋工程建设，推进创新型党组织建设。2015年，后勤党委立足于学生公寓实际，积极推进党员先锋工程建设，以行为引领、学风引领、文化建设为主题，以宿舍大讲堂、宿舍文化节为载体，以岗位职责解读、急救知识、心理素质、消防疏散培训为突破口，充分发挥学生的主观能动性和创造性，解决学生实际问题，创建优秀宿舍。2015年，共举办各类培训12场，覆盖支部骨干420人次，解决学生各类问题近百件。评选出标兵宿舍60个，评选出十佳楼长、十佳公寓党支部，充分发挥了先进典型的示范引领作用。

⑤加强党的作风建设，抓党风促廉政。后勤党委在后勤系统领导干部中广泛开展党风党性党纪教育和集中开展反腐倡廉主题宣传教育活动，使党员干部在廉政建设中严于律己，起好廉洁从政的表率作用；加强廉政文化建设，将落实党风廉政建设责任制与建立健全惩治和预防腐败体系相结合，在党委委员会、中层干部民主生活会上加强对领导干部的要求，做到廉洁从政。

⑥完成推选学校两委委员工作，配合学校开好第十一次党代会。后勤党委组织开展第十一次党代会党委委员和纪委委员候选人酝酿提名工作，经过充分讨论、发扬民主，以党支部为单位召开党员大会直接酝酿提名等程序，按照“三下三上”的原则，推选出两委委员候选人提名人选，配合学校开好第十一次党代会。

⑦完成后勤分工会委员换届选举和校工会会员代表选举工作。后勤分工会对出席学校第八届教代会暨16次工代会的后勤代表进行了选举。根据校工会换届选举办法，后勤分工会进行了新一届的委员换届选举工作，选举产生了新一届后勤分工会委员会委员及工会主席。

⑧重视后勤宣传工作，加强宣传队伍建设。后勤党委共编辑《后勤工作简报》4期，全面报道了后勤各部门的主要工作情况，以电子版形式发送各学院部处，有力地宣传了后勤工作。全年在学校网站上宣传10次，后勤网站宣传38次，并组织后勤相关宣传工作人员参加了学校组织的新闻宣传工作培训会，不断提高宣传人员的工作水平。

⑨牵头组织参加2015年公共机构节能宣传作品大赛。2015年，后勤党委牵头各相关部门参加了2015年公共机构节能宣传作品大赛，经广泛宣传，积极号召，学校共征集宣传作品48件，筛选上报42件，其中平面设计类作品30件、视频类作品12件，作品《纸的二次方》荣获高校业余组视频类作品二等奖。

（张俊燕、童　华）

【服务文明建设】①深化以人为本，提升服务理念。坚持以为师生服务是后勤工作的根本，要求职工转变服务观念，提倡换位思考，关注师生服务需求，拓展服务范围，提高服务品质。专人收集校长信箱、后勤网站的留言信息，及时反馈情况、解决问题；召开公寓座谈会、通过楼层长了解学生需求；设立学生食堂值班经理岗位，邀请学生、教职工代表参观食堂后厨等举措，增进师生对后勤的了解，改进工作。引导学生参与后勤服务工作，使集团服务方向更明，服务定位更加精准。

②通过“微转变”“微创新”实现文明服务。“知微见著”，集团从服务规范、手段、环境、形象入手，从细微

处着眼，从细节处着力，推动后勤服务的文明水平。服务方式手段文明：食堂残食台改造，或封闭或移位，食堂用餐环境及观瞻大为改观；购置电动垃圾清运车，垃圾桶装运输，有效避免了垃圾遗撒造成的二次污染；食堂新增包子机、洗菜机、洗地机等设备，校园内配备电动三轮保洁车，既提高了效率，又提升了服务水平；提倡文明服务，维修入户穿鞋套、收工后清扫施工现场，保洁员清洁工具固定位置、规范摆放，食堂改进保洁流程。

③打造后勤工作品牌，丰富大学文化内涵。后勤文化是校园文化的组成部分，后勤服务是校园文化的载体，后勤文化需要在传承中凝练，在实践中发展。2015年11月，全集团开展了以“强基础，促规范，打造优质服务新常态”为主题的文明服务月活动，大力推动后勤服务文明建设，服务月期间开展了多项形式新颖、内容丰富的活动。一是饮食中心开展厨师岗位大练兵、食品展销、“食在北科，美味零距离”等校园美食文化节活动。二是物业服务部开展“金色北科，绿色后勤”银杏景观文化节活动，通过打造银杏林秋冬景观，激发学生爱校情感，展示校园别样风采。三是学生公寓举办“牵手你我他，共建美丽家”服务管理规范化活动，通过创建标杆楼宇，示范带动公寓服务的整体提升。集团将不断总结丰富这些特色工作，使其成为后勤工作品牌和特有标识，体现后勤文化内涵。

（张文平、鲍　博、赵宝永）

【作风建设】“作风建设永远在路上”。几年来，加强作风建设一直是集团管理工作的重点。按照“三严三实”的要求，集团大力倡导“察实情、办实事，求实效”的工作作风，“想干事、会干事、干成事”的思想作风，干部职工的服务理念、工作态度、精神面貌有了明显转变。干部深入一线开展调查研究，主动带头，做好示范；员工履职尽责，钻研技术，一种和谐向上的氛围悄然形成。在这种风气、氛围之下，一些常年得不到解决的难点问题、遗留问题得以解决，如家属区48栋一住户下水管线堵塞多年、49栋两列住户部分暖气不热，学生公寓浴室排风设施不灵，空气流通不畅，蒸汽霉蚀墙体等老大难问题，在干部和职工努力下都得到根本解决。师生对集团工作满意度提升，2015年表扬信为70多封。

（张文平）

【菜品库建设】菜品库工程建设是集团于2014年启动的一项餐饮服务创新项目，它包括菜品收集、制作工艺研习、标准化制作、信息数据录入几个主要步骤。通过归纳创新、借鉴学习、征集推荐等多种形式已收集菜品1400余种，其中500余种菜品完成了标准化制作数据采集；精选的25种代表性烹饪手法菜品完成了视频信息采集，菜品库建设初具规模。

菜品库的建设，能够满足食堂菜品花样翻新的需要，厨师利用菜品库制订菜谱，保证了菜品的更新率，据统计学生食堂菜品日更新率已为15%。菜品库建设调动了厨师的创新热情，鼓舞了厨师学技术的干劲，饮食中心先后开展了“创新创优”服务文明月、厨师岗位大练兵、设立菜品库标准化菜品验收展示窗口等活动，有效地提升了厨师业务技能，提高了菜品质量，受到师生好评。学生食堂每周推出20道新菜，职工食堂的火锅、沙锅、煲汤、蒸菜深受老师欢迎，岗位练兵菜专售窗口经常排起长队。展销食品颇受欢迎。

菜品库建设为餐饮信息化科学化管理奠定了基础。菜品标准化制作既保证了菜品质量的稳定，又为菜品动态精确成本核算奠定了基础。未来，师生员工可以利用菜品库系统点餐，使现在的“做什么，吃什么”变成未来的“吃什么，做什么”，最终实现师生员工就餐的“私人订制”。这将是餐饮管理由经验管理向科学管理的转变，是高校餐饮服务理念的一次革命性改变。

（张文平）

【服务管理规范化建设】 ①供暖工作稳定向好。新的供暖季又呈现出一个良好势头，失水量继续保持在低水平，温度达标率保持在较高水平。2015年，运行保障部党支部获得北京科技大学2013－2015年度“先进党支部”荣誉称号

②膳食质量不断提升。2015年饮食中心以创新为引领，增加伙食花样品种、提升伙食质量，得到师生的肯定。2015年，饮食中心被海淀区卫生防疫站誉为信得过单位，并在卫生管理量化分级评定中获得“A+★★”评级，即优秀的硬件设施，良好的管理等级。

③打赢迎新工作第一仗。2015年，迎新工作的首要困难是床位不足，物业服务部在克服困难清理宿舍、调整宿舍、充分挖掘宿舍潜力的同时，改造研究生宿舍，增加床位，既保证了学校新生用房，又解决了112位市属高校“双培计划”学生的住宿问题。

④幼儿教育软、硬件建设不断加强。幼儿园在办园过程中始终把为学校教职工服务作为首要任务，确保教职工一胎、解决二胎子女优先优惠入园，解除了青年教师的后顾之忧。幼儿园2015年陆续完成食堂机械化改造、信息化数字管理平台构建等工作，园区软硬件设施及文化建设获得了上级管理部门、家长及周边社区较高认可。

⑤效率提高、效益显著。集团在做好服务的同时，努力提升工作效率，提高经济效益。减员增效措施效果明显，用工人数连续3年递减，每年减少6%以上，据统计2015年11月集团职工人数比上年同期减少58人。

⑥深化人事制度改革，加强队伍建设。为完善用工管理制度，规避用工风险，2015年4月集团新版劳动合同正式出台启用，在严格执行国家法律规定的基础上，明确了集团和员工双方的权利义务，规范了劳动关系。同时，对员工考勤管理制度进行修订，规范请销假、离职等行为及审批流程。此外，集团聘请经管学院教授开展“工作分析”专题培训，并专门成立岗位说明书编制工作小组协助各单位重新梳理工作岗位，开展工作分析和编写岗位说明书，目前已完成集团36个一线岗位的岗位说明书初稿撰写工作，为下一步完善人员招聘、员工考核等工作提供基础依据。

（张晓媛、路子茂、宋玉梅、张志民、鲍　伟、李菊庆）

图书馆

【概况】图书馆组织机构为“五部一室”：资源建设部、流通部、期刊部、信息咨询部、技术部和办公室。至2015年12月，图书馆在职正式职工54人，其中高级职称人员11名、中级职称人员23人，中级职称及以上人员占总人数的63%；拥有硕士及以上学位人员27人，占总人数的50%。

图书馆设有新书、保存本、中外文书刊等阅览室，以及冶金、材料外文过刊阅览室、“摇篮书斋”阅览室、文献检索与学位论文阅览室等独具特色的阅览室，为读者提供印本文献与电子文献、实体馆藏与虚拟馆藏、单馆保障与多馆互借传递相结合的全方位文献信息服务，包括：纸质文献借阅、数字资源服务、科技查新、论文收录与引用、信息咨询与情报分析、学术研讨与交流、多

媒体服务、读者咨询、读者主题活动、学科服务和移动图书馆等服务项目。除国家法定假日外，2015 年图书馆全年开放 329 天，每周开放 94.5 小时。网上文献信息资源全天 24 小时对外服务。

（季淑娟、张　涛）

【文献资源建设】至 2015 年年底，图书馆实体馆藏文献总量 212.833 万册（件）。并订有数字资源 101 种、233 个数据库，其中电子图书 963.2241 万册，电子期刊 43.1841 万册，多媒体资源 18 种。图书馆收藏学校博硕士学位论文印刷本 36000 余册，电子版 29000 余篇。2015 年订购印本中外文图书 39706 种、75800 册，接收赠书 2131 种、4253 册，订购印本中外文报刊 1650 种。图书馆规范严格的采访工作得到社会同行的认可，2015 年获得“全国百佳馆”“优秀馆藏图书馆 万卷奖”等荣誉称号。2015 年图书馆完成了 42227 种、80048 册印本图书，17885 册印本期刊，39000 余份报纸，3801 册期刊合订本，126 本报纸装订本，印本学位论文 3317 册，电子学位论文 3483 册等文献资源的编目、加工、典藏、上架、上传、标引和发布工作。2015 年，馆际互借累计 388 人、405 册；完成 46851 篇论文和 347439 页图书的原文传递，图书馆 2015 年获得“BALIS 原文传递先进集体奖”“BALIS 原文传递学科服务奖”“BALIS 馆际互借服务先进集体二等奖”。

（季淑娟、王　瑜）

【文献信息服务】图书馆始终践行“读者第一、服务至上”的服务宗旨。① 2015 年接待读者 139 万人次，门户访问量 86.53 万人次，借还纸质图书 83.78 万册。中外文电子图书章节下载 30.7895 万次，多媒体资源使用 83.662 万次，各类数据库全文下载量达到 758 万余篇。②积极推进全民阅读工作，2015 年组织开展“读书文化节”和“读者服务月”等大型活动。图书馆连续两年荣获中国图书馆学会颁发的“全民阅读先进单位”称号，“心阅读——阅读另一种阅读”品牌阅读活动在首届全国高校图书馆阅读推广案例大赛决赛中荣获全国二等奖、华北赛区一等奖、北京赛区一等奖。③为提高图书馆文献信息资源的利用率，2015 年开设《科技文献检索与计算机应用》《文献检索与学术活动》等选修课程，开展形式多样的电子资源宣传推广与读者培训活动。全年参加现场培训讲座的用户为 2659 人，参与网络讲座和活动 5600 人次。对 2015 级本科生 3200 人进行了培训，新生入馆教育参与人次占全部新生的 99%。④年内完成论文收录检索 1804 项，完成科技查新项目 636 项。⑤图书馆积极开展面向学科建设的学科信息服务与定量评价工作。学科馆员走进了材料、机械、土环、自动化、计通、数理、化生等学院，介绍图书馆的学科资源和服务，发放国外原版图书资料，现场收集老师们的资源需求信息。利用国内外分析工具，完成了《北京科技大学学科学术分析 2014 年年度报告》《2014、2015 北京科技大学在世界四大大学排名中的表现及分析》等分析报告。⑥积极配合材料学院、自动化学院、计算机与通信工程学院的工程教育专业认证工作，提供相关数据，并由季淑娟馆长亲自带队接待专家现场考察。⑦加强图书馆中心机房的安全管理，使中心机房的日常管理规范化、制度化、科学化，保证各类软硬件系统的正常运转，确保全校读者 365 天 7×24 小时网上无障碍利用图书馆资源。⑧积极拓展学习讨论空间，重新装修了部分研修室，研修室数量增加到 9 间，试行了网上预约制度。⑨为使图书馆座位资源得到最大限度的利用，2015 年 4 月 13 日图书馆座位管理系统上线运行。

（季淑娟、王　瑜）

【教育部修购项目建设】完成了 2014 年“图书馆资源发现与获取系统建设及基础设备更新”项目中的服务器群及数据存储池、学术资源发现系统等教育部项目的建设。开展了2015年“图书馆数字化自助服务平台建设”和“图书馆文献信息资源建设”两个修购项目建设工作。制定了2016－2018年三年修购项目规划。

（季淑娟、王　瑜）

【学术研究与对外交流】 2015年，共派出86人次参加各项专业培训与交流会议48场次，共计1274学时，组织举办馆内职工集体学习9次，全面提升馆员的职业素养和文化素养。6人获北京科技大学第26届教育教学成果奖一等奖，3人荣获2015年北京高校数字图书馆年会案例大赛一等奖、2人荣获二等奖，3人获中国图书馆学会高等学校图书馆分会优秀论文二等奖，2人被评为2015年全国冶金教育系统图书馆先进个人。全馆累计发表论文（第一作者）8篇，其中核心期刊6篇，CSSCI收录论文5篇。

图书馆积极加强馆际交流与合作，2015年举办了“北京高校图书馆‘大数据支撑下的图书馆服务创新’学术研讨会”“‘立足学术数据，服务学科建设’——2015 BALIS学科评价工作研讨会”“BALIS联合信息咨询中心专利信息基础培训”“北京高科联盟图书馆工作会议”等会议。接待了河南大学图书馆、郑州大学图书馆及东北石油大学图书馆等高校图书馆的来访。

（王　瑜、路春梅）

【党建与工会建设】 2015年图书馆党支部召开了党内专题民主生活会和双评工作，开展批评和自我批评。组织党员开展2015年共产党员献爱心捐款活动。组织“心阅读，新服务”“图书馆党员集中学习活动书目推荐”和“增强党性、重温经典——图书馆党支部组织观看爱国电影主题活动”等三次主题党日活动。向全体党员推荐中组部第十一期学习书目，在工作岗位树立爱党、爱国、爱学习的良好风尚，凝聚党员先锋作用，发挥党支部战斗堡垒作用。

2015年，图书馆召开了第一届第五次教职工大会，举办了离退休老同志2015年新春茶话会、“感谢有你”退休职工欢送会、迎三八“风采记忆”等活动；组织参加学校工会“纪念抗日战争胜利70周年”七一大合唱，荣获三等奖；组织参加第五届机关党委运动会，荣获团体总分第一名；关心慰问生病、住院、家中发生重大变故的在岗职工和离退休职工，让职工及时感受到组织的关怀；利用工会经费为全馆职工购买电影票，丰富职工业余生活。

（张　涛、路春梅）

【成功举办“2015年北京高校数字图书馆年会”】 2015年11月5～6日，北京科技大学图书馆承办了北京高校图书馆“大数据支撑下的图书馆服务创新”学术研讨会，来自北京地区四十多所高校的图书馆代表及部分企业代表共150余人参加了此次研讨会。图书馆参评应用案例3个，分获一、二等奖。

（季淑娟、王　瑜）

附　录

2015 年各种文献资源订购情况

项目		种	册
图书	中文	37644	73349
	外文	2062	2451
	中文赠书	2131	4253
	西文赠书	0	0
	图书总计	41837	80053
报刊		1650	

2015 年图书馆读者服务情况统计

项目	2015 年服务数量	项目	2015 年服务数量
接待进馆人次（万）	139	上机检索（万人次）	3.7883
图书馆主页访问量(万次)	86.53	课题查新（个）	636
借出书刊（万册）	41.9486+30.7895(电子书)	检索与收录（项）	1804
归还书刊（万册）	41.8291	资源宣传与推广（场/人）	158/12338
阅览书刊（万册）	6.5902	馆际互借（人/册）	388/405
读者注册（人）	8226	原文传递服务	46851 篇论文 + 347439 页图书
上架图书（万册）	65.9306	科技文献检索与计算应用(学时/人)	112/351
校外读者办证（个）	110	空间和设施服务（场次）	639

2015 年图书馆各类电子资源使用情况

数据库名称	使用量	数据库名称	使用量
外文电子期刊全文下载篇数	2055998	外文文摘数据库检索次数	1366832
中文电子期刊全文下载篇数	4520762	电子书章节下载次数	307895
外文学位论文全文下载篇数	14896	外文专利检索次数	211942
中文学位论文全文下载篇数	760179	中文专利下载篇数	28085
中文会议论文全文下载篇数	169721	多媒体使用次数	836620
机构库（自建电子资源）下载篇数	36132	文献管理软件 NoteExpress 使用次数	165726

档案馆

【概况】2015年，学校档案馆下设办公室、综合档案室和人事档案室，定编9人。年内，教育部借调1人、新招2人、升学离职1人，年底在编8人。其中，5人具备档案系列中级职称，4人具有档案专业背景，全员参加过专业知识培训，30岁以下人员占比75%，硕士占比87.5%。

至2015年年底，档案馆馆藏学校1952～2014年形成档案总计149740卷，其中综合档案12门类总计115696卷（占比77.3%）；教职工人事档案和学生档案总计34044卷（占比22.7%）。年内总计接收档案14074卷，移出档案5205卷，净增案卷占馆藏总量的5.94%。

2015年，档案馆针对学校档案工作体系较为模糊不清的问题着手复建工作网络，于4～5月对学校各二级单位进行档案工作负责人与联系人重新确认，并以“国际档案日”活动为切入口，组织专职人员、确认人员及部分师生参加北京市档案法规知识竞赛。通过确认，明确各二级单位档案工作负责人55名、联系人98名，初步恢复了档案馆与各立档单位之间的工作网络和人员联系。10月，学校领导班子进行了调整，主管档案工作的校领导发生变更。

2015年，档案馆超限运转，保障了学校多个专项工作，推进了条件建设，并对社会提供免费服务。

（罗明书）

【要点工作和条件保障】①2015年，因教育部巡视、中纪委延伸审计、教育部干部档案专项审核、全校国有资产清查、经费自查和人事处启动实施养老保险数据采集等专项，档案馆在时间、人员、场地、条件等方面提供了极限保障。期间，档案馆在8个月内门庭若市，4个月周末无休，2个多月库房里摩肩接踵，1个多月每日开馆14小时；档案馆依靠4～5个人竭力维持工作，往返校内3个库房；档案馆还3次调整工位布局，让出消防通道，临时借用桌椅提供查档阅档条件，部分职工不得不移驻库房。年底，为使全校自查工作尽可能在档案馆一站完成，档案馆加紧新库申请和四斋地库密集架购建，迁移腾挪2.9万卷会计凭证，从财务处提前进馆当年11个月的会计凭证，同时紧盯馆舍库区监控安装进度，保障档案安全，确保每日14小时查档时间不受工程干扰，日均接待查档调卷600～700卷。

②2015年，学生档案转递工作遭遇重大政策变更，档案馆积极应对。5月，中国邮政集团公司突然单向终止以机要通信渠道收投大学生档案，贸然打破国内几十年来人事档案转递工作的通行规则，引起全国高校和人才机构的动荡和连锁反应。本着对学生和社会负责的态度，档案馆第一个向教育部正式报文申请协调，并联合全国多所高校发起在大学、人保机构和快递企业的相关调研，跟进并敦促事件向着有利学生利益并保障档案安全转递的方向发展。在校内，相关单位互相配合做好两手准备、采集两套转递数据以备应变。最终，教育部出台“教学厅函〔2015〕39号”文件，据此学校学生档案2015年转递工作坚持机要方式进行。

③2015年，档案馆根据工作预警加紧条件建设。学校财会档案数量随着学校各项事业的发展而激增，

2014年年底存量已相当馆藏综合档案总量的40%。年初，学校要求对科研项目的财会档案信息保密；年底，国家修订的《会计档案管理办法》将财会凭证、账簿的最低保管期限由15年、20年延至30年；财务处迫于自身压力，加紧向档案馆提前移送凭证，致使归档前的管理和查询工作压力转移到档案馆。而档案馆库容余量不足以容纳财务部门当年产生的会计凭证，档案馆人员不足亦疲于完成会计档案利用(仅2015年，综合档案内部查阅总量27941卷，财会档案占比95.4%；综合档案总复印和拍照58746张，财会档案占比95.8%）而失于规划和管理全校档案工作。档案的开放与保密、安全保护与便利使用、高增长和低库容、高频利用和缺时缺力整理构成多种冲突。

2015年，为保障档案馆馆库和档案实体安全，学校于10～12月在整体部署监控设施的同时为档案馆部署标清、高清监控摄像头20余个，效果明显。为解决财会凭证当年不能入馆影响全校利用问题，学校11～12月批准档案馆增加地下库房面积66m^2，增加手动密集架109.9m^3，使得档案馆总面积增加到619m^2，库房面积为436m^2，密集架容积为610m^3，库房再次饱和延期2～3年。年内，学校还批准档案馆暑期对现有馆舍修葺和进行局部功能分区改造，因全校公房清理和改造进程影响，招投标迟至9月底完成，年内未动工。

④ 2015年，档案馆向校内外提供全免费服务。1月1日起，根据“人社部发〔2014〕90号”文件精神，停止向档案滞留学校的人员收取档案保管费。12月1日起，不再针对个人因私、非公益、校外单位、商业目的和校内大量复印收取档案保护费。至此，档案馆对校内外服务全部免费。

（罗明书、王桂珍）

【综合档案管理】2015年，综合档案管理实有3人（含7月补进1人），按照《高等学校档案管理办法》的规定，主要负责学校党群、行政、教学、科研、基建、设备、财会、产品、出版、外事、声像、实物等12门类档案的收集、管理和利用。在档案收集和管理方面，完成的基本工作：①接收各类档案7276卷12103件。②馆藏数字化，自主扫描1995和2015年录取名册4卷、2013～2014年科研获奖和专利材料352件；外包扫描1971～2006年行政档案约24万页，核对挂接1961～1970年行政档案约3.5万页。③清点核查档案实体和档案数据库，调整著录数据95758条。④继上年基础，对2003～2015年共计1399套涉密研究生学位论文及保密审批表进行了专项梳理和区别处置，规范处置流程。⑤对外借1年以上的31卷档案进行追讨、确权和重新登记。⑥协助科研部门完成课题资料审核或档案验收。⑦向教育部、国家档案局报送2014年《全国档案事业年报》中北京科技大学相关数据。⑧提出“拟修订制度明细表”，重新修订档案查借阅制度、库房管理制度，规制查借阅手续，严格档案管理。

在档案利用和服务方面：①经学校配置四斋地下库房后，向地下库搬迁8年会计凭证计10730卷，完成地面库7年会计凭证倒架计15580卷，提前将2015年1～11月会计凭证入馆代管。②对干部档案核查及专项审核工作中不断发现学历信息造假或不全的现象，依申请进行真实性、完整性核查，并为校友追补学籍学历材料，其中学历认证234人次，非真信息8人次。③满足相关部门工作查考，提供在党政文书、基建图纸、科研专利、会计档案等方面的档案利用服务，年内提供查档2533人次27941卷次（增幅44.83%、125.33%），提供借档178人次1640卷次（增幅－18.35%、112.44%），提供复印7083张、拍照51663

张（限会计凭证），出具房产证明38份。

（李倩、王领、范紫薇、罗明书）

【教职工档案管理】2015年，教职工档案管理实有1人，负责学校教职工人事档案的全面管理和服务。完成的基本工作：①配合组织部实施中层干部人事档案专项审核工作，借调1人到教育部人事司，留学校1人负责审前培训、审中答疑和档案出入库，并负责初审15卷及229卷处级干部档案的缺失材料统计。②全年接收新职工档案127卷，核对整理装订完毕118卷，接收博士后档案85卷，接收登记并归档教职工档案材料4176件，审核退回不应归档及不合格材料46件。③向教育部报送校领导档案5卷，制作副本5卷1500页，整理加工转出教职工档案42卷，转出前增补工资表等材料7件/卷。④接待组织部、人事处、离退休干部处、校内二级单位、教职工个人及单位政审和公证机关查档共276人次，提供内阅560卷，借出164卷，归还157卷，复印档案材料557张，开具亲属关系公证74份。⑤完成建校初、中期人事档案转出名册数字化，扫描存图2301张，实现濒临消失记录的抢救和快捷查询，有助解决转递纠纷。

配合的专项工作：①在学校实施中层干部人事档案专项审核专项中，学校自档案馆派出1人借调教育部协助审核，档案馆仅留1名骨干负责校内审前培训、审中答疑和230余卷档案的频繁出入库，承担约20卷档案初审并对全部中层干部所缺档案材料汇总统计。②同期，学校启动了对所属党员进行党组织关系状况的排查，各支部到馆翻阅了师生党员约2900余人的档案，档案馆提供了细致服务。③12月底起，人事处启动实施养老保险数据采集专项，3周多的时间，档案馆再次提供了3000多人档案的提调归放，负责保障档案安全，以及部分查档和答疑，挤出通道空间供16人同时进行采集工作。

（高　阳、罗明书）

【学生档案管理】2015年，学生档案管理处于人员更替状态，以1人负责1人协管之力负责全日制统招学生的档案事项。完成的基本工作：①接收整理新生档案6414卷（增幅0.6%），转递毕业生档案5163卷（增幅-2.4%）；接收改派等原因退档140卷（减27卷）。②日常接收并归入档案的零散材料34922份，转出零散材料774份。③核查整理档案15023卷（增幅82.3%），核对并修改数据信息11584条，编制检索工具27册。④与招生就业处共同打印并补充归档10省市1091名新生的高考报名表、高考体检表、高考成绩单等档案材料，共计2939份。⑤日常提供学生档案咨询、档案利用、档案查阅、调档和有关公证事项709人次。⑥改革新生档案整理培训，试点到学院办学生档案专题讲座。⑦服务学生党员党组织关系排查工作。

（王桂珍、赵君怡）

【专职人员培训与交流】2015年，因人员队伍构成变化明显，档案馆在年内对提高专职人员业务水平十分重视：①打好全员从业基础，年内参加北京市档案局岗位培训3人。②瞭望学术前沿，让专业的人不失水准，年内参加数字记忆国际论坛暨第六届中国电子文件管理论坛2人。③部门联动寻求共识，年内与学校财务处、科学研究与发展部先后共同派员参加档案执法培训、会计档案管理培训、固定资产投资项目档案管理培训总计5人。④校际互学采他山之石，年内参加中国高等教育学会档案工作分会年度学术会议、教育部直属高校档案协会理事会议及小组会议等计5人，全员参加清华大学、中国地质大学（北京）的专题讲座和研讨2次，组织附近高校档案馆共同开展党日活动和工作互访1次。此外，年内安排部分职工参加了校内的新闻宣传工作培训、干部人事档案专项审核培训、入职培训、保密教育、安全防灾教育；档案馆支部与工会联动，将基层党组织活动立项与国际档案日（北京市档案馆日）、世界反法西斯胜利70周年、传统文化传承与档案工作有机结合，用心创新寻求青年人成长。

（罗明书）

【获奖情况】2015年，学校在北京市档案法规知识竞赛中获得优秀组织奖（全市共50个），师生计有4人分别获得二、三等奖。档案馆党支部被评为机关党委2013－2015年度先进党支部，1名党员被评为校级优秀共产党员，1人被评为北京高校档案研究会先进个人。

（王桂珍）

现代教育技术中心

【概况】2015年，现代教育技术中心（简称“电教中心”）有在编工作人员7人，其中中级职称5人、初级职称1人、长期患病在家休息职工1人，有5人为返聘退休教工。电教中心拥有各类设备866台件，固定资产2177余万元，以及多个结构完整、功能齐备的教育信息化、网络化、数字化教学资源平台，其中本科教学服务管理平台包括：教学资源管理系统、教学评估系统、电子巡考系统；多媒体课件制作平台包括：教学资源存储系统、多媒体课件制作系统、精品课程录制系统、云录播系统、电视节目制作系统、课件格式转码系统；RF教学传输平台包括：用于播放教学课件的教学区有线电视系统、支持多种语言教学的卫星接收系统和家属区有线电视模转数系统、网络外语教学、教学研讨、教师背课IPTV直播系统；建设全校教学综合信息发布平台：多媒体教室广播铃声系统，实现了全校教室上课铃声时间准时、统一，解决了教师、学生、学校领导困惑已久的各楼宇上课铃声时间不准时的问题，满足教学需求，经相关领导建议，在多媒体教室广播铃声系统中进行功能扩展，实现全校200余间多媒体教室在考试中，统一播放考场指令及与考试相关的音频资料，与无课教室信息发布系统一起，改善了教学环境，促进了教学，使教育信息化得到进一步提升。公共服务体系下的72间设施齐全的智能网络化多功能教室，是保障全校公共课正常授课的关键设施，为本科教学顺利开展打下坚实基础。

学校本科现代化教学设施设计理念新颖、功能齐全、覆盖面大、管理规范、运行良好、故障率低，受到教师、领导、学生、教学督导组们的好评。在教学管理方面，实现了课堂教学活动全方位、全信息纪录应用新理念，在北京市高校乃至全国高校中名列前茅，有众多高校到我中心考察，先后接待中国矿业大学、北京航空航天大学、北京大学医学部等学校。此外中心还拥有相当数量的录音复制设备及课件刻录设备等。

（段海涛）

【教学服务工作】2015年，多媒体教室使用情况：多媒体教室按每学期开课课表0～16周计算，第一学期共计734门类课程，其中公共多媒体教室使用总计51696多学时；第二学期共计719门类课程，其中公共多媒体教室使用总计46413多学时；小学期开课133门类课程，多媒体教室使用共计3167多学时。北京科技大学《数字化教学资源平台》上载课程

171余学时，接收传输15套IPTV节目，点击率为19924人次，向外国语学院提供BBC、CNN、NHK、DW、NGC、STARMOVIE等六套纯正外国语类教学节目，皆由电教中心通过学校建设的卫星地面站，自行接收的卫星境外电视节目。中心积极搭建公共服务体系多媒体课件技术教学平台，为教学工作提供技术支持，完成教学素材编目320学时，为学校各部门复制、转录、刻录教学等课件30学时，为兄弟院校复制、转录各类教学课件20学时，应北京市考试办公室要求，统调英语四六级考试电子巡考系统，利用中心电子巡考系统与北京考试院统调研究生考试监控图像的传送是否正常。为更好地提高大学生火灾防范意识及网络安全意识，应学生处要求，利用《数字化教学资源平台》的VOD视频点播系统，学生可点播《高校火灾事故预防与反思》《网络安全学习》电视片的学习，与财务处合作，制作《北京科技大学财务网络报销系统》使用专题片5部，分别是《国内差旅》《借款业务》《日常报销》《项目授权》《业务单管理》的业务操作流程，供全校人员点播观看，与资产管理处合作，录制北京科技大学实验室安全培训讲座3讲，分别是《教学基本知识探索与实践》《消防安全》《化学危险品》，作为实验室管理人员安全培训课程。

2015年修购项目，利用国家下拨修购计划款207.75万元，顺利完成多媒体教学平台建设；更新部分学院多媒体教室计算机，更新逸夫教学楼部分投影机，更新改造教学楼和逸夫教学楼扩声系统，改造逸夫教学楼和教学楼网络干线设施，更换教学评估巡考平台服务器等设备，更换教学楼部分教室窗帘。学校多媒体教室维修维护共计700余次，安装各类教学软件百余次，保证了学校200余间多媒体教室设备正常运行，设备完好率为100%。

利用电子巡考系统为学校各种考试提供实时录像监看功能，为在考试当中出现的纠纷及作弊等现象提供视频依据，考试结束后帮助各部门下载考试录像，提供保存载体，以便于查看及存档，配合保卫处做好安全保卫工作，以及学生在教室丢失物品等视频录像的查看工作，提供视频依据。

（张　捷、王　敬）

【精品课程和电视片制作】 2015年，现代教育技术中心制作各种电视片及课件共计72部，录制各种精品类课程12门，总计327学时。分别是国家级资源共享课程实验课——《岩石力学与工程实验课》，合计6学时；制作北京市名师申报课程2门，1门是《汽车供电系统》和《汽车起动系统》2学时；另1门是《矿井火灾基础知识》和《井下紧急避险系统》2学时；申报北京市高校微课教学课比赛——数学类，分别是《全概率公式》《矩阵乘法》《向量的混合积》《事件的独立性》，共计4学时；申报北京地区高校职业发展与就业指导示范课程，分别是《目标管理》《专业与职业》《团队合作》《就业能力的培养》，共计4学时；录制北京市“万人计划”教学名师申报片1部，《岩石力学与工程》；录制北京科技大学青年骨干教师名师示范课2学时；制作国家级双语示范课——《材料物理导论》，共计28学时；《矿床开采工程》，共计73学时；制作双语示范课程《冶金工程实验技术》，共计22学时；《计算物理》，共计32学时；制作北京市精品课程，共计134学时：分别是《基础英语II》和《基础英语IV》；制作北京市精品视频公开课1门，《安全科学与工程导论》，金龙哲等教师主讲，共计20学时；与教务处、校工会合作，制作了《北京科技大学第九届青年教师基本功大赛》（文史组和理工组），共计39人；与高等工程师学院合作，制作了高等工程师学院《虚拟仿真实验教学中心》

综合专题申报片1部，并向经管学院提供申报北京市实验教学中心申报片素材；配合招生就业处录制北京科技大学招生宣传片，以及学校12个学院院长访谈录像；与财务处合作，制作《北京科技大学财务网络报销系统》使用专题片5部，分别是《国内差旅》《借款业务》《日常报销》《项目授权》《业务单管理》的业务操作流程；与资产管理处合作，录制北京科技大学实验室安全培训讲座3讲，分别是《教学基本知识探索与实践》《消防安全》《化学危险品》；与校工会合作，录制校工会干部培训讲座8讲，《员工关怀》和《依法治国》；录制《2014年度本科教育教学总结及表彰大会》1部。向北京科技大学《数字化教学资源平台》上传精品课程共计11门类，主讲教师14位，合计171学时，其他类专题片、讲座共计50部。

（冀燕丽、高玉峰）

【有线电视网络系统】2015年，对有线电视网络前端系统故障设备进行维修和设备更新，中心还完成有线电视系统前端机房设备测试20余次，对卫星地面站检查、测试、调试与维修30多次。由于学校家属区有线电视系统已于2011年1月1日归北京歌华有线公司进行管理、维护及维修，中心负责提供学校自办模拟电视节目源，经过对电视信号重新编码后转换成数字电视节目信号，融入北京歌华公司的学校有线电视系统内，通过数字高清电视机顶盒接收，供学校教职工收看。更换学生区、教学区、办公区光站8台，因遭雷击、刮大风、密封不严导致接头氧化，维修更换室外光站、放大器30多次。对有故障的有线电视用户进行登记，上门进行测试和维修，更换损坏严重的线路及器件，据不完全统计故障维修260余次，保证了系统的正常运行，线路传输畅通，使教师和学生收看到清晰的电视图像。为更好地保护校园安全问题，学校建设了保安楼，为其安装了有线电视网络系统，改善了保安人员的学习、生活、娱乐等条件，改造了办公楼3层有线电视网络传输设施。

电教中心的机房共计7处，分布为教学楼2楼、4楼，逸夫楼3楼、7楼，承担着72间多媒体教室的控制、访问互联网、多媒体音视频采集等任务，其中教学楼4楼的中心机房放置有为全校提供服务的防火墙、服务器、交换机、存储设备等26台（套），其余分布在两座教学楼的设备间共有音视频编码器、网络交换机等设备共计90多台（套），暑假期间更换部分网络设备，为其配置脚本文件，配置200余间多媒体教室广播铃声系统IP信息，并对设备进行调试，对整个系统运行进行监测及统调，2015年度较好地维护机房设备及机房运行环境，保证各个系统正常运行，及时排除了教学楼、逸夫楼网络环路故障，避免教学事故，使教学活动正常进行。

（段海涛、余　涛）

【能力提升和对外交流】当今信息化技术突飞发展，电子技术日新月异，在信息高速发展的时代，为不断学习新知识、新技术，了解当前数字化时代的发展前景，跟上时代的潮流，用知识武装自己的头脑。2015年，工作任务较为繁重，在业务学习方面的活动较少，组织技术类培训约2次，参加新设备、新技术等类型的讲座约8次，对外考察及调研约5次，来中心进行考察交流的有中国矿业大学、北京航空航天大学、北京大学医学部、华文学院等高校。

（段海涛）

【其他主要工作】现代教育技术中心业务范围广，涉及学校各个部门，经常与各部门一起处理一些工作。中心是学校重点防火、防盗部门，配合保卫保密处对本单位所有的电器开关、设备、线缆等进行全面检查，接收防火安全整改通知书，协助保卫处完成避雷设施检测、消防设备的检测检修及灭火器更换维修工作；配合后勤基建处对教学区电线电缆进行排查，制订整改方案措施；配合北京歌华有线公司来校对有线电视信号进行检查和测试；协助后勤基建处对土环楼、实验楼电源接入改造工程施工；配合资产管理处对不能使用的设备进行作报废处理；帮助学生工作处录制、编辑、刻盘“中国人民抗日战争暨世界反法西斯战争胜利70周年阅兵实况转播”节目，使新生在军训基地也能观看到天安门阅兵重大活动视频，得到学生工作处领导的赞扬。

（段海涛）

社区卫生服务中心（校医院）

【概况】北京科技大学社区卫生服务中心（校医院）始建于1954年，由医务室逐步发展为校医院，1989年新建成了建筑面积3586m²、业务用房2000m²的医院。1996年定为“一级甲等”医院，2002年4月通过北京市评审成为社区卫生服务中心，可对外服务。校医院承担着学校3.3万余名师生员工及周边地区居民的预防、医疗、保健、健康教育、康复、计划生育技术指导等“六位一体”的医疗卫生服务任务。

2015年，校医院设有院办、急诊科、内科、大外科（外科、妇科、眼耳鼻喉科、口腔科）、中医科（中医诊室、针灸按摩科、理疗科）、预防保健科、护理部、医技科（放射科、化验室、B超室、心电图室）、药剂科（中药房、西药房）、财务科及保安组、保洁组。校医院现有医务人员57人，其中事业编制39人、返聘2人、人事代理合同制16人；临床大夫21人，临床护士11人，医技人员13人，财会人员6人，党政管理人员4人；正高级职称1人，副高级职称5人，中级职称26人，初级及以下职称25人。

（褚　洪、刘明明）

【医疗服务】2015年，校医院继续巩固党的群众路线教育实践活动成果，不断提高医疗卫生服务保障能力，以“规范服务、和谐发展”为理念，以强化内部管理、全面提升服务质量和服务效能为重点，进一步做好日常门急诊、健康管理、传染病防控等各项工作，努力提供优良的医疗卫生服务。

2015年校医院门诊处方量为124069张，累计门急诊131546人次。肌注3504人次，静脉输液3293人次，静脉采血1906人次，换药4844人次。在医院严格管理控制下，门急诊量和静脉输液量与上一年相比分别下降了4.2%、22.7%。医院完成各种体检12986人次，包括新生入学体检、职工体检、入职人员体检和零散体检等。进一步规范和完善了药品准入制度，全年共调整药品9种，其中新增药品5种，替换、剔除或暂停药品4种，药品品种结构更趋合理。

（褚　洪、李素君）

【健康教育及预防保健】健康教育是社区卫生管理的一项重要任务。2015年，校医院为了配合学校的大学生教育，先后安排两批24人次医生，为大学生开设96学时的大学生卫生基础保健课，受众学生为200余人；先后为社区居民定期开设高血压、糖尿病等慢性病的健康教育讲座15次，并积极开展世界卫生日、世界精神卫生日、结核病日等的宣传教育活动，受教人数为2000余人次，发放宣传页2000余份。管理辖区在册精神疾病患者42人，免费服药患者9人次，管理学生心理健康患者20人次。培养家庭保健员18人次。继续推进家庭医生式服务宣传及签约，新增签约227人，签约人数为29645人，新增80岁以上一键式家医电话服务82户，电话咨询服务226人次。

2015年，医院对3436名新生进行了PPD（结核菌素）筛查，其中阳性人数为313人，强阳人数为150人，并对40人做预防用药治疗。在做好转诊和流行病学调查的同时，对所有2015年度确诊病人的密切接触者进行排查及开展肺结核知识讲座242余人次。2015年学校共发现肺结核、水痘、手足口病、猩红热、细菌性痢疾和感染性腹泻等传染病90例，均为散发，无流行疫情发生。

校医院还承担着全校学生、教职工、流动人口、居民、散居儿童等的计划免疫工作。2015年共管理散居儿童301人、小学生871人，共接种疫苗11695人次，其中为儿童接种1567人次、小学生286人次、大学生接种11222人次，为本社区及周边地区60岁以上老人免费接种季节流感疫苗870人次，为其他人员接种294人次。及时有效地处理各类人群疫苗接种后反应9起。散居儿童五苗接种率为100%，单苗接种率为98%以上。小学生白破二联、麻腮风疫苗接种率为98%以上，大学生麻腮风接种率90%以上。做好流动人口调查摸底工作，流动儿童建卡率为98%以上，单苗接种率为90%。多年来，社区计划免疫接种率均为100%。

（李素君、宋　锐）

【重点工作】①强化内部管理，优化服务流程，提高工作效率：一是继续全面梳理医院管理工作的各个环节，完善各项规章制度，逐项分析，逐个解决。2015年医院专门制定了《北京科技大学医院药事委员会章程》，重新修订了《北京科技大学医院药品采购管理规定》，补充完善了《医疗管理工作中廉政建设的若干规定》和《医务人员职业道德规范》等规章制度，凡调整药品原则上均由医院药事委员会讨论通过，同时杜绝“大处方”“人情方”和“搭车药”。二是加强制度落实，加大奖惩力度。为进一步改进医院服务态度和工作作风，医院对服务态度差、纪律松弛和互相推诿等现象均按制度进行了严肃处理。11月下旬，医院针对“冒名开药”现象开展了一次全面深入的调查，查明属实人员按有关规定进行了处罚。三是进一步加强对重点环节、岗位和人员的管理。医院严格执行药品及设备采购的各项规定，药品及医用耗材一律按照上级卫生部门要求进行采购与配送，折扣率及差价一律打在票面，并严把药品质量关，确保用药安全，严禁收受各种名义的回扣。

②以医务人员综合评价体系为基础，提升服务质量和服务效果：一是依据医务人员综合评价体系，在加强内部考核的同时，充分发挥院外监督的作用，着力提升服务质量和服务效果。校医院每两个月召集一次院外监督员会议，听取他们对医院工作的意见和建议，并专门组织讨论，研究改进措施。在此基础上，由院领导、科主任和服务对象三方对全体医务人员进行考核，并综合其考勤、业务培训和表扬投诉情况进行综合评价，与奖惩、评聘挂钩。二是继续坚持“院长接待日”制度。为更好地改进医院工作，院领导坚持于每周五上午专门听取院内、外来访人员及患者对医院工作的意见、建议和投诉，能解决的问题当场解决，不能当场解决的及时转办和督办。三是充分发挥网络监督的作用。医院网站专门设立了留言板及院长信箱，2015年共收到表扬、投诉、意见、建议等近百条，对于发现的问题，院领导高度重视，指定专人进行核查，并及时处理。按照上级要求，医院及时在学校的党务公开、信息公开网上公示采购招标公告、中标公告，并明示医

院400余种药品的采购明细，自觉接受院外监督。四是设立医务人员公示栏。为了进一步改进医务人员的工作作风和服务质量，医院在一楼大厅设立了医务人员公示栏，公示医院全体医务人员姓名、职务、职称和科室及有关负责人信息并及时更新。此举既方便了师生员工的就医，同时也便于群众监督。

（褚　洪）

体育馆

【概况】2015年，体育馆紧密围绕学校中心工作，根据年初制订的工作计划，准确把握“以服务校内师生为主，加强大学生素质教育，促进学校体育事业的发展。同时，对外适度开放，兼顾经济效益和社会效益”的功能定位，对照全年工作计划和重点工作，圆满完成了2015年度各项工作。

（邹华东）

【理论学习】体育馆组织党员职工认真学习《中国共产党廉洁自律准则》《党内纪律处分条例》手册，并关注“共产党员”微信平台进行自主学习，结合体育馆实际，举办《国务院关于加快发展体育产业促进体育消费的若干意见》文件讨论会，准确把握国家大政方针和政策导向，把握当前体育工作发展的新形势，提高体育馆党员职工的思想先进性。

（鞠　洋）

【队伍建设】体育馆共有员工59人，其中3人为学校编制员工、54人为合同制职工、2人为实习生。2015年，体育馆离职员工3人，新入职员工8人，与2014年比较，离职率降低了78.6%，大大减少了全年招聘成本，提高了人事管理工作效率。年初，体育馆组织开展了主管竞聘工作，提升了管理队伍综合能力，增强员工内部竞争力，通过综合评定，共有8名员工竞聘为体育馆部门主管。

体育馆组织开展形式多样的员工活动。7月，体育馆组织开展员工运动会，合理利用体育馆场地资源，共进行羽毛球、游泳、拔河等八个项目比拼，在活动中增强员工体质，更促进了团队协作意识；按季度组织举办员工生日会活动，形式简单，却让员工切身感受到来自集体的温暖，极大地提高了员工队伍的向心力。

（邹华东、鞠　洋）

【强化安全管理】2015年，体育馆共组织了4次全馆的安全消防检查、2次火灾隐患专项排查，举办了2次全馆性质的安全知识培训；配合保卫保密处对全馆灭火器进行年检，进行年度电消检认证，对安全相关故障设备及时进行了维修。与消防设备单位建立良好的合作关系，对故障设备及时维修，无法使用的设备在第一时间进行更换，日常运行中出现的疑问得到及时解答，提升了消防中控室值班员的工作能力，有效提高了消防中控室的运行质量，从消防设备设施上有力保障了体育馆日常工作的安全平稳。

大力提升泳池卫生和顾客安全工作，提高池底和泳池区域的清理效率，增加清洁频率，努力改善泳池的环境卫生质量，增强救生员的客户服务意识。通过日常专业技能的训练，提高救生员的安全意识，加强救生员的个人救生技能；通过合理调配全职救生员与兼职救生员的工作时间、工作班次等方式，确保了泳池救生员的配置率，确保游泳馆安全无事故运行。

（李　龙）

【校内服务】体育馆承担了大学生体育教学及学校运动队训练的教学任务，年内共开设了羽毛球、游泳、乒乓球、柔道、跆拳道、健美操、艺术体操等9项体育课程，全年累计接待学生76852人次。为了能够保障体育教学计划的顺利开展，体育馆合理安排场地，让更多的学生可以在馆内参与体育课程。

体育馆自2015年1月1日至12月30日期间共承办了15项校内大型活动：开学典礼（本科生、研究生），毕业典礼（夏季、冬季），校园大型双选会（春季、秋季），91级校友会，大学生CUBA联赛，2015年新生羽毛球、乒乓球、游泳比赛，第七届国际研究生奖学金信息说明会，大数据+互联网+智能化+创新设计——2015年中英文化交流论坛暨展览，首届中国中关村机器人运动会等。

（郑　璐）

【设备维保】体育馆对于设备维护检修工作设立明确的要求，重视设备节能管理工作，小到照明人走灯关，大到空调、水泵的运行控制时间。全年完成游泳馆池水更换，维修五环广场照明设施，太阳能淋浴加热系统和中央空调冷却塔机组内部填料、清洗工作，更换羽毛球场地光源等多项工作。重视科学管理规划，根据气温、湿度、空气状况等因素，及时启停设备设施，提高能源使用效率。体育馆全年能源使用量在计划范围内，但仍有降低能耗的空间，因此要不断改进管理机制，持续加强节能降耗工作。

（李小红、刘定贵）

【市场开发】2015年，体育馆接待校外顾客共计321221人次，承接校外单位大型活动24场，5家企业篮球联赛、3场游泳比赛、4场五环广场宣传活动等。与2014年相比，体育馆大型活动承办数量增长幅度明显，活动形式更加多样化。根据市场发展与客户需求，在维护老客户的同时，深入挖掘新客户，通过细致周到的服务和精益求精的工作态度，满足了客户对活动的高要求、高标准、高品质，得到了客户的一致好评，不仅为体育馆提高了经济效益，同时扩大了体育馆的社会效益，提高了市场竞争力，大型活动的承办工作为体育馆实现了经济效益与社会效益的双赢。

（邹华东、郑　璐）

附属小学

【概况】2015年，北京科技大学附属小学在校学生872人，教学班24个，毕业学生99人，新招学生123人。经与海淀教委沟通，除大学职工子弟外，其余生源均由教委向大学购买学位。全校教职工56人（其中在编教师34人，合同教职工22人），在编教师中小学高级教师29人。

（潘　翔、高　彦）

【德育工作】2015年，附小德育工作贯彻落实中共十八届三中、四中全会精神，主动适应教育改革新常态，坚持立德树人，育人为本，面向全体学生，促进学生的全面发展。推进社会主义核心价值观教育，弘扬中华优秀传统文化；推进课程育人和管理育人，聚焦课堂实现思想道德教育与学科教育的有效融合；推进文化育人，加强学校文化特色建设和教室内涵建设，促进校园和谐发展；加强全员育人，整合学校、家庭、社会的力量。

①在教师队伍建设方面。组织全体教师学习十八

大文件中有关教育工作的论述，以及《社会主义核心价值体系融入中小学教育指导纲要》，更新教师育人观念。学习习近平总书记关于做“四有教师”的讲话精神，贯彻落实《中小学教师职业道德规范》，加强教师职业道德修养。借助“东升学区班主任每日常规工作”的学习与践行，进一步明确班主任工作职责，提高班主任班级管理能力。积极为教师外出学习、观摩搭建平台，开阔教育视野、加强校际间交流，梳理反思教育经验，不断提高育人质量。

②在主题教育方面。围绕社会主义核心价值观，结合海淀区建设文明城区的具体要求，以“爱国”“友善”为重点，利用“开学典礼”“学雷锋日”“植树节”“六一节”“端午节”“教师节”“国庆节”“少先队建队日”等特殊纪念日，积极开展丰富多彩的教育实践活动。引导学生积极践行中华美德，树立爱国、爱校意识，促进校内团结友爱氛围，提升学生道德素质和公民意识。

4月，组织师生及部分家长志愿者到顺义区七彩蝶园开展植树活动，很好地促进了教师与家长的互相协作意识和同学之间的团结友爱，也加强了家长对学校工作的认知和支持。6月1日，附小与中国狮子联会北京服务队联合举办了“童心市集”活动，其目的在于“让孩子参加社会交往，培养社交能力；让孩子体验循环利用，培养环保理念；让孩子帮助困难孩子，培养感恩奉献；让孩子家长同时参与，促进家校融合”。北京科技大学校长张欣欣带领机关、学院领导来到附小慰问全校教职工，并与小朋友们共庆节日。12月，举办了全校课本剧展演，各班以课本中的优秀作品、经典故事编排了精彩纷呈的课本剧，孩子们自编自演、自行制作服装道具，精心准备配乐、背景、主持词，附小为24个班级作品录制视频，面向全校播放。

③在特色项目方面。延续了附小优良传统和成功经验，众多利好政策为特色建设助力。

北京市教委“高校支持发展附中附小”项目。2015年北京科技大学四所学院通过开展课程、课外社团、专题活动等方式与附小建立了合作关系，帮助附小在科技、艺术、体育教育工作上有了长足的进步；北京科技大学体育馆、图书馆、校史馆、实验室向附小师生扩大开放，使附小游泳、乒乓球等特色课程和“走进大学”科技实践日等传统活动更好地落实；在附小“足球嘉年华”“创客少年科学季”两次大型互动式活动中，得到来自高等工程师、机械工程、化学与生物工程等多所学院的实验项目、成果展示、志愿者服务的鼎力支持；附小与北京外国语大学合作执行外教项目，外教乔尔（Joel）于5月正式进入附小为孩子们开设英语阅读课程。

北京市及海淀区两级足球实验学校项目。凭借附小开展40年校园足球的历史和近年来在市、区级小学生足球类、赛事优异的成绩，7月和9月分别成功申报北京市、海淀区两级足球实验学校，该项目不仅为附小提供了每年30万元人民币的专项资金，用以改善校园足球训练条件和聘任专职教练员，还在教材编纂、训练交流、师资培训、专家评审、赛事保障等方面给予附小更多的指导与协助。

北京科技大学学生社团教育宣讲活动。北京科技大学丰富的学生社团资源进入附小课堂。2015年，附小与“绿盾”社团开展了“环保小超人”实践课，与文法学院学生志愿团开展“遵守法规”“避免校园伤害”两个主题的普法教育，与“红十字会”组织控烟宣传，引进“铁流”话剧社介绍寒食节、端午节两个民族传统节日来历的古装历史话剧，均取得了良好的教育效果。

④在常规教育方面。面向全校学生提出“做文明有礼的科小小主人”的常规教

育目标，在课间活动、两操时间、路队排行及取消拉杆书包、整理好个人学习用品四个层面，重点进行学生文明礼仪、行为习惯的培养，以提升学生在校期间的自主行动能力和自我管理意识，努力创建和谐有序的校内氛围，增强班级凝聚力。引进教育专家宋少卫的工作团队成立“学习与成长工作室”，通过讲座帮助教师、学生、家长转变教育观念，解决学习生活中的困难和疑惑，每周两次接待日时间针对学生学习成绩下降、不良行为习惯、处理尖锐矛盾等个体问题提出改善的意见和建议，日常进行访谈交流、跟踪调查、建立档案，为附小常规教育奠定了基础，有效解决了一些突出的问题，为家长和教师搭建了沟通的渠道，形成教育合力。配合海淀区课程设置改革中关于落实学科实践活动的要求，首次以年级为单位，结合多学科教学内容制订活动方案，合理配比学科教师，分别组织低年级“感受自然——奥林匹克公园”、中年级“牢记历史——卢沟桥、抗日战争纪念馆”、高年级“爱国情怀——圆明园”等三次学科实践活动。这种把课堂设在校外，让知识贴近生活的学习方式转变受到师生的欢迎。

⑤在文化建设方面。利用教学区走廊，建立了以学科设置和校园生活为基础的15个学社交流版块，聘请有能力的学生担任学社编辑，鼓励有兴趣的学生踊跃参与投稿，广泛征求学生的意见评选“最受欢迎”版块，活跃了校园文化和师生在校生活。设计了以字母“K”为原型的科大附小学生形象标识“小K”,并以“小K爱足球”“小K爱科学”的主题词，配合“足球嘉年华”“创客少年科学季”活动制作了指南卡，指导学生参与活动并留作纪念，使得“小K”的形象深入人心。

（潘　翔）

【教学工作】 ①加强教师基本功，促自身素质提升，促队伍成长。增强业务理论学习，夯实基本功。为提高教师的专业素养，增强学习力度，为教师配备了多门类教育教学理论与实践用书、专业杂志、报刊期刊，鼓励教师多去借阅，提高理论修养和业务素质。2015年是北京市“十二五”教师继教的结束年，每位教师坚持参加学区及区级教研活动，并且认真完成了校内研修，其中包括：每周一篇毛笔字，一课板书；每月一篇教学反思，一篇业务、政治学习笔记；期末一篇教案。学校完成了每位教师“十二五”继教的学分达标的认定工作。

②重视课堂教学研究，提高课堂实效性。加强常态课管理。开学初，校长和教学干部坚持开展走进班级观察常态化教学的活动。了解教师课堂教学状况和班级文化建设，重要的是考查班级学风及学生好习惯的培养。诊断问题，引导改进，促均衡发展，各位教师积极参加听评课活动，取长补短。年内学校组织7名教师参加教育部“一师一优课、一课一名师”的网上“晒课”活动。教师们在此过程中受益匪浅。继续开展课堂教学主题研究活动，语文聚焦作文研究，数学抓好“复习课”和“综合实践”领域的研究，其他学科根据学科特点自定主题。11月组织校内青年教师研究展示课，共有科学、语文、数学、音乐学科的10位教师做了研究展示课，课后各学科分别进行了教研。数学学科请区级教研员付丽老师给全体数学教师进行评析，语文学科开展了集体研修。语文学科围绕全国教育科学“十二五”教育部规划课题《通过作文教学开展创新人才早期培养的理论与实践研究》和海淀区教科所群体课题《中华传统文化教育——国学经典在小学阶段的课程实践的研究》开展相关的课堂教学与实践研究。各年级将习作“写具体”作为学期习作研究主题，磨课、上课、评课，积累过程性数据，提升学生习作和传统文化素养。

伴随着北京市教委“大

学支持附中附小”项目的开展，附小引进了一名美国籍的外教，利用北京外国语大学的“丽声”教材，在二至五年级每周开设一节英语阅读课。加强学生学习英语的兴趣，也促进课堂教学方式的研究与改进。与大学合作，在附小开设了科学、计算机、航模的第一和第二课程，培养学生热爱科学、积极探究的学习方法，拓展学生思维和知识领域。

③树立质量意识，确保减负增效。语文、数学、英语学科运用上学期期末质量验收的数据，深入分析影响班级质量提升的因素，做好新学期常态化教学的计划准备和学困生的帮扶。学校开展了期中语文阅读竞赛、百词竞赛和期末的全学科质量监测，确保对各年级、各学科学业情况、教学现状的有效监控与指导。减负增效，培养学生习惯是根本。继续开展学生学习习惯和阅读之星的月评比。学校进行了“寒假亲子阅读征文比赛”，得到家长和学生的积极参与，评选出各级奖项并在校橱窗展出。

④探索课程的设置，促进学生全面发展。年内重点工作是贯彻落实《北京市实施教育部〈义务教育课程设置实验方案〉的课程计划》，组织全体教师学习、培训、研讨新的课程设置，关注课程的整体育人功能及学科内、学科间的联系和整合。制订本校课程实施方案，根据学校实际，开发综合实践课程和校本课程。重点进行学科实践 10% 的落实。积极推进作业方式的创新。确实从减轻学生过重课业负担着手，要求各学科、各年级每天统一控制作业的量和时间，不留重复性的抄写作业；课堂留出一定时间完成课内作业，学生课内作业在校完成，教师全批全改；学生作业本、练习册不带回家。开展形式多样的学科整合活动（如学科整合的社会实践：奥森公园、卢沟桥、圆明园），全校迎新年课本剧展演。每个月一个主题活动，计划周密，实施有序，效果明显，受到教师、家长、学生的好评。

（高　彦）

【日常管理】与北京科技大学附属中学建立了“小学毕业生体验中学生活”的课程，走进附中，参观校园并听课，感受中学学习与生活；学生阅览室继续开放，每天中午均有一个班级进入阅览室，读书一个小时，并可借阅，定期归还；成立“附小家长委员会”，召开初期、中期家长委员会定期沟通会；期末召开全校学生家长会，汇报学校一学期开展的教育教学工作，请学生成长室老师开办讲座“孩子成长那些事”。改进硬件设施，暑假借助海淀区教委的资金支持，整修了足球场，改为人工草坪，重铺塑胶；改造 6 间厕所；大楼更换塑钢墙裙，重新设计了亚克力板装饰的 15 个文化主题墙面，由学生自主创意；大门安置了防撞柱，楼道加设了监控器；寒假期间更换了 23 间教室的多媒体主柜和电脑。

（潘　翔、高　彦）

附 录

2015年北京科技大学附属小学师生获奖一览表

序号	奖项名称	获奖级别	获奖者	授奖单位
1	2015年海淀区中小学生计算机知识技能竞赛	优秀组织奖	科大附小	海淀区青少年活动管理中心
2	中央电视台“希望之星”英语风采大赛北京赛区	优秀组织奖	科大附小	中央电视台“希望之星”英语风采大赛北京赛区组委会
3	2015北京市中小学生无线电测向竞赛短80米（小学女子组）	团体第一名	科大附小	北京市教育委员会 北京市体育局
4	2015年海淀区中小学生无线电测向竞赛	优秀组织奖	科大附小	海淀区青少年活动管理中心
5	2014－2015学年度海淀区先进班集体评选	先进班集体	四（3）（魏　辉）	海淀区教育委员会
6	海淀区首届“种子教师”论坛征文	优秀论文三等奖	冯鑫鑫	北京市海淀区教育科学研究所
7	北京市创新人才培养项目“雏鹰计划——图形建言”活动	优秀指导教师奖	李　翎　王忠艳	中央工艺美院附中图形建言领导小组
8	2014－2015年度全国实用英语超级联赛北京赛区	辅导教师奖	杜向琳　王群艳　洪　流	全国实用英语超级联赛组委会
9	海淀区东升学区2014－2015学年度第二学期德育工作	优秀德育干部优秀大队辅导员	潘　翔　张　晋	海淀区东升学区
10	2014－2015海淀区小学信息技术课程学生作品评比活动	优秀指导奖	沈　磊	海淀区教育信息中心 信息技术教研室
11	海淀区小学科学实验技能展评活动创新实验能力展示活动	二等奖	冯鑫鑫	海淀区教师进修学校
12	2015年海淀区中小学生计算机知识技能竞赛	优秀辅导教师	沈　磊	海淀区青少年活动管理中心
13	2014－2015年度全国实用英语超级联赛全国总决赛	辅导奖	杜向琳	全国实用英语超级联赛组委会
14	2015年海淀区中小学生无线电测向竞赛	优秀辅导员	冯鑫鑫	海淀区青少年活动管理中心
15	2015海淀区优秀四有教师评选活动	优秀四有教师	周　喆	海淀区委教育工作委员会、海淀区教育委员会
16	2015年海淀区少先队活动课展评活动	三等奖	李海燕	海淀区少工委办公室

续表

序号	奖项名称	获奖级别	获奖者	授奖单位
17	中国教育学会第五届全国“中华文化大使”评选活动	伯乐奖 中华文化普及教育先进个人	孙 娟　高 彦	中国教育学会
18	2014 – 2015 学年度海淀区优秀班主任评选	优秀班主任	魏 辉	海淀区教育委员会
19	北京市小学青年微格教学技能展示评比	二等奖	李瑞雪	中国教育技术协会微格教学专业委员会
20	北京市小学青年微格教学技能展示评比	辅导奖	高 彦	中国教育技术协会微格教学专业委员会
21	第 35 届北京市青少年科技创新大赛 优秀科技创新项目	一等奖	彭康晟“智能台灯”	北京市教育委员会 北京市科学技术协会 北京市科学技术委员会
22	海淀区春季运动会	女子甲组跳远第一名	黄 钰	海淀区体育局
23	北京市创新人才培养项目“雏鹰计划——图形建言”活动	一等奖 二等奖 三等奖 优秀奖	一等奖：张茹惠 二等奖：邢 骞 三等奖：张 彤　张子良 李 琳 优秀奖：魏天琦　赵一玮 张博瑞　王子豪	中央工艺美院附中图形建言领导小组
24	2014 – 2015 年度全国实用英语超级联赛北京赛区	决赛个人特等奖、一等奖；小组赛一等奖、复赛二等奖	王宇涵　罗一驰 张恒悦　赵艺璇　周玥雯	全国实用英语超级联赛组委会
25	2014 – 2015 海淀区小学信息技术课程学生作品评比活动	一等奖 二等奖 三等奖	一等奖：乔司萌　吴末妍 姬立翔 二等奖：刘泽宇　童乐川 三等奖：赵静茹　夏绘镕	海淀区教育信息中心 信息技术教研室
26	2015 年海淀区中小学生计算机知识技能竞赛	一等奖 二等奖 三等奖	一等奖：吴末妍　姬立翔 二等奖：崔皓哲　李知非 三等奖：来子恒　蔡沐珈 崔无为　王子豪 廖舒瀚　程潞君	海淀区青少年活动管理中心
27	第 32 届北京学生科技节——北京市学生机器人智能大赛机器人工程挑战赛	一等奖	魏希昂　彭康晟　王子豪 崔皓哲	北京市教育委员会
28	2015 年海淀区中小学生科技竞赛无线电测向短 80 米比赛	一等奖 二等奖 三等奖	一等奖：孙铭泽　饶楚悦 二等奖：王子怡 三等奖：崔无为	海淀区青少年活动管理中心

续表

序号	奖项名称	获奖级别	获奖者	授奖单位
29	2014－2015学年度海淀区三好学生	区级	五年级：白皓天　马栖菲 吴末妍　徐若兮　蔡沐珈 池宇珊　江雨航　劳靖雯 王伟嘉　唐匡玺　温　昕 余欣然　陆天晟　张辽川 童乐川　隗子涵　赵丹秀 朱思源　李聿婷　傅云雁 孟德慧　周子博　张雅轩 张莹莹 六年级：陆清源　范梦瑶 施彦哲　蒋婧桐　项　琪 彭康晟　王心悦　康梦妍 魏天琦　王子豪　黄诗琪 于吉源　郑泽同　崔无为 王子怡　曹可欣　邵婧颖 袁欧元　张馨桐　樊昱辰	海淀区教育委员会
30	海淀区中小学体育竞赛乒乓球	小学男子乙组团体第七名 女子乙组团体第四名女子 乙组单打第八名	王笑涵　林锦辉　唐涌钧 王煜琨　冯加琳　杨安睿 崔筱霏　张凌语　王思远	海淀区教委体委中心、海淀区体育局竞技体育科

社区居委会

【概况】2015年，社区有居民3070户，10059人。其中60岁以上老龄人2276人，80岁以上老龄人665人，90岁以上老龄人46人；残疾人143人。享受低保12户15人，困补34人，孤老11人，空巢老人1277人，优抚对象26人，帮教对象7人，矫正对象2人，居住3个月以上流动人口919人。

（杨　峰）

【社区党建】社区党委发挥领导核心作用，依法依规，严密组织，圆满完成“两委”换届工作。社区党委换届被选作海淀区党组织换届选举的示范点，居委会换届首次采取户代表选举，被选作北京市民政局对海淀区居委会换届选举工作考察的观摩现场。

社区党委把加强党的思想建设和组织建设作为“聚力工程”来抓，继续推进党务公开、“三级联创”“三会一课”等制度，并形成长效机制。动员党员积极参与“流动书车连心桥”、党员带动“读书社”及春节、“两会”等重点日的社区安保巡逻，参加“社区文明提示队”、便民菜站义务监督队等志愿服务工作；开展党内关怀活动，将平时走访与节日慰问相结合；定期评选表彰社区优秀党员；加强党建理论研究，召开“三严三实”专题组织生活会，丰富党建工作内涵，扎实推进党风廉政建设，充分使用好党组织服务群众的专项经费，集中用于居民亟待解决的问题上，做好经费使用公示和宣传工作，提升党组织在群众中的影响力。

（杨　峰）

【社区服务】2015年，居委会六大委员会及业务部门积极发挥作用，各负其责，协同合作，全方位为居民服务。居委会通过网格化管理，精细化服务，规范社区服务管理，扎实推进各项工作，认真做好民政服务、人民调解、治安保卫、公共卫生、计划生育、文化体育等工作，切实将党的惠民政策不折不扣地落实到居民手中。此外，还完成了以下为居民服务项目：安装空调冷凝水集水管，修建阳光顶自行车棚、自行车存车棚，安装休闲座椅、室外漫步机、腰背按摩器、按摩揉腿器、棋牌桌、仰卧起坐板、划船器、健骑机等14件健身器材，使社区居民生活更加方便，社区环境更加优化。

（杨　峰）

【社区维稳】维稳是社区的重要工作，2015年，社区综治委紧紧围绕学校和街道综治办的工作部署，巩固创文成果，扎实做好社区安全稳定工作，在春节、“两会”“9·3阅兵”、国庆等重大节假日期间，加强志愿者队伍建设，切实做到全面防控，消除安全隐患；与学校相关部门一起，共同对16斋及周围环境进行了集中整治。进一步加强流动人口房屋租赁规范化管理，严抓流动人口管理工作，号召楼门长发现新入住人员及时向居委会和新居民服务中心上报，登记详细信息。

（杨　峰）

【社区环境】社区居委会与社区服务管理中心继续做好社区环境日常维护工作，每月清洁日组织居民、楼门长、大学生志愿者参与社区卫生清洁；为每一个楼门长发放了清理小广告专用工具，用于随时随手清除粉刷城市“牛皮癣”；动员网格力量集中开展了清理楼道堆放杂物、清除小广告、清理废旧自行车等多项环境整治活动；联合学校相关部门，清理部分户外经营占用绿地并恢复绿地；更新楼宇电梯，安装花架，增加路肩20米，种植樱花树等；此外，继续推进社区物业社会化、市场化改革；倡导环保理念，动员居民共同行动美化社区环境。

（殷官朝）

【网格化管理】2015年，根据学院路网格化社区服务管理工作的整体部署，社区网格单元紧紧围绕着“网格化管理，团队式服务”的宗旨，继续深化、细化网格服务工作，将社区各项工作全部纳入网格中，并进行纵深发展，加强网格信息的报录工作，将社区每天的工作内容、发生的大小事情上传上报，让政府及时了解基层工作和居民诉求，为制定更好的惠民利民政策提供第一手材料。随着网格工作的全面开展，网格内的力量也在不断加强，人大代表、在职党员进社区，协管力量下沉网格，楼委会助力网格工作开展，通过多种力量、各类人员的入格，形成一个“四通八达”的网格体系，按照既定的章程和制度为民服务，解决问题，形成良好的循环模式和团队服务机制。社区服务管理人员、各类志愿者、维稳信息员、社区党员、社区民警、保卫处相关部门人员及其政府相关职能部门人员组成三级网格，将社区大小事务纳入到网格中，整合各类资源有效协调解决问题，为居民服务到末梢。由于网格化管理工作比较突出，北科大社区网格多次代表海淀区和学院路地区迎接外省市及北京市、区相关领导的检查和工作经验交流。

（杨　峰）

【工作创新】2015年创新工作主要有以下几项：①逐步增强居民自我管理能力，强化居民的主人翁意识。充分发挥楼委会人员的作用，制订评比规则，不定期检查卫生，开会汇总数据，为卫生楼门悬挂流动红旗等都由居民组成的楼委会讨论决定。这种自我管理的方式也应用于社区治安维稳队伍、菜站义务监督员队伍的管理。

②继续搭建宣传平台，与居民高效沟通。发挥社区网站、微博、QQ、报纸等宣传平台的优势，搭建与居民的沟通桥梁。特别是“社区之声报”，发布计生、法律、养老助残、失业人员再就业政策等，并及时公示各项服务信息，让居民及时了解、时时受益，刊登社区好人事迹，宣传文明行为。

③利用高校优势，联合大学生志愿者开展为老年人提供法律援助，关怀空巢老人等服务活动，继续开设了老年人电脑培训班，教授老年人基本的电脑操作知识，让老年人与科技时代接轨。

（杨　峰）

【对外交流与获奖情况】2015年，社区工作得到上级部门的充分肯定，共接待各类参观考察人员10余次。市民政局局长到社区走访调研，海淀区委书记到社区视察指导工作，接待湖北省丹江口市街道党工委办事处领导参观考察，接待北京市其他街道办事处领导及所属街道社区居委会主任、书记莅临参观，接待区委党校学员到社区参观交流等。社区居委会第五次被评为“北京市先进社区居委会”“全国残疾人基本服务状况与需求调查工作先进单位”，获得“海淀区模范人民调解委员会”荣誉称号。

（杨　峰）

附　录

社区居委会全年完成的具体服务工作一览表

类别	具体工作内容	数量
党建工作	党委、居委会换届	各1次
	党员大会	4次
	支部委员会	12次
	党建活动除党会外	8项
	看望慰问（包括年终四就近老党员慰问 发放）	4次
	党组织关系转接	7人
	读书社（看书，借书13次）	17次
	接待参观考察	3次
	市、区级领导走访调研、莅临指导工作	4次
社区服务和社区福利	为60岁以上老年人办理及发放老年优待证	205人次
	为65岁以上老年人办理及发放老年优待卡	285人次
	办理及发放、转出、注销80岁以上养老助残卡	206人次
	为80岁以上老人优惠理发服务	165人次
	重阳节为金婚老人照金婚纪念照	70对
	65～79岁老人换养老助残卡采集信息	824人
	两节、重阳节慰问90岁以上高龄老人	82人次
	为90岁以上老人办理高龄津贴及变更	18人
	春节、八一慰问军烈属、伤残军人	59人次
	春节、三节慰问地退人员，军工人员	130人次
	70岁以上老人申请安装“一按灵”、浴凳	16户
	组织侨务人员参加活动，发放电影票及活动纪念品	35人次

续表

类别	具体工作内容	数量
社区服务和社区福利	为80岁以上空巢失能老人和独居老人发放低偿、无偿服务券	10户
	两节、十一慰问低保人员	17户
	为低保人员办理爱心卡、申请医疗救助、一年两次复审	44人次
	万福年华养老服务有限公司为居民免费量血压、测血糖	595人次
计划生育计划生育	为失业、无业独生子女家庭审核独生子女费的工作	88人
	登记、办理一胎、二胎《生育服务证》	51人
	为新生儿进行了产后慰问及政策指导	36人
	办理计划生育家庭意外伤害险	29户77人
	办理独生子女证	9人
	户籍孕妇（包括婚嫁媳妇）开具围产证明	14人
	做好特殊家庭申请补助及慰问工作	46人/次
	协助社保所核实转档案人员的婚育情况	59人
	为社区流动育龄妇女组织2次孕检工作	15人
	为社区居民办理独生子女年老一次性补助手续	11人
	为流动人口儿童开具打疫苗证明	9人
	积极为低保重残困难独生子女家庭申请困难补助	2人
	2015年度开展计划生育宣传日活动5次，开展各类讲座活动3次	社区居民
	药具发放	社区居民
	签订计划生育责任书	7份
	为特殊家庭（伤残独子家庭）申请经济帮助	13人次
	为特殊家庭发放扶助卡	26人次
环境与物业管理	清理户外经营占用绿地并恢复绿地	16斋、20栋、43栋
	粉刷楼门喷涂小广告	全部楼门
	更新楼宇电梯	48、49栋
	安装楼宇空调冷凝水集水管	35～39、48、49栋
	地沟给水管道维修更换	33万
	暖气管道维修	9、12、30、41、42、45～47栋
	安装花架12个	8栋
	增加35栋东侧马路牙子	20米
	维修门禁系统	全部楼门及住户
	安装绿地提示牌	30个
	安装阳光顶自行车棚	12米
	修建35栋北自行车存车棚	60米
	清理居民乱扔座便器、水盆、废旧家具、建筑垃圾等	24卡车
	更换门禁钥匙	203把
	配售门禁钥匙	199把
	居民装修管理	141户
	清理废旧自行车	200余辆

续表

类别	具体工作内容	数量
环境与物业管理	购买更新垃圾桶	70个
	安装休闲座椅	14个
	消灭四害投药量	4次65千克
	种植樱花树	16棵
	清除影响居民采光和安全的杂树	5棵
	清理楼道杂物	16车
司法工作	调解居民矛盾纠纷	86件
	社区法制宣传栏宣传	12期
	设专宣传、发放宣传材料	4次/800余份
	律师接待居民咨询	58人次
	为社区矫正、帮教人员救助	3人
	为居民开具推荐诉讼代理人	43人
	为居民协调解决各类事项	236人次
文教工作	组织居民春游、棋牌比赛、重阳节运动会、卡拉OK赛	680人次
	新春联欢会	460人
	居民健步走活动	700人
	举办文化广场	300余人
	舞蹈队、柔力球队代表社区参加市、区、街道比赛及表演	80人
	办理非京籍子女入学	70人次/14人
	青少年社会实践活动	82人
残联工作	春节慰问社区残疾人	9人
	为社区残疾人办理残疾人摩托车燃油补贴	9人
	为社区残疾人办理保险补贴	5人
	社区新办理残疾人证	5人
	社区办理残疾人转档	1人
	社区办理第三代残疾人证	149人
	为社区残疾人申请、发放辅助器具	3人
	参加残疾人文艺汇演	2人
	参加区残联运动会	1人
	参加街道残疾人趣味运动会	15人
	为精神残疾人办理免费服药转档	2人
	助残日慰问残疾人	144人
	参加技能竞赛	2人
	为社区残疾儿童办理康复补助	3人
	为社区残疾儿童办理康复补助	3人
	国庆节慰问临时困难残疾人	1人
	第五届社区残协选举会	45人
	残疾人大病医疗保险补贴	3人

续表

类别	具体工作内容	数量
残联工作	残疾人城乡居民养老保险补贴	2人
	重度残疾人护理补贴	75人
劳动就业	为灵活就业、隐性就业人员办理档案转移	65人
	完成就业指标	65人
	领失业金人员	4人
	一老一小政策咨询	25人
	自采暖办理	3人
	福利养老金领取	5人
住保工作	咨询相关政策和办理手续家庭，发放宣传资料	20户
	领取保障房申请表格家庭	10户
	通过初审、公示的保障房申请家庭	1户
	市场化租赁补贴复审家庭	4户
养犬工作	召开养犬自律会会议	1次
	集中养犬年检2次	43只
	引导养犬人签订《北科大社区文明养犬公约》和《北科大社区养犬承诺书》	33人
	组织参与海淀区宠物运动会	2人
	评选文明养犬人	10人
	安装文明养犬便民盒	3个
志愿者活动	清理社区环境卫生	180人
	参与文化广场活动、健步走活动、重阳节老年人运动会、发报纸等活动6次	120人
	参与社区同心同行项目、流动书车	210人
	参与居委会各项工作	300人
综合治理工作	组织社区志愿者等参加春节、两会、9·3阅兵等重大节假日、敏感日期间的值班巡逻工作，保证社区的安全稳定	800余人次
	组织各种安全宣传活动	10次
	协助学校保卫处，为每家便民服务网点的灭火器加压检验	44只
	每月检查高楼防护设施	12次
	每月检查社区消防设施	12次
	每月检查每家便民服务网点的消防安全	12次

中国教育经济信息网

【概况】2015年，中国教育经济信息网（China Education Economy Information Net，简称CEE）在确保网络系统平台安全稳定运行的基础上，进一步扩大项目应用，提升系统运行效率和安全性能。

年内，CEE管理中心根据业务发展需要，继续扩充网络资源，整合硬件设备，提升业务系统数据运算能力与存储容量。根据信息系统安全等级保护工作的要求，完成安全设备的部署，逐步构建统一的信息系统安全防护体系。

2015年，CEE管理中心业务应用范围进一步扩展，先后完成了“全面改善贫困地区义务教育薄弱学校基本办学条件双月报表在线填报系统”“全国教育财会培训报名系统”“教育部政府采购业务系统”等业务系统的设计开发并正式上线运行，对“教育部政府采购网”进行了升级，并对“教育部直属高校经费监管系统”的系统性能和业务功能进行了优化和完善。至年末，CEE部委级在线应用系统为21个，县级及以上用户达到1.8万个，全年共完成财政部、教育部下达的常规业务和专项业务约130项。

年内，CEE管理中心承担了财务司“教育财务舆情报告”的编写工作，配合教育部经费监管事务中心完成了教育部直属高校资金监控数据新旧会计科目的对应转换工作。

（高　杰）

【系统建设】2015年，CEE管理中心根据业务发展需要和信息系统安全等级保护的要求，扩充网络资源，整合硬件设备，全面构建信息系统安全防护体系，继续提升系统的安全性能和运算能力。

2015年，在完成日常运行维护、系统监控、数据备份、新系统上线部署等工作的基础上，CEE管理中心根据业务系统运行和发展需要，继续扩充网络资源，完成管理中心4条互联网宽带的链路负载均衡及管理中心与教育部财务司和教育部经费监管事务中心之间专线的维护，并根据需要适当扩充舒华士互联网带宽。同时，进一步扩充运算和存储资源，对VMware服务器进行更新升级，购置与现有存储设备兼容的同品牌磁盘阵列，以扩充数据的存储空间，并提高存储资源的可扩展性。

年内，CEE管理中心以信息系统安全等级保护评测的要求为标准，逐步对信息系统的运行环境进行安全加固。完成了堡垒机、防病毒网关等信息系统安全设备的采购和部署，对信息系统进行防攻击、防瘫痪、防篡改、防病毒、防泄密等方面的安全防护，逐步构建统一的信息系统安全防护体系。与教育部系统等级评测中心进行深入合作，对管理中心的信息系统环境进行了初步安全评估，并完成了安全加固和评测计划。同时，进一步健全安全管理制度，规范信息系统服务器操作，对办公网的业务信息系统访问策略、互联网访问策略、文件服务、业务操作、病毒管理等做出改进方案。

（孙辰宇）

【应用拓展】2015年，CEE管理中心继续稳步扩展业务应用范围，完成并上线运行了“全面改善贫困地区义务教育薄弱学校基本办学条件双月报表在线填报系统”等三个业务系统，升级了“教育部政府采购网”，完善了

“教育部直属高校经费监管系统”，并初步完成了“CEE专项业务系统”拨款对账模块的设计开发。

为了及时全面掌握“全面改善贫困地区义务教育薄弱学校基本办学条件”专项资金的执行情况，1月初，受教育部教育督导团办公室委托，CEE管理中心开始设计开发“全面改善贫困地区义务教育薄弱学校基本办学条件双月报表在线填报系统”（简称“改薄系统”）。该系统的主要功能包括在线填报、数据审核、统计汇总等。3月末，完成系统开发和测试，并于3月31日在北京科技大学举办了“改薄系统”省级业务人员培训，4月10日启动试填报。11月，根据“改薄系统”应用功能扩展需要，管理中心人员随同教育部教育督导团办公室工作人员赴山东进行实地调研，了解了改薄工作现状和教育督导流程，协助完成了相应指标体系的设计，进一步完善了系统的业务功能。

2015年，CEE管理中心继续配合教育部经费监管事务中心完善“教育部直属高校经费监管系统”，编写了系统需求分析，在系统中重新设置了监控条件，新增了自动提示上传审核条件、自动生成统计报告模版等功能，优化了系统使用界面。经过前后三批的试点运行，于7月进入全面试运行，教育部76所直属高校以及4所高校的分校正式通过该系统上报本校符合资金监控条件的财务信息。在使用过程中，各高校陆续发现一些技术问题和系统功能问题，CEE管理中心积极配合系统开发方对问题进行认真梳理和分析，研讨合理的技术解决方案，不断完善系统的功能和性能。

年内，受教育部经费监管事务中心委托，CEE管理中心设计开发了“全国教育财会培训报名系统”，编写了系统需求分析报告，并与教育部经费监管事务中心培训处进行了多次讨论，完成了系统的设计开发和测试工作。该系统的主要功能包括培训班管理、人员管理、报名统计、现场报到管理等，用户包括教育部直属高校、直属事业单位、省级教育主管部门的财务、审计、资产工作相关人员。6月，该系统正式上线运行。年内共完成13次培训的在线报名和统计工作。

根据教育部政府采购中心的工作需要，CEE管理中心于2014年11月开始，承担了教育部政府采购中心门户网站更新和政府采购业务系统的设计开发工作。年内，与教育部政府采购中心工作人员进行了多次沟通，明确了相关业务需求。升级后的“教育部政府采购网”主要包括中心概况、政策法规、工作动态、采购信息、业务培训等栏目，“政府采购业务系统”包括公文流转、在线上报、培训管理等主要功能。2015年4月，新版“教育部政府采购网”和“政府采购业务系统”均已完成开发并上线运行。

根据教育部财务司预算处的工作需要，为了提高教育部直属高校和直属事业单位经费拨款核对工作效率，9月，CEE管理中心在现有“专项业务系统”中，设计开发了拨款对账模块。该模块的主要功能包括预算下达文件信息的录入、拨款文件的核对与反馈、拨款经费的核对与反馈等。通过该模块，可以由系统根据预算下达文件信息自动形成拨款对账核对单，由预算执行单位进行核实和反馈，确保了数据的准确性和及时性。年内已经基本完成了该功能模块的设计开发，并进行了初步测试。

（杨绮雯）

【数据采集】2015年，CEE管理中心共完成财政部和教育部下达的常规业务和临时业务约130项。

常规业务包括：①财政部2016年中央高校预算编制基础数据表的上报审核和统计汇总工作。②教育部直属高校资金监控1～11月共11期数据上报和分析报表的编写工作。③“全国农村义务教育学生营养改善计划月报表系统”1～12月共6期数据上报。④“学校食堂建设项目进展情况月报表在线填报系统”8～11共4期数据上报。⑤“全面改善贫困地区义务教育薄弱学校基本办学条件双月报表在线填报系统”6期数据上报。

临时业务主要包括：①2014年度教育部直属高校和事业单位部门决算上报及汇审。②2014年度教育部直属高校和事业单位财政拨款结转和结余资金表上报及汇审。③教育部直属高校国库资金执行情况表（月报）上报及汇总。④中央高校改善基本办学条件专项和高校发展长效机制补助经费预算执行情况表上报。⑤2016年度教育部直属高校和事业单位部门预算上报及汇审。⑥2015年教育部直属高校审计工作总结上报和汇总。⑦中央高校基本科研业务费执行情况表上报。⑧教育部直属高校2014年财务报告上报。⑨教育部直属高校和直属事业单位2015年住房改革支出决算和2016年住房改革支出预算。年内，还完成了教育部直属高校拨款对账、专项资金结转结余情况表、存量资金情况表、专项资金预算执行、购汇限额预算执行表等多项上报业务。

（杨绮雯）

【数据分析】2015年，CEE管理中心继续承担教育部财务司“教育财务舆情报告”的编写工作，配合教育部经费监管事务中心完成教育部直属高校资金监控数据新旧会计科目的对应转换工作。

2015年，受教育部财务司委托，CEE管理中心继续负责编写“教育财务舆情报告”，主要内容包括总体情况、本周舆情特点、建议关注三部分，从各主要媒体中收集教育财务相关的新闻报道和评论，按周编辑报送财务司。至年底，共编写报告44期（总第83期至总第126期），收录530多个栏目和750余条新闻，内容涉及高校学费、教育经费投入、科研经费管理、义务教育改薄工程、教师薪酬改革以及教育财务公开等方面。

年内，随着新颁布的《高校会计制度》的实施，教育部各直属高校逐步开始进行新旧会计科目的对应和转换工作，并通过“教育部直属高校经费监管系统”使用新会计科目上报数据。为了对新旧会计科目统一标准进行审核和统计，CEE管理中心配合教育部经费监管事务中心讨论确定了新旧科目的对应关系，同时负责系统转换过程中的问题解答和科目审核工作。按照教育经费监管事务中心的要求，按时完成监控数据的审核、汇总及分析报告的编写工作。

（杨绮雯）

【组织建设】2015年，CEE管理中心进一步建立健全管理制度，优化内部机构设置和人员配备，推进党支部建设。

年内，管理中心结合学校工作要求，在内部管理、工作规范、党风廉政等方面对管理制度进行了修订和完善。先后制定出台了《CEE安全保卫职责》《CEE出入管理规定》《CEE参加汇审人员补贴办法》《CEE管理中心控烟管理规定》，修订了考勤管理制度、《CEE党风廉政责任制建设责任制实施细则》，提高了管理水平。

为适应业务发展需要，管理中心组建了规模稳定的研发团队，具备了自主研发、自行维护升级业务应用系统的能力。至年底，CEE管理中心下设系统运行室、数据分析室、行政办公室、技术研发室和客户服务室5个科室，共有职工33人，其中校内正式职工10人、合同制员工23人。

年内，CEE管理中心进一步加强党组织建设，通过理论学习、观看专题影片、集体参观等形式，提升党员的责任意识和支部的凝聚力。至2015年年底，CEE党支部共有正式党员11人，积极分子2人。

（姜佳男）

党建与思想政治工作

组织工作

【概况】至2015年年底，北京科技大学共有院系党委19个，院系党总支3个，党支部539个，其中直属党支部1个。共有党员9510名，占全校总人数的25.59%，其中：干部党员646名，占干部总数的77.18%；教师党员993名，占教师总数的63.05%；工人党员78名，占工人总数的9.95%；其他专业技术人员党员368名，占其他专业技术人员总数的41.16%；离退休党员1070名，占离退休人员总数的40.72%。学生党员5565名，占学生总数的18.3%。其中研究生党员4045名，占研究生总数的43.72%；本科生党员1520名，占本科生总数的7.27%。其他党员776名。

全校共有在职校级干部10名，处级干部217名。其中，正处级干部68人，副处级干部149人；女干部66人，占30.41%；少数民族干部11人，占5.07%；党外干部21人，占9.68%。35岁及以下27人，占12.44%；36～40岁38人，占17.51%；41～45岁45人，占20.74%；46～50岁47人，占21.66%；51～55岁42人，占19.35%；56岁及以上18人，占8.29%。博士研究生学历105人，占48.39%；硕士研究生学历76人，占35.02%；大学本科学历36人，占16.59%。正高级职称96人，占44.24%；副高级职称65人，占29.95%；中级及以下职称56人，占25.81%。专职管理干部108人，占49.77%；“双肩挑”干部109人，占50.23%。

（孙景宏、肖晓玲、王英辉）

【干部工作】①完善干部选拔任用机制，做好处级干部选拔任用工作。在学校党委的领导下，结合新修订的《党政领导干部选拔任用工作条例》，经过为期半年的调研、讨论、修改，发布了《北京科技大学处级干部选拔任用工作规定（修订）》。根据《规定》内容，坚持注重实绩、群众公认和民主、公开、竞争、择优等原则，采用会议推荐、组织推荐、个人推荐和个别谈话推荐等形式丰富民主推荐形式，拓宽选人用人视野；由党委常委会根据民主推荐结果为每个处级岗位确定2～3名拟任人选考察对象进行组织考察；讨论任用由党委常委会、全委会无记名投票决定，以应到会成员超过二分之一同意形成决定（常委会以到会成员超过三分之二同意形成决定），进一步提高选人用人公信度。年内完成了15名处级干部的选拔任用工作；通过公开选聘，确定了土木与环境工程学院院长的任职；在学院行政领导班子换届工作中，由院长提名业务副院长人选，确定了3名业务副院长的任职；在二级党委（党总支）换届工作中，继续推行二级党委负责人直接选举，指导文法学院党委完成了换届工作。

继续严格落实干部任前公示制度，将新提任干部的基本情况包括基本信息、履历、照片等进行全方位公示，方便群众监督。

②加强干部监督和考核管理。进一步规范干部人事档案，根据教育部相关要求牵头开展领导干部人事档案专项审核工作，年内完成了所有处级干部档案的初审和复审工作。切实落实请示报告制度，严格执行领导干部报告个人有关事项制度，年内完成了对26名处级干部2014年度个人有关事项报告的随机抽查核实工作和28名拟提拔考察对象个人有关事项报告重点抽查核实工作。进一步规范领导干部在企业兼职（任职），结合教育部对学校国有资产管理专项检查工作，对全校领导干部在企业兼职（任职）情况进行全面摸底排查和纠正。年内共对25名领导干部的企业兼职（任职）进行了清理，其中免去12名领导干部行政职务。认真开展全校领导干部参加社会化培训情况的专项排查整治，以及配偶已移居国（境）外或无配偶子女已移居国（境）外领导干部的专项核查工作。严格执行领导干部出国（境）备案制度，进一步严格规范领导干部出国（境）申请的审批手续，并做好相关记录。严格执行党委常委会讨论任用干部前书面征求纪委意见制度，充分发挥纪委的监督职能。认真做好院长任期期满考核工作，对4名任期期满的学院院长、实验室主任进行了期满考核。严格执行处级领导干部试用期制度，年内对试用期满的11名处级干部进行了考核工作，根据考核结果，学校党委对其中1名处级干部做出了延长试用期的决定。

③加大对后备干部和青年人才的培养。在做好常规干部培训的基础上，不断拓宽培训教育渠道，通过挂职锻炼，加强干部交流，丰富干部阅历，提升工作能力。年内继续选派14名一线教师和青年干部在校内学院和机关部处开展双向挂职，选派9名同志到江苏省宿迁市等地方政府挂职，选派5名同志赴教育部、团中央、北京市委办公厅等省部级单位挂职锻炼，选派3名辅导员赴华东理工大学、湖南大学等国内院校进行挂职交流；选派3名同志赴新疆、甘肃地方高校挂职；向北京市委组织部推荐优秀中青年教师，获北京市优秀人才培养资助4人。积极向国家教育行政学院、市委教育工委等上级部门举办的各类培训班选派学员共8人次。

（孙景宏、肖晓玲）

【组织工作】①加强党内民主建设，认真做好筹备和召开学校第十一次党代会相关工作。在学校党委的领导下，结合前期工作基础，按照“三上三下”的原则，充分发扬民主，完成了两委委员酝酿提名、党代表的补选等筹备工作；结合上级要求，与党委办公室一起修订了党代表任期制、提案工作实施办法；完成所有会议相关材料的定稿、印刷及分发工作。9月28～29日，学校第十一次党代会胜利召开，大会总结了第十次党代会以来工作的经验与不足，也明确了学校未来五年建成高水平研究型大学的奋斗目标；选举产生了新一届党委委员和纪委委员，并由党委一次全会和纪委一次全会选举产生了党委常委、党委书记、副书记及纪委书记、副书记。

②以开展学生党员先锋工程活动为契机，抓好学生党建工作。按照《2015年北京高校学生党员先锋工程实施计划》的总体要求，成立由组织部、宣传部、学生工作部、研究生工作部、后勤集团党委、马克思主义学院组成的工作小组，制订下发总体实施计划和专项工作方案，以“分类培养、按需施教”为原则，以“坚定理想信念、增强党性修养”为导向，以“加强理论武装，强化实践锻炼”为途径，以“成才表率”培育计划和“服务先锋”行动计划为重点，持续推进学生党员先锋工程深入开展，

有效提升了学生党员的党性修养和综合素质，充分发挥了党员先锋模范的引领作用。同时，受中组部、北京市委组织部、市委教育工委委托，承办北京高校大学生入党积极分子培训示范班，着力做好大学生思想入党工作，共计培训55所高校的入党积极分子200余人，起到了良好的示范作用。

③创新教育管理手段，加强党员队伍建设。按照“坚持标准、保证质量、改善结构、慎重发展”的原则，结合新修订的《中国共产党发展党员工作细则》，进一步强化入党积极分子培养环节和发展过程的质量控制，积极稳妥地做好发展党员工作。在“北京科技大学学生入党积极分子学习与考试系统”一期的基础上，不断优化系统功能，提升工作效率，完成了系统二期工程验收，增加了手机APP、手机站和微信公众号，方便学生及时学习，有效提升了用户体验和使用兴趣，增加学生间的互动交流。积极探索创新预备党员的教育管理手段，完成了北京科技大学预备党员在线学习与管理系统验收工作，系统建设了丰富的栏目版块，加强了过程管理，优化了课程内容，为学生提供差异化、精细化的学习服务。同时，严格执行本科生、研究生推优入党制度，严格实行发展党员公示制、票决制，继续加强组织员队伍建设，不断强化组织员在发展党员工作中的把关作用，进一步加大教师党员的发展力度。

④以“双评”工作为契机，大力加强党支部建设。以评促建，在全校范围扎实开展“民主评议党员、党支部工作评估”工作，认真研究党支部现状，解决存在问题，不断增强党支部的工作活力；鼓励有条件的二级党委（党总支、直属党支部）结合实际情况制订工作方案，开展党员述责测评活动，在自动化学院、文法学院、马克思主义学院进行了试点，并拟在全校推行。经过评选，共表彰先进党支部37个、优秀共产党员108名、优秀党务工作者15名，在全校掀起学习先锋、争当先进的新高潮。

⑤加强对基层组织生活指导，开展基层党组织活动立项申报和优秀基层党组织评选活动。围绕深入学习和全面贯彻中共十八大、习近平总书记系列讲话精神，分学期制订菜单式组织生活指导意见，实施基层组织活动立项制度，不断完善以申报立项、目标管理、过程控制、效果评估为主线的支部组织活动管理机制。据统计，2015年各二级党委批准基层党组织立项活动440项，批准立项活动覆盖面占全校基层党组织的89.61%。年底，经基层党组织申报、专家评审，共评选出“优秀基层党组织活动”40项，5个二级党组织被授予“基层党组织活动优秀组织奖”。

（孙景宏、王英辉）

【党校工作】①开展专题培训教育，不断加强师生党员的思想政治建设。协助党委办公室制订《北京科技大学在处级以上领导干部中开展“三严三实”专题教育的实施方案》，将专题教育与中心组学习、“三会一课”、年度民主生活会等紧密结合，通过学校党委书记罗维东同志带头讲党课、专题学习研讨、专题民主生活会、组织生活会等形式，不断深化专题教育效果，推动践行“三严三实”要求制度化、常态化、长效化。结合每周四理论学习，进一步严格党内组织生活制度，指导全校党支部以“学习校党委副书记戴井岗同志关于《中国共产党廉洁自律准则》和《中国共产党纪律处分条例》的辅导报告”为主题开展学习活动，以“严格党内生活，严守党的纪律”为主题召开专题民主生活会。

②开展教职工党支部书记培训，指导学生业余党校开展各类培训。举办教职工党支部书记培训班，通过专题讲座、经验交流和社会实践等形式，对教职工党支部书记、党委秘书160余人进行培训，进一步深化支部书

记对基层党组织工作的理解与认识，提高党支部书记的理论水平和业务能力。充分发挥党校的主阵地作用，指导学生工作部门根据各类党员的特点和需求，重点针对本科生党支部书记、研究生党支部书记、学生公寓党支部书记，组织开展分层轮训，分类制订培养方案，构建“线下教学”与“在线引导”相互补充的思想引领模式。年内共培训新任学生党支部书记 197 人、学生公寓党支部骨干 300 余人次；以党员教育培训网络平台为基础，做好预备党员、毕业生党员、新生党员骨干等分类培训工作，共培训预备党员 562 人、毕业生党员 736 人。

③积极做好新任处级干部及青年干部培训工作。举办第 26 期新任处级干部岗位培训班，通过理论学习、专题报告、1 对 1 岗位辅导、参观考察等形式针对近一年提拔任用的 31 名处级干部开展培训；举办第 5 期优秀青年干部培训班，通过理论学习、能力提升、实践调研、总结汇报 4 个阶段针对 50 余名青年教师和机关干部进行培训。利用网络在线、新媒体等技术手段，合理设置培训内容与形式，进一步统筹好线上和线下学时分配，以提高干部的思想政治素质、业务能力和管理水平为目标，提高干部教育培训的针对性和实效性。

④加强党建研究工作。积极发挥学校党建和思想政治工作研究会的平台作用，开展党建研究工作。受北京市委教育工委委托完善和推进“北京高校入党积极分子在线学习与考试系统”二期的课题研究工作，并组织开展“北京高校预备党员在线学校与管理系统”课题研究工作。

（孙景宏、王　佳）

宣传工作

【概况】学校党委宣传部、新闻中心设有办公室、校刊编辑部、广播电视台和校史馆，有专职工作人员 13 人。2015 年，部门深入学习贯彻中共十八大，十八届三中、四中、五中全会和习近平总书记系列讲话精神，紧密结合学校改革和发展实际，充分发挥宣传阵地的主渠道作用，着力推进理论学习、新闻宣传和文化建设工作，积极营造解放思想、凝聚力量、求实鼎新、科学发展的良好氛围，努力为学校改革发展提供强有力的思想基础、政治保证和舆论支持。

（何　进、邢华超）

【理论学习】2015 年，以学习贯彻中共十八届三中、四中、五中全会精神和习近平总书记系列重要讲话精神为主线，以培育和践行社会主义核心价值观为重点，继续开展党委中心组理论学习活动。切实做好党委中心组理论学习的组织工作，促进学院中心组理论学习的交流和研讨。高度重视教师理论学习工作，组织各二级单位报送学习计划并督促落实。起草制订学校《2015 年党委中心组理论学习安排意见》《关于进一步加强和改进新形势下宣传思想工作的实施意见》《关于学校领导干部上讲台开展思想政治教育的实施办法》等文件。参与组织校党委中心组理论学习 8 次，邀教育部教育发展研究中心主任张力等一批领导和专家做辅导报告。注重理论学习成果化，提升理论学习和理论宣传的实效性。加强对学生党支部理论学习导师的培训、管理和工作宣传，助推学校党建工作。组织开展青年教师社会调研活动和成果申报，切实提高青年教师的实践能力，调研成果获市级一等奖5项、二等奖5项。全年编辑《北科大工作》10期，收录教师理论学习成果20余篇。

（沈　崴、李　洁）

【新闻宣传】2015年，围绕学校重点工作和重大活动，继续落实二级单位宣传工作长效机制，协助二级单位提升新闻稿件数量和质量。完善对基层学院、职能部处的走访制度，部门负责人带队与二级单位负责人面对面交流。完善新闻记者联系分工制度，主动联系学校各单位获取更多新闻线索，任务落实到每位工作人员，并列出时间表、任务图。继续开展宣传骨干培训实习计划，机械工程学院、数理学院、东凌经济管理学院和自动化学院的青年教师，陆续来部门实地学习新闻宣传业务。开展宣传业务培训工作，邀请《人民日报》资深记者和上级单位相关负责人来校开设新闻宣传专题讲座；开展学院可定制服务的宣传工作巡讲活动。推进信息报送制度，定期召开宣传工作负责人会议，深入挖掘和及时沟通新闻线索。

（李　洁、邢华超）

【校刊工作】2015年共出版校报18期，每期4个版面。围绕学校各阶段的工作重点，先后编制出版了钢铁共性技术协同创新中心、迎新、党代会专刊，“全国关心下一代工作先进集体——关工委”、夏季学期专版，开设了“多彩课堂”“政策解读”“校长奖章”“啡常时光”“媒体透视”“纪念抗战胜利70周年”“身边的榜样”等专栏，校报全年采访师生先进典型30余例。

（李　伟、吴钰重）

【网络宣传】2015年，进一步加强新闻网信息发布主渠道建设。新版新闻网于年初正式上线，在发布平台上，进一步对新闻网进行结构性和技术性更新，使新版新闻网页面更加丰富完善，后台操作更加简洁便利；在发布内容上，注重教学、科研等领域取得的成果和经验报道、加大先进教师和学生典型的报道；在服务意识上，及时主动与投稿单位沟通协商，切实保障新闻稿件事实清楚、数据确切；在时效性上，重要事件保障第一时间发布。全年新闻网发布新闻3015篇，同比增长19.6%。浏览量149.85万人次，同比增长44.7%。百度搜索引擎索引量由上线之初的4989篇增加到10043篇。

（邢华超）

【广播电视】2015年，制作完成《2015年北京科技大学宣传片》《北京科技大学延时摄影宣传片》和《国防生出征仪式》，对学校视频素材资料进行了全面系统整理和归纳。制作《北科大新闻》60期，拍摄学校各类活动和会议230余次，学校重要会议及活动全程录像32次，完成第十一次党代会、啡常时光等系列专题片，制作电视栏目15期。完成第十一次党代会、开学典礼等大型活动的直播10次。广播台每天早、中、晚三个播出时段为师生制作喜闻乐见的广播节目，全年制作400余期。举办学校第六届中文配音大赛。校园大屏幕为各种活动提供良好的播出平台，全年累计播出时长约300小时，视频280条。校园闭路电视全年安全播出《校内新闻》《大国崛起》《习仲勋》等内容，丰富了师生的业余生活。

（沈　崴、张　娟）

【对外宣传】2015年，各主流媒体报道学校429条次，其中中央电视台、北京电视台、中国教育电视台等报道14条；新华社、人民日报、光明日报、中国教育报、中国科学报等报道36条。在全年对外宣传报道内容上，教育教学工作占30%，科学研究工作占31%，学生工作占16%，管理工作占6%，其他工作占17%。与2014年相比，教学、科研方面的新闻报道内容有较大的提升，占外宣新闻总量的60%以上。

（沈　崴、高　龑）

【新媒体宣传】成立北京科技大学新媒体联盟，通过信息报送、业务交流、资源共享等方式与多个组织的新媒体建立联系和合作机制，加强对学校新媒体平台的建设与管理，进一步扩大新媒体的校园影响力。官方微信、官方微博加强栏目策划，创新栏目形式，提高信息质量，进一步扩大信息覆盖面。官方微信平台全年推送 103 期，发送信息 396 条，粉丝数量为 13760 人。官方微博平台全年发布微博 540 条，点击率 452.7 万人次，粉丝数量增加到 42407 人。

（高　巍、吴钰重）

【校园文化建设】继续完善学校文化建设规划，开展文化建设立项活动，做好学校文化一手资料的积累，推进文化建设进程。做好文化成果的收集、整理工作，选送的核心价值观文化建设成果荣获教育部第八届高校校园文化建设优秀成果二等奖，新生阅读项目获第二届全国高校“礼敬中华优秀传统文化”特色展示项目。继续做好年度十大新闻人物评选工作和“啡常时光”系列品牌活动的组织宣传工作。组织开展《最美瞬间》《北科最美的 TA》《校园人欢》《青年影像节》《模拟新闻发言人大赛》等活动。校史馆继续做好对外展示交流、对内传承教育作用，全年接待参观 5402 人次，校史馆讲解团获得“2015 年北京科技大学十佳社团”称号。系列丛书《校史资料——人物篇》第一辑出版发行。

（李　洁、董　强）

附　录

北京科技大学 2015 年 1 月 1 日至 2015 年 12 月 31 日对外宣传情况统计表

（广播新闻）

序号	报道时间	报道媒体	栏目	报道内容
1	2015/6/4	北京交通广播电台	新闻早报	高考招生相关报道

（视频新闻）

序号	报道时间	报道媒体	栏目	报道内容
1	2015/4/20	中国教育电视台	中国教育报道	第三届“魏寿昆冶金奖”在北京科技大学揭晓
2	2015/4/28	BTV 体育	体坛快讯	曼联足球大使亮相北京科技大学与球迷亲密互动
3	2015/5/16	CCTV 新闻	朝闻天下	就业有“位”来启动首场线下活动
4	2015/5/16	CCTV 新闻	东方时空	就业有“位”来启动首场线下活动
5	2015/5/16	CCTV 新闻	新闻直播间	就业有“位”来启动首场线下活动
6	2015/5/20	中国教育电视台	中国教育报道	北京科技大学：给考生更多自主选择权
7	2015/6/7	中国教育电视台		北京科技大学宣传短片
8	2015/6/11	人民网	人民电视	北京高校思政课系列访谈——北京科技大学
9	2015/6/18	CCTV 体育	体育世界	马龙丁宁北京科技大学举行球迷见面会
10	2015/8/30	BTV 北京卫视	北京新闻	京津冀钢铁行业签约合作节能减排

续表

序号	报道时间	报道媒体	栏目	报道内容
11	2015/10/17	BTV 北京卫视	北京新闻	共同促进京津冀三地高等教育协同发展
12	2015/10/19	CCTV 电影	中国电影报道	张梓琳回母校为爱支招
13	2015/11/9	BTV 财经	首都经济报道	北京科技大学成立技术创新研发中心
14	2015/11/20	中国教育电视台	e 世界	C919 背后的中国“智造”
15	2015/11/24	BTV 北京卫视	北京新闻	河北迁安与北京科技大学全面合作拉开序幕
16	2015/12/9	CCTV 新闻	新闻直播间	中长期教育改革和发展规划纲要发布五年提高困难学生补助

（文字新闻）

序号	报道时间	报道媒体	报道内容	链接
1	2015/1/6	中国教育新闻网	北京科技大学完善研究生社会实践育人体系	
2	2015/1/7	搜狐教育	2014 年北京科技大学毕业研究生就业率达 99.30%	
3	2015/1/15	北京青年报	北科大学生展示三维艺术作品 7 月将赴英国参展	
4	2015/1/16	中国冶金报	钢铁共性技术协同创新中心通过国家“2011 计划”	
5	2015/1/23	中国教育新闻网	姜勇：以导师制为平台探索人才培养“三全模式”	1
6	2015/1/23	中国教育新闻网	创新型人才培养的探索与实践——以北京科技大学材料专业为例	1
7	2015/2/4	中国教育报	北京科技大学教授彭庆红：思政课教师要为改进高校宣传思想工作添砖加瓦	
8	2015/3/5	中国科学报	北科大张学记入选英国皇家化学学会会士	3
9	2015/3/6	中国教育报	从优先公平到公平质量——代表委员热议政府工作报告中教育关键词变化	
10	2015/3/14	中国教育新闻网	北京科技大学“四育一体”培育和践行社会主义核心价值观	
11	2015/3/24	中国日报	九牧携手盖茨基金、北科大共同打造“首届大学生厕所创意大赛”	1
12	2015/3/27	中国青年网	喷灌＋滴灌：用习大大讲话滋润青年学生的“网络心田”	1
13	2015/3/28	京华时报	全国学校体育机器人联盟成立为教育部第八大校体联盟	
14	2015/4/2	人民网	湛江市与北京科技大学开展紧密合作力推北科大湛江工业技术研究院落地	2
15	2015/4/2	搜狐教育	北京科技大学举办贝壳青年艺术节	

续表

序号	报道时间	报道媒体	报道内容	链接
16	2015/4/5	京华时报	京津冀成立“钢铁减排创新联盟”推动排放治理	5
17	2015/4/12	人民日报	京津冀钢铁行业节能减排有了创新联盟	4
18	2015/4/19	光明日报	第三届“魏寿昆科技教育奖”在北科大举行颁奖	5
19	2015/4/20	人民网	徐匡迪等三人获第三届“魏寿昆科技教育奖”	
20	2015/4/21	人民网	“千导计划”向首批百名创业导师授牌	4
21	2015/4/21	人民网	北京曲协“曲艺进校园”活动走进北京科技大学	1
22	2015/4/22	千龙网	北科大“土豪”毕业生向母校捐1500万	
23	2015/4/23	搜狐网	北科经管校友讲坛第八讲圆满成功	
24	2015/4/27	北京考试报	第一份工作从小处做起——北科大学长聊就业	
25	2015/4/29	MBA中国网	第八届北京地区MBA院校联盟经验交流会在北京科技大学成功举行	
26	2015/5/4	中国日报	“全球零艾滋，青年在行动”公益活动在京举行	3
27	2015/5/5	中国高校之窗	北京科技大学左鹏教授与山东商业职业技术学院学生畅谈修养之道	
28	2015/5/5	中华人民共和国商务部	孙安林代总领事会见北京科技大学副校长吴爱祥	
29	2015/5/7	搜狐教育	北京科技大学：入学一年后“零门槛”转专业	1
30	2015/5/11	搜狐网	北京科技大学2015级MBA新生见面会成功举办	
31	2015/5/11	河北省人民政府网站	北京科技大学校长张欣欣到河北钢铁集团邯钢交流	
32	2015/5/11	经济网	北科大·2015·东凌经管年度论坛鼓励大学生创业	1
33	2015/5/11	教育部新闻办公室官方微博	招生办主任尹兆华通过微言教育与大家交流2015年高考招生问题	
34	2015/5/14	中国教育报	北科大招办主任尹兆华：学校转专业政策非常宽松	1
35	2015/5/14	新华网	河钢邯钢与北京科技大学签署合作协议	
36	2015/5/18	新浪网	就业有位来——史上最牛校园招聘会走进北科大	5
37	2015/5/18	国际在线	2015年北京科技大学国际文化节开幕（组图）	3
38	2015/5/18	中国青年报	高校思政课改革的北京现象	
39	2015/5/18	人民网	北京科技大学天津学院校训石揭幕	3
40	2015/5/22	人民网	张欣欣：北京科技大学全力支持天津学院发展派出优秀团队把好管理和教育教学质量关	

续表

序号	报道时间	报道媒体	报道内容	链接
41	2015/5/22	人民网	张文明：北京科技大学天津学院“十年育人”为社会培养应用型人才	
42	2015/5/22	人民网	王争放：珠江教育集团协同三所独立学院成立珠江大学联盟为培养应用型人才建言献策	
43	2015/5/24	新华网	首届矿区污染防治国际研讨会在武汉举行	2
44	2015/5/27	光明网	北京科技大学2015年增设工科试验班含原有“卓越计划”的6个专业	
45	2015/6/4	中国科学报	穆志纯：殚精竭虑为育人	
46	2015/6/4	人民网	北京科技大学：增设工科实验班类	2
47	2015/6/9	光明日报	落实好高校纪委的监督责任	
48	2015/6/9	欧浦钢网	包钢与北科大联合培养项目管理工程硕士	1
49	2015/6/10	搜狐网	毕业季，我们请你喝果汁	2
50	2015/6/10	MBA中国网	江南大学商学院赴北京调研MBA教育培养工作	
51	2015/6/13	唐山劳动日报	丁绣峰会见北京科技大学校长张欣欣一行	1
52	2015/6/16	京华时报	北化工在京首招文史类学生北科大新增6专业	15
53	2015/6/29	MBA中国网	北科2016级MBA第一批次提前面试成功举行	
54	2015/7/1	千龙网	北科大党委书记上党课直指党员作风问题	2
55	2015/7/6	全国学生资助管理中心	北京科技大学以毕业季为契机加强资助政策宣传	
56	2015/7/6	千龙网	北科大学生发明“电磁遮罩”防手机辐射	2
57	2015/7/6	新华网	两岸教育交流：5800多名大陆学生在台湾攻读学历	10
58	2015/7/6	新浪网	北科技大海峡两岸青年创业论坛在京举办	1
59	2015/7/7	光明日报	2015海峡两岸青年创业论坛开幕	6
60	2015/7/7	京华时报	北科大办海峡两岸青年创业论坛	8
61	2015/7/9	中国科学报	北科大举行海峡两岸青年创业论坛	3
62	2015/7/9	央广网	海峡两岸青年2015齐聚北科大话创业	
63	2015/7/9	光明日报	彰显理论力量打牢信仰根基	4
64	2015/7/10	经济网	“因为有你创享会”首站走进北科大	
65	2015/7/13	中国教育报	“2015海峡两岸青年创业论坛”在北科大开幕	1
66	2015/7/14	中国高校之窗	北京科技大学教授来安徽工业大学开展学术交流	

续表

序号	报道时间	报道媒体	报道内容	链接
67	2015/7/22	经济网	北京科技大学：建好创业教育平台	
68	2015/7/27	北京考试报	北科大研招“走出去”宣讲	2
69	2015/7/30	中国科学报	强文江和他的“纠错秘籍”	1
70	2015/8/5	搜狐网	2015 白塞科患交流在北科大举办	
71	2015/8/5	中国江西网	北京科技大学社会实践队深入南昌县探访抗战历史	1
72	2015/8/12	北京考试报	北京科技大学明年新增两专业——访学校研招办主任刘成杰	
73	2015/8/18	京华时报	暑期社会实践拒绝“老三样”	6
74	2015/8/21	中国科学院物理研究所	物理所与北京科技大学签署战略合作框架协议	
75	2015/8/28	北京青年报	智能机器人迎北科大新生报到	13
76	2015/8/28	京华时报	羽毛球机器人对打大学新生	6
77	2015/8/28	千龙网	北科大新生报到现场可与机器人打羽毛球	
78	2015/8/29	新华网	京津冀钢铁行业节能减排合作协议在京签约	
79	2015/8/30	北京晚报	京津冀联手助力迁安钢铁减排	
80	2015/8/31	中国青年报	王端：做一棵让人依靠的大树	4
81	2015/9/1	北京商报	京津冀钢铁产业旧瓶欲装新酒	
82	2015/9/1	中国科学报	技术“再对接”助力京津冀钢铁行业减排	6
83	2015/9/1	中国冶金报	京津冀合作助力迁安钢铁行业转型升级	
84	2015/9/10	人民日报	来，今天谈爱国、理想与成才（深聚焦）	4
85	2015/9/11	中国冶金报	钢铁行业要全面确立绿色发展理念	4
86	2015/9/16	中央统战部网站	罗维东：画好高等教育快速发展的同心圆	
87	2015/9/17	中国科学报	赵鲁涛：让数学变得好玩	
88	2015/9/23	中华人民共和国教育部	北京科技大学积极构建实验室安全工作体系	2
89	2015/10/18	中国网	京津冀校长论坛共议三地高等教育内涵集约发展	1
90	2015/10/19	北京晚报	张梓琳回母校北科大	
91	2015/10/19	中国青年网	北京工大携手 21 所高校共议“京津冀协同发展框架下的高等教育”	1
92	2015/10/20	科技日报	京津冀高校如何在“大考”中协同发展	5

续表

序号	报道时间	报道媒体	报道内容	链接
93	2015/10/23	人民网	北京市“幸福家庭健康大讲堂”走进北京科技大学	1
94	2015/11/3	人民日报	“我与祖国不可分割”(青春热线·“今天,我们怎样爱国”③)	1
95	2015/11/3	千龙网	市教育工委：北京2000多名博士挂职锻炼	
96	2015/11/9	中国发展网	鞍钢集团第九期北科大中青年干部培训班结业	
97	2015/11/10	全国大学生机器人大赛官网	北京科技大学MEI机器人队15周年庆暨首届MEI机器人技术论坛顺利举行	
98	2015/11/11	新华网	象棋海外推广走进北科大留学生学棋兴致盎然	5
99	2015/11/11	中华人民共和国教育部	北京科技大学扎实推进普法志愿服务迈上新台阶	
100	2015/11/12	中国科学报	我和机器人有个约会	3
101	2015/11/14	北京日报	迁安与北科大签约四大方面合作	11
102	2015/11/15	北京商报	北京科技大学筹建迁安研究院	2
103	2015/11/19	人民日报	培养世界级大师向短期功利主义说“不”(深聚焦·破解“高精尖缺”培养难题)	7
104	2015/11/23	新浪网	北京科技大学教授光临绵中举办科普讲座	
105	2015/11/23	河北日报	迁安与北京科技大学共同筹建研究院	4
106	2015/11/26	人民日报	“接地气”与国际化：顶尖人才必备素质(深聚焦·破解“高精尖缺”培养难题)	3
107	2015/11/30	人民网	《银杏叶片》耀动2015年北京大学生舞蹈节	2
108	2015/12/3	北京晚报	羽毛球机器人将PK小学生	4
109	2015/12/3	新华网	中国科学家“腐蚀大数据”研究成果在《自然》杂志发表	21
110	2015/12/4	千龙网	哎！大学生村官徐聚民，你扶老人干啥?	10
111	2015/12/5	北京青年报	北科大学子助力第三聋人学校	4
112	2015/12/7	人民日报	纪检干部要当“守纪坐标”	14
113	2015/12/7	人民日报海外版	亚投行首批资金将投向哪儿（市场观察）	12
114	2015/12/8	新华网	北京科技大学决定成立“度学院”	9
115	2015/12/10	中国科学报	北京科技大学提出材料腐蚀大数据新观点	1
116	2015/12/11	中华人民共和国教育部	北京科技大学“四阶递进”培养材料学科创新型本科人才	2
117	2015/12/11	仪器信息网	中国生物检测监测产业技术创新战略联盟第一届理事会在昆明召开	

续表

序号	报道时间	报道媒体	报道内容	链接
118	2015/12/14	天津广播电视台	双选会搬进高校为大学生搭建就业桥梁	1
119	2015/12/18	人民日报海外版	美联储加息四问（热点聚焦）	11
120	2015/12/18	人民网	教育部国家重大科技基础设施专家委员会成立	5
121	2015/12/20	科学中国人	传感领域的“跨界”英雄——记“国家千人计划”特聘教授张学记	
122	2015/12/21	人民网	“神州通信杯”第一届中国中关村机器人科技运动会完美落幕	6
123	2015/12/22	人民日报海外版	2016，中国经济八大关键词	
124	2015/12/23	新浪网	象棋海外推广北科大收官党斐董子仲上演盲棋对抗	4
125	2015/12/30	光明日报	创业大学生的困惑与期待	7
126	2015/12/31	人民日报	就业，高校不能只求数字好看（深聚焦·今天，我们该怎样就业创业（下））	3

纪检监察工作

【概况】2015年，纪委监察室深入贯彻执行中央全面从严治党精神以及习近平总书记系列讲话精神，认真落实教育部党组、北京市委、北京市教育工委等上级部门的工作部署，协助党委全面推进落实党风廉政建设主体责任，认真履行监督责任，稳步推进纪检监察工作转职能、转方式、转作风，坚持把纪律和规矩挺在前面，突出执纪问责，开展重点领域制度执行情况的监督检查，深入推进学校党风廉政建设和反腐败工作，各项工作取得一定成效。

（曲　雁、夏秀芹）

【协助落实主体责任】贯彻落实中央部署，积极协助党委制定完善相关制度，采取具体措施全面落实管党治党主体责任，扎实推进党风廉政建设工作。①协助党委制定《中共北京科技大学委员会落实党风廉政建设主体责任实施细则》。实施细则明确了落实主体责任的总体要求，对学校领导班子、党政主要负责人、班子成员及各二级单位主要领导应承担的责任内容进行了分解细化，建立健全了主体责任履职报告制度、责任承诺制度、廉政谈话制度、述职述廉和民主评议制度等落实主体责任保障机制，为学校全面落实党风廉政建设主体责任提供了制度保障。②协助党委制订《2015年党风廉政建设和反腐败工作主要任务分工》。把党风廉政建设重点任务和工作责任分解为7个方面26条具体任务，明确了牵头单位、协办单位和分管校领导的具体职责，提出了相应的责任要求。③开展党风廉政建设责任制检查。在例行的责任制检查的基础上，为进一步强化业务监管，纪委在多方调研的基础上制订了《北京科技大学反腐倡廉基本制度指导目录（学院及教学科研单位版）》，要求各学院和教学科研单位对照指导目录，检查、梳理、完善相关制度，建立健全制度体系。在全面自查的基础上，组成了由党委副书记、纪委书记戴井岗带队，组织部、党校办、人事处等部门负责人及纪委委员、党风廉政监督员、纪委监察室工作人员等参加的检查组，通过听取汇报、查阅资料、民主测评等方式对13家单位开展了重点检查。通过检查，较好地达到了以查促建、以查促教的目的，深入推进了主体责任的落实。各学院及教学科研单位均对照基本制度指导目录梳理完善了相关制度，有效促进了工作的制度化、规范化管理。

（曲　雁、夏秀芹、杜　伟、邓春秋、邵俊恺）

【宣传教育】①建立大宣教工作格局。纪委牵头制定《北京科技大学廉政文化建设联席会议制度》，组织召开第一次联席会议，建立了由纪委牵头，组织部、宣传部、人事处等多个部门参加的廉政文化建设联席会议制度，将廉政教育融入干部管理、教工培训、学生教育、大学文化等多个层面，整体推动了校园廉政文化建设。②深入组织开展两部法规的学习。纪委及时向3400余名教职工党员发放两部法规学习材料，认真组织各个层面的党员干部开展多种形式的学习。在校级理论中心组学习层面，党委副书记、纪委书记戴井岗做两部法规专题学习汇报。举办两项法规专题辅导报告会，组织全体中层干部、二级单位党委（党总支）教职工党支部书记以及党风廉政建设监督员参加学习。要求基层党组织将学习两部法规和习近平总书记系列讲话精神作为教职工集中理论学习主要内容。③召开党风廉政建设工作会。围绕传达落实党风廉政建设两个责任的主题召开党风廉政建设工作会。党委书记罗维东和党委副书记、纪委书记戴井岗分别做了推进落实两个责任的专题辅导报告。通过辅导学习，使全校领导干部对推进落实党风廉政建设“两个责任”的重要意义有了更加深刻的了解，对主体责任的内容和要求有了全面的把握，有效推动了学校两个责任的落实。④利用纪委常规教育平台开展教育。一是纪委坚持利用自主创办的《明镜月刊》和《廉政参考》两份电子刊物开展廉政教育。《廉政参考》全年共编发9期，解读中央纪委18届五次全会精神1期，相关文章3篇；传达中央及上级部门过节通知1期，上级文件3个；以答疑解惑的形式连续开展7期党规党纪教育，其中党的政治纪律和政治规矩3期答疑14个问题、组织纪律1期答疑4个问题、两部新法规系列解读3期答疑13个问题。《明镜月刊》编发教育部、北京市通报的违反中央“八项规定”精神、违反“四风”的案例及近些年高校发生的腐败案例62件，持续开展廉政警示教育。两份刊物2015年共编发18期，发送至全校中层以上领导干部及重点部门科级工作人员300余人，起到了良好的教育作用。二是利用纪检监察网站和校园OA开展网上教育。2015年重新改版纪检监察网站，更加突出对中央、教育部、学校相关工作动态的宣传和开展针对性教育的功能，扩大了纪委宣传教育的对象范围。三是重视重要节点的教育提醒。在元旦、春节、中秋等重要节日，纪委及时转发传达中央及教育部、北京市有关通知，明确节日期间纪律要求，并通过校内邮件平台发送廉政贺卡，开展廉政提醒。⑤开展廉政谈话和廉政教育。在10月份举行的新任处级干部培训班上，纪委副书记、监察室主任曲雁做了党风廉政建设专题辅导。在9月份新入职教师岗前培训班上，纪委副书记、监察室主任曲雁做了廉洁从教专题辅导。在12月份责任制重点检查工作中，党委副书记、纪委书记戴井岗对13个单位班子成员进行集体廉政谈话。通过谈话和培训，强化了干部的廉政意识。

（曲雁、夏秀芹、杜伟、邓春秋）

【监督工作】①制订落实监督责任实施办法。按照十八大以来中央对纪检监察工作的新政策和新要求，结合近年来的工作实践，纪委制定了《中共北京科技大学纪律检查委员会关于落实党风廉政建设监督责任的实施办法》。该实施办法明确了纪委5个方面的监督职能，规定了日常式、提醒式、参与式、抽查式、督查式5种主要监督方式，建立了沟通协调机制、述职述廉机制、纪律审查及责任追究4项工作机制。②开展重点领域廉政风险防控。通过引入标准业务流程规范（BPMN），将组织部、科学研究与发展部等10个单位相关的重点领域业务流程进行重新梳理再造，把经验上的业务工作程序和逻辑上的权力运行程序相统一，强化权力运行监管。③干部监督管理。2015年全程参与25名处级干部的选拔任用工作，对民主推荐、资格审查、群众测评、考察谈话等环节进行监督。协助完成26名处级干部个人有关事项报告随机抽查核实工作，并对27名拟提拔考察对象的个人有关事项报告进行核实。出具干部廉政鉴定29人次。通过规范干部监督，强化了干部纪律意识，加强了干部管理。④本科招生工作监督。探索切合实际的监督方法，对本科生录取进行监督复核，严格监督艺术类、体育类等特殊类型招生的资格审查、评委选拔、专业测试等关键环节，对招生过程的原始记录、录取规则等开展全面检查，确保了招生权力的规范运行，圆满完成了2015年招生监督工作任务。⑤基建、采购招标监督工作。按照“监督的再监督、检查的再检查”的三转工作要求，在积极督促资产处、基建处等职能部门健全制度、规范管理、履行监管职责、细化责任分解的基础上，纪委监察室采取抽查式监督，提高了监督实效，确保了学校相关招标工作公开公正公平进行。2015年共抽查物资采购类招标现场10余次，涉及金额300余万元，基建项目招标现场9次，涉及金额4500余万元。⑥开展专项治理检查。以督查式监督的形式，协同参与办公用房专项检查、公车使用专项检查、教育收费检查、“小金库”专项治理、领导干部企业兼职专项治理、出国（境）情况自查及“八项规定”精神回头看专项检查等检查工作。通过检查深入了解相关专项工作执行中存在的问题，督促相关部门研究制订解决方案和落实措施，提高了监督执纪成效。

（曲雁、夏秀芹、杜伟、邵俊恺）

【纪律审查】纪委积极改进纪律审查工作，转变执纪方式和工作作风，坚持将纪律和规矩挺在前面，探索实践“四种形态”，扩大谈话、函询、诫勉范围，抓早抓小、快查快结，切实立起批评教育、组织处理、纪律处分、立案审查四道防线。①综合运用“四种形态”开展执纪审查。至2015年12月31日，学校纪委共收到88件信访件（其中纪委办理43件，协助其他单位办理45件），信访调查谈话80余人次，形成笔录11余万字，调阅核查近亿元财务账目和原始财务票据。经核查，提醒谈话3人次，通报批评1人次，立案1件，结案1件，给予党纪政纪处分1人。执纪审查中，注重党员干部的党性教育，积极唤醒党员干部的党章党纪意识，推动自我净化、自我完善。②协助核查教育部巡视组转交其他类信访件。教育部巡视组转交其他类信访43件，纪委在核查办理自办件基础上，对其他类信访件全面负责协调、安排核查并督促落实相关整改。对于与教师、学生利益诉求相关但经调查学校严格执行了国家有关规定的问题，督促有关单位加大国家相关政策的宣传、解释力度。对与学校管理工作有关的信访件，从工作制度执行的角度认真进行核查。对学校历史遗留问题，对原来做出过的结论进行重新复核。所有核查结论全部上报党委常委会。通过信访核实促进了学校管理工作。

（曲雁、夏秀芹、杜伟、邓春秋）

【队伍建设】①加强专职队伍建设。2015年安排5人次参加教育部、北京市等上级机关举办的业务培训。加强与兄弟院校的沟通交流，接待大连大学、中国地质大学（武汉）纪委同行来访，探讨交流业务工作问题；先后赴北京航空航天大学交流调研廉政风险防控工作，赴北京大学交流学习查信办案工作。1人借调到教育部，1人在机械学院挂职，廉政研究中心1人到纪委监察室挂职，采取多种方式培养干部。②完善纪委全委会制度。制定《纪委委员工作制度》，明确了纪委委员工作分工、工作职责、工作纪律及工作保障机制。在第十一次党代会后，及时召开纪委委员全体会议，明确每位纪委委员分工联系单位，并安排其与对口联系单位对接，年底参加对口联系单位的党风廉政建设责任制检查。从制度上和工作机制上，为纪委委员充分发挥作用提供了保障。③建立纪检监察兼职队伍。制定《党风廉政监督员工作制度》，加强了纪检监察兼职队伍的规范化管理。按照制度规定在全校聘请了12位党风廉政监督员，参与到纪委安排的日常监督工作和专项工作中，充实了纪检监察人员力量。④注重理论研究。积极鼓励、组织部门人员参与到业务工作调研和理论研究中。2015年纪委监察室部门人员参与廉政研究中心课题3项，在《人民日报》等报刊公开发表论文4篇。通过理论研究与学习，有效促进了业务能力的提升。

（曲　雁、夏秀芹、杜　伟）

统战工作

【概况】2015年，学校共有民主党派基层组织2个：民盟支部、九三支社。民主党派成员100人，其中中国国民党革命委员会7人、中国民主同盟46人、中国民主建国会2人、中国民主促进会6人、中国农工民主党1人、中国致公党5人、九三学社33人。党外高级知识分子405人，占全校高级知识分子总数的33.8%，其中正高职称137人、副高职称268人；党外处级实职干部21人，占全校处级实职干部总数的10%；归侨19人、侨眷116人；台属43人；定居台胞2人；港、澳、台侨在校学生6人；少数民族教职工126人；少数民族学生1360人。

（刘　晋、吕晓丽）

【理论学习工作】①认真筹备组织学校理论中心组关于统一战线的专题学习。《中国共产党统一战线工作条例（试行）》颁布以来，党委统战部认真学习贯彻落实中央统战工作会议和第二次全国高校统战工作会议精神。12月，与党委宣传部组织了以“高校统一战线工作”为主题的党委理论中心组学习，党委统战部在学习会上做了题为《学校统战工作的现状与展望》的报告。②切实提高部门干部开展统战工作的使命感和责任感。以提高干部的理论素养和业务能力为抓手，组织统战部干部参加北京市教工委组织的“统战大讲堂”“2015统一战线前沿问题研究”“北京高校新老统战人士座谈会”“北京高校统战工作培训班”等十余场会议和培训，带动开展好统战工作的使命感和责任感。

（刘　晋、吕晓丽）

【民主党派和党外代表人物工作】①积极协助民主党派加强基层组织建设。积极推进民进北京科技大学基层组织筹建工作，民进北京市委相关领导莅临学校，与学校协调筹备成立民进北京科技大学支部；党委统战部协助民盟支部顺利完成换届工作。②为民主党派发展成员、开展活动提供支持。在民主党派发展成员的过程中，统战部认真协助做好发展对象的考察工作，贯彻党对民主党派的各项方针政策，加强与各二级党委的沟通，按照各民主党派章程，做到有质量、有计划地稳步发展民主党派新成员。年内，发展民主党派成员5名。此外，党委统战部积极为民主党派开展活动创造条件，提供经费支持。③抓好党外人士发现储备。党委统战部认真学习《中共中央关于加强新形势下党外代表人士队伍建设的意见》和《中共北京市委教育工作委员会关于加强新形势下北京高校党外代表人士队伍建设工作的意见》，在分析研究的基础上，提出进一步加强学校党外代表人士队伍建设的思路和建议。经过与二级党委充分沟通，开展党外代表人士推荐、选拔工作。至年底，学校共有党外代表人士后备人员共36人。④加强对党外代表人士的教育培养。组织党外代表人士参加“北京高校统战大讲堂”“高校民盟基层组织负责人及骨干盟员培训班”“北京党外高级知识分子联谊会第二届理事会第二次会议”等活动。党委统战部依托“双月座谈会（情况通报会）”介绍国家、北京市和学校发展现状，对党外代表人士进行辅导培训。⑤落实党外代表人士的推荐使用。党委统战部继续坚持“与党外人士交朋友制度”，充实完善《校领导与党外人士交朋友名单》，确保每位党外代表人士都有与之联系的校领导。坚持“双月座谈会（情况通报会）制度”，先后组织党外代表人士列席学校第十一次党代会、第七次教代会七次会议、第八届教代会暨第十六次工代会、党外人士座谈会等，发挥党外人士参政议政和民主监督的作用。调整充实全国无党派人士重点人物库，现有“入库”人员8名。⑥规范党外代表人士管理，优化队伍结构。根据《北京科技大学党外代表人士队伍建设规划》的有关要求，依照党外代表人士的安排使用情况、自身特点、年龄、代表性等因素，对党外代表人士后备人员名单实行动态管理，形成了合理的队伍结构。

（刘　晋、吕晓丽）

【民族宗教工作】①继续开展马克思主义宗教观教育。采取疏堵结合、标本兼治的工作方法，引导师生正确看待宗教问题。由党委统战部负责，马克思主义学院教师刘丽敏主讲，面向全体本科生继续开设“宗教概览”公共选修课。课程以马克思主义宗教观为主线，贯穿世界宗教概况、宗教学原理、我国宗教现状及我国的宗教政策及中外宗教法规等内容，150余名同学选修该课程，发放教材150册。另外，注重加强对辅导员的教育培训，面向各学院辅导员发放《校园宗教政策知识与实务问答》700册。②完成《当代大学生马克思主义宗教观教育研究》课题报告。党委统战部申报北京高校统战理论与实践研究会2015年课题“当代大学生马克思主义宗教观教育研究”。针对相关问题设计调研指标，面向学校的800余名师生通过问卷、走访等多种形式开展调研，进一步摸清了学校师生的基本宗教观念及马克思主义宗教观教育情况。③积极关心少数民族师生。开斋节期间，为十个少数民族近200名穆斯林师生加餐，共度节日。配合学校有关部门做好少数民族学生的安全稳定工作，全年无民族宗教突发事件发生。

（刘　晋、吕晓丽）

【港澳台侨工作和其他统战

工作】①耐心细致开展港澳台侨和归国留学人员工作。加强与港澳台侨学生的沟通联系，关心港澳台侨师生的工作、学习和生活；制订《2015年北京科技大学台湾学生奖学金评审通知》，积极推进港澳台侨学生奖学金评审工作；参加北京“第十四届北京高校侨联中区片会”等活动，支持学校侨联开展各项活动。②顺利完成上级下达的工作任务。向教育部报送高校统战工作调查，撰写报告“北京科技大学统战工作情况”。向市委统战部报送“2015年统战理论研究和调查研究成果”。向北京市教工委报送“北京高校统战工作特色与创新项目材料”。完成北京市教工委2015年统战对象情况统计。协助党委书记起草统战工作理论文章一篇，在《北京教育》2015年11期刊发。

（刘　晋、吕晓丽）

工会工作

【概况】2015年，校工会下属的学院、机关、后勤、产业分工会共23个，会员2998人。校工会下设组宣部、文体部、生活福利部、工会办公室，负责协调各部门工作并承担教代会的工作，处理日常工会工作。工会有专兼职干部8人，工会主席由校党委副书记戴井岗同志兼任。常务副主席1人，专职副主席2人，兼职副主席1人，专职干部3人。

（黄爱霞）

【教代会】教代会是教职工依法参与学校民主管理和监督的平台，已实现年会制。2015年5月21日，学校召开了第七届教代会七次会议。会上，张欣欣校长作题为《坚定不移推进综合改革，实现学校创新驱动发展》的工作报告，同时，还以“综合改革：思考与讨论”为主题对学校综合改革推进情况进行了系统解读。

2015年12月10～12日学校召开第八届教代会暨第16次工代会换届大会，顺利完成换届工作。大会听取并讨论了校长工作报告和上届教代会工会工作报告，审议了上届工会财务工作报告、经费审查工作报告和提案工作报告；确定今后五年主要工作任务；按照大会规定程序，选举产生了第八届教代会常设主席团和民主办学监督工作委员会、提案工作委员会、青年教师工作委员会、劳动人事争议调解委员会；选举产生了第十六届工会委员会、工会经费审查委员会、生活福利委员会和女教职工委员会。新一届教代会代表素质大幅提高，副高以上为71%，为充分发挥教代会工会民主管理和监督作用打下坚实基础。

二级教代会职权落到实处。学院二级教代会，在院党政领导支持下，每年至少召开一次，已形成制度化；2015年12月，学校党委明确规定“二级单位提出的与教职工利益相关的年底福利分配方案必须经二级教代会通过后方可报学校批准实施”；学院二级教代会具有了实质“表决权”和“否决权”。充分发挥了二级教代会的民主监督和决策作用。

充分发挥教代会各专门委员会作用。教代会下设的民主管理委员会、提案工作委员会和青年教师工作委员会各项工作开展良好。尤其是提案工作委员会已成为教代会进一步促进学校决策和管理民主化、科学化的重要渠道。2015年第七届七次教代会征集提案36件，立案

36件，涉及教学科研、师资队伍建设、教职工福利待遇等方面，代表答复满意提案30件，基本满意提案6件，提案满意和基本满意率为100%。

（黄爱霞）

【教学基本功比赛】2015年，精心组织北京科技大学第九届青年教师教学基本功比赛。青年教师广泛参赛，全校14个教学单位的青年教师积极报名参赛，参与率为98%；校院党政领导重视比赛，大幅度提高奖励额度；开展三级培训，邀请往届获奖青年教师、指导教师和学校教学督导组专家等指导；同时，加强宣传工作。通过学校广播、宣传栏等营造气氛。经过各系所、学院、学校三级选拔，学院推荐出32名优秀青年教师参加了学校比赛，通过专家评委和学生评委的现场打分，又择优选拔出3名最优秀的青年教师代表学校参加北京高校第九届青年教师教学基本功比赛。通过积极备赛，3名青年教师在北京市比赛中取得优异成绩，均获得一等奖。孟凡研、李娜分别获得理工类A组一等奖，并获得最佳教案奖、最佳演示奖；吕婷婷获得文史类A组一等奖，并获得最佳教案奖；校工会获优秀组织奖。

（赵智杰）

【师德建设】2015年，学校继续探索师德建设的新思路、新方法，总结师德建设规律，颁布了《北京科技大学建立健全师德建设长效机制实施细则》，从师德教育培养、宣传奖励、鼓励激励、考核反馈、监督报告、约束惩处六个方面建立师德建设工作长效机制。为进一步调动广大教师教书育人的积极性和创造性，弘扬和践行社会主义核心价值观，组织近百名新入校青年教师参观平西抗日战争纪念馆，缅怀先烈遗志。

（黄爱霞）

【理论研究】校工会继续做好理论研究，增强工会工作科学化。为深入学习贯彻中共十八大，十八届三中、四中、五中全会和习近平总书记系列讲话的精神，加强学习型、服务型工会建设，探讨新形势下工会工作方法，2015年共申报11项课题，其中重点课题5项，内容涉及三级建家、工会财务工作、师德建设、维护教职工权益等，组织工会干部培训。主要围绕解读“依法治国”和关爱教职工的主题，邀请了中共中央党校的教授和首都职工素质建设工程的老师做专题讲座。

（黄爱霞）

【自身建设】重视工会宣传工作。为展现基层工会工作动态，重视工会工作新闻宣传报道，2015年向北京市教育工会网站投稿90余篇。积极推进教职工之家建设，夯实建家成果。积极组织新金属材料国家重点实验室分工会、土木与环境工程学院分工会参评北京高校2015年度先进教职工小家，得到评委和参评兄弟院校同仁的认可。

（黄爱霞）

【服务教工】2015年继续发挥工会作为党联系群众的桥梁和纽带作用，全力为教职工办实事，关爱困难教职工。①做好“京卡”推广和教职工互助保障计划，完成400余份的办理工作。②推广“在职职工互助保障计划”，2015年教职工新增办理“女职工大病保险、职工意外伤害保险、职工重大疾病保险、职工住院保险”人数分别为268人、656人、286人、418人。③依法维护教职工合法权益，关爱困难教职工，完善《北京科技大学教职工困难补助管理办法》，形成教职工帮扶体系，即“两节送温暖”“三八关爱女职工”“五一关爱劳模”“教师节关心一线困难教师”和上半年、下半年定期发放困难补助及日常慰问相结合等，年内发放金额近30万元，涉及在职职工100多人次。

（王宇同）

【文体活动】为丰富教职工生活，关心教职工身心健康，2015年，开展丰富多彩的文化体育活动。①为纪念中国人民抗日战争暨世界反法西斯战争胜利70周年，组织开展以“弘扬时代旋律、讴歌抗战精神”为主题的教职工合唱比赛。全校18支代表队近1100人参加比赛，歌曲传递着教职工对革命精神和优良传统继承的决心。②庆“三八”女教职工趣味运动会活动，320名女教职工参加了活动，使女教工度过了一个愉快且有意义的节日。③组织教职工春季踏青活动，约240人前往北宫国家森林公园。④组织网协教职工参加北京高校第六届中年网球赛并取得好成绩。⑤组织2015年学校教职工羽毛球赛。羽毛球爱好者踊跃报名，参赛人数到达198人。⑥组织首届教职工扑克比赛，共200余人参赛，以牌会友，舒缓压力。⑦组织150多名教职工秋季登山活动。⑧组织2015年教职工乒乓球邀请赛，19个分工会代表队参加比赛，参与人数为150人次。此外，积极组织代表队参加了11月21日北京市教育工会举办的首届高校羽毛球团体赛。

（于海荣）

本科生工作

【概况】2015年，学生工作部（处）、武装部紧紧围绕立德树人根本任务，以培育和践行社会主义核心价值观为统领，以学生党建和思想政治教育为龙头，以辅导员队伍建设为保障，以创建优良学风、促进素质教育为目标，以科学管理、优质服务为途径，强化思想引领，突出学风建设，体现多维关爱，注重协同创新，进一步推进学生工作“精实化、精细化、精品化”建设，为学生健康成长成才和学校改革发展稳定贡献力量。2015年，学生工作部被评为“北京市思想政治工作优秀单位”。

（于成文）

【学生党建】①加强学生业余党校建设。规范举办新生党员、预备党员、毕业生党员、党支部书记四个学生业余党校，开发预备党员在线学习系统，完善机制，优化内容，不断提高教育培训的针对性和实效性。2015年，举办学生业余党校18期，开展学生党员“我主讲”小组微党课和“同行的力量”党建研讨会32场，培训学生党员和入党积极分子4000余人次。②实施“成才表率”培育计划。组织开展学生党员“成才表率”标准大讨论和承诺践行活动，并开始在部分学院推广学生党员述责测评网络系统。③推进“服务先锋”行动计划。2015年，完成红色“1+1”共建活动103个，位列北京高校首位；文法学院社工本12级党支部获得北京高校红色“1+1”示范活动一等奖，学校连续六年获得北京高校红色“1+1”示范活动优秀组织奖。

（史立伟、张　毅、潘红涛）

【学生教育】坚持立德树人，强化思想引领，着力提升党建和思政工作质量。

日常思想政治教育。①社会主义核心价值观宣传教育。一是加强部门统筹，协同系统推进。联合宣传部、研工部、校团委、马克思主义学院等单位，制定出台了《北京科技大学培育和践行社会主义核心价值观实施方案》和《2015年度在学生中开展社会主义核心价值观培育践行工作实施细则》，进行整体设计和系统推进。二是注重学习教育，发挥课堂主渠道作用。协同马克思主义学院，将社会主义核心价值观作为思想政治理论课和“形势与政策”课的重要内容，组织专题学习40余场；鼓励和支持授课教师将课题教学设计与实施大学生校园访谈、校园微调查、课堂情景剧及课堂辩论赛等多种形式的实践教学活动。三是策划主题活动，加强宣传教育。举办主题征文、演讲大赛、公益微电影创作等活动，开展“小行为大文明”标准讨论及倡导活动、“记录北科最美瞬间”摄影大赛等主题微行动，加强宣传教育和行为引导；培育和树立以“十佳辅导员”和“校长奖章”等为代表的一批师生先进典型，发挥典型引领作用，营造崇德向善、见贤思齐的浓厚氛围。四是融入日常工作，努力落小、落细、落实。重点推进辅导员开展主题班会制度，围绕学生的阶段特点和成长需求，对班会主题和实施过程进行体系化设计，强化思想引领作用的发挥。加强对学生的爱国荣校教育和励志感恩诚信教育，发挥各种典礼的育人功能，做实新生教育、毕业教育等工作。年内，学生工作部报送的《坚持“四育一体”协同推进引导大学生积极培育和践行社会主义核心价值观》获评教育部第八届高校校园文化建设优秀成果二等奖。②扎实开展本科新生教育。一是做好入学前教育。继续实施新生网上报到、在线学习制度，并依托辅导员QQ群、微信公众平台、微信群，加强与新生互动交流。二是整合教育资源。进一步整合部门、学院的教育项目，第一、第二课堂的教育内容和教师、家长、校友等教育力量，形成教育合力；开展新生“六个一”教育体验活动，加强爱国荣校教育。三是统筹推进“新生成长对话课”。以新生班级为教学单位，以交流研讨为教学形式，组织知名教授、班导师、优秀校友、高年级优秀学生与新生进行交流互动，帮助新生解疑答惑、适应大学。年内，全部本科生学院均开设该课程，新生满意度为93.1%。四是推进新生适应小组工作在部分学院开展。③做好毕业生教育。精心打造“感恩母校情，共筑北科梦”毕业季品牌活动，开展“青春不老，我们不散”主题班会、“毕业生文化衫方案征集”“毕业生旧货交易市场”等形式新颖的活动，营造温馨和谐的毕业氛围，引导毕业生分享毕业情感，表达感恩母校之情。指导各学院开展丰富多彩的毕业季活动，增强学生爱校荣校意识和母校归属感，倡导毕业生文明、安全离校。④推进形势与政策教育。加强与马克思主义学院合作，落实《关于进一步加强“形势与政策”课教育教学的实施意见（试行）》，邀请校内外知名专家学者，围绕“习近平总书记系列讲话精神”“党的十八届五中全会精神”“培育和践行社会主义核心价值观”“经济新常态”“反腐倡廉”“抗日战争胜利、反法西斯战争胜利70周年”等主题开展一系列高水平的讲座，增强了学生对于党和国家方针政策和国内形势的理解与认同，进一步推动学生对于国家发展的认识。

学生心理健康教育。①课程教学。开设必修课《大学生心理健康》，并编写出版了《大学生心理健康》教材，为学生提供16学时理论与实践相结合的心理素质教育，实现本科新生全覆盖；组织教学团队进行教研教改，探索MOOC新形式。②宣传教育。以“为爱点赞，为青春担当”为主题开展第15届心理健康文化月，协同各学院心理协会分会，开展心理电影放映、心理知识竞赛、情景剧大赛，“微爱对对碰”“漂流瓶”传递、主题讲座、“心理健康快车”主持人培训等活动。开展第15届“心理健康快车”活动，逐班对新生开展班级心理辅导，覆盖118个本科生班级、3300余名新生，活动的满意度为98.93%。组织筹划心灵氧吧、心理讲坛、心理沙龙等系列品牌活动，协助承办北京市新生宿舍文化建设大赛。③加强心理咨询的规范化和专业化建设。完善督导制度，规范淘汰机制，加强培训力度，大力提高咨询服务人员的工作技能。2015年总计开展各类督导、培训活动25次。建立咨询服务的保障机制，延长开放时间，增加服务场所，提高咨询服务水平与质量。2015年，接待个别咨询2776人次，为本科生、研究生、宿舍楼层长及不同类型问题学生开展团体辅导近300场。危机预防与干预中，重点做好春秋两季学生排查及研判工作，组织全校新生通过网络平台进行心理普查，并认真做好约谈工作。

学生国防教育与参军入伍工作。①课程教学。完成必修课、选修课共计1000余学时的军事理论教学任务；1名教师作为主编、1名教师作为副主编、2名教师作为编委参编了教材《普通高等学校军事课教程》的编写工作；1名教师荣获北京市纪念学生军事训练工作30周年理论研究论文二等奖。②实践教学。2015级本科学生在北京市学生军训基地（怀柔）学习训练13天，共完成军事课目5项、专题教育讲座6场、训练及文体竞赛活动11次；组织参训教师及学生骨干培训14次，座谈交流会6次；结合纪念中国人民抗日战争暨世界反法西斯战争胜利70周年阅兵开展爱国主义教育，切实将军训打造成育人的重要平台。③学生参军入伍工作。2015年共46名学生参军入伍；同时，有20名学生光荣退伍复学，均荣获“优秀士兵”荣誉称号；学校被评为北京市“征兵工作先进单位”。④国防教育活动。依托学生社团，开展国防教育月普及宣传系列活动，引导大学生关注国防、理性爱国；举办北京科技大学第三届国防教育专题论文报告会，得到本科低年级学生广泛参与；国防知识爱好者协会代表学校获北京地区高校“华山论剑”军事知识比赛冠军；以国防体育协会为主体的学生定向运动爱好者团队参加全国高校学生定向锦标赛、定向越野联赛等，多次获得男女团第一、总团第一的好成绩；国防知识爱好者协会和国防体育协会荣获北京科技大学“十佳社团”荣誉称号。

（史立伟、陈大鹏、王艳、臧伟伟、张毅、潘红涛、郭南）

【学生管理】家庭经济困难学生资助。学校通过奖、贷、勤、助、补等方式构筑点面结合的全方位学生资助体系，深化服务，完善管理，稳步推进资助工作的动态管理模式。2015年全校认定家庭经济困难本专科学生共计3399人，至2015年12月，学校对其中的3358人进行了各类资助，资助比例为98.79%。①做好助学金、补助评审发放工作。2015年评审出助学金获得者3178人，其中，国家助学金2862人（本科生2835人、高职生27人），其他资助316人，约占学校本专科学生总数的23%，资助总金额934.5万元，较上年增长18.7万元；评审出2015年家庭经济困难学生饮用水、洗澡和电话费用专项补贴获得者2662人（本科生2634人、高职生28人），资助总金额49.25万元。同时，继续推进助学金评审信息化建设，完成了国家助学金等资助项目的网上申报系统建设和测试工作。发放37名学生特殊困难补助10.86万元，发放549名毕业生就业补助63.1万元，发放51名体育生学费减免补助13万元，发放88名学生献血补助2.64万元，发放3361名学生社会实践补助33.61万元。②完善各类助学贷款服务。完善校园地贷款为主、生源地贷款为辅的国家助学贷款双轨工作模式，实现助贷工作双管齐下。2015年，共有2115人申请了各类助学贷款，累计发放金额1349.12万元。其中，校园地贷款1001人，共计614.42万元；生源地贷款1114人，共计734.70万元。③执行国家代偿类资助政策。年内，学校为大学生士兵（含退役复学生）申请国家学费补偿、贷款代偿及学费减免93人，共计资助100.12万元；为基层就业毕业生215人次发放国家基层就业代偿213.97万元。④以政策宣传和项目考核进一步推动勤工助学工作规范化进程。在信息公开和政策解读上下功夫，用事实和数据说话，形成了关于国家资助政策的多种类宣传品。策划并制作《勤工助学制度宣传片》，以生动活泼的形式和细致深入的政策解读寓教于乐，受到高校同行好评。精心策划的《将来的你，会感谢曾经不放弃的自己》的公开信，被全国学生资助管理中心全文转载。深入基层调研，走访3个单位，组织座谈3场、谈话学生百余人，考核结果反馈用人单位，确保工作规范运行。2015年，共设立校内勤工助学岗位1682个，近50%的岗位服务于学院，4000余名本科生、研究生参与勤工助学，发放勤工助学补助500余万元。⑤内引外联，拓宽勤工助学平台和资助资源。勤工助学学生承担了教学楼、铭德楼及8个学院共11栋楼宇教室的清洁工作，得到后勤、学院的肯定。与附中共建勤工助学学业辅导项目，选拔的学生受到附中好评。与皇族养心堂建立合作关系，提供勤工助学岗位100余个和暑期实习岗位8个，其中1人正式入职，成为业务骨干，2015年该项目续捐10万元。继2014年与中国移动形成50万元合作项目后，2015年中国联通捐赠18万元，为家庭经济困难学生争取更多入学和毕业资助。⑥创新和推广各类品牌资助育人项目。暑期深入开展针对家庭经济困难学生的家访“暖心家乡行”活动，12个学院的35名辅导员老师参与其中，走访16个省（市、自治区）中48个乡镇的困难学生家庭，将学校关爱送到学生家中；新生入学“绿色通道”为602名困难新生缓交学费共计195.34万元，同时为特困生发放现金补贴和各类物资折合共计21.05万元；开展第十届“冬季送温暖”活动，为2015级家庭经济困难新生发放羽绒服近300件，价值10万余元；开展毕业生旧货市场活动，数千名在校学生参与活动，近百名毕业生捐赠书籍、衣物；与社会助学单位合作，持续开展助学励志育人活动，包括曾宪梓教育基金会“追寻曾宪梓先生足迹（第二季）”活动、电明助学金颁奖典礼暨与邓电明校友面对面活动及各类颁奖表彰会；继续推进“公益学时”和励志成长成才典型评选活动，3000余名国家奖学金、励志奖学金、助学金获得者参与其中，帮助大学生将励志、诚信、感恩精神内化于心、外化于行。2015年，组织各类资助育人活动10余项，惠及学生近万人次。其中，1名同学获得曾宪梓优秀大学生奖励计划标兵称号，赴广州参观学习（全国39名）；在中国宋庆龄基金会青年领导力项目中包揽了最佳贡献奖（全国2所）、领袖金鹰奖（全国10强）和优秀指导老师奖；3支团队获得中国青少年基金会激励行动支持开展公益活动，1支团队获2014年“激励成果奖”。

学风建设。①推进学生学业辅导工作。在充分调研的基础上，成立了“北京科技大学学生学习与发展指导中心”，落实了专门人员和场地，并制订了详细工作方案，统筹开展学业发展、学习方法和课程辅导活动。指导学院成立专门的学业辅导机构，定期开展课程答疑和学习经验交流活动，其中学生朋辈帮扶538名学业困难的同学减少近400门次挂科。加强学风日常督导，继续完善学风观测指标，组织开展两次学风状况调研。要求学生工作干部“深入班级、深入课堂、深入宿舍、深入网络”，了解学生学习情况。累计发放问卷2800余份，召开学风建设座谈会、研讨会110余场，学生工作干部累计听课300余门次。落实辅导员巡考制度，扎实开展学生考风考纪和考试诚信教育。②完善评奖评优工作机制。全面推广特种奖学金答辩制度，确保流程规范和结果公平、公正、公开。2015年，共设立本科生奖学金17项，5456人次获奖，覆盖率为41%，奖励金额为690余万元。本科生中，评选出北京地区高等学校优秀毕业生167名，北京市三好学生16名，第九届“校长奖章”获得者6名，校三好毕业生659名，校优秀三好学生498名，校三好学生997名，校优秀学生干部621名，“87级校友基金”优秀学生干部20名。③加强学生基层组织建设。强化基层组织的重点培育和过程管理，借助学生骨干培训、新生小班主任、宿舍文化节、集体达标创优等，突出对学生基层组织建设的方向引导、方法指导和保障服务，倡导班级、宿舍建“家”，强化氛围育人，努力创建优良学风。2015年，301个班级参与申优，参评率为85%，评选出北京市优秀班集体7个，北京科技大学“87级校友基金”最佳团队10个，先进班集体、优秀团支部标兵35个，先进班集体、优秀团支部70个，其中计算机与通信工程学院通信1202班荣获北京高校“十佳示范班集体”称号。评选标兵宿舍60个，文明宿舍529个，标兵宿舍长93名，优秀宿舍长440名，宿舍达标率为100%。选聘119名优秀高年级学生担任新生小班主任。④宣传先进典型。搭建校院两级的立体宣传平台，开展答辩会、表彰会、宣讲会等活动，通过校园门户网站、学子在线、宣传橱窗、视频、微信等载体在全校深入开展先进个人、集体事迹的挖掘和宣传，发挥学风引领和示范作用。2015年整理、宣传典型事迹83人次，举办大型表彰会3场。编写发放2015级新生《象牙塔里的足迹》。开展“校长相约共话成长”主题论坛活动，邀请前八届校长奖章获得者返校，与学生分享成长故事，为学生成长励志导航。

日常管理。①修订发放《2015本科生学生手册》。组织2015级本科新生参加校规校纪考试，着重考察新生对校规校纪的掌握情况，强化学生对自身权利和义务的认识。②组织2015级学生毕业典礼暨学位授予仪式和2015级新生开学典礼，共计7000余名学生及1000余名学生家长参加典礼，设计改进毕业典礼学位授予环节，开展“为每一名毕业生留下珍贵瞬间”的贴心服务，共计拍摄照片4000余张。

安全稳定工作。①做好安全教育。开展宗教观讲座、安全知识讲座、网络安全教育周、反恐及防诈骗校园宣讲、节假日及特殊敏感时期学生安全教育等活动，覆盖全体学生，提高安全意识。与保卫保密处、后勤服务集团、相关学院联合组织举行学生公寓火灾疏散演习，共计3000余名师生参加演习。健全联动机制，通过网络和纸质两种方式发放《致学生家长的一封信》11000余封，加强与家长的互动和沟通。②做好危机应对。在学期开学、学生毕业及重大敏感时期开展学生思想动态研判，及时掌握学生思想动态。严格执行校规校纪，2015年共处理违纪学生3人。向全体2015级本科生发放《本科生保险手册》，引导学生学习安全、保险及医疗相关规定，为3200余名新生办理大学生人身意外伤害保险。2015年，本科生理赔金额为25万余元。整理汇总2015年学生突发事件案例165个。

少数民族学生培养和管理。重视少数民族学生的培养和管理工作，在尊重其民族习惯的同时，充分发挥专职辅导员的作用，继续提高对学生的服务意识，不断加强对学生学习的帮助和引导。2015年，有58人次获得“民考汉、内地班”学生奖学金，4名2016级少数民族本科毕业生获得免试攻读硕士学位研究生的资格；开斋节，为170余名回族、维吾尔族、哈萨克族等伊斯兰教少数民族学生提供免费午餐欢度节日。

（丁煦生、盛佳伟、夏春生、刘晓杰、王金蕊、张同华）

【辅导员队伍建设】①完善辅导员四级培训体系。进一步完善初级、常规、专题、高级四级培训体系，加强对辅导员的培训力度。全年开展培训项目35个，培训辅导员415人次，其中参加校外、京外和境外高水平培训项目的辅导员为77人次。学生对辅导员的满意度为95.5%。据《2015年度首都高等教育质量与学生发展监测报告》，学校学生对“辅导员工作”满意或比较满意的比例明显高于首都高校总体水平。②完善学生工作考评激励办法。在原有考评机制的基础上，研究起草《学生工作奖励办法》，建立健全学生工作奖励机制。完善学院专项奖评选观测点，实施辅导员工作日志制度，优化学生满意度、同行认可度等测评办法，多维度评价辅导员的工作质量；开展“十佳辅导员”评选，强化综合能力考察，优化评选办法，完善视频展示、情景模拟和案例分析等评选形式，提高评选工作的科学性。③加强辅导员职业能力建设。加强辅导员精品项目建设。将辅导员精品项目建设纳入本科教育教学改革与研究项目范畴，2015年共立项11项（重点1项，面上10项），总经费30万元。入选教育部思政司2015年高校辅导员工作精品项目1项。加强对辅导员职业发展的指导。组建5个辅导员志趣发展小组，完善年级组、志趣小组、辅导员创新工作室等横纵结合的辅导员职业发展组织保障，强化对辅导员技能提升和职业发展的指导。2015年，2名辅导员分别获评“第七届全国高校辅导员年度人物”和第四届全国辅导员职业能力大赛一等奖，实现了学校全国辅导员奖项“零”的突破。

（史立伟、张　毅、潘红涛）

【信息化建设】以全媒体网络平台建设为重点，着力加强网络思想政治教育工作。进一步优化学生工作信息系统。2015年，依托系统完成本科生奖学金评审5383人次，个人荣誉称号评审2116人次，实现了学生工作数据的互通共享，提高了学生工作数据的互通共享效率。不断完善以“北科学工大家庭”“贝壳学子”“贝壳毕业生”微信公众平台为主体的“微媒体”工作体系。通过针对性的话题策划和焦点讨论，发挥平台在引领学生思想、服务学生成长方面的作用。至年底，“贝壳学子”微信平台年阅读量396550余次。

（丁煦生、盛佳伟、史立伟）

【学生工作调研与宣传】①做好大学生思想舆情调研工作。坚持思想动态调研，通过假期学生座谈会、重大事件座谈会、网络思想教育、调查问卷调研、学生业余党校等措施加强对学生的思想动态调查、舆情焦点掌握、热点话题分析。及时了解学生的思想状况和重要问题，加强工作的针对性、时效性。2015年，共撰写报告30余篇。②做好新闻宣传工作。加强学生工作新闻队伍的建设，掌握宣传素材，充分利用校内外宣传平台将学生工作动态、经验、成绩进行准确及时的报道。

（史立伟、张　毅、潘红涛）

研究生工作

【概况】2015年研究生工作部在校党委和校行政的正确领导下，积极进取、精诚团结、全力以赴，服务学生成长，维护学校稳定，全面完成计划内工作，并在研究生担任“成长导师”“贝壳学术汇”“骨干成长工作坊”等方面形成突破。

（张　颖）

【研究生管理】①完善和规范研究生评优工作。积极探索以评促建、加强学风建设的有效途径，充分发挥评优的导向和示范作用，形成“学习先进，争当先进”的良好氛围。为营造良好的集体氛围，继续开展研究生集体建设立项工作的同时，推进研究生党支部成才表率培育计划。4月份启动研究生优秀集体建设项目和研究生党支部成才表率培育计划，分别有165个班级和133个党支部申报。经过近8个月的建设，各学院于11月份以多种形式对建设项目进行了验收，并向学校推荐了35个优秀班级和40个优秀党支部，经过材料评审和现场答辩评审，分别产生10个标兵班级和15个标兵党支部。结合三年来研究生国家奖学金的评审经验和上级文件精神，对学校的评审暂行办法进行了修订，出台了《北京科技大学研究生国家奖学金评审办法》（校发〔2015〕18号），完成2014－2015学年度国家奖学金、校长奖学金（最高奖金12万元每人每年）、特种奖学金、（优秀）三好研究生、优秀研究生干部等3000余人次的个人评奖评优工作。其中“校长奖章”4人，优秀三好研究生295人，三好研究生880人，优秀研究生干部352人，研究生特种奖学金79人，国家奖学金254人（硕士生2万元/人，博士生3万元/人）；博士研究生校长奖学金23人；研究生十佳学术之星10人、提名奖10人，学院学术之星100人，5个单位获得学术论坛优秀组织奖。在2015级春季毕业研究生中评选出北京市优秀毕业生109人，校级优秀毕业研究生327人；在夏季毕业研究生中评选出北京市优秀毕业生52人，校级优秀毕业研究生147人。②继续丰富研究生心理健康教育工作方法和有效途径，在2015级新生中开展团体心理辅导并实现全覆盖，帮助新生尽快适应新的生活和学习环境，学会正确认识和评价自我的方法，为今后顺利完成学习科研任务打下良好的基础。团体辅导活动在个别研究生的心理危机事件中已显现出较好的识别和防治效果。利用每月一次的“茶语生活”系列活动，以心理趣味活动和辅导为主要内容，提高研究生的心理素质水平，丰富研究生课余文化生活。指导心理素质教育中心做好2015级研究生新生的心理健康普查工作，并与心理素质教育中心配合进行进一步的约谈工作，为建立学生心理健康档案，有针对性地开展心理健康教育打下良好基础。指导学院和心理素质教育中心对“重点关注研究生”的心理健康状况进行研判，及时帮助和控制具有危机倾向的研究生，化解危机事件，稳定学生状态。③进一步完善研究生安全教育体系和危机应对工作机制，妥善处理研究生中出现的突发事件，维护校园稳定。定期开展舆情调研，及时掌握和了解研究生思想动态，积极化解矛盾，把不安定因素消除在萌芽状态；及时对安全事件案例进行分析、总结、宣传；

节假日、敏感时间节点前做好安全通知、安全注意事项提示、值班安排；严格执行学生集体外出活动审批制度，做好大型学生活动安全预案；做好安全知识的普及工作，在全体研究生新生中进行实验室安全普及教育和学生公寓的守则教育，通过与资产管理处合作在各学院或研究生培养单位进行宣讲，各学院组织全体研究生新生通过观看安全教育影片、宿舍火灾疏散演习、实验室设备使用及防护等途径，切实提高新生的安全意识。为促进实验室安全文化的形成，培养研究生爱校荣校、爱实验室的观念，形成“实验室是我家，安全靠大家”的理念，广泛传播安全正能量，进一步提高广大师生的安全意识，充分调动师生积极性，面向全校研究生征集以实验室安全为主题的口号、微电影等优秀文化作品。④教育学生增强自我保护意识和办理意外伤害保险的意识，使生命财产得到必要的保障。2015年共计为2129名研究生办理了意外伤害投保手续，为83人办理了保险理赔。⑤坚持以人为本，切实探索和采取相应措施，改善研究生学习、科研、生活条件，如为学生办理困难补助申请、结婚申请、出国申请等事宜。

（宗燕兵、王　斌）

【研究生党建工作】①深入推进学生党员先锋工程计划，充分发挥研究生党员先锋模范作用，引导研究生自觉践行社会主义核心价值观，以支部建设为主体，以“成才标准”凝练和“成才表率”培育计划为重点，紧密结合学校人才培养目标和研究生成长成才需要，增强研究生党员理想信念，提高综合素质，推动学校研究生更好更快地成长成才。②积极开展红色“1+1”活动，发挥专业优势，服务社会基层。党支部发挥自身专业优势，与京郊农村、乡镇街道、企事业单位、驻京部队等地方党支部结对，建立共建关系，利用节假日开展科技支持、文化普及、知识宣讲，充分展现共产党员的风采，增强党支部的凝聚力，提高研究生的社会责任意识。③发挥“红色钢铁摇篮”训练营的平台作用，做好培训工作。以训练营为平台，深化“分层次－体系化－重实效”党建培训模式，坚持“三个一”的工作原则，即让每一名研究生新任党支部书记参加一轮培训，对每一名研究生预备党员进行一轮培训教育，给一大批研究生骨干提供一次学习机会。先后组织开展了研究生新任党支部书记、研究生骨干、研究生预备党员三个层次的培训活动，举办专题报告12场，110名新任研究生党支部书记、100名研究生骨干、195名研究生预备党员顺利结业，93名学员被评为优秀学员。在培训中设立自主学习和课题调研等环节，注重激励党员学习的积极性和主动性，注重培养体系的探索，凝练出特色鲜明的培训内容体系，更加注重培训过程实效性。

（张　颖、宗燕兵）

【研究生教育】2015年，学校继续有针对性地开展入学教育、毕业教育、形势政策教育和安全教育等工作。

充实新生入学教育内容。在新生中实行新生学术生涯教育计划，是引导和帮助新生尽快适应研究生学习和科研工作的重要举措，是高层次拔尖创新人才培养的第一步，是研究生德育工作的主要组成部分。各学院和研究生培养单位在贯彻落实全员育人、全方位育人、全过程育人的基本方针时，从实际出发，创新形式，注重效果，用一个学期的时间，重点从“传承优良学风，培养归属意识”“倡导学术诚信，强化科研意识”“开展时政教育，培养责任意识”“学习校规校纪，深化安全意识”“重视心理教育，提升健康意识”“开展职业规划，培育发展意识”六方面，帮助研究生建立积极心态，尽快适应科研节奏，发掘自我潜力，提升竞争能力。①科技迎新，以人为本，创新网上报到手续。2015级研究生可在网上报到时选择宿舍、填写手机号，到校后可直接办理入住手续，充分体现了学校的“科技范儿”。②组织参观校史馆，了解学校发展规划，开展学校历史及校风教育。③组织学习《研究生手册》，开展新生与导师座谈会、新老学生经验交流会、学术规范教育、安全教育等活动，帮助新生尽快适应环境，完成角色转换。④组织全校研究生新生签订《遵守校纪校规承诺书》。⑤实现研究生新生心理素质教育中心团体辅导全覆盖。⑥组织中国与国际发展前沿系列讲座6场，近2000人次参加，使广大研究生了解我国时事政治与国际安全形势，培养爱国情操。

丰富毕业教育形式。①毕业典礼及学位授予仪式是毕业教育成果的重要体现形式，也是毕业研究生人生道路上的重要里程碑。2015年1月16日，北京科技大学2015级春季毕业典礼“品端才实业精，志高行远卓越”，让学生成为毕业典礼的主角，深刻感受到母校的爱与祝福。②以凝聚母校情结为宗旨，加强毕业生社会责任意识教育。在毕业生中进一步弘扬学校精神文化传统，凝聚感情，引导毕业生尊师爱校、亲情离校，增强毕业研究生的社会责任意识。组织“院系领导寄语”“毕业生欢送会”“师生联谊座谈”“重温校史”和“我为母校献言献策”等活动，增进学校、学院与毕业生之间的感情交流，提升毕业生荣校爱校的意识，培养毕业生为母校发展贡献力量的自觉意识，更好地为研究生的健康成长成才和学校的研究生教育发展服务。③秉持“以学生为本”“以毕业生为主角”的理念筹备、组织研究生毕业典礼。以评选“优秀毕业研究生、优秀毕业论文”为依托，加强学术诚信和科学道德宣讲。通过组织“优秀毕业论文交流会”等系列活动，让毕业研究生传授学习经验，教育引导低年级同学珍惜学习时间，倡导严谨学风，更好地把握研究生生活。通过大学“最后一课”等专题讲座对研究生进行学术科研指导及学术道德教育，指引研究生在今后的人生道路上诚信做人、诚信做事、坚持和发扬科学精神、遵守学术规范、践行学术道德。做好2015级优秀毕业研究生推荐评比工作，树立先进榜样，宣传先进事迹，营造学校良好的学术氛围。④以维护学校改革发展稳定的大局为出发点，做好安全教育。高度重视毕业生的安全教育，切实维护好学校的安全和稳定。举办安全教育讲座，通过分析以往毕业期间的典型案例，帮助广大毕业生树立安全意识。加强对毕业生宿舍的管理，保持宿舍的清洁卫生。在宿舍内部和校内公共场所进行全面控烟，做好毕业生控烟健康教育以及控烟宣传工作，为创建无烟校园、构建文明校园做出努力。

利用各种契机深化思想政治教育。以选修课形式开设人文素质课程，从人、文、社、科等各个学科不同角度提高研究生价值判断能力、社会认知能力、科研学术能力等。

（宗燕兵、王　斌）

【研究生德育工作基层组织建设】①辅导员队伍建设稳步前行。建设高素质的德育队伍是做好学生工作的保证。至年底，研究生辅导员共有50人，其中专职25人、兼职25人。为加强研究生辅导员队伍建设，提高辅导员的职业素养和业务水平，研究生辅导员在参加学校统一组织的春、秋两季培训外，还有针对性地邀请了资产处林林处长、研究生院班晓娟副院长，以及部分学院副书记、研工组长等进行了多场报告。自2013年4月24日成立研究生辅导员联谊会，联谊会由博士生辅导员组、硕士生辅导员组以及若干专项研究组组成。其中博士生辅导员组与硕士生辅导员组为常设机构，旨在加强研究生辅导员的日常交流和队伍建设，构建良好工作氛围；专项研究生旨在针对具体问题进行深入研究，形成明确的工作方法或指标，切实提高研究生辅导员的工作效率和工作能力，并可根据研究生思想政治教育工作的深入开展或重心变化进行适当调整。②骨干成长工作坊，助力优秀集体建设。研究生优秀集体是团结带领广大研究生自我教育、自我管理、自我服务的基础，加强研究生优秀集体建设对促进研究生自觉成才、勇于创新、塑造优秀品格、增强社会责任意识具有重要意义。为推进研究生优秀集体建设，研工部开展“研究生骨干成长工作坊”系列活动，以过去两年的研究生骨干培训经验为基础，帮助申报优秀集体项目的研究生集体负责人掌握集体建设的途径、强化自己的工作能力，使研究生集体建设项目形成“申报、指导、建设、考核、评比”定态的建设过程。以“针对工作能力，做到授之以渔”“促进交流，增进研究生骨干责任意识”“强化筹备，全面提升集体建设水平”为主要内容，不仅为他们创造了学习的机会，也提供了宝贵的集体建设经验，搭建了工作交流的平台。培训班长和党支部书记近300人，每期培训15人，共进行了12期。③学术诚信教育贯穿学风建设始终。结合学校实际情况和新时期研究生的特点，积极拓展科学道德与学风建设的新途径和好做法，不断深化对研究生的科学道德宣传和教育。将科学道德和学术诚信教育贯穿于党、团、班建设和优良学风建设之中，在学术论坛、入学教育、毕业教育、党员培训、党支部组织生活、评优评奖、科技与人文素质课程等环节中引入学术诚信和学术规范教育。将科学道德和学术诚信教育引入课堂、实践、培训，结合到研究生课程进展、社会实践与挂职锻炼、学生干部与支部书记培训当中，让学风建设走进第一、二课堂，使学风教育与学习科研紧密结合在一起，使宣讲效果更深入学生群体更贴近日常生活。通过宣讲报告、发倡议书等形式在全校范围内进行宣传教育活动。组织200名研究生代表和教师代表参加了由教育部举办的首都高校“科学道德和学风建设宣讲教育活动”，聆听吴孟超院士、薛其坤院士和潘建伟院士题为《一生为理想去奋斗》《胸怀理想，追求卓越，做一个学风严谨的科学工作者》《梦想与责任》的精彩报告；在开学典礼上向全体新生发出学术诚信倡议，让每一名新生在入学之际就明确学术诚信是科研人员的天职；在研究生评奖评优中，对学术诚信问题采用一票否决制。

（张　颖、刘兴国）

【科研学术及实践活动】搭建学术平台，促进交流沟通。连续举办11年的研究生学术论坛以培养研究生的科学精神和创新精神，培育有利于研究生健康成长和优秀人才脱颖而出的校园文化环境，以及为广大研究生搭建广阔的学术交流平台等目的，在研究生群体中反响强烈，对培养学术氛围、弘扬学术道德起到了十分积极的作用。①开展了学术论坛十年巡礼活动，前十期举办活动2700余场，评选优秀论文5000余篇，十佳学术之星99名，并且对十佳获得者及其导师进行了采访调研，整理文字、视频材料100余份，形成24万余字的文集。②4月份启动“研究生学术论坛十周年巡礼暨第十一届开幕式”，张欣欣校长在启动仪式上做首场报告，全校500余名研究生到场聆听。第十一届研究生学术论坛累计举办500场各类学术报告或活动，28922人次参与，经过严格评选，共产生105篇校级优秀论文。③开展“科研中最美瞬间”摄影比赛，摄影作品呈现了研究生科研中的点滴精彩或难忘瞬间，丰富研究生的课余生活、展现研究生的科学精神和艺术创想。④12月份学术论坛闭幕，评选产生冶金与生态工程学院、材料科学与工程学院、机械工程学院、化学与生物工程学院、东凌经济管理学院等5个单位为本届学术论坛优秀组织奖获奖单位。

树立优秀典型，发挥示范效应。开展研究生“十佳学术之星”“学院学术之星”评选，坚持对候选人的匿名评审和现场答辩相结合的方式，以使评审环节更加科学和严谨。各学院和培养单位组成初评委员会，制订本单位学术之星评选细则，按照评选细则评选出学院学术之星，共100名，并择优推荐“北京科技大学研究生十佳学术之星”候选人40名进入终评阶段。终评活动分为两个环节，首先是40进20的匿名评审环节，产生20名“十佳学术之星入围人选”。最终，通过层层筛选，评选出学校第十届研究生十佳学术之星10名，十佳学术之星提名奖获得者10名，学院学术之星80名。在树立和宣传学术典型的过程中，坚持公开、公正、规范、独立的原则，加大公示和宣传力度，有效激励了全体研究生提升思想道德水平、激发学术科研兴趣、坚定成才报国志向、实现全面成长成才，并促进优良学风校风建设。

贝壳学术汇为学校研究生不同学科交叉交流开启新篇章。随着科学技术的发展及科研领域的延伸和融合，大学科的交叉已经成为一个新的发展趋势，作为科研生力军的研究生应该在更大范围内交叉和交流起来。“贝壳学术汇”是一个“服务研究生学术成长”的学术沙龙，强调打破学院界限和学科壁垒，突出跨学科的学术交流和思想交锋，从研究生自身需求出发，坚持学科交叉、学术争鸣、求实鼎新的精神，围绕学术前沿、科研热点、研究方法、实践创新，活跃学术思维、碰撞智慧火花，为广大研究生的全面成长成才和学校的研究生教育事业发展正向助力，在全校研究生中营造“交叉、争鸣、真知、创新”的学术氛围。2015年已成功举办6期：“互联网+”背景下的信息与管理学科的交叉与融合、环境与材料科研领域的检测技术及创新、纳米技术与新材料的设计与制备、材料领域中科技论文的写作和翻译、冶金全流程自动控制技术集成与创新、学科交叉和研究生实践能力培养。

研究生科技服务与挂职锻炼助力求实鼎新的学术风气。按照“广泛宣传、积极申报、严格选拔、岗前培训、过程考核、总结表彰”的“六步走”思路，遵循“培育基地、分类实践、结合专业、注重实效”精神，坚持“科技服务”和“挂职锻炼”两个层面开展工作。

4月份，与各实践基地联系需求，完善研究生岗前培训内容。5月份，学校下发科技服务与挂职锻炼通知，广泛宣传，组织研究生积极申报。过程中坚持两点，一是研究生必须征得导师同意，保证实践活动不影响研究生的学位论文进展；二是岗位与研究生之间进行双向选择，保证实践取得效果。6月份，进行项目筛选和岗前培训，签订相关协议书，以及购买意外伤害保险。7、8月份，研究生奔赴实践基地开展科技服务或挂职锻炼，最后研工部回访实践单位。2015年45个团队和500余名研究生个人参加了科技服务与挂职锻炼。10月份，各团队和个人上交实践材料，研工部组织评阅实践报告；11月份，进行答辩考核，评选优秀团队及先进个人。2015年共评出6支标兵团队和111名优秀实践个人，同时对研究生参与度高、实践质量好的土木与环境工程学院、机械工程学院、化学与生物工程学院、文法学院、冶金工程研究院5个单位授予“优秀组织奖”称号。广大研究生在活动中积极发扬学校“学风严谨，崇尚实践”的优良传统，深入生产一线、深入工作基层，虚心学习，发挥专长，服务岗位，达到了受教育、长才干、做贡献的目的，为培养研究生实践能力，提高研究生的服务意识，推进产学研合作，为实现地方、学校、研究生三方互利共赢打下了坚实基础。

开辟实践育人新阵地，构建协同发展大平台。围绕党建和思想政治教育工作的中心任务，通过聘任优秀研究生担任科大附中高中生的“成长导师”，努力促进研究生思想教育与学术成长相结合、创新培养与实践体验相结合、提高素质与发挥作用相结合，为促进学生成长、促进学校发展提供了新途径，获得了附中老师、学生及家长的好评，取得了良好的社会反响。2015 年共选拔了 41 名优秀研究生担任附中学生的成长导师，任期一学期，以促进学生全面健康成长。相信在各方的努力推动下，“成长导师”工作会进一步开花结果，成为推动小学生、高中生、研究生共同成长的新平台。“成长导师”项目获得首都大学生思想政治教育工作实效奖二等奖。

（宗燕兵、王　斌）

【学生工作研究】以工作研究促工作实践。通过对研究生相关课题的研究增加了对研究生工作的认识和理解，对未来研究生工作的开展提供了理论支持。2015 年研究生工作部完成了中国学位与研究生教育学会课题一项——《研究生学风与学术诚信道德建设》。指导辅导员申报开展上级工作研究课题。同时，研究生辅导员联谊会的专项小组结合工作实际进行了深入研究，通过对相关课题的研究增加了对研究生工作的认识和理解，对未来研究生工作的开展提供理论支持。

（张　颖、宗燕兵）

【中国学位与研究生教育学会德育委员会工作】中国学位与研究生教育学会德育委员会秘书处发挥了良好的工作交流平台作用。德育委员会秘书处设在北京科技大学，主任委员由北京科技大学张跃教授担任，秘书长由北京科技大学研究生工作部张颖部长担任。2015 年，德育委员会继续发挥全国研究生德育工作者平台交流作用。7 月，在兰州大学召开德育委员会第四届委员会第六次全体会议，会上，25 名与会成员针对德育委员会二十周年纪念大会、当前研究生德育工作中的热点问题等进行了深切探讨；同时，研究设立了 2015 年德育委员会课题，8 个片区分别申领了 1 个课题；会上投票选出了云南大学、郑州大学为新增委员单位，扩大德育委员会会员单位的覆盖面。此外，建立德育委员会微信公众号，增强秘书处与各委员单位和会员单位之间的沟通联系，规范德育委员会内部章程和财务运行制度，完成上级单位交办的各项任务。在教育部思政司和中国学位与研究生教育学会的直接指导下，与全国高校的研究生思想政治教育工作的同仁们共同完成上级交办的各项任务，加强学会自身建设，优化工作体系，增强学会活力，发挥好桥梁纽带作用。

（张　颖、李勇威）

共青团工作

【概况】2015年，校团委下设办公室、组织部、宣传部、实践部、志愿者工作部、文体部、学术科技部、学生创业中心、素质拓展中心、社团部，共有团员19657人，学生社团101个。北京科技大学团委在学校党委和上级团组织的领导下，紧密围绕学校中心工作，深入贯彻落实中央党的群团工作会议精神，深化“四育人”工作体系，着力提升共青团工作的科学性和对学校发展、学生成长的贡献力。荣获全国“五四红旗团委”荣誉称号。

（刘晓东、王　鹂）

【思想政治教育与组织建设】2015年，校团委紧抓时代脉搏，深入开展“中国梦”宣传教育活动，以高校共青团“四进四信”活动为契机，开展“我的大学与我的中国梦”——社会主义核心价值观宣传教育活动，分层次、分类别举办“我的大学与我的中国梦”主题团日、“我的专业梦”筑梦行动、“绎北科情·逐中国梦”寻梦行动、“创业·让青春出彩”圆梦行动、“铭记历史”纪念抗日战争70周年主题活动及毕业生主题团日活动等，覆盖361个团支部、11000余名学生，形成604次“梦想演讲”、1725篇梦想散文和宣讲材料、3026篇学习笔记和读书心得、416个“梦想秀”原创文艺作品、20余部原创梦想微电影。

2015年，校团委完善团学骨干培养机制，锤炼干部工作作风、提升岗位胜任力，取得显著成效。①实施“励志计划”，培养创新型青年领袖，探索形成了以“校友育人”与“青年领导力课程”为核心的育人体系，聘任谢辉、陆正耀、潘海东、李如彬等54名校友导师和左鹏、曹辉等15名课程讲师，全年开展教学120学时，成为人才培养“试验田”和校园引领“风向标”。②完善团校四级培养格局，建立学生骨干培养体系，全年开展校、院两级团校12期，举办“青年工作大讲堂”3期，开展学生骨干“健康成长大讨论”30余场次，培训学生2500余人次。③开展团委委员联系基层“走进”活动，推进“10+10工程”，39名校团委委员和近百名学生骨干面对面交流。

2015年，校团委修订完善《北京科技大学推优入党工作实施办法》，将研究生群体、学生组织和学生社团纳入推优整体格局，修订本科新生、国防生推优细则，统一规划、整体推进，发挥推优入党工作的思想引领作用。各级团组织规范程序，创新推优工作实施形式，用青年人喜闻乐见的形式吸引和凝聚青年，全校一体化推优格局进一步巩固。

2015年，团组织覆盖的有效性进一步提升。①推进基层团组织建设和基层工作，坚持党建带团建，实施基层团组织“细胞工程”，着力激发基层团支部活力，努力探索“班团一体化”机制建设，1个团支部入选全国“示范团支部”、1名团支书被评为全国“百佳团支书”，1个团支部被评为北京市“五四红旗”团支部。②规范开展推优入党工作，全年举行推优大会600余场次，5000余名学生通过自荐演说等形式申请成为党的发展对象，各级团组织向党组织推荐优秀团员青年1594人。③深入推进共青团工作考核与评价体系，面向学院（单位）和团委机关部门实施量化考核与评价，强化目标导向，有效提升共青团工作的科学化水平和育人实效。

（闫奎铭、崔　睿、吴晓东）

【新闻宣传与网络新媒体】 2015年校团委继续深入推进团学工作的网络新媒体战略转型，网络思想政治引领能力明显提升。①夯实“北科大青年”全媒体神经网络，覆盖青年师生4万余人次，全年阅读量523万人次。②深挖媒体传播内容，创作深受青年喜爱的网络原创文章和文化产品，“北科小博士”“满井时评”等栏目广泛传播，《一图读懂大学章程》《党代会巡礼》等专题深入人心，全年登陆“共青团中央”等主流平台25次，阅读量突破50万。③建设网络宣传队伍，组建分层次、职能化的网络宣传员和网络文明志愿者队伍，培育出“青年读书会”“大冰辅导员”等一批校园网络大V，在应对网络舆情危机、维护校园稳定方面发挥了重要作用。团中央常务书记贺军科参加学校网络文明志愿行动“小博士新闻发布会”并为学校网络宣传工作和志愿者队伍“点赞”。学校团委荣获北京市共青团信息工作先进单位。

（崔　睿、刘子艺）

【社会实践与志愿服务】 2015年，学校坚持“课程化”的长效育人机制，注重提升实践育人深度，大力推动社会实践“质量工程”，充分发挥社会实践在培育践行社会主义核心价值观中的养成作用。学校以“实践绘就最美青春”为主题，组织349支团队、3328名学生参加暑期社会实践活动，动员190位指导教师参与社会实践团队指导，师生比为1 ： 17。学生实践足迹遍及祖国30个省、市、自治区，举办文体演出、宣讲会、座谈会300余场次，募集捐助物资价值7.8万元、图书7188册，累计支教2252学时，学生实践活动受到《人民日报》《中国青年网》《中国环境报》《北京卫视》等数十家媒体报道231次，学生撰写形成学术调研报告或论文20篇，学校与苏州工业园区、淮河生态水系研究中心、河北省保定市涞源县、北京市密云县不老屯等地建设社会实践基地21家，学校荣获全国“三下乡”活动、全国千乡万村环保科普行动、首都大学生社会实践、人民网纪念抗战70周年寻访行动、首都大学生思政课实践论文评选、国际大学生新媒体文化节实践微电影单位等各类专项荣誉20余项，获奖师生100余人次。学校围绕“一带一路”和“大众创业、万众创新”汇集27名教师、227名学生组建了42支实践团队开展专题走访调研。其中《“一带一路”战略推动愿景调查报告》，获得团中央学校部通报表扬，相关建议纳入《青年给六部委的政策建议函》；“互联网+”青年创客寻访团通过走访，形成《中国青年“互联网+”创新创业发展报告》，拟向民进中央报送政协提案《加强跨界人才培养，促进实施“互联网+”行动计划》；关爱抗战老兵实践团获人民网“全国大学生纪念抗战胜利70周年寻访活动”十佳精品团队，受到《人民日报》报道；中国精神寻访团的论文《大力推进学雷锋活动的常态化》被《山西省委党校学报》收录；禾欣实践团为白领家庭中的孩子开办暑期夏令营，覆盖当地45个小区、335个小朋友，已经成为园区内最受欢迎和最受期待的未成年人关爱活动。建设实践网络媒体群，全年发布相关资讯500余条次，最高阅读量破3万次，累计阅读量近10万。暑期实践期间，发起“北科实践最青春”话题，吸引讨论3309条、阅读量79.1万，一度入围新浪微博热门话题榜。

2015年，校团委进一步加强志愿服务课程建设，规范课程管理，志愿服务工作再创新高。①助力大型志愿服务活动。根据北京团市委整体部署，学校选拔80名志愿者参与2015年北京世界田径锦标赛志愿服务。自2015年8月22日上岗之日起，至2015年8月31日世锦赛落幕为止，学校志愿者足迹遍至鸟巢内外的证件查验岗位，累计上岗1440次，总服务时长8640小时，学校获得“优秀组织单位”奖项，16名志愿者获得“优秀志愿者”称号。除此之外，还圆满完成了首届海淀区中关村科技运动会志愿服务工作、北京市团市委发起的“温暖衣冬”等大型志愿活动，提升了校内开展的志愿服务项目的整体品质。②深化志愿服务项目管理，提升活动质量。首次开展对已有志愿服务的实地调研，对好的项目进行挖掘宣传，存在问题的提出整改意见，帮助提升全校志愿服务项目质量。挖掘新的志愿服务形式，将现代化元素融入志愿服务。现有65个长期志愿服务项目，新增长期志愿服务项目14个，共完成志愿工时约86000小时。③完善志愿服务信息平台，全面助力志愿教育。为了使线上系统更好地完成课程管理、信息宣传的功能，年内对志愿服务课程网进行了全面升级改版，结合原系统使用中总结的优势和不足，优化功能，更新平面设计，使志愿服务课程网更符合现代青年学生的使用喜好，拉近与学生的距离，提升宣传工作的有效性。

（王鹂、崔睿、张仪宇、王越）

【学术科技与创业就业】 2015年，学校团委以提升大学生创新能力为目标，加强多层次、全方位的大学生学术科技创新平台建设，科技创新育人实效愈加突显。①建设讲座平台。全年邀请国内外名师大家举办各类学术科技讲座近百场，累计参与近2万人次。学校团委邀请著名歌唱家戴玉强、著名主持人张泽群、“蛟龙号”首席潜航员叶聪等到学校《名家讲坛》做客，致力于将《名家讲坛》打造成为北科大的综合性思想交流平台。②建设竞赛平台。带队参加第14届“挑战杯”全国大学生课外学术科技作品竞赛终审决赛，并最终获得全国二等奖一项、全国三等奖两项；带队参加第14届“挑战杯”全国大学生课外学术科技作品竞赛“智慧城市”专项赛，并最终获得一项全国一等奖的佳绩，这也是北京全部参赛高校中的最好成绩。举办第17届“摇篮杯”学术科技作品竞赛，参赛作品437件，参赛学生超过2000人，活动受到了团市委、北京学联、中国青年网的关注和报道。带队参加第八届“挑战杯”首都大学生课外科技作品竞赛，并最终获得特等奖2项、二等奖5项、三等奖5项和优秀组织奖。组织参加第12届全国研究生数学建模竞赛，并最终获得全国二等奖2项、三等奖1项。③建设文化平台，举办第三届贝壳青年科技文化节，打造“科学与艺术共融、人文与创新并存”的校园文化。参加第四届首都大学生科技创新作品与专利成果展示推介会，并获评2项金奖和优秀组织奖，另有一个项目当场与公司签约，实现了学生科技创新成果与企业的直接对接。承办2014年全国青少年科学营北科大分营活动。

2015年，校团委着力提升创业教育的广度和深度，探索创业教育模式创新，以培养创新创业意识、提升创新创业能力为宗旨，坚持“一、二课堂两翼齐飞”“学习、实践两轮并举”“普及、精英两层推动”的思路，积极打造创业教育精品平台，不断提升创业教育的广度和深度，取得了良好的育人效果。①建设课程平台。组织200名学生在夏季学期开展为期3周的创业训练营，授课50学时，涵盖创业理论教育、创业文化交流、创业企业参观、创业模拟实践等内容。②建设交流平台。全年举办“创业讲坛”10场、创业论坛5场，覆盖人数超过6000人次。③建设竞赛平台。第12届“北京科大科技园杯”学生创业竞赛提档升级，建设成为涵盖创业计划赛、公益创业赛、创业实践挑战赛等三项主体赛事的综合类创业竞赛。此外，大赛积极引入创业名家为参赛学生提供指导，引入社会资源、校友资源为参赛团队提供累进支持，使竞赛成为一项涵盖创业讲座、技能培训、创业实践、创业竞赛等内容的精品创业活动。④建设实践平台。积极为优秀创业团队引入风险投资促进项目落地实体运作，以“国家大学生创业训练计划”为依托对创业项目进行孵化，同时与建龙集团合作建立建龙大学生创新创业基金，每年投资200万，支持创业师资、创业培训、创业项目、创业计划竞赛、创业文化活动、创业教材建设等。

（马　聪、赵祾雨、潘伯阳）

【文化艺术与社团活动】 2015年，校团委坚持“高雅艺术、原创艺术、群众艺术”三元并举，全面推动学校艺术教育工作发展繁荣。①统筹推进高雅艺术。全年举办高水平文艺演出5场，组织学生走进国家大剧院20次，覆盖师生2800余人次。②大力普及群众艺术。举办以“艺术点亮青春”为主题的第三届贝壳青年艺术节，积极举办艺术讲堂、文艺主题团日、文艺类比赛、艺术沙龙等活动普及艺术教育。③积极打造原创艺术作品。深刻挖掘学校历史文化，打造出一批原创文化精品，原创校史剧《绽放》荣获北京市大学生戏剧节优秀剧目奖、优秀编剧奖和优秀舞台设计奖；大型原创舞蹈《银杏叶片》荣获北京大学生舞蹈节二等奖。④着力建设学生艺术团。学生管乐团、合唱团在全国大学生艺术展演中分别获得器乐类、声乐类一等奖，实现历史性突破；学生民乐团建团二十周年并登上北京音乐厅舞台举办专场音乐会。

校园文化活动蓬勃开展。校团委以“规模适度、主题鲜明、时间与空间协调”为目标，实施校园文化精品工程，以学生满意度和成长需求为导向，打造精品文化活动。推进学校学生社团的思想引领作用，以中华优秀传统文化教育为根基，全面打造“文化修养、体育精神、志愿公益、科技创新”四维社团培养体系，实现社团思想引航常态化，合理设计全社员成长培养方案，依托大数据时代全面实施信息化管理模式，打造社团国际化，增强学生的思辨精神、学术精神、爱校精神、校训精神。①举办“我和我的中国梦”主题展览、主题宣讲、主题征文活动，引导学生将“个人梦”融入“中国梦”。②开展柿子文化节、演讲比赛、辩论赛，深刻解读“求实鼎新”的校训精神，增强学生的爱校荣校感情，启发学生将“青春梦”汇聚入“北科梦”。③开展贝壳青年文化节、主持人大赛、歌手大赛、街舞挑战赛、新年晚会等，彰显青年文化，展示北科学子的青春风采。

2015年，校团委加强社团管理与精英社团建设。修订社团管理办法，加强社团动态舆情监控，全年指导101家学生社团开展精品项目近600项。成立社团理事会，推行社团领袖计划，加强社团骨干的领导力水平和社团建设能力。设立社团服务站，贴合社团需要加强社团管理服务。推进社团党建团建工作，在条件成熟的79家学生社团团支部中开展推优入党工作。

（王鹂、马聪、闫奎铭、王钰、张雅洁、石苇、戎马逸飞、郝子棋）

【学生会与研究生会】 2015年，学生会和研究生会职能定位进一步明晰。校团委指导学生会加强“代表性、服务型”职能建设，切实增强学生会在服务学生权益、促进学校发展、增进师生友谊、学生干部培养、繁荣校园文化五个方面的能力。在继承第17届歌手大赛、第11届主持人大赛、第十届柿子文化节等传统精品活动的同时，又创办了第一届百科知识竞赛、贝壳奇葩说、第一届校友年会三个全新活动，开展了“我爱我师”评选、“名师面对面”“贝壳视野看课堂”等活动，撰写调研报告11项，解决学生权益问题80余件。首次规范了学生会各项制度建设，编写并制订出第一版《学生会工作手册》。初步建立校会、院会、班级常代表、班长及支书的三级联动机制，提升学生会的影响力和公信力。顺利完成2015级学生早操组织工作。举办第二届“研师亦友——我最喜爱的导师”评选活动、提升研究生综合素质。开展了第十届研究生轻体运动会，第七届研究生羽毛球比赛，号召广大研究生“走下网络、走出宿舍、走向操场”提高研究生体质。进一步做好“学术人生”访谈栏目、博士生沙龙、研究生英语演讲比赛等，加强服务研究生学术发展的能力和水平。

（王鹂、马聪、刘尚宇、贾超）

离退休职工工作

【概况】2015年，离退休职工工作处有离退休职工2359人，其中离休干部106人，退休干部1653人，退休工人600人。离退休职工党委有党员940名，支部17个，其中离休支部4个，退休支部13个，在职支部1个。离退休职工工作处在职工作人员6人。

（乔　哲、王祎炜）

【组织及思想建设】①离退休党委积极围绕学校工作重心，服务学校发展大局，认真抓好离退休职工的思想政治建设工作。党委按月制订工作计划，在老同志中认真贯彻党的各项会议的重要精神和习近平总书记系列重要讲话精神等，加强理想信念和党性教育。主要活动有：为广大离退休党员购买《两会报告》等图书，播放《认真学习准确把握“四个全面”的战略部署》等时政辅导报告，到平谷社会主义新农村老泉口村参观学习等。②在纪念抗战胜利70周年期间，离退休党委以此为契机，加强广大离退休党员的思想政治建设。校领导亲自到家中慰问看望抗战时期参加工作的老同志，离退休党委广泛宣传，传递正能量，在广大老同志中引起了强烈的反响；同时离退休党委组织广大党员赴卢沟桥中国人民抗日战争纪念馆参观学习，举办400余人参加的纪念抗战胜利70周年大型歌咏会，组织内容丰富、形式多样的主题征文、摄影展、书画展等活动。多渠道广覆盖的工作增进了广大离退休职工对中央精神的理解与拥护，增强了大家对国家发展形势的认知与把握，提升了老同志对早日实现中国梦的信心。③离退休职工党委紧紧围绕学校召开的第十一次党代会加强老同志的思想建设。党代会召开前离退休党委举办“喜迎党代会离退休工作回顾展”，发放党代会宣传材料等，在老同志中积极营造党代会的良好氛围；会议期间，积极组织老同志代表审议各项工作报告，行使代表权力；党代会胜利闭幕后，积极组织老同志党代表深入到支部在广大党员当中大力宣讲学校党代会的精神及学校建设取得的丰硕成果和今后发展的光明前景。各项活动的开展在老同志中引起热烈的反响，极大地凝聚了广大老同志对学校建设发展的共识，激发了老同志与学校一起凝心聚力共谋发展的动力，增添了老同志们对学校未来的信心。④2015年，离退休党委以加强支部书记工作能力建设为龙头积极推进支部建设。4月27～29日离退休职工党委牵头组织包括北京科技大学、农业大学、北京语言大学、北京林业大学、中国地质大学在内的五所高校的70位离退休支部书记进行培训与工作交流。培训期间邀请相关专家做“关注社会思潮，加强思想引导”“‘四个全面’

解读”等时政报告，组织广大支部书记就全面从严治党背景下如何加强离退休党支部建设开展主题研讨。通过培训，极大地增强了新形势下支部书记们对从严治党的重要性的认识与理解，同时也开拓了视野，对如何加强离退休党支部建设有了更加清晰的思路，提升了对支部建设及工作创新的能力与意识。为了加强离退休支部建设与现代社会接轨，离退休职工党委重点加强互联网技术在支部建设中的应用。一些支部已经建立起本支部的微信群，在群里大家热烈交流，相互鼓励，为国家的新成就喝彩鼓劲，充满正能量，有力地提高了支部的活力和凝聚力。2015年，离退休职工“两项建设”工作取得实效，9名离退休党员被评为校级优秀党员、1个支部被评为校级先进党支部。

（乔　哲、刘淑红、杨　燕）

【开展“三项工程”】2015年，离退休队伍在人员结构、思想状况、利益需求、生活方式等方面出现了许多新情况新问题。“一刀切”的工作方式已经不能适应当前老干部工作的需要，分类指导服务，采取多种渠道提高老同志的生活质量是必由之路。①以文化养老为抓手，大力提高老同志的生活品质。在红红火火的“九九重阳高龄老同志集体祝寿庆典”上，校党委副书记权良柱，副校长王维才及20多个原单位的相关领导都专程来到现场，为老寿星们戴寿帽、送蛋糕，充分体现学校敬老爱老的光荣传统，让老同志安享晚年。年内，离退休处大力发展老同志文化活动组24个，500人次的老同志常年参与其中，并以“展示阳光心态、体现美好生活、畅谈发展变化”为主题，举办春秋游、运动会、游艺会等，形式多样、丰富多彩的活动吸引千余人次的老同志参与。②以老年大学为平台，积极推进老有所学。在原有课程的基础上老年大学又为广大老同志新开设“一对一”智能手机培训班、声乐班、柔力球班、老年瑜伽班等，老同志们报名踊跃，场场爆满。内容丰富、贴近老同志的课程，指导老师耐心细致的讲解，让老同志们在不断的学习中享受到生活的美好，人生也变得更加充实。③积极利用离休职工困难帮扶机制，通过“七·一”、元旦春节“两节”慰问、周三医院看望等形式慰问看望重病、失能、空巢等老同志近700人，充分表达学校的关心与关怀。积极配合学校开展有关共享改革发展成果等工作的宣传落实。7月，邀请人事处臧勇处长等领导专程来离退休处向老同志传达解释学校为老同志增加生活补贴事项的具体事宜。10月，邀请后勤基建处副处长张东平等认真为老同志通报解释学校暖气费改革、物业改革的工作情况，让老同志心中有数。帮扶机制的推进，信息的及时传达，促进了广大老同志思想的稳定与对学校工作的支持，对维护校园和谐起到了积极的作用。④积极统筹社会资源为老同志服务，离退休处每月均邀请2～3家社会养老机构来校为老同志作现场咨询，有的机构还派车把老同志请去养老院参观讲解。社会养老机构的进入让老同志进一步认识、了解与接受了社会养老，转变了生活方式，提高了养老质量。

（高晓森、刘焕章、王祎炜、李惠珍）

【关心下一代工作委员会】2015年，离退休处与关工委、宣传部、学生处等部门深度合作，凭借老同志自身优势，积极发挥老同志作用为党的事业增添正能量，为学校的建设与发展贡献力量。校园文化组的老同志们付出大量心血，抢救性地挖掘、收集、整理和编写曾为学校作出突出贡献的人和事，编纂成《北科大校史资料》（人物篇）第一辑，印刷2000册，在老同志、校友、青年学生等方面引起巨大反响；7月，邀请原校长、原党委书记等老领导与相关学院举行“薪火相传”师生交流会，共话北科大的光荣历史，极大地激发了广大学生及教职工爱校、荣校的自豪感。大学生之友工作组以纪念抗战胜利70周年为契机，与学生处一起组织新生参观中国人民抗日战争纪念馆，并以学院为单位召开以纪念反法西斯战争胜利70周年座谈会，在新生中大力弘扬爱国主义教育及社会主义核心价值观教育。在党代会胜利闭幕后，积极组织老同志党代表深入到支部与广大党员当中大力宣讲学校党代会的精神和学校建设取得的丰硕成果及今后发展的光明前景。2015年老同志老有所为工作取得突破性进展，8月，关工委荣获“全国关心下一代工作先进集体”光荣称号。

（乔　哲、许炳春）

【队伍建设】离退休处（党委）以教育部巡视组到学校巡视为契机，深入改进工作作风，加强工作队伍自身建设工作。①将党风廉政建设工作纳入年度整体工作中，与离退休处的各项工作同规划同部署，明确党风廉政工作的责任与分工，认真履行党风廉政建设主体责任。②加强反腐倡廉体系建设，重点规范慰问工作和运动会奖品采买发放两项工作的流程，加强风险防控建设。③认真贯彻中央八项规定精神，严格执行党的纪律。认真核查本部门的办公用房情况，按相关标准及时调整到位，严格执行请示与报告制度，清清白白做人。④认真组织全体职工开展党风廉政教育与爱岗敬业活动，如积极开展有关“党员廉政准则与纪律处分条例”“从严治党”“三严三实”等主题的学习研讨活动，进一步提高工作人员在老龄工作岗位上建功立业的意识与拒腐防变的能力。

（乔　哲、刘淑红、刘　晋）

人　　物

知名专家学者

一、中国科学院院士（7 人）

魏寿昆　柯　俊　肖纪美　高庆狮　周国治　陈难先　葛昌纯

二、中国工程院院士（6 人）

陈先霖　胡正寰　陈国良　王一德（双聘）　蔡美峰　谢建新

三、国务院学位委员会委员（1 人）

张欣欣（2013 年 4 月 19 日起任职）

四、国务院学位委员会学科评议组成员（5 人）

张欣欣　吴爱祥　张　跃　邢献然　潜　伟

五、国家千人计划（含青年千人计划）入选者（13 人）

胡国华＊　李　默　张学记　刘德荣　林建国　林　平　庄林忠　汪林兵
汉斯·瑞查诺　鲁思·布莱克　张立峰　王鲁宁　庄子哲雄

六、北京市学位委员会委员（1 人）

张　跃

七、国家级突出贡献专家　（17 人）

周国治　刘庆国☆　张公绪　高庆狮　胡正寰　李连诗☆　钟廷珍☆　傅　杰☆　葛昌纯
冯铭瀚☆　朱允言☆　褚武扬☆　高泽标☆　杨天钧☆　王燕斌☆　高征铠☆　何学秋

八、省部级突出贡献专家 （14 人）

谢锡善☆ 陈国良 陈景榕☆ 李承基☆ 林 实☆ 管克智☆ 周纪华☆ 邹家祥☆ 陈难先
张圣弼☆ 周寿增☆ 田乃媛☆ 赵立合☆ 王新华

九、国家“973”（含国家重大科学研究计划）、IETR 项目首席科学家（5 人）

谢建新 林均品 张欣欣 张 跃 燕青芝

十、“长江学者奖励计划”特聘教授 （16 人）

乔利杰 张济山 曲选辉 朱鸿民 谢建新 杨 槐* 姜建壮 邢献然 姜 勇
吴爱祥 吕昭平 林均品 隆克平 王沿东 王 戈 张立峰

十一、“长江学者奖励计划”讲座教授 （4 人）

陈龙庆 张志良 王循理 梅建军

十二、“国家杰出青年科学基金”获得者（20 人）

乔利杰 何学秋 曲选辉 谢建新 张 跃 吴爱祥 郭占成 王习东* 姜建壮 陈龙庆
李庆峰 邢献然 隆克平 吕昭平 王沿东 姚 俊 杨 槐* 孙长银 姜 勇 党智敏

十三、“国家特支计划”青年拔尖人才（3 人）

白 洋 陈 骏 吴 渊

十四、国家优秀青年科学基金资助（7 人）

董超芳 焦树强 陈 骏 吴 渊 冯妍卉 贺 威 侯新梅

十五、国家级教学名师（2 人）

余永宁☆ 蔡美峰

十六、北京市教学名师（26 人）

余永宁☆ 郗安民 高学东 吴 平 尹常治☆ 张欣欣 杨 平 戴淑芬 蔡美峰
周国治 张 群 张敬源 邱 宏 强文江 李长洪 马星桥 彭庆红 彭 漪
杨炳儒☆ 吴胜利 陈红薇 林 海 郭汉杰 郑连存 刘 立 金龙哲

十七、国家百千万人才工程入选者（18 人）

毛卫民 曲选辉 吴爱祥 谢建新 姜福兴 何学秋 张欣欣 郭占成 孙冬柏 邢献然
高永涛 王习东* 吴顺川 王沿东 王 戈 姜建壮 王成彦 吕昭平

十八、中国青年科技奖（5 人）

王　立　曲选辉　吴爱祥　高永涛　张清东

十九、享受政府特殊津贴专家（2000 年以后）（50 人）

曹国辉☆　范玉妹☆　何知礼☆　高永涛　李　阳*　李华德☆　郭志猛　谢建新　王　立
李谋渭☆　张文明　唐　荻　刘应书　孙加林　乔　兰　孙冬柏　隆克平　邢献然
林均品　纪洪广　王习东*　臧　勇　康永林　郗安民　朱鸿民　金龙哲　高学东
惠希东　姜建壮　吕昭平　王金安　王志良　李仲学　郭占成　高俊山　李晓刚
尹常治☆　蔡嗣经　王　京☆　罗维东　刘雅政　马星桥　梅建军　吴顺川　陈　曦
王　戈　林　海　强文江　朱维耀　王成彦

二十、高等学校优秀青年教师教学和科研奖励基金（简称“青年教师奖”）（3 人）

董建新　邢献然　何富连*

二十一、教育部“跨世纪优秀人才培养计划”入选者（13 人）

毛卫民　何学秋　徐金梧　刘国权　田文怀　曲选辉　张　跃　张欣欣　孙冬柏
倪　文　惠希东　姜建壮　吴爱祥

二十二、教育部“新世纪优秀人才支持计划”入选者（97 人）

何维达　王新东　林均品　张波萍　宋卫东　于广华　隆克平　王沿东　高学东
谢谟文　宿彦京　高克玮　李　威　姜　勇　王西涛　张　勇　张深根　王　戈
顾　强　彭庆红　吴顺川　冯　强　耿文通　刘泉林　何新波　刘雪峰　袁文霞
于然波　王荣明　党智敏　梅建军　赵海雷　黄运华　王洪江　刘　青　马　飞
张　梅　曹文斌　常永勤　冯妍卉　王坤鹏*　郭　敏　范丽珍　李立东　徐　科
李延祥　张晓冬　李晓岑　高学绪　李希胜　黄晓霞　何　伟　叶　丰　刘杰民
李建玲　闫小琴　阳小龙　李翠平　边永忠　何安瑞　班晓娟　秦明礼　张海龙
金　莹　张敬源　刘　洋　陈　骏　潜　伟　焦树强　贺　芳*　王国杰　李晓理*
陈艳萍　时国庆　魏　钧　董超芳　温永强　何　枫　杜宏武　张中山　冯志鹏
易红宏　廖庆亮　曹江利　侯新梅　白　洋　夏志国　曹　霞　丁大伟　刘雄军
刘　宇　苗　君　覃京燕　唐晓龙　田建军　尹升华　董文钧

二十三、霍英东教育基金（28 人）

年度	课题资助	青年教师奖		
		教学奖		科研奖
1987	赵建国*　李育苗*			
1989		刘国权（一等）	李维佳*（三等）	
1991	吕雪山*			王　立（三等）

续表

年度	课题资助	青年教师奖		
		教学奖		科研奖
1993			廖福成（三等）	乔利杰（二等）
1995			翟启杰 *（三等）	
1997			夏　新 *（三等）	温　治（三等）
2001	李江涛 *		于　文 *（三等）	
2004	高克玮			
2006	王　戈　顾　强　于　浩		袁文霞（三等）	
2009	金爱兵　范丽珍　秦明礼　苗　君　冯妍卉			
2012	陈　骏　庞晓露	董超芳（三等）		
2014	郑　磊	石志国（二等）		

二十四、宝钢教育基金优秀教师奖（69 人）

年度	特等奖	特等奖提名奖	优秀奖
1994	刘国权		马星桥　申亚男　许世静 *
1995	苍大强		闵乐泉　张　健　彭　漪
1996	王燕斌☆		吴　平　卢晋福　贾建华
1997	陈先霖		温美娟☆ 杨世成 * 许纪倩☆
1998	邹家祥☆		佟玉兰☆ 管荻华☆ 王维才
1999			李　杰　王新华　王小萍 * 桂玮珍☆
2000			潘礼庆 * 许三星☆ 王志明　蔡美峰
2001			李文军　瞿国忠☆ 康永林
2002			汪飞星　张敬源　王　立
2003			郗安民　高俊山　陆　俊
2004			邱　宏　于晓红☆ 张志刚
2005			郗安民　戴淑芬　左　鹏
2006	吴　平		袁文霞　周贤伟
2007			张欣欣　张　群　郑雪峰☆
2008			郭汉杰　尹常治☆ 范玉妹☆
2009			罗　胜☆ 金龙哲　杨　平
2010	蔡美峰		杜振民　陈红薇
2011			张　群　强文江　彭庆红
2012		张欣欣	吴胜利　李长洪
2013	吴爱祥		赵海雷　魏　钧

续表

2014	曲选辉		夏德宏　郑连存
2015		王　戈	林　海　何　伟

二十五、北京科技大学建龙讲座、特聘教授（36 人）

乔利杰　张济山　曲选辉　朱鸿民　吴爱祥　郭占成　苏庆泉　吕昭平　耿文通
谢建新　杨　槐*　张立峰　张建良　吴胜利　苍大强　刘　青　高克玮　孔祥华
冯俊小　温　治　徐　科　陈伟庆　孙加林　王新东　于　浩　王新华　刘应书
王福明　李　晶　李　宏　宋　波　张家泉　程树森　何安瑞　孙建林　康永林

注：带“*”者现已离校，带“☆”者现已退休，带“　　”者现已去世

党代表、人大代表、政协委员

党代表

中共第十八次全国代表大会代表　　张学记
中共北京市第十一次代表大会　　罗维东　班晓娟　戴淑芬

人大代表

北京市第十四届人大代表　　罗维东
海淀区第十五届人大代表　　王维才　左　鹏　范玉妹
朝阳区第十五届人大代表　　杨　勇

政协委员

全国第十二届政协委员　　朱鸿民
北京市第十二届政协常委　　张济山
海淀区第九届政协委员　　陈章华

校友风采

一、在北京科技大学学习和工作过的中国科学院院士

姓　名	工作单位／职务	毕业学校
魏寿昆	北京科技大学教授	北洋大学
吴自良	中科院上海微系统与信息技术研究所研究员	北洋大学

姓　名	工作单位／职务	毕业学校
柯　俊	北京科技大学教授	武汉大学
张兴钤	中国工程物理研究院研究员	武汉大学
肖纪美	北京科技大学教授	唐山交大
邹世昌	中科院上海微系统与信息技术研究所研究员	唐山交大
王崇愚	钢铁研究总院教授	北京钢院相 54 届
徐祖耀	上海交通大学教授	唐山交大
高庆狮	北京科技大学教授	北京大学
陈难先	北京科技大学教授	北京大学
李依依	中科院金属研究所研究员	北京钢院铁 57 届
周国治	北京科技大学教授	北京钢院冶 60 届
叶恒强	中科院金属研究所研究员	北京钢院金物 62 届
葛昌纯	北京科技大学教授	唐山交大
张统一	香港科技大学教授	北京钢院金物研 79 级、博 82 级
雒建斌	清华大学教授	北京科大压加研 85 级

二、在北京科技大学学习和工作过的中国工程院院士

姓　名	工作单位／职务	毕业学校
范维唐	中国煤炭工业协会会长	北京钢院矿 56 届
徐匡迪	十五届、十六届中共中央委员、十届全国政协副主席、原中国工程院院长、党组书记	北京钢院冶 59 届
殷瑞钰	钢铁研究总院名誉院长	北京钢院钢 57 届
陈先霖	北京科技大学教授	上海交大
周邦新	上海大学研究员	北京钢院相 56 届
涂铭旌	四川大学教授	北京钢院 55 研究生班
崔　昆	华中科技大学教授	北京钢院 54 研究生班
雷廷权	哈尔滨工业大学教授	北京钢院 55 研究生班
胡正寰	北京科技大学教授	北京钢院机 56 届
陈国良	北京科技大学教授	北京钢院相 55 届
柯　伟	中科院金属研究所研究员	北京钢院相 57 届
钟　掘	中南大学教授	北京钢院机 60 届

续表

姓　名	工作单位／职务	毕业学校
关　杰	西安重型机械研究所副总工程师	北京钢院机 63 届
刘　玠	十五届、十六届中共中央候补委员、中国科协副主席、原鞍山钢铁集团公司董事长、总经理、党委书记	北京钢院机 64 届
才鸿年	中国兵器装备集团公司顾问	北京钢院钢 62 届
何季麟	宁夏东方钽业股份有限公司董事长	北京钢院物化 69 届
王一德	太原钢铁集团公司董事会规划委副主任	北京钢院轧 61、轧（硕）68 届
张玉卓	神华集团公司董事长、党组书记	北科大采矿博 86 级
蔡美峰	北京科技大学教授	北京钢院采矿研 78 级
费爱国	空军装备研究院某研究所所长	北京科大自控博 00 级
谢建新	北京科技大学教授	中南大学压加 78 级
毛新平	武汉钢铁（集团）公司	北科大冶金博 02 级

三、曾任和现任省部级以上党、政领导的部分校友

姓　名	职　　务	在校专业
罗　干	十六届中共中央政治局常委、原中央政法委书记	轧 57 届
刘　淇	十六届、十七届中共中央政治局委员、原北京市市委书记	铁 64 届、冶研 68 届
徐匡迪	十五届、十六届中共中央委员、十届全国政协副主席、原中国工程院院长、党组书记	冶 59 届
黄孟复	十届、十一届全国政协副主席、全国工商联主席	铁 67 届
范长龙	十七届中共中央委员、济南军区司令员	信息国防 2000 级
郭声琨	十八届中共中央委员、中央政法委副书记、国务委员、公安部部长	管理博 2003 级
刘晓峰	十二届全国政协副主席、农工党中央常务副主席	金物 78 级
孙安民	第十二届全国人大常务委员会委员，原全国工商联专职副主席	机 72 级
殷晓静	中央政府驻港联络办副主任	炉 77 级
袁　隐	国务院参事，国务院办公厅原局长	金相 69、金物研 79
付双建	第十二届全国人民代表大会财政经济委员会委员，国家工商行政管理局原副局长	管工 91 级
曹文虎	青海省人大副主任	
史和平	江苏省人大常委会副主任、党组副书记	思政 91 级
高小玫	上海市政协副主席，民革中央常委、上海市委主委	材研 83 级
郝　远	甘肃省副省长	冶研 86 届
陈建华	广东省广州市委副书记、市长	机 78 级
孙瑞彬	河北省委常委、石家庄市委书记、石家庄警备区党委第一书记	管工 91 级

续表

姓　名	职　　务	在校专业
黄楚平	湖北省委常委，宜昌市委书记、人大常委会主任	思政研 88 级
郑新立	中国国际经济交流中心常务副理事长，原中央政策研究室副主任	矿 69 届
刘振江	中国钢铁工业协会党委书记兼副会长	相 73 级
邢书成	中国人民解放军广州军区副司令员、中将	2001 级工硕班
方凌江	中国人民解放军济南军区联勤部自动化站站长、少将	军队班
费爱国	空军装备研究院某研究所所长、少将	自控博 2000 级
高德福	中国人民解放军吉林军区参谋长、少将	2001 工硕级
张吾乐	十五届中纪委委员、国家有色工业局原局长、甘肃省原省长	机 60 届
刘　玠	十五届、十六届中共中央候补委员，中国工程院院士，中国科协副主席，原鞍山钢铁集团公司董事长、总经理、党委书记	机研 68 届
李登柱	十五届中纪委常委、中央国家机关纪工委原书记	轧 59 届
吴溪淳	冶金工业部原副部长、中国钢铁工业协会原会长	铁 55 届
赵公卿	原重庆市副市长、重庆市人大常委会副主任	相 68 届
李敏宽	第八、九届全国政协委员，九届全国政协副秘书长，十届全国政协常委、副秘书长，第七届台盟中央副主席	矿机 63 届
桂中岳	原陕西省人大常委会副主任	矿 61 届
哈斯巴根	内蒙古自治区人大常委会副主任，第十一届全国人大常委、民族委员会副主任委员	物化 72 级
王永明	原浙江省人大党组书记、人大常务副主任	机 72 级
靳善忠	原山西省人大常委会副主任	矿机 78 级、管研 92 级
龚世萍	原辽宁省人大常委会副主任，第十届全国政协常委	相 69 届
冯炯华	原宁夏回族自治区人大常委会副主任、原宁夏回族自治区副主任	粉 68 届
王汀明	原湖南省政协副主席	铁 70 届
贾锡太	原福建省副省长	轧 67 届
马锡广	原宁夏回族自治区常务副主席	轧 68 届
沈国俊	十五届中纪委委员、原四川省纪委书记	钢 62 届
郝振贤	原四川省政协常务副主席	相 65 届
应文华	原大型企业监事会主席、原国内贸易部副部长	机 62 届
陆　江	原大型企业监事会主席、原国内贸易部副部长	轧 63 届
范维唐	原煤炭工业部副部长	矿 56 届
殷瑞钰	原冶金工业部副部长	钢 57 届
陆叙生	原物资部副部长	钢 57 届
朱新均	原国家语言文字工作委员会党组书记	铸 60 届
周荣昌	原内蒙古自治区人大常委会副主任	轧 55 届

续表

姓 名	职 务	在校专业
朱宗葆	原上海市副市长	机 61 届
马仲才	原山东省人大常委会副主任	机 60 届
王宏民	原江苏省人大副主任、原南京市市长、江苏省扶贫领导小组副组长	铁 64 届
朱志辉	原云南省委副书记、原华东冶金学院党委书记	铁 56 届
王四连	原湖南省人大常委会副主任、党组成员	稀有冶炼 65 级
刘 沛	原中国驻联合国军事参谋代表团团长、少将	政治师资 78 级
单亦和	原保利集团董事长、党委书记、原大型企业监事会主席	冶 68 届
李克诚	原中国石油天然气集团总公司监事会主席	相 66 届

四、担任司、局和地、市级正局级领导的部分校友

姓 名	职 务	在校专业
巴建光	内蒙古自治区纪律检查委员会副书记	行管（92–95）
卜劲松	广东省地质勘查局巡视员、原局长	机 70 级
陈国猛	厦门市中级人民法院院长	工管 98 级
陈明德	中共广州市市委常委、副市长兼统战部部长	工业工程硕 2001 级
陈 石	贵阳市政协政协主席	化学工程在职硕士 03 级
董晓民	中国烟草实业发展中心党组书记、总经理	管工博 2006 级
韩宝柱	九三学社中央研究室副主任	政教师资 78 级
侯宝珠	国资委有色金属离退休干部局党委副书记、局长	高温 76 级
胡玉亭	山西省晋中市委副书记、代市长	冶 82 级
贾银松	工业和信息化部原材料司巡视员、原司长	铁 79 级
江 光	环境保护部华北核与辐射安全监督站主任	腐蚀 81 级、材研 88 级
孔东风	河南省国资委副主任、党委委员	铸造 77 级
李 放	中国社保基金理事会秘书长	金属物理 76 级
李惠东	民革中央秘书长兼办公厅主任	腐蚀博 90 级
李瑞阳	上海市教育委员会巡视员、上海市教育考试院院长	热能工程 77 级
李新中	国务院新闻中心舆情研究所所长	在校工作
刘 捷	中共江西省新余市委书记	冶 88 级
刘 伟	北京市房山区区委书记	精密合金 77 级
罗兆慈	广东省广州市南沙区人大常委会主任	管工博 05 级
马燕合	科技部社会发展科技司司长	采矿 87 级
彭华岗	国有资产管理委员会理论研究局局长	机 79 级

续表

姓　名	职　务	在校专业
彭学增	河北省邯郸市政协主席	社科 91 级（函）
邵蜀望	中央纪委外事局副局长	英研 85 级
师建平	晋城市政协主席	钢 74 级
宋春婴	河北省环境保护厅巡视员、原环保局副局长	冶金 77 级
苏　靖	国家科技部国家科技基础条件平台中心主任	矿业工程博士后
孙耀唯	国家电力监管委员会政策法规部副主任	管研 85 级
邰　展	重庆市人民政府副秘书长	成教
汪　韧	安徽省省政府副秘书长、驻京办主任	钢 79 级
王顶岐	山东省淄博市人大常委会第一副主任、党组副书记	压加 77 级
王　可	中共广西壮族自治区贵港市市委书记	相 77 级
王民忠	中共北京市委党校（北京行政学院）常务副校长	铸 81 级
王守祯	山西省人大财政经济委员会副主任，原运城市市长	采矿 73 级
王　伟	财政部关税司司长	电 77 级
王增明	石家庄市市委副书记、市人大常委会主任、党组书记	铸造 74 级
王中丙	广东省湛江市市政府市长	冶博 98 级
闫立刚	北京市商务委员会主任	电 80 级
杨　璐	国家土地督察西安局局长、党组书记	选矿 78 级
杨天梁	海南省知识产权局局长	自动化
余龙武	天津银监局局长	相 85 级
袁　春	中纪委副秘书长	电 77 级
张汉东	发展与改革委员会社会发展司医改办副主任	冶博 02 级
张义全	人力资源与社会保障部军官转业安置司司长	机 82 级
赵光华	民进中央常委、秘书长，第十一届全国政协委员	社科系进修 86–88
赵金生	中国轻工业联合会副秘书长、原国资委轻工离退休干部局局长	电 72 级
周维现	中央党校中直分校、中央管理事务局常务副校长	矿机 86 级、思政双学位 91 级
司永涛	内蒙古国有资产管理委员会副主任、党组成员	轧 76 级
张长富	中国钢铁工业协会副会长兼秘书长	机 68 届
于言良	辽宁省朝阳市委副书记、市长	思政研 89 级
肖文荪	广西壮族自治区柳州市委副书记、市长	管工研 98 级
耿识博	国务院参事室文史业务司司长	压加 87 级

续表

姓 名	职 务	在校专业
马 锐	国家安全监管总局安全监督管理四司司长	金属学及钢铁热处理专业 80 级
武德昆	教育部经费监管事务中心主任	钢 79 级

五、部分曾任正局级领导职务现已离退休或调动的校友

姓 名	职 务	在校专业
楼大鹏	国际田联副主席、原亚田联主席、原国家体委司长	机 59 届
梁 才	中国钢铁协会秘书长	轧 65 届
孙本先	四川省攀枝花市人大主任	矿 65 届
张泽宇	山西省省长助理、山西省信息化领导小组办公室主任	矿 68 届
孙建群	河北省廊坊市市委书记	机 70 届
赵禄祥	河北省人事厅厅长	轧 68 届
高盈民	陕西省企业工委常务副主任、陕西省政协常委	冶 70 届
程 光	上海市虹口区区长	管研 88 届
许华忠	国家经贸委市场流通司司长	铁 65 届
徐金堃	国家自然科学基金委综合计划局局长	金物 66 届
李国栋	黑龙江省齐齐哈尔市政法委书记	铸 70 届
闫承宗	北京市经委主任	轧 54 届
余宗森	冶金工业部外事司司长	轧 54 届
谢汝煊	广西南宁市市长	铸 62 届
谷向阳	青海省重工业厅厅长	冶 65 届
于瀛洪	河北省冶金工业厅厅长	铁 65 届
乔致奇	国家环保总局监督管理司司长	铁 64 届
何泽民	河南省洛阳市人大常委会主任	相 61 届
冯治益	中纪委北京培训中心主任	轧 60 届
李其世	上海市冶金工业局局长	函授冶 61 届
李腊望	四川省黄金管理局局长	轧 64 届
雷秀祥	四川省建材工业局局长	机 64 届
王大名	河北省秦皇岛市市委书记	机 61 届
姜文韬	江苏省冶金工业厅厅长	铁 67 届
王克昌	天津市冶金工业局局长	轧 60 届
吕耘方	黑龙江省冶金工业厅厅长	金物
汪同建	甘肃省建材工业局局长	矿机 64 届
王乃立	上海市旅游局局长	轧 57 届
刘树和	外国专家局经济技术专家司司长	机 76 级

续表

姓　名	职　务	在校专业
王世民	最高人民法院司法行政装备管理局局长	稀 72 级
武高山	北京西站地区管理委员会党组书记、主任	选 77 级

六、部分在高等学校、科研院所、文化部门担任主要职务的校友

姓　名	职　务	在校专业
刘建平	天津大学党委书记	机 73 级
王志强	电子科技大学党委书记	炼钢 77 级
闫拓时	中国音乐学院党委书记	粉末冶金 77 级
谢　辉	北方工业大学党委书记	机械 86 级
曹胜利	冶金工业出版社社长	选 72 级
常跃峰	河北钢铁技术研究总院院长	轧钢 78 级
狄　涛	北京教育音像报刊总社党委书记兼社长	电 92 级
姜　军	辽宁广播电视大学校长	制氧 78 级
孔留安	河南城建学院院长	安全工程博 03 级
雷平喜	中国冶金矿山企业协会常务副会长	矿 86 级
李保卫	内蒙古科技大学党委书记、校长	冶博 99 级
李丰生	梧州学院院长	思政双学位 86 级
李家新	安徽工业大学党委副书记、校长	冶博 02 级
李新创	冶金工业规划研究院党委书记、院长	采矿硕 88 级
刘树琪	泰山学院党委书记	管研 97 级
马宪平	北京教育学院党委书记	选矿 76 级
任雁秋	包头轻工职业技术学院院长	炉 78 级
王建中	辽宁工业大学党委书记	冶研 88 届
王萍辉	福建信息职业技术学院院长	矿机 84 级
杨　帆	北京商务科技学校	数学师资班 78 级
张少明	北京有色金属研究总院党委书记、院长	相 80 级
张宇春	冶金工业信息标准研究院院长	金物 81 级
张玉柱	河北联合大学党委书记	炼铁研 85
刘海峰	中国财经报社社长	政教 78 级
卢振洋	北京联合大学校长	思政双学位 84 级

七、曾任高等学校、科研院所、文化部门主要领导，现已离退休的部分校友

姓　名	职　务	在校专业
仇春霖	北方工业大学校长	轧 57 届

续表

姓　名	职　　务	在校专业
王起桢	北方工业大学党委书记	机 57 届
吴晚云	北方工业大学党委书记	机 77 级
张先青	北京工业设计院院长	轧 63 届
韩景春	钢铁研究总院党委书记	思政 84 级
张　挺	北京农学院党委书记	铁 59 届
王希周	北京电子信息工程学院党委书记	轧 59 届
杨静云	北京市委党校党委书记、常务副校长	机 61 届
许　秀	北京建工学院党委书记	铸 61 届
齐鸿恩	江西冶金学院院长	机 59 届
刘正义	华南理工大学党委书记、校长	金物进修
刘景云	广东机械学院院长	北京科技大学调出
黎樵燊	广东工业大学校长	相 57 届
霍银海	冶金自动化研究院党委书记	机 62 届
朱耀中	冶金部情报研究所党委书记	北京科技大学调出
张成吉	钢铁研究总院党委书记	铁 57 届
樊源兴	中国冶金报社党委书记	矿 57 届
张训毅	中国冶金报社社长	铁 61 届
江仲圣	北京冶金设备研究院院长	机 59 届
严圣祥	北京钢铁设计研究总院院长	轧 64 届
董元篪	安徽工业大学校长	物化博 80 级
高兆祖	北京有色金属研究总院党委书记	粉 66 届

八、在企业中担任主要职务的部分校友

姓　名	职　务	在校专业
陈德荣	宝钢集团董事、总经理、党委常委	炼铁 77 级
张广宁	鞍山钢铁集团公司董事长、党委书记	管工 81 级
唐复平	鞍钢集团公司党委常委、总经理	冶博 00 级
姚　林	鞍山钢铁集团公司董事长、党委书记	机械博 01 级
余自甦	鞍钢集团公司党委常委、副总经理	冶研 91 届
王义栋	鞍钢股份有限公司总经理	工业工程硕 02 级
马国强	武汉钢铁（集团）公司董事长、党委书记	管研 84 级
王青海	首钢总公司党委书记、董事长	冶 79 级
赵民革	首钢总公司副总经理	冶 82 级
韩　庆	首钢股份有限公司总经理	钢冶 84 级
葛红林	中国铝业集团公司董事长、党委书记	材博 86 级
刘明忠	新兴际华集团有限公司董事长	冶博 01 级

续表

姓　名	职　务	在校专业
郭士进	新兴际华集团有限公司副董事长	炉 78 级
罗乾宜	中国兵器工业集团公司党组成员、总会计师	管博 05 级
冯贵权	中国五矿集团公司党组成员、副总裁	机 81 级
刘安栋	中国中钢集团公司党委书记、副总经理	EMBA00 级
王　臣	中国钢研科技集团公司党委常委、副总经理	化学研 85 级
张克利	中国有色矿业集团公司党委书记	采矿 77 级
陶星虎	中国有色矿业集团公司副总经理	采矿 77 级
张少明	北京有色金属研究总院党委书记、院长	相 80 级
熊柏青	北京有色金属研究总院副院长	金物 81 级
夏晓鸥	北京矿冶研究总院党委书记、副院长	工程力学博 03 级
于　勇	河北钢铁集团有限公司董事长、总经理	冶博 00 级
刘如军	河北钢铁集团有限公司党委书记、副董事长	铁 73 级
陶登奎	山东钢铁集团副董事长、总经理	机 81 级
黎立璋	福建省三钢（集团）有限责任公司董事长	轧 79 级
徐和谊	北京汽车集团有限公司党委书记、董事长	铁 78 级
韩永贵	北京汽车集团副总经理	电 81 级
王　东	北京控股集团有限公司党委书记、董事长	矿机 82 级
张清富	中国光大国际经济技术合作公司总经理	机 73 级
韩巍强	中国国际金融有限公司公司行政总监、董事总经理	政教师资 78 级
宋　鑫	中国黄金集团公司副总经理、中国黄金国际资源有限公司总裁	采矿工程博 03
陆志方	中国恩菲工程技术有限公司董事长	热能工程 80
康　典	新华人寿保险股份有限公司董事长	机械 77 级
汪子章	国家开发银行行务委员	管研 85 级
秘增信	中信资源控股有限公司董事会主席	轧 78 级
姜德义	北京金隅集团董事长、党委书记	钢铁冶金博 09 级
王锐兵	国资委群星集团公司总经理	化 88 级
李　琦	太平洋证券股份有限公司党委书记	热能 87 级
周秉利	包头钢铁集团党委书记、董事长	管博 05
李晓波	太原钢铁（集团）有限公司董事长	轧 80 级
高祥明	太原钢铁（集团）有限公司总经理	机 79 级
彭存根	太钢集团临汾钢铁有限公司总经理	冶金 84 级
李贵阳	河北钢铁集团邯钢公司董事长、党委书记	冶博 03 级
张　海	河北钢铁集团宣化钢铁集团公司董事长、党委书记	轧 78 级
迟桂友	河北钢铁集团宣化钢铁集团公司总经理、副董事长	冶博 05 级
郭长波	青岛钢铁控股集团有限责任公司总经理	钢 79 级
刘　安	宁波钢铁有限公司总经理	压加 83 级

续表

姓　名	职　务	在校专业
李士才	山东日照钢铁集团总经理	冶 88 级
黄一新	南京钢铁联合有限公司董事长	轧 84 级
丁　毅	马钢控股有限公司总经理	自动化硕 87 级
杨　忠	西宁特殊钢集团有限责任公司董事长、党委书记	压加 87 级
张　虎	攀钢集团国际贸易有限公司总经理	冶金 86 级
段向东	攀枝花钢钒有限公司总经理	材料 86 级
周　灿	重庆钢铁集团建设公司董事长	热工 84 级
王子亮	安阳钢铁集团有限责任公司董事长、总经理	冶博 01 级
曹慧泉	湖南华菱钢铁集团有限责任公司董事长、湖南华菱钢铁股份有限公司董事长	金物 88 硕
张若生	广州钢铁股份有限公司董事长、党委书记	管博 05 级
钱　刚	湖北新冶钢有限公司总经理	冶博 02 级
高国华	大冶特殊钢股份有限公司总经理	机 87 级
刘建辉	首钢销售公司总经理	冶研 86 级
何汝迎	宁波宝新不锈钢有限公司总经理	机 81 级
陆志新	宁波钢铁公司总经理	冶博 00 级
杜东兴	陕西龙门钢铁有限公司总经理	冶 90 级
白　刚	鞍钢建设公司总经理	管工博 02 级
尹小鹏	武钢矿业公司总经理	矿 85 届
谢俊文	甘肃华亭煤业集团总经理	安全工程博 03 级
刘明东	海南矿业股份有限公司总经理	管工 85 级
黄宝利	本钢机械制造有限责任公司党委书记、董事长	制氧 80 级
陶方国	华菱钢管控股公司总经理	
杨志强	金川集团有限公司董事长、党委书记	工程力学博 04 级
朱津秋	上海有色集团公司总经理	机 76 级
路朝晖	新兴铸管（新疆）资源发展有限公司董事长	钢 77 级
丁传锡	正元国际矿业有限公司董事长	管工 82 级
王开力	中科创新园高新技术有限公司董事长	金物研 87 级
陈　喆	中国兵器工业集团中兵矿业公司董事长	国贸 93 级
李京北	中房集团城市房地产投资有限公司总经理	热能 82 级、管研 86 级
宋占江	中国一冶集团有限公司董事长	机 82 级
廖世波	中钢集团金信咨询有限责任公司总经理	冶研 87 级
范文胜	中钢集团物业管理有限公司总经理	电 83 级
连民杰	中钢矿业开发有限公司总经理	采矿工程博 02 级
陆鹏程	中钢设备有限公司总经理	压加 92 届
梁津源	中色镍业有限公司总经理	冶研 87
王定洪	中冶东方工程技术股份有限公司总经理	冶 80 级

续表

姓　名	职　务	在校专业
赖宁昌	广东东凌集团董事长	管工博 05 级
王德兴	哈尔滨锅炉厂有限责任公司董事长、总经理	高温合金 78 级
吴晓松	平安人寿天津分公司总经理	矿机 87 级
赵宇峰	清华紫光股份有限公司总经理	轧 82 级
陈玉民	山东黄金集团有限公司副总经理、山东黄金矿业股份有限公司董事长	采矿工程博 03 级
毕荣福	上海液压气动总公司党委书记	机 73 级
梁铁山	中国平煤神马能源化工集团有限责任公司董事长、党委书记	安全工程博 05 级
刘庆宾	重庆材料研究院院长（总经理）	相 85 级
郝树华	首钢矿业公司总经理	采矿工程博 03 级
王宝桐	中国广厦控股集团总裁	管工研 84 级
李连平	河北建设投资集团有限责任公司董事长、党委书记	材料博 00 级
孙　杰	北京二商集团有限责任公司党委书记、董事长	EMBA
任亚光	北京京城机电控股有限责任公司党委书记、董事长	铸 78 级
黄孝斌	北京时代凌宇科技有限公司董事长	自动化 90 级
杜凤超	北京市华远集团有限公司董事长	管工硕 94 级
杨启瑞	北京天客隆集团公司总经理	轧钢 77 级
张槐祥	中国水钢集团公司总经理	机制 77 级
吴　平	迁安钢铁公司党委书记	数学师资 78 级
束国刚	中广核工程有限公司总经理	材料 86 级
高本业	大连电机集团董事长	材研 85 级
邵　军	陕西宝钛新金属有限责任公司总经理	相 87 级
胡　刚	四川长虹电子系统有限公司总经理	相 87 级
张晗亮	中国石油装备制造分公司党委书记	机研 87 级
熊万平	首钢长治钢铁有限公司总经理	冶 89 级
王树琪	中条山有色金属集团有限公司董事长	采矿 77 级
高国华	国投创新投资基金管理公司总裁	矿机 86 级
张战波	北京中冶设备研究设计总院有限公司总经理	思政 01 级
郑剑辉	中冶南方（武汉）威仕工业炉有限公司总经理	热能 97 级
任美成	天泽科技董事长	计 86 级
彭　原	北京华深中色科技发展有限公司名誉董事长	机 85 级
张晓峰	北京桓裕投资（集团）有限公司董事长	机 88 级
陆正耀	神州租车（中国）有限公司 CEO	自动化 87
胡庆周	深圳英唐智能控股有限公司董事长	轧 87 级
周惠敏	山东慧敏科技开发有限公司董事长、总经理	相 77 级
王满元	包头市液压机械有限公司董事长	机 84 级

续表

姓　名	职　务	在校专业
张荣明	北京爱慕内衣有限公司董事长	物化 80 级
俞　兵	亚信联想集团有限公司董事，联想亚信科技有限公司董事长兼 CEO	电 84 级
郝伟亚	北京市基础建设投资有限公司常委副书记、董事、总经理	化学 88 级

九、曾在企业担任主要领导职务现已离退休或调动的部分校友

姓　名	职　务	在校专业
刘　玠	鞍山钢铁集团公司董事长、总经理	机 64 届
张晓刚	鞍山钢铁集团公司总经理	冶博 00 级
蔡登楼	鞍山钢铁集团公司副董事长	机 67 届
林滋泉	鞍山钢铁集团公司副总经理	轧 68 届
李　成	太原钢铁公司总经理	轧 54 届
林企增	太原钢铁公司副董事长	冶 62 届
杨盘铭	太原钢铁公司副总经理	矿 70 届
刘　琦	中国钢铁工贸集团公司党委书记	铁 61 届
白葆华	中国钢铁工贸集团公司总裁	轧 65 届
崔锡武	中国黄金总公司总经理	矿 66 届
杭永益	马鞍山钢铁公司总经理	铁 64 届
王满仓	成都飞机发动机公司党委书记	稀 63 届
马俊才	济南钢铁公司总经理	机 59 届
沈克林	中国重型机械总公司总经理	机 57 届
刁海章	鲁中冶金矿山公司党委书记	矿机 65 届
李成群	中国冶金矿业总公司党委书记	冶 72 级
张振纲	天津钢管公司董事长	钢 63 届
张建平	天津钢管公司党委书记	函授管理
陈守勋	湘潭钢铁公司总经理	冶 61 届
林承模	舞阳钢铁公司总经理	相 65 届
侯树庭	上海第五钢铁厂厂长	函授冶 62 届
陈英栋	新余钢铁总厂党委书记	函授冶 64 届
王鸿锷	上海第一钢铁厂党委书记	成教管 89 级
田锡恩	唐山钢铁公司总经理	钢 63 届
王国兴	邯郸钢铁公司党委书记	函授铁 64 届
李前煦	南京钢铁公司总经理	钢 61 届

续表

姓 名	职 务	在校专业
刘建功	武汉钢铁公司总工程师	相 65 届
刘炳南	武汉钢铁公司副总经理	机 64 届
王跃祖	首钢总公司党委副书记	夜大 58 届
谢有润	首钢总公司副总经理	机 64 届
王宪固	西宁特殊钢公司党委书记	相 66 届
罗忠琳	陕西精密合金公司总经理	金物 66 届
董稼祥	中国冶金矿业总公司总经理	矿 61 届
吕聿信	长城特殊钢公司总经理	轧 66 届
孙公权	上海一钢集团总经理	冶 66 届
汪铁钢	上海矽钢片厂厂长	轧 57 届
潘世良	邯邢冶金矿山管理局党委书记	矿 65 届
赵如月	宝山钢铁集团公司纪委书记	铁 66 届
吴松春	浙江省中旅集团公司总经理	铁 67 届
冯国熙	北京自来水公司董事长	矿 66 届
吴玉林	石家庄钢铁有限责任公司党委书记	铁 67 届
高成涛	洛阳铜加工厂厂长	机 61 届
刘本仁	武钢集团公司董事长、总经理	自动化 73 级
张永昌	唐山钢铁公司党委书记	铸 69 届
施嘉良	新余钢铁公司董事长	机 70 届
顾强圻	邯郸纵横钢铁集团总经理	冶 70 届
赵占华	陕西钢厂党委书记	铸 69 届
杨复强	合肥钢铁集团有限公司董事长	轧 68 届
王庐嘉	合肥钢铁集团有限公司总经理	机 75 级
何建昌	华北冶金建设公司经理	矿 70 届
杨福国	宁夏石咀山钢铁厂党委书记	轧 67 届
吴建民	吉林铁合金集团公司总经理	相 68 届
金树安	峨嵋铁合金集团公司总经理	冶 74 级
张心健	锦州铁合金集团公司党委书记	高温 70 届
陈　明	上海宝冶党委书记、董事长	机 64 届
王绍成	十九冶金建设公司党委书记	炉 68 届
程敏直	西安冶金机械厂党委书记	铸 70 届
鞠祖荣	扬州冶金机械有限公司总工及常务副总	轧 69 届
胡梓清	乐山冶金机械轧辊厂党委书记	铸 66 届

续表

姓　名	职　务	在校专业
杨东升	邢台机械轧辊公司副董事长、总经理	冶 66 届
张勇钢	（无锡）西姆莱斯钢管公司总经理	相 73 级
宋　力	福建省烟草总公司总经理	机制 75 级
梁相钦	深圳自来水集团公司总经理	自 68 届
张清富	中国光大国际经济技术合作公司总经理	机 73 级
周伟坪	中国青年旅行社控股股份有限公司总经理	政教 78 级
朱昌逑	马鞍山钢铁股份有限公司总经理	机 70 届
陈启祥	莱芜钢铁集团有限公司总经理	轧 77 级
郭洪成	包头第一机械集团公司董事长	冶 67 届
朱津秋	上海有色集团公司总经理	机 76 级
秘增信	中信集团常务董事、副总经理	压加 78 级
韩永义	乌鲁木齐铁路局党委书记	铸 69 届
阎胜科	石家庄钢铁有限责任公司董事长、党委书记	轧 70 届
胡玉亭	太原钢铁（集团）有限公司总经理	冶 82 级
党　歌	长治钢铁公司董事长、党委书记	钢 78 级
沈　伟	陕西精密合金股份有限公司总经理	钢 77 级
刘克忠	承德钢铁公司董事长	铁 63 届
司永涛	包头钢铁（集团）有限责任公司董事长、党委副书记	轧 76 级
汪声娟	北京佰能电气技术有限公司董事长	机 64 届
王义芳	河北钢铁集团有限公司董事长、总经理	冶博 00 级
吕　鹏	南京钢铁联合有限公司总经理	钢 78 级
周伟坪	中青旅控股股份有限公司总经理	政师 78 级
任　浩	山东钢铁集团董事长、党委书记	轧 78 级
陈启祥	山东钢铁集团总经理	轧 77 级

十、荣获全国劳动模范称号的部分校友

姓　名	获奖时工作单位	在校专业
邓　键	上海斯米克焊材公司	物化 66 届
常纯哲	上海钢铁工艺技术研究所	机 60 届
单亦和	西宁特殊钢厂	冶 68 届
周惠敏	山东冶金科学研究院	材料 77 级
马俊才	济南钢铁集团公司	机 59 届

续表

张长富	中国第十九冶金建设公司	机 68 届
徐和谊	北京汽车工业控股有限责任公司党委书记、董事长	铁 78 级
刘明忠	新兴铸管集团有限公司董事长	冶博 2001 级
黄昌富	中铁十六局，北京市重点工程——北京站至北京西站地下直径线工程项目经理	采矿硕 95 级
丁立国	德龙钢铁实业有限公司	管理 MBA 班
马　祥	包头钢铁（集团）有限责任公司	冶研 99 级
李保卫	内蒙古科技大学	冶博 99 级
陈　列	西宁特殊钢股份有限公司	冶金 86 级
赵千里	金川集团股份有限公司	工程力学博 04 级
迟桂友	河北钢铁集团宣化钢铁集团有限责任公司董事长、党委书记	冶金博士 05 级
唐复平	鞍山钢铁集团公司总经理	冶博 00 级
李国保	宝钢集团中央研究院首席研究院	物理 82 级
程朝辉	马钢一铁总厂炼铁分厂车间副主任	冶金 88 级
王云平	甘肃酒钢集团宏兴钢铁股份有限公司碳钢薄板厂技术质量科责任工程师	压加 90 级
王德兴	哈尔滨锅炉厂有限责任公司董事长	高温合金 78 级
王玉玲	山西太钢不锈钢股份有限公司技术中心高级工程师	材料研 89 级
张翀宇	内蒙古金宇集团股份有限公司董事长	76 届

注：1. 所列校友排名不分先后；
2. 以上统计情况定有差错和疏漏，敬希广大校友补充、指正。

2015年党发校发文件目录

2015年北京科技大学党发文件目录

校党发〔2015〕1号	关于学校领导班子调整及班子成员分工的通知
校党发〔2015〕2号	关于马飞等同志职务任免的通知
校党发〔2015〕3号	关于同意给予一名教师留党察看处分决定的批复
校党发〔2015〕4号	关于做好中国共产党北京科技大学第十一次代表大会代表补选工作的通知
校党发〔2015〕5号	关于发布《北京科技大学2015年“两会”期间安全稳定工作方案》的通知
校党发〔2015〕6号	北京科技大学2015年安全稳定工作方案
校党发〔2015〕7号	北京科技大学2015年工作要点
校党发〔2015〕8号	北京科技大学2015年党委中心组理论学习安排意见
校党发〔2015〕9号	关于结合“双评”工作评选表彰2013－2015年度先进党支部、优秀共产党员及优秀党务工作者的通知
校党发〔2015〕10号	中共北京科技大学委员会落实党风廉政建设主体责任实施细则
校党发〔2015〕11号	关于成立机构和干部任职的通知
校党发〔2015〕12号	关于印发《〈北京科技大学章程〉学习宣传贯彻实施工作方案》的通知
校党发〔2015〕13号	关于同意文法学院党委选举结果的批复
校党发〔2015〕14号	关于印发《北京科技大学在处级以上领导干部中开展“三严三实”专题教育的实施方案》的通知
校党发〔2015〕15号	关于印发《2015年北京科技大学党风廉政建设和反腐败工作主要任务分工》的通知
校党发〔2015〕16号	关于表彰2013－2015年度先进党支部、优秀共产党员及优秀党务工作者的决定
校党发〔2015〕17号	中国共产党北京科技大学代表大会代表任期制实施办法（试行）
校党发〔2015〕18号	中国共产党北京科技大学代表大会代表提案工作实施办法（试行）
校党发〔2015〕19号	关于刘兴德等同志职务任免的通知
校党发〔2015〕20号	关于郭志恒同志任职的通知
校党发〔2015〕21号	中共北京科技大学纪律检查委员会关于落实党风廉政建设监督责任的实施办法

校党发〔2015〕22号 北京科技大学纪委委员工作制度
校党发〔2015〕23号 北京科技大学党风廉政监督员工作制度
校党发〔2015〕24号 北京科技大学关于进一步开展重点领域廉政风险防控管理“三个体系”建设的通知
校党发〔2015〕25号 关于印发《北京科技大学培育和践行社会主义核心价值观实施方案》的通知
校党发〔2015〕26号 北京科技大学校级领导干部廉洁自律有关规定(修订)
校党发〔2015〕27号 关于学校领导班子调整及班子成员分工的通知
校党发〔2015〕28号 关于同意召开北京科技大学第八届教职工代表大会暨第十六届工会会员代表大会的批复
校党发〔2015〕29号 关于印发《第八届教职工代表大会暨第十六届工会会员代表大会筹备工作方案》的通知
校党发〔2015〕30号 北京科技大学教职工代表大会实施细则（修订）
校党发〔2015〕31号 北京科技大学二级教代会实施细则（修订）
校党发〔2015〕32号 北京科技大学处级干部选拔任用工作规定（修订）
校党发〔2015〕33号 关于何文书等同志挂职的通知
校党发〔2015〕34号 关于对全校处级单位贯彻执行党风廉政建设责任制及实行党务公开、信息公开情况进行检查的通知
校党发〔2015〕35号 北京科技大学2015年处级单位和处级以上干部考核办法
校党发〔2015〕36号 北京科技大学国内公务接待管理实施办法（修订）
校党发〔2015〕37号 北京科技大学关于进一步加强和改进新形势下宣传思想工作的实施意见
校党发〔2015〕38号 关于成立机构和干部职务任免的通知
校党发〔2015〕39号 关于调整北京科技大学国家安全工作领导小组成员及职责分工的通知
校党发〔2015〕40号 关于调整北京科技大学保密委员会成员及职责分工的通知
校党发〔2015〕41号 北京科技大学关于学校领导干部上讲台开展思想政治教育的实施办法
校党发〔2015〕42号 关于戴井岗等同志职务任免的通知

2015年北京科技大学校发文件目录

校发〔2015〕1号 关于调整2015年周转房租金价格的通知
校发〔2015〕2号 关于公布第26届“北京科技大学教育教学成果奖”评选结果的通知
校发〔2015〕3号 关于做好2015年寒假、春节期间安全保卫工作的通知
校发〔2015〕4号 北京科技大学科学技术奖励办法（试行）
校发〔2015〕5号 关于公布北京科技大学第十一届实验技术成果奖评选结果的通知
校发〔2015〕6号 关于许斌等同志职务任免的通知
校发〔2015〕7号 关于给予一名教师降低岗位等级处分的决定
校发〔2015〕8号 关于王戈等同志职务任免的通知

校发〔2015〕9号	关于举办北京科技大学第九届青年教师教学基本功比赛的通知
校发〔2015〕10号	关于杜振民等同志职务任免的通知
校发〔2015〕11号	北京科技大学2015年硕士研究生招生复试与录取工作规定
校发〔2015〕12号	关于何枫同志任职的通知
校发〔2015〕13号	关于对部分本科生退学处理的决定
校发〔2015〕14号	关于印发《北京科技大学2015年校庆周工作方案》的通知
校发〔2015〕15号	关于成立家属社区物业改革领导小组和工作小组的通知
校发〔2015〕16号	关于给予一名教师降低岗位等级处分的决定
校发〔2015〕17号	关于做好2014－2015学年度第二学期期中教学评估工作的通知
校发〔2015〕18号	北京科技大学研究生国家奖学金评审办法
校发〔2015〕19号	关于2015年专业技术职务评聘工作的通知
校发〔2015〕20号	关于做好学校领导干部行政办公用房清理整改工作的通知
校发〔2015〕21号	关于公布北京科技大学第九届青年教师教学基本功比赛结果的通知
校发〔2015〕22号	关于启动社区物业服务社会化改革的通知
校发〔2015〕23号	关于王鲁宁等同志职务任免的通知
校发〔2015〕24号	北京科技大学关于加强内部审计工作的实施意见
校发〔2015〕25号	关于开展“十三五”规划编制工作的通知
校发〔2015〕26号	关于公布第一届“北京科技大学教学名师奖”评选结果的通知
校发〔2015〕27号	关于做好北京科技大学2015年新增博士生指导教师遴选工作的通知
校发〔2015〕28号	北京科技大学实验室技术安全管理规定
校发〔2015〕29号	北京科技大学实验室技术安全责任追究暂行规定
校发〔2015〕30号	北京科技大学放射性同位素与射线装置安全和防护管理办法
校发〔2015〕31号	关于公布2015届本科优秀毕业设计（论文）评选结果的通知
校发〔2015〕32号	关于发布《北京科技大学关于开展“平安校园”创建回头看工作实施方案》的通知
校发〔2015〕33号	关于调整2015年度住房公积金的通知
校发〔2015〕34号	关于张深根等同志职务任免的通知
校发〔2015〕35号	关于印发《北京科技大学2015级本科新生教育工作方案》的通知
校发〔2015〕36号	关于做好2015年暑期安全工作的通知
校发〔2015〕37号	关于刘兴德等同志职务任免的通知
校发〔2015〕38号	关于进一步加强机关公务车辆使用和费用管理的通知
校发〔2015〕39号	关于吕朝伟等同志任职的通知
校发〔2015〕40号	北京科技大学建立健全师德建设长效机制实施细则
校发〔2015〕41号	北京科技大学修缮工程质量管理细则（暂行）
校发〔2015〕42号	北京科技大学小型工程建设项目管理细则（暂行）
校发〔2015〕43号	北京科技大学政府集中采购工程类项目建设管理实施细则（暂行）
校发〔2015〕44号	北京科技大学体育特长生管理办法
校发〔2015〕45号	关于印发《北京科技大学深化创新创业教育改革实施方案》的通知
校发〔2015〕46号	关于赵宝永等同志职务任免的通知

校发〔2015〕47号	北京科技大学国有资产管理工作规程（暂行）
校发〔2015〕48号	关于加强学校国有资产管理的若干意见
校发〔2015〕49号	关于王维才等同志职务变动的通知
校发〔2015〕50号	关于余瑶等同志挂职的通知
校发〔2015〕51号	关于做好2015－2016学年度第一学期期中教学评估工作的通知
校发〔2015〕52号	关于对部分本科生退学处理的决定
校发〔2015〕53号	关于实验室安全责任事故及实验室安全检查处分的决定
校发〔2015〕54号	关于成立机构和干部任职的通知
校发〔2015〕55号	北京科技大学科研项目间接费用管理暂行办法
校发〔2015〕56号	北京科技大学二级单位科研管理工作暂行办法
校发〔2015〕57号	北京科技大学重大科技项目专项工作组管理办法（试行）
校发〔2015〕58号	北京科技大学教学委员会章程（修订）
校发〔2015〕59号	北京科技大学采购管理办法
校发〔2015〕60号	北京科技大学实验教学工作规范
校发〔2015〕61号	关于做好元旦、春节期间慰问看望离退休职工工作的通知
校发〔2015〕62号	关于张卫钢等同志职务变动的通知
校发〔2015〕63号	北京科技大学实验室突发安全事故应急预案（试行）
校发〔2015〕64号	北京科技大学周转房管理办法（修订）
校发〔2015〕65号	关于调整2016年周转房租金价格的通知
校发〔2015〕66号	北京科技大学省部级科研基地实体化试点建设实施办法
校发〔2015〕67号	北京科技大学差旅费管理办法（修订）
校发〔2015〕68号	关于加强横向科研经费中餐费支出管理的通知
校发〔2015〕69号	关于王媛等同志职务任免的通知

2015年北京科技大学大事记

一月

7日　召开干部大会，宣布学校领导班子任免通知。宣布戴井岗任中共北京科技大学委员会委员、常委、副书记、纪委书记，王维才、王戈、吴爱祥任委员、常委，薛庆国、何民庆任常委；免去谢辉的中共北京科技大学委员会副书记、常委、委员职务，武德昆的常委、委员职务，谢建新、张跃的常委职务，张文明的纪委书记职务。任命孙冬柏、王维才、王戈、薛庆国、吴爱祥、何民庆为北京科技大学副校长；免去权良柱、谢建新、张跃、武德昆的北京科技大学副校长职务。

9日　召开2014年度校领导班子党员民主生活会。

15日　召开学校2014年度校领导考核民主测评大会。

16日　举行以“品端才实业精，志高行远卓越”为主题的2015届春季研究生毕业典礼暨学位授予仪式。

22日　召开2014年度总结表彰大会。

23日　学校党委理论中心组举行扩大学习活动。邀请教育部综合改革司副司长王洪元作题为“深化高等学校综合改革怎么看怎么办”的辅导报告，党委书记罗维东主持学习报告会。

24日　在深圳举行学校2014年度校友工作研讨会。

28日　全国学校共青团研究中心在学校成立，并召开2015年工作研讨会。

31日　在2014年度中国有色金属工业科学技术奖评选中，张深根主持完成的“报废电子产品处置和有色金属材料回收绿色成套技术及示范”荣获技术发明一等奖，姜雁斌参与完成的“钎焊式热交换器用铝钢复合带材制备关键技术及应用”荣获科技进步一等奖。

1月　《北京科技大学学报》正式更名为《工程科学学报》(*Chinese Journal of Engineering*)。

二月

8日　学校学生社会实践原创微电影《我是你的眼——一只导盲犬的告白》荣获全国首届“情系三农”微电影大赛校园组“十佳”。

9～11日　张欣欣校长赴美国康奈尔大学威尔医学院访问。

27日　学校共有2项科研成果在2014年度北京市科学技术奖励大会获得表彰，其中一等奖1项、三等奖1项。

三月

2月27日、3月1日　召开2015年寒假党委（扩大）会议。会议讨论部署了2015年学校工作要点，研讨了学校综合改革方案框架。

2月25日至3月2日　学校学生管乐团、合唱团参加第四届全国大学生艺术展演，并分别荣获器乐、声乐组全国一等奖。

2日　举行“清朗网络 ·

青年力量”青年网络文明志愿行动暨“北科大小博士网络文明新闻发布会”。

5日　举行第二届北京科技大学与英国德蒙福特大学孔子学院理事会会议。

5日　校长张欣欣，副校长孙冬柏、王戈、何民庆视察了学校昌平创新园，并与学校国家材料服役安全科学中心、后勤基建处负责人举行座谈会。

3月　化学与生物工程学院院长张学记入选2014年度英国皇家化学学会会士；学校陈曦、王戈、林海、强文江、朱维耀五位教授入选为2014年享受政府特殊津贴人员；吕昭平教授、张立峰教授入选2014年中青年科技创新领军人才，这是学校科研人员首次入选科技部“创新人才推进计划”；马克思主义学院左鹏教授入选“思想政治中青年人才支持计划”；学校共有3项科研成果获奖2014年度高等学校科学研究优秀成果奖（科学技术），其中一等奖2项、二等奖1项；在北京高校培育和践行社会主义核心价值观征文活动中，学校师生荣获：教师一、二、三等奖各1篇，教师优秀奖1篇，学生二等奖1篇。

10～19日　学校党委副书记、纪委书记戴井岗、纪委副书记曲雁深入学校二级学院，进行工作调研，开展党风廉政建设宣传。

20日　举行北京科技大学“87级校友基金”颁奖仪式。

20日　举办“大师进校园”系列活动之十，哈佛大学大卫·韦兹（David A. Weitz）名誉教授受聘仪式暨学术报告会在办公楼305举行。

20日　举行中国材料名师讲坛第73讲。中科院院士、无机化学家陈小明院士作题为《金属有机框架微孔材料的分子设计、修饰及应用》的报告。

24～25日　校长张欣欣带队赴唐山调研考察，就人才培养、科技创新、产学研合作等工作与唐山市、曹妃甸区、唐钢集团等政府、企业进行交流。

25～29日　开展2015级硕士研究生复试工作，来自全国各地的2400余名第一志愿报考学校的上线考生及部分专业调剂考生来校复试。

26日　召开北京企业低碳运营战略研究基地第一期建设验收会。

27日　召开党委中心组理论学习（扩大）会，党委中心组就落实党风廉政建设“两个责任”开展集体理论学习，全体校领导、党委委员、纪委委员参加了会议。

27日　在2015年北京市哲学社会科学规划工作会议上，学校科学研究与发展部被评为“2014年度北京市社会科学基金项目优秀二级管理单位”。

31日　举办“啡常时光”系列活动，张欣欣校长及相关校院、部处领导与学生开展面对面交流活动。自2013年9月该活动开展以来，共组织领导嘉宾40余人次，本科生和研究生270余人次参加活动。

31日　副校长何民庆带领实验室安全隐患检查处置小组全体成员对全校实验室开展例行安全检查。

四月

2日　举行2015届毕业生春季大型双选会，共有来自冶金、材料、航空航天、电子信息、机械制造、金融贸易等行业的266家企事业单位参会，其中北京地区单位228家，京外地区单位38家。双选会共为毕业生提供就业岗位近6000个，5000余名毕业生参加活动。

8日　教育部于3月11日签发《中华人民共和国教育部高等学校章程核准书（第48号）》，正式核准《北京科技大学章程》，并于4月8日通过教育部网站发布。

11日　京津冀钢铁行业节能减排产业技术创新联盟成立大会在学校天工大厦召开，环保部、科技部、京津冀三地政府部门相关领导及首批联盟单位代表100余人参会。经大会代表选举，由学校担任首届联盟理事长和秘书长单位，张欣欣校长担任联盟理事长。

16日　由阿南德·森（Anand Sen）总裁率领的塔塔钢铁公司(印度)代表团到访学校。

18日　举行第三届“魏寿昆科技教育奖”颁奖典礼。

18日　举行以“91级同窗志在四方、20载母校情深似海”为主题的北京科技大学91级校友毕业二十周年纪念大会。

22日　宁波理工监测科技股份有限公司董事长、仪表81级周方洁校友向母校教育发展基金会捐资1500万人民币，支持学校教育事业发展。

22日　举行以“格物·明辨·鼎新”为主题的研究生学术论坛十周年巡礼暨第十一届开幕式。

23日　举行“北京科技大学2014年十大新闻人物”颁奖典礼。

25日　举办北京科技大学“校长相约共话成长”主题论坛暨2015年校长奖章评选启动活动，校长张欣欣出席活动并做了题为“母校，对于一个人意味着什么”的主题演讲。

26日　举行第54届学生田径综合运动会。

28日　举行学校第四期优秀青年干部培训班结业暨第五期优秀青年干部培训班开班仪式。

29日　举行北京科技大学材料青年科学家论坛启动仪式暨第十一届研究生学术论坛开幕式。

五月

4日　举办“全球零艾滋青年在行动”——首都高校5.4青年节主题公益活动。联合国副秘书长、联合国艾滋病规划署执行主任米歇尔•西迪贝（Michel Sidibe）出席活动并发表主旨演讲《携手同心，为终结艾滋病而战》。

6日　校长张欣欣带队到邯郸钢铁集团有限责任公司进行调研访问。

9日　举行以“创新与创业——为梦想插上翅膀”为主题的东凌经济管理学院年度论坛。

10～11日　举办“文香申韵，戏绎青春”第十二届文法戏剧节。

12日　举办中国材料名师讲坛第75讲，中科院院士江雷教授做题为《从头开始的创新科研理念——仿生超浸润界面材料》的精彩报告。

15日　教育部在北京科技大学为期33天（4月13日至5月15日）的巡视工作结束。

17日　2015年北京科技大学世界留学生文化节开幕，来自65个不同国家的留学生参与活动。国家教育部留学基金委副秘书长王胜刚，校长张欣欣、副校长王戈以及基金委来华部的部分工作人员一同参观文化节。

18日　举办北京科技大学天津学院建院十周年纪念活动。

19日　国家外专局教科文卫司副司长刘懋洲、计划处处长炊海春到学校调研工作。

21日　举行绍兴市越城区人民政府、北京科技大学“人才引培、智力转化、院企合作”对接暨人才交流会。绍兴市越城区相关领导及18家企业负责人来校商讨人才交流事宜。

21日　举办2015年实习生大型双选会。双选会共有108家企事业单位参会，涉及互联网、材料科学、航空航天、电子信息、机械制造、金融贸易、文化创意等领域，为在校学生提供了就业岗位近3000个，超过4000名学生参加双选会。

21日　召开学校第七届教代会七次会议，全体校领导出席会议，学校教代会代表、全体教授等近200人参加会议。大会印发了2014年度学校工作报告、学校财务工作报告、教代会和工会工作报告、教代会提案工作报告等会议资料，将由全体代表在会后讨论并予以审议。

22日　举行第九届“校长奖章”候选人答辩会。

23日　由学校举办的首届英国莱斯特中小学校长访

华团活动正式拉开帷幕。

23日　学校3支代表队在第四届北京市大学生建筑结构设计竞赛的A组赛题、B组赛题（结构方向）、B组赛题（桥梁方向）三个方向中表现出色，分别获得1个冠军、1个亚军和1个季军。

27日　召开2015年度党风廉政建设和反腐败工作会。会议由校长张欣欣主持。全体校领导、全校中层干部、重点岗位科级干部230余人参加会议。

27日　举行“建龙基金”签约仪式暨建龙集团与北科大校企合作座谈会。

六月

1日　举办中国材料名师讲坛第76讲。国际顶尖的纳米材料专家，美国艺术与科学院院士杨培东教授做报告，党委书记罗维东为其颁发北京科技大学名誉教授聘书。

2日　召开学校2015年招生宣传工作启动会。

3日　学校及北京化工大学、北京交通大学、北京邮电大学、北京林业大学等五所行业特色明显的部属高校，在北京林业大学举办联合招生咨询新闻发布会，向社会各界发布五所学校的高考招生信息，全面解读五校2015年在各省的计划投放情况、各校优势专业、办学特色及招生政策等。

5日　曼彻斯特城市大学副校长米斯卡古兹科斯卡（Myszka Guzkowska）女士到访学校，张欣欣校长会见来宾。

9日　萨摩亚通信技术部部长图伊苏加莱塔瓦·索法哈·阿沃（Tuisugaletaua Sofara Aveau）一行7人来学校访问。

10日　学校廉政研究中心主办纪念陈云同志诞辰110周年暨陈云党风廉政建设思想学术研讨会。中央纪委廉政理论研究中心有关负责同志，校党委副书记、纪委书记戴井岗和相关部门学院负责人，北京大学、清华大学、中国矿业大学（北京）以及学校的廉政研究学者、《中国纪检监察报》和《检察日报》的媒体代表等参加会议。

11日　举行第六届青年五四奖章授予仪式。薛庆国副校长宣读了青年五四奖章表彰决定，学校党委书记罗维东，副校长薛庆国、何民庆、爱慕集团总裁办主任吴晓平等为获奖优秀青年和集体颁奖。

12日　组织召开廉政文化建设联席会第一次会议。

16日　举行“同学子共话，与未来有约——张欣欣校长与第九届校长奖章获得者畅谈会”。

18日　校长张欣欣、副校长王戈、薛庆国一行到柳州钢铁（集团）公司交流访问。

22～26日　第六轮中美人文交流高层磋商系列活动在美国举行。校长张欣欣应邀参加相关活动，并代表学校与威尔康奈尔医学院签署关于共建医学院的规划协议。

25日　举行“三严三实”专题教育党课。全体校领导，中层干部等参加大会，学校党委书记罗维东进行主讲，并就学校开展“三严三实”专题教育的有关安排和要求作出部署。

25日　举行2013－2015年度先进党支部、优秀共产党员和优秀党务工作者表彰大会。

26日　举行北京科技大学2015届夏季学生毕业典礼暨学位授予仪式。4000余名2015届留学生、博士生、硕士生、本科生和1000余名学生家长参加毕业典礼。

30日　根据教育部党组部署要求，教育部赴北京科技大学巡视组向学校反馈了巡视组对北京科技大学开展巡视工作的结果。

七月

3日　举行2015届国防生毕业出征仪式。

6日　举办2015北京科技大学海峡两岸青年创业论坛开幕仪式。共有来自14所台湾高校及3所大陆高校的200余名师生参加开幕式。

6日　举行“中国冶金行业卓越工程师培养联盟”工程营开营仪式。

9日　召开全校实验室安全工作会。

14～28日　召开2015年暑期党委(扩大)会议。会议的主要内容是学习《京津冀协同发展规划纲要》文件精神，讨论学校“十三五”规划思路，综合改革方案，以及党代会党委报告、纪委报告，为学校下一阶段的发展理顺思路、凝聚共识、谋划蓝图。全体校领导、党委委员、纪委委员、全体中层干部，学校第十一次党代会代表、第七届教代会代表，以及两院院士、民主党派、无党派人士、离退休干部代表参加会议。

24日　举行北京科技大学与青岛钢铁控股集团有限责任公司项目合作中期汇报会。

30日　在德国弗莱贝格工业大学、弗莱堡矿业大学举行的第26届国际矿业教授学会年会上，学校土木与环境工程学院李仲学教授经学会理事会提名、由学会大会选举为2015－2016年度学会候补主席。

八月

9～12日　学校参赛作品在第八届全国大学生节能减排科技创新与社会实践竞赛决赛上荣获得一等奖3项，二等奖2项，三等奖3项。

10～14日　由国际电子电气工程师协会（IEEE）主办、学校承办的2015国际智能空间大会在北京召开。

28日　学校计算机与通信工程学院殷绪成教授团队在法国南锡市第十三届国际文档分析与识别大会中荣获大赛最受关注的“鲁棒阅读竞赛”中“自然场景文本端到端识别（通用类）”“网络图片文本端到端识别（通用类）”“网络图片文本端到端识别（限制类）”“视频文本检测提取”四项冠军。

28日　北京市科学技术委员会、迁安市人民政府、京津冀钢铁行业节能减排产业技术创新联盟战略合作框架协议签约仪式暨京津冀钢铁行业节能减排产业技术对接会在北京市科委举行。联盟理事长、校长张欣欣代表钢铁联盟发布了京津冀钢铁行业节能减排先进技术目录，正式对外公布包括冶金球烧工艺烟气脱硫除尘一体化技术、煤气蒸汽余热综合利用技术等在内的20项先进技术成果。

29日　第十届全国大学生“飞思卡尔”杯智能汽车竞赛在山东大学顺利落下帷幕。学校代表队在电磁组、创意组获得冠军，摄像头组获得亚军，光电组获得季军。

31日　举行学校2015级新生开学典礼。

九月

8月31日至9月2日　2015纳米材料和纳米科技国际研讨会在学校天工大厦成功举办。校长张欣欣教授、中国材料研究学会秘书长韩雅芳教授出席会议。

2～4日　由学校和台湾成功大学主办，钢铁共性技术协同创新中心承办的“第四届海峡两岸绿色材料及绿色制程论坛”在北京召开。来自海峡两岸20余所高校、科研院所及企事业单位的近百名代表参会。

7日　北京市怀柔学生军训基地举行2015年入伍学生欢送大会。

9日　QS全球教育集团智库创始人兼总经理纳齐奥·夸克奎瑞利(Nunzio Quacquarelli)先生、中国总监张巘博士来校访问。

11日　举行北京科技大学2015级研究生开学典礼。

11日　召开2015年教师节庆祝暨表彰大会。

11日　国家教育行政学院第46期高校中青年干部培训班学员来学校考察调研。

11日　举行北科大－新兴际华集团青年骨干人才培训班2015年春季班结业暨2015年秋季班开班典礼。

13～16日　学校机械工程学院车辆工程系杨珏老师指导的智能车队在德国纽伦堡“飞思卡尔”智能车国际

赛中，以17.127秒完成比赛，以领先第二名3.45秒的优势获得了大赛总冠军，再次蝉联国际赛总冠军。

15日　2015－2016年QS世界大学排行榜发布，学校排名上升142位进入世界前600位，国内排名并列第26位。

15～18日　举办2015年新教师岗前培训活动。

18日　举办西藏公安边防总队“4·25”抗震救灾先进事迹报告会。

19日　举办以“回首三十年，缘来你都在”为主题的矿81级校友毕业30年返校座谈会。

22日　上海交通大学发布了2015年“中国两岸四地大学排名”。在100强中，学校排名第47位，在入选100强的65所大陆大学中，学校排名第30位。

25日　召开全国学校共青团研究中心第一期研修挂职干部离岗座谈会。

28～29日　召开中国共产党北京科技大学第十一次代表大会。

30日　学校材料学院光功能材料与器件研究团队夏志国教授、刘泉林教授在国际顶尖化学类杂志《美国化学会志》上发表了他们在稀土发光材料结构与性能研究方面的最新研究成果。

十月

9日　学校航模队在2015中国国际飞行器设计挑战赛暨科研类全国航空航天模型锦标赛（CADC）中取得了优异成绩：“对地侦察”一等奖1项，二等奖1项；“电动滑翔机”二等奖1项；“嫦娥奔月”一等奖1项，三等奖1项；“科技创新评比”二等奖1项，三等奖1项。

12日　学校参赛队在2015年全国大学生计算机博弈大赛暨第九届全国计算机博弈锦标赛中获得一等奖4项、二等奖8项、三等奖2项的优秀成绩，学校被组委会评为优秀组织奖。

21～22日　全英孔子学院和孔子课堂年会在伦敦隆重举行。党委书记罗维东应邀出席盛会。

21日　“第十届中国钢铁年会”暨“第六届宝钢学术年会”在上海隆重召开。校长张欣欣应邀出席年会，并作题为“培养国际化创新人才，服务钢铁工业转型升级”的主旨报告。

21日　召开第十一届纪委全委会第二次会议。

22日　召开2015-2017年党风廉政监督员聘任会。

23日　举行北京科技大学“高龄老同志重阳节集体祝寿庆典”活动。

23日　举办下一阶段廉政风险防控管理“三个体系”建设工作动员会暨专题培训会。

25日　举办北京科技大学民乐团20周年专场音乐会。

26日　MPAcc（专业会计硕士）全国教指委专家组莅临学校东凌经济管理学院指导工作。

27日　召开以“高校国际化与创新型人才培养”为主题的四校研讨会（韩国国立顺天大学、台湾朝阳科技大学、西安建筑科技大学、北京科技大学）。

28～30日　召开高校学生事务管理国际研讨会。

28日　举行“远东工具基金”签约仪式。

29日　举行第三届贝壳青年科技文化节开幕式。

26～30日　副校长薛庆国率团参加金砖国家全球高校峰会暨联合国成立70周年庆典。

30日　在“超同步智能装备协同创新中心”揭牌仪式上，副校长何民庆，密云县委常委、副县长杨珊共同为“协同创新中心”揭牌。

31日　举行北京科技大学第十届研究生师生轻体运动会。

十一月

4日　学校党委组织召开中心组理论学习（扩大）会。学校党委中心组组织学习《中国共产党廉洁自律准则》和《中国共产党纪律处分条例》。

5日　召开2017版本科培养方案研讨会。

6～8日　举办由学校与德蒙福特大学共同发起的“大数据+互联网+智能化+创新设计”国际会议及设计作品交流展。来自学术界与产业界创新设计领域的专家学者、产业精英以及高校师生共计1600余人共同参加会议。

6～9日　由北京科技大学主办的第二届中国膏体充填采矿国际学术研讨会成功召开。

7日　举行北京科技大学机器人大赛团队校友返校活动暨首届MEI机器人技术论坛。

10日　召开2015年招生就业工作会。

10日　台湾岭东科技大学副校长陈仁龙率EMBA访问团一行16人来校访问。

11月　计算机与通信工程学院宁焕生教授获计算机学会（IEEE）颁发的金质核心奖章。学校有29名博士后入选中国博士后科学基金第58批面上资助人员名单，其中一等资助金入选7人，二等资助金入选22人，总资助金额166万元，入选人数创历史新高。

13日　学校与迁安市人民政府全面合作框架协议签约仪式在迁安举行。

14日　学校在2014年度中国有色金属工业科学技术奖项目中荣获一等奖3项，二等奖1项。

14日　巴西马拉里昂州副州长卡洛斯·小奥尔巴（Carlos Orleans Brandão Junior）一行12人及中巴新能环国际投资有限公司总经理张胜生一行6人来学校访问。

17日　召开学习《中国共产党廉洁自律准则》和《中国共产党纪律处分条例》辅导报告会。

20日　学校在第十四届“挑战杯”中航工业全国大学生课外学术科技作品竞赛决赛中，有3件作品分别获得全国二等奖1项、三等奖2项，材料学院刘雪峰教授获得全国“挑战杯”优秀指导教师。

26日　学校新材料技术研究院李晓刚教授团队的研究论文*Share Corrosion Data*在世界顶级科技刊物*Nature*发表。

26日　举行第十二届本科教育教学督导组聘任仪式。

26日　举办2016届毕业生秋季大型双选会，来自冶金、材料、航空航天、电子信息、机械制造等行业的199家单位参加，提供就业岗位近4000个，近5000名毕业生参加双选会。

27日　举行“东凌基金”2015年度奖助学金颁奖大会。

十二月

3日　召开贯彻落实“教育部办公厅关于违反中央八项规定典型案例通报视频会议”精神工作布置会。

3日　教育部在学校组织召开“钢铁流程先进控制教育部重点实验室”建设验收会。

5～6日　中国无神论学会2015年学术年会在学校召开。

7日　邀请教育部教育发展研究中心主任张力做题为“学习党的十八届五中全会精神”的辅导报告。

7日　学校新材料技术研究院谢建新教授、毛新平校友当选化工、冶金与材料工程学部院院士。

10日　召开第八届教代会暨第十六次工代会预备会。

12日　召开学校科学技术与文明研究中心理事会与学术委员会第三届第二次会议暨2015年度工作会议。

12日　召开第八届教职工代表大会暨第十六次工会会员代表大会。

12日　北京知识产权法研究会授予北京科技大学知识产权研究中心研究基地授牌仪式在北京知识产权法院举行。

15日　召开北京科技大学MBA/EMBA教育指导委员会会议。

18日　第三届“共享杯”大学生科技资源共享与创新实践竞赛颁奖典礼在北京航空航天大学举行。学校化学与生物工程学院左旭晶等5人团队的论文《有机标准物质在水体领域中的应用》荣获2015年度大赛唯一特等奖。

18日　举行“冠之奖学金”颁奖仪式暨李琦校友与学生面对面活动。

21日　举行材料学院党委书记任命大会。

22日　学校党委召开理论中心组学习（扩大）会。

24日　举行2015年社会实践工作总结表彰大会。

29日　举行“电明助学金”颁奖仪式暨邓电明校友与学生面对面活动。

31日　举办2016年新年晚会。

2015年毕业生名录

2015届本科毕业生名录

土木与环境工程学院（338名）

刘璐 马文静 马亮 王会娟 卢治林 申义德 刘佳文 刘秋岑
孙望路 汤国栋 严屹然 张砚书 李思奇 李研 岳鹏程 苑晴
金夏虹 崔宇轩 黄辉玄 焦慎林 饶胤 夏建军 王金婷 卢尧
卢超栋 田兴华 刘京楠 刘美男 孙振超 朱一干 毕琦 伯玉兰
余致辰 李娇 周玉鹏 孟雅茹 胡勇敢 胡星灿 费雪良 徐萌森
康奉章 程开和 雷思艺 董甜莉 马澜 方子都 王珂
乔龙巴特·那木吉力 乔丽盼·霍山 刘伟国 孙迪 安瑞鹏 何欢祺
余倩 宋嘉宁 张炜 张润草 张敏 李雪莹 杨民 杨凯
杨星辰 沙依然古丽·沙肯 陈如毅 侯香凝 姜婕筠 胡沈达 倪结文
黄琪琪 董立夫 解锡舟 鲍克 薛瑛 王思雪 于子豪 门聪
王天齐 王龙灿 王思乐 车舜 冯荟菁 史妍 旦增巴桑 乔永祥
刘炯 孙伟强 孙梦瑶 张琦 李倩 李傲 苏贝·乃比
连卓航 陈钦潇 周杨 岳斯源 帕孜丽娅·帕肉克 林玉婷 武静怡
郑名扬 饶洪浩 夏宇 席玥 袁新新 普布顿珠 智一凡 程蕾
章刘洋 蔡林熹 于祥圣 马牧野 马骏 王卓 王逢时 王添财
王缔 付双双 艾力亚尔·艾力 乔艳龙 吾兰·哈斯陶拜 宋景楠
张力天 张文龙 张彧 张嘉琛 李鑫 邵冰 陈炫 陈晓光
孟浩 赵鑫淼 徐洁 郭杰 崔久蕙 程业 代传宇 杜霖
马建磊 丁一 上官一阳 于鹏强 王子木 兰盾 田立阁 任书通
刘念 江梦莹 何睿劼 宋宝宏 宋青泉 张大鹏 张焱淞 李阳
杨东锟 沈忱 周桥 和晓楠 拉确赤来 罗云飞 苗延科 徐明
柴丽娜 索朗平措 高翔 高璐 綦圣文君 蒋涛 高榕 郭明磊
马瑞卿 尹双越 水成霖 王伟强 丛子杰 刘方毅 刘真言 吕梁
江漫 羊梦标 齐凯 吴多文 张三冬 李美 李晗 杨柳
易炜 范振爽 段喆 胡海洋 袁泽川 郭学锡 黄煜楚 强丹

董志玮 魏华超 冯洋 唐乾隆 闵清 丁民涛 方学波 方智程
王云祯 王帅 王茹霞 任义 刘文龙 许俊 何康俊 何薛江
张同钊 张啸宇 李侠 李金鹏 杜瑶瑶 杨雨青 苏晓波 陈龙根
陈亚男 周晓楠 屈亮星 胡超 胡熠 赵洋立 寇圣杰 黄碧蕊
彭群 韩龙 朱文远 李思颖 葛笑 李想 马瑞兵 吴文宇
李鑫 赵颖琪 董轩 马立颖 王思宇 刘应南 吴晓丹 吴斯譞
宋佳庚 张永榜 张智鹏 张韬 李明 杨天 杨东霖 杨恒
杨莹 邵红光 林森俊 法源 贺思琪 热比克提·阿不力孜 麻绢绢
潘晨阳 魏弘 万翔 李宝 蓝志鹏 马忠虎 方林 牛相山
王文伟 王帅旗 王雪 兰洋 占智 石超 刘征宇 刘俊广
许国良 吴志豪 张祎 纳钰清 陈聪聪 呼尔察 郑盛君 胡东东
夏岩 徐松 聂白沙 黄雨笋 程国祥 舒杨 董少军 熊良锋
撒惠琪 付乾峰 韩晓雷 马新新 石聪 刘永邦 刘先领 刘冰
孙凌 何光泽 张牧鸿 李玉山 李甘雨 杜雪峰 郑志杰 金东彦
胡博文 赵宇松 钟常运 唐于伟 夏函雯 郭沛 郭郑松 蒋金叶
谢友学 谢美英 缪宇浩 彭冰冰 马生福 马淑贤 王元青 王昊
王涛 白龙 刘晨 孙美婷 许成文 许苗 邢文山 张恒
李明 李莹 李超 侯文轩 姚江涛 胡进 高赫 曹博健
蒋小羽 覃陆均 韩巍

冶金与生态工程学院（219名）

张文远 王聪 付瑶 冯铁成 艾尼亚·玉素甫江 刘平奇 邢文龙
托哈提汗·买吐送 张心怡 张亚明 杨耿 邱瑀 陈琴 周翟尤佳
林升东 迪力亚尔·吾甫尔 祖力皮亚·阿不都瓦衣提 美依尔·阿斯哈尔
胡梦甜 项雅静 郭丽婷 梅美 于雪飞 朱凤斌 董可心 李泽阳
杨然 马健 马艳玲 毛明坤 毛煜 王一帆 王志坡 王峥
王萌 刘盼盼 刘晓楠 向雪梅 祁宗 许家乐 吴建璋 宋佳伟
张浩浩 李本民 杨启帆 谷守信 郑智铨 俞强 施耐克 洪全
黄绍春 黄翀 程国帅 谢科强 韩超 潘奕鹏 沙梦园 汪书乐
陈林 陈翔 赵晟 文甜洁 王云鹏 王若铮 王家星 王雪飞
冯若晨 石家旺 乔英钧 刘帅 刘扬 吕栋 闫政序 张太子
张帅 张春葵 李欢 杜建峰 杨佳兴 杨宝玲 杨博 连云飞
陈威 郑勇辉 保雪丹 姚望 唐伟栋 高佳伟 梁晓辉 覃飞宇
武文超 张豆 董鹏飞 鞠照坤 张万里 于忠正 马元卿 文艳梅
平东平 刘少伟 刘汉 刘畅 闫昊天 余智静 张天奇 张建伟
李志强 李承 谷雨 邱世毅 邵腾飞 陈小雨 郁泽峰 柳峥岩
荣吉平 赵天骄 贾亦峰 郭川 郭赟 曹翔宇 黄汇 黄蓉帅
谢芮 韩阳 朱帅贞 金圣道 王宇翔 李胜 李鹏飞 杨东
杨琛 于丛玮 王俊 王嘉毅 邓振强 叶腾达 刘莲凤 朱宇超

闫守旺	何　倩	张　威	张　峰	张恩齐	张晓博	李志博	李留辉
邱青山	陈永煜	季鸿超	尚小娟	林纯灵	胡军涛	赵　琦	郝雁彬
温鹏宇	谢鹏程	郭常胜	曹雅林	梁赵普	黄起慧	张睿轩	于鹏飞
方翊臣	王文博	王军格	王泽宇	王　鹏	韦　旺	任建坤	刘　源
成　瑶	朱益强	江　涛	许志强	闫培烨	何　滔	吴学涛	陈　荣
罗　骏	胡绍洋	徐济飞	徐　盈	郭旭龙	崔广润	鲁丹平	蔡端星
颜世宇	王　晨	冯　涛	袁　鑫	闫天明	丁智勇	卜浩天	马铖佑
王　会	王传伟	王媛媛	冯建山	刘子艺	孙丰义	余梓民	张辉宇
李东伟	李明阳	李彦辉	李　博	杨伟光	杨　洋	陈其洲	陈明毅
陈　辉	周文豪	宛　磊	罗　媛	高兴宇	高　原	梁贺慧	黄　博
焦凯龙							

材料科学与工程学院（461名）

马　媛	王一旭	王　琳	包昊维	古继尧	任　屹	刘　琪	吕之韵
成星烨	邢鹏宇	张治文	李姝衡	李思慧	李春然	李　翔	李　臻
陈希文	陈彦好	周琳丰	於春松	姚宇泽	施　越	段学奎	段楚晨
赵　轩	郝　佳	徐婧琦	高凌浩	彭昱菲	慈　翔	管　君	蔡楚峰
蔡雷鸣	刘冰玉	施悦先	姚培胜	裴　玉	王佳伟	王炳珅	王　愿
何斯麒	吴若男	张志鹏	张荣建	张笑晨	张嘉鑫	张濡萍	李兆宇
李钊颖	李金鹏	邱　垚	陆天行	陈金宾	周运成	周晨阳	孟祥瑞
孟德宇	畅艳芬	范迪文	姚　珂	唐海波	富律文	曾文财	程乙峰
熊　浩	王　松	边　璐	刘　丽	王　月	王洪亮	刘智军	李彦杰
祝巢人	裴中正	杨建金	王徐峥	王　琎	王鹏飞	左高红	乔凯明
乔　晶	刘　敏	朱琳烨	阮雅婷	吴少聪	张博明	张湘君	张　楠
李文杰	李俊杰	李　裕	苏小坡	邸晨晨	苗宏卫	贺双江	赵　鑫
唐　旺	徐龙翔	徐海峰	梁　越	章晓敏	谢依桥	刘　皓	刘蕴之
闫学瑾	吴晶恩	杜晓伟	鲁　凡	蔺　瑞	黎　琳	王天琪	邓楚燕
贾　俊	刘　海	李子豪	丁振文	王云龙	王凯笙	刘劲羽	刘晓东
刘艳桃	庄思濛	朱照照	吴科言	吴　媛	吴　楷	宋来璇	宋彦辰
张仕杰	张　凯	李明轩	李景县	陈　帅	陈伟杰	陈筱菲	岳小琪
赵贵恒	夏　超	徐　胜	徐静琴	郭绍东	章　韬	黄路遥	董　芳
谢　立	李　杰	徐奥妮	潘佳伟	潘　悦	罗海宁	陈　煜	储昭强
向　昱	王天浩	王馨竹	叶　文	任丹阳	刘超美	吕志超	戎马屹飞
江振文	许正豪	余帮生	余　静	张　帅	张　驰	李文涛	李　岩
李勋华	李　圆	李莎莎	杨　杨	陈　宇	金美廷	娄长孝	胡锦凤
赵　栋	赵　婧	徐阳璐	陶锡晨	黄思聪	廖　赫	戴辉煌	史志胜
柳柏杉	胡　文	钟岩松	刘津莹	黄　扬	成　者	杨　晓	童　济
邢耀月	王一凡	王文泽	王吉瑞	王　昱	王　健	王璐瑶	申　晨
白子恒	伍宇明	刘文旭	刘秀松	刘熠昆	何　畅	吴征洋	张文一

李辽辽	邱小婵	阿拉法提·阿不都拉		陆天奇	官顺东	林 琪	贾 皓
高 雄	崔天宇	曹 倩	梁 偲	章圆梦	童小羽	韩 雨	熊睿琳
管 明	范立昊	李 鹭	时 岩	文 更	邓 荆	冯倓倓	田正涛
田汉宸	刘 夷	刘 杰	朱李白	朱春曦	吴 航	张宏岭	张宏博
张朝星	李宝成	李科云	李健可	李晓晓	李通达	李源锋	沈 涛
陈 茜	陈婷婷	周 轩	周雨涵	林志强	赵晓凤	赵秦阳	唐文啸
耿新源	裘佳瑶	薛 颖	余义军	李腾飞	杨宇航	肖 兵	于 冰
吴卫斌	易春昊	万颖琦	王宇瑶	刘 旭	刘逸林	孙淑翠	许 铎
阴 峰	张岱华	李书姝	李 俊	肖一俏	邹宜霖	陈司南	周郢人
林宁宁	郁 鑫	郑德群	洪戈尔	胡 杰	钟 行	唐明辉	崔可家
康鹏飞	傅若凡	强刚刚	曾淳泓	焦京钰	雷长航	雷沛敦	熊 一
沈 潇	王点庄	谢浩然	巴 优	李文婷	喻 丝	姜 龙	于书萱
刘 悦	池巍威	何 俊	佟海冰	吴沂哲	宋世超	张元亨	张 可
张亚丹	张宏韬	张梦楠	李佳琪	汪子亦	陈圣韬	陈仲观	陈晓宇
罗来雁	姜媛媛	胡坤盛	赵李堂	赵 燕	唐文川	徐 倩	顾 诚
崔皓雄	黄万基	程晓宇	董诗诗	熊梦帆	瞿建鑫	王梦溪	张 超
曹庆睿	刘鹏杰	叶荣琴	陈俊丹	丁亚红	丁鹏冲	巴明洋	毛 磊
王文钰	叶泽宇	孙源泽	闫达琛	张一越	张思梦	李孝贤	李建赭
李婧颖	李 魁	邱晨阳	陈博男	卓 凯	罗 肖	郑 炜	侯 旭
赵一兰	唐 娴	夏甫卡提·迪力买买提			莫永山	郭惠静	陶柳实
陶群金	曾 祥	廖声芜	潘 亮	戴海文	韩向一	吕津宁	李 哲
吴 滔	苍宏远	余巨峰	刘志强	王艺飞	王业维	王志炜	王 杰
韦 康	刘华清	刘 宇	吴 颖	张 帆	张 洲	张雪村	张赛赛
李利利	李 佳	李秋阳	杨志远	杨美偲	杨 腾	陈卫兵	陈 琳
姚 易	姜小荷	赵佳斌	翁远琦	袁鹤鸣	郭 羽	高 尧	崔巧棋
黄燊燊	彭 阳	段 超	徐 欢	翟晓玮	彭文林	崔丽莎	孙 强
闫 潮	吴高亮	张 亮	沈宇鑫	王子良	朱文丰	张 达	杨文慧
常 彪	黄舒骏	智 强	乌琪琪	宋 凯	张鹤荠	李 陆	李 萌
陈 歆	麦 硕	孟 鑫	马韩婷	王晓彤	宁娟玲	白 鹤	刘丰年
刘梦云	孙 珊	齐小伟	张宗耀	张 杰	张涛麟	张 梅	李思远
李 宽	李竞龙	李 慧	邵裕东	邵楚伦	邹宜旻	陈一伟	陈 科
陈美龄	胡 婧	项海鹏	徐家驹	聂大凯	郭赛恺	薛 娇	王 磊

机械工程学院（594名）

杨思超	续 爽	张 博	牛宣权	王学倩	王舒郁	王静雅	刘珊珊
宋樱棋	张 平	沈 洋	陈 念	陈德勇	柏 璐	曹 莎	黄智行
鲍春雷	蔡 萍	符金健	毕钰晨	万 金	叶振鹏	刘 婧	刘 硕
孙 畅	纪 琭	吴文昊	吴朝阳	张云帆	张莹珏	张源耕	姚玉洁
唐小乔	崔天奇	谢洪涛	张 楠	王一婷	吴嘉俊	黄 余	马靖龙

孔志超	王巧智	王礼勇	王督皓	宁占胜	白雪林	刘帅	刘柯
孙廷浩	朱云山	朱杰星	宋斌	张晨钟	张琪	李有焘	李阳
肖骏	欧阳星光	侯觉	胡纯	赵乐	袁磊	高凡	崔峻搏
扈晓敏	强皓	董明真	窦策	张力	王安琪	付伟男	付余
尤媛	王春琪	王深平	任远飞	刘姝佩	刘赛	孙乐鹏	张国豪
张健文	李东方	李旭弘	李志军	杨帆	陈伟	陈思成	周庆鹏
岳铭杨	罗俊峰	罗磊	范博宇	党堃原	徐尉洪	耿思同	贾佳
盛晨炜	楚思晗	詹思源	阙嘉程	黎驰	薛利强	薛超	孙斌斌
张飞跃	周雨	赵天晓	马斌畅	方君伟	王宇航	王俊淞	王瑜
乔焕奥	刘珊珊	华强	朱晓晗	许志强	完颜锐峰	张鹏	李阳
李芳蕊	李奎	杨天威	杨振旺	汪武训	陆嘉昊	周文兵	周利波
孟齐志	谈天	贾文鹏	郭文娟	黄超	程斌	蒋金阳	叶墅锋
郭丙壬	梅宏礼	万盛	文哲	孔德宇	方雄	王堉企	王鑫彤
邓露	冯海光	皮先伦	孙寒杰	朱昭	邢冲	齐淑慧	余海龙
吴晓鸣	张亚楠	张军	张超	李子扬	杜新	陈翼科	苟少辉
郑炳头	金涛	赵耀	夏义洲	徐云峰	郭航	高鑫	曹禹
程刚	潘聪	相帅	郝文腾	张赛	孙新宇	杨帅	于佳鹏
于海军	孔阳	王淏楠	王维悦	付永星	刘日	刘宇	孙晨
何君华	吴正伟	吴泽南	张建芳	张翔	张福旺	李长城	杨俊
苏泽兴	陈新	孟维岩	罗爽	姚旺	赵文杰	柴振攀	高寰宇
崔超	黄忠杨	董大巍	陈聪	陈凯强	张彦杰	张颖麟	严谨
王琦	王新宇	兰永斌	白志聪	刘宇晨	孙升	邢涌潮	吴鹏
宋子豪	张壮壮	张连德	张露丹	李杨	李浩琪	杨孟瑶	邱映杰
陈欢	陈海翔	赵森	郭锦锋	陶俊宇	黄启运	靳举重	廖哲
颜琦	薛仁杰	戴山佳	李玺业	王大维	王科	王靖宇	刘陈辉
刘绍强	孙嘉钰	何永健	张勇	李文虎	李尔默	李润鑫	李博月
李奥	李智宇	杨松鹤	杨迪	杨铭	欧世星	罗斌	郑晓虎
海婷婷	秦博男	曾日芽	曾宪稳	童生华	蒋志成	谭森起	娄诗烨
关永强	陈凡	史勇	丁攀	毛文健	王天怡	王成杰	王志鹏
叶博洋	刘本勇	刘红章	刘新雯	孙勇涛	孙晨晓	汤辰歌	张东
张名星	张国玺	张旋华	李一江	汪钰	陈小龙	陈帅	陈泽
陈炯	柯睿	赵雪松	高天熠	黄传曦	黄卿明	童晓煜	魏诗林
李梦蝶	梁斌	古金江	刘诗文	刘晓涛	陈腊梅	彭玺	潘岩
毛建坤	王立强	王志刚	王忠强	王昊	王浩	王期超	白生辉
同秦毅	牟金涛	邢万里	希吉乐	张兆龙	张宇航	李枝盛	治曦
郑惠	洪磊	赵东旭	唐小佩	唐陈	梁霄	黄立函	薛永强
李佳欣	苏瓦提·波拉提		马敏	毛琪	王文科	王志超	刘倩颖
吕嘉伟	孙宜轩	齐骏	吴生慧	吴能凯	宋玉鹏	张征东	杨凤苗
杨晨	谷京	邹振飞	陈彦良	罗瑜	郑政	金梦菡	胡广达

赵浩翔	柴唱	聂鑫	钱元	喻宏伟	蒋滨繁	樊学海	曾晨
于泽沛	马平华	王珊	王琛	古思思	田小康	刘志超	孙楠
孙赫	成亮	汤珏	宋凌戈	张轩	张磊	李彬洁	李飘
杨衷杰	陈哲宇	孟阳	施文慧	施王影	骆森	徐科珺	黄丽青
韩睿霖	魏长鸿	魏琳	马娟	古鹏梅	宋伟光	左明伟	石磊
刘杨	乔康吉	任义	刘威	刘磊磊	曲恒宇	许海涛	张赫
李公一	李则卉	杨婷	沈思渊	肖吾才让	陈则贵	陈庆楠	陈志奇
姜超	封冠男	相梦如	胡卫丽	殷涛涛	高扬	符鹏飞	熊瑞
魏润枝	马飞虎	王学文	冯乃武	田辉武	刘兴文	刘丽平	刘思涵
匡宇宵	孙依帆	朱晓玉	佟新宇	冷绍泽	吴桐	张沛	李鑫
杜未	邹德伟	陈超	周炫杰	林江鹏	施洪基	袁景	贾亚伟
郭亚楼	郭媚	章君韬	黄烁	童曲阳	潘尚	戴椰凌	元一龙
王笑吟	王康	王蒙	王端	邓升安	韦海林	叶秀辉	刘伟
刘兆森	刘建国	师铭泽	张泽宇	李东	李劲松	李相澎	李哲然
杨全坤	邹佩轩	陈绍华	林勇磊	晏雪娇	涂政	秦修远	曹新平
舒建	董倩	窦欣蓓	王小荣	王敏	王雅玲	王鹏	王磊
吉家宾	吕孟强	孙亚伟	张欣蕾	张泽宇	李弘炜	杨智	邵俊斌
陈永杰	陈胜	周静	郑杰	金晓媛	郭伟	郭霄宇	曹峰
曹晓雨	梁天均	黄居安	雷章萍	薛飞扬	程莎飒	袁青	李钰
井慧芳	王东	王益	王博	王翠	叶志光	叶婷	刘旭
牟凌雨	许悠然	岑钧均	张宁	李乙娜	李如月	汪登佑	徐达
徐堃	郭清扬	高立霜	常文静	程思远	韩春涛	蔡宇	常继飞
丁双	于立君	王宝梅	叶松	田文振	石静	刘硕	孙阳君
吴平宇	吴佳轩	张轩	张辰	张勇	张效华	张潇予	李莹莹
李蕾	杨惠琴	周丁康	林祎祎	罗磊	钟毅	贾楠	崔琪
梁咪咪	黄巧玲	蔡仕俊	潘凌昊	曾淑云	于蕾	马慧娟	王娜
石梓洁	任淼	刘运非	刘蓉蓉	朱腾	许可	张安琪	李晓萌
周介铭	周鹤	胡晓雪	赵国超	桑浩	曹佳丽	鹿时建	董向南
毛子彦	王亮	王珏	王硕	刘佳欣	孙娟	张璐璐	李怡晓
李晓萌	李颖华	杨柳笛	屈晓林	赵雪飞	倪敏	徐梦诗	涂松
袁玉凤	董文强	韩利鹏					

东凌经济管理学院（368名）

刘子瑜	赵鹏	林建东	纪航	刘瑜	张念晨	雷淼	尹文伊
冉冬平	冯西	冯瑜	刘琦鹏	安皓钰	朱君	许书舟	何伟华
张帆	张悦	张振江	张海悦	张琪	李丽颖	杨若伊	陈潇潇
周琳	秦子霞	郭思佳	郭振楠	绳诗	阎晓蕾	张航	王依星
毛健	王亚灵	王庆博	王婷婷	王精华	仲文琰	许冰洁	李红艳
李香	杨斌	汪昭如	沈贤伟	邵胜梅	陈百一	陈彤	孟雨坤

林凌燕	罗琳君	钟悦	耿聪	高茜	舒美珍	谢倩倩	杨谨毓
郭戈辉	王雪晗	成文靖	李子健	柯礼迅	马欣然	方路	王婉秋
乔娜	乔洪洁	刘儒炜	许洁	宋可心	张司航	张美璇	张淑琪
张静亚	李杨	杨特	肖璐莎	苟乃夫	施晓晖	洪逸君	赵利利
钱冰卿	高璇	续锦华	野祎宁	蔡捷	樊丽青	王川	王俊鑫
高姗	杨智祯	郑展	孙旭格	王子瑶	王曦	邓文靓	付晓晴
冯衫衫	刘君言	刘松庆	刘鑫妍	安彤	闫泓志	吴欣烨	张春雪
张悦	李倩	杜珂	杨伊格	杨阳	陈盈	周佳晨	周智一
黄鑫	谢亭亭	薛蓓	李晓天	蔡艺	安京	于晓朦	于培媛
王东	王凯龙	王烁	王恩卓	邓运	刘旺	刘思全	刘洁琼
孙世佳	孙晓璐	许航川	吴少龙	吴佳	吴野	宋佳慧	张文轩
张金茜	李峰	李童童	杨宜	杨婧	连卉囡	邴叮	陈俊江
陈惠鹏	周亦凡	周阳	罗冬冬	郑亦言	赵一霖	赵丹	曹文俊
温家隆	董鹏程	蒋壮	李冬	王琪	于永天	王哲	王甜
邓远超	冯学鹏	刘丙轩	刘芸	刘晓闯	孙全喜	孙旭	安润颖
曲凯华	朱琬云	许黎明	吴若楠	李旭	李林潞	杜崧语	沈希珏
邱雪	徐伯楠	郭芳	傅凯惠	詹舒琳	锡琳海日	王亚丽	林晨露
赵丹凤	牛博	王子逸	王黎明	任佳旺	刘相兰	危宜萍	宋少卿
张轶琼	李伊童	李彦廷	李菁	李博文	李曦	苏慧兰	赵茜
赵艳莉	翁灼威	曹小帅	曹璨	谭莉莉	魏巍	张伟杨	马奕婷
田兴达	刘宇	孙瑞	朱宇朦	张雨婷	张婧婷	张德强	杨忠璟
杨梅	陈亚群	周艺	武高宁	姜丹丹	胡雄奕	赵宇蒙	钱丽雯
黄寸	黄恺帆	葛佶莛	董登辉	雷靖文	马文瑞	王艾	王晓
刘宏啸	向威	孙丹丹	孙晓琳	朱静	张弛	张玥	李亚红
杜晴芳	杨光	罗凤洁	罗海威	郎润平	姜丽萍	胡梦可	赵健秀
蔡少博	张召	黄翊尧	倪彬翔	徐童格	陈苑斐	丁雅静	习艳妮
于家傲	王久乐	吕琳	江萍	何力为	李一冉	李宝辰	杨添博
沈力	沈幼莹	辛达	陆凌云	陈剑鸣	陈星	郑艺雯	郑博瀚
姜来	贺思宇	赵志伟	彭瀚	蒋晶轩	蓝海容	蔡畅	薛丹
戴楠	郑细林	马俊宇	刘小艳	蔡昊霖	王明明	王宇豪	农航
刘境云	吴心怡	宋颖瑶	张传奇	张针福	张聪慧	李小前	杨双宁
杨佳丽	陈婷	周小杰	郑涵钰	郑煜勋	赵常惠	赵禝雨	郭畅
陶文	高琳	常家瑜	梅海阳	曾健勇	王熠琳	梅欣然	娄艺馨
王成威	李璐瑶	于凤艺	王志光	冯智	白孟瑶	刘洋阳	吕会雯
吕悦华	吴宇轩	宋娟	张雷	李俊辉	李倩倩	李梦琦	邱中士
周帮阳	金红双	洪佳琳	胡婕	赵静伟	原文越	袁晨轩	贾琼
崔震东	喻月	关晗	姚新宇	潘鹤	刁虹钰	王昊鹏	孙啸辰
吴思源	吴春华	张仪宇	张嘉怡	张赢	李壮壮	李惠	杜春苓
杨宸	肖扬	陈珊珊	陈爱军	范医民	郑紫夫	侯洒洒	姜瑞琪

祝侨	郭书欣	陶一然	梁子健	温佳伟	谭瑞霞	于洋	杨雯月

文法学院（178名）

董博涵	王梦桐	王程涛	刘书玥	刘珊珊	汤馥宇	余宙航	张丽莹
张宏召	张晓君	张晨	张林晞	李林峰	李晶晶	杜剑波	杜超
肖凤君	连城	邵瑛珺	陈莉	陈瑶琪	孟旭	金颖	侯凯宁
郝晓晶	郭宁宁	高丹	高斯敏	赖普微	潘昭利	廖中华	王奇泽
艾勇陶	刘亚姣	纪嘉琪	吴贞姬	吴青青	张亚男	张明	张蕾
李祎玮	李采薇	李梦佳	杜天宇	杜萌	杨帅	杨妍	杨金花
苏舒	辛彤	陆丽鹏	周平阳	易薇	范婷	胡文杰	赵国龙
赵乾宇	郝爽	袁子惠	董华磊	戈方晨	马鑫竹	邓欢	邓慧云
白学彬	乔踔	任俞芝	刘昕	刘荻	孙梦铌	闫海全	余艺贝
吴海潮	张涵	李芃颖	李佳鹏	李菲菲	李婷	李頔	杨天娇
杨桢梓	侯小童	胡安平	唐玉霞	唐琛	顾思宇	窦倩倩	雷婷
熊静雯	魏松	文祺	王中皎	王磊鑫	龙强	成红磊	余梓菲
吴家荣	吴晓宇	张成双	张姮姮	张洁	张津宁	张梦琦	李帆
李芳墨	李健	杜丹茜	陈嘉伦	胡艺	胡倩	赵超越	徐静
戚相斌	黄逸萱	喻淑培	彭丹	鲍雨	熊伊伊	潘伟	段然
于士尧	王玄烨	王宝楠	王松涛	王梦娇	史秋媛	史紫薇	田正
白华	汤文丽	吴香颖	希古日干	张舒恺	张黎越	时素云	李一彤
李媛媛	李琪	李璐	汪元元	单增卓嘎	侯琳	赵亚琼	徐静婷
雷欣	嘎玛多吉	薛苗	魏乐	嘎玛罗杰	毛容之	王小源	王佳楠
王若男	王梓岚	王琼琼	王歌	王静	叶诗杰	刘万里	刘杰
刘鹏	朱雅璇	许多	吴雪梅	张欣	张恺妍	李彤	李明昇
李胜男	杨璟颖	周思思	祖希睿	赵恩禄	高承瑛	崇笑妮	崔玲
薛任宇欣	霍思羽						

外国语学院（147名）

王思思	王逢缘	田经纬	刘小洁	刘晓欣	孙启源	师琳琳	许桂顺
应天逸	张冰莹	张晗	李欣琳	李晨晨	李嫣然	杜楚乔	杨笑晨
邵龙豪	陈剑炜	陈奕诺	单曼	周佳林	庞冉昕	骆昂	夏彤
徐一帆	黄芳	程帆	赖伟莹	潘铎轩	魏嘉	崔笑容	于点
尹成姬	王玉婷	王明月	王茵茹	王琳	史弘	孙芳	孙慧芳
朱茜	闫薇	齐爽	李帆杰	李曼	李琳	杨诗雨	芦盈盈
陈斯	林塞娜	郑诗凡	柳亚飞	赵思齐	赵禹桥	郭泓徵	崔月
曹璐	蒋杰妮	韩雨桐	穆巴拉克·吐尔洪	曾子凌	于海云	王玑	
卢杰	白迪	刘英杰	刘雨霏	刘静宇	朴丽娜	托玛斯·阿布都赛买提	
江滢	张力丹	张姝泠	张钰倩	张博睿	杜嘉豪	杨茜	陈骏
武亚莉	郑兴	郑怡君	洪颖	胡双	郭云涛	梁田泽	黄雨雯

蒋方舟	韩英海	谭孟婉	翁雪玉	马思雨	马意涵	公　一	王文丽
王美慧	王梦婷	刘丹凤	刘　铄	余　淼	宋慧雯	应　稚	张　曼
李　丹	李亚惠	李丽娜	李悦宁	李梅娟	李雪达	杨贺春	杨景杰
陈雨佳	陈虹润	孟硕洋	罗楚慧	郑天一	洪雅婷	赵星月	唐诗意
袁建新	赖禹冰	刘　悦	王　瑶	宋世慧	张　珣	张　婧	张　醒
张赢月	李可人	李雅奇	李燕荣	杨一鑫	杨　桢	杨　晶	杨想想
肖　彤	肖思映	陈佳蓉	陈雨璇	屈婉晴	岳　佳	郑美贤	赵志鹏
姬润果	徐亭亭	章旭东	程　旭	葛璐瑶			

高等工程师学院（126名）

桂俊峰	乔　双	龚怡霏	王一鸣	王　莉	甘宝恒	刘双双	张豪臻
李建兴	李　爽	邹　敏	其布日	苑光照	郑　禹	姜培扬	娄敏轩
揭晓东	蔡长宏	云　洋	田世伟	吕海潮	白　鹏	马金玲	邓乐萍
冯一帆	纪　岩	余　星	张尚野	李　枫	周潇雨	赵谷城	袁禾蔚
曾清华	谭　瑶	薛　琚	张炳涛	修　旗	赵竹青	徐　哲	程里烽
刘　琦	祁瑞萱	吴俊武	张　胤	张　贺	李　健	李晓宁	陈博川
胡星晨	赵一鸣	赵　冬	桑绘宇	袁文俊	楚焕鑫	马　勇	公　臣
王培毅	卢万里	卢欣豪	张　倩	王志豪	代朝刚	龙　丹	刘　庆
朱学辉	李　乐	李家琪	沈鹤鸿	贺　笛	赵心瑞	关喜嘉	刘　磊
孟繁强	赵金超	柴雪婷	秦　威	黄雪梅	谢　犁	于　爽	方东根
王国栋	吕博超	孙　婧	吴光辉	张宇航	李　亮	李　哲	杨泽荣
杨逸如	肖　微	邱东升	段加恒	郝云东	郭校宇	常　宽	曹宜力
卢　鹏	王　正	王达志	申耀祖	伍　帅	刘绍鹏	张加丛	李　姣
李　鹏	杨　帆	郑晓丹	章丽琴	王亚杰	刘　洋	库元坤	李大明
李　园	肖　超	陈　曦	马昌远	王云贺	王　磊	伍泽洲	孙　琰
许　冰	李吉杨芙	李梦梅	贾曙光	崔耀盛	魏怿昕		

数理学院（176名）

马占红	刘志爽	张大力	李　莹	陈浩然	周平叠	周　涛	季　飞
侯彩霞	王　瑾	纪恩怀	邢　瑶	李更兰	李家恺	陈　昊	赵英杰
赵晓松	谢圣文	黎　姗	胡　丹	任再锋	关济寰	徐青莲	徐晓龙
索璺君	韩天健	范艺馨	王奕然	吕晨宇	牟香樽	何宇航	吴美希
张　钊	李雪松	陈细林	陈　浪	周　龙	林云峰	武永鹏	罗　俊
赵建昌	钟适文	夏　天	晏金龙	桂江磊	贾胜占	郭东阳	崔　跃
戚丽囡	黄拔凡	彭大成	焦博远	漆　睿	王亚东	张超群	王徐敏
李金钢	马宽泽	孔嘉欣	王铭阳	刘连敏	刘　磊	吕　程	庄敏学
朱江平	吴泰志	张海丽	张景波	李　阳	李武伟	李　唯	陆　洲
陈　鑫	承嘉栋	罗宇宸	胡沛然	饶子薇	骆仕文	徐进杰	高见星
高　翔	曹鹏举	董　琳	戴九如	童　鑫	周慧斌	丁　顶	丁　亮

尹东林 王崇平 孙志鹏 余鹏 张彪 张雍博 阿布日古 依然
周巧 武定邦 郑为鹏 黄鹏 谢韬 王光强 刘逸群 刘旭东
李佳 王少杰 王歌 付国栋 龙涛 刘忠 吕政权 朱玉辰
宋艾晨 李正元 陈文华 陈威羽 席宏波 徐闪闪 程忠帅 巴静宇
王逸文 雷正 丁勇 王兴威 任卓 刘立婷 张志鹏 张鸿飞
李云涛 李梦义 汪岸 陈邦柱 陈佳林 周魁 金生俊 姜寿明
胡鼎原 赵琦 秦萌萌 郭勇 曹文静 梁晓云 黄凯 黄铭磊
焦茂鑫 韩淑敏 路宇辰 魏爽 于洪波 王玉磊 王海岩 王强
刘书同 刘玄通 刘森 巩文渊 邢珊 何佳 何锴 张永泉
张治肖 李龙 李妍 李松 杨书杰 苏和 陈雯倩 孟紫依
岳超 姜航 胡筱 钟麒 饶勋鹏 崔晴 景昕 韩翠云
慕生鹏

化学与生物工程学院（105名）

袁帝 王建新 王明珠 王超 付迪雄 刘文博 刘阳 朱里昭
江烽 张理斐 苏婷 陈晓峰 孟妍 林伟 姜孟大 胡小宁
胡鸿杰 赵妍珺 唐巧 黄垚 温金昌 雷蕾 廖敏 翟奇然
魏才奇 邓玉豪 胡超鹤 马涛 王玉娇 王凯旋 邓伟佳 冉欢
刘昕彤 刘晓宇 曲琛 朱盈婷 吴霜 宋义运 张庆麒 张亮亮
张茜 李荣堂 李晓卜 杜嘉鑫 陈洪明 陈媛 孟甜 郑雪莲
姜帆 赵霞 贾祺 顾行野 马明鑫 于天齐 马明栋 邓云伟
宁岩 白晓玉 龙秀林 刘辰 刘庭宇 刘燕姿 孙宏旭 吴岳
吴洁慧 屈玉珠 易茗 武伯唯 苗娜 胡佳媛 徐文竹 徐亚男
索朗曲珍 袁守丽 鲍佳敏 潘博宇 黎博雅 丁涛 于飞沅 马唯一骁
云丹平措 文越玉 毛岚 厉玉梅 刘梦迪 孙趁义 江芸 祁长波
余灿 张冬雪 张剑波 张瀚文 李希 李欣 李蓉 李馥雪
杨伟康 杨若薇 陈玟敏 周梦芸 周强 莫日根 贾玉军 解瑞宁
蔡梓根

自动化学院（234名）

于洋 马学智 方敏 王金玉 王喆 冯润峰 史卓瑛 玉苏甫·亚森
石狄狄 关恩浩 刘志文 刘琳娜 吕洪爽 朱进豪 宋泮园 张宁宁
张蓉 李丹丹 杨佩佳 苍天竹 阿布来提·艾斯卡尔 陈毅腾 易超
林威 赵胜男 曹杉杉 曹灿 李千钧 上官致伟 王帅 王旭
王环 王晨露 王晶 刘恩泽 安美芳 牟鹏举 张佳婧 李响
杜赞赞 杨芳 陈思汝 陈涛 欧阳梓标 费致杰 赵彤 席雷
殷红文 聂明茜 袁维平 郭智翀 崔林 曹丽梦 曹德民 谢志豪
赖涛 尹泽同 王劲君 王孟博 王高林 王博 孙永辉 孙彪
安炏 吴煜 张若愚 张雨轩 张雨童 李昌俊 李治富 李英

李斯琦 杨茹茵 陈映雪 周晓飞 苗杰 范甄怡 郑妍 郝昭君
柴鹏帅 秦岳鸣 郭煊烽 陶威 曹立奕 潘硕君 姚俊峰 完海军
刁靖东 方祥 付强 田苗 申洪梅 刘鹏宣 吕俊杰 孙文彦
孙佳 孙明亮 朱成志 张天一 张琪 张頔 李小青 李金谱
李梦君 李鑫 杨冰 陈善军 周燕 赵仕豪 赵青林 唐浩宇
徐盛效 郭书宇 曾奇 董婧 谢俊达 潘昀皓 于浩洋 韩杰军
于莹莹 王忆宁 王海龙 王琛 白童 刘一鸣 刘文丽 刘启晗
刘剑 吕树恩 孙思洋 孙逢时 孙静 朱宏伟 闫子晨 何家伟
张恒 时玉颜 李晨辉 杨涵宇 陈宇楠 陈峋宇 陈睿 林晓波
柏春 唐嘉伟 宾名剑 梅爱寒 曾永清 蒋佶松 谭晓斌 樊帅
万千慧 马志达 王贝贝 王正炜 王家兴 白茹 石雅楠 刘江江
刘海翔 孙洪友 师英杰 江龙 严林涛 严姜超 吴凯航 张程
李睿智 杨宁 陈栋 周星宇 段镇 唐玉琰 徐申 柴润德
郭强 高云峰 曹俊博 黄祥坤 程顺均 蔺向楠 樊斌 戴豪礽
魏淼 徐文杰 王俊峰 王南飞 王梦园 王强 王耀平 冉旭
宁贝飞 刘帅 刘庆 孙政 张一豆 李磊 邹歌 陈杰敏
周桐 岳辰宇 岳健 姜银光 贺冰玥 贺剑 赵鹏舜 浦仲鑫
高晶晶 高策 黄伟波 董玉辉 刘晓旭 潘昭宇 曾凯 唐武
李思航 王小龙 王玮 王炳坤 王盼盼 刘亚飞 刘仲岳 吴昊
李双 李骏霄 杨帅 苟磊 范帅 姚宣丞 姚晓龙 秦川
高森 覃佐锐 满润毓

计算机与通信工程学院（371名）

姚懿城 李京 王昭辉 于超 尹黎 王欣煜 王浩宇 王熙
冯明妍 田博远 任晖 何路路 张玏 张彩红 张雪 张晶晶
杨光 阿力木江·阿卜拉 胡文强 桑天雨 秦曼君 高立坤 曹冰心
彭泽桐 焦云龙 董志娟 韩劲松 李洪刚 王晓 龚若力 李思凯
郑佳琪 芦佳 王捷 王雯 付德金 叶晓贞 艾洋一凡 任颖文
刘世龙 刘汪涛 张逸涵 张渴为 张锋 李斌 李鹤仙 杨显
杨耀东 陈宏扬 郑江江 胡晓波 夏传寿 徐婷 秦宇君 袁越
崔星 梁田冶 彭枥 禄一湛 董泽宇 王书伟 黄鹏 郭京伟
卢章 邹坤 傅伟康 马绥耀 巴力斯 王孟孟 兰帅 田子谦
任高凯 刘圣雄 达尼亚尔·赛福丁 闫创 张思佳 张翔宇 李明扬
杨坤 杨勇 杨雪晴 陈浩 房程修 柳颖超 胡智程 钟润兴
夏冰清 徐杨 徐斌 袁伟航 郭璋 高杰 黎小东 邓昭阳
葛轩 王子阳 王维珅 王蔼岚 叶鹏飞 刘吉 孙夏 孙雪飞
孙琳 曲海峰 李瑞端 杜鹏程 杨宇 杨昊 林君仪 姜昌伟
胡锦亮 赵跃旻 唐汉琦 莫思雨 郭新玲 高宇星 崔斌 董仕奇
赖松 薛飞扬 戴戈 王子康 李绍铭 耿军 罗新祥 马海云

王礼鹏	王浩瀚	王新乐	田 苗	刘若怡	刘 剑	刘 涛	刘慧彬
孙乐冉	朱 奇	朱 莹	吴文岩	吴江勇	宋文彬	李 涛	李鹏飞
周 羽	易 进	胡 璁	胡 聪	徐宝川	高鑫晨	梁 婷	翟宜凯
张 帆	郑逸林	史佳玮	马新利	冯 宏	石 东	龙 腾	任 越
刘一鸣	刘柏阳	刘 健	刘博迎	江 婷	邢逸康	吴云鹏	张 弘
张莹雪	李斗汉	李鹏彦	杜嘉良	杨志超	陈思杭	孟 迪	罗 声
罗雪峰	段啸晨	赵 宇	徐志华	郭 鑫	曹 宇	曾令雷	廉 洁
燕 妮	曾 宁	张志辉	于 可	于若辰	冯峭之	叶 熠	印 玥
吕少波	江振滔	许瑾锟	闫志豪	吴 娟	吴 曼	张永杰	张沛然
张维嘉	张登辉	杨 牧	苏玉婷	周 超	易向天	范永哲	姚广旭
姜铁林	盈 珂	赵德鹏	曹 稳	傅 麟	程宇鹏	税荷捷	蒋方盛
韩一平	徐伟生	陈超然	于安琪	王凯莉	王浩彬	刘应轩	刘 翔
刘鹤煜	朱成刚	何 静	吴 壮	吴 超	张天宇	张艺赢	张 莉
李见科	李发朴	杨 原	谷 然	陆佳炜	陈红进	侯克坚	姚亚楠
费 强	夏桂生	袁 哲	郭建强	郭思达	蒋 凯	谢林衡	解宇瑄
郑晓飞	王 旭	王 玥	王 健	王超峰	石宇菁	任鸿远	刘世杰
刘 博	吕志峰	孙 晨	朴雪威	吴 勉	吴 敬	宋晓韬	张 航
张雪茜	李帅兵	李 珂	李重威	李培正	陈翊杭	陈 颖	巫思晨
郭经宇	黄丽颖	雷 鹏	薛国栋	孙晓飞	黄文强	李伟炜	常晓冬
王金全	卢 超	田逸晨	刘山青	刘志华	江俊鹏	吴隆煌	张珂培
张晓鑫	李丹阳	李贞阳	李报持	李奇霏	李青娟	李曼玲	李毅萍
杨 光	沈雯婷	陈泽轩	柯 莹	胡一博	赵海鑫	唐育豪	徐妙婷
徐鹏程	商立莹	隗龙朝	黄 英	曾国庆	蔡思宁	杨 雷	冯异力
郭 辰	杜 康	方 琴	王 飞	王天元	付薇薇	甘 露	白 帅
龙 隆	刘方捷	刘 扬	旭日干	许晓晨	吴 茜	张晓娟	张 敏
张 望	李晓晨	李 彬	李 博	李 皓	周里达	林 佳	姚 艺
姚宽达	贾婧婷	贾鹏飞	曹永刚	傅伟鸿	霍 载	戴筠函	尹 昊
王宏宇	王俊民	王逸一	王 惠	王 焱	王瑾雅	农哲吉	刘婷婷
刘靓钰	孙益超	朱如会	江灵洁	张 旭	张国栋	张春秋	李大卫
李佳利	李勃思	李 源	陈 榴	周子同	罗 迪	赵亚楠	徐 磊
秦 放	郭小俊	麻付强	黄 瑞	戴肇文			

2015年毕业并获得博士学位的研究生名单

学科、专业	博士研究生	导师	博士研究生	导师	博士研究生	导师
安全技术及工程	梅国栋	吴宗之				
安全科学与工程	盖文妹	蒋仲安	刘　杰	杨　鹏	栾婷婷	吴宗之
	马舒琪	蔡嗣经	谭　聪	蒋仲安	詹子娜	金龙哲
材料加工工程	刘新华	谢建新				
材料科学与工程	白嘉伟	詹　倩	白智明	张　跃	柴　禄	黄继华
	常宇宏	贾成厂	陈寅杰	卢云峰	崔照雯	贾成厂
	崔中雨	何业东	丁　丁	王自东	董　杰	杜振民
	董　瑞	赵爱民	房　菲	王一德	付　波	杨王玥
	高纯良	路民旭	高鸿毅	王　戈	高　鹏	曹文斌
	郭　宏	贾成厂	韩永军	燕青芝	郝文魁	李晓刚
	黑立富	李成明	洪　明	张迎春	侯文荣	谢建新
	胡　舸	孟惠民	胡　浩	龙　毅	黄亮亮	孟惠民
	黄书林	张　跃	霍望图	张济山	姬　帅	韩静涛
	贾宝瑞	秦明礼	江　凡	张迎春	邝春福	张深根
	李　波	康永林	李　辉	王一德	李　慧	叶　丰
	李　健	孟惠民	李培峰	张　跃	李殊霞	任学平
	李　烁	王一德	李文平	孙加林	李县辉	葛昌纯
	李学达	尚成嘉	李义锋	唐伟忠	梁　栋	贾成厂
	梁金明	唐　荻	梁蓬霞	杨　洲	林学强	路民旭
	刘　虎	张深根	刘　觐	朱国辉	刘平平	詹　倩
	刘然克	杜翠薇	刘婷婷	何新波	刘文秀	曹文斌
	刘小丽	奚廷斐	刘　欣	赵海雷	刘　烨	曲选辉
	刘志勇	毛卫民 B	吕鹏鹏	赵海雷	马鹏程	张济山
	莫丽玢	曹江利	倪海芳	范丽珍	牛建钢	耿文通
	裴海祥	王西涛	彭　宁	何业东	屈少鹏	高克玮
	石倩颖	冯　强	史湘宁	郑裕东	宋东东	李晓刚
	宋　霖	林均品	苏静杰	唐伟忠	孙　挺	吴春京
	孙　旭	张　跃	汪汐涌	谢建新	王　川	康永林
	王聪聪	贾成厂	王海军	康永林	王和斌	张济山
	王建军	郝俊杰	王建平	田文怀	王金山	李立东
	王明珊	范丽珍	王秋君	范丽珍	王树申	惠希东
	王雯雯	宿彦京	王　晔	燕青芝	王增泽	张　跃
	魏海莲	刘国权	吴保平	董建新	吴　斯	尚成嘉
	吴彦欣	唐　荻	谢甘霖	王西涛	谢　利	杨　平
	谢兴铖	贾成厂	徐　盛	刘雅政	徐泽东	姜　勇
	薛　飞	冯　强	羊　浩	黄继华	杨富强	王开坤
	杨洪林	张深根	杨诗棣	曲选辉	杨　阳	康永林

续表

学科、专业	博士研究生	导师	博士研究生	导师	博士研究生	导师
材料科学与工程	叶　青	郭志猛	尹少骞	姜　勇	于丽娜	姜　勇
	禹　杰	王　戈	岳崇锋	曲选辉	张　丹	刘雅政
	张　飞	孙建林	张金祥	张济山	张静言	于广华
	张　雷	高克玮	张丽娜	董建新	张　敏	宋西平
	张晓伟	王　戈	张　铮	张　跃	章潇慧	张　跃
	赵　磊	张波萍	赵艳光	张　跃	赵杨勇	张　勇
	郑成思	孙祖庆	周　冰	康永林	周德强	吕昭平
	朱立峰	张波萍	朱　敏	杜翠薇	朱瑞华	李成明
	朱作鑫	孙建林	邹　平	徐桂英		
材料物理与化学	刘　帅	于广华	刘　洋	于广华	王学强	张　跃
	闫英杰	乔利杰	张晓光	杨　槐		
材料学	付勇军	杨　平	李　彬	张深根	孙　阳	周国治
	王联伟	路民旭	杨薇薇	郭志猛		
采矿工程	付建新	谢玉玲	李金珊	李仲学	魏全德	姜福兴
	姚顺利	姜福兴				
车辆工程	郎平振	饶绮麟	李荣昊	罗维东	李　勇	马　飞
	刘　刚	罗维东	孙会来	张文明	王　聪	马　飞
	张　伟	饶绮麟	赵鑫鑫	张文明	郑舒阳	罗维东
动力工程及工程热物理	冯黛丽	张欣欣	贾彦翔	刘应书	李春蕊	郑连存
	李　静	张欣欣	李　岩	张欣欣	刘　颖	苏庆泉
	满　毅	冯俊小	孟境辉	张欣欣	牛嘉佳	郑连存
	王海鸿	刘应书	张　雄	温　治	郑晓明	苏庆泉
防灾减灾工程及防护工程	胡　嫚	谢谟文	黄　帅	宋波T	王立伟	谢谟文
钢铁冶金	董杰吉	杨天钧	郭卓团	安胜利	时彦林	包燕平
	王跃飞	吴胜利				
工程力学	葛　勇	汪旭光	李茂辉	高　谦	刘志强	蔡美峰
	马海涛	王金安	彭龙仕	龚　敏	向　鹏	纪洪广
	张光存	高　谦	张　鸿	高　谦	张基伟	王金安
工业生态	李洪福	苍大强	张　鑫	苍大强		
固体力学	石星烨	尚新春	张　锐	尚新春		
管理科学与工程	柏　亮	李铁克	陈淑玲	李铁克	戴鹤忠	刘　澄
	董广静	李铁克	冯小东	武　森	潘峥嵘	何维达
	邱君降	张晓冬	宋　扬	杨建华	许绍云	李铁克
	杨　岑	王道平	张　硕	张晓冬	赵　斐	王文彬
化学	曹　韡	姜建壮	龚　伟	张学记	黄春华	姜建壮
	梁　涛	党智敏	孙君善	姜建壮	肖　昕	姜建壮
	颜鲁春	刘杰民				
环境工程	贾　纤	宋存义	李幸辉	宋存义	刘海军	姚　俊
	刘　璇	李子富	卢熙宁	宋存义	马方曙	周北海
	马宇辉	汪群慧	荀一萍	闫　海	尹福斌	李子富
	喻　婵	姚　俊				

续表

学科、专业	博士研究生	导师	博士研究生	导师	博士研究生	导师
环境科学与工程	那吉姆	李子富				
机械工程	包仁人	张　杰	曹　强	张清东	陈超超	何安瑞
	付　括	臧　勇	刘东冶	何安瑞	刘哲席	杨德斌
	卢兴福	张清东	阮光明	张　杰	汪浩鹏	曹建国
	王海玉	杨　荃	徐　冬	王长松	薛建华	李　威
	杨　光	张康生	殷安民	杨　荃	张义方	郗安民
	赵泽波	臧　勇	郑旭涛	张　杰	周　靖	王宝雨
	周　鹏	徐　科	左　斌	王宝雨		
计算机系统结构	罗新强	王　沁				
计算机应用技术	韩晓光	郑雪峰	侯　勇	郑雪峰	刘　旭	班晓娟
	王静宇	郑雪峰	向旭东	林　闯		
结构工程	高　林	李长洪				
科技与教育管理	韩晨光	曲绍卫	李清贤	曲绍卫	马世洪	曲绍卫
科学技术史	陈国科	李延祥	黄　超	梅建军	李丽辉	李延祥
	刘　畅	李晓岑	刘海峰	潜　伟	刘建宇	梅建军
	刘　杰	李晓岑	刘培峰	李延祥	杨　菊	李延祥
	郁永彬	梅建军	郑蓉妮	梅建军		
控制科学与工程	陈　鹏	胡广大	杜坤坤	王志良	付　鑫	陈先中
	龚伟志	余达太	黄宏博	穆志纯	黄　勇	余达太
	李　睿	童朝南	刘德馨	李晓理	刘恩强	余达太
	刘　欣	付冬梅	鲁　庆	穆志纯	史　涛	杨卫东
	孙起麟	闵乐泉	王　迪	廖福成	王洪希	杨卫东
	王继忠	童朝南	王　烨	余达太	王　毅	王志良
	王　喆	王　京	魏纪东	陈先中	奚峥皓	刘贺平
	徐建宏	余达太	闫世杰	闵乐泉	阎　群	余达太
	曾溢良	蓝金辉	张永康	王　京	周海英	穆志纯
	周　皓	童朝南				
矿物加工工程	高术杰	林　海	李绍英	孙春宝	王维大	冯雅丽
	余　文	孙体昌	张贤珍	林　海		
矿业工程	李　健	谢玉玲	梁新星	孙春宝	刘　佳	倪　文
	刘晓辉	吴爱祥	孙忠强	蒋仲安	汪　涵	林　海
	王孝东	胡乃联	杨秀东	金龙哲	张静文	倪　文
流体力学	邓　佳	朱维耀	高　英	朱维耀	娄　钰	朱维耀
	田　巍	朱维耀	张雪龄	朱维耀		
凝聚态物理	李进春	陈难先	王宇婷	巨　新	许军军	顾　强
	张会军	巨　新				
企业管理	董玉杰	魏　钧	韩　啸	何　枫	郝雅琦	戴淑芬
	姜泽许	高俊山	李淼淼	魏　钧	刘中伟	白津夫
	宋亚辉	张　剑	王浩成	张　剑	王俊岭	戴淑芬
	邢相军	白津夫	徐晓宁	何　枫	扎卡利亚	张　剑
	张　玲	刘　澄	张　娜	张　剑	赵金元	佘元冠
	兹努什	张　剑				

续表

学科、专业	博士研究生	导师	博士研究生	导师	博士研究生	导师
热能工程	吴　波	王　立				
思想政治教育	贾利亚	彭庆红	厉彦龙	左　鹏	刘卓然	时立荣
通信与信息系统	郭　超	周贤伟	何　振	王建萍	李从胜	谢　毅
	马　骁	周贤伟	王　宁	杨　扬		
物流工程	龚　奕	李苏剑				
岩土工程	程爱平	高永涛	耿晓杰	吴顺川	龚　囟	李长洪
	李庆文	乔　兰	李永兵	吴顺川	刘诚斌	纪洪广
	刘优平	乔　兰	庞林祥	乔　兰	王　莉	谭卓英
	伍伟斌	纪洪广	张子健	纪洪广		
冶金工程	蔡　峻	殷瑞钰	程爱民	李京社	邓志豪	董元篪
	丁　祥	郭兴敏	杜开平	吴胜利	冯　佳	李　宏
	冯鲁兴	薛济来	高　冰	张炯明	葛　栋	李京社
	郭　靖	程树森	胡　冬	储少军	焦克新	杨天钧
	寇明银	吴胜利	兰　鹏	陈伟庆	李　彬	李　宏
	李峰光	安胜利	李吉刚	薛济来	李军成	郭占成
	李梦龙	王福明	李　想	薛济来	李　杨	郭　敏
	李怡宏	包燕平	李永麒	郭汉杰	刘锦周	薛庆国
	刘　康	薛济来	刘起航	吴　铿	刘伟建	李　晶
	卢　辉	郭　敏	马冬阳	张梅 Y	孟庆勇	王福明
	倪善强	储少军	宁安刚	郭汉杰	彭红兵	陈伟庆
	邱桂博	张梅 Y	邵久刚	杨天钧	沈　炜	吴胜利
	宋建勋	朱鸿民	宋文臣	李　宏	隋亚飞	李建业
	孙　辉	张建良	陶素芬	王福明	王　彬	刘　青
	王广伟	张建良	王亮亮	李　晶	王一拓	王新东
	王　喆	李京社	吴铖川	成国光	谢文新	包燕平
	徐　刚	李士琦	徐鹏飞	于然波	许志刚	王新华
	闫炳基	张建良	严红燕	周国治	杨　叠	王新华
	杨光维	王新华	杨宏博	李京社	杨景军	成国光
	杨凌志	朱　荣	殷锡涛	郭兴敏	曾亚南	孙彦辉
	詹　光	郭占成	张　芳	安胜利	张国良	吴胜利
	张国庆	王福明	张同波	李京社	张晓峰	刘　青
	张亚楠	薛济来	赵　飞	朱　荣	赵新凯	张炯明
	赵作福	王建中	朱　娟	吴胜利	朱　骏	薛济来
	庄昌凌	刘建华				

2015年学术型硕士毕业并获得学位的研究生名单

学科、专业	硕士研究生	导师	硕士研究生	导师	硕士研究生	导师
安全科学与工程	陈　茜	谢振华	杜晓梦	蒋仲安	范冰冰	谢振华
	黄　箫	金龙哲	姜楠楠	金龙哲	卢俊杰	杜翠凤
	罗俊峰	蒋仲安	平玉城	金龙哲	宋管政	刘双跃
	宋文超	蒋仲安	孙妙音	金龙哲	王昕彤	黄志安
	闫　鹏	蒋仲安	燕雨薇	杜翠凤	杨　蕾	刘双跃
	张　超	金龙哲	张中意	蒋仲安	赵博川	张英华
材料科学与工程	敖　伟	林国标	柏景雷	林　涛	鲍禹希	吴俊升
	贲利华	吴春京	曹航超	杨　洲	曹玉超	张波萍
	曹自权	王国杰	常丽艳	宋西平	车延婧	燕青芝
	陈　超	刘雪峰	陈东旭	柳　伟	陈二虎	尚成嘉
	陈　洁	金　莹	陈　骏	郭志猛	陈丽莉	张海龙
	陈利钦	林国标	陈满营	张永军	陈　盼	曹文斌
	陈鹏飞	王学敏	陈琴琴	张　津	陈　瑞	王开坤
	陈苏冬	余万华	陈甜甜	范丽珍	陈小敏	陈　宁
	陈艳文	樊自栓	陈艺骏	毛卫民 B	陈　征	赵兴科
	成志凯	杨善武	仇丽丽	王自东	储平平	吴俊升
	褚玉娴	贾成厂	丛菁华	唐　荻	崔俊娟	包小倩
	崔　莉	庄林忠	崔晓鹏	于广华	戴斯海	王自东
	戴贤源	王艳丽	单加维	李　平	丁康康	李晓刚
	丁敏贞	高　瑾	窦梦阳	黄进峰	杜毫杰	曾燕屏
	房玉佩	尚成嘉	冯　星	徐桂英	付振宇	詹　倩
	高　栋	高学绪	高佳伟	杜艳霞	高　旻	姜　勇
	高　强	张来启	高　山	余万华	高　石	蔡庆伍
	高时庄	曹江利	高　弦	张麦仓	葛远征	吴俊升
	宫　贺	海明潭	龚　臣	刘雅政	龚梦强	周张健
	顾庆杰	洪慧平	桂满城	葛昌纯	郭秋实	程学群
	郭亚卿	万发荣	郭艳伟	张济山	郭跃岭	韩恩厚
	韩国祥	王国杰	韩　兴	王自东	韩艳秋	吴春京
	郝伟晶	赵兴科	何　岸	王西涛	何　青	赵征志
	何　逸	连　芳	贺亚星	朱　洁	洪庆楠	曲选辉
	侯保顺	郑裕东	侯小艳	杨会生	胡佳智	陈　冷
	胡建朋	李晓刚	胡金武	田文怀	胡山山	李晓刚
	胡一翔	吕昭平	黄　迪	贾成厂	黄　亮	郭翠萍
	黄　亮	杜翠薇	黄　赛	赵志毅	黄尚洪	汪林兵
	黄文涛	苗　君	黄弋力	强文江	黄盈盈	李龙飞
	贾静焕	杜翠薇	姜　伟	孙建林	姜志鹏	张志豪
	金建星	谢建新	康彦陶	张深根	赖　蕾	郝俊杰
	雷力齐	余　伟	冷佳迅	张迎春	李德明	路民旭
	李东阳	许立宁	李东阳	乔利杰	李海蛟	杨　平
	李海扬	李晓刚	李建宽	杜翠薇	李杰敏	张　勇

续表

学科、专业	硕士研究生	导师	硕士研究生	导师	硕士研究生	导师
材料科学与工程	李晶琨	刘雪峰	李 景	杨 平	李 利	张志豪
	李灵洁	潘德安	李 路	徐晓光	李牧忱	范丽珍
	李平潮	赵志毅	李如峰	宋西平	李世颖	吕昭平
	李双娇	孙蓟泉	李 伟	张麦仓	李先帅	纪 箴
	李晓萍	徐晓伟	李云双	曹江利	李再强	龙 毅
	李兆登	陆永浩	梁 栋	乔利杰	梁梦媛	张 跃
	梁应頔	何积铨	廖语茜	孙加林	林 彬	张海龙
	林 鑫	李 勇	刘 东	周 成	刘 飞	余万华
	刘福东	洪慧平	刘国俊	汪林兵	刘 弘	杨善武
	刘 慧	刘雪峰	刘 军	燕青芝	刘 俊	李金许
	刘乐青	刘雄军	刘梦莹	冯 强	刘明亮	张 雷
	刘 茜	陈 宁	刘锐锐	詹 倩	刘瑞朋	王自东
	刘 石	张 勇	刘 涛	黄继华	刘文娜	陈俊红
	刘文祺	周香林	刘 翔	刘雅政	刘小浪	刘泉林
	刘晓光	田建军	刘晓君	黄继华	刘 妍	许立宁
	刘燕燕	叶 丰	刘英坤	张 雷	刘永康	谢建新
	刘 云	张波萍	刘 璋	陈 冷	刘兆江	李 平
	刘志昂	张迎春	刘治军	郭 晖	柳 芬	冯 春
	卢子明	任学平	吕 昆	李长荣	吕丽丽	田建军
	栾 瑜	洪慧平	罗照银	李静媛	罗 喆	王开坤
	麻 琳	张波萍	马建军	姜 勇	马明超	徐新军
	马倩倩	王 戈	马伟杰	高克玮	马向玲	张来启
	马新博	朱 洁	马 也	王西涛	曼哈里	韩静涛
	毛吉华	何新波	毛 政	张 津	孟 玲	张深根
	南文争	庄林忠	倪卓彦	龙 毅	聂伟利	白 洋
	聂新宇	庄林忠	牛泰龙	孙建林	潘笑容	连 芳
	潘学福	武会宾	彭超豪	杨 穆	彭 聪	林均品
	彭锦涛	郑为为	彭 力	黄继华	彭祥阳	张济山
	彭以超	张麦仓	齐 冀	任学冲	齐 琳	刘国权
	齐 蒙	李金许	钱志超	高 瑾	乔 梁	刘国权
	秦川穹	顾有松	秦海龙	赵兴科	秦海霞	李 勇
	商北雁	董建新	尚建兴	官月平	申 琳	高 瑾
	石 瑜	曹江利	舒晓宁	曹 林	宋瑞建	何积铨
	苏岫璇	李静媛	苏 洲	陈 宁	孙彬彬	王艳丽
	孙井志	张深根	孙 涛	郭翠萍	孙 轩	黄继华
	孙 莹	任学平	孙月凤	李龙飞	谭化雷	郭 晖
	唐 昊	薛文东	田东波	高 瑾	田寒梅	李成明
	田喜蕾	包小倩	田新民	张 鸿	田 星	康永林
	田 原	李立东	田 源	齐俊杰	仝宗杰	万发荣
	万小欢	宿彦京	王 班	余 伟	王宝明	赵志毅
	王 聪	高学绪	王 东	米振莉	王 歌	唐伟忠

续表

学科、专业	硕士研究生	导师	硕士研究生	导师	硕士研究生	导师
材料科学与工程	王浩宇	董建新	王 恒	林均品	王建增	王 辉
	王 姣	潘德安	王金生	王建国	王晶晶	武会宾
	王 娟	于 浩	王俊莉	张志豪	王 立	黄继华
	王 敏	滕 蛟	王鹏飞	孙加林	王淑娴	王开坤
	王 婷	李 勇	王 维	董超芳	王 伟	张 鸿
	王伟番	毛卫民 B	王伟泽	何业东	王 卫	张 鸿
	王文昌	燕青芝	王晓梅	杨 洲	王晓雄	刘 靖
	王 岩	张麦仓	王宇宁	董超芳	王 准	姜 勇
	魏 德	白 洋	魏文娟	冯 强	温业霆	陈 宁
	闻强苗	赵志毅	吴长好	宋仁伯	吴 丹	曹江利
	吴 飞	柳 伟	吴广春	路民旭	吴 磊	贾成厂
	吴 强	王金伟	吴胜江	邵慧萍	吴亚贞	范丽珍
	夏冬生	杨 平	夏 劲	高克玮	向 伟	曹文斌
	邢彦兴	孙爱芝	徐川川	柳 伟	徐惠惠	江海涛
	徐 俊	谢建新	徐 敏	郑 磊	徐若梦	孙加林
	徐士亮	王树明	徐 啸	徐桂英	徐延龙	郭志猛
	徐 杨	宋仁伯	闫 飞	刘国权	闫乃晴	郝俊杰
	闫文萱	任学平	严春林	赵海雷	杨财水	康永林
	杨春阳	赵海雷	杨 帆	赵海雷	杨 枫	海明潭
	杨海燕	杨 平	杨红娟	岩 雨	杨 莉	黄继华
	杨武强	郑 磊	杨新宇	董超芳	杨兴文	刘 靖
	杨 阳	许立宁	姚大志	曾燕屏	姚金金	吴春京
	叶建水	董建新	叶 楠	蔡庆伍	叶先祥	周 成
	殷艳君	任学冲	尹 阳	滕 蛟	由晓明	尹海清
	于海华	郭志猛	于 鸣	张深根	于三川	宋仁伯
	于向楠	周香林	余美慧	孟惠民	喻巧红	高克玮
	袁 栋	王国杰	袁广平	王建国	袁海英	贾成厂
	袁 蕊	孟惠民	苑浩歌	张 跃	曾新建	王自东
	翟智梁	陈树海	张 聪	赵爱民	张 聪	周 成
	张丹霞	宿彦京	张冬雷	张 鸿	张冠宇	洪慧平
	张红州	曲选辉	张欢欢	康永林	张佳良	于 浩
	张 凯	于 浩	张 凯	吴俊升	张 奎	齐俊杰
	张 磊	张济山	张 丽	海明潭	张孟枭	惠希东
	张欠男	李金许	张 强	刘雪峰	张蕊蕊	海明潭
	张 瑞	张波萍	张 涛	张 跃	张 韬	郑裕东
	张文兰	高学绪	张 响	何积铨	张小红	王旭东
	张晓飞	柳 伟	张晓虎	张 雷	张新新	韩静涛
	张鑫宇	孙蓟泉	张兴华	葛昌纯	张兴孟	毛卫民 B
	张艳波	岩 雨	张 瑜	何积铨	张雨桥	张波萍
	张子佳	赵海雷	章 晨	何新波	章 龙	廖庆亮
	赵德辉	李金许	赵佳旖	王旭东	赵雷超	闫小琴

续表

学科、专业	硕士研究生	导师	硕士研究生	导师	硕士研究生	导师
材料科学与工程	赵　薇	董建新	赵亚檬	王西涛	赵亚雪	齐俊杰
	赵妍冰	杨　滨	赵颖利	张　跃	赵云驰	于广华
	赵之铎	李明华	赵子粉	邵慧萍	郑　浩	郑为为
	郑　娟	宿彦京	郑楠楠	王　戈	郑盼盼	陈　冷
	郑　涛	韩静涛	钟文强	张来启	周　聪	强文江
	周连凯	孔祥华	周茹意	王国杰	朱　茜	李立东
	庄欠玉	赵兴科	左振博	李成明		
采矿工程	陈金祥	高永涛	陈银萍	高永涛	谷瑞江	吕文生
	郭　雄	王贻明	黄广伟	姜福兴	黄俊锐	姜福兴
	李建旺	高永涛	秦洁璇	李翠平	沈显岭	王贻明
	覃伟皓	王进强	汪海萍	宋卫东	王　波	李仲学
	王　恒	吴爱祥	王　跃	明世祥	吴佐汉	金爱兵
	薛改利	高　谦	薛振林	吴爱祥	杨　鹏	吴爱祥
	杨　哲	明世祥	姚鹏飞	高永涛	姚　旺	宋卫东
	易巧明	璩世杰	张东红	李克庆	张　佳	李翠平
	张　萌	李国清	张　毅	明世祥		
产业经济学	邓　佩	何维达	丁寒雪	冯　梅	李佳惠	冯　梅
	刘　涛	何维达	孙丹丹	冯　梅	温子怡	何维达
	周　欢	邓立治				
车辆工程	季智燚	杨　珏				
地质资源与地质工程	窦文晶	刘保顺	刘晓圣	倪　文		
电子科学与技术	白　琴	李　刚	陈宝国	董　平	李　红	石志国
	全　超	胡四泉	唐景华	董　平	魏显翠	石志国
	吴汝坤	解　仑	谢振环	王志良	徐俊伟	解　仑
	徐上谋	解　仑	张　欢	石志国	张迎春	李　刚
	张　勇	王先梅	赵雅楠	石志国	周鹏远	胡四泉
动力工程及工程热物理	白　璐	张欣欣	陈　奎	刘柏谦	陈　阳	刘柏谦
	程　依	夏德宏	迟兆武	王　立	付尚红	张欣欣
	葛　琦	王　恒	谷京晨	童莉葛	何昱辰	刘向军
	姜军港	米万良	姜　敏	冯俊小	蓝海鹏	温　治
	黎　磊	童莉葛	李富杰	王　恒	李皓琰	刘应书
	李孟垠	姜泽毅	李　妍	孙淑凤	刘思强	楼国锋
	刘志涛	张欣欣	吕晓星	乐　恺	马立强	楼国锋
	孟红武	岳献芳	潘　璐	苏庆泉	庞立伟	王　恒
	邵嘉兴	苏庆泉	沈洪波	张　辉	孙立军	刘柏谦
	檀　鹏	冯妍卉	田大成	孙淑凤	王帝杰	姜泽毅
	王海俊	张欣欣	王　君	王　立	王　喆	于　帆
	吴宣楠	冯妍卉	谢耀振	楼国锋	尹晓军	刘训良
	余新昌	刘应书	袁海波	冯妍卉	袁儒强	林　林
	张爱京	童莉葛	张恒成	乐　恺	张阳阳	刘向军
	张　渊	苏庆泉	周闻华	冯俊小		

续表

学科、专业	硕士研究生	导师	硕士研究生	导师	硕士研究生	导师
工程力学	陈　畅	谭卓英	纪宏飞	王金安	王若尧	王德胜
	朱宏博	宋波T				
供热、供燃气、通风及空调工程	邸云竹	范慧芳	胡甲国	曲世琳	李丽霞	吴延鹏
	罗　侃	冯雅丽	乔　清	刘　立	吴晓琼	曲世琳
	赵　申	范慧芳	赵兴海	杨　珏	邹艾娟	吴延鹏
固体力学	赵　强	魏培君				
管理科学与工程	曹　鹏	张晓冬	陈　凯	甘明鑫	陈　丽	王道平
	陈士英	高学东	陈学伦	冯　梅	杜海蕾	王道平
	龚晨建	张晓冬	古　尔	杨建华	哈姆扎	杨建华
	季　玛	武　森	姜鑫怡	张文新	李雪莲	李铁克
	梁　晓	张　群	罗　琳	崔健双	马翼萱	高学东
	玛利亚	杨建华	密　姆	谢　湲	沙　飞	魏桂英
	史娇妹	甘明鑫	宋梦园	李铁克	宋　蕊	武　森
	汪伟玲	王文彬	汪贤斌	武　森	王翠翠	张晓冬
	王鲁阳	甘明鑫	吴秀婷	李铁克	徐　展	王道平
	闫鹏飞	魏桂英	阳　蕾	武　森	于爱华	张文新
	岳　帅	王文彬	翟永正	张文新	张春玲	高学东
	张晓楠	武　森	赵晨星	高学东	赵　欢	王　莹
	周艳惠	周晓光	祖倩倩	魏桂英		
国际贸易学	艾菲德	何　枫	艾　卡	王　凯	安智容	何维达
	法　堤	冯　梅	飞　龙	李晓静	杰　娜	肖　明
	坎　姆	王未卿	康　冉	王　凯	雷　珣	何　枫
	李二青	孙　莹	李　敏	王　凯	刘　露	贾建华
	刘雪峰	贾建华	刘艳荣	范小华	马厚德	孙　莹
	马盈盈	王宾容	木阿祖	何　枫	木达斯	王　凯
	倪贤豪	王宾容	祁伶俐	王　凯	阮氏红绒	何　枫
	萨　拉	王未卿	汤晓静	何　枫	王美鑫	王　凯
	王　泉	贾建华	王舒娉	王宾容	吴克亮	孙　莹
	姚力琛	孙　莹	扎　琳	范小华	张小玲	阚　宏
	张　媛	范小华	周　丹	孙　莹	朱先忠	王宾容
化学	陈　超	姜建壮	陈　辰	李建强	陈俊利	邓金侠
	陈文爽	袁文霞	陈艳霞	许利苹	崔晓宁	李文军
	范丽丽	党智敏	范小芬	刘杰民	冯　策	范慧俐
	高　多	王明文	高鹏辉	党智敏	桂万元	温永强
	郭肖娜	刘世香	胡碧玮	杨运旭	胡晋昭	王东瑞
	黄　蔚	党智敏	霍怡廷	常志东	李　丹	李新学
	李小佳	弓爱君	李延生	温永强	刘　春	苏　磊
	刘　茜	李新学	刘小琳	李建强	刘　燕	闫红亮
	路　颖	李建强	马海霞	叶亚平	毛亚南	弓爱君
	孟淑霞	李文军	牛宝乐	常志东	彭　飞	王东瑞
	童　璐	弓爱君	王爱志	杨运旭	王贝贝	车　平

续表

学科、专业	硕士研究生	导师	硕士研究生	导师	硕士研究生	导师
化学	王　丹	党智敏	王敬杰	肖军平	王美玲	张美芹
	王淑云	李文军	王亚明	范慧俐	王媛媛	苏　磊
	谢忠甫	陈飞武	杨旻昊	党智敏	于　溪	张美芹
	禹菲菲	杨运旭	袁　帅	党智敏	张　玲	党智敏
	张朋秀	柴成文	张亭文	曹艳秋	赵　娜	张学记
	周　迪	孙长艳	周　昊	张学记	朱孟良	边永忠
	朱　倩	周花蕾	朱天星	查俊伟		
化学工程与技术	安剑波	常志东	陈　洁	弓爱君	陈诗兵	叶亚平
	黄真光	闫　海	李久凤	罗　晖	商现星	李旭琴
	田雪姣	党智敏	杨丽莎	查俊伟	张　灿	王碧燕
	赵　敬	范慧俐				
环境科学与工程	阿哈默德	马鸿志	宝　妮	马鸿志	陈　鹏	姚　俊
	陈　月	宋存义	达丽雅	常雁红	杜　新	施春红
	杜云龙	冯雅丽	段旭东	姚　俊	范德龙	常雁红
	方　佳	李子富	冯　瑞	李子富	耿　頔	季宏兵
	郭　浩	李子富	季　振	陈月芳	矫媛媛	李天昕
	李名月	宋存义	李　姗	周北海	李　洋	邢　奕
	刘晶晶	宋存义	刘双柳	施春红	刘秀红	常雁红
	马弗雷	李子富	玛格丽特	李天昕	麦　丽	李子富
	秦　燕	周北海	芮　诺	周北海	唐丹琦	汪群慧
	滕云霄	宋存义	田英爱	朱维耀	托马斯	李子富
	王立丽	李正要	王　宁	施春红	王思静	倪　文
	王宇游	钱大益	项　娟	汪群慧	徐　娟	常雁红
	杨　勇	宋存义	伊姆兰	陈月芳	张爱星	季宏兵
	张波文	唐晓龙	张彩云	周北海	张国华	陈月芳
	张小佩	林　海	张燕飞	姚　俊	张耀中	李子富
	赵士州	姚　俊	赵智博	姚　俊	郑　露	陈月芳
	郑倩倩	林　海	周建倩	黄国忠	周　薇	李子富
	左嫣然	易红宏				
会计学	步景杰	崔文娟	曹婷婷	刘欣华	常　乐	肖　明
	陈颜秋	刘欣华	陈　阳	刘亚莉	陈　阳	肖　明
	丁园园	胡志颖	樊　莹	樊彩霞	费良媛	陈雪松
	费　洋	刘欣华	解露莎	刘亚莉	李　娜	李晓静
	彭　飞	肖　明	孙良佳	李晓静	涂荣荣	韩良智
	肖　红	肖　明	殷云云	刘亚莉	岳明迪	胡志颖
	张　倩	樊彩霞	赵莉莉	张曾莲		
机械工程	安兴涛	张康生	白广雄	张大志	曹树任	申焱华
	曹旭东	曹　彤	陈继东	刘国勇	陈　军	黄重国
	陈名光	臧　勇	陈　为	马祥华	陈伟浩	万　静
	陈晓莉	王宝雨	陈玉杰	苏兰海	程金辉	朱超甫
	程铁航	尹忠俊	程晓旭	周晓敏 J	匙瑞志	杨　竞

续表

学科、专业	硕士研究生	导师	硕士研究生	导师	硕士研究生	导师
机械工程	崔　栋	林建国	单长征	石博强	丁　晨	苏兰海
	丁翰超	张少军	董　峰	孙朝阳	董　然	杨海波
	范志强	杨海波	方鹏程	刘　江	方亚南	尹忠俊
	冯超凡	刘国勇	伏世帅	张少军	付小明	朱超甫
	高真熙	刘　颖	高志民	秦　勤	弓彦周	刘　江
	郭晓慧	黎　敏	郝雯婕	张少军	何辉云	杨　荃
	侯　洋	吴迪平	胡国江	郗安民	胡　伟	杨　珏
	黄　陈	郗安民	黄陈熙	韩　天	黄春鹏	孟　宇
	黄　杰	孙朝阳	黄媛媛	陈　兵	江丽英	冯茂林
	姜　婷	黄重国	金　颖	李　威	孔维海	王文瑞
	李　昂	吴迪平	李斌龙	刘晋平	李　辰	冯　明
	李成龙	冯　明	李　丹	刘鸿飞	李国宁	黄效国
	李　恒	刘北英	李　杰	黄明吉	李　琳	杨　珏
	李鹏涛	朱超甫	李启超	李　威	李　强	杨海波
	李　然	曹建国	李瑞奇	郗安民	李圣明	张大志
	李相国	刘北英	李　骁	唐　英	李秀佳	孙志辉
	李　勇	郑莉芳	廖　涛	陈　兵	刘　超	孙朝阳
	刘超岳	王宝雨	刘晨辉	孙志辉	刘光磊	陈　平
	刘贵腾	张锁梅	刘　海	宋　勇	刘　龙	曹　彤
	刘伟政	黄明吉	刘小东	朱超甫	刘晓丽	周晓敏 J
	刘永鹏	俞瑞霞	柳树森	石博强	吕飞龙	吕卫阳
	罗晓明	苏兰海	马　琳	马　飞	马雪锋	刘国勇
	马　阳	罗维东	么爱东	闫晓强	孟伟业	秦　勤
	倪彬彬	张少军	聂　帅	孙志辉	牛伟凯	李　威
	彭劲松	杨　荃	彭维民	唐　英	秦嗣峰	冯志鹏
	任　涛	冯志鹏	任威平	徐　科	阮世松	黄明吉
	山全峰	樊百林	石登仁	尹忠俊	石露露	徐金梧
	史　琳	韩　天	舒　诺	边新孝	苏杭帅	闫晓强
	孙健宁	张文明	孙亚伟	杨　竞	陶湖云	张　杰
	王　彬	吕卫阳	王　超	孙志辉	王　冲	王长松
	王　登	冯志鹏	王　飞	张大志	王　晖	冯茂林
	王　佳	章立军	王建海	罗维东	王　平	张文明
	王善超	杨德斌	王顺凯	马　飞	王亚飞	臧　勇
	王艳娇	杨德斌	王业聪	刘　江	王　影	陈　兵
	王友祥	贾志新	王　蒸	张　杰	吴　桐	樊百林
	吴　幸	张锁梅	邢佳纯	韩建友	徐红宝	李　疆
	许　敏	张文明	薛俊强	陈　兵	杨　浩	郗安民
	杨建昌	吕卫阳	杨　洁	曹　彤	杨明慧	李　威
	杨　厦	冯志鹏	杨　洋	陈　兵	杨　遮	唐　英
	杨洲立	唐　英	易倍羽	徐　科	易灿灿	阳建宏
	尤亚娟	冯　明	于　川	吕卫阳	于　亮	曹建国
	余　键	刘　颖	虞朝飞	黄重国	曾庆志	吕卫阳

续表

学科、专业	硕士研究生	导师	硕士研究生	导师	硕士研究生	导师
机械工程	翟利强	臧　勇	展爱花	黄明吉	张　彬	张清东
	张　斌	冯俊小	张道童	秦　勤	张　凤	黄明吉
	张　宏	张清东	张　静	刘　立	张九俏	邱丽芳
	张　乐	阳建宏	张　硕	周晓敏 J	张同路	黄效国
	张伟波	巩宪锋	张文宇	申焱华	张祥龙	范让林
	张　旭	王小群	张学力	刘国勇	张　翼	张锁梅
	张元元	唐　英	章双双	贾志新	仉喜洋	何安瑞
	赵　斌	张康生	赵德华	马　飞	赵国利	马祥华
	赵海林	陈　平	赵　凯	贾志新	赵晓宁	冯志鹏
	赵学克	冯　明	郑明男	王宝雨	周邦羽	范让林
	周　浩	吕卫阳	周利君	马祥华	周庆军	杨　竞
	朱光宇	刘北英	朱　勇	巩宪锋	邹　能	杨海波
计算机科学与技术	陈　希	班晓娟	陈　艺	罗　熊	程民富	刘宏伟
	崔小平	殷绪成	党增江	陈红松	狄彩林	张晓彤
	董　晨	谢永红	董　方	王昭顺	范玉文	王宗杰
	冯　轲	赵冲冲	冯小宁	孙　义	付　彬	阿孜古丽
	付美玲	王志明 J	傅全权	胡长军	高　羽	孙　义
	宫秀丽	王志明 J	谷　力	包　宏	管谨表	班晓娟
	郭朝兴	包　宏	郭　靖	班晓娟	韩　颖	夏克俭
	韩　勇	曾广平	郝延凯	殷绪成	何　迪	曾广平
	贺　勇	张德政	贾　雷	李建江	贾丽娜	胡长军
	贾　宁	张晓彤	姜瑞瑞	雷雪梅	姜兴伟	王昭顺
	蒋家福	张晓彤	孔　倩	赵冲冲	黎宇飞	王　沁
	李东洋	郑雪峰	梁　超	郝红卫	刘　飞	王忠民
	刘　丰	罗　熊	刘　谨	班晓娟	刘　珂	夏克俭
	刘　阔	张晓彤	刘兰兰	张桃红	刘鹏飞	王忠民
	刘晓亮	刘宏伟	刘　圆	赵冲冲	马瑞江	王昭顺
	马　涛	包　宏	米切尔	陈红松	裴保祥	郑雪峰
	邱　云	王成耀	曲　娇	郝红卫	阮文皇	张德政
	沈　峰	罗　熊	苏沙晚	郑雪峰	田　洋	郑雪峰
	王道沁	胡长军	王东海	郑雪峰	王可臻	王洪泊
	王丽丽	宁淑荣	王攀攀	孙昌爱	王巧玲	孙昌爱
	王庆辉	阿孜古丽	王文秀	张德政	巫锡斌	王　沁
	夏聪颖	王昭顺	熊　鹰	殷绪成	徐　诚	王　沁
	许义恒	王成耀	于汝云	刘宏岚	于延宇	胡　玥
	陈　杰	罗　熊	陈　静	王志民	陈昙昙	班晓娟
	徐守刚	张桃红	徐晓巍	曾广平	许荣存	宁淑荣
	余力中	阿孜古丽	虞　泳	王昭顺	张姣姣	张桃红
	张京豫	张桃红	张　军	郝红卫	张克鹏	王洪泊
	张　倩	王　沁	张婷婷	周　芳	张小路	张晓彤
	张新磊	姚宣霞	张　旭	王成耀	赵锦城	班晓娟
	郑洪岩	李建江	周军委	罗　熊	朱庆超	夏克俭

续表

学科、专业	硕士研究生	导师	硕士研究生	导师	硕士研究生	导师
计算机科学与技术	朱晓航	李建江				
技术经济及管理	郭慧莉	殷焕武	贾赛可	张俊光	解时宇	杨　武
	任玉楠	王维才	宋喜伟	张俊光	唐尔玲	杨　青
	唐梦婷	刘明珠	王　乐	杨　武	王　悦	杨　武
	魏兰兰	戴淑芬	魏晓栋	殷焕武	吴少刚	杨　青
	邢凤巧	马风才	赵富莹	刘明珠	郑耀弋	戴淑芬
	周佩雨	戴淑芬				
教育经济与管理	冯　茜	杨晓明	郭艳庆	郭德侠	姜文丽	李　梅
	姜　旭	曲绍卫	梁艳泽	曲绍卫	刘希汉	曲绍卫
	刘又微	郭德侠	孟祥赛	曲绍卫	王开天	杨晓明
	吴朝宁	郭德侠	杨泽坤	李　梅	张利博	杨晓明
	郑丽霞	李　梅				
金融学	段泉杉	刘　澄	樊清华	胡　波	龚丽雯	王未卿
	龚晓狄	王未卿	郭杨梅	王未卿	胡家晖	刘　澄
	简　诺	王未卿	刘　磊	谢　湲	刘　杨	张　燃
	马宏伟	张莲英	彭　鑫	刘　澄	王　峰	刘　澄
	王树璋	谢　湲	王晓琳	王未卿	王一宁	张莲英
	严　露	刘　澄	尹新翠	黄晓霞	张小燕	黄晓霞
	张　雪	王未卿	周雅琴	黄晓霞		
经济法学	贾　晨	张武军	刘晔龙	郑瑞琨	牛霄颂	王宾容
	田维琳	魏增产	王佳俊	石　雁	王珊珊	石　雁
	谢丽丽	王竹青	熊怀连	徐清梅	张　婧	董　梅
	赵世超	张　颖				
科学技术史	陈丽娟	李秀辉	冯佐旻	梅建军	郭倩如	梅建军
	胡苏龙	李晓岑	胡艳芬	李延祥	李文欢	李延祥
	刘　洋	李延祥	刘　云	李晓岑	穆浴阳	潜　伟
	王　婕	章梅芳	王瑶华	章梅芳	韦　博	潜　伟
	谢欣芮	李延祥	徐　润	李晓岑		
科学技术哲学	韩雪莹	刘文霞	何晓晴	钱振华	王堡龙	李　林
	徐丽婕	宋　琳	杨甲璞	刘文霞		
控制科学与工程	岑　璟	陈先中	陈　峰	张　兰	陈建芳	尹怡欣
	陈龙杰	穆志纯	陈　茜	刘贺平	陈　涛	李　静
	陈铁柱	张勇军	陈　阳	陈先中	陈泽平	潘月斗
	董新爽	刘贺平	杜苗苗	石中锁	杜旭元	高　海
	杜叶宣	陈先中	范乐乐	李　静	高　靖	蓝金辉
	高延凯	张维存	宫心峰	杨卫东	谷晓轮	王　莉
控制科学与工程	韩慧昌	孙　铁	韩志峰	李晓理	何伟强	孙长银
	胡茂羽	李　擎	扈亦越	王粉花	黄尚宇	张卫冬
	纪建才	胡广大	贾翠翠	张朝晖	江雄舟	李希胜
	李劲鹏	徐正光	李　萌	刘　丽	李倩茜	董　洁
	李文明	袁　立	李晓飞	刘　涛	李晓英	刘冀伟
	李　扬	王　京	李扬扬	杨卫东	凌韦伟	李　静

续表

学科、专业	硕士研究生	导师	硕士研究生	导师	硕士研究生	导师
控制科学与工程	刘 凯	李希胜	刘文璐	李 擎	刘雪飞	郭 强
	刘亚赟	李 果	娄晓宇	刘冀伟	卢亚楠	孙 铁
	卢跃杰	肖文栋	鹿 鸣	郭 强	吕 涛	张卫冬
	栾 瑾	杨卫东	罗 双	穆志纯	罗 颖	张维存
	彭 红	张 崎	钦 弯	高 海	全丽萍	李晓理
	陕金忠	王丽君	孙 颖	张朝晖	王 晋	穆志纯
	王灵国	肖文栋	王亚梦	孙 铁	王 舆	彭开香
	王章伟	张 森	韦晓辉	石中锁	文 博	童朝南
	吴璐璐	王 玲	吴天源	石中锁	谢 威	刘冀伟
	邢贝贝	尹怡欣	徐 烨	穆志纯	杨岸夫	杨淑华
	杨 凝	刘磊明	杨芮鉴	李江昀	于 茜	付冬梅
	翟 颖	李希胜	张冬雪	孙长银	张佳媛	刘贺平
	张骏杰	肖文栋	张 萌	孙长银	张 默	伍春洪
	张赛男	李 擎	张 业	刘冀伟	张 怡	尤 佳
	章万千	徐正光	周亚玲	徐正光	宗大桥	童朝南
	邹小毛	张朝晖				
矿物加工工程	仇夏杰	倪 文	崔 强	孙体昌	冯志远	王化军
	高希宇	孙春宝	郭 玉	孙体昌	李恒欠	李正要
	卢俊颖	王化军	陆琳斐	杨慧芬	袁喜振	孙春宝
	张金龙	杨慧芬	赵向前	孙春宝		
矿物学、岩石学、矿床学	陈 杰	倪 文	李晓萌	於晓晋	路 萌	陈德平
	马艳梅	谢玉玲	王博功	谢玉玲	姚 羽	谢玉玲
矿业工程	胡琳茹	胡乃联				
流体力学	马 千	朱维耀				
马克思主义理论	崔 洁	陆 宁	杜敏佳	陈 曦	高海青	蒋宏潮
	孔雅萌	王蓉霞	李明明	马晓燕	李 宁	刘 莉
	李为芹	王志明 W	刘 婧	李晓光	刘文杰	杨彦强
	石玥玥	闫拓时	孙书娟	刘丽敏	王 东	王爱红
	王 亮	左 鹏	王 越	马晓燕	项 泉	张北根
	张馨文	彭庆红	赵君怡	陆 俊		
民商法学	陈 艳	侯登华	胡梦可	魏增产	李晓丹	侯登华
	梁 辰	董 梅	刘改丽	李婉平	刘天澜	侯登华
	刘 郁	石 雁	彭 金	张卫英	韦雨足	张卫英
	肖 欣	张卫英	张 盼	张 颖	赵英明	张卫英
	郑凤宜	魏增产				
企业管理	蔡文帅	楼 园	晁 杰	裴利芳	陈贝贝	裴利芳
	迪 娜	裴利芳	杜昊宇	吕殿平	凡妮莎	贾振全
	高 悦	胡 枫	金亚宁	苏 玲	李 倩	胡 枫
	李意敏	楼 园	梁瑞瑞	贾振全	刘 畅	裴利芳
	刘玉波	李晓辉	吕琳琳	何润宇	骆晓天	李晓辉
	米 楠	何润宇	米 肉	苏 玲	丘永练	佘元冠
	宋 琛	黄 瑛	孙文杰	苏 玲	王 静	贾振全

续表

学科、专业	硕士研究生	导师	硕士研究生	导师	硕士研究生	导师
企业管理	王　帅	佘元冠	王　媛	胡　枫	吴嘉慧	何润宇
	薛　戬	黄　瑛	杨阿龙	张　剑	张靖彬	魏　钧
	张欣欣	吕殿平	张扬姿	贾振全	张艺民	佘元冠
	张院伟	张　剑	赵贵海	吕殿平	赵文静	张　剑
	郑方园	苏　玲	郑　咪	高俊山	周承超	胡　枫
	周佳慧	黄　瑛	周政奇	魏　钧		
日语语言文学	才思晴	高西峰	姜　琛	范玉梅	李维康	边　静
	任慧敏	周　彤	张元青	王书玮		
软件工程	陈凌云	谢永红	宋建军	赵冲冲	王左翼	孙昌爱
	吴　昊	孙昌爱	杨　翠	赵冲冲	张　珣	王昭顺
	朱亚洁	王昭顺				
设计艺术学	李　崔	覃京燕	李　伟	郑　阳	李亚萍	陶　晋
	连维燕	陈　键	吕震光	魏　东	么雪佼	魏　东
	宋聪聪	覃京燕	王栎然	覃京燕	王振甲	陈　键
	吴迎侨	魏　东	徐亚峰	陶　晋	张　帆	魏　东
	周　朦	陶　晋	朱雨晴	覃京燕		
社会学	陈寒寒	许　斌	陈苗苗	许　斌	郜　冲	刘向英
	郭晓婷	刘向英	李才香	章东辉	林芳卉	郇建立
	林　俊	黄家亮	汤珍珍	郇建立	闫　昊	时立荣
	张　丽	黄家亮	郑瑶瑶	时立荣		
生物化学与分子生物学	曹艳华	许利苹	曹宇星	王海鸥	陈为洋	杜宏武
	程思杰	闫　海	代文浩	张学记	关　淼	苏　磊
	郭媛媛	时国庆	井　洋	王海鸥	刘长鑫	时国庆
	刘　微	宋　青	牟鉴秋	宋　青	钱　伟	胡继业
	秦元艳	刘丽琴	任　晶	宋　青	任克若	闫　海
	师丽丽	杜宏武	王娅歆	胡继业	王　卓	刘丽琴
	魏　璐	许利苹	邢　鸽	时国庆	徐慧敏	闫　海
	徐　乐	宋　青	杨柳青	闫　海	赵　青	胡继业
	周大凤	罗　晖				
数学	陈莎莎	谢铁军	陈晓娟	张志刚	成文波	马万彪
	崔　敏	汪飞星	杜　晔	谢铁军	韩世豪	郑连存
	郝龙杰	闵乐泉	胡晓敏	王　辉	姬小建	陈明文
	刘爱洁	郑连存	刘秋霞	牛　敏	刘　正	朱　婧
	倪　阳	孟　艳	裴小强	卫宏儒	尚宏媛	巩馥洲
	盛捷来	刘　宇	孙德顺	苏永美	田丽茹	张晓丹
	王　虹	陈艳萍	王建建	张晓丹	王丽娟	刘　宇
	王启立	张晓丹	王颖帅	汪飞星	武　蕊	廖福成
	谢镇鸿	胡志兴	徐秀梅	孙玉华	许　平	孙玉华
	杨振超	陈明文	叶　珍	臧鸿雁	殷广丽	卫宏儒
	尹锦锦	胡志兴	张　弘	林　平	张　静	孟　艳
	张丽姣	闵乐泉	张　宁	张志刚	张鹏飞	闵乐泉
	张诗诗	徐　尔	张兴娟	赵向奎	周　婷	王　辉

续表

学科、专业	硕士研究生	导师	硕士研究生	导师	硕士研究生	导师
数学	朱桂满	徐 尔	朱 凯	陈艳萍		
思想政治教育	顾钟杰	左 鹏	王春丽	赵 锋	杨 刚	彭庆红
统计学	崔永雄	汪飞星	董 健	马万彪	胡 瑶	闵乐泉
	王宏伟	胡志兴	王洪桥	赵立英	温 馨	卫宏儒
	张小亮	闵乐泉				
土木工程	卜 磊	李长洪	陈 杰	高 谦	程慧茹	周晓敏 T
	邓志辉	谢谟文	董文峰	龚 敏	封 鑫	刘娟红
	高莉莉	潘旦光	郭 威	刘娟红	贺 昭	谭卓英
	侯杨飞	李成江	黄冠霖	苗胜军	黄 琨	王金安
	靳彩玲	陈德平	靳国豪	潘旦光	李 博	高 谦
	刘官印	王树和	马瑞国	王树和	马 翼	刘娟红
	孟小虎	牟在根	牛立超	宋波 T	邱燚可可	龚 敏
	史 林	牟在根	宋承霖	纪洪广	唐 君	王金安
	田昊丰	李 铁	田立鹏	高 谦	汪成林	刘 洋
	王 迪	李长洪	王冬至	牟在根	王海丰	吴顺川
	王海龙	宋波 T	王 旭	乔 兰	王永强	任奋华
	王子龙	谢谟文	王祖琦	刘娟红	谢琰珂	周晓敏 T
	邢 亮	王金安	闫文鑫	高永涛	杨振国	李 铁
	袁蕴伟	李长洪	张韶文	乔 兰	张少侠	张举兵
	张伟康	吴顺川	张 贤	张举兵	张 震	高永涛
	赵明喆	王金安	赵 伟	高永涛	朱 芳	李 铁
	祝 羿	谭卓英	邹 颖	张举兵		
外国语言文学	陈婷婷	张敬源	付贵平	杨 子	付 丽	何 伟
	高建慧	何 伟	胡晓霞	何中清	霍 乐	李 琳
	刘 跃	秦晓惠	吕 怡	何 伟	庞艳春	王 娜
	秦微微	刘亚明	王雅婷	刘亚明	杨晓娟	陈红薇
	袁婷婷	杨英军	张明明	王 娜	张义洽	李 涛
	赵一男	范一亭	周永梅	何中清		
文艺学	唐 敬	周湘斌	张 赛	张 健		
物理电子学	傅笑晨	郝亚江	高 波	马星桥	康 路	马星桥
	刘 波	丁红胜	倪起旺	田 跃	彭海蛟	丁红胜
	万小波	李 杰	翟 颖	田 跃	张 波	田 跃
	张永升	丁红胜				
物理学	安志伟	申 江	毕山力	李 阳	曹沛宇	倪晓东
	陈 辰	邱红梅	崔永奎	王凤平	郭晓静	孟凡研
	金元赫	马星桥	李蕊子	申 江	刘进萍	邱 宏
	刘书龙	阴津华	刘铁路	王云良	马晨亮	王问宇
	马文波	赵雪丹	苗博童	邱红梅	权大赫	丁红胜
	孙宁宁	顾 强	田漫漫	巨 新	万文芝	顾 强
	王宝宝	秦吉红	王 彬	吴 平	王腾飞	倪晓东
	谢剑桥	冯 澎	尹春雨	冯 澎	余 田	张国华

续表

学科、专业	硕士研究生	导师	硕士研究生	导师	硕士研究生	导师
物流工程	陈思宇	赵　宁	陈依可	王　转	程　静	张庆华
	范菲菲	丁文英	耿豪朋	董绍华	胡小华	李苏剑
	李　帆	钮建伟	刘　尚	董绍华	刘尚春	吕志民
	卢　欣	程国全	马　艳	程国全	史冬梅	张庆华
	宋　乾	程国全	王依莉	王　转	徐传标	赵　宁
	许方平	丁文英	闫德隆	李苏剑	闫　旭	王　转
	杨　兰	贺可太	杨仲青	董绍华	张文丁	赵　宁
	张一凡	王　转	赵小珊	贺可太	邹文瀚	李苏剑
信息与通信工程	阿　剑	马忠贵	阿里欧	杜利平	阿　美	王建萍
	阿木尔	王建萍	曹浩博	姚　琳	陈桂梅	马忠贵
	陈林旗	马忠贵	陈　勇	王丽娜	陈宗龙	彭云峰
	崔凤磊	周贤伟	杜　飞	王丽娜	冯旭超	隆克平
	高慧敏	王建萍	高　伟	陈月云	龚　正	陈月云
	郭年庚	刘　健	韩　露	阳小龙	何贤德	周贤伟
	姬桂君	阳小龙	吉　波	王建萍	吉凤茹	周贤伟
	贾国材	姚　琳	卡马利	马忠贵	克希夫	张中山
	李　丁	黄旗明	李　飞	杜利平	李　雪	隆克平
	李永涛	王建萍	梁　书	杨裕亮	林孟渊	刘　健
	刘俊文	王建萍	刘晓园	张中山	刘　鑫	周贤伟
	刘驿萌	杨　扬	鲁　多	周贤伟	马法比	阳小龙
	施浚飞	隆克平	宋　强	杜利平	孙彩静	杜利平
	王淑娟	隆克平	王文博	黄旗明	王　怡	周贤伟
	夏毓娴	杨　扬	胥　玲	陈月云	阳　光	隆克平
	依鲁都	王建萍	殷　卓	杨　扬	于尚斌	周贤伟
	袁晓盼	陈月云	曾　光	周贤伟	张全伟	张中山
	张世云	杨　扬	张思楠	王丽娜	张　旭	隆克平
	赵　辉	陈月云	珍　妮	周贤伟	周　雪	隆克平
	祝新鹏	张中山				
行政管理	邴兴静	黄耀杰	曹宇曦	冯　英	高　翔	吴群芳
	高　瑜	汪淑珍	靳　雷	许　放	廉祥烈	崔　英
	马朝勃	何晓前	马思琪	俞文华	宁　欣	俞文华
	彭　超	冯　英	王　茜	吴群芳	王巧云	汪淑珍
	王　鑫	陈闽红	杨婧文	孙雍君	姚晓梦	崔　英
	尹永秀	崔　英	张红慧	冯　英	张思瑶	何晓前
冶金工程	苌真真	张炯明	常　圣	贺东风	陈奎元	贾彦忠
	陈贤哲	殷瑞钰	陈友操	张立峰	程　威	郭占成
	代　宇	李建玲	丁昱皓	白　皓	范立强	唐惠庆
	方　飞	胡晓军	高　晨	张立峰	葛军亮	程树森
	葛　亮	孙彦辉	耿巍巍	左海滨	公言国	王静松
	古蒙东	薛济来	郭曦尧	邹　兴	韩明凯	邢献然
	郝晨晖	王新华	何　凯	张炯明	洪　军	左海滨
	侯朋飞	李建玲	胡　磊	陈　骏	胡志强	贾彦忠

续表

学科、专业	硕士研究生	导师	硕士研究生	导师	硕士研究生	导师
冶金工程	黄传根	宋波 Y	黄　威	吴胜利	贾树建	宋波 Y
	姜　颖	王新东	焦文亮	于然波	乐庸亮	程树森
	雷海萍	成国光	雷鹏程	张梅 Y	李　超	刘润藻
	李东侠	崔　衡	李风伟	成国光	李洪玮	杨天钧
	李　稷	李　晶	李　倩	杨天钧	李　睿	包燕平
	李少华	宗燕兵	李　想	张梅 Y	李新祥	杨世山
	李杏林	李京社	李亚峰	成国光	梁　波	朱鸿民
	刘　成	徐安军	刘　健	刘　青	刘龙辉	沈少波
	刘　义	张炯明	刘　瑛	郭汉杰	刘　煜	王安仁
	刘　云	李素芹	刘　昭	王安仁	马琦琦	成国光
	孟文佳	唐海燕	缪　骏	薛济来	聂婼平	刘　青
	彭良振	刘　青	邱鹏龙	侯新梅	邵伯建	郭兴敏
	宋丽娜	张家泉	唐小辉	刘润藻	陶　然	闫柏军
	田　玥	张立峰	汪成义	许中波	汪大亚	闫柏军
	王红娟	沈少波	王慧知	朱　荣	王　雷	刘　青
	王龙飞	徐安军	王庆新	王福明	王　饶	刘润藻
	王润博	杨天钧	王　涛	张炯明	王文博	李素芹
	王亚娴	周国治	王艳南	李　宏	王永威	朱　荣
	王媛媛	白　皓	王　政	徐安军	危　玮	李素芹
	魏鹏远	王新华	魏升辉	曹战民	温海涛	李素芹
	吴　晶	束奇峰	吴　政	李　晶	辛　秦	王新东
	徐　蕊	孙彦辉	徐　阳	吴华杰	杨　腾	刘　青
	杨　勰	李宏煦	杨志功	张宗旺	姚　翔	于然波
	于乔木	王福明	于　韬	张建良	于文涛	杨天钧
	余　乐	闫柏军	余思聪	李宏煦	余盈昌	吴　铿
	郁新芸	薛庆国	苑　鹏	王新华	曾　超	邹　兴
	翟相阳	郭　敏	张传炳	贾彦忠	张风杰	吴胜利
	张海强	焦树强	张环宇	唐惠庆	张明军	陈伟庆
	张庆春	王安仁	张天旭	程树森	张西超	孙彦辉
	张亚楠	张宗旺	张英伟	程树森	张昭亮	胡晓军
	张　召	杨世山	章　翔	束奇峰	赵贵州	苍大强
	赵　谦	王福明	赵雨霄	薛庆国	赵志鹏	郭　敏
	郑　乐	王新东	周好毅	陈　骏	周　康	白　皓
	周　力	王新华	周园园	苍大强	朱伶枫	张延玲
	邹　伟	陈　骏				
仪器科学与技术	白东日	迟健男	郝延福	左　昉	宋志鹏	左　昉
	孙　冰	康瑞清	王　丹	侯庆文	武正阳	左　昉
	杨婷婷	康瑞清	郑宝莹	迟健男	周　斌	赵小燕
制冷及低温工程	孟　宇	刘应书				

续表

2015年全日制专业学位硕士生毕业并获得学位的研究生名单

学科、专业	硕士研究生	导师	硕士研究生	导师	硕士研究生	导师
安全工程	陈志翔	张英华	成　龙	蒋仲安	鄂焕勇	黄志安
	高金凤	黄国忠	高卫凯	刘双跃	李　静	谢振华
	梁莎莎	谢振华	司　朝	张英华	田　原	张英华
	王露露	蒋仲安	王　奕	金龙哲	王　远	杜翠凤
	杨　栋	谢振华	赵彬茹	张英华	赵　强	黄国忠
	周　立	金龙哲				
材料工程	卜金彪	张深根	曹欢欢	洪慧平	程　康	毛卫民 A
	董　陈	赵爱民	董国强	秦明礼	范　祥	江海涛
	方梦雅	陈　宁	高　齐	王开坤	高　喆	宋仁伯
	戈晓达	孙建林	郭龙超	秦明礼	海晓璟	葛昌纯
	何飞霞	尹海清	贺　婕	蔡庆伍	黄凤珠	徐桂英
	黄建业	董超芳	黄亚丽	张迎春	汲家骏	李长荣
	李传静	李　勇	李　丹	曲选辉	李　琼	杜翠薇
	李山桐	孔祥华	李晓林	常永勤	梁驹华	赵征志
	林一良	谢建新	刘建金	贾成厂	刘　健	于　浩
	刘　琳	董超芳	刘雪梅	曹文斌	卢　淋	唐　荻
	吕　亮	常永勤	马来君	连　芳	马小红	何新波
	孟　祥	孙蓟泉	聂晓琳	贾成厂	钱鸿昌	李晓刚
	任建伟	米振莉	邵长景	常永勤	宋成浩	于　浩
	孙　芃	曹文斌	田云培	王金伟	佟婷婷	赵征志
	王　晗	薛文东	王　佳	范丽珍	王　龙	康永林
	王天天	葛昌纯	王万里	黄继华	吴茂林	张深根
	吴　雯	米振莉	夏　翘	徐桂英	熊继光	武会宾
	徐士新	余　伟	徐亚军	胡水平	许　琛	王国杰
	杨梦娇	唐　荻	杨志达	范丽珍	姚德鸣	张永军
	殷小龙	尹海清	尹衍军	孙蓟泉	原振亚	郑裕东
	袁学津	刘雪峰	岳远杰	唐　荻	张磊峰	宋仁伯
	张泰然	陈雨来	张小垒	米振莉	张　岩	赵爱民
	张　翼	柳　伟	赵　帆	刘雅政	赵复庆	赵爱民
	赵瑞涛	李晓刚	周倩如	程知松	朱小研	李成明
	邹　磊	郭翠萍				
车辆工程	暴宇健	孟　宇	曹晶晶	张文明	陈　述	范让林
	耿晓光	马　飞	黄一峰	杨　珏	李　健	冯茂林
	梁　策	刘　立	吴月伟	石博强	张　强	罗维东
	周久零	孟　宇				
地质工程	平　硕	李克庆				
电子与通信工程	班　莎	马忠贵	晁　倩	李　刚	陈　昕	杨裕亮
	杜宪宇	王建萍	房　凯	马忠贵	付　毓	胡四泉
	姜星瀚	黄旗明	李　珊	杜利平	李晓娜	杜利平

续表

学科、专业	硕士研究生	导师	硕士研究生	导师	硕士研究生	导师
电子与通信工程	李　洋	张中山	刘　娟	隆克平	刘永成	杜利平
	刘志强	王先梅	马小雯	王志良	马依兰	姚　琳
	王　双	彭云峰	王　洋	姚　琳	吴　愁	王志良
	肖瑞林	刘　健	颜　晶	王建萍	张春雨	胡四泉
	张　科	王建萍	张　立	解　仑	张　宁	陈月云
	张小丽	胡四泉	张雁翎	张中山	赵　副	杨　扬
	赵慧杰	阳小龙				
动力工程	曹　欢	温　治	邓敏鑫	林　林	亢　虹	孙淑凤
	李　潇	夏德宏	李艺群	苏庆泉	林　佳	冯俊小
	牛永健	乐　恺	任建良	刘应书	王　晴	冯妍卉
	吴洪斌	夏德宏	姚嘉彬	刘柏谦	曾义波	冯俊小
	赵向东	姜泽毅				
化学工程	樊子源	叶亚平				
环境工程	陈焕玺	汪群慧	崔　轩	林　海	耿嘉伟	朱维耀
	侯　霜	李子富	李梦霞	汪　莉	李笑晴	林　海
	李　哲	汪　莉	林　晗	汪群慧	刘　祥	李天昕
	聂义宁	季宏兵	彭丹凝	姚　俊	彭颖菁	周北海
	邱诚翔	李天昕	唐　琛	刘启鹏	田星强	邢　奕
	王振南	汪　莉	王志强	邢　奕	王志祥	易红宏
	吴　威	刘启鹏	谢育林	宋　波	张　笑	汪群慧
机械工程	陈宇峰	杨　荃	杜思齐	阳建宏	郭绍林	贾志新
	韩润启	吴迪平	何冰冰	和　丽	黄南洋	刘北英
	黄振斐	王宝雨	黄　壮	闫晓强	李　豪	王晓玲
	李星祥	吴迪平	林　俊	吴迪平	刘　皓	贾志新
	刘克飞	闫晓强	刘权锐	何安瑞	刘晓明	刘　江
	卢臣智	尹忠俊	孟天祥	邱丽芳	妙　从	杨海波
	史全宇	林建国	苏　屏	刘晋平	唐　慧	曹建国
	王洪尧	何安瑞	王天聪	曹建国	王文景	侯建新
	王艺璇	李　疆	谢　卓	侯建新	姚驰寰	何安瑞
	殷　鹏	尹忠俊	于方弟	李　威	张佳明	孙志辉
	张　雍	张清东	郑先华	巩宪锋	周　春	杨　荃
	周　栋	宋　勇	祝志刚	臧　勇		
计算机技术	白　墨	孙　义	陈　豪	谢永红	陈泓屹	王昭顺
	陈　志	姚宣霞	董　洁	吕志民	耿　斌	周　芳
	耿海华	阿孜古丽	韩鹏宇	张晓彤	胡小磊	雷雪梅
	黄　睿	陈红松	李　丹	胡　玥	刘　程	郑雪峰
	钱成杰	李建江	束长栋	王志明 J	王　瑞	张　敏
	王双双	谢永红	王　曦	郝红卫	王云飞	曾广平
	王占臣	宁淑荣	王　振	孙　义	魏晓龙	徐　科
	杨　洁	徐　科	姚　诚	姚宣霞	张　鹏	陈红松
	张文佳	包　宏	赵利民	张德政	周赞梅	张德政

续表

学科、专业	硕士研究生	导师	硕士研究生	导师	硕士研究生	导师
计算机技术	周子煜	阿孜古丽				
建筑与土木工程	毕泽锋	宋波T	蔡清池	任奋华	陈布雷	纪洪广
	陈　瀚	苗胜军	崔　薇	范慧芳	付　宇	黄重国
	顾吉阳	乔　兰	黄舒鹏	牟在根	贾　骅	谭卓英
	江胜华	龚　敏	孔　杰	杨润林	李鹏飞	蔡美峰
	马瑞璞	黄重国	苏维军	高　谦	孙中华	谭文辉
	王妙茜	谢谟文	杨　凯	吴顺川	余　国	谢谟文
	张　栋	李长洪	张新雨	陈德平		
控制工程	陈泽庆	刘冀伟	董小妮	张勇军	窦康殷	王　玲
	杜宏博	王　莉	韩锡翔	郭　强	韩　旭	孙昌国
	韩　振	刘冀伟	黄　亚	董　洁	黄　召	尹怡欣
	霍　建	孙昌国	吉一龘	孙长银	贾成要	李　果
	蒋姚亮	蓝金辉	李昀清	李希胜	李志明	刘贺平
	刘　姗	石中锁	马　凯	张朝晖	马铁帅	童朝南
	缪　琰	胡广大	潘铭心	李江昀	唐升波	付冬梅
	王晨阳	王志良	王嘉琪	潘月斗	王贾琳	李晓理
	王　添	袁　立	王　鑫	杨卫东	王中华	刘　涛
	奚会鹏	高　海	徐　芳	刘　丽	徐　乐	郭　强
	薛　雨	徐正光	姚钰鹏	王　京	张　建	蓝金辉
	张　奎	孙　铁	张青青	陈先中	张士超	彭开香
	张万书	王粉花	张小庆	张勇军	郑诗圣	张勇军
	郑　鑫	肖文栋				
矿业工程	边巴仓拉	王化军	陈建均	胡乃联	陈杏婕	倪　文
	陈盈舟	杨　鹏	程光华	宋卫东	崔　翔	胡乃联
	达娃卓玛	孙春宝	戴　飞	金爱兵	高启明	李仲学
	高月娇	林　海	花良奎	王德胜	蒋蓓萍	杨慧芬
	李广泽	王洪江	李佳梦	韩　斌	李鹏慧	孙春宝
	梁　璐	明世祥	彭乃兵	吴爱祥	秦九天	姜福兴
	宋　猛	段旭琴	孙天顺	吕文生	万鹏鹏	璩世杰
	王　博	姜福兴	王金海	杨　鹏	王　靖	璩世杰
	王　昆	毛市龙	吴业兴	陈广平	杨诗梦	高永涛
	于春晓	孙体昌	张开路	王化军		
软件工程	郭晓霞	张德政	黄　薇	王成耀	李　歌	胡　玥
	王亚男	刘宏伟	曾婉姝	胡长军	张　晗	夏克俭
物流工程	郭匀欢	冯爱兰	贾　智	冯爱兰	王　倩	程国全
	王　垚	丁文英	王　祎	张庆华	王　昭	吕志民
	张芃芃	吕志民				
冶金工程	贝纪承	吴胜利	陈卓笛	朱鸿民	程本立	马瑞新
	丁国慧	曹战民	高　晗	郭占成	高晓杰	李京社
	谷金波	李　晶	顾　超	包燕平	郭宝奇	包燕平
	郭文明	张延玲	韩　枫	高　斌	何　杨	刘建华
	侯超刚	吴胜利	胡绍岩	朱　荣	胡晓光	王中丙

续表

学科、专业	硕士研究生	导师	硕士研究生	导师	硕士研究生	导师
冶金工程	黄冬波	宗燕兵	黄世烁	张梅Y	姜若尧	朱荣
	康乐	李宏	赖一玎	曹战民	李济永	张立峰
	李少翔	张家泉	李铄	高斌	刘春秀	张家泉
	刘明	于然波	刘威	李京社	刘伟	刘润藻
	刘伟迪	唐惠庆	刘肖	吴铿	卢立新	王新东
	鲁建豪	邹兴	陆鹏雁	吴华杰	罗清云	束奇峰
	罗婷	刘建华	罗文博	薛济来	倪松明	苍大强
	宁培峰	杨世山	牛建文	张宗旺	宋腾飞	宁晓钧
	孙浩博	焦树强	孙禾	焦树强	田冬东	张延玲
	田罗林	岳峰	王昊	李晶	王欢	朱荣
	王云	朱荣	吴启帆	包燕平	辛彩萍	岳峰
	熊磊	沈少波	徐凯	张延玲	薛庆瑞	李建玲
	闫小柏	包燕平	闫永其	崔衡	晏刚	李建玲
	杨波锋	刘建华	姚君豪	郭兴敏	尹尤豪	张梅Y
	尹壮	王新东	张家志	吴铿	张杰	高斌
	张倩倩	李宏	张瑞	张立峰	张文军	李宏
	赵嵩	贾彦忠	赵亚钊	李宏煦		
仪器仪表工程	陈平	侯庆文	黄伶俐	迟健男	谢东民	侯庆文
	曾琳	赵小燕	张慧慧	康瑞清		
法律（法学）	曹馨月	魏增产	陈叶蓓	石雁	郭超	李婉平
	侯德志	李婉平	李庆镇	郑瑞琨	梅莞婷	魏增产
	王泽慧	郑瑞琨	徐盼盼	张卫英	张康宇	张卫英
	赵莹雪	侯登华				
法律（非法学）	高洁	张卫英	李沛潞	张颖	孙道扬	侯登华
	王秀华	侯登华	张搏	董梅	赵睿	魏增产
	赵圆圆	李婉平	周璐	王宾容		
翻译	白雪莲	满海霞	蔡璧岭	杨英军	高荧	梁雅梦
	郭佳琪	范一亭	贺秋香	梁雅梦	金得利	白秋梅
	刘亚婷	白秋梅	刘媛媛	赵亮	孟晨	官群
	申一宁	杨子	司旭	赵亮	汤雪萍	杨英军
	吴东欣	赵秋荣	杨小丽	赵秋荣	周颖	范一亭
工商管理	阿里	刘欣华	艾莉卡	孙莹	奥斯卡	崔文娟
	白祖芳	武森	包芸	魏钧	鲍强	武森
	贝韦丽	魏桂英	蔡永香	戴淑芬	曹飞	马风才
	曹睿彦	佘元冠	陈琛	王凯	陈冬艮	李晓静
	陈江火	贾振全	陈晶晶	何枫	陈敬锋	高学东
	陈纳新	王维才	陈秋	张曾莲	陈述	苏玲
	陈伟中	裴利芳	陈新	孙莹	陈星光	高学东
	程程	王立民	程洪亮	佘元冠	程丽春	王道平
	程志强	刘澄	大日克	张俊光	丹妮	张剑
	丹尼尔	裴利芳	党卡	魏钧	邓祝生	吕殿平
	杜克	张剑	杜晓月	裴利芳	杜玉坡	吕殿平

续表

学科、专业	硕士研究生	导师	硕士研究生	导师	硕士研究生	导师
工商管理	杜子龙	王道平	段氏如妆	武　森	段义彭	裴利芳
	恩和托亚	王未卿	樊百键	佘元冠	樊　璠	王道平
	范陆全	魏桂英	方　奕	裴利芳	冯　焯	张俊光
	冯丽芳	刘　澄	冯跃辉	贾振全	冯珍珠	王未卿
	傅斌斌	崔健双	高　峰	高俊山	高　丽	曹　勇
	高腾振	杨建华	高玉玲	陈雪松	高　远	苏　玲
	高子瑜	王未卿	葛凤朋	刘明珠	葛　鹏	刘欣华
	弓华顺	吕殿平	郭　艺	冯　梅	何采华	贾振全
	何丹丹	何　枫	何丽梅	黄　瑛	贺凌林	冯　梅
	贺希格	裴利芳	花文静	张　剑	皇潘胜	裴利芳
	黄国良	杨建华	黄海平	苏　玲	黄晓艳	魏桂英
	黄月红	魏　钧	贾月茹	樊彩霞	姜　阳	阚　宏
	焦　硕	裴利芳	叫敏丽	周晓光	杰　克	苏　玲
	金　梁	曹　勇	李　博	武　森	李　晗	张　群
	李惠军	王　莹	李纪曾	崔健双	李　静	肖　明
	李　淋	孙　莹	李　敏	马风才	李　那	周晓光
	李念强	范小华	李　宁	武德昆	李文丽	黄　瑛
	李　想	刘　澄	李晓峰	杨　青	李　欣	陈雪松
	李艳平	王道平	李　瑶	何维达	李懿达	苏　玲
	李　振	武　森	梁　旭	苏　玲	林　冰	李晓静
	林恩胜	张俊光	林　浩	裴利芳	林嘉贵	冯　梅
	刘柏清	冯　梅	刘　方	戴淑芬	刘海燕	肖　明
	刘　荷	贾振全	刘　洁	黄　瑛	刘晓文	刘　澄
	刘欣悦	孙　莹	刘　洋	冯　梅	刘永永	高学东
	刘　宇	王维才	柳　枫	王未卿	露　莹	王未卿
	卢晓庆	杨　青	吕其芯	刘　澄	罗　格	何　枫
	罗　陟	佘元冠	马清水	李晓辉	玛　丽	李晓静
	毛　嘉	殷焕武	孟　宇	刘明珠	米海东	刘　澄
	苗晓军	王文彬	莫　燕	武　森	聂　宁	殷焕武
	彭　光	李铁克	彭立涛	王未卿	秦中玉	李铁克
	邱美霞	张　剑	邱修炳	张　群	邱兆琳	裴利芳
	瑞　寒	张　剑	桑　晖	武德昆	申　婷	黄晓霞
	沈军强	王未卿	师　谦	王未卿	石　通	刘明珠
	时　莹	武德昆	叔　歌	李晓静	宋宝库	佘元冠
	宋春玲	魏　钧	宋红婵	王立民	宋婷婷	王维才
	宋小虎	王宾容	宿　羽	殷焕武	孙　龙	周晓光
	孙守恒	武　森	谭爱凤	贾建华	汤　琰	魏　钧
	唐琦林	崔健双	唐旭芳	陈雪松	提摩太	李晓静
	铁　木	裴利芳	涂　贝	黄　瑛	王爱山	曹　勇
	王　庚	武　森	王　海	刘亚莉	王晶晶	韩良智
	王利华	苏　玲	王　萍	刘志伟	王绍飞	马风才

续表

学科、专业	硕士研究生	导师	硕士研究生	导师	硕士研究生	导师
工商管理	王　涛	苏　玲	王天帅	张晓冬	王　雯	樊彩霞
	王雅怡	苏　玲	王宇韬	高学东	王　悦	王道平
	魏　维	张俊光	温树杰	魏桂英	翁　琰	张　群
	邬媛媛	殷焕武	巫亚芳	李铁克	吴春梅	张　群
	吴大川	马风才	吴东海	冯　梅	吴　凡	刘明珠
	吴国苹	高学东	吴　婧	王文彬	吴小群	马风才
	西　西	王　莹	夏灿明	楼　园	夏亚兵	楼　园
	向　易	苏　玲	萧凌钰	王未卿	肖建友	张文新
	谢锦程	戴淑芬	谢晓敏	王未卿	心　天	孙　莹
	徐传平	周晓光	徐　吉	王　凯	徐　宁	李铁克
	徐胜龙	张文新	徐为民	苏　玲	徐文娟	张莲英
	徐之达	戴淑芬	许英梅	何　枫	薛慧力	谢　湲
	薛　力	冯　梅	亚　瑟	张俊光	闫红旗	王维才
	阎　辉	曹　勇	阎小萌	樊彩霞	杨东岳	杨　武
	杨海平	张晓冬	杨佳琳	冯　梅	杨　明	佘元冠
	杨　青	刘　澄	杨　硕	殷焕武	杨　崴	刘志伟
	杨秀红	周晓光	杨　扬	曹　勇	杨玉成	张　群
	杨毓坤	裴利芳	姚　磊	张晓冬	姚佐国	何维达
	伊　莎	王未卿	尹一然	何润宇	于长勇	肖　明
	于　超	王文彬	于慧君	武　森	于　震	李群霞
	俞庆声	张莲英	俞元娟	曹　勇	原　超	王道平
	岳广耀	何　枫	臧大贺	张俊光	曾　成	甘明鑫
	张　超	甘明鑫	张德路	张晓冬	张　迪	张　燃
	张广建	张莲英	张海生	王立民	张　会	张晓冬
	张　江	王未卿	张锦迎	王未卿	张景丽	张　燃
	张俊辉	马风才	张岚婷	邓立治	张　莉	李铁克
	张　璐	陈雪松	张　楠	裴利芳	张　平	裴利芳
	张倩囡	樊彩霞	张蓉蓉	王文彬	张胜军	张晓冬
	张双华	张文新	张文锡	孙　莹	张向良	张　群
	张晓刚	王未卿	张晓鹏	刘明珠	张旭鹏	马风才
	张　雪	刘欣华	张誉腾	何维达	赵爱芳	李晓静
	赵丽平	潘永泉	赵诗尧	孙　莹	赵　永	张晓冬
	郑君如	肖　明	郑相宜	冯　梅	周　东	张晓冬
	周延东	李铁克	朱　晨	胡　波	朱　剑	张　燃
	朱俊端	杨建华	朱立雪	胡　枫	朱世伟	何　枫
	朱晓权	王文彬				
公共管理	董三福	黄耀杰	冯文利	冯　英	胡　颖	黄耀杰
	胡志鹏	崔　英	姜韶辉	刘向英	刘　佳	许　斌
	马晓林	吴群芳	孟祥瑜	何晓前	潘柏夷	许　放
	孙怀强	俞文华	孙佑国	何晓前	田　勇	何晓前
	汪　焰	俞文华	王　蕾	陈闽红	许玲君	许　放

续表

学科、专业	硕士研究生	导师	硕士研究生	导师	硕士研究生	导师
公共管理	闫　毅	刘向英	游笑歌	冯　英	袁世剑	俞文华
	张广玖	冯　英	张杰雄	崔　英	张　晓	孙雍君
	周荣义	赵　雨				
会计	白　雪	武德昆	冯广瑞	张曾莲	高　雅	张曾莲
	刘　舒	张曾莲	柳岚方	张曾莲	申小琪	崔文娟
	宋　宇	胡志颖	孙　力	胡志颖	王　乐	刘欣华
	王雅琳	刘亚莉	谢佳颖	李晓静	谢嘉允	崔文娟
	朱　政	韩良智				

2015年获得硕士专业学位的在职研究生名单

学位类别	专业、领域	姓名	导师	姓名	导师	姓名	导师
工程硕士	安全工程	柴天勇	蒋仲安	陈　旭	蒋仲安	崔宝平	蒋仲安
		段　炼	蒋仲安	多建伟	蒋仲安	方　圆	蒋仲安
		高东鹰	刘双跃	胡　华	蒋仲安	黄一鑫	蒋仲安
		吉　鑫	蒋仲安	金　宝	蒋仲安	景秀丽	蒋仲安
		李嘉毅	蒋仲安	李　烨	蒋仲安	李振中	杜翠凤
		林　虎	蒋仲安	刘峻宏	蒋仲安	吕　玲	蒋仲安
		齐　玮	蒋仲安	石霜雪	蒋仲安	宋　驰	杜翠凤
		孙思遥	蒋仲安	万运东	蒋仲安	王　丹	蒋仲安
		王　硕	蒋仲安	王　薇	蒋仲安	王　伟	蒋仲安
		吴　乔	蒋仲安	闫　平	蒋仲安	杨　磊	杜翠凤
		杨　勇	蒋仲安	余呈辉	金龙哲	余金辉	黄志安
		曾桂京	杜翠凤	曾　勇	刘双跃	张　鲲	蒋仲安
		朱　伟	蒋仲安	邹尚亮	黄志安		
	材料工程	安敬涛	任学平	董鹏飞	吴春京	董　庆	刘　靖
		都影祁	孙建林	郭　建	刘　靖	韩进雷	宋仁伯
		何广霞	任学平	黄胜永	孙建林	黄　炜	陈　冷
		柯　乐	李晓刚	李立仁	任学平	李双居	任学平
工程硕士	材料工程	梁丰瑞	刘国权	刘虹宇	宋仁伯	刘建培	吴春京
		刘军会	杜振民	刘　维	宋仁伯	刘　湘	于　浩
		刘昕梅	韩静涛	刘　振	杜振民	刘正华	刘　靖
		吕永年	杜振民	马朋亮	赵志毅	马耀峰	康永林
		牛国锋	宋仁伯	祁青军	刘　靖	齐　林	吴春京
		沈钦义	杨善武	孙君君	刘　靖	孙增淼	杜振民
		陶　科	任学平	田付顺	吴春京	王　峰	贾成厂
		王　威	黄继华	王自成	周　成	魏文龙	张永军
		温娜娜	刘雅政	吴　耐	杜振民	徐国睿	刘　靖
		严　石	孙加林	杨贵玲	康永林	杨　剑	孙建林

续表

学位类别	专业、领域	姓名	导师	姓名	导师	姓名	导师
工程硕士	材料工程	杨进航	宋仁伯	杨志刚	刘雅政	于朋彬	康永林
		岳跃文	宋仁伯	张德汉	任学平	张东飞	杜振民
		张　晋	薛文东	张希静	杜振民	赵志刚	赵志毅
		郑金凤	曲选辉	周全宝	黄继华		
	电子与通信工程	侯　程	班晓娟				
	动力工程	赵义琴	温　治				
	工业工程	陈耕雨	杨建华	范　飞	李铁克	韩金曦	丁文英
		滑晓兵	李晓辉	黄昆明	何润宇	贾　宁	王文彬
		李　梅	何润宇	李兆华	王　莹	蒙　波	王道平
		苗华军	张文新	聂慧强	黄　瑛	田　飞	王　莹
		田林凯	殷焕武	王海玉	李晓辉	杨建鹏	张文新
		张红梅	王文彬	张玉玺	高学东	赵　帅	张文新
	化学工程	曹鸿璋	刘杰民	畅小军	李建强	崔建国	范慧俐
		孟志军	范慧俐	张立锋	刘杰民	周凯红	刘杰民
	环境工程	戴涟漪	王化军	孔祥雨	李子富	雷　达	陈月芳
		曾　灏	李子富				
	机械工程	曹　晶	秦　勤	陈恩军	童莉葛	陈晶晶	闫晓强
		丁慧田	韩建友	冯　政	冯　明	管红亮	唐　英
		郭晓捷	曹建国	郭智勇	韩建友	郝铁文	刘　颖
		何宝泉	阳建宏	贺兰香	吴迪平	黄彦峰	张　杰
		贾占友	张少军	焦续伟	王长松	李发德	李　威
		李　芳	韩　天	李国臣	苏兰海	李海斌	朱超甫
		李小军	韩建友	李小宽	闫晓强	李志东	朱超甫
		刘胜利	吴迪平	刘向金	秦　勤	卢晓毅	张　杰
		麻海滨	黄效国	马顺杰	郗安民	曲海龙	郗安民
		任德国	尹忠俊	王海滨	刘　颖	王瑞祥	邱丽芳
		王　霞	邱丽芳	吴　冰	王　立	吴淑飞	李　威
		徐宏涛	李　威	闫开宇	尹忠俊	杨　波	边新孝
		杨秀荣	尹忠俊	姚久军	秦　勤	于　雷	张　杰
		苑　红	尹忠俊	张国龙	郑莉芳	张宏杰	臧　勇
		张　炎	吴迪平	张　宇	韩建友	张元奇	陈　兵
		赵天宇	秦　勤	赵智勇	陈　兵	周文战	邱丽芳
		朱洪波	刘国勇				
工程硕士	计算机技术	杨吉可	郑雪峰	余轶凡	郑雪峰	张　帆	郑雪峰
	建筑与土木工程	王　伟	刘　洋	杨海滨	潘旦光	朱民禄	纪洪广
	控制工程	柴　磊	董　洁	常国兰	徐正光	陈紫阳	付冬梅
		党　星	穆志纯	樊启云	付冬梅	郝喜国	潘月斗
		姜智伟	李　擎	靖森林	李　擎	亢晓嵘	徐正光
		李　快	刘冀伟	李鹏飞	张　崎	李　颖	潘月斗
		马俊立	穆志纯	任明兴	张维存	宋德海	潘月斗
		宋　洁	尹怡欣	孙博华	王　莉	田雪松	董　洁
		汪安逸	李晓理	王成林	孙长银	王虹斌	孙昌国

续表

学位类别	专业、领域	姓名	导师	姓名	导师	姓名	导师
工程硕士	控制工程	王志强	付冬梅	魏大兵	李　果	吴丽颖	丁大伟
		许　诺	孙　铁	杨　平	穆志纯	张书云	张维存
		赵　月	王　玲	赵梓淞	刘贺平		
	矿业工程	陈宇宏	金爱兵	冀贞文	姜福兴	姜　霞	李国清
		凌东风	李国清	刘艳兵	金爱兵	吕少平	李克庆
		孟东建	高永涛	孟云社	金爱兵	田华伟	孙春宝
		王海波	胡乃联	王艳坡	李克庆	魏焕民	王化军
		武颖奎	姜福兴	肖　炜	金爱兵	徐　渊	孙春宝
		杨高升	金爱兵	杨吉祥	高永涛	杨　骞	李克庆
		姚增亮	李克庆	张建文	姜福兴	张　艳	李国清
		赵承东	金爱兵	周为民	孙春宝		
	软件工程	白保平	廖福成	陈瑞良	马万彪	邓　雅	王　辉
		冯　龙	陈明文	李　强	马万彪	梁　赛	王　辉
		潘　伟	卫宏儒	齐雅楠	胡志兴	石铁柱	张志刚
		宋　涛	张志刚	田建兵	卫宏儒	王　峰	胡志兴
		乌兰吉	廖福成	余　勇	艾冬梅		
	物流工程	丁　洪	王国华				
	项目管理	陈　迪	王立民	陈海峰	张文新	高　浩	张　群
		高诗家	甘明鑫	耿嘉谦	张　群	郭　凡	杨　青
		韩　乐	李铁克	韩鹏程	胡　波	贺文奇	魏桂英
		贺　寅	杨　青	胡冰甦	杨　青	贾旖璇	殷焕武
		孔永刚	葛泽慧	李　俊	王文彬	李素平	佘元冠
		刘海峰	张　燃	刘家昌	刘明珠	刘　君	葛泽慧
		刘秋明	王文彬	陆　群	黄晓霞	马　欣	张俊光
		年大伟	高俊山	尚颖红	杨　武	沈志勇	高俊山
		司　雯	王文彬	孙　铖	武　森	谭中鸣	甘明鑫
		王　晨	高俊山	王丹阳	甘明鑫	王涵一	武　森
		王琳洁	魏桂英	王雅宁	武　森	王玉亮	杨　武
		王占斌	崔健双	徐道春	杨　青	寻　源	王未卿
		杨成杰	佘元冠	杨俊帅	武　森	殷敏谦	张　剑
		余　进	魏桂英	张春江	刘明珠	张　杰	葛泽慧
		张　磊	戴淑芬	张　强	李群霞	张廷琦	吕殿平
		张新雷	高学东	张永林	武　森		
	冶金工程	保国良	宋波 Y	曹友宝	张建良	陈昔国	高　斌
		陈　欣	成国光	陈玉辉	李京社	崔国军	成国光
		董大西	李　宏	董　建	贾彦忠	冯　松	成国光
		付燕光	张建良	高晓彬	孙彦辉	高照海	张立峰
		巩　磊	杨世山	关炳栋	吴　铿	韩建国	张少军
		郝彦英	成国光	和红杰	郭汉杰	胡立伟	朱　荣
		黄泉金	王福明	黄优明	朱　荣	霍丽云	李士琦
		霍志斌	郭汉杰	焦玉亮	朱　荣	金　春	吴胜利
		靳晓磊	李　晶	康文举	张炯明	李　斌	张建良

续表

学位类别	专业、领域	姓名	导师	姓名	导师	姓名	导师
工程硕士	冶金工程	李恩光	吴胜利	李　锋	李　晶	李红洋	宋波 Y
		李立刚	张家泉	李　启	朱　荣	李　强	成国光
		李少云	李　晶	李维军	王福明	李　想	王福明
		李　智	张家泉	李忠波	王福明	刘鸿旭	朱　荣
		刘继江	刘雅政	刘庆波	张延玲	刘学文	宋波 Y
		刘　义	张炯明	卢明霞	张家泉	罗小云	张立峰
		麻建军	郭汉杰	马路锋	张建良	孟宪震	张宗旺
		齐　健	刘雅政	邱　李	程树森	任　艳	杨世山
		任　毅	郭汉杰	任玉明	吴胜利	任振海	张家泉
		尚玉民	刘　青	石红燕	张建良	史庭坚	张炯明
		寿　栋	刘润藻	宋　伟	张家泉	孙炳红	张炯明
		孙大为	吴　铿	孙振兴	程树森	唐郑磊	王福明
		田伟杰	张建良	王成龙	高　斌	王德斌	王福明
		王红强	张延玲	王立峰	张建良	王青林	张建良
		王晓光	郭汉杰	王　新	张家泉	王　燕	杨世山
		魏翠萍	程树森	魏少飞	宋波 Y	魏祥义	王福明
		温　瀚	张立峰	吴　明	孙彦辉	向　亮	吴胜利
		肖飞虎	朱　荣	修建军	王福明	徐振庭	张建良
		许现科	杨世山	杨保金	张建良	杨　东	李长荣
		杨东峰	任学平	杨和祺	张建良	杨　珊	贾彦忠
		杨　威	陈伟庆	杨卫东	郭汉杰	杨勇勇	张梅 Y
		姚　斌	成国光	于铭杰	张家泉	余　苹	成国光
		喻　波	吴胜利	袁少威	成国光	袁秀伟	李　宏
		袁永旗	李长荣	翟利军	杨世山	翟　强	白　皓
		张　飞	张家泉	张红伟	李京社	张　杰	李京社
		张立良	王福明	张利江	李京社	张明远	张建良
		张奇毅	张立峰	张　祺	李京社	张　强	包燕平
		张文彬	程树森	张新光	王福明	张　章	朱　荣
		张志辉	白　皓	赵　博	张建良	赵贵清	吴　铿
		赵　雷	张立峰	赵彦灵	王福明	朱　虹	张建良
		朱　玲	宋波 Y	朱铜春	王福明		
工商管理硕士	高级管理人员(EMBA)	艾尼瓦尔·马木提	武　森	曹　原	戴淑芬	陈朝阳	何维达
		陈春生	杨建华	陈仕杰	殷焕武	陈宗华	杨　青
		仇瑞芳	武德昆	丛爱静	范小华	董文进	曹　勇
		高　枫	孙　莹	高永庆	李晓静	郭德杰	李晓静
		郭卫民	张晓冬	韩文虎	王维才	胡劲松	孙　莹
		黄　蓓	黄晓霞	黄　颢	李晓静	贾青云	王道平
		姜玉峰	佘元冠	金作良	张俊光	克衣色尔·克尤木提	何　枫
		李朝华	杨　武	李维民	刘明珠	林　文	曹　勇

续表

学位类别	专业、领域	姓名	导师	姓名	导师	姓名	导师
工商管理硕士	高级管理人员（EMBA）	刘慧峰	刘明珠	刘　键	马风才	刘其先	范小华
		刘志江	张　群	施晓华	杨　青	宋　骏	何　枫
		孙海峰	魏　钧	孙媚爽	肖　明	王洪波	胡　枫
		王　琳	张晓冬	王瑞晓	马风才	王　祎	何维达
		王知林	何维达	吴嵩彬	王维才	冼　峰	张晓冬
		肖　焱	魏　钧	谢兴怀	佘元冠	徐建农	武德昆
		闫伟国	何　枫	闫跃平	何维达	于春来	张　剑
		于红绫	刘　澄	张德林	冯　梅	张　艳	冯　梅
		张永华	孙　莹	张志红	黄晓霞	赵珂冰	何　枫
		赵　亮	杨　青	赵　朋	何　枫	周敬忠	张晓冬
		庄国新	孙　莹				
	工商管理	李辉中	高学东	刘志平	阚　宏		
公共管理硕士	公共管理	包晓青	吴群芳	陈精文	张小明	陈　蕾	许　放
		国　徽	郭德侠	洪海健	冯　英	兰晓菲	俞文华
		李　斌	汪淑珍	李　莉	郭德侠	李　鹏	冯　英
		李壮飞	吴群芳	刘　畅	许　放	邱宜东	崔　英
		石　枫	吴群芳	束　俊	冯　英	王　营	冯　英
		王跃华	黄耀杰	吴飞慧	孙雍君	肖永生	陈闽红
		徐惠德	黄家亮	许　光	许　放	闫雪梅	孙雍君
		张鸣旭	时立荣	张　琪	汪淑珍	张煦东	何晓前
		周　林	汪淑珍				

2015年以同等学力获得硕士学位的在职人员名单

学科、专业	姓名	导师
冶金工程	张　波	张建良
冶金工程	张兴利	朱　荣
冶金工程	张　伟	朱　荣

2015年获得学位的研究生或毕业的研究生名单

姓名	导师	学科、专业	备注
李立刚	张朝晖	控制科学与工程	博士学位
刘洪均	孙传尧	矿业工程	博士学位
邵阔义	班晓娟	计算机科学与技术	博士学位
邵宗有	王昭顺	计算机应用技术	博士学位
王　红	佘元冠	企业管理	博士学位
王艺慈	张建良	冶金工程	博士学位
姚　力	李士琦	冶金工程	博士学位
曾小鹏	袁文霞	化学	博士学位
张晋霞	冯雅丽	矿业工程	博士学位
张晓红	王民忠	思想政治教育	博士学位
邵　飞	冯　澎	理论物理	硕士学位
阿　里	周贤伟	通信与信息系统	博士毕业
姜平国	周国治	冶金工程	博士毕业
李政学	班晓娟	计算机应用技术	博士毕业
路文刚	朱　荣	冶金工程	博士毕业
舒　桐	张学记	化学	博士毕业
滕华湘	康永林	材料科学与工程	博士毕业
王玉昌	张家泉	钢铁冶金	博士毕业
卫晓锋	徐九华	矿业工程	博士毕业
温晓晓	郑裕东	材料科学与工程	博士毕业
张璐杰	冯　英	科技与教育管理	博士毕业
周闪闪	林　海	矿物加工工程	博士毕业
朱景林	李晓光	思想政治教育	博士毕业

附　　录

北京科技大学第三届董事会名单

名誉主席：

刘　淇　中共中央政治局委员、北京市委书记
徐匡迪　十届全国政协副主席、中国工程院院长
黄孟复　全国政协副主席、全国工商联主席

主　　席：

徐匡迪（兼）　十届全国政协副主席、中国工程院原院长

副 主 席：　（13人）

徐乐江　宝钢集团有限公司董事长
张晓刚　鞍山钢铁集团公司总经理
邓琦琳　武汉钢铁（集团）公司董事长
王青海　首钢总公司董事长
刘明忠　新兴际华集团有限公司董事长
于　勇　河北钢铁集团有限公司董事长
邹仲琛　山东钢铁集团有限公司董事长
贾宝军　中国中钢（集团）公司总裁
王为民　中国冶金科工集团有限公司党委副书记、总经理
刘振江　中国钢铁工业协会党委书记
赖宁昌　东凌集团有限公司董事长
罗维东　北京科技大学党委书记
张欣欣　北京科技大学校长

董　　事：（以姓氏笔画为序）（87人）

丁立国　德龙控股有限公司董事局主席
于　勇　河北钢铁集团唐钢公司董事长
才　让　中国钢研科技集团有限公司董事长、党委书记
才鸿年　中国工程院院士、中国兵器装备集团公司科技委副主任
王一德　中国工程院院士、太原钢铁（集团）有限公司董事会规划委员会副主任
王中丙　广东省湛江市市长
王为民　中国冶金科工集团有限公司党委副书记、总经理
王汀明　湖南省政协原副主席

王青海　首钢总公司董事长
王崇愚　中国科学院院士、清华大学教授
仇瑜峰　中崇集团董事长
邓琦琳　武汉钢铁（集团）公司董事长
叶恒强　中国科学院院士、中国科学院金属研究所研究员
冯炯华　宁夏回族自治区人大常委会副主任、农工党中央常委
邢书成　广州军区副司令员、中将
邢利斌　山西联盛能源煤焦集团董事局主席
朱小复　福建省三钢（集团）有限责任公司副总经理
朱孟依　合生创展集团有限公司董事局主席
任美成　北京泰略投资咨询有限公司董事长
刘　捷　江西省新余市委书记
刘明东　海南矿业股份有限公司总经理
刘明忠　新兴际华集团有限公司董事长
刘建平　天津大学党委书记
刘振江　中国钢铁工业协会党委书记
刘晓峰　十一届全国政协常务委员、副秘书长，农工党中央专职副主席
关　杰　中国工程院院士、西安重型机械研究所高级工程师
孙开明　天津钢管集团股份有限公司总工程师
孙安民　全国工商联原常务副主席、十一届全国人大常委、全国人大法律委员会副主任
孙纪木　新华联合冶金投资集团有限公司董事长
苏鉴钢　马钢集团公司总经理
李　琦　深圳易讯天空网络有限公司执行董事
李连平　河北建设投资集团有限责任公司董事长
李贵阳　河北钢铁集团邯钢公司董事长
李晓波　太原钢铁（集团）有限公司董事长
杨志强　金川集团股份有限公司董事长
肖　峰　成都昊特新能源技术有限公司董事长、总经理
何季麟　中国工程院院士、宁夏东方有色金属集团公司原董事长
余自甦　鞍钢集团公司党委常委、副总经理
邹仲琛　山东钢铁集团有限公司董事长
汪海涛　西部矿业股份公司董事长
沈文荣　沙钢集团董事局主席
沈健生　银邦金属复合材料股份有限公司董事长
张　海　河北钢铁集团宣钢公司董事长
张　彬　山西昌大公司总经理
张志祥　北京建龙重工集团有限公司董事长
张克利　中国有色矿业集团有限公司党委书记
张战波　北京中冶设备研究设计总院有限公司院长（总经理）
张荣明　北京爱慕内衣有限公司董事长
张晓刚　鞍山钢铁集团公司总经理
张晓峰　桓裕投资（集团）有限公司董事长
陆正耀　神州租车（中国）有限公司CEO
陆志方　中国恩菲工程技术有限公司董事长
陈　喆　北京宝来易投资管理有限公司董事长、总经理

陈启祥　莱芜钢铁集团有限公司董事长、总经理
陈建华　广东省广州市委副书记、市长
罗维东　北京科技大学党委书记
周秉利　包头钢铁（集团）有限责任公司董事长
周荣昌　内蒙古自治区人大常委会原副主任
郑新立　中国国际经济交流中心常务副理事长、中共中央政策研究室原副主任
赵公卿　重庆市原副市长、重庆市人大常委会原副主任
赵世庆　重庆钢铁（集团）有限责任公司副董事长、总经理
郝　远　甘肃省副省长
哈斯巴根　十一届全国人大常委、民族委员会副主任，内蒙古自治区人大常委会副主任
钟　掘　中国工程院院士、中南大学教授
施　设　中冶京诚工程技术有限公司董事长
姜德义　北京金隅集团有限责任公司执行董事兼总裁
贾国生　河北钢铁集团舞钢公司副董事长、总经理
贾宝军　中国中钢（集团）公司总裁
徐乐江　宝钢集团有限公司董事长
徐匡迪　十届全国政协副主席、中国工程院原院长
张欣欣　北京科技大学校长
殷晓静　中央政府驻港联络办公室副主任
殷瑞钰　中国工程院院士、钢铁研究总院名誉院长
郭长波　青岛钢铁控股集团有限责任公司总经理
唐飞来　新余钢铁有限责任公司副董事长
黄一新　南京钢铁联合有限公司副总经理
黄孝斌　北京时代凌宇科技有限公司董事长
曹建军　山西汇丰兴业集团董事长
曹慧泉　湖南华菱钢铁集团有限责任公司董事长
彭　原　北京国源金汇投资有限公司董事长
董　事　本钢集团有限公司副总经理
董晓民　内蒙古自治区烟草专卖局（公司）局长、总经理
蒋开喜　北京矿冶研究总院院长
谢俊文　华亭煤业集团有限责任公司总经理
靳善忠　山西省人大常委会副主任
赖宁昌　东凌集团有限公司董事长
褚建东　河北钢铁集团承钢公司董事长

秘 书 长：

王维才　北京科技大学副校长

北京科技大学校友会组织机构及人员组成

名誉会长：魏寿昆　王　润　李静波　杨天钧　李宝林
会　　长：徐金梧

副 会 长：权良柱 王维才 赵续生 李宝林
秘 书 长：王维才
校友会办公室主任：吕朝伟
工 作 人 员：郭晓东 常馨悦 陈晔明

北京科技大学教育发展基金会组成

名誉理事长：徐匡迪
名 誉 理 事：徐乐江（宝钢集团有限公司董事长）
张广宁（鞍山钢铁集团公司总经理）
马国强（武汉钢铁（集团）公司董事长）
靳 伟（首钢总公司党委书记、董事长）
理 事 长：罗维东
副 理 事 长：徐金梧 王维才
理 事：罗维东 徐金梧 权良柱 武德昆 王维才 何民庆 于成文
秘 书 长：王维才
监 事：涂纪明
基金会办公室主任：吕朝伟

与北京科技大学建立合作关系的国外及港澳台地区学校、研究机构

（至2015年12月）

序号	学校／科研机构	国家／地区	建立时间
1	亚琛工业大学（*Aachen Technical University*）	德　国	1979
2	东京工业大学（*Tokyo Institute Technology*）	日　本	1980
3	麦克马斯特大学（*Mcmaster University*）	加拿大	1982
4	里海大学（*Lehigh University*）	美　国	1982
5	宾夕法尼亚大学（*University of Pennsylvania*）	美　国	1982
6	九州工业大学（*Kyushu University of Technology*）	日　本	1984
7	皇家工学院（*Royal Institute of Technology*）	瑞　典	1984
8	律尼奥大学（*Lulea University*）	瑞　典	1984
9	神奈川大学（*Kanagawa University*）	日　本	1985
10	伍伦贡大学（*University of Wollongong*）	澳大利亚	1985
11	北海道大学（*Hokkaido University*）	日　本	1986
12	西里西亚工业大学（*Silesian Technical University*）	波　兰	1986
13	保尔·萨巴蒂大学（*Paul Sabatier University*）	法　国	1986
14	冈山理科大学（*Okayama University of Science*）	日　本	1987
15	蒙特利尔工学院（*Ecole Polytechnique Montreal*）	加拿大	1987
16	加利福尼亚大学（*Califonia University*）	美　国	1987
17	多特蒙德大学（*University of Dortmund*）	德　国	1987
18	玛丽皇后学院（*Queen Mary College*）	英　国	1988
19	利物浦大学（*University of Livepool*）	英　国	1988
20	密西根工业大学（*Michigan Technical University*）	美　国	1989
21	莫斯科钢与合金学院（*Moscow Institute of Steel & Alloy*）	俄罗斯	1989
22	顺天国立大学（*Sunchon National University*）	韩　国	1993
23	密道尔赛克斯大学（*Middlesex University*）	英　国	1994
24	河内百科大学（*Honoi University of Technology*）	越　南	1996
25	台北技术学院（*Taipei Institute of Technology*）	中国台湾	1996
26	巴拉那联邦大学（*Universidade Fderal do Parana*）	巴　西	1996
27	昌原国立大学（*Changwon National University*）	韩　国	1997
28	弗莱贝格矿业技术大学（*Technische Universitat Bergakademie Freiberg*）	德　国	1997
29	鲁汶工程技术学院（*Louvain Institute of Technology*）	比利时	1997
30	拉塞雷纳大学（*The University of La Serena*）	智　利	1997
31	九州大学（*Kyushu University*）	日　本	1997

续表

序号	学校／科研机构	国家／地区	建立时间
32	皇家墨尔本理工学院（*The Royal Melbourne Institrte of Technology*）	澳大利亚	1998
33	南洋理工大学（*Nangang Technological University*）	新加坡	1998
34	国立塔什干理工大学（*Tashkent State Technical University*）	乌兹别克斯坦	1998
35	朝阳科技大学（*Chaoyang University of Technology*）	中国台湾	2001
36	昆山科技大学（*Kun Shan University*）	中国台湾	2002
37	德克萨斯大学阿灵顿分校（*University of Texas at Arlington* ）	美　国	2002
38	东北大学（*Tohoku University*）	日　本	2002
39	浦项科技大学（*Pohang University of Science and Technology*）	韩　国	2004
40	室兰工业大学（*Muroran Institute of Technology*）	日　本	2004
41	橡树岭国家实验室（*Oak Ridge National Laboratory*）	美　国	2004
42	韩国浦项产业科学研究院（*Research Institute of Industrial Science & Technology*）	韩　国	2004
43	乌迪内大学（*University of Udine*）	意大利	2004
44	香港科技大学（*HongKong University of Science and Technology*）	中国香港	2005
45	牛津大学材料系（*Department of Materials, The University of Oxford*）	英　国	2005
46	汉诺威大学（*Universitaet Hannover*）	德　国	2005
47	维多利亚大学（*Victoria University*）	澳大利亚	2005
48	凯斯一西保留地大学（*Case Western Reserve University*）	美　国	2005
49	杜维嘉大学（*University of Tor Vergata*）	意大利	2005
50	台湾成功大学（*Taiwan Cheng Kung University*）	中国台湾	2006
51	德国考古研究所（*Deutsch Archeology Institute*）	德　国	2006
52	台湾屏东科技大学（*Taiwan Ping Tong University of Science & Technology*）	中国台湾	2006
53	剑桥大学材料冶金系（*Dept.of Materials& Metallurgy University of Cambridge*）	英　国	2006
54	澳大利亚塔斯马尼亚大学（*University of Tasmania*）	澳大利亚	2006
55	斯图加特工程应用技术大学（*Hochschule für Technik Stuttgart*）	德　国	2006
56	瑞典布京理工学院（*Blekinge Institute of Technology*）	瑞　典	2006
57	德国马普学会（*The Max Planck Society*）	德　国	2006
58	美国莱特大学（*Wright University*）	美　国	2007
59	塔林理工大学（*Tallinn University of Technology*）	爱沙尼亚	2007
60	英国斯旺西大学（*University of Wales Swansea*）	英　国	2007
61	克里特大学（*University of Crete*）	希　腊	2007
62	蒙古科技大学（*Mongolian University of Science and Technology*）	蒙　古	2007

续表

序号	学校/科研机构	国家/地区	建立时间
63	乌克兰国立航空大学（*National Aviation University*）	乌克兰	2007
64	美国田纳西大学（*The University of Tennessee*）	美　国	2007
65	台南大学（*National University of Tainan*）	中国台湾	2007
66	龙华科技大学（*Longhua University of Science and Technology*）	中国台湾	2007
67	蒙哥马利奥本大学（*Auburn University at Montgomery*）	美　国	2007
68	天主教鲁汶大学（*KatholiekeUniversiteit Leuven*）	比利时	2008
69	天主教辅仁大学（*Fu Jen Catholic University*）	中国台湾	2008
70	爱尔兰格里菲斯学院（*Griffith College Dublin* ）	爱尔兰	2008
71	布鲁塞尔自由大学（*VUBVrije Universiteit Brussel*）	比利时	2008
72	底特律大学（*University of Detroit Mercy*）	美　国	2008
73	阿拉斯加矿业大学（*University of Alaska*）	美　国	2008
74	巴尔的摩大学（*University of Baltimore*）	美　国	2008
75	金门技术学院（*Kinmen Institute of Technology*）	中国台湾	2008
76	东京理科大学（*Tokyo University of Science*）	日　本	2008
77	蒙特利尔大学（*Université de Montréal*）	加拿大	2008
78	蒙纳士大学（*University of Monash*）	澳大利亚	2009
79	台湾大学（*University of Taiwan*）	中国台湾	2009
80	滑铁卢大学（*University of Waterloo*）	加拿大	2009
81	兰卡斯特大学（*University of Lancaster*）	英　国	2009
82	赫尔辛基工业大学（*Helsinki University of Technology*）	芬　兰	2009
83	邓迪大学（*University of Dundee*）	英　国	2009
84	利莫瑞克大学（*University of Limerick*）	爱尔兰	2009
85	图尔大学（*Université Francois Rabelais*）	法　国	2009
86	海外学习基金组织（*The Study Abroad Foundation*）	美　国	2009
87	加泰罗尼亚理工大学（*Universitat politecnica de catalunya*）	西班牙	2009
88	东京电机大学（*Tokyo Denki University*）	日　本	2009
89	电气通信大学（*University of Electro-Communications*）	日　本	2009
90	逢甲大学（*Feng Chia University*）	中国台湾	2009
91	台湾静宜大学（*Providence University*）	中国台湾	2009
92	明志科技大学（*Ming Chi University of Technology*）	中国台湾	2009
93	昆士兰大学（*University of Queensland*）	澳大利亚	2010
94	阿尔伯塔大学（*University of Alberta*）	加拿大	2010
95	肯特州立大学（*Kent State University*）	美　国	2010
96	加州大学河滨分校（*California University, Riverside*）	美　国	2010
97	加州州立大学富丽通分校（*California State University, Fullerton*）	美　国	2010

续表

序号	学校／科研机构	国家／地区	建立时间
98	爱达荷大学（*University of Idaho*）	美　国	2010
99	加州大学董事会、劳伦斯伯克利国家实验室、*UT*斯达康巴特尔有限责任公司、橡树岭国家实验室（*California University, etc*）	美　国	2010
100	德蒙特福德大学（*De Montfort University*）	英　国	2010
101	中央大学（*Chuo University*）	日　本	2010
102	城西国际大学（*Josai University Corporation*）	日　本	2010
103	京都产业大学（*Kyoto Sangyo University* ）	日　本	2010
104	澳门大学（*Mocao University*）	中国澳门	2010
105	中兴大学（*National Chung Hsing University*）	中国台湾	2010
106	岭东科技大学（*Ling Tung University*）	中国台湾	2010
107	华梵大学（*Hua Fan University*）	中国台湾	2010
108	产业技术大学（*Korea Polytechnic University*）	韩　国	2010
109	塔尔图大学（*University of Tartu*）	爱沙尼亚	2010
110	佛罗里达大学（*University of Florida*）	美国	2011
111	加州大学圣地亚哥分校（*University of California*，*San Diego*）	美国	2011
112	普利茅斯州立大学（*Plymouth State University*）	美国	2011
113	弗吉尼亚理工大学（*Virginia Polytechnic Institute and State University*）	美国	2011
114	密苏里大学哥伦比亚分校（*University of Missouri- Columbia*）	美国	2011
115	挪威科技大学（*Norwegian University of Science and Technology*）	挪威	2011
116	奥尔良大学工程师学院（*Polytechnic of the University of Orleans*）	法国	2011
117	博客拉大学（*Pokhara University*）	尼泊尔	2011
118	东海大学（*Tunghai University*）	中国台湾	2011
119	加州大学伯克利分校（*University of California, Berkeley*）	美国	2012
120	美国国际教育联盟（*American Alliance for International Education*）	美国	2012
121	巴黎十三大（*Université Paris XIII, Nord*）	法　国	2012
122	巴黎十一大（*Université Paris-Sud*）	法　国	2012
123	曼彻斯特城市大学（*Manchester Metropolitan University*）	英　国	2012
124	卡塔尼亚大学（*University of Catania*）	意大利	2012
125	拉瑞尔应用技术大学（*Laurea University of Applied Sciences*）	芬　兰	2012
126	青山学院（*Aoyama Gakuin University*）	日　本	2012
127	中国文化大学（*Chinese Culture University*）	中国台湾	2012
128	暨南国际大学（*Chi Nan University*）	中国台湾	2012
129	德蒙福特大学、新华集团（*De Montfort University, Xinhua Group*）	英　国	2013

续表

序号	学校/科研机构	国家/地区	建立时间
130	华威大学（*The University of Warwick*）	英　国	2013
131	塔塔钢铁集团（*Tata Steel Group*）	荷　兰	2013
132	韦恩州立大学（*Wayne State University*）	美　国	2013
133	马德里理工大学（*The Technical University of Madrid*）	西班牙	2013
134	托马斯巴塔大学（*Tomas Bata University*）	捷　克	2013
135	*AGH*科技大学（*AGH university of science and technology*）	波　兰	2013
136	法政大学（*Hosei University*）	日　本	2013
137	横滨国立大学（*Yokohama National University*）	日　本	2013
138	朱拉隆功大学（*Chulalongkorn University*）	泰　国	2013
139	万隆理工大学（*InstitutTeknologi Bandung, ITB*）	印　尼	2013
140	高雄第一科技大学（*Kaohsiung first university of science and technology*）	中国台湾	2013
141	东华大学（*Dong Hwa University*）	中国台湾	2013
142	南台科技大学（*Southern Taiwan University of Technology*）	中国台湾	2013
143	法国巴黎高科高等工程师学校（*Arts et MetierParisTech*）	法国	2014
144	美国伊利诺伊大学芝加哥分校（*University of Illinois at Chicago*）	美国	2014
145	奥地利应用科技大学（*The University of Applied Sciences Upper Austria*）	奥地利	2014
146	以色列希伯来大学（*The Hebrew University of Jerusalem*）	以色列	2014
147	以色列里雄莱锡安商管学院（*The College of Management Academic studies (COMAs), RishonLezion, Israel*）	以色列	2014
148	德国中等企业应用技术大学（*Fachhochschule des Mittelstands*）	德国	2014
149	捷克生命科学大学布拉格（*Czech University of Life Sciences Prague*）	捷克	2014
150	爱尔兰利莫瑞克大学*University of Limerick*	爱尔兰	2014
151	日本城西国际大学 *Josai International University*	日本	2014
152	密歇根大学*University of Michigan*	美国	2015
153	英属哥伦比亚大学*University of British Columbia*	加拿大	2015
154	伯明翰大学*University of Birmingham*	英国	2015
155	锡根大学*University of Siegen*	德国	2015
156	亚眠高等电子技术工程师学院*ESIEE-Amiens*	法国	2015
157	雷奥本矿业大学*Montanuniversität Leoben*	奥地利	2015
158	舍夫德大学*University of Skövde*	瑞典	2015
159	圣彼得堡国立信息技术、机械学与光学研究型大学 *Saint Petersburg National Research University of Information Technologies, Mechanics and Optics, ITMO*	俄罗斯	2015

续表

序号	学校/科研机构	国家/地区	建立时间
160	东吴大学*Soochow University*	中国台湾	2015
161	云林科技大学*Yunlin University of Science and Technology*	中国台湾	2015

与北京科技大学建立全面合作关系的国内政府机关、企事业单位

（至2015年12月）

序号	单位名称	合作内容	签订时间
1	上虞市人民政府	科技开发与成果转化、技术咨询与服务、人才培养等	1999.10
2	北京市宣武区	科技、经济、社会诸方面开展全面合作	2000.01
3	江苏华西集团公司	建立华西集团—北科大冶金工程技术冶金所；建立人才培训基地；共同申报科研课题及成果等	2000.05
4	包头钢铁公司	技术合作、科技攻关、人才培养等	2000.06
5	青海省人民政府	科技开发与成果转化、技术咨询与服务、干部培训和人才培养等	2000.06
6	宁夏回族自治区人民政府	科技开发与成果转化、技术咨询与服务干部培训和人才培养等	2000.06
7	青海大学	学科建设、人才培养、学术与工作交流等	2000.10
8	北京有色金属研究总院	科技开发、成果转化、人才培养、信息交流等	2000.12
9	包头钢铁学院	学科建设、科技攻关、人才培养等	2001
10	二重机械(集团)公司	技术合作、科技攻关、人才培养等	2001
11	济南钢铁(集团)公司	技术合作、科技攻关、人才培养等	2001
12	江苏八菱集团公司	技术合作、科技攻关、人才培养等	2001
13	长治钢铁（集团）有限公司	科技攻关、教学实习、人才培养等	2003.01
14	唐山建龙实业有限公司	厂方在学校设立建龙奖学金并提供教学实习、实践基地；学校为厂方提供人才培养、技术支持、进行科技合作等	2003.04
15	海南力气大实业投资有限公司	双方共同组建稀土超磁致伸缩材料有限责任公司	2003.06
16	山东墨龙特钢有限公司	技术合作、人才交流、教学实习等	2003.06
17	石家庄钢铁有限责任公司	双方共同建立汽车用钢（棒材）研究中心	2003.07
18	邯郸纵横钢铁有限公司	资金、人才、技术等方面的交流与合作	2003.10
19	中国工商银行北京市分行	银行为学校提供贷款，学校为银行提供科技开发、人才培训、技术支持等	2003.12
20	黄冈源昌石政石材有限公司	共同组建公司推进“各向异性粘结钕铁硼技术”产业化	2003.12
21	抚顺罕王实业集团有限公司	人才培养、新技术应用和新产品开发等	2004.02
22	武警北京指挥学院	人才培养、教学实习等	2004.03

续表

序号	单位名称	合作内容	签订时间
23	教育部	教育部与四大钢铁公司共建北京科技大学	2004.03
24	上海宝钢集团公司		
25	鞍山钢铁集团公司		
26	武汉钢铁集团公司		
27	首钢集团总公司		
28	安徽省马鞍山市政府	共建新材料产业化基地	2004.04
29	苏州建兴置业有限公司	共同组建公司推进“金属粉末注射成形技术”产业化	2004.04
30	第二炮兵	学校每年为第二炮兵输送优秀毕业生；第二炮兵在学校设立国防奖学金，并对学校的有关教学科研工作和国防教育给予支持	2004.05
31	广州南沙开发区建设指挥部	共建研究生教育培养基地	2004.07
32	北京伟豪集团公司	共同组建公司推进“智能玻璃制备技术”产业化	2004.06
33	贵州省贵阳市人民政府	共建研究生教育培养基地	2004.09
34	厦门市湖里区人民政府	科技合作、人才交流等	2004.10
35	中国银行北京市分行	银行为学校提供贷款，学校为银行提供科技开发、人才培训、技术支持等	2004.12
36	深圳市东恒投资发展有限公司	共同组建公司推进“电容器用纳米钽粉制备技术”产业化	2004.12
37	河南纳士科技股份有限公司	共同组建公司推进“纳米复合稀土特种功能材料制备技术”产业化	2005.03
38	太原钢铁(集团)公司	技术合作、科技攻关、人才培养等	2005.04
39	北京冠亚时代科技研发中心	共同组建公司推进“高海拔变压吸附制氧技术”产业化	2005.04
40	邯郸钢铁集团有限责任公司	共建研究生教育科研基地	2005.04
41	中钢集团洛阳耐火材料研究院	共建研究生教育科研基地	2005.04
42	首钢总公司	共建研究生教育科研基地	2005.04
43	江阴兴澄特种钢铁有限公司	共建研究生教育科研基地	2005.05
44	宁波市北仑区人民政府	联合培养冶金材料专业工程硕士学位研究生	2005.06
45	包钢（集团）公司	共建研究生教育科研基地	2005.09
46	首钢总公司	科学研究、技术开发、教学实习、人才培养、科技公共、成果转化等；共同建设汽车用钢联合研发中心；联合培养研究生	2005.09
47	北京市顺义区人民政府	科技合作、技术支持、成果转化、学生实习、挂职锻炼等	2005.10
48	重庆科技学院	人员交流、人才培养、科研帮扶等	2005.11
49	金隅通达耐火技术公司	共建研究生教育科研基地	2005.12

续表

序号	单位名称	合作内容	签订时间
50	唐山建龙实业有限公司	设立“北京科技大学建龙基金”、人才培养、学术交流和科研合作	2005.12
51	武汉钢铁（集团）公司	科研开发、人才培养、人员交流等。双方还将联合成立“产学研合作委员会”	2006.01
52	邯郸钢铁集团有限公司	科学研究、新产品和新技术开发、成果转让、人才培养和教学实习等	2006.05
53	中国铝业集团	铝型材加工、铝冶炼技术、综合节能、铝轧制工艺设备等	2006.07
54	香港科技大学	建立“北京－香港科大联合研究中心”，就技术成果转化、技术开发、企业孵化、资讯交流与技术服务以及人才培养等五个方面开展工作	2006.08
55	广州中科院工研院	建立材料与加工技术研究中心，围绕珠三角企业需要的材料制备加工技术开展研究，探索产学研合作	2006.10
56	宝山钢铁股份有限公司	科研开发，博士生、硕士生培养，毕业生培养和选拔等	2006.10
57	广州钢铁集团有限公司	建立联合研发中心。针对高技术含量、高附加值的新一代集装箱板、家电板、汽车板等进行联合开发，培养人才	2006.11
58	佛山市政府	合作建设创新平台，实施合作项目，培养人才	2006.11
59	中国兵器装备集团公司	材料科学与技术、腐蚀与防护、先进制造、车辆动力、信息化技术方面的基础与应用研究	2006.12
60	兵器第59所	成立“大气环境效应与防护联合实验室”	2006.12
61	河南省巩义市人民政府	科技合作、人才培养	2007.09
62	莱芜钢铁公司	板带钢联合研发中心、特殊钢联合研发中心、转底炉联合研发中心	2007.04
63	河南通宇冶材集团有限公司	耐火材料、连铸配件技术联合研发中心	2007.04
64	建龙钢铁控股有限公司	特殊钢技术联合研发中心	2007.04
65	江苏万泰集团	气体研究与应用联合研发中心	2007.04
66	中国海洋石油总公司海油（北京）能源投资有限公司	科技合作	2007.11
67	佛山市石湾镇人民政府	共建华南不锈钢创新中心	2008.01
68	佛山南海区人民政府	产学研战略联盟	2008.03
69	佛山高明区杨和镇人民政府	产学研战略联盟	2008.03
70	佛山市生产力促进中心，禅城区生产力促进中心，石湾街道科技办	技术创新与应用型人才培训网络平台	2008.03

续表

序号	单位名称	合作内容	签订时间
71	莱芜钢铁集团有限公司	转底炉联合研发中心、特殊钢联合研发中心、带钢联合研发中心	2008.03
72	卢龙县人民政府	共建绿色冶金试验示范基地	2008.05
73	本溪钢铁（集团）有限责任公司	汽车板用户技术联合实验室	2008.06
74	通化钢铁集团股份有限公司	联合共建合作实体	2008.06
75	广东省佛山市高明区	与高明区签署全面产学研战略合作	2009.04
76	广东省佛山市高明区更合镇人民政府	共建“不锈钢成果转化基地”	2009.04
77	江苏省无锡市锡山区人民政府	产学研创新联盟	2009.05
78	中国有色金属协会	“金属铝锌产业联盟”成立，谢建新副校长当选为联盟理事	2009.05
79	北京市科委	“首都钢铁服务产学研联盟”成员单位；“首都新能源产业技术联盟”光伏、光热和核能三个联盟理事单位；“首都新农村建设科技创新服务联盟”理事单位	2009.06～07
80	广西桂东电力股份有限公司	共建“桂东电子－北科大新材料技术联合研发中心”	2009.07
81	广东三A不锈钢制品集团有限公司	联合组建科技创新服务平台——“广东三A集团与北京科技大学产学研基地”	2009.08
82	广州冶金工业研究所	成立北京科技大学材料先进制备技术教育部重点实验室广东分实验室	2009.09
83	广东省梅州市	学校加盟“梅州市铜产业产学研创新联盟”	2009.11
84	河北钢铁集团	战略合作	2009.12
85	中国绝热节能材料协会	建筑用酚醛泡沫产业技术创新战略联盟	2010.01
86	中国资源综合利用协会	尾矿综合利用产业技术创新战略联盟	2010.01
87	三门峡化工机械有限公司	车载式热泵流化床谷物干燥技术及装置产业化开发	2010.02
88	常州三鑫轧辊有限公司	特种钢与轧辊冶金技术科技合作	2010.03
89	常州三鑫轧辊有限公司	常州三鑫轧辊－北科大校企产学研合作基地建设	2010.03
90	丹阳市政府等五方共建	共建江苏高性能合金材料研究院	2010.04
91	菏泽广源铜带股份有限公司	菏泽广源铜带股份有限公司－北科大年产5000吨高精电子压延铜箔工程技术合作	2010.04
92	四川省盐边县人民政府	盐边县人民政府－北科大钒钛磁铁矿综合利用战略合作	2010.05
93	北京高技术创业服务中心	共建本科生实践教学基地	2010.05
94	北京希克斯科技有限公司	共建本科生实践教学基地	2010.05
95	北京青云联合空调设备有限公司	共建本科生实践教学基地	2010.06

续表

序号	单位名称	合作内容	签订时间
96	北京同方人工人工环境有限公司	共建本科生实践教学基地	2010.06
97	北京振利高新技术有限公司	共建本科生实践教学基地	2010.06
98	国家室内环境与室内环保产品质量监督检验中心	共建本科生实践教学基地	2010.06
99	蒙特空气处理设备（北京）有限公司	共建本科生实践教学基地	2010.06
100	北京九阳实业公司	共建实践教学基地	2010.06
101	聊城市中级人民法院	共建本科生实践教学基地	2010.06
102	承德钢铁集团有限公司	共建研究生教育科研基地	2010.06
103	京东方科技集团股份有限公司	共建北京科技大学－京东方新型显示技术联合实验室	2010.10
104	扬州龙川钢管有限公司	建设海洋工程管线管防腐技术开发应用企业院士工作站	2010.10
105	贵州省黔南州科学技术和知识产权局	北京科技大学－贵州省黔南州科学技术和知识产权局科技合作	2010.12
106	济钢集团有限公司、中科院工程热物理研究所	成立“钢铁企业节能减排战略合作同盟”	2011.01
107	天津百利机电控股集团股份有限公司	金属材料应用研发平台建设	2011.03
108	杭州钢铁集团公司	汽车零部件（钢质）产业技术创新战略联盟	2011.03
109	天立环保工程有限公司	北京科技大学－天立环保联合研发中心	2011.03
110	无锡惠山区职教园	北京科技大学－无锡职教园管理委员会联合共建技术转移中心	2011.03
111	铜山区人民政府	战略合作	2011.04
112	岜山集团	战略合作	2011.04
113	河北津西钢铁有限公司	战略合作	2011.04
114	广州机械科学研究院	产学研合作	2011.04
115	中科新越投资（北京）有限公司	战略合作	2011.04
116	康明斯（中国）投资有限公司	共建“康明斯电传动实验室”	2011.05
117	北京装备制造和新材料科技成果承接与转化平台	战略合作	2011.05
118	首钢长治钢铁有限公司	战略合作	2011.05
119	重庆钢铁集团公司	船舶及海洋工程用钢产业集成创新服务联盟	2011.05
120	淮北市人民政府	战略合作	2011.05

续表

序号	单位名称	合作内容	签订时间
121	德国卡尔蔡司公司	北京科技大学—德国卡尔蔡司公司电子显微镜合作实验室	2011.05
122	新兴重工新兴能源装备股份有限公司、盛泽能源技术有限公司	新兴际华集团—北科大“能源装备新技术研发中心”	2011.06
123	西部矿业集团有限公司	青藏高原有色金属矿产资源开发与综合利用产业技术创新战略联盟	2011.06
124	玉柴重工总公司	战略合作	2011.06
125	山东钢铁集团有限公司	战略合作	2011.06
126	徐州铜山科技局、吉林大学、浙江大学等	工程机械产业产学研联盟	2011.06
127	徐州大屯工贸实业公司	北京科技大学矿井避险研究技术中心	2011.07
128	中钢设备有限公司	“先进冶金装备及工艺技术研发”合作	2011.08
129	山东龙泉管道工程股份有限公司	联合成立“山东龙泉新材料工程技术研究院”	2011.09
130	普天物流技术有限公司	共建“物流中心自动化装备及系统产业技术创新战略联盟”	2011.10
131	锡山鹅湖镇	产学研合作	2011.10
132	临沂市人民政府	战略合作	2011.11
133	山东齐星铁塔科技股份有限公司、新霓空太阳能（中国）有限公司、无锡安飞纤维材料科技有限公司、中科院宁波材料技术与工程研究所	复合材料研究与应用产业技术创新战略示范联盟	2011.11
134	香港维新集团	产学研合作	2011.11
135	宝钢集团有限公司	科研合作	2011.12
136	中国有色矿业集团	全面合作	2011.12
137	中国冶金科工集团有限公司	全面合作	2011.12
138	首钢集团总公司	首钢—北科大战略合作协议	2012.02
139	湛江市人民政府	北京科技大学湛江工业研究院框架协议	2012.03
140	天津钢管集团公司	天津钢管集团公司—北京科技大学战略合作协议	2012.04
141	德龙集团	北京科技大学—德龙产学研合作平台	2012.04
142	联盟包括中国汽车工程学会等35家单位，成立于2007年12月，我校为联盟伙伴单位	汽车轻量化技术创新战略联盟	2012.05

续表

序号	单位名称	合作内容	签订时间
143	广西科技厅	广西壮族自治区科学技术厅—北京科技大学科技合作协议	2012.05
144	承德路桥建设总公司	承德路桥建设总公司与北京科技大学校企科技合作协议	2012.05
145	郑州市人民政府	郑州市人民政府—北京科技大学科技合作框架协议	2012.05
146	龙岩市人民政府	龙岩市政府—北京科技大学共建硬质合金行业技术转移中心	2012.06
147	西藏昊泰纸样设备科技有限公司、北京科技大学、青海省高原医学研究院、空军航空医学研究所、中科院大连化学物理研究所	西藏昊泰高原富氧工程产学研合作技术研发中心合作协议	2012.06
148	京微雅格（北京）科技有限公司	北京科技大学—京微雅格（北京）科技有限公司校企战略合作框架协议	2012.08
149	中节能工业节能有限公司	中节能工业节能有限公司—北京科技大学产学研合作协议	2012.08
150	广西盛隆冶金有限公司	广西盛隆冶金有限公司—北京科技大学产学研战略合作协议	2012.08
151	广西长龙冶金有限公司	广西长龙冶金有限公司—北京科技大学产学研合作协议	2012.08
152	北京爱尔斯环保工程有限责任公司	北京爱尔斯环保工程有限责任公司—北京科技大学“北京水质净化生态技术研发中心”	2012.09
153	信丰县包钢新利稀土有限责任公司	北京科技大学—信丰县包钢新利稀土有限责任公司产学研合作协议	2012.12
154	德庆康纳国兴有限公司	北京科技大学—康纳国兴新材料联合研发中心	2012.12
155	中国黄金协会、中国黄金集团公司	黄金产业技术创新战略联盟	2012.12
156	北超伺服技术有限公司	首钢—北科大战略合作协议	2013.01
157	温州市政府	北京科技大学—温州市政府科技合作协议	2013.01
158	中国职业健康协会	中国智慧矿山产业技术创新战略联盟	2013.01
159	江苏金陵特种涂料有限公司	防腐涂层新材料技术与产品产业化基地	2013.02
160	河北承德市人民政府	河北承德市人民政府—北京科技大学战略合作框架协议	2013.04
161	云南冶金集团股份有限公司	云南冶金集团股份有限公司—北京科技大学全面战略合作协议	2013.04
162	哈密红石矿业有限公司	哈密红石矿业有限公司—北京科技大学共建校企技术创新联盟	2013.09

续表

序号	单位名称	合作内容	签订时间
163	企业专家工作站、教学实习基地	武安市运丰冶金工业有限公司	2013.10
164	扬中市政府	北京科技大学—扬中市政府战略合作协议	2013.10
165	青岛钢铁集团	青钢新品种开发与关键共性技术集成研究项目计划协议	2013.11
166	金诚信矿业管理股份有限公司	北京科技大学—金诚信矿业管理股份有限公司合作协议	2013.11
167	福建武平县人民政府	北科大—武平县科技合作协议	2013.11
168	中特首诺（北京）冶金科技有限公司	中特首诺（北京）冶金科技有限公司—北京科技大学联合成立中国工业固废粉体再造技术研究院合作协议	2013.11
169	钢研总院牵头	海洋工程用钢产业技术创新战略联盟	2014.03
170	安庆市振发汽车锻件有限责任公司	中国轴类零件轧制（楔横轧）产业技术创新战略联盟	2014.03
171	新疆有色集团	新疆有色金属产业技术创新战略联盟	2014.03
172	鞍钢集团公司	耐蚀钢产业技术创新战略联盟	2014.04
173	四川省自贡市云帆锦绣新型建材有限公司	联合成立高新建材研究所合作协议	2014.04
174	吉林滕泰重型机械集团有限公司	新材料技术研究联合实验室	2014.05
175	北京碧瑞能科技发展有限公司	产学研合作协议	2014.07
176	广西柳州钢铁（集团）公司	科技创新战略合作协议	2014.08
177	飞亚达（集团）股份有限公司	金属材料联合研究室	2014.09
178	北京中远通科技有限公司	国家智能检测与过程控制产业技术创新战略联盟	2014.09
179	衡水工业高新区	北京科技大学衡水工作站	2014.10
180	首钢京唐公司	北京科技大学与首钢京唐公司签订合作协议（联合人才培养、技术开发/合作、合作编写教材三个协议）	2014.11
181	北京市经信委应急中心	北京市经信委应急中心—北京科技大学产学研联合协议	2014.11
182	中科招商投资集团股份有限公司	中科招商投资集团股份有限公司—北京科技大学战略合作协议	2014.12
183	北京科技大学设计研究院有限公司	北京市流程工业大数据工程技术研究中心共建框架协议	2014.12
184	塔塔钢铁集团公司	北京科技大学—塔塔钢铁公司联合研究中心	2014.12

续表

序号	单位名称	合作内容	签订时间
185	首都高校科技信息网	济南高新区－首都高校科技信息网合作协议	2014.12
186	北京世纪国瑞环境工程技术有限公司	国家城镇粪便餐厨垃圾处理产业技术创新战略联盟	2014.12
187	公主岭市人民政府	公主岭市人民政府－北京科技大学合作协议	2015.3
188	金泰成环境资源股份有限公司	金泰成环境资源股份有限公司－北京科技大学科技合作战略合作协议	2015.3
189	钢研晟华工程技术有限公司	钢研晟华工程技术有限公司－北京科技大学战略合作协议	2015.3
190	深圳飞亚达公司、上海表业有限公司、烟台北极星国有控股有限公司牵头（深圳市政府标准化主管部门指导）	钟表标准化技术联盟	2015.4
191	河北宏润重工股份有限公司	河北宏润重工股份有限公司－北京科技大学“大型厚壁无缝管热挤压技术”联合研发中心协议	2015.4
192	北矿机电科技有限责任公司	北矿机电科技有限责任公司-北京科技大学产学研合作协议	2015.5
193	冀东发展集团有限责任公司	冀东发展集团有限责任公司－北京科技大学科技合作战略框架协议	2015.5
194	东莞宜安科技股份有限公司、北京科技大学、广州有色金属研究院、中国科学院金属研究所	共建宜安科技新材料研究院	2015.5
195	天津钢研海德科技有限公司	北京科技大学－天津钢研海德科技有限公司产学研合作协议	2015.6
196	包头市北科鼎峰检测技术有限公司	包头市北科鼎峰检测技术有限公司－北京科技大学产学研合作协议	2015.6
197	廊坊市盛世建设投资有限公司	中国宏泰-北京科技大学共建“宏泰－北科大新材料联合研究中心”	2015.7
198	黑龙江建龙钢铁有限公司	黑龙江建龙钢铁有限公司－北京科技大学校企合作意向书	2015.7
199	中国汽车技术研究中心	智能车辆产业技术创新战略联盟	2015.9
200	北京天宜上佳新材料有限公司	北京天宜上佳新材料有限公司－北京科技大学产学研合作协议	2015.9
201	北京超同步伺服股份有限公司	共建超同步智能装备协同创新中心	2015.10
202	迁安市人民政府	迁安市人民政府－北科大战略合作协议	2015.11
203	土木与环境工程学院	土木与环境工程学院与徐州市泉山区人民政府签订战略合作协议	2015.11

续表

序号	单位名称	合作内容	签订时间
204	新乡市人民政府	新乡市与北京科技大学技术转移战略合作协议	2015.12
205	无锡市明杨电池有限公司	共建企业技术研究院	2015.12
206	河北海天建设有限公司	河北海天建设有限公司－北京科技大学科技合作战略框架协议	2015.12
207	安庆市政府	北京科技大学－安庆技术转移中心	2015.12